Aus dem Programm Huber: Psychologie Forschung

Wissenschaftlicher Beirat:
Prof. Dr. Theo Herrmann, Mannheim
Prof. Dr. Kurt Pawlik, Hamburg
Prof. Dr. Meinrad Perrez, Freiburg (Schweiz)
Prof. Dr. Hans Spada, Freiburg i. Br.

Walter Herzog

Das moralische Subjekt

Pädagogische Intuition
und psychologische Theorie

Verlag Hans Huber
Bern Göttingen Toronto

Walter Herzog, geb. 1949, Studium der Psychologie, Soziologie, Pädagogik und Philosophie an der Universität Zürich, 1975 Lizentiat, 1980 Doktorat, 1986 Habilitation an der Universität Zürich für das Fach Pädagogik, 1988 Studienaufenthalt an der University of California in Berkeley, 1989–1991 Assistenzprofessor für Pädagogik mit besonderer Berücksichtigung der pädagogischen Psychologie an der Universität Zürich, seit 1991 Ordinarius für Pädagogik mit besonderer Berücksichtigung der Didaktik und der pädagogischen Psychologie an der Universität Bern.

Das Umschlagbild stammt von Paul Klee. Es entstand im Jahre 1937 und trägt den Titel «Schicksal eines Kindes».
Das Original befindet sich in der Kunstsammlung Nordrhein-Westfalen, Düsseldorf.

Deutsche Bibliothek - CIP-Einheitsaufnahme

Herzog, Walter:
Das moralische Subjekt: pädagogische Intuition und psychologische Theorie / Walter Herzog. - 1. Aufl. - Bern; Göttingen; Toronto: Huber, 1991
  (Aus dem Programm Huber: Psychologie Forschung)
  ISBN 3-456-82071-2

1. Auflage 1991
© 1991 Verlag Hans Huber, Bern
Druck: Lang Druck AG, Liebefeld/Bern
Printed in Switzerland

Inhaltsverzeichnis

Vorwort 11

1 Moralische Erziehung als psychologisches Problem 13
Leben in der postmodernen Gesellschaft 13
Das Selbstverständnis der modernen Pädagogik 16
Auf dem Weg zu einer Theorie der moralischen Erziehung 18
Pädagogische Psychologie als interdisziplinäre Wissenschaft 19
Zur Kritik der neuzeitlichen Erkenntnistheorie 21
Skizze einer postmodernen Erkenntnistheorie 24
Bildung als Menschwerdung des Menschen 26
Das Herbartsche Problem 28
Von Herbart zur Reformpädagogik 30
Forderungen an eine Theorie der Erziehung 32
Pädagogische Kritik psychologischer Theorien 33

2 Das konditionierte Gewissen 37
Bewusstseinspsychologie 37
Auf dem Weg zur objektiven Psychologie 39
Die Physiologie der höheren Nerventätigkeit 41
Die experimentelle Untersuchung des bedingten Reflexes 43
Alles kann erreicht werden 45
Watson und die Geburt des Behaviorismus 46
Die Umkonditionierung des Menschen 50
Das Gewissen als konditionierte Angstreaktion 51
Die richtige Frage 54
Die Vertreibung des Homunkulus 56
Die Umwelt als Stosskraft 57
Auf den Schultern von Pawlow und Watson 60
Erklärung als Beschreibung 62
Was uns geschieht 64
Innerlichkeit als Körperlichkeit 66
Die Fatalität der sozialen Interaktion 69
Moralische Gefühle 72
Automatische Güte 74
Erziehung als Verhaltensengineering 76
Wider die Strafe 78
L'Homme Machine 80
Der Mensch als Verhältnis 82
Das Gespenst in der Maschine 84
Das Innere und das Private 87
Behaviorismus als Methode 89
Die Visualisierung des Verhaltens 92

Eine anfechtbare Erbschaft	93
Eine Lösung des Herbartschen Problems?	96

3 Die verinnerlichte Angst — 99

Vom Bewusstsein zum Unbewussten	101
Die Triebe	103
Der psychische Apparat	105
Organisation und Synthese: das Ich	107
Die Energie des Ichs und die neue Theorie der Triebe	109
Psychosexuelle Entwicklung	112
Der Ödipuskomplex und das Über-Ich	114
Die Umwege der weiblichen Entwicklung	115
Die Heteronomie des Über-Ichs	117
Am Beispiel der Melancholie	118
Das defensive Ich	119
Das Ich als Stätte der Angst	121
Die dunkle Herkunft des Ichs	123
Das Manko der Entwicklung	125
Die Hoffnung auf das Ich	128
Die Illusion des Lustprinzips	129
Im Zeichen des Eros	132
Interpolation des Bewusstseins	134
Die Traumdeutung als methodisches Paradigma	136
Die analytische Situation	138
Die Logik der Deutung	140
Die Gültigkeit der psychoanalytischen Erkenntnis	143
Der praktische Syllogismus	144
Die Suche nach dem verlorenen Sinn	146

4 Prinzipien der Moral — 150

Die Ordnung als das Gute	151
Die Subjektivierung von gut und böse	153
Im Schatten Descartes'	155
Die Moral und ihre Prinzipien	156
Die Achtung moralischer Prinzipien	159
Gegenseitige Anerkennung	160
Moral und Gesellschaft	162
Individualität und Innerlichkeit	164
Autonomie und Handlung	165
Moralische Entwicklung	167
Pathologie des Gewissens	169
"Von der Familie zur Menschheit"	170

5 Der Weg zur moralischen Autonomie — 174

Das gestaltpsychologische Erbe	174
Wahrnehmung - Gewohnheit - Intelligenz	177

Zwischen Biologie und Erkenntnistheorie	179
Evolution und Äquilibration	182
Die Intelligenz als Anpassung *par excellence*	185
Assimilation und Akkommodation	187
Ungleichgewichte	189
Genetischer Strukturalismus	191
Die kognitive Entwicklung	194
Sozialisierung als Reversibilisierung	196
Ein dynamischer Kantianismus	199
Piagets Forschungsmethodik und die moralische Entwicklung	202
Regelverhalten und Regelbewusstsein	205
Heteronome Moral	208
Autonome Moral	210
Moralische Erziehung	212
Äquilibration oder Zusammenarbeit?	214
Mr. Chance und die Zusammenarbeit	216
Emotionale Blockaden	218
Der Organismus als Subjekt	219
Die Normativität der Entwicklung	222
Dialektische Vernunft	223
Die Rezentrierung des Denkens	226
Rezentrierung durch Arbeit	227
Moralische Konflikte	229

6 Die Doppelnatur des Menschen — 231

Descartes' Vermächtnis an die Psychologie	233
Denken *sub specie machinae*	235
Psychologie vom Gottesstandpunkt	236
Metatheorie als Mythologie	239
Das Organismusmodell	241
Das Organismusmodell und das Herbartsche Problem	244
Die psychologischen Sprachen von Freud und Piaget	246
Psychoanalyse ohne Psychosynthese	249
Das Ich als epistemisches Subjekt	251
Die Notwendigkeit einer organismischen Anthropologie	253
Innenwelten	255
Der Mensch als handelndes Wesen	257
Der Mensch als soziales Wesen	260
Die Evolution des Menschen	262
Die Neotenie des Menschen	264
Die soziobiologische Reduktion des Menschen	267
Die Natur der Kultur	269

7 Eine Skizze der menschlichen Entwicklung — 272

Wider den Lebenstrieb	274
Wider den Todestrieb	277

Entwicklung als normativer Begriff	281
Entwicklung im Lichte der Phylogenese	282
Entwicklung und Zeit	285
Entwicklung und Handlung	287
Das Es, rekonstruiert	290
Von den Abwehrmechanismen zu den Anpassungsstrategien	294
Der Ödipuskomplex und die Verdrängung	296
Der Ödipuskomplex als sozialer Übergang	301
Primitive Abwehrprozesse	303
Projektion und Introjektion	306
Elaborierte Abwehrprozesse	308
Generische Ich-Prozesse	311
Ein Schema optimaler Entwicklung	313
Die Ich-Entwicklung	315
Dialektik des Ichs	317
Die Entwicklung der Weltbezüge	319
Das Selbst als Metawelt	321
Pathologie der Entwicklung	324
Selbstverwirklichung?	325
Seelische Gesundheit und Bildung	327

8 Zur Psychologie des moralischen Subjekts — 329

Moralisches Handeln	329
Das moralische Selbst	331
Das moralische Handeln und die Ethik	333
Kritik von Utilitarismus und Kantianismus	334
Eine Ethik der Erhabenheit	336
Die Begründung der moralischen Prinzipien in der Handlung	338
Die Erfahrung des Moralischen im Mitleid	340
Moralischer Konflikt	342
Die Konstruktion des Moralischen	344
Vom Mitleid zur Gerechtigkeit	348
Autonomie und Heteronomie in der moralischen Entwicklung	350
Moralische Selbstentlastung	353
Moralische Empörung	358
Der tragische Mensch	361
Die Unterdrückung des moralischen Empfindens	363
Der barmherzige Samariter	365
Begrenzte Moral	367

9 Psychologie der moralischen Erziehung — 370

Revision des cartesianischen Subjektbegriffs	371
Kritik des mechanistischen Erziehungsbegriffs	372
Der Standpunkt der Gerechtigkeit	375
Wider die Gradualisierung der Moral	380
Soziomoralische Perspektiven	382

Zur Soziologie der moralischen Entwicklung	384
Wie trivial ist Kohlbergs Entwicklungsschema?	386
Kohlberg und das Selbst	389
Das missverstandene Handeln	390
Kohlbergs Bedeutung	393
Bessere Menschen?	394
Gilligan und die Dialektik der moralischen Prinzipien	396
Selbstlosigkeit?	399
Soziale Komplexität und moralische Prinzipien	403
Erfahrungen in Gemeinschaften und Freundschaften	406
Wie ist Erziehung möglich?	409
Erziehung und Entwicklung	413
Die Wirksamkeit der moralischen Erziehung	415
Induktiver Erziehungsstil	417
Kontrolle	420
Rückblick auf die pädagogische Tradition	423
Literaturverzeichnis	428
Nachweis der Mottos	465
Namenregister	466
Sachregister	473

für Yvonne

Vorwort

Die Frage nach dem Menschen steht im Zentrum der Humanwissenschaften. Es ist daher auch die zentrale Frage der Psychologie. Doch für den Menschen scheint sich die zeitgenössische Psychologie nicht zu interessieren. Was sie untersucht, sind *Aspekte* menschlichen Erlebens und Verhaltens, deren Zusammenhang und Zusammenhalt nicht weiter thematisiert wird. Die psychologische Theorie hat daher zur Zeit einen schweren Stand. Wenn Theorien überhaupt auf Interesse stossen, dann Partialtheorien über eng begrenzte Ausschnitte des menschlichen Funktionierens, aber kaum Globaltheorien, die das Begrenzte in ein umfassenderes Verständnis des Menschen einbetten. Der *ganze* Mensch ist kein Thema der akademischen Psychologie.

Wo aber die Psychologie *praktisch* wird, wo sie ihre Erkenntnisse anwendet, da hat sie es nicht mit Aspekten des menschlichen Verhaltens oder mit Teilbereichen des menschlichen Funktionierens zu tun. Der Erzieher[1] etwa, der psychologisches Wissen fruchtbar machen will, steht einem ganzen Menschen gegenüber. Die pädagogische Psychologie kommt daher um die Frage nach dem Menschen nicht herum. Legt sie nicht *explizit* Rechenschaft über ihr Verständnis des Menschen ab, so beruht das Wissen, das sie an die pädagogische Praxis weitergibt, auf impliziten Annahmen. Ein Bild des Menschen macht sie sich so oder so.

Die Frage nach dem Menschen wird in diesem Buch am Beispiel seiner Moralität gestellt. Ist der Mensch zum Guten fähig? Oder ist er seiner Natur nach auf Böses angelegt? Im Zentrum der Überlegungen steht die Frage nach den Chancen der *moralischen Erziehung*. Lässt sich der Mensch moralisch beeinflussen? Kann er durch erzieherisches Handeln besser gemacht werden? Die moralische Erziehung hat in den letzten Jahren eine neue Aktualität gewonnen. Dies ist nicht nur dem gesellschaftlichen Bedarf anzulasten, sondern auch das Verdienst eines veränderten Denkens über den Menschen. Die Befriedung Europas und die Entspannung des Ost-West-Konflikts machen es erstmals denkbar, dass Krieg und Vernichtung keine schicksalhafte Erblast unserer biologischen Herkunft sind. Ist der Mensch vielleicht doch ein soziales, ja ein *moralisches* Wesen? Ziel dieses Buches ist es, am Beispiel der moralischen Erziehung ein neues Denken über den Menschen zu initiieren. Es ist ein Versuch, die psychologische Theorie danach zu befragen, was sie über das Gute im Menschen auszusagen hat. Dabei wird uns die pädagogische Intuition der Erziehbarkeit des Menschen leiten.

Das Buch verfolgt keine praktischen Zielsetzungen. Weder enthält es Anweisungen, wie man "richtig" erzieht, noch ist es ein Rezeptbuch zu-

---

[1] Wo immer in diesem Buch bei geschlechtsdimorphen Nomen die männliche Form gewählt wird, ist die weibliche mitgemeint.

handen der pädagogischen Praxis. Es will eine *theoretische Perspektive* erschliessen, in der die moralische Erziehung zu sehen ist und verständlich wird. Es ist ein Versuch in pädagogisch-psychologischer Theoriebildung. Damit will das Buch zum Nachdenken sowohl über psychologische Theorie als auch über erzieherisches Handeln anregen. Es ist im Geiste der Synthese geschrieben und mit allen Mängeln behaftet, die mit einem integrativen Denken einhergehen.

Wesentliche Teile des Buchmanuskripts habe ich während eines Studienaufenthalts am Institute of Human Development an der University of California in Berkeley verfasst. Ich danke dem Schweizerischen Nationalfonds zur Förderung der wissenschaftlichen Forschung für die finanzielle Unterstützung des Studienaufenthalts. Den Mitgliedern des Instituts, insbesondere aber Elliot Turiel und Diana Baumrind danke ich für anregende und interessante Gespräche. Paul Mussen darüber hinaus für sein waches Interesse an meinem Wohlergehen im fremden Land und für seine aufmerksame Gastfreundschaft. Ein besonderer Dank geht an Jay Capacci, der sich nicht damit begnügte, mir sein In-Law-Apartment zu vermieten, sondern ein liebenswürdiger Begleiter während verschiedener Unternehmungen in Berkeley und Umgebung war. Nicht vergessen sei sein Kater Leo, der mich oft auf samtenen Pfoten am Arbeitstisch überraschte und mir mit dem erheiternden Gleichmut, den er meiner Denkarbeit entgegenbrachte, über etwelche emotionale Barrieren im Entstehungsprozess des Buches hinweghalf. Ich danke auch Cornelia Clivio und Ursula Hertig für die prompte Erstellung der Urfassung des Buchmanuskripts, Susanne Riesen und Enrico Violi für die Hilfe beim Korrekturlesen und Judith Adler, Christine Le Pape und Jan Willem Nieuwenboom für die Unterstützung beim Erstellen der Register. Zu besonderem Dank verpflichtet bin ich meiner Lebensgefährtin, Yvonne Herzog-Raschle, die während der Entstehung des Buches nicht nur auf vieles verzichtete, sondern auch wesentlich dazu beigetragen hat, dass der Text eine lesbare Form gefunden hat. Ihr sei das Buch in Liebe gewidmet.

Winterthur, im März 1991   W.H.

1 Moralische Erziehung als psychologisches Problem

> *"Genauere Einsicht in die Möglichkeit der Erziehung und hiemit richtiges Urteil über die Zweckmässigkeit des pädagogischen Verfahrens gewährt nur die Psychologie."*
>
> Johann Friedrich Herbart

Nach Jahren des Desinteresses mehren sich die Zeichen einer erneuten Auseinandersetzung mit der *Moralität* des Menschen. Moral und Ethik verlieren den Ruf des Peripheren und kehren zurück ins Zentrum der menschlichen Selbstverständigung. Als Nachkommen derer, die mit dem Bewusstsein von Gut und Böse bestraft wurden, weil sie vom Baum der Erkenntnis assen, ereilt uns aufs neue die Einsicht, dass wir uns moralisch selbst zu bestimmen haben. Das Gute liegt in *unseren* Händen, ebenso wie wir für das Böse *selbst* verantwortlich sind.

Die grössten Hoffnungen auf die Verwirklichung des Guten richten sich seit je auf die *Erziehung*. Durch die pädagogische Vervollkommnung des Menschen müsste es gelingen, das Böse zu bannen. Doch die Erziehung ist kein leichtes Unterfangen. Kant hielt sie für das grösste Problem, das uns aufgegeben werden kann (Kant 1803, p. 702). Und Freud sah im Erziehen einen jener Berufe, in denen der Misserfolg zum vornherein sicher ist (Freud 1937a, p. 388). Die Erziehung steht vor einer schwierigen Aufgabe, will sie sich in den Dienst des Guten stellen.

Wie schwierig moralische Erziehung ist und wie die Chancen zu ihrer Bewältigung stehen, soll in diesem Buch ausgemacht werden. Mein Ziel ist der Entwurf einer *Theorie der moralischen Erziehung*. Das erste Kapitel führt in die Fragestellung ein. Nach Vergewisserung der Aktualität des Themas für unsere postmoderne Gesellschaft, erschliessen wir den Horizont der neuzeitlichen Pädagogik. Es wird sich zeigen, dass die moralische Erziehung schon immer im Zentrum der Pädagogik gestanden hat. Die *Theorie* der Erziehung vermag den Ansprüchen an die Erhellung der pädagogischen Praxis jedoch nicht zu genügen. Sie steht vor einer fundamentalen Schwierigkeit, die ich das *Herbartsche Problem* nennen werde. Seine Lösung erwarte ich von einer *interdisziplinären pädagogischen Psychologie*. Die Ausarbeitung ihrer erkenntnistheoretischen Grundlagen wird uns für die nachfolgenden Kapitel den Leitfaden geben.

Leben in der postmodernen Gesellschaft

Das Leben in unserer Zeit wird von einem bedrohlichen Antagonismus bestimmt. Auf der einen Seite erhöht sich das Ausmass, in dem Menschen ihre Individualität verwirklichen können, auf der anderen Seite wird immer deutlicher, wie sehr die Probleme der Postmoderne[1] globaler Natur sind und nur im Rahmen einer *Weltgesellschaft* zu lösen sind. Während der einzelne als Individuum immer mehr für sich sein kann, vermag er als Bürger immer weniger sich selbst zu genügen. Eine zunehmende Verfügbarkeit auf der persönlichen Ebene stösst an immer stärker werdende Verflechtungen im gesellschaftlichen Bereich. Die Folge ist eine Spannung, deren Lösung für das Schicksal der Menschheit entscheidend ist.

Wie sehr unser Leben von globalen Abhängigkeiten bestimmt wird, zeigen die weltweiten Probleme von Hunger, Armut, Friedenssicherung, Bevölkerungswachstum, Arbeitslosigkeit, Drogen, Umweltzerstörung etc., alles Probleme, die sich weder auf den Binnenraum einzelner Nationen beschränken, noch durch Massnahmen auf der nationalen Ebene zu lösen sind. Der politische Rahmen, in dessen Grenzen der grösste Teil der Menschheit während der letzten Jahrhunderte sein Zusammenleben gestaltet hat, erweist sich als zu klein für die Lösung unserer aktuellen Probleme. Immer mehr gehören wir einer *planetaren Gesellschaft* an, immer mehr werden wir zu *Weltbürgern*. Doch über weltpolitische Organe verfügen wir noch kaum.

Die Nationen, die nach aussen zusammenwachsen, tendieren nach innen zum Privatismus. Die Konsumgüter der Industriegesellschaften ermöglichen ein Mass an Individualisierung, das es bald jedermann erlaubt, seine eigene Welt einzurichten. Die Lebensstile der Menschen werden einmaliger. Steigende Scheidungsraten, ein hoher Anteil an Ein-Personen-Haushalten, schrumpfende Familien und destandardisierte Biographien zeichnen das Bild einer sich zunehmend *individualisierenden Gesellschaft* (Beck 1983, 1986; Fuchs 1983). Als höchste Werte gelten ihr die Selbstverwirklichung, das persönliche Glück und die je eigene Lebensführung. Verstärkt wird der Individualismus durch eine enorme Beweglichkeit und Mobilität in den Lebensumständen. Unser Besitz ist leicht zu veräussern. Anders als ein mittelalterlicher Adliger, dessen Vermögen in seinen Ländereien bestand, die ihn - trotz Wohlstand - höchst unfrei machten, ist unser Reichtum - wie bescheiden auch immer - konvertibel, womit wir über ein Ausmass an Freiheit verfügen, das früheren Generationen nicht bekannt war.

Die Zunahme an Freiheit entspricht einem Verlust an traditionellen Bindungen und Abhängigkeiten. Für den postmodernen Menschen bedeutet die Berufstätigkeit kaum mehr Zugehörigkeit zu einem *Berufsstand*. Seine Erfahrungen werden nur mehr lose durch die Identifikation mit einer sozialen *Klasse* bestimmt. Und sein *Geschlecht* verliert in dem Masse an gesellschaftlicher Bedeutung, wie die Emanzipation der Frauen erfolgreich ist. Was sozial anerkannt wird, sind nicht mehr Zugehörigkeiten und

---

[1] Mit "Postmoderne" meine ich einen Zustand gesteigerter Pluralität. Die Postmoderne lässt sich als Ausweitung der künstlerischen Moderne des 20. Jahrhunderts auf Wissenschaft, Technik, Philosophie und andere Bereiche von Kultur und Gesellschaft verstehen (Vester 1984; Welsch 1988).

Rollen, sondern distinkte Qualitäten. Aus einem "Ich bin wie alle anderen" wird ein "Ich bin wie kein anderer" (Popitz 1987, p. 643). Folge davon ist eine Zunahme an Entscheidungsdruck und Handlungszwang, bei dessen Bewältigung der einzelne sich selbst überlassen ist. Insbesondere die persönliche Identität scheint immer mehr zur individuellen Leistung zu werden (Luckmann 1972). Vor lauter Beschäftigung mit sich selbst werden die Menschen blind für die Probleme ihrer Zeit. Die Formung der individuellen Besonderheit lässt für andere Tätigkeiten kaum noch Platz (Lasch 1979). Für viele wird die Überbrückung von lokaler Freiheit und globaler Unfreiheit zum Problem, das sie in Gefühle der Ohnmacht und Hilflosigkeit stürzt. Andere fliehen in Hyperaktivität und Zerstreuung, um nicht wahrzunehmen, was um sie geschieht.

Was auf dem Spiel steht, ist unser Überleben als Gattung. Überleben werden wir nur, wenn wir *gemeinsam* nach Lösungen für unsere Probleme suchen. Dazu bedarf es des Bewusstseins unserer globalen Interdependenz. Ohne Menschen, die sich als Mitglieder einer planetaren Gemeinschaft verstehen und entsprechend handeln, werden wir die Probleme unserer Zeit nicht bewältigen. Dazu kommt, dass die Menschheit je länger desto weniger die *aktuelle* Menschheit meinen kann. Die Bewahrung der Lebensgrundlagen der *künftigen* Generationen liegt mit in unserer Verantwortung (Jonas 1979). Wir müssen unser Handeln so gestalten, dass auch unsere Nachkommen menschenwürdig leben können.

Die Spannung zwischen erhöhter Abhängigkeit im Grossen und vermehrter Unabhängigkeit im Kleinen ist von eminent *moralischer* Bedeutung. Denn ein wesentlicher Aspekt der Moral zielt auf die "Bereitschaft, als Individuum gleichsam zurückzutreten" (Williams 1972, p. 11). Moralische Fragen betreffen unser Verhalten im Angesicht *anderer*. Als moralische Subjekte sind wir nicht auf uns selbst bezogen, sondern auf das Wohlergehen der menschlichen Gemeinschaft. Allerdings folgt daraus keine Ablehnung des Individuums. Eine starke Individualität braucht nicht mit egoistischen Motiven einherzugehen, sondern kann geradezu Voraussetzung moralischen Engagements sein. Menschen wie Sokrates, Mahatma Gandhi, Albert Schweitzer, Mutter Teresa u.a. beeindrucken als *Individuen* und zeigen, dass die Parteinahme für die Missachteten und Unterdrückten eine Persönlichkeit erfordert, die sich gegen die moralische Indifferenz aufzulehnen vermag. Das Problem liegt nicht im Individualismus als solchem, sondern im "romantischen" Individualismus. Die Erhöhung der *Innerlichkeit* zum Bezugspunkt des Selbst entfremdet die Menschen ihrer sozialen Bindungen und stumpft sie gegen die Ansprüche anderer ab. Erst der Rückzug ins *Private* macht aus den Widersprüchen unserer Zeit ein moralisches Problem.

Ich sehe in der Spannung von individueller Unabhängigkeit und kollektiver Abhängigkeit eines der drängendsten Probleme einer *zeitgemässen Theorie der Erziehung*. Angesichts der weltweiten Verflechtung unseres Handelns hat sich die Pädagogik von ihrem herkömmlichen Parochialismus zu befreien und eine Erziehungstheorie zu entwickeln, die den globalen Herausforderungen unserer Zeit gewachsen ist. Eine solche Erziehungstheorie "in weltbürgerlicher Absicht" (Kant) muss im Kern eine *Theorie der moralischen Erziehung* sein.

Das Selbstverständnis der modernen Pädagogik

Mit der Forderung nach einer *Theorie der moralischen Erziehung* verbindet sich keine Absage an die pädagogische Tradition. Im Gegenteil, für die Klassiker der neuzeitlichen Pädagogik stand die moralische Erziehung im Zentrum des Interesses. An der Wende zum 19. Jahrhundert verpflichteten sie das pädagogische Handeln auf die *Versittlichung* des Menschen. Gemäss Schleiermacher ist die Erziehung nur deshalb notwendig, weil es den menschlichen Gemeinschaften an Vollkommenheit fehlt (Schleiermacher 1826, p. 57f.). Eine vollkommene Menschheit würde keiner Erziehung bedürfen.

Auch für Kant liegt hinter der Edukation das "grosse Geheimnis der Vollkommenheit der menschlichen Natur" (Kant 1803, p. 700). Deshalb sollen die Kinder nicht dem gegenwärtigen, sondern dem *zukünftigen* Zustand des menschlichen Geschlechts, "das ist: der Idee der Menschheit, und deren ganzer Bestimmung angemessen, erzogen werden" (ebd., p. 704). Erziehung ist Vervollkommnung des Menschen durch *Moralisierung* des Menschen. Bei Rousseau heisst es: "Wir arbeiten im Einklang mit der Natur: Während sie den leiblichen Menschen bildet, versuchen wir den moralischen Menschen zu bilden" (Rousseau 1762, p. 335).

Für Herbart liegt die *eine* und *ganze* Aufgabe der Erziehung im Begriff der Moral verborgen (Herbart 1804, p. 259). Die Tugend ist der Name für das "Ganze des pädagogischen Zwecks" (Herbart 1835, p. 71). Der wahre Mittelpunkt, von dem aus die Pädagogik überblickt werden kann, ist der "Begriff des sittlichen Charakters, nach seinen psychologischen Bedingungen erwogen" (Herbart 1825, p. 334 - im Original hervorgehoben). Die Erziehung ist *moralische Erziehung* und als solche weder ein Training moralischen Verhaltens, noch eine Schulung moralischen Denkens, sondern Formung der moralischen Persönlichkeit: sie ist *Charakterbildung*.

Die Eindeutigkeit, mit der den pädagogischen Klassikern die Erziehung *moralische* Erziehung war, zeichnete bis weit ins 20. Jahrhundert hinein das Selbstverständnis der Erziehungswissenschaft. Noch Ende der 50er Jahre konnte Spranger das Einzigartige des pädagogischen Gegenstandes in die Frage fassen: "Wie komme ich mit meinen pädagogischen Einwirkungen an das verborgene Zentrum des Menschen heran, in dem sich sein Gewissen und ethische Gesinnung bilden?" (Spranger 1957, p. 373). Erst zu Beginn der 60er Jahre änderte sich die Lage. Eine "realistische" und eine "emanzipatorische" Wendung führten zur Abkehr der Pädagogik von ihrem traditionellen Anspruch auf die Moralisierung des Menschen. Die Beschäftigung mit Normen und Werten wurde nur mehr sprachanalytisch und ideologiekritisch zugelassen. Doch die Moral ist kein Nebengeschäft der Erziehung. Sie liegt im Zentrum der modernen Pädagogik. Zwar mag die *Vervollkommnung des Menschen* nicht mehr unser Ziel sein, wie noch für Kant und Schleiermacher, doch erkennen auch wir die *Unvollkommenheit* der menschlichen Verhältnisse. Und dies ist uns Grund genug, zu deren *Verbesserung* beizutragen.

Die Moralisierung des Menschen ist keine zufällige Idee. Sie hat ihre *gesellschaftlichen* Wurzeln. Die Geburtsstunde der neuzeitlichen Pädagogik steht im Zeichen der "Loslösung des Menschen aus der ständischen Gebundenheit" (Weniger 1936, p. 358). Mit der Auflösung der segmentären Gesellschaft des Mittelalters war ein soziales Gefüge entstanden, dessen Komplexität und Differenziertheit das Aufwachsen der jungen Generation durch die blosse Beteiligung an den Aktivitäten der Erwachsenen nicht mehr möglich machte. Umso mehr als die Modernisierung der Gesellschaft mit einer *Zivilisierung* der Menschen einherging (Elias 1939). Die Altersgruppen, die im Mittelalter nur während der frühen Kindheit getrennt waren, rückten auseinander. Die Kluft zwischen den Generationen schuf eine besondere Phase im menschlichen Lebenslauf: die *Kindheit*. Soziologisch gesehen war die Kindheit ein gesellschaftliches Problem und die Schule dessen intendierte Lösung. Die Geburtsstunde der Pädagogik als *Erziehungstheorie* war gekommen.

Ohne Berücksichtigung der gesellschaftlichen Wandlungen im Übergang zur Neuzeit ist die moderne Pädagogik nicht verstehbar. Von "Pädagogik" ist in der deutschen Sprache erstmals um 1770 die Rede. Das 18. Jahrhundert hat sich selbst als das "pädagogische Jahrhundert" verstanden. Es sah die Aufgabe der Erziehung in der *Bildung der menschlichen Subjektivität*. Durch Erziehung sollte der Mensch auf sich selbst gestellt werden, "auf seine Natur und seine Vernunft, auf sein Gewissen und seinen Willen, auf seine Freiheit und seine Gesundheit" (Weniger 1936, p. 358). Die Selbständigkeit des einzelnen macht die Kategorie der *Kindheit* so zentral für die pädagogische Theorie. Denn erst der Rückgang auf das Kind - ohne Ansehen seiner sozialen Herkunft - befreit von den Standes- und Gruppeninteressen der vormodernen Erziehung.

Auch wenn das pädagogische Kriterium in der "Einstellung auf das subjektive Leben des Zöglings" (Nohl 1933, p. 124) liegt, ist damit kein Gegensatz von Individuum und Gesellschaft gemeint. Die Erziehung "vom Kinde aus" - anfangs des 20. Jahrhunderts propagiert - ist eine *Teilwahrheit*, die ergänzt werden muss durch das Diktum von der Erziehung als "Funktion der Gesellschaft" (Dilthey 1934, p. 192). Am treffendsten charakterisiert daher Bernfeld die Erziehung, wenn er sie als "Reaktion der Gesellschaft auf die Entwicklungstatsache" (Bernfeld 1925, p. 51) bestimmt. Entwicklung *allein* genügt nicht, um Erziehung zu konstituieren, denn "Erziehung gibt es nur dort, aber überall dort, wo *Kindheit in Gesellschaft* abläuft" (ebd., p. 50 - Hervorhebung W.H.). Wobei Bernfeld eine bedeutsame Präzisierung anbringt: "Kindheit in einer *erwachsenen* Gesellschaft verlaufend, das ist die Voraussetzung für die Erziehung" (ebd., p. 51 - Hervorhebung W.H.). Das Verschwinden der Erwachsenheit würde das pädagogische Verhältnis genauso beenden wie das Verschwinden der Kindheit. Wie schon Schleiermacher betonte, gibt es ohne ein *Generationenverhältnis* keine Erziehung (Schleiermacher 1826, p. 9).

Wenn die Erziehung eine gesellschaftliche Reaktion auf die Tatsache der Entwicklung ist, dann können wir mit Hannah Arendt auch vom *Doppelgesicht* sprechen, welches das Kind dem Erzieher zeigt: "... es ist neu in einer ihm fremden Welt und es ist im Werden" (Arendt 1958a, p. 15). Die Erziehung wäre eine blosse Sorge um die Erhaltung des *Lebens*, wenn das Kind nicht auf eine ihm fremde Welt bezogen wäre. Da es aber nicht nur ins Leben gerufen, sondern gleichzeitig in eine *Welt* hinein geboren wird, haben die Erziehenden die Verantwortung für *beides*, "für Leben und Werden des Kindes wie für den Fortbestand der Welt" (ebd.).

Insofern die Erziehung den Fortbestand der Welt zu verantworten hat, kann sie eine "Einführung" genannt werden[2]. Sie ist dies auch aus psychologischen Gründen. Denn die Welt muss dem Kind dosiert zugeführt werden, damit es keinen Schaden nimmt. Doch genauso wie das Kind, bedarf die Welt des Schutzes, um durch das Neue, das mit jeder Generation auf sie zukommt, nicht zerstört zu werden. Die Verantwortung für das Kind und die Verantwortung für die Welt lassen sich nicht auseinanderreissen. Apodiktisch heisst es bei Arendt: "Wer die Verantwortung für die Welt nicht mitübernehmen will, sollte keine Kinder zeugen, und darf nicht mithelfen, Kinder zu erziehen" (Arendt 1958a, p. 18). Was die Erziehung will, ist die *Vermittlung* von Individuum und Gesellschaft.

Auf dem Weg zu einer Theorie der moralischen Erziehung

Die Erziehung steht also in der doppelten Verantwortung gegenüber dem Kind und der Welt. Die globalen Probleme des menschlichen Zusammenlebens, von denen die Rede war, stellen eine *genuine* Herausforderung an das pädagogische Denken dar. Die Erziehungswissenschaft ist angehalten, auf die bedrohliche Situation, in der wir uns befinden, zu reagieren. Ihr Anspruch auf die Vermittlung von Individuum und Gesellschaft verpflichtet sie zur Hilfeleistung bei der Bewältigung der existentiellen Spannungen unserer Zeit. Im Rahmen einer *Theorie der moralischen Erziehung* müsste es gelingen, einen Beitrag zur Lösung des "menschlichen Dilemmas" zu leisten. Wie aber finden wir zu einer *Theorie* der moralischen Erziehung? Diese Frage wird mich in diesem Buch vordringlich beschäftigen.

Die Klassiker der neuzeitlichen Pädagogik waren von Haus aus *Philosophen* und *Theologen*. Kant, Herbart und Schleiermacher betrieben die Pädagogik von einem spekulativen Standpunkt aus. Das hat sich inzwischen geändert. Die Erziehungswissenschaft des 20. Jahrhunderts ist in

---

[2] Vgl. die ausführlichere Diskussion im Schlussabschnitt von Kapitel 9.

erster Linie *psychologisch* orientiert. In der Psychologie wird gar die Grundlagendisziplin der Pädagogik gesehen, so bei Brezinka, für den die Erziehungswissenschaft in erster Linie angewandte Psychologie ist (Brezinka 1978, p. 67). Die Theorie der moralischen Erziehung wird sich daher der Psychologie zuwenden, um sich zu begründen. Doch wird sie sich nicht als angewandte Psychologie verstehen, denn so einfach wie Brezinka das Verhältnis von Pädagogik und Psychologie darstellt, ist es nicht.

Brezinkas Argumentation liegt ein Fehlschluss zugrunde, den Kohlberg folgendermassen kommentiert: "Valid teachers' decisions must be based on the assumption of the growing freedoms and dignity of the child. Valid theories of educational practice, then, cannot be simply based on psychological theories for ordering value-neutral psychological data motivated by pure research" (Kohlberg 1980, p. 38). Nicht jedem Handeln kommt das Attribut "pädagogisch" zu, sondern allein demjenigen, das am Ziel der *Subjektwerdung* des Menschen orientiert ist. Was für den psychologischen Forscher wichtig ist, braucht nicht auch für den pädagogischen Praktiker wichtig zu sein. Kohlberg plädiert daher für ein *wechselseitiges Verhältnis von Psychologie und Pädagogik*. Zwischen den beiden Disziplinen bedarf es der gleichberechtigten Zusammenarbeit. Was damit genau gemeint ist, muss zunächst offen bleiben, denn Kohlberg selbst hat die wissenschaftstheoretischen Konsequenzen seiner Kritik nicht mehr gezogen.

Genau an dieser Stelle aber möchte ich mit meiner Analyse einsetzen. Wie muss die Zusammenarbeit von Pädagogik und Psychologie aussehen, damit sie dem von Kohlberg kritisierten Fehlschluss nicht anheimfällt? Ich glaube, dass nur eine *interdisziplinäre* Verbindung von Pädagogik und Psychologie eine solche Zusammenarbeit möglich macht. Im Rahmen einer interdisziplinären Wissenschaft wird das Verhältnis von Pädagogik und Psychologie *reziprok* fundiert, was die *gemeinsame* Erarbeitung von pädagogischer Theorie erlaubt. Dadurch entsteht eine Psychologie, die nicht unter Umgehung der Pädagogik, sondern in Kooperation mit ihr begründet wird (Herzog 1988a). Eine solche *interdisziplinäre pädagogische Psychologie* wird uns auch den Weg zu einer *Theorie der moralischen Erziehung* weisen können. Fragen wir uns daher, was wir unter einer interdisziplinären pädagogischen Psychologie zu verstehen haben.

Pädagogische Psychologie als interdisziplinäre Wissenschaft

Interessanterweise findet sich schon zur Zeit der Entstehung der modernen Pädagogik ein Verständnis von pädagogischer Psychologie, das deren *Interdisziplinarität* betont. Herbart, der Begründer der wissenschaftlichen Pädagogik und einer der Väter der modernen Psychologie (Pongratz 1967, p. 87ff.), hat überhaupt zum ersten Mal die Grundzüge einer pädagogischen Psychologie vorgelegt. Statt von der Psychologie wie Brezinka, geht Herbart von der Pädagogik aus, die er auf die Idee der *Bildsamkeit* verpflichtet (Herbart 1835, p. 69). Die Bildsamkeit bringt die

Tatsache zum Ausdruck, dass Menschen durch Erziehung beeinflussbar sind. Ich nenne diese Tatsache die *pädagogische Intuition*. Sie fungiert als Stimulans der Theoriebildung, indem sie aus dem Bereich der Erfahrung in das Feld der Wissenschaft vordringt und ihre Klärung veranlasst.

Am Anfang der Klärung der pädagogischen Intuition steht eine zweifache Differenzierung. Erstens ist die Bildsamkeit immer *relativ*, nie absolut, und zweitens ist sie in ein *pädagogisches Verhältnis* eingebunden, das die Einwirkung des Erziehers auf den Zögling und die Empfänglichkeit des Zöglings für diese Einwirkung meint. Damit ergibt sich die Problemstellung der pädagogischen Theorie: Wie ist es möglich, den Prozess der Bildung als eine Funktion der Erziehung zu begreifen?

Der erste Schritt, den Herbart zur Lösung dieses Problems macht, liegt in der Bestimmung des pädagogischen Verhältnisses als *Kausalverhältnis* (Herbart 1831/32, p. 10). Aus der Erziehung wird ein Vorgang der Erzeugung, der unter der Zielsetzung der Befreiung des Zöglings zur Sittlichkeit steht (Herbart 1804, p. 259ff., 1835, p. 80). Das pädagogische Handeln soll etwas erreichen, was gemeinhin als das Gegenteil eines Kausalverhältnisses gilt, nämlich die Freisetzung des Zöglings zur *Selbständigkeit*. Die Auflösung dieser Paradoxie ist für Herbart "eine von den wichtigsten Proben wahrer Metaphysik und Psychologie" (Herbart 1831/32, p. 16).

An der Probe scheitern die Philosophien seiner Zeit, und eine Psychologie gibt es noch nicht. Herbart macht sich deshalb daran, die Psychologie zu schaffen, die dem gesetzten Probierstein der Bildsamkeit standhält. Die Psychologie soll nicht nur zeigen, dass man auf den Zögling einwirken kann, "sondern auch, dass bestimmten Einwirkungen bestimmte Erfolge entsprechen, und dass man dem Vorauswissen dieser Erfolge sich durch fortgesetzte Untersuchung, nebst zugehöriger Beobachtung mehr und mehr annähern werde" (Herbart 1812a, p. 151). Um diesen Anspruch einzulösen, greift Herbart auf mechanische Modelle zurück. Seine Psychologie ist eine "Physik des Geistes" (Herbart), die das seelische Geschehen zerlegt und als Statik und Mechanik von Vorstellungen begreift (Herbart 1816, p. 369ff., 1824, p. 200). Da im Bereich der Vorstellungen analoge Gesetze gelten wie in der physischen Welt[3], lassen sich die psychologischen Gesetze mit Hilfe der Mathematik darstellen.

Gestützt auf die "mathematische Psychologie" (Herbart), ist die Pädagogik in der Lage, das Kausalverhältnis zwischen Erzieher und Zögling zu begreifen. Da die Erziehung in erster Linie moralische Erziehung ist, geht es Herbart vor allem um die Erziehung des *Willens* (Herbart 1804, p. 259). Der Wille aber wurzelt in den *Vorstellungen* (Herbart 1824, p. 275f.). Damit ergibt sich die gesuchte Verbindung von Pädagogik und Psychologie. Das pädagogische Handeln setzt an den Vorstellungen an; die Erziehung ist eine Formung der Vorstellungsmassen zu zunehmender Fe-

---

[3] "Die Gesetzmässigkeit im menschlichen Geiste gleicht vollkommen der am Sternenhimmel" (Herbart 1816, p. 373).

stigkeit (Herbart 1825, p. 334, 1835, p. 75ff.). Wenn es daher gilt, "Sittlichkeit als wirkliches Ereignis hervorzubringen", dann muss der Erzieher "unvermeidlich Determinist" sein (Herbart 1919, p. 597). Der Kausalität des pädagogischen Handelns korrespondiert die Gesetzmässigkeit der Vorstellungsmechanik. Auf diese Weise gelingt es der Psychologie, die pädagogische Intuition in eine *Theorie* zu kleiden, wodurch sie pädagogische Psychologie im Sinne *interdisziplinärer Wissenschaft* wird.

Um Herbarts Argumentation für unser Anliegen fruchtbar zu machen, müssen wir zwei Dinge unterscheiden. Einerseits gibt uns Herbart eine *wissenschaftstheoretische Orientierung*, die die pädagogische Psychologie als interdisziplinäre Wissenschaft begründen lässt, und andererseits zeigt er uns eine besondere *Ausgestaltung* dieser Orientierung. Wir können das eine das Konstruktionsprinzip und das andere das Konstruktionsmittel der pädagogischen Psychologie nennen. Das *Konstruktionsmittel* Herbarts ist die Mechanik, was uns hier nur hintergründig interessiert. Vordergründig sind wir an seinem *Konstruktionsprinzip* interessiert. Herbart begründet die pädagogische Psychologie in der pädagogischen Intuition der *Bildsamkeit*. Diese Intuition erschliesst die Erkenntnisperspektive, gleichsam den *Gesichtspunkt*, von dem aus erzieherische Phänomene gesehen werden. Um diese Erkenntnisperspektive in ein Gegenstandsverständnis überzuführen, bedient sich Herbart des Modells der *Mechanik*. Im Modell der Mechanik erscheint die Erziehung als Kausalverhältnis und Herstellungsprozess. Damit die Psychologie dem pädagogischen Handeln dienen kann, muss ihr *dasselbe* Gegenstandsverständnis unterliegen wie der Pädagogik. Herbart begründet folglich auch die Psychologie mit den Mitteln der Mechanik. Als Ort der Interdisziplinarität der pädagogischen Psychologie ergibt sich der *Prozess der Gegenstandskonstituierung* (Herzog 1984a, p. 326ff., 1988a). Die pädagogische Psychologie wird dadurch zur interdisziplinären Wissenschaft, dass sie ihren Gegenstand im Lichte der pädagogischen Intuition begründet.

Zur Kritik der neuzeitlichen Erkenntnistheorie

Bevor ich auf die Frage zurückkomme, wie aus einer interdisziplinären pädagogischen Psychologie eine *Theorie der moralischen Erziehung* folgen kann, möchte ich mein Verständnis der pädagogischen Psychologie etwas vertiefen. Ich habe die Interdisziplinarität der pädagogischen Psychologie in der pädagogischen *Erkenntnisperspektive* begründet. Diese ergibt sich aus der Intuition der Bildsamkeit. Der Standpunkt der Erziehung erschliesst den "Gesichtspunkt der pädagogischen Aufgabe" und die Konturen der pädagogischen Theorie[4].

---

[4] Der Ausdruck "Gesichtspunkt der pädagogischen Aufgabe" stammt von Münsterberg (1914, p. 530f.).

Nun könnte man in der Rede von "Gesichtspunkt", "Standpunkt" und "Perspektive" blosse *Metaphern* sehen. Doch glaube ich nicht nur, dass uns ein Verzicht auf Metaphern unmöglich ist (Herzog 1983), sondern auch, dass die Metaphern des Standpunkts und der Erkenntnisperspektive zu einem besseren Verständnis der wissenschaftlichen Tätigkeit führen als die Metapher der Abbildung. Was wir unter Erkenntnis verstehen, ist geprägt von einer langen philosophischen Auseinandersetzung, die bis in die Zeit Homers zurückreicht. Für Homer ist die Erkenntnis ein Geschenk der *Götter*. Wenn er anhebt "Singe mir, Göttin, den Zorn ..." oder "Nenne mir, Muse, den Mann ...", dann "spricht ein Dichter, der nicht von sich aus weiss, was er sagt, nicht durch eigene Begabung oder persönliche Erfahrung, sondern dem eine Gottheit es eingibt" (Snell 1975, p. 127). Gemessen am Wissen der Götter, ist dasjenige der Menschen begrenzt.

Homer schuf die Grundlagen für eine Erkenntnistheorie, die in säkularisierter Form noch heute Gültigkeit hat. Die Götter wissen deshalb so viel, weil sie so viel *gesehen* haben. Allgegenwärtig wie sie sind, haben sie über alles den *Überblick*, während die Menschen das meiste nur vom *Hörensagen* kennen. Die Menschen vernehmen eine *Kunde* und haben nicht das verlässliche Wissen, auf das sich der *Augenzeuge* berufen kann (Picht 1969, p. 40)[5]. Ohne Götter wären sie dem Truge verfallen.

In der Vorsokratik beginnt die Säkularisierung der Homerischen Erkenntnistheorie. Für Xenophanes ist das Wissen um den göttlichen *nous* das allein Erstrebenswerte. Parmenides identifiziert den *nous* mit dem *Sein*. Platon schliesslich sieht die grundlegende Unterscheidung in der Frage: "Was ist das stets Seiende, das kein Entstehen hat, und was ist das stets Entstehende, das niemals seiend ist?" (Platon 1959, p. 154 - Übersetzung leicht geändert). Wahrheit ist Erkenntnis des *Seins*, während dem *Werden* blosse Scheinhaftigkeit zukommt. Der Zeit enthoben, ist das Sein göttlich, denn auch die Götter sind "stets seiend". Der Mensch, der sich anschickt zu erkennen, macht sich den Göttern gleich und vermag die Wahrheit zu *schauen*. Was er sieht, ist das An-sich der Dinge, wie es sich dem göttlichen Blick zeigt.

Der Wechsel vom Ohr zum Auge ist von zentraler Bedeutung für das Verständnis der menschlichen Erkenntnis. Denn das Auge ist der *Distanzsinn* par excellence. Das Sehen trennt - im Gegensatz zum Hören, das verbindet. Ein *Überblick* ist uns nur im Sehbereich möglich. Des weiteren ist das Auge das Organ der *Gleichzeitigkeit* (Jonas 1973, p. 199). Was wir sehen, ist uns "auf einen Blick" gegeben. Das Auge führt daher nicht nur zur Idee der Trennung von Subjekt und Objekt, sondern auch zum Glauben an eine *zeitlose Wahrheit*. In der ewigen Gegenwart des Augenblicks ist alles Werden ausgeschaltet. Als Sehender setzt sich der Mensch den

---

[5] Von dieser bescheidenen Erkenntniserwartung zeugen noch Ausdrücke wie "Naturkunde", "Menschenkunde" oder "Heilkunde". Bezeichnenderweise gebrauchen wir sie kaum noch.

Göttern gleich, die den Überblick haben und die Welt erkennen, wie sie *ist*.

Die Säkularisierung der Erkenntnistheorie wird im Christentum gebremst. Denn für die Christen ist nicht das Wissen das Höchste, sondern der Glaube. Im Glauben wird dem Menschen die Wahrheit *offenbart*, weshalb der Gläubige auf Gottes Wort *hört*. Rahner (1971) nennt den Menschen einen "Hörer des Wortes", und Jüngel meint, der Mensch sei ein "zum Hören bestimmtes Wesen" (Jüngel 1975, p. 343). Im christlichen Verständnis des Menschen dominiert das *Ohr* als Erkenntnisorgan[6]. Im Unterschied zur sichtbaren, ist die hörbare Welt ungefragt. Sie bedarf der ausdrücklichen Zuwendung nicht (Anders 1980, p. 243). Der Gehörsinn lässt die Wirklichkeit *erleiden*. Das mag uns wenig erstaunen, wenn wir wissen, welche Rolle das Leiden im christlichen Denken spielt. In der Passion identifiziert sich der Mensch mit Gott, der in Christus die Qual der Kreuzigung auf sich genommen hat, um die Menschen von ihrer Schuld zu befreien.

Ein wesentlicher Unterschied des christlichen gegenüber dem Homerischen Weltbild liegt im Gedanken des *Einen* Gottes, der zugleich der *Schöpfer* der Welt ist. Wenn in der Neuzeit der Prozess der Säkularisierung der Erkenntnistheorie weitergeht, dann ist gegenüber der griechischen Antike etwas Neues hinzugetreten: das Schöpferische. Nicht mehr der göttliche *Blick* allein, sondern auch die göttliche *Tätigkeit* erscheint nun als notwendige Bedingung der Erkenntnis. Bei den sokratischen Griechen war die Erkenntnis ein *kontemplativer* Vorgang. Die Erkenntnis im modernen Sinn dagegen erscheint als Leistung des *homo laborans*. Der Mensch, der sich erneut zum Augenzeugen der Wahrheit macht[7], nimmt die Stelle des Schöpfergottes ein und *erarbeitet* sich sein Wissen.

Die Identifizierung des erkennenden Subjekts mit dem Schöpfergott der jüdisch-christlichen Tradition bringt zwei Bereiche in Kontakt, die in der Antike strikt voneinander getrennt waren: die Technik und die Natur. Die griechische Naturphilosophie war Erkenntnis der *physis*, die nichts mit den Artefakten zu tun hat, die von Menschen hergestellt werden. Die Maschinen bildeten eine Welt für sich, und niemand suchte in dieser *künstlichen* Welt nach den Gesetzen der *natürlichen* Ordnung (Moscovici 1968, p. 269f.). Wenn Gott aber der *Schöpfer* von Himmel und Erde ist, wie das Christentum lehrt, dann muss er auch die Natur *gemacht* haben. Und da den Menschen das Machen als Bereich der Herstellung vertraut ist, erscheint ihnen Gott als *Mechaniker* und seine Schöpfung als *Maschine*.

---

[6] Das zeigt auch das zweite Gebot Mose: "Du sollst dir kein *Bild* Gottes machen" (2. Mose 20, 4).

[7] Während des Mittelalters war das Auge dem Tasten, Riechen und Hören durchwegs nachgestellt (Rittner 1976, p. 39f.). Den Scholastikern galt das Auge als Quelle des Irrtums. Noch Descartes versuchte den Sehvorgang in Analogie zum Tasten zu erklären. Und die Optik fand erst in der neuzeitlichen Wissenschaft eine ihr angemessene Theorie (Lindberg 1976).

Der moderne Mensch ist nicht nur "Gesetzgeber der Natur" (Kant), sondern auch Erforscher der *machina mundi*. Der Erkenntnisprozess wird zum Schöpfungsakt *en miniature*. Im Gegensatz zum schauenden Erkennen der Antike, beruht das Experiment, das erst von der *neuzeitlichen* Wissenschaft verwendet wird (Moscovici 1968, p. 282ff.), auf einem *eingreifenden* Erkennen. Als wissbar gilt, was *gemacht* werden kann. Wir stehen noch ganz im Banne dieser Erkenntnistheorie, wie Miller, Galanter und Pribram zeigen, bei denen es heisst: "Wenn wir eine Sache so gut verstanden haben, dass wir sie uns selber bauen können, muss unser Verständnis fast perfekt sein" (Miller, Galanter & Pribram 1960, p. 50). Die Verkehrtheit dieser Erkenntnistheorie liegt nicht in ihrem konstruktivistischen Charakter, sondern im theologischen Ballast, den sie mit sich schleppt. Der Mensch, der nach der perfekten Erkenntnis strebt, trägt die Züge Gottes. Er ist nicht als *Mensch* Konstrukteur seines Wissens, sondern als Quasi-Gott. Die Wissenschaft stellt sich der Natur gegenüber auf den Standpunkt dessen, der sie erschaffen hat (Arendt 1958b, p. 288). Unser Erkennen ist das Resultat eines quasi-göttlichen Blicks in Verbindung mit einer quasi-göttlichen Schöpfung.

Skizze einer postmodernen Erkenntnistheorie

Die Erkenntnistheorie der modernen Wissenschaft ist das Produkt der Verschmelzung des antiken Verständnisses der Erkenntnis als göttliche Schau mit dem christlichen Bild des Schöpfergottes. Während die antiken Götter weder ein Ganzes noch die Schöpfer des Kosmos waren, ist der christliche Gott der *alleinige* Gott und der *Schöpfer* von allem. Im Kontext der säkularisierten Moderne wird die Erkenntnis zur Leistung von Auge und Hand. Kosmos und Welt zerfallen dem Wissenschaftler zum Material, dem er allererst eine Ordnung gibt. Er kennt die Dinge, "insofern er sie machen kann" (Horkheimer & Adorno 1944, p. 12). Sein Wissen trägt die Zeichen von *Macht* und *Herrschaft*.

Es gilt, die Erkenntnistheorie von ihrem theologischen Ballast zu befreien und auf eine *anthropologische* Basis zu stellen. Dazu brauchen wir keinen radikalen Neuansatz. Es genügt, die überkommenen Wurzeln des erkenntnistheoretischen Denkens miteinander zu verbinden: die homerische Idee des *Hörens*, die sokratische Idee des *Sehens* und die christliche Idee des *Schaffens*.

Das *Sehen* ist ein richtiger Ausgangspunkt. Unser Erkennen ist perspektivisch, nur ist unser Standpunkt kein göttlicher, rein geistiger, sondern ein menschlicher und leibgebundener (Apel 1975; Herzog 1987, 1988a; Måseide 1986). Damit ist uns Erkenntnis immer nur in einer Pluralität von Perspektiven möglich. Diese Pluralität ist kompensierbar in der Kommunikation mit anderen, einer Kommunikation, die den Wechsel der Perspektive möglich macht. Im Gespräch *hören* wir aufeinander. Wir lassen uns etwas sagen und vermögen unseren Horizont zu erweitern.

Innerhalb einer Erkenntnisperspektive erschliessen wir uns die Wirklichkeit *konstruktiv*, durch die Schaffung von *Modellen* (Black 1962; Herzog 1984a; Stachowiak 1973). Erneut gibt es keinen absoluten Standpunkt, von dem aus "das" Modell der Wirklichkeit konstruiert werden könnte. Jede Erkenntnisperspektive ermöglicht eine Vielzahl von Modellen und damit *verschiedene* Konstruktionen von Wirklichkeit. So ergibt sich eine Erkenntnistheorie, die auf den Begriffen der *Perspektivität*, der *Konstruktivität* und der *Kommunikation* fusst. In der Spannung von Sehen, Tun und Hören bzw. Auge, Hand und Ohr erschliesst sich uns die Welt, die nicht "an sich", sondern "für uns" ist.

Verbinden wir diese erkenntnistheoretischen Überlegungen mit der Idee der pädagogischen Intuition, so sehen wir, dass die Erkenntnisperspektive der *pädagogischen Psychologie* von eben dieser Intuition erschlossen wird. Wir sehen auch, dass im Rahmen der pädagogischen Erkenntnisperspektive eine *Konstruktion* des wissenschaftlichen Gegenstandes notwendig ist, um zu pädagogischer Theorie zu gelangen. Und wir sehen schliesslich, dass der pädagogische Gegenstand *verschiedene* Modellierungen zulässt, so dass die Maschine - obwohl die dominierende Metapher der neuzeitlichen Wissenschaft - kein *zwingendes* Modell der pädagogischen Erkenntnis ist. Herbarts Konstruktionsmittel für eine interdisziplinäre pädagogische Psychologie lässt sich zurückweisen, ohne dass sein Konstruktionsprinzip aufgegeben werden muss. Damit ergibt sich die Frage, welches Modell die pädagogische Intuition *am besten* zu theoretisieren vermag.

Ich habe nun den Weg skizziert, den eine interdisziplinäre pädagogische Psychologie zu gehen hat. Dieser Weg ist zugleich der Weg zu einer *Theorie der moralischen Erziehung*. Denn an die Stelle von Philosophie und Theologie, von denen sich noch Herbart und Schleiermacher bei ihren Bemühungen um die pädagogische Theoriebildung leiten liessen, ist die *Psychologie* getreten. Die Psychologie nicht aber als angewandte Wissenschaft, die die Pädagogik dominiert, sondern als *interdisziplinäre Wissenschaft*, die gemeinsam mit der Pädagogik an einer Theorie der Erziehung arbeitet. Unsere erkenntnistheoretischen Ausführungen bestätigen dieses Verständnis von pädagogischer Psychologie. Insofern die menschliche Erkenntnis perspektivisch und konstruktiv ist und insofern Intuitionen Erkenntnisperspektiven erschliessen, findet die pädagogische Psychologie ihren Gegenstand über die konstruktive Modellierung der pädagogischen Intuition.

Noch wissen wir allerdings wenig über die pädagogische Intuition. Somit können wir bestenfalls andeutungsweise sagen, wie die Psychologie die pädagogische Erkenntnisperspektive aufzugreifen hat, will sie in den interdisziplinären Austausch mit der Pädagogik treten. Bevor ich daher der Frage nachgehe, welches Modell des Menschen die pädagogische Intuition am angemessensten zu theoretisieren vermag, möchte ich deutlicher werden bezüglich dieser Intuition selbst. Ich tue dies, indem ich nach dem *Ziel* des pädagogischen Handelns frage.

Bildung als Menschwerdung des Menschen

Die Geburtsstunde der neuzeitlichen Pädagogik liegt in der Zeit von Renaissance und Aufklärung. Hier erfährt die pädagogische Intuition ihre erste Klärung. Die Erfahrung der Bildsamkeit stimuliert eine Theorie, die aus der Erziehung einen Prozess der gezielten Beeinflussung machen will. Für Schleiermacher sind die beiden zentralen Fragen der pädagogischen Theorie: "Was soll durch die Erziehung bewirkt werden?" und "Was kann durch dieselbe bewirkt werden?" (Schleiermacher 1826, p. 13). Die Erziehung ist eine *Wirkgrösse*, die etwas bezweckt. Der Zweck der pädagogischen Wirkung liegt im Begriff der *Bildung*. Bildung meint die Ausbildung der menschlichen Natur und die Hineinbildung des Menschen in das sittliche Leben (ebd., p. 15, 376). Was sich im Zivilisationsprozess sukzessive freisetzt, die Individualität und Subjektivität des Menschen, soll durch erzieherisches Handeln *systematisch* gefördert werden.

Bildung ist Formung des Individuums jenseits von Einzelinteressen und partikularen Ansprüchen. Sie ist *Allgemeinbildung*. Diese Formel bringt die *Modernität* der Pädagogik zum Ausdruck. Im Übergang zur Neuzeit zersetzt sich die ständische Gesellschaft mit ihren hierarchischen Strukturen und statischen Identitäten. Die Gesellschaft wird zu einem funktional differenzierten System heterogener Teilstrukturen mit eigenen Normen und Rollen (Luhmann 1967, p. 629f.). Das Aufwachsen der jungen Generation kann nicht mehr partikularistisch erfolgen. Es muss auf *universalistische* Werte ausgerichtet werden. Der Erziehung kann daher kein anderes Ziel zukommen, als den Menschen zum *Menschen* zu bilden (Vierhaus 1972, p. 511). Ob sein Zögling Soldat, Priester oder Anwalt wird, braucht den Erzieher nicht zu kümmern. Wenn er aus seinen Händen kommt, soll er in erster Linie *Mensch* sein (Rousseau 1762, p. 14). Die Berufs- und Standesbildung "muss immer dem allgemeinen Zweck der Menschenbildung untergeordnet sein" (Pestalozzi 1780, p. 32). Ziel der Erziehung ist die Befreiung des Menschen zu sich selbst.

Bildung zielt auf Subjektivität. Die klassische Bildungsidee wäre nicht denkbar "ohne die Freisetzung der im Säkularisierungsprozess eröffneten Möglichkeit, dass Menschen sich als zu vernünftiger Selbstbestimmung fähige Subjekte begriffen, genauer: als Subjekte, die im Prinzip in der Lage sind, sich zu vernünftiger Selbstbestimmung *heranzubilden*" (Klafki 1986, p. 457). Im Sinne der Kantischen Devise meint Subjektivität den "Ausgang des Menschen aus seiner selbst verschuldeten Unmündigkeit" (Kant 1783, p. 53). Mündigkeit heisst die Fähigkeit zu selbständigem und selbstverantwortlichem Denken und Handeln. Die Subjektivität, die Bildung meint, ist daher *kein Subjektivismus*. Bildung ist nur möglich im Medium eines Allgemeinen. Sie ist Auseinandersetzung mit den *gemeinsamen* Aufgaben der Menschen und stiftet "Verständigung über grundlegende gemeinsame Lebensprobleme" (von Hentig o.J., p. 34). Damit ist die gebildete Subjektivität gerade nicht Innerlichkeit, sondern Hinwendung zur Welt und zur Humanität (Klafki 1986, p. 459).

Bildung steht nicht nur in Beziehung zu Aufklärung und Subjektivität, sondern auch zu *Kultur*. Adorno hat diese Seite des Bildungsbegriffs prägnant zum Ausdruck gebracht: "Bildung ist ... Kultur nach der Seite ihrer subjektiven Zueignung" (Adorno 1959, p. 67). Allerdings ist diese Formulierung missverständlich, denn Kultur gerät im deutschsprachigen Raum leicht in Gegensatz zu *Zivilisation*. Sie tendiert auf Geistiges, Künstlerisches und Religiöses und neigt dazu, politische, wirtschaftliche und gesellschaftliche Fakten zu disqualifizieren (Elias 1939, Bd. 1, p. 2f.). Vor allem im deutschen Idealismus wurde aus dem Prinzip der Bildung etwas Geistiges, "das nicht unmittelbar einem anderen dienstbar, nicht unmittelbar an seinem Zweck zu messen ist" (Adorno 1959, p. 79). Diese gleichsam aseptische Bestimmung des Bildungsbegriffs war eines der Hauptmotive, weshalb die Bildungstheorie im 20. Jahrhundert unter Beschuss geriet. Im gleissenden Licht der Ideologiekritik erschien die Bildung als Merkmal (falschen) bürgerlichen Bewusstseins.

Doch gerade die Ideologiekritik vermag zu zeigen, dass die Enge des Bildungsbegriffs diesem nicht ursprünglich ist (Lemberg 1963, p. 25ff.; Plessner 1959; Strzelewicz, Raapke & Schulenberg 1966, Kap. I). Zeigt die Geschichte des Bildungsbegriffs eine zunehmende Distanz zu Politik, Wirtschaft und Gesellschaft, so darf diese Distanz nicht schon im neuhumanistischen Bildungsbegriff angesetzt werden, denn damals hatte die Bildung sehr wohl eine politische Dimension. Selbst die ästhetische Bildung, wie sie Schiller propagierte, war nicht auf blosses Geniessen, sondern auf die glückende politische Praxis eingestellt (Buck 1984, p. 189ff.; Klafki 1986, p. 461). Die "Verfallsgeschichte der Bildung" beginnt erst im 19. Jahrhundert (Menze 1983, p. 352; Pongratz 1984, p. 198ff.). Erst jetzt zieht sich die Bildung zurück unter die "Glasglocke der Innerlichkeit" (Litt 1959, p. 146), wo nicht mehr real, sondern nur mehr phantasierend gehandelt wird.

Dass der Bildung sehr wohl eine politische Dimension zukommt, zeigt in unserer Zeit Theodor Wilhelm, dessen Konzept von Allgemeinbildung im Kern aus der *Verantwortung* für das Schicksal der Erde im Zuge der technologischen Entwicklung besteht (Wilhelm 1985, p. 149). Ähnlich formuliert Picht, "nur was wir zu verantworten vermögen, kann Horizont einer möglichen Bildung sein" (Picht 1965, p. 175). Der Blick der Verantwortung richte sich stets in die Zukunft, und es liege nicht in unserem privaten Ermessen, welche Gehalte unseres Bildungshorizonts entfaltet werden und welche nicht. Die Aufgaben, die wir lösen müssen, bestimmen den Umkreis dessen, was wir zu lernen haben (ebd., p. 182). Auch Klafki basiert sein Konzept von Allgemeinbildung auf der Idee von *Schlüsselproblemen* menschlichen Zusammenlebens (Klafki 1986). Bildung ist die pädagogische Antwort auf die *globalen Herausforderungen* unserer Zeit. Gerade der Bildungsbegriff vermag einer zeitgemässen *Theorie der moralischen Erziehung* die gewünschte Orientierung zu geben.

Das Herbartsche Problem

Wenn Erziehung Bildung bewirken soll, und wenn Bildung die Subjektwerdung des Menschen meint, wie kann dann die Erziehung ihr Ziel erreichen? Wir kommen damit auf das Problem der adäquaten Modellierung der pädagogischen Intuition zurück. Wir haben bei Herbart eine Theoretisierung des Erziehungsprozesses kennengelernt, die sich des Modells der *Mechanik* bedient. Die erste Bedingung aller Erziehung soll ein Kausalverhältnis zwischen Erzieher und Zögling sein. Auch Rousseau versteht den Erziehungsvorgang kausalistisch. Das Wissen um die natürliche Entwicklung soll es ermöglichen, die Kinder dorthin zu leiten, "wo man sie haben möchte" (Rousseau 1762, p. 71). Zwar will Rousseau den Zögling nicht direkt, sondern vermittelt über dessen Umwelt beeinflussen, diese aber muss vom Erzieher lückenlos kontrolliert werden: "Ihr werdet nie Herr über das Kind, wenn ihr es nicht über seine ganze Umgebung seid" (ebd., p. 74). Das Kind, "das wir wie ein empfindungsloses Wesen, wie einen Automaten (sic!) erziehen wollen" (ebd.), ist das *Geschöpf* des Erziehers.

Der *Zufall* erscheint als der eigentliche Widersacher der Erziehung. Rousseau kann sich nicht vorstellen, dass jemand bei aufmerksamer Lektüre seines Buches annehmen könnte, "dass all diese verschiedenen Umstände, in denen sich Emil jetzt befindet, aus Zufall entstanden sein sollen" (Rousseau 1762, p. 477). Auch für Herbart liegt der Zweck der Erziehung darin, "die Kinder dem Spiele des Zufalls zu entreissen" (Herbart 1798, p. 51). Die Elimination des Zufalls ermöglicht die *Beherrschung* des Erziehungsvorgangs, ein Anspruch, der in der Geschichte der Pädagogik immer wieder seine Verfechter gefunden hat. Anfangs dieses Jahrhunderts waren es die Psychotechniker, die aus der Erziehung ein deterministisches Kausalgefüge machen wollten. Münsterberg sah in der pädagogischen Psychologie eine Technik, die zeigen soll, "wie gewisse Ziele, die dem Menschen wertvoll sind, durch die Beherrschung des seelischen Mechanismus erreicht werden können" (Münsterberg 1912, p. 17). Der Erzieher wird mit dem Ingenieur verglichen, der eine Brücke oder einen Tunnel baut.

Bei diesem Verständnis von Erziehung ergibt sich ein unlösbares Problem. Wie kann eine mechanistisch begriffene Erziehung das Ziel der Bildung, nämlich die Mündigkeit des Menschen, erreichen? Das Problem stellt sich insbesondere für die Theorie der *moralischen* Erziehung, denn moralisch nennen wir einen Menschen, der aus *eigenem* Entschluss handelt und für sein Tun Verantwortung übernimmt. Wie aber können wir zu Autonomie und Verantwortung erziehen, wenn das pädagogische Geschehen ein *Kausalprozess* ist? Entweder *determiniert* die Erziehung das menschliche Verhalten, dann erübrigt sich die Kategorie der Freiheit, oder die Menschen sind *frei*, dann lassen sie sich nicht erziehen.

Es ist der zweite Teil dieser Aporie, der Herbart zu schaffen machte. Sein Gegenspieler war Kant, der den Menschen als ein Wesen bestimmte, "das nicht anders als *unter der Idee der Freiheit* handeln kann" (Kant 1785, p. 83). Der Bereich der Kausalität soll vom Bereich der Freiheit radikal getrennt sein. Wirkt ein Ding der Natur nach *Gesetzen*, so hat der Mensch das Vermögen, "*nach der Vorstellung* der Gesetze, d.i. nach Prinzipien, zu handeln" (ebd., p. 41). Freiheit bedeutet, *sich selbst* ein Gesetz geben zu können. Daraus folgt, dass der Mensch nur durch *Entschluss* moralisch werden kann. "Was der Mensch im moralischen Sinne ist oder werden soll, gut oder böse, dazu muss er *sich selbst* machen oder gemacht haben" (Kant 1793, p. 694).

Für Herbart war Kants Bestimmung der moralischen Subjektivität unhaltbar. Steht der Mensch *ausserhalb* der Naturkausalität, bleibt unverständlich, wie er durch Erziehung beeinflusst werden kann. Wie soll es moralische Erziehung geben, wenn wir durch *Entschluss* moralisch werden? Kant ist die pädagogische Problematik seiner Ethik nicht verborgen geblieben, wie eine Stelle der "Anthropologie in pragmatischer Hinsicht" zeigt, wo es heisst, die Erziehung könne die Festigkeit und Beharrlichkeit eines Menschen "überhaupt *nicht nach und nach*, sondern nur gleichsam durch eine Explosion ... bewirken" (Kant 1798, p. 637). Es sei ein vergeblicher Versuch, *fragmentarisch* ein besserer Mensch zu werden. Genau dies aber meint die pädagogische Intuition: Bildsamkeit bedeutet nichts anderes als fragmentarisch Mensch zu werden. Wie aber ist dann moralische Erziehung möglich? Oder, in den Worten von Kant: "Wie kultiviere ich die Freiheit bei dem Zwange?" (Kant 1803, p. 711).

Wir stehen vor einem Problem, dem eine transzendentalphilosophische Begründung der Pädagogik nicht gewachsen ist. Dem Erzieher kann die *Denkmöglichkeit* der Moralität nicht genügen, er braucht Kenntnis von deren *Realmöglichkeit*. Er muss um die Voraussetzungen des Begriffs der Moral als "Bedingungen seiner realen Möglichkeit" wissen (Herbart 1804, p. 259). Nicht der leiseste Wind von transzendentaler Freiheit darf in das Gebiet der Erziehung hineinblasen (ebd., p. 261). Das heisst nicht, dass die Idee der *Freiheit* zurückgewiesen wird. Herbart ist deutlich genug: "Erziehung würde Tyrannei sein, wenn sie nicht zur Freiheit führte" (Herbart 1797, p. 48). Doch die Freiheit kann von der Erziehung nicht vorausgesetzt werden. Als Erzieher brauchen wir eine Philosophie, die uns erlaubt zu handeln. Dazu müssen wir einräumen, dass auch wir behandelt werden: "Behandelt in den inwendigen Wurzeln unseres Wollens. Behandelt und ein Werk anderer an eben der Stelle, die von unserem eigenen, persönlichen Wert, das Gepräge tragen soll" (Herbart 1812b, p. 245). Der Erzieher bedarf einer Theorie, die ihm verständlich macht, wie sich moralische Selbstbestimmung als Resultat erzieherischer Einwirkung ergibt. Herbarts Ablehnung der Kantischen Ethik ist bestimmt von dieser Problemstellung, die ich das *Herbartsche Problem* nenne.

Die Lösung, die Herbart seinem Problem gibt, lässt sich als *Ästhetisierung* der Ethik bezeichnen (Buck 1985, p. 114ff.). Ähnlich wie Schiller, der die Vernunft über den Weg der *Sinnlichkeit* für zugänglich hielt, glaubt Herbart, die Moralität über "Geschmacksurteile" erreichen zu können. Es gilt daher, eine "ästhetische Darstellung" der Welt zu erbringen (Herbart 1804, p. 268). Nur so kann der Zögling zu moralischen Urteilen veranlasst und in seinem Charakter gefestigt werden. Herbarts Lösungsversuch ist überholt, nicht aber sein Problem, das im Kern einer jeden pädagogischen Theoriebildung liegt. Es handelt sich um das Problem der <u>adäquaten Modellierung</u> dessen, was sich als <u>Genese menschlicher Subjektivität im Kontext erzieherischen Handelns</u> bezeichnen lässt.

Von Herbart zur Reformpädagogik

Unsere Frage nach einer *Theorie der moralischen Erziehung* erweist sich als zunehmend anspruchsvoll. Der Gedanke, die aktuellen Probleme des menschlichen Zusammenlebens mittels moralischer Erziehung anzugehen, hat uns nicht nur ins Zentrum der modernen Pädagogik geführt, er hat uns auch mit dem Kernproblem der neuzeitlichen Erziehungstheorie konfrontiert. Es scheint, dass wir nicht auf einfachem Weg dazu gelangen werden, das "menschliche Dilemma" zu bewältigen. Zuerst brauchen wir eine Lösung für das Herbartsche Problem. Eine solche Lösung ist auf zwei Arten zu gewinnen: durch eine Klärung dessen, was *Subjektivität* meint oder/und durch eine Klärung dessen, was *Erziehung* heisst. Für Herbart stand fest, dass die Erziehung auf einem *Kausalverhältnis* beruht, also versuchte er, den Begriff der *Subjektivität* umzuformulieren. Den anderen Weg hat die Reformpädagogik beschritten. Für sie ist die Subjektivität das Gegebene; folglich geht es ihr darum, den Begriff der *Erziehung* umzudefinieren.

Die Reformpädagogik will die Erziehung "vom Kinde aus" begründen. Ellen Key attackiert die "Seelenmorde in den Schulen" und verurteilt jene "empörende physische und psychische Misshandlung ..., die ... Erziehung genannt wird" (Key 1900, p. 203, 219ff.). Die allgemeine Bildung wird als "Phantom" diffamiert, das "aus den Schulplänen und ... Elternköpfen vertrieben werden muss" (ebd., p. 224). Key spricht von der *Ehrfurcht* des Erwachsenen vor dem Kind. "Bevor nicht Vater und Mutter ihre Stirne vor der Hoheit des Kindes in den Staub beugen; bevor sie nicht einsehen, dass das Wort Kind nur ein anderer Ausdruck für den Begriff Majestät ist; bevor sie nicht fühlen, dass es die Zukunft ist, die in Gestalt des Kindes in ihren Armen schlummert, die Geschichte, die zu ihren Füssen spielt - werden sie auch nicht begreifen, dass sie ebenso wenig die Macht oder das Recht haben, diesem neuen Wesen Gesetze vorzuschreiben, wie sie die Macht oder das Recht besitzen, sie den Bahnen der Sterne aufzuerlegen" (ebd., p. 181). Key beschwört die "Religion der Entwicklung" (ebd., p. 184) und predigt den Glauben an die natürliche Entfaltung des Kindes.

Die Reformpädagogik knüpft an *romantischen* Tendenzen an, die sich als resignative Reaktion auf die Versprechungen der Aufklärung verstehen lassen. Die Romantiker wollten nicht Entfremdung und Veräusserlichung, sondern *Innerlichkeit*. "Was brauchen wir die trübe Welt der sichtbaren Dinge mühsam zu durchwandern? Die reinere Welt liegt ja in uns", heisst es bei Novalis (1798, p. 154). Nichts scheint naheliegender angesichts der Komplexität und Heterogenität der modernen Welt, als sich in sich zurückzuziehen und im *Inneren der Seele* jenen Halt zu suchen, den man draussen nicht findet. Dabei liegt die Unmittelbarkeit der romantischen Selbstbeziehung nicht im Denken[8], sondern im *Gefühl*. "Ich fühle mich! Ich bin!" ruft Herder (1778, p. 96). Der Instinkt "ist das vollkommenste Sein in uns, das geheime Wirken, woraus alles aufsprudelt und wozu alles niedersinkt" (Arndt 1805, p. 97). Wo das Fabelwort zum Gedanken wird, "da geht die Totschlägerei an, der schlimmste Kindermord von allen" (ebd., p. 71).

Die Anklage des Kindermordes wird seither immer wieder erhoben. Heute sind es die *Antipädagogen*, die im Kindermord das "normale Erziehungsgeschehen" sehen, dem nur einige wenige entgehen, "auf denen unsere Hoffnung ruht" (Saner 1979, p. 73f.). Statt auf die Erziehung, setzen die Antipädagogen auf die "Spontanautonomie" des Kindes (von Braunmühl 1975, p. 149ff.). In genauem Gegensatz zu Herbart ist ihnen nicht die *Erziehung*, sondern die kindliche *Subjektivität* das Gegebene. Was in der Aufklärungspädagogik moralisch neutral war, nämlich die menschliche Natur, verwandelt sich bei den Antipädagogen in ein natürliches Gutes. Rousseau hätte keine ausgeklügelte "negative Erziehung" zu erfinden brauchen, wenn die Kinder von Natur aus gut wären. Die Erziehung, die die *Moralisierung* des Menschen will, ist überflüssig, wenn die "Kraft des Guten" (Rogers) zum Rechten sorgt. Alice Miller sieht sehr genau, dass ihre antipädagogische Haltung mit Rousseaus Auffassung über die menschliche Natur "nichts gemeinsam hat" (Miller 1980, p. 118). Ein von Natur aus guter Mensch bedarf keines Gewissens, keines Über-Ichs und keiner moralischen Prinzipien. Er muss nicht zur Vernunft kommen, da er von Natur aus vernünftig ist. Zwischen der mittelalterlichen Überzeugung von der Allgegenwart des Bösen und dem antipädagogischen Glauben an die Kraft des Guten liegen Welten. Doch es sind Welten, die die Erziehung möglich und *notwendig* machen, während die Omnipräsenz des Guten die Erziehung obsolet werden lässt.

Der Glaube an die Spontanautonomie des Kindes ist das zentrale Dogma der "Religion der Entwicklung". Die Erziehung, falls es sie überhaupt noch gibt, wird zur "heiligen Aufgabe" (Montessori) und zum "Dienst am Kinde" (Zillig), die Schule zum "Weinberg, in welchem der Lehrer erziehend und segnend zu arbeiten berufen ist" (Diesterweg 1850, p. 177). Während das Kind bei Rousseau Geschöpf des Erziehers ist, erscheint es bei Montessori als "Erzeuger des Menschen" (Montessori 1938, p. 270). Die Erziehung ist nicht mehr Manufaktur, sondern ein Beistand für die spontane Entfaltung der kindlichen Kräfte. Sie sorgt nur mehr für das

---

[8] Wie bei Descartes - dem "Erzvater der Neuzeit" (Husserl 1936, p. 76) - und seinem "Ich *denke*, also bin ich" (Descartes 1637, p. 53).

Leben, die Verantwortung für die *Welt* hat sie abgegeben. Sie hat nichts zu bewirken, da alles schon da ist. Versprach die klassische Pädagogik die Befreiung des Subjekts zu sich selbst, stilisiert die Antipädagogik die Rettung des Subjekts vor der Erziehung (Oelkers & Lehmann 1983, p. 116). Die Freiheit soll nicht mehr durch Erziehung *erreicht* werden, vielmehr ist sie "eine *Voraussetzung* unzerstörter menschlicher Existenz" (von Braunmühl 1978, p. 157).

Wenn die Kinder bereits über das verfügen, was die Erzieher verwirklichen wollen, dann löst sich das pädagogische Verhältnis auf. Das Generationengefälle ebnet sich ein, und die Kindheit verschwindet. Es scheint als lasse sich das Herbartsche Problem nur *eliminativ* lösen. Entweder ist die Erziehung ein Kausalverhältnis, oder es gibt sie nicht. Entweder verfügen Kinder von Anfang an über Subjektivität, oder die Subjektivität ist eine Schimäre. Entweder liegt alles in den Händen des Erziehers, oder die Edukanden sind von selbst zu allem fähig. Erziehung und Bildung verhalten sich wie Feuer und Wasser.

Forderungen an eine Theorie der Erziehung

Ist die pädagogische Intuition eine Illusion? Nein, denn es *gibt* Erziehung. Und es gibt Erziehung, die zu *Bildung* führt. Was es nicht zu geben scheint, ist eine *Theorie*, die das Herbartsche Problem zu lösen vermag. Das aber liegt daran, dass die Pädagogik mit falschen *Modellen* arbeitet. Sie vermag Bildung und Erziehung nicht zu begreifen, weil sie die pädagogische Intuition unangemessen modelliert. Im Modell der *Mechanik* erscheint die Erziehung als Determination von Subjektivität, was jede Art von Bildung verunmöglicht. Im Modell des *souveränen Subjekts* ist Bildung von Anfang an gegeben, womit sich jede Art von Erziehung erübrigt. In beiden Fällen wird unverständlich, wie dem Kind beim Prozess der Subjektwerdung geholfen werden kann. Die Pädagogik operiert mit Vorstellungen, die genau das nicht verstehen lassen, was es zu verstehen gilt, wie nämlich der Mensch Subjekt *werden* kann.

Wenn das Herbartsche Problem auf andere Weise als mit den Mitteln von Mechanik und souveräner Subjektivität zu lösen ist, wie soll dies dann geschehen? Zur Beantwortung dieser Frage möchte ich mich der *Psychologie* zuwenden. Denn die Pädagogik braucht ihren Gegenstand nicht *allein* zu konstituieren. Gerade eine *interdisziplinäre pädagogische Psychologie* ermöglicht es, die pädagogische Intuition in der *Zusammenarbeit* von Pädagogik und Psychologie zu theoretisieren. Doch bevor ich mich an die Psychologie wende, halte ich die Ansprüche an die Konstituierung des pädagogischen Gegenstands fest, die sich aus unserer Diskussion der pädagogischen Intuition ergeben haben.

(1) *Bildung*: Bildung ist Subjektwerdung des Menschen. Sie umschreibt das Ziel erzieherischen Handelns und basiert auf einer an-

thropologischen Konzeption, d.h. einem Verständnis von Wirklichkeit und Möglichkeit menschlichen Seins.

(2) *Individualität*: Zum Bildungsbegriff gehört die Vorstellung des Menschen als Individuum. Zwar ist jeder Mensch wie alle anderen, doch verwirklicht er das menschlich Allgemeine auf eine besondere Art und Weise.

(3) *Sozialität*: Bildung meint nicht Innerlichkeit, sondern Offenheit für die gemeinsamen Belange der Menschen. Bildung erfolgt in der Auseinandersetzung mit den allgemeinen Aufgaben des menschlichen Lebens.

(4) *Ganzheitlichkeit*: Zur Idee der Bildung gehört ein Verständnis des Menschen, der in seinen verschiedenen Aspekten eine Einheit ("Identität") bildet.

(5) *Prozess*: Der Mensch ist nicht Substanz, sondern Prozess. Er *wird* Mensch und verändert sich unter Wahrung seiner Identität.

(6) *Erziehung*: Die Erziehung ist Einwirkung auf den Prozess der Subjekwerdung des Menschen. Insofern sie den Prozess der Bildung fördert, macht sie sich in dem Masse überflüssig, wie sie ihr Ziel erreicht.

Aus diesen Ansprüchen an die Modellierung der pädagogischen Intuition ergeben sich spezifische Aufgaben für die pädagogische Theorie. Die Theorie der Erziehung hat eine Reihe von Problemen zu lösen, zu denen insbesondere die folgenden gehören:

(1) Die Erziehung hat es mit dem Menschen insgesamt zu tun. Sie kann sich nur beschränkt mit Teilbereichen des menschlichen Seins begnügen. Erziehungstheorie hat *integrative* Theorie zu sein.

(2) Der Erziehung geht es um den sich verändernden Menschen. Ihr Orientierungspunkt sind Bildungsprozesse. Erziehungstheorie muss *prozessorientierte* Theorie sein.

(3) Die Erziehung ist eine zielbestimmte Tätigkeit. Sie ist das Handeln von Menschen, die Bildungsprozesse beeinflussen wollen. Erziehungstheorie ist *handlungsorientierte* Theorie.

Pädagogische Kritik psychologischer Theorien

Wir sind einen langen Weg gegangen vom Aufriss der antagonistischen Lebensverhältnisse in unserer Zeit zur Feststellung der nahezu aporetischen Situation im Bereich der pädagogischen Theorie. Wir glaubten, in der *moralischen Erziehung* ein Mittel gefunden zu haben, um aus den bedrohlichen Spannungen der Postmoderne hinauszufinden. In diesem Glauben wurden wir bestärkt, als wir sahen, dass die moralische Erziehung schon immer im Zentrum der neuzeitlichen Pädagogik gestanden hat. Doch dann mussten wir erkennen, dass die *Theorie der Erziehung* unsere Erwartungen nicht zu erfüllen vermag. Die Erziehungswissenschaft scheint nicht in der Lage zu sein, die globalen Herausforderungen unserer Zeit *theoretisch* zu bewältigen. Sie kämpft mit einem Problem, das ihr erstmals von Herbart deutlich gemacht wurde, das Problem nämlich, wie die pädagogische Intuition der Bildsamkeit mittels der Kategorien von Kausalität und Freiheit zu begreifen ist. Eine *Theorie der moralischen Erziehung* ist nur dann zu gewinnen, wenn wir dieses zentrale Problem zu lösen vermögen. Genau dies möchte ich im folgenden versuchen. Dabei bediene ich mich des Instruments der *interdisziplinären pädagogischen Psychologie*, wie ich es in diesem Kapitel entwickelt habe.

Erinnern wir uns, dass die *Konstruktionsmittel* der pädagogischen Psychologie nicht identisch sind mit deren *Konstruktionsprinzip*. Als interdisziplinäre Wissenschaft wird die pädagogische Psychologie im Lichte der pädagogischen Intuition begründet. Diese Intuition erschliesst eine Erkenntnisperspektive, die mittels Modellen in Theorie überführt werden muss. Damit können wir das Scheitern der pädagogischen Theoriebildung auf die *Modelle* zurückführen, mit denen die Erziehungswissenschaft bisher die Reflexion der pädagogischen Intuition angegangen ist. Was wir brauchen, sind Konstruktionsmittel, um Theorien zu generieren, die der pädagogischen Intuition angemessener sind als die Modelle von Mechanik und souveränem Subjekt. *Um zu einer Theorie der moralischen Erziehung zu gelangen, müssen wir eine Lösung des Herbartschen Problems finden.* Darin liegt der Anspruch dieses Buches. Was wir suchen, ist eine Theorie, die uns verständlich macht, wie moralische Subjektivität durch erzieherisches Handeln beeinflusst werden kann.

Wie kann die Psychologie helfen, dieses Ziel zu erreichen? Für eine interdisziplinäre pädagogische Psychologie ist die Frage leicht beantwortbar. Die Gegenseitigkeit des Verhältnisses, das Pädagogik und Psychologie in der interdisziplinären pädagogischen Psychologie eingehen, ermöglicht es, psychologische Theorien *kritisch* zur Lösung von theoretischen Problemen der Pädagogik beizuziehen. Gemäss meinen erkenntnistheoretischen Ausführungen, setzt die erziehungswissenschaftliche Reflexion im pädagogischen Alltag ein. Erziehungstheorie ist auf Erziehungswirklichkeit bezogen. Insofern ist die Erkenntnisperspektive der Pädagogik in der pädagogischen *Praxis* verankert, jedoch nicht in einer *konkreten*, sondern in der *allgemeinen* Praxis der erzieherischen Tätigkeit. Pädagogische Theorie ist daher keine blosse Erhellung des bereits in der Praxis vorhandenen Wissens, wie die Vertreter der "geisteswissenschaftlichen Pädagogik" annehmen (Flitner 1957; Henningsen 1964). Die Erziehungswissenschaft ist in ihrer *Theoriebildung* frei, wenn auch nicht in ihrer *Fragestellung* und nicht in ihrer *Erkenntnisperspektive*. Insofern ist sie auch frei, Theorien zur Erläuterung der pädagogischen Praxis beizuziehen, die dieser Praxis *fremd* sind.

Die Konfrontation der pädagogischen Praxis mit fremder Theorie ist keine Bevormundung der Praxis. Denn was wir hier vertreten, ist eine erkenntnistheoretische Position, die der Pädagogik eine *eigene* Problemsicht zugesteht, die die *Kritik* fremder Theorien möglich macht. Die formale Struktur des Verhältnisses, das Pädagogik und Psychologie in der *interdisziplinären pädagogischen Psychologie* eingehen, ermöglicht es nicht nur, Theorien im Lichte der pädagogischen Erkenntnisperspektive zu *konstruieren*, sondern auch im Hinblick auf ihre pädagogische Relevanz zu *kritisieren*. Wenn wir daher in den folgenden Kapiteln den Schritt zur Psychologie machen, um das Herbartsche Problem zu lösen, dann sind wir *nicht neutral*, sondern *bewerten* die psychologischen Theorien im Lichte der pädagogischen Intuition, wie wir sie in diesem Kapitel expliziert und präzisiert haben.

Unser Anliegen ist es, den Prozess der Theoretisierung der moralischen Erziehung, der im Kontext der Pädagogik ins Stocken geraten ist, mit Hilfe der Psychologie wieder in Gang zu bringen. Wie aber wählen wir die psychologischen Theorien aus, die wir der pädagogischen Kritik unterwerfen? Von den drei Problemen pädagogischer Theoriebildung, die wir erwähnt haben, kommt dem Anspruch auf *integrative Theorie* ein gewisser Vorrang zu. Eine psychologische Theorie ist dann eine pädagogisch brauchbare Theorie, wenn sie möglichst breit angelegt ist. Es dürfte daher eine sinnvolle Strategie sein, sich mit solchen Theorien auseinanderzusetzen, die eine *integrative Schau* menschlicher Verhältnisse versprechen. Dazu gehören die Theorien von *Freud, Skinner* und *Piaget.* Auch wenn Wertungen im Feld der Psychologie schwerfallen, können wir dem Urteil Kegans zustimmen: "Die fruchtbarsten Beiträge zur westlichen Psychologie haben wohl Freud, Piaget und Skinner geliefert ..." (Kegan 1982, p. 34). Kegan ist nicht allein mit seinem Urteil. Auch Flammer hält Piaget, Freud und Skinner bzw. deren Theorien "für die drei grössten der modernen Psychologie" (Flammer 1988, p. 131). Und Gruber und Vonèche schreiben: "Only a few psychologists in our century have approached the status of household word: Freud and his lineal descendant Erikson, Pavlov and his lineal descendant Skinner, and Piaget" (Gruber & Vonèche 1977, p. xvii).

Freud, Skinner und Piaget haben die Psychologie des 20. Jahrhunderts nachhaltig beeinflusst. Alle drei stellen herkömmliche Denkweisen in Frage und lassen den Menschen in einem neuen Licht erscheinen. Alle drei haben globale Entwürfe vorgelegt, die nicht irgendwelche Teilaspekte menschlichen Seins betreffen, sondern das Menschsein insgesamt, auch wenn dies für Piaget etwas weniger gelten mag. Alle drei sind auch nicht einfach Psychologen, sondern "philosophisch" interessierte Autoren, die sich darum bemühen, den Horizont ihrer Theorien auszuleuchten, was die integrative Theoriearbeit erleichtert. Schliesslich haben alle drei zum Thema unserer Untersuchung beigetragen: zur Theorie der moralischen Erziehung. Anthony sieht in den Theorien von Freud und Piaget nicht nur das Beste, was wir zur Zeit haben, sondern auch die Grundlagen für das wissenschaftliche *Studium der Moral* (Anthony 1957, p. 257, 262). Skinner lässt sich in dieses Urteil einbeziehen.

Was uns in den folgenden Kapiteln beschäftigen wird, ist also die Kritik und Integration der psychologischen Theorien von Freud, Skinner und Piaget *unter dem Gesichtspunkt der pädagogischen Intuition*. Mein unmittelbares Anliegen ist die interdisziplinäre Bearbeitung des Herbartschen Problems. Als Ziel schwebt mir die Grundlegung einer *Theorie der moralischen Erziehung* vor. Massstab meiner Analysen wird die Frage sein, inwiefern psychologische Theorien etwas beitragen zur Lösung der drei zentralen Probleme pädagogischer Theoriebildung: integrative, prozessorientierte und handlungsorientierte Theorie. Auch wenn wir keine abschliessende Antwort erwarten dürfen, können wir auf einen theoretischen Rahmen hoffen, innerhalb dessen die moralische Erziehung mit wissenschaftlichem Anspruch begründet werden kann. Mittels dieses Rahmens müsste es dann auch möglich sein, für die antagonistischen Spannungen unserer Zeit gezielte Lösungen zu finden.

Ich sehe in den folgenden Untersuchungen auch einen Beitrag zu einer *reflexiven Psychologie*, wie ich sie in einer früheren Arbeit skizziert habe (Herzog 1984a, p. 72ff.). Durch Reflexion ihrer Theorien soll ein Beitrag zur Integration der Psychologie geleistet werden[9].

---

[9] Aus systematischen Gründen stelle ich die Positionen von Freud, Skinner und Piaget nicht in ihrer historischen Abfolge, sondern in der Reihenfolge Freud-Skinner-Piaget dar.

2 Das konditionierte Gewissen

> *"... the problem is to design better cultures - not better people."*
>
> Burrhus Frederic Skinner

Anders als Freud und Piaget, die beide am *Anfang* einer Erneuerung der Psychologie stehen, ist Skinner ein eher später Repräsentant einer psychologischen Schule, die zu Beginn des 20. Jahrhunderts als Revolution gefeiert wurde. Der *Behaviorismus* galt - zumindest in den USA - während Jahrzehnten als Synonym für Psychologie. Es dürfte daher, bevor wir uns der Auseinandersetzung mit Skinner zuwenden, sinnvoll sein, einen kurzen Blick auf seine Vorgänger zu werfen, insbesondere auf Pawlow und Watson.

Der Behaviorismus war eine Oppositionsbewegung. Mary Cover Jones, eine frühe Mitstreiterin Watsons, schreibt rückblickend über die damalige Zeit: "I can still remember the excitement with which we greeted Watson's ... *Psychology from the Standpoint of a Behaviorist*. It shook the foundations of traditional European-bred psychology, and we welcomed it. ... it pointed the way from armchair psychology to action and reform and was therefore hailed as a panacea" (Jones 1974, p. 582). Die behavioristische Auflehnung galt in erster Linie der deutschen *Bewusstseinspsychologie*, die auch in Nordamerika ihre Vertreter hatte. Um die nachhaltige Wirkung der behavioristischen Revolution zu verstehen, ist daher ein kurzer Blick auf die Anfänge der wissenschaftlichen Psychologie im Deutschland des ausgehenden 19. Jahrhunderts angezeigt.

Bewusstseinspsychologie

Die Psychologie war zunächst eine *Geisteswissenschaft*. Wundt nannte sie die "allgemeinste Geisteswissenschaft" und die "gegebene Grundlage der Geisteswissenschaften" (Wundt 1914, p. 18, 1896, p. 28). Herbart bestimmte ihren Gegenstand als "Statik und Mechanik des Geistes" (Herbart 1816, p. 371). Der Geist ist die "Gesamtheit alles gleichzeitigen wirklichen Vorstellens" und heisst *Bewusstsein* (ebd., p. 372). Das Bewusstsein kann introspektiv erschlossen und mathematisch dargestellt werden. Die Psychologie sucht nach den Gesetzen des menschlichen Geistes analog zur Kosmologie, die die Gesetze am Sternenhimmel erforscht[1]. Allerdings weigerte sich Herbart, das Bewusstsein *experimentell* zu untersuchen, wo-

---
[1] Vgl. Anmerkung 3 im Kapitel 1.

für er von Wundt, dem eigentlichen Begründer der Psychologie (Pongratz 1967, p. 87), kritisiert wurde. Im Gegensatz zur Herbartschen, ist die Wundtsche Psychologie *experimentell*, wenn auch wie die erstere auf der *Introspektion* beruhend.

Herbart und Wundt ordnen das Psychische der *Innenwelt* zu. Zugang zu dieser Innenwelt bietet die "innere Erfahrung". Während die "äussere Erfahrung" die *Objekte*, die den Gegenstand der Naturwissenschaften bilden, erschliesst, bezieht sich die "innere Erfahrung" auf deren *Auffassung* durch das erfahrende Subjekt. Gemäss Wundt befasst sich die Psychologie mit dem "Tatbestand der unmittelbaren auf das wahrnehmende Subjekt selbst bezogenen Erfahrung" (Wundt 1911, p. 731); "sie untersucht den gesamten Inhalt der Erfahrung in seinen Beziehungen zum Subjekt und in den ihm von diesem unmittelbar beigelegten Eigenschaften" (Wundt 1914, p. 3). Der Begriff einer seelischen Tatsache und der einer *Bewusstseinstatsache* fallen ihrem Inhalt nach völlig zusammen.

Die Bewusstseinspsychologie belastete sich mit einem schweren Handicap. Als unmittelbare Erfahrung ist das Psychische nur subjektiv zugänglich. Ich allein habe *unmittelbar* Kontakt zu meinen Schmerzen, Erinnerungen, Vorstellungen, Träumen etc. Die *Introspektion* ist daher die einzig mögliche Methode der psychologischen Forschung, eine Methode allerdings, die gemäss Wundt experimentell kontrolliert werden kann. Wundt sieht im Experiment das "Haupthilfsmittel" der Psychologie. Es leitet uns "von den Tatsachen des Bewusstseins auf jene Vorgänge hin ..., die im dunkeln Hintergrund der Seele das bewusste Leben vorbereiten" (Wundt 1863, p. v). Die Selbstbeobachtung liefert uns nur die *zusammengesetzten* Erscheinungen. Erst im Experiment entkleiden wir die Erscheinungen der zufälligen Umstände, an die sie in der Natur gebunden sind. "Durch das Experiment erzeugen wir die Erscheinung künstlich aus den Bedingungen heraus, die wir in der Hand halten. Wir verändern diese Bedingungen und verändern dadurch in messbarer Weise auch die Erscheinung" (ebd., p. vf.).

Ist das Experiment das Haupthilfsmittel der Psychologie, so liegt deren *Fundament* in der "inneren Wahrnehmung" (Wundt 1888, p. 430). Die Psychologie nimmt den Standpunkt der "unmittelbaren Erfahrung" (Wundt 1914, p. 3) ein und findet das Psychische in den "unmittelbaren Bewusstseinsinhalten" (Wundt 1911, p. 731) vor. "Da diese Inhalte ... ein in sich zusammenhängendes Ganzes ... bilden, ... ergibt sich hier ein *rein psychischer Kausalzusammenhang*, der, gleich dem rein physiologischen, ein homogener ist" (ebd.). Wundt spricht von den *Bestandteilen* des Bewusstseins. Methodisch zerlegt die Psychologie das Bewusstsein in seine Teile und fragt nach deren Zusammensetzung. Die Bewusstseinsteile sind *Sinnesempfindungen*. Der einzige Weg, den die Psychologie einschlagen kann, scheint Wundt derjenige zu sein, "der von jenen einfachsten Problemen des Seelenlebens (ausgeht), die in den Erscheinungen der Sinneswahrnehmung verborgen liegen" (Wundt 1921, p. 194). Man findet die Grundlagen des Seelenlebens, wenn man die Psychologie der *Sinneswahr-*

nehmung und ihre "nächsten Verbindungen und Zerlegungen" (ebd.) bearbeitet.

Die Psychologie entsteht also nicht nur als *Bewusstseinspsychologie*, sondern auch als *Wahrnehmungspsychologie*. Und insofern die höheren Einheiten des Psychischen mit Hilfe von Assoziationsprinzipien erklärt werden, ist sie des weiteren *Assoziationspsychologie*. Die Psychologie hat ihre Aufgabe dann gelöst, "wenn ihr eine vollständige Zerlegung der Bewusstseinserscheinungen in ihre Elemente und eine genaue Kenntnis ihrer Koexistenz und Aufeinanderfolge gelungen ist" (Wundt 1906, p. 206). Zusammenfassend lässt sich festhalten: Gegenstand der Psychologie ist die unmittelbare Erfahrung (das *Bewusstsein*), ihr Inhalt sind Sinnesempfindungen (die *Wahrnehmung*), ihr Modell des Psychischen *Elemente* und deren assoziative *Verbindung*, und ihre Methode ist die *Introspektion* (kontrolliert durch das *Experiment*).

Damit sind jene vier Axiome genannt, gegen die sich die nachfolgenden Richtungen der Psychologie im einzelnen oder im ganzen wenden (Bühler 1927, p. xi): Das *subjektivistische* Axiom (die Selbstbeobachtung als einzig legitimer Ausgangspunkt der psychologischen Erkenntnis), das *atomistische* Axiom (die psychologische Analyse führt zu fest umrissenen Bewusstseinselementen), das *sensualistische* Axiom (originäre Bewusstseinsinhalte sind allein die Sinnesempfindungen) und das *mechanistische* Axiom (die Bildung komplexer Bewusstseinsinhalte ist die Folge von Assoziationen). Zusammen bilden diese Axiome die Grundpfeiler des *Empirismus*. Als Pforten des Geistes sind die Sinne der Ort elementarer Empfindungen, die sich assoziativ zu höheren Bewusstseinsformen zusammenfügen (Miller 1962, p. 28). Auch wenn die Bewusstseinspsychologie nicht auf einen kruden Empirismus reduziert werden kann, ist ihre erkenntnistheoretische Gestalt unübersehbar empiristisch.

Auf dem Weg zur objektiven Psychologie

Das Selbstverständnis der Bewusstseinspsychologie legte schon früh die Frage nach dem Verhältnis von innerer und äusserer Wahrnehmung nahe. Ist die Welt der Dinge Gegenstand der *Physik* und die Welt des Bewusstseins Gegenstand der *Psychologie*, was ist dann die Beziehung zwischen den beiden Welten? Noch vor Wundt machte Fechner diese Frage zum Inhalt einer besonderen Wissenschaft: der *Psychophysik*. Die Psychophysik sieht im Körper den Träger bzw. die "Unterlage" (Fechner) der Seele. Das Psychische erscheint ihr als eine Funktion physischer Ereignisse. Aufgrund von experimentellen Untersuchungen behauptete Fechner eine *logarithmische* Beziehung zwischen physikalisch messbaren Reizen und Empfindungen. Damit schien es, als liesse sich das Psychische mittels *objektiver* Methoden erfassen, ein Gedanke, der jedoch nur langsam seine Anhänger fand und zunächst eher von *Physiologen* als von Psychologen aufgegriffen wurde (Brožek & Diamond 1976). Als Gegenstand einer objektiven Psychologie imponierten die Muskeltätigkeit, die Reflexe, die Bewegung, die Tropismen - bis schliesslich das *Verhalten* (behavior) den Sieg davon trug.

Der Schritt von der Bewusstseinspsychologie zum Behaviorismus war keine friedliche Entwicklung, sondern eine *Revolution*, die 1913 mit Watsons Programmschrift "Psychology as the Behaviorist Views It" ausgelöst wurde (Pongratz 1967, p. 311; Sanders 1972). Die behavioristische Revolution war ein voller Erfolg, jedenfalls in den Vereinigten Staaten. Bis weit in die fünfziger Jahre hinein beherrschte der Behaviorismus, modifiziert als Neo- und Neo-Neo-Behaviorismus (Koch 1976, p. 486f.), die amerikanische und zum grossen Teil auch die europäische Psychologie. Zumindest zwei Faktoren lassen sich für den Siegeszug des Behaviorismus verantwortlich machen. Erstens die zunehmenden *methodischen Schwierigkeiten* der Bewusstseinspsychologie und zweitens die bahnbrechenden Arbeiten des russischen Physiologen *Pawlow* zum bedingten Reflex. Der erste Faktor sei nur kurz, der zweite etwas ausführlicher diskutiert.

Die methodischen Schwierigkeiten der Bewusstseinspsychologie gehen auf ihre "unmögliche" Gegenstandsbestimmung zurück. Als *unmittelbare Erfahrung* ist das Bewusstsein der objektiven Analyse entzogen. Es ist Teil einer Innenwelt und nur dem je einzelnen zugänglich. Es bildet eine "Privatangelegenheit", die man allein von sich selber kennt. Damit ergibt sich für eine Wissenschaft eine ausweglose Situation, wie Bühler anschaulich schildert: "Jeder hat sein eigenes Ich und sein Gesichtsfeld der inneren Wahrnehmung, in das ihm kein Nachbar unmittelbar hineinschauen kann. So war die Psychologie ihrem Ausgangsgegenstand nach eine *solipsistisch* aufgebaute Wissenschaft" (Bühler 1927, p. 17). Der Solipsismus widerspricht dem Prinzip der Intersubjektivität, das der wissenschaftlichen Forschung zugrunde liegt, so dass das Bewusstsein als Gegenstand einer Wissenschaft zum Unding wird.

Damit im Einklang stehen die Schwierigkeiten, die der Bewusstseinspsychologie von der Introspektion bereitet wurden. Verschiedene Experimentatoren kamen zu unterschiedlichen Ergebnissen. Die Erkenntnisse der introspektiven Psychologie wurden widersprüchlich und immer weniger vergleichbar. Das Hauptargument der Behavioristen gegenüber der Bewusstseinspsychologie war denn auch methodischer Natur. Die introspektive Psychologie kommt voran wie der Turmbau zu Babel (Rachlin 1987, p. 158).

Der Definition des Psychischen als Innerlichkeit widerspricht auch die *Alltagserfahrung*. Denn wir können uns durchaus ein Urteil über die seelische Verfassung eines Menschen bilden, ohne dass wir in seinen Geist "Einblick" nehmen. Gefühle, Stimmungen, Absichten, Charakterzüge, Begabungen etc. sind uns nicht nur "unmittelbar", sondern auch "mittelbar" (über das Verhalten) zugänglich. Das Psychische ist kein Binnengeschehen, das nur vom je einzelnen vorgefunden wird. Es ist nicht bloss privat, sondern auch *öffentlich*. Als öffentliches Ereignis vermag es dem

Prinzip der wissenschaftlichen Objektivität zu genügen und eine Gegenstandsbestimmung abzugeben, die derjenigen der Bewusstseinspsychologie überlegen ist. Der Behaviorismus knüpft an genau diesem Punkt an, indem er das *Verhalten* zum Gegenstand der Psychologie erklärt.

Die Physiologie der höheren Nerventätigkeit

Die Schwierigkeiten einer geltenden Auffassung genügen meistens nicht, um einer neuen den Weg zu bereiten. Deshalb ist im Falle der behavioristischen Revolution auch der zweite oben erwähnte Punkt wichtig: *Pawlow*. Die Behavioristen "inspirierten sich an Pawlows Arbeiten und übernahmen den konditionierten Reflex als die grundlegende Baueinheit ihrer theoretischen Rekonstruktion des Verhaltens" (Bower & Hilgard 1981, p. 92). Eysenck vergleicht die Leistung Pawlows mit derjenigen von *Kopernikus* und *Darwin*: "... what Copernicus and Darwin started, Pavlov has finished" (Eysenck 1972, p. 301).

Vor Pawlow ist als Vertreter der "russischen Reflexologie" Sechenow zu erwähnen (Pongratz 1967, p. 321). Sechenow kritisierte vor allem die Isolierung des Psychischen im individuellen Bewusstsein. Seiner Ansicht nach ist das Psychische Teil eines umfassenden Geschehens, das zwischen Individuum und Umwelt abläuft. Der einzelne kann nicht von seiner Umwelt losgelöst zum Gegenstand der psychologischen Forschung gemacht werden. Dadurch würde der *Sinn* des Psychischen - seine *Funktion* für das Lebewesen - zerstört. Zum reinen Bewusstsein hypostasiert, schneidet man das Psychische aus einem Prozess heraus, der nur in seiner *Ganzheit* die Basis der psychologischen Forschung sein kann. Nahrungsaufnahme, Atmung, Orientierung bei der Fortbewegung, Auseinandersetzung mit anderen Lebewesen etc.: immer ist das Bewusstsein *funktional* auf eine Lebensaufgabe bezogen, die das Individuum zu lösen hat. Nur in Verbindung mit diesen Umweltbezügen kann das Bewusstsein Gegenstand der Psychologie sein.

Das Modell, das Sechenow zur Theoretisierung seines "ökologischen" Verständnisses der Lebewesen verwendete, war der *Reflexbogen*. Die Schlüssel zur Analyse des Psychischen liegen in Händen der *Physiologie*. Ähnliche Auffassungen wurden von Bechterew und dem Franzosen Dallemagne vertreten. Für den letzteren sind "sämtliche mentalen Phänomene nichts weiter als Varianten einer Grundform: des Reflexbogens", so dass die Psychologie, die sich auf die Physiologie gründet, eigentlich nur *Reflexe* kennt (Brožek & Diamond 1976, p. 798). Der Reflexbogen wird zur Grundeinheit der objektiven psychologischen Forschung (Pongratz 1967, p. 322; Rubinstein 1946, p. 112).

Pawlow, dem wir uns nun zuwenden wollen, begann erst im Alter von 52 Jahren mit der Erforschung der Reflexe. Zuvor hatte er sich mit der Physiologie der *Verdauung* beschäftigt und erhielt für seine Arbeiten auf diesem Gebiet den Nobelpreis für Medizin (Kussmann 1977, p. 22). Er blieb jedoch zeit seines Lebens Physiologe und interessierte sich für die "höhere Nerventätigkeit", die seines Erachtens den Reflexen zugrunde liegt. Pawlow gilt als Entdecker des *bedingten Reflexes*. Doch entdeckt hat er ihn kaum; eher war er der erste, der ihn systematisch untersuchte.

Ein Beispiel für einen bedingten Reflex ist die Konditionierung des Lidschlags. Ein leichter Luftstoss auf die Hornhaut des Auges löst automatisch einen Lidschlag aus. Lässt man gleichzeitig mit dem Luftstoss einen Glockenton erklingen und wiederholt diese Prozedur einige Male, dann wird schliesslich auch der Glockenton den Lidschlag auslösen. Der Ton "ersetzt" den Luftstoss und wird zum "bedingten Reflex". Das Schema der *klassischen Konditionierung* (wie die Bildung bedingter Reflexe auch genannt wird) ist denkbar einfach: Ausgangspunkt ist immer ein angeborener, "unbedingter" Reflex. Dieser wird mit einem *neutralen* Reiz gekoppelt, der schliesslich den Reflex ebenfalls auszulösen vermag. Der "unbedingte" Reflex ist zum "bedingten" geworden.

Wichtig ist Pawlows Überzeugung, dass für den bedingten Reflex alle Merkmale eines Reflexes gelten. Ein Reflex besteht aus drei Hauptelementen:

"Erstens muss ein äusseres Agens da sein, das zu einer Reizung führt. Dann ist eine bestimmte Nervenbahn notwendig, auf der der äussere Anstoss sich dem ausführenden Organ zu erkennen gibt. Das ist der sogenannte Reflexbogen, eine Kette, die aus einem sensiblen Nerven, einem zentralen Teil und einem zentrifugalen oder abführenden Nerven besteht. Schliesslich aber wird das ganze von festen Gesetzen beherrscht; es gibt *keinen Zufall*, keine Launenhaftigkeit, sondern nur eine strenge Gesetzmässigkeit. Unter bestimmten Bedingungen läuft unweigerlich immer die gleiche Reaktion ab" (Pawlow 1972, p. 63 - Hervorhebung W.H.)[2].

Im Gegensatz zum unbedingten Reflex erfolgt die Reizung im Falle des bedingten Reflexes nicht unmittelbar, sondern auf *Distanz* (wie im obigen Beispiel von Lidschlag und Glockenton), weshalb Pawlow von einer "psychischen Reizung" oder auch von einem "Signalreflex" spricht (Pawlow 1972, p. 62, 123). Der bedingte Reiz "*signalisiert* ... das wirkliche Ziel des einfachen angeborenen Reflexes" (ebd., p. 123 - Hervorhebung W.H.). Trotzdem bilden sich die beiden Reflexarten "mit genau derselben Gesetzmässigkeit" (ebd., p. 65), weshalb der bedingte Reflex - wie der unbedingte - "gänzlich eine Errungenschaft und ein Besitz der *Physiologie* (ist)" (ebd., p. 66 - Hervorhebung W.H.). Seine Erforschung und Erklärung erfolgt "rein physiologisch" (ebd., p. 89).

---

[2] Man erinnere sich bereits an dieser Stelle an den Anspruch Rousseaus und Herbarts, den Zufall aus der Erziehung zu verbannen (vgl. Kapitel 1).

Die experimentelle Untersuchung des bedingten Reflexes

Pawlow hat kaum am Menschen geforscht. Seine Versuche machte er fast ausschliesslich mit Hunden. Die Standardversion seiner Experimente ist in Abbildung 1 dargestellt. Als unbedingter Reflex diente Pawlow vor allem die *Speichelsekretion*, die automatisch auf Futterabgabe ausgelöst wird. Um die Speichelsekretion zu messen, wird dem Hund eine Fistel in die Bauchspeicheldrüse eingesetzt. Der Speichel kann dann leicht mittels eines Tropfenzählers quantifiziert werden.

Die Experimente zur Konditionierung von Hunden laufen im allgemeinen folgendermassen ab (Kussmann 1977, p. 41f.): (1) Der Versuchsraum wird schalldicht und von störenden Einflüssen (auch vom Einfluss des Experimentators) frei gemacht, damit die Wirkung des experimentellen

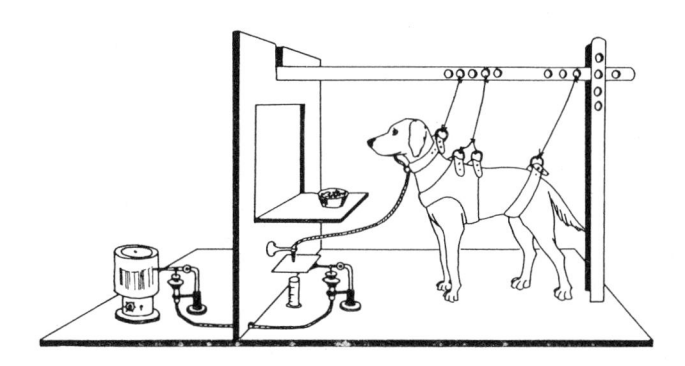

Abbildung 1: Pawlows Versuchsanordnung (aus: Zeier 1976)

Reizes genau geprüft werden kann. (2) Der Experimentator entscheidet sich für einen unbedingten Reflex. Nebst dem Nahrungsreflex (sekretorischer Reflex, Speichelfluss) arbeitete Pawlow mit dem Abwehrreflex (z.B. Ausspeien von anwidernden Substanzen). (3) Der Hund wird an den Versuchsraum gewöhnt. Man lässt ihn alles beschnuppern, streichelt ihn, lässt ihn kurz allein etc. (4) Der Hund wird in ein Gestell geschnallt. (5) Der unbedingte Reflex wird geprüft: Man gibt dem Hund etwas Futter (unbedingter Reiz) und stellt fest, wie intensiv der Nahrungsreflex ist, indem man die Speichelabsonderung misst. (6) Man stellt fest, ob der neutrale Reiz indifferent ist. Verwendet man beispielsweise einen Glockenton, so muss sichergestellt sein, dass dieser *vor* dem Experiment keinen Speichelfluss auslöst. (7) Man "löscht" die Orientierungsreaktion. Jeder ungewohnte Reiz in einer ansonsten gewohnten Situation löst einen Orientierungsreflex aus. Dieser Orientierungsreflex soll aber nicht untersucht werden. Deshalb muss der Hund an alles gewöhnt werden, bevor das Experiment beginnt, insbesondere auch an den neutralen Reiz. Der indifferente Reiz ist erst dann wirklich neutral, wenn er zum normalen Bestandteil der experimentellen Umgebung geworden ist. (8) Jetzt folgt das eigentliche Experiment, nämlich die Konditionierung des bedingten Reizes. Dazu wird der neutrale Reiz kurz vor dem unbedingten dargeboten. Dieser Vorgang wird einige Male wiederholt. (9) Man stellt fest, ob der neutrale Reiz die Reaktion allein auslöst. Wenn ja, dann ist ein *bedingter Reflex* zustande gekommen.

Damit der bedingte Reflex *erhalten* bleibt, muss er hin und wieder mit dem unbedingten Reiz assoziiert und durch den unbedingten Reflex bestärkt werden. Wenn dies nicht geschieht, verliert der bedingte Reiz allmählich seine Fähigkeit, den Reflex auszulösen und wird gelöscht. Die bedingten Reflexe sind also - im Gegensatz zu den unbedingten - nur "zeitweilig" (Pawlow 1972, p. 205f.), ermöglichen aber gerade dadurch die enorme Anpassungsfähigkeit der höheren Lebewesen. Interessanterweise können nicht nur "positive" Ereignisse, wie ein Glockenton oder ein Lichtblitz, zu konditionierten Reizen werden, sondern auch "negative", wie die *Beendigung* eines Geräusches. So konditionierte Pawlow Hunde auf die Beendigung des Tickens eines Metronoms (Kussmann 1977, p. 44f.).

In einer Reihe von Experimenten konnte Pawlow feststellen, dass bedingte Reflexe nicht nur an *unbedingte*, sondern auch an *bedingte* Reflexe gekoppelt werden können. Wird der Speichelfluss eines Hundes auf einen Glockenton konditioniert und der Glockenton mit einem Lichtsignal verbunden, sondert der Hund schliesslich auch dann Speichel ab, wenn das *Licht* aufleuchtet. Pawlow nannte solche Reaktionen bedingte Reflexe *zweiter Ordnung*. Es gelang ihm, auch bedingte Reflexe dritter Ordnung auszubilden. Mit Menschen gelingen Konditionierungen noch höherer Ordnung. Gemäss Pawlow lassen sich diese höheren "Signalsysteme" mittels derselben Gesetze erklären, die für das "erste Signalsystem" gelten.

Im allgemeinen werden bedingte Reflexe auch von Reizen ausgelöst, die dem ursprünglich neutralem Reiz *ähnlich* sind, die also im Falle eines Glockentons etwas tiefer oder höher klingen oder eine andere Klangfarbe haben. Man spricht von der *Generalisierung* des Reizes. Andererseits können Reize auch *differenziert* (diskriminiert) werden, dann nämlich, wenn sie in unterschiedliche Reaktionskreise eingebunden werden. Zwei nahe beieinanderliegende Töne beispielsweise können dadurch differenziert werden, dass der eine mit einer sekretorischen Reaktion (Futter) und der andere mit einer Furchtreaktion (elektrischer Schlag) assoziiert wird.

Eindrücklich sind die von Pawlow berichteten Konflikte seiner auf Reizdiskriminierung konditionierten Tiere im Falle von *widersprüchlichen* oder *unklaren* Reizvorgaben. Wird ein Hund darauf konditioniert, bei Vorgabe eines Lichtkreises Speichel abzusondern, nicht jedoch bei Vorgabe einer länglichen Ellipse, und wird bei den anschliessenden Versuchen der Ellipsenradius sukzessive dem Kreisradius angenähert, wird das Verhalten des Hundes schliesslich unberechenbar und erscheint *gestört* (Bower & Hilgard 1981, p. 90f.; Pawlow 1972, p. 114). Pawlow sprach in solchen Fällen von einer "experimentellen Neurose".

Alles kann erreicht werden

Die klassische Konditionierung entspricht einem *Lernvorgang*, wenn wir Lernen als Verhaltensänderung aufgrund von Erfahrung definieren (Bower & Hilgard 1981, p. 31). Während der unbedingte Reflex angeboren ist, wird der bedingte Reflex *erworben* (Pawlow 1972, p. 65f.). Das Erklärungsprinzip der Verhaltensänderung ist die *Assoziation*. Ein ursprünglich neutraler Reiz assoziiert sich mit einem unbedingten Reiz und erweitert dadurch das Spektrum der Reize, die eine Reaktion auslösen. Es entstehen Reize, "die es früher nicht gab" (ebd., p. 64). Die "Hauptbedingung" für eine solche Assoziation ist das "zeitliche Zusammenfallen" der beiden Reize (ebd., p. 64, 207). Dadurch werden *keine neuen Reaktionen* gelernt, sondern lediglich die Bedingungen erweitert, auf die hin eine Reaktion, die sich bereits im Verhaltensrepertoire des Lebewesens befindet, erfolgt.

Pawlow vertrat wie Sechenow und Bechterew eine *physiologistische* Position. Er glaubte, "den Mechanismus der Entstehung von Assoziationen bzw. bedingten Reflexen bei Hunden physiologisch erklären zu können" (Kussmann 1977, p. 47). Jedoch beruhen alle von ihm postulierten physiologischen Prozesse (vor allem Erregung und Hemmung) auf *Annahmen*, die er aus Verhaltensbeobachtungen *erschlossen* hatte. Sein Versuch, das beobachtete Verhalten *physiologisch* zu erklären, ist bis heute nicht gelungen. Trotzdem - oder gerade deshalb - beinhaltet seine Lehre eine Programmatik, die die Psychologie stark beeinflusst hat. Mentale Instanzen wie das Bewusstsein scheinen für die Erklärung des Psychischen *überflüssig* zu sein. Pawlow nannte die bedingten Reflexe "psychische Sekretionen" (Bower & Hilgard 1981, p. 80; Miller 1962, p. 201). Das Psychische erscheint als *Abweichung* vom normalen physiologischen Geschehen, als eine *Pathologie* des Organismus, die mittels der Prinzipien der Konditionierung erklärt werden kann. Sobald sich Pawlow der strukturellen Identität von unbedingtem und bedingtem Reflex klar war, sprach er allerdings nicht mehr von "psychischer Sekretion", sondern von *höherer Nerventätigkeit*.

Pawlows Psychologie ist äusserst mechanistisch. Der Organismus steht unter den Bedingungen einer strengen Kausalität und stellt "die höchste Vollkommenheit einer *Maschine* dar" (Pawlow 1972, p. 94 - Hervorhebung W.H.). Die mechanistische Auffassung des Lebewesens erweist sich schon anhand der Versuchsanordnung von Pawlow. Beim klassischen Konditionieren wird das Versuchstier absolut *passiv* gehalten und der Reizwirkung praktisch *ausgeliefert*. Das methodische Prinzip ist die Suche nach Verhaltenselementen und den Mechanismen ihrer Verbindung (Kussmann 1977, p. 37). Diese Elemente sind in den Reizen und Reaktionen gegeben. Der Mechanismus der Verknüpfung der Elemente ist die Assoziation. Im Vordergrund des Interesses steht nicht das Lebewesen, sondern sein *Nervensystem*. Nicht der Hund lernt, sondern seine Speicheldrüse; nicht der Hund reagiert mit Erregung und Hemmung, sondern sein Cortex (Pongratz 1967, p. 325). Kein Wunder, dass Pawlow an die Möglichkeit der *Beeinflussung* des Verhaltens glaubte. Der Organismus erscheint als ein *Automat*, dessen Verhalten beliebig reguliert werden kann[3]. Pawlow ist strikter Determinist: "Es gibt keine Zufälligkeit" (Pawlow 1972, p. 64).

Entscheidend für die Brauchbarkeit der klassischen Konditionierung im Rahmen der *Pädagogik* ist ihr Stellenwert als Form des *Lernens*. Pawlows Meinung war, dass sich das menschliche Verhalten genauso aus Reflexen und bedingten Reaktionen zusammensetzt wie dasjenige der Tiere. Unsere Erziehung, unser Lernen, jegliche Disziplin und unsere vielen Gewohnheiten sind "lange Reihen von bedingten Reflexen" (Pawlow 1972, p. 73). Das menschliche Verhalten ist lediglich *komplizierter* als das tierische.

"Der Mensch ist natürlich ein System, gröber ausgedrückt, eine *Maschine*, die wie jedes andere in der Natur auch den unumgänglichen und für die ganze Natur einheitlichen Gesetzen unterworfen ist. ... Von diesem Gesichtspunkt aus ist die Methode des Studiums des Systems Mensch wie auch jedes anderen Systems dieselbe: Die Zerlegung in Teile, das Studium der Bedeutung jedes Teiles, das Studium der Verbindung der Teile, das Studium der Wechselbeziehungen mit dem umgebenden Milieu und schliesslich aufgrund all dessen das Verständnis seiner gesamten Arbeit und ihrer Leistung, soweit es in den Kräften des Menschen liegt. ... Es bleibt nichts unbeweglich und unnachgiebig, sondern *alles kann erreicht werden*, sich zum besseren ändern, wenn nur die entsprechenden Bedingungen verwirklicht werden" (Pawlow, zit. nach Kussmann 1977, p. 37 - Hervorhebungen W.H.).

Bei Pawlow scheint das Anliegen, die Erziehung als ein *Kausalverhältnis* zu begründen (vgl. Kapitel 1), endlich die Mittel zu finden, verwirklicht zu werden.

Watson und die Geburt des Behaviorismus

Die Überzeugung, dass *alles erreicht werden kann* und sich alles zum Besseren wenden lässt, "wenn nur die entsprechenden Bedingungen verwirklicht werden", wird vom *Behaviorismus* geteilt. Als sein Begründer gilt gemeinhin John Broadus Watson, der gemessen an Pawlow kaum Neues brachte, jedoch im Eifer, mit dem er alles Verhalten auf Konditionierungen zurückführte, nicht zu überbieten war. Watson ist der "Vater des Behaviorismus" (Robinson 1981, p. 404) und sein erster "Prophet" (Bruder 1982, p. 10).

Watson stand nicht von Anfang an unter dem Einfluss von Pawlow. Pawlow wurde erst wichtig, als es darum ging, die behavioristische Revolution zu stabilisieren[4]. Der Behaviorismus reagierte auf die erste Ge-

---

[3] Vgl. die Äusserung Rousseaus, der seinen Zögling "wie einen Automaten" erziehen will (vgl. Kapitel 1).

[4] Watson scheint sich auch eher an Bechterew als an Pawlow orientiert zu haben: "While recognizing the importance to all psychological studies of Pawlow's work on secretion

neration von Psychologen, die die Erforschung des *Bewusstseins* zum Gegenstand der Disziplin erklärt hatten. Auch die amerikanische Psychologie war anfangs des 20. Jahrhunderts von der Wundt-Schule geprägt, die durch Titchener und den emigrierten Münsterberg vertreten war. Watson schien die Zeit reif, die Disziplin auf ein *besseres* Fundament zu stellen, denn in den mehr als fünfzig Jahren ihrer Existenz hatte sie "deutlich versagt, sich in der Welt eine Stellung als unbestrittene Naturwissenschaft zu schaffen" (Watson 1913, p. 17). Den Grund dafür sah Watson im *metaphysischen Ballast*, den die Psychologie mit sich schleppte. Das Bewusstsein schmeckte noch allzu sehr nach der mittelalterlichen Seele. Eine Psychologie als *Naturwissenschaft* hatte Begriffe wie Empfindung, Wahrnehmung, Vorstellung, Wunsch, Absicht und selbst Denken und Fühlen aus ihrem Vokabular zu streichen (Watson 1930, p. 39). Die Psychologie darf sich nicht der Illusion hingeben, Bewusstseinszustände zu ihrem Gegenstand zu haben (Watson 1913, p. 17).

Für Watson ist die Psychologie "ein vollkommen objektiver, experimenteller Zweig der Naturwissenschaft. Ihr theoretisches Ziel ist die Vorhersage und Kontrolle von Verhalten" (Watson 1913, p. 13). Methodisch bedarf sie der Introspektion "genausowenig ... wie etwa Chemie und Physik" (ebd., p. 27). An die Stelle der Introspektion treten die Methoden der *Konditionierung* (Watson 1916, p. 89). Der Behaviorist "(an)erkennt ... keine Trennungslinie zwischen Mensch und Tier" (Watson 1913, p. 13). Das Prinzip, auf das sich Watson stützt, ist dasselbe, das Pawlow angeleitet hat, nämlich die Überzeugung, dass es zwischen Mensch und Tier *keine qualitativen Differenzen* gibt. Der Mensch mag etwas komplizierter sein als ein Tier, doch einer *anthropologischen* Grundlegung bedarf die Psychologie nicht.

Watson wandte sich nicht nur gegen den Strukturalismus der Bewusstseinspsychologie, sondern auch gegen den *Funktionalismus*, wie er von Angell, Dewey, James und Baldwin vertreten wurde. Der Funktionalismus verstand die Bewusstseinsphänomene in einem adaptiven, biologischen Sinn und damit - ähnlich wie Sechenow - in ihrer *Funktion* für das Lebewesen. Das Bewusstsein erscheint eingebettet in den Prozess der lebendigen Auseinandersetzung des Organismus mit der Umwelt. Allerdings nennt Watson seine Position ebenfalls *funktionalistisch*. "Ich glaube, der Behaviorismus ist der einzige konsequente und logische Funktionalismus" (Watson 1913, p. 20 - Hervorhebung weggelassen). Doch Watsons Funktionalismus ist in Wahrheit ein *Reduktionismus*. Watson erklärt die Phänomene, die von den Strukturalisten und Funktionalisten untersucht werden, ganz einfach als inexistent oder scheinhaft. "Die Ergebnisse der Psychologie werden zu funktionalen Korrelaten der (organischen) Struktur und bieten sich für eine Erklärung in physiko-chemischen Begriffen an"

---

reflexes, our own work has centered around the conditioned motor reflex of Bechterew, since we find for his method an immediate and widespread usefulness" (Watson 1916, p. 94).

(ebd., p. 28). Watson glaubt, eine Psychologie schreiben und definieren zu können,

"ohne unsere Definition je wieder zurückzunehmen: das heisst, nie wieder Begriffe wie Bewusstsein, Bewusstseinszustände, Seele, Bewusstseinsinhalt, introspektiv verifizierbar, Vorstellung und ähnliches zu gebrauchen. ... Sie kann in den Begriffen Reiz und Reaktion, Gewohnheitsbildung, Gewohnheitsintegration usw. abgefasst werden. ... Wir müssen an der Psychologie arbeiten und das *Verhalten*, nicht das *Bewusstsein* zum Angelpunkt unserer Untersuchungen machen" (ebd., p. 20, 27).

Obwohl Watson das Verhalten funktionalistisch verstehen will, zerlegt er es in seine Teile. "In each adjustment there is always both a *reaction or response* and a *stimulus or situation* which calls out that response" (Watson 1917, p. 337). Ziel der Psychologie ist "the ascertaining of such data and laws that, given the stimulus, psychology can predict what the response will be; or, on the other hand, given the response, it can predict the nature of the effective stimulus" (ebd. - im Original hervorgehoben). Das Verhalten ist nicht nur das *einzige*, womit sich die Psychologie befasst, es ist auch *lückenlos determiniert*. Wie für Pawlow ist für Watson ein Reiz eine *physikalische* Grösse (Watson 1913, p. 21). In seiner Skizze einer behavioristischen Utopie schreibt er, die Utopianer hätten "niemals etwas gesehen, das nicht auf rein physikalischer Basis erklärt werden könnte" (Watson 1929, p. 124). Der Mensch ist daher nichts anderes als eine "organische *Maschine*" (Watson 1930, p. 267 - Hervorhebung W.H.).

Das mechanistische Verständnis des Menschen geht auch bei Watson mit hohen *Kontrollerwartungen* einher. "It is ... a part of the function of psychology to establish laws or *principles for the control of human action* so that it can aid organized society in its endeavors to prevent failures in (the adjustment of individuals or groups of individuals to their situations, W.H.)" (Watson 1917, p. 329). Das Interesse des Behavioristen am menschlichen Verhalten geht über die blosse Neugier hinaus; "er möchte die Reaktionen des Menschen kontrollieren, so wie die Physiker andere Naturgegebenheiten kontrollieren und manipulieren möchten" (Watson 1930, p. 44). Es ist das Ziel und die Aufgabe der behavioristischen Wissenschaft, Methoden zu finden, durch die man menschliches Verhalten *vorhersagen* und *steuern* kann.

Der Anspruch auf Machbarkeit ist bei Watson besonders gross. Auch wenn es falsch wäre zu behaupten, er habe der *genetischen* Basis menschlichen Verhaltens keine Bedeutung beigemessen, ist Watsons Optimismus enorm. "Wir haben unseren Charakter, unser Temperament und unsere besonderen Fähigkeiten nicht ererbt. Sie werden uns von unseren Eltern aufgezwungen" (Watson 1929, p. 120). Ein Kind könnte "in nur wenigen Monaten durch sorgfältigen Umgang vollständig rekonditioniert werden" (ebd.). Reize und Reaktionen lassen sich *beliebig* kombinieren und rekombinieren. "Soweit wir ... wissen ..., können wir jeden Reiz, der eine Standardreaktion hervorruft, durch einen anderen Reiz ersetzen" (Watson 1930, p. 55). Schon oft zitiert wurden die Sätze:

"Gebt mir ein Dutzend gesunder, wohlgebildeter Kinder und meine eigene Umwelt, in der ich sie erziehe, und ich garantiere, dass ich jedes nach dem Zufall auswähle und es zu einem Spezialisten in irgendeinem Beruf erziehe, zum Arzt, Richter, Künstler, Kaufmann oder zum Bettler und Dieb, ohne Rücksicht auf seine Begabungen, Neigungen, Fähigkeiten, Anlagen und die Herkunft seiner Vorfahren" (ebd., p. 123).

Zum Beweis der Konditionierbarkeit menschlichen Verhaltens bezieht sich Watson gerne auf ein Experiment, das er zusammen mit seiner späteren zweiten Frau, Rosalie Rayner, am "kleinen Albert" durchgeführt hat. Gemäss Watson sind bei der Geburt eines Kindes drei emotionale Reaktionen vorhanden, nämlich Furcht, Wut und Liebe, die alle von spezifischen Reizen ausgelöst werden (Watson 1930, p. 164ff.). So folgen Furchtreaktionen auf laute Töne und auf den Verlust des körperlichen Halts. Das Experiment mit dem "kleinen Albert" entspricht in etwa der Versuchsstrategie Pawlows zur klassischen Konditionierung. Watson beschreibt Albert als ein 19 Pfund schweres, 11 Monate altes und "ausgesprochen artiges Baby" (ebd., p. 170). Es wurde vor Beginn des Experiments nie weinend gesehen. Ziel des Experiments war es, bei Albert eine *konditionierte Furchtreaktion* gegenüber einer weissen Ratte auszubilden.

Watson schildert den experimentellen Ablauf folgendermassen:
"Zuerst stellten wir durch mehrere Tests fest, dass bei diesem Kind eine Furchtreaktion nur durch laute Geräusche und Haltverlust hervorgerufen werden konnte. Albert griff nach allem, was bis zu einer Entfernung von 30 cm in seine Reichweite kam. Aber seine Reaktion auf ein lautes Geräusch war charakteristisch für die bei den meisten Kindern eintretenden Furchtreaktionen. Die ausgeprägteste Furchtreaktion wurde ausgelöst, wenn man mit einem Hammer auf eine Eisenstange mit dem Durchmesser von 2,5 cm und einer Länge von ungefähr 90 cm schlug" (Watson 1930, p. 171).

Als unkonditionierter Reiz fungierte also ein Hammerschlag auf eine Eisenstange, der als unbedingte Reaktion Furcht auslöste. Dieser unbedingte Reflex wurde mit einem neutralen Reiz assoziiert: einer weissen Ratte, "mit der Albert wochenlang gespielt hatte" (ebd.), die ihm also (zunächst) keine Angst machte. Der Aufbau der konditionierten Reaktion erfolgte so, dass Albert auf verschiedene Weise mit der Ratte konfrontiert wurde und jedes Mal, wenn er mit ihr Kontakt aufnehmen wollte, auf die Eisenstange geschlagen wurde. Albert erschrak jeweils und entwickelte eine zunehmende Abneigung gegenüber der Ratte.

In der letzten Phase des Experiments wurde die Ratte *allein* dargeboten. Watson schildert die Reaktion Alberts wie folgt: "In dem Augenblick, wo die Ratte gezeigt wurde, fing das Baby an zu schreien. Es drehte sich abrupt zur linken Seite, fiel vornüber, begab sich auf alle viere und krabbelte so schnell davon, dass man es noch gerade festhalten konnte, bevor es den Rand der Matratze erreichte" (Watson 1930, p. 172 - im Original hervorgehoben). Die weisse Ratte ist zum bedingten Reiz und die Furcht

zur bedingten Reaktion geworden. Watson beschliesst seine Darstellung des Experiments mit den folgenden Worten:
"Zweifellos liefert uns dieser Nachweis vom konditionierten *Ursprung* einer Furchtreaktion eine naturwissenschaftliche Grundlage für unsere Untersuchung des emotionalen Verhaltens. ... Er bietet uns ein Erklärungsprinzip, das der ausserordentlichen Komplexität des emotionalen Verhaltens Erwachsener Rechnung trägt. Um ein solches Verhalten zu erklären, brauchen wir nicht länger auf die Vererbung zurückzugreifen" (ebd.).
Ängste sind eine Folge von Konditionierungen. Aber auch andere Emotionen sollen sich auf diese Weise erklären lassen. Die wehmütige Reaktion auf einen Schlager, der zur Zeit einer längst vergangenen Liebschaft *en vogue* war, ist ebenfalls ein konditionierter Reflex (Skinner 1953, p. 60).

Die Umkonditionierung des Menschen

Wenn Ängste und andere (negativen) Gefühle eine Funktion von Konditionierungen sind, dann sollten sie sich auf gleiche Weise auch abbauen lassen. Schon bei Watson heisst es, Neurosen seien Fehlanpassungen aufgrund von fehlgeleiteter Konditionierung (Bruder 1982, p. 90). Später hat Eysenck einige Berühmtheit erlangt mit der Behauptung: "Get rid of the symptom and you have eliminated the neurosis" (Eysenck 1959, p. 65 - im Original hervorgehoben). Eine Störung "hinter" dem Symptom gibt es nicht; das Symptom *ist* die Neurose. Diese Überzeugung, die der *Verhaltenstherapie* zugrunde liegt, erhielt durch eine Untersuchung von Mary Cover Jones starken Auftrieb. Jones berichtete von einem Vorgang, der als Komplement zu Watsons Experiment mit dem "kleinen Albert" verstanden werden kann.

Ihre Versuchsperson war Peter, ein zwei Jahre und zehn Monate altes Kind mit einer Angstreaktion gegenüber Ratten und Kaninchen, die sich auf weitere pelzartige Dinge ausgedehnt hatte (Jones 1924a; Watson 1930, p. 183ff.). Jones schildert, wie Peters Angst mittels Reaktionen, die mit Angst *unvereinbar* sind, "entkonditioniert" wurde. Beim Spielen oder beim Essen wurde Peter so lange mit dem Furchtobjekt konfrontiert, bis seine Angst abgebaut war. Auch die Angst vor den anderen Objekten löste sich auf.

Jones nannte ihre Methode *direkte Konditionierung*. Sie besteht im wesentlichen darin, das furchterregende Objekt mit einem Stimulus, der eine positive (lustvolle) Reaktion auslöst, zu verbinden (Jones 1924b, p. 44). Dadurch entsteht ein *Konflikt* zwischen zwei unvereinbaren Reaktionen. Während Nahrung und Zuwendung positive Reaktionen auslösen, erzeugt das Furchtobjekt eine negative Reaktion. Die positiven Reaktionen sollten schliesslich die negative Reaktion "verdrängen", womit die Angst gegenüber dem Furchtobjekt überwunden ist.

Aus Jones' direkter Konditionierung ist die wohl bekannteste verhaltenstherapeutische Methode entstanden, die *systematische Desensibilisierung*. Wolpe, einer ihrer Begründer, ging allerdings nicht von Watsons und Jones' Arbeiten aus, sondern von Untersuchungen zur *experimentellen Neurose*, wie sie in der Pawlow-Tradition durchgeführt wurden. Masserman (1943) stellte fest, dass experimentell neurotisierte Katzen ihre Angst verloren, wenn man sie in dem Käfig *fütterte*, in dem sie neurotisiert wurden. Wolpe untersuchte diesen von ihm als "Gegenkonditionierung" interpretierten Effekt und fand, dass sich die Angst vor allem dann rasch reduzieren liess, wenn die Katzen nacheinander in einer *Serie* von Käfigen gefüttert wurden, die dem Experimentalkäfig *zunehmend ähnlicher* waren (Fliegel et al. 1981, p. 153; Wachtel 1977, p. 197ff.). Wolpe formulierte das folgende Prinzip: "Wenn es gelingt, eine mit Angst unvereinbare Reaktion bei Anwesenheit eines angsterzeugenden Stimulus auftreten zu lassen, so dass es zu einer vollständigen oder teilweisen Unterdrückung der Angstreaktion kommt, wird die Verbindung zwischen dem Stimulus und der Angstreaktion abgeschwächt" (Wolpe, zit. nach Fliegel et al. 1981, p. 153).

Wie Jones' "direkte Konditionierung" basiert Wolpes "Gegenkonditionierung" auf der Idee der Konfrontation einer Angstreaktion mit Reaktionen, die mit ihr *unvereinbar* sind. Im allgemeinen wird bei der systematischen Desensibilisierung mit dem Mittel der *Entspannung* gearbeitet, d.h. die Angst wird mit Gefühlen von Ruhe und Gelassenheit verbunden. Die Behandlung geht so vor sich, dass dem Klienten zunächst Entspannungstechniken beigebracht werden. Nachdem er gelernt hat, sich in neutralen Situationen zu entspannen, wird eine *Angsthierarchie* erstellt. Nun wird der Klient zur Entspannung aufgefordert. Im Zustand der Entspannung soll er sich die erste Szene der Angsthierarchie vorstellen. Gelingt ihm die angstfreie Bewältigung der Szene, wird zur nächsten fortgeschritten, bis schliesslich sämtliche Stufen der Hierarchie angstfrei phantasiert werden können. Gelingt es dem Klienten, einige Items in der *Vorstellung* zu bewältigen, soll er versuchen, entsprechende Situationen in der *Realität* aufzusuchen. Empfindet er Angst, soll er nicht "aus dem Feld" gehen, sondern so lange ausharren, bis ihm zumindest eine gewisse Reduktion der Angst gelungen ist. Schwierige Situationen soll er meiden, damit nicht durch eventuell auftretende Angstanfälle eine Rekonditionierung eintritt (Fliegel et al. 1981, p. 157f.; Wachtel 1977, p. 195ff.).

Das Gewissen als konditionierte Angstreaktion

Erwünschtes und unerwünschtes Verhalten erweisen sich in der Perspektive des Behaviorismus als Folge von *Konditionierungen*. Auch das *moralische* Verhalten wird auf diese Art verstanden. In Watsons behavioristischer Utopie sind die Worte "richtig" und "falsch" überflüssig (Watson 1929, p. 126). Fehlverhalten ist die Folge eines "falschen Trainings" oder einer "körperlichen Erkrankung" und wird durch Umkonditionierung behoben. Entgleitet einer Mutter ein Kind, so greift der behavioristische Arzt ein und schleusst es durch einen Prozess der Entkonditionierung und Neukonditionierung (ebd., p. 127). Idealerweise werden die Menschen so erzogen, dass sie in dem *aufgehen*, was sie tun. "Dieses vollständige Aufgehen im Handeln ist der Schlüssel zum Glück unserer Kinder - es ist unsere Definition behavioristischen Glücks" (ebd., p. 128 - im Original hervorgehoben).

Tatsächlich ist dies die Definition des *Paradieses*. Bevor sie vom Baum der Erkenntnis assen, lebten Adam und Eva in *Übereinstimmung* mit sich und ihrer Umwelt. Nicht nur die Christen stellen sich ihren ursprünglichen Zustand als Einheit mit der Natur vor, der Mythos vom primordialen Paradies ist auch den indischen Glaubensvorstellungen, den Juden, der iranischen Tradition und der griechischen Antike bekannt (Eliade 1949, p. 135). Umgekehrt ist das *Streben* nach dem Paradies, entweder durch Rückkehr an den Anfang oder durch Fortschritt zu einem "neuen Anfang", das Kennzeichen von Mythos und Religion. In der Religion erhofft sich der Mensch die Überwindung seiner irdischen Existenz, in die er durch einen Fehler seiner Vorfahren geraten ist.

Damit entpuppt sich der Behaviorismus als *heimliche Religion*[5]. In Watsons Utopie leben die Menschen ohne Zwiespalt. Wenn sie nicht gerade schlafen, sind sie "vollständig aktiv" (Watson 1929, p. 122). Wer darin kein religiöses Motiv erkennen kann, der dürfte sich zumindest an Rousseau (1762) erinnert fühlen, der eine Methode der *Erziehung* schildert, die darauf bedacht ist, im Zögling ein permanentes Gleichgewicht zwischen Kräften und Wünschen zu wahren. Alle überschüssige Energie soll vermieden werden, damit der Mensch in Harmonie mit sich und seiner Welt leben kann.

Doch was genau folgt aus dem Paradigma der klassischen Konditionierung für die *moralische Erziehung*? Einfach gesagt, die *Strafe* als notwendige Methode zur "Eindämmung" des Bösen. Moralisches Verhalten lässt sich - sofern es nicht überflüssig ist, da alles Zusammenleben in paradiesischer Harmonie vor sich geht - als Resultat einer *konditionierten Angstreaktion* verstehen. Dies jedenfalls ist die Meinung von Eysenck, der unmittelbar an Watsons Experiment mit dem "kleinen Albert" anknüpft. Sein Beispiel ist ein "kleiner Junge", der sich schlecht benimmt.

"Sofort wird ihm seine Mutter einen Klaps geben, oder ihn in die Ecke stellen oder ihn aus dem Zimmer schicken oder ihm eine der vielen Bestrafungen auferlegen, die bei Eltern seit Jahrhunderten gebräuchlich sind. In diesem Fall ist die bestimmte asoziale oder antisoziale Aktivität, die er sich hier erlaubte, unmittelbar von einem starken, Schmerz produzierenden Reiz gefolgt, und wir haben genau die gleiche Situation wie im Fall des kleinen Albert" (Eysenck 1964, p. 143).

---

[5] Woodworth nennt Watsons Behaviorismus "eine Art neue Religion, die die traditionelle Religion ersetzte" (Woodworth, zit. nach Sanders 1972, p. 75).

Der neutrale Reiz ist eine bestimmte Aktivität, die sich das Kind erlaubt hat. Der unbedingte Reiz ist der Schlag, der die Bestrafung ausmacht, und die unbedingte Reaktion der Schmerz und die Furcht, die vom Schlag ausgelöst werden.

"Analog zur Erfahrung des kleinen Albert würden wir erwarten, dass Konditionierung stattfindet, so dass von da an dieser bestimmte Typus von Aktivität von einer konditionierten Furchtreaktion gefolgt wäre. Nach einigen Wiederholungen sollte diese Furchtreaktion stark genug sein, um das Kind davon abzuhalten, diesem Typus von Aktivität wieder nachzugehen, genau wie der kleine Albert davon abgehalten wurde, sich seines gewohnten Spiels mit den weissen Ratten (sic!) zu erfreuen" (Eysenck 1964, p. 143f.).

Strafen brauchen allerdings nicht physisch zu sein. Auch der Entzug von Zuwendung und die Missachtung von Bedürfnissen können frustrierend und punitiv sein.

Eysenck nimmt an, dass sich eine weitere Konditionierung einstellen kann, eine "Konditionierung zweiter Ordnung", nämlich die Assoziation der konditionierten Furchtreaktion mit dem *Verbalverhalten* der Eltern. Diese bestrafen das Kind nicht nur, sondern nennen es auch "schlecht", "schlimm" und "böse". Solche Äusserungen, haben sie lange genug mit strafenden Handlungen in Verbindung gestanden, lösen schliesslich in gleicher Weise Angst aus, da sie ebenfalls zu einem konditionierten Reiz geworden sind.

Eysenck schildert, wie der kleine Junge unter den Konditionierungen der Eltern aufwächst und wie er sich

"allmählich ein Repertoire von konditionierten Furchtreaktionen auf eine grosse Gruppe von verschiedenen Verhaltensmustern (erwirbt), die alle eine Sache gemeinsam haben - dass sie von Eltern und Lehrern, von Geschwistern und Verwandten missbilligt werden und dass sie, in der Vergangenheit, häufig mit Bestrafung assoziiert wurden, und daher mit dem daraus folgenden autonomen reaktiven Verhalten" (Eysenck 1964, p. 144).

Was aber geschieht, wenn das Kind in eine Situation kommt, in der die Versuchung, etwas Verbotenes zu tun, gross ist? Die Antwort lautet, dass es dazu neigen wird, es einfach zu tun, doch während es sich dem Objekt der Versuchung nähert, sollte eine starke Aufwallung von konditionierter Angst stattfinden. Die Stärke dieser Angst müsste ausreichen, das Kind davon abzuhalten, der Versuchung nachzugeben. Ist dagegen die Furchtreaktion nur schwach ausgebildet worden, wird das Kind der Versuchung nicht widerstehen und das Verbotene tun. Sozial akzeptiertes Verhalten hängt "im wesentlichen von der Stärke der Versuchung und von der Stärke der konditionierten Vermeidungsreaktion ab" (ebd., p. 144f.). Moralisches Verhalten ist die Folge eines Konflikts zwischen Tendenzen der Annäherung und der Vermeidung. Das Gewissen erscheint ausschliesslich als eine negative Instanz: als Tendenz, etwas *nicht* zu tun.

Eysenck argumentiert auf der *Verhaltensebene*. Das Gewissen ist keine innere Stimme, sondern eine konditionierte Reaktion: "conscience is a conditioned reflex" bzw. "a conditioned anxiety response to certain types of situations and actions" (Eysenck 1960, p. 13, 1976, p. 109 - beide Stellen im Original hervorgehoben). Das Gewissen ist die Summe der konditionierten Angstreaktionen gegenüber Verhaltensweisen, die in der Kindheit und Jugend als "schlecht" und "böse" bezeichnet wurden (Eysenck 1972, p. 44). Pädagogisch folgt die Notwendigkeit der *Strafe* als erzieherische Massnahme. Eysenck ist deutlich genug. Er spricht von den "notwendigen unkonditionierten Reizen", die Eltern ihren Kindern zu vermitteln hätten (Eysenck 1976, p. 109). Bei diesen "unkonditionierten Reizen" handelt es sich um nichts anderes als um die Bestrafung als Auslöser von Schmerz- und Furchtreaktionen. Im Fehlen einer "adäquaten sozialen Konditionierung" - womit erneut die Bestrafung gemeint ist - sieht Eysenck eine wesentliche Ursache der Entstehung "schlechten Verhaltens" (ebd., p. 109f.).

Es bleibt anzumerken, dass Eysenck bei Watson kaum auf Zustimmung gestossen wäre. Unmissverständlich heisst es beim "Vater des Behaviorismus": "Es gibt keine Entschuldigung für Prügel und Schläge!" (Watson 1930, p. 193).

Die richtige Frage

Als konditionierte Angstreaktion hat das Gewissen eine ausschliesslich *hemmende* Funktion. Es wird errichtet zum Zweck der *Eindämmung* asozialer und amoralischer Tendenzen im Menschen. Eysenck scheint keine natürliche Bereitschaft zum Guten anzunehmen, sondern ausschliesslich einen Hang zum Bösen. Der Mensch ist egoistisch und muss zum Altruismus *gezwungen* werden. Im Bereich der Moral gilt es, die richtige Frage zu stellen. Und diese betrifft nicht die Entstehung des Bösen: "It is pointless to ask why people behave in a selfish, aggressive, immoral manner; such behavior is clearly reinforcing in that it gives the person or organism acting in such a fashion immediate satisfaction. Furthermore, such behavior is demonstrated by animals and young children without any need of teaching; it is 'natural' in a real and obvious sense" (Eysenck 1976, p. 108). Die angemessene Frage ist daher die genau umgekehrte: Wie kommt es, dass sich Menschen nicht unmoralisch und antisozial benehmen?

Die Leute neigen dazu zu tun, was angenehm ist, und zu unterlassen, was unangenehm ist. "Der Mehrzahl von Menschen fehlt es an einer Unmenge von Dingen ... Auf den ersten Blick würde es als die natürlichste Sache der Welt erscheinen, dass der Mensch, wenn es ihm an etwa fehlt, das er besitzen will, und wenn dieses Etwas in der Welt um ihn herum vorhanden ist, einfach geht und es sich nimmt. Was hält ihn davon ab, das zu tun?" (Eysenck 1964, p. 136). Dies ist die *richtige* Frage einer moralpsychologischen Untersuchung: Wie kommt es, dass so viele Leute gesetzestreue Bürger sind, die Regeln der Gesellschaft achten und keine Verbrechen begehen? Eysenck operiert mit dem "Lustprinzip": Die Menschen tun, was ihnen Lust macht und vermeiden, was ihnen Unlust bereitet.

Zumindest in diesem Punkt ist Eysencks Argumentation nicht überzeugend. Auch wenn wir die Menschen für böse halten würden und annehmen wollten, menschliches Verhalten werde vom "Lustprinzip" gesteuert, ist nicht ausgeschlossen, dass moralisches Verhalten lustvoll sein kann, dann nämlich, wenn es befriedigende Konsequenzen (z.B. soziale Zuwendung oder Anerkennung) hat. Dies ist in der Tat ein Argument, das gelegentlich von Behavioristen vorgebracht wird, allerdings nicht im Kontext der "klassischen", sondern in demjenigen der "operanten Konditionierung", der wir uns im folgenden Abschnitt zuwenden wollen.

Zunächst noch eine Bemerkung zu Eysenck und einige abschliessende Worte zur klassischen Konditionierung. Eysencks Position ist insofern etwas differenzierter, als er *individuelle Unterschiede* im Ausmass der Konditionierbarkeit postuliert. Er knüpft damit an eine These an, die bereits Pawlow vertreten hat, nämlich die Abhängigkeit der Konditionierung von nervösen Erregungs- und Hemmungsmechanismen. Pawlow postulierte ein Kontinuum der Nerventätigkeit von hoher Erregung bei geringer Hemmung über ein Gleichgewicht von Erregung und Hemmung zu geringer Erregung bei hoher Hemmung und glaubte, auf diesem Kontinuum die verschiedenen *Temperamente* lokalisieren zu können. Die Dominanz der Erregung führt zum cholerischen Temperament, die Dominanz der Hemmung zum melancholischen, während dem Gleichgewicht von Erregung und Hemmung das phlegmatische und das sanguinische Temperament entsprechen (Pawlow 1972, p. 128f.).

Im Sinn *seiner* Unterscheidung von Extraversion und Introversion, die er mit Unterschieden der kortikalen Aktiviertheit in Zusammenhang bringt, glaubt Eysenck, Introvertierte seien leichter und stärker konditionierbar als Extravertierte (Eysenck 1960, p. 15ff., 1972, p. 8f., 43), denn ihre Erregbarkeit sei vergleichsweise hoch. Das bedeutet unter anderem, dass Extravertierte "amoralischer" sind als Introvertierte, da sich bei ihnen ein Gewissen (eine "konditionierte Angstreaktion") schlechter ausbildet. Der Status dieser These ist umstritten (Claridge 1986). Ihre grundsätzliche Bedeutung liegt darin, dass sie auf die Rolle *individueller Unterschiede* im moralischen Verhalten aufmerksam macht.

In pädagogischer Hinsicht sollte der Ansatz der klassischen Konditionierung nicht leichtfertig beiseite geschoben werden. Zwar erfüllt er die Ansprüche der pädagogischen Intuition (vgl. Kapitel 1) nicht. Denn diese besteht nicht darin, Moralität *mechanisch* herzustellen, sondern eine Subjektivität zu fördern, die *autonom* und *selbstverantwortlich* ist. Doch dabei handelt es sich um eine Beschreibung *idealer* Verhältnisse. Das klassische Lernparadigma mag simpel sein, gerade dadurch aber in der Lage, pädagogische *Realität* einzufangen. Moralische Erziehung im Sinne der Konditionierung von Angstreaktionen dürfte ein durchaus verbreitetes Phänomen sein. Es steht auch ausser Zweifel, dass Bestrafung wirksam ist

(Baumrind 1968, p. 257f.). Wir sollten uns hüten, eine Theorie abzulehnen, weil sie uns nicht befriedigt.

Die Vertreibung des Homunkulus

Das Ende des klassischen Behaviorismus ist um 1930 anzusetzen (Pongratz 1967, p. 333; Sanders 1972, p. 78). Es folgt die Ära des "Neobehaviorismus". Einer seiner einflussreichsten Vertreter war *Skinner*. "... Skinner is contemporary behaviorism personified" (Scandura 1988, p. 265). Wollen wir uns mit Hilfe der Psychologie die Grundlagen für eine *Theorie der moralischen Erziehung* erarbeiten, dann ist Skinner eine zwingende Station auf unserem Weg zur Lösung des Herbartschen Problems.

Während sich Watsons intellektuelle Wurzeln bei Pawlow finden, liegen diejenigen von Skinner bei Thorndike. Zwar anerkennt auch Skinner den Einfluss Pawlows (Skinner 1972, p. 593f.), doch sein Konzept der "operanten Konditionierung" unterscheidet sich von der "respondenten Konditionierung" Pawlows und gleicht der "instrumentellen Konditionierung" Thorndikes. Thorndike wird von Skinner explizit als der erste bezeichnet, der "Typ-R-Verhalten", d.h. operantes Verhalten untersucht hat (ebd., p. 496). Thorndike war im übrigen auch einer der wenigen Psychologen, die von Pawlow anerkannt wurden (Mackintosh 1977, p. 162).

Thorndike sperrte Hühner, Hunde und Katzen in "Problemkäfige", aus denen sie sich durch Auslösung einer Mechanik zu befreien hatten. Dies gelang ihnen dadurch, dass sie wahllos Bewegungen machten, bis der Mechanismus zufällig aktiviert wurde. Beim nächsten Durchgang erfolgte die Befreiung bereits schneller, und schliesslich hatten die Tiere die richtige Reaktion *gelernt*. Aus diesen Untersuchungen entstand Thorndikes *Effektgesetz*. In seiner ursprünglichen Fassung lautet es folgendermassen:

"Of several responses made to the same situation, those which are accompanied or closely followed by satisfaction to the animal will, other things being equal, be more firmly connected with the situation, so that, when it recurs, they will be more likely to recur; those which are accompanied or closely followed by discomfort to the animal will, other things being equal, have their connections with that situation weakened, so that, when it recurs, they will be less likely to occur. The greater the satisfaction or discomfort, the greater the strengthening or weakening of the bond" (Thorndike 1911, p. 244 - im Original hervorgehoben).

Lernen basiert auf Verstärkung von Reiz-Reaktions-Verbindungen, deren Ausgang ein *befriedigendes* Erlebnis ist. Die Belohnung *folgt* dem Verhalten, worin ein wesentlicher Unterschied zur Pawlowschen Konditionierung liegt. Bei Pawlow muss das Tier nichts tun, um "verstärkt" zu werden, während es bei Thorndike etwas unternehmen muss. Thorndike sprach deshalb von "instrumentellem Lernen". Das Verhalten ist ein Vehikel des Tieres zur Befreiung aus dem Käfig.

Amsel und Rashotte meinen, Skinner habe eine ganze Lernpsychologie um das Effektgesetz herum gebaut (Amsel & Rashotte 1977, p. 90). Skinner bestärkt den Anspruch des Behaviorismus auf die *naturwissenschaftliche* Erklärung menschlichen Verhaltens. Noch immer denken wir über den Menschen in Kategorien, wie sie den alten Griechen geläufig waren. Während Aristoteles, wäre er noch unter uns, nicht eine Seite moderner Physik oder Chemie verstehen würde, hätte er wenig Probleme, der aktuellen Diskussion um menschliche Belange zu folgen (Skinner 1971, p. 3). Dabei lässt sich kaum behaupten, die Griechen hätten schon alles gewusst, was es über den Menschen zu wissen gibt. Tatsächlich ist der Mensch derjenige Gegenstand, den wir am wenigsten verstehen.

Den Grund für unser dürftiges Wissen über den Menschen sieht Skinner darin, dass wir das menschliche Verhalten noch kaum wissenschaftlich erforschen. Der Psychologie fehlt das wissenschaftlich Entscheidende, nämlich ein adäquates Verständnis der *Ursachen* des Verhaltens. Waren es früher Götter und Dämonen, die das menschliche Verhalten zu verantworten hatten, werden diese Mächte heute dem Menschen selbst zugeschrieben. Der Mensch erscheint als Schöpfer und Verursacher seiner selbst (Skinner 1971, p. 5ff.). In seinem Inneren vermuten wir eine zweite Person, die bestimmt, warum sich ein Mensch so und so benimmt. Doch innen ist nichts, was von *kausaler* Bedeutung wäre. Das Innere ist ein *Mythos*, den andere Wissenschaften längst schon aufgegeben haben. Weder Physiker noch Biologen nehmen Bezug auf innere Potenzen, um die Phänomene zu erklären, mit denen sie sich beschäftigen.

Die Psychologen sind die Alchemisten unserer Zeit. Sie glauben an okkulte Kräfte, die aus der Tiefe der Seele aufsteigen und das menschliche Verhalten verursachen. Im Inneren des einzelnen vermuten sie eine *geistige Substanz*, die mit kausaler Macht versehen ist. Doch der Geist existiert genausowenig wie die Geister. Der Behaviorismus beginnt mit der Annahme, dass die Welt aus *einer* Art von Stoff ist (Skinner 1967, p. 212). Wie sollte eine nicht-körperliche Substanz auf die körperliche Welt Einfluss nehmen? Der innere Mensch ist ein Ausdruck der Verlegenheit. Er täuscht darüber hinweg, dass wir nicht in der Lage sind, menschliches Verhalten zu *erklären*: "... what we do not understand we attribute to autonomous man" (Skinner 1971, p. 49). Der innere Mensch ist ein Produkt unserer Unwissenheit.

Die Umwelt als Stosskraft

Die Psychologie sollte dem Weg folgen, den so erfolgreiche Wissenschaften wie die Physik und die Biologie gegangen sind. Sie muss sich vom inneren Menschen verabschieden und als *Verhaltenswissenschaft* begründen. "We can follow the path taken by physics and biology by turning directly to the relation between behavior and the environment and neglecting supposed mediating states of mind" (Skinner 1971, p. 12). Die *Ursachen* des

Verhaltens liegen nicht innen, sondern *aussen*. In dem Masse wie wir in der wissenschaftlichen Analyse voranschreiten, entthronen wir den inneren Menschen. An seine Stelle tritt die Umwelt als erklärende Kraft. "In an acceptable explanatory scheme the ultimate causes of behavior must be found *outside* the organism" (Skinner 1972, p. 325). Skinner radikalisiert das Programm des Behaviorismus. Für die Erklärung des Verhaltens ist eine Bezugnahme auf den Menschen unzulässig. Verhalten wird extern kontrolliert und bedarf einer Analyse der *Aussenwelt*, nicht der Innenwelt.

Dabei hat Skinner nicht allein die Umwelt des *Individuums*, sondern auch diejenige der *Art* vor Augen. Das Verhalten ist ein Produkt *sowohl* der individuellen *wie* der artgemässen Umwelt eines Organismus. Die Evolutionstheorie ist geradezu das Paradigma einer wissenschaftlichen Erklärung des Verhaltens. Der Kausalfaktor evolutiver Veränderungen ist die *Selektion*. Diese wirkt *im nachhinein*, insofern sie "spontan" auftretendes Verhalten bezüglich seines Überlebenswerts "auswählt" (Skinner 1972, p. 353). Würden sich die Mitglieder einer Gattung nicht fortpflanzen, ihre Jungen nicht aufziehen und sich nicht gegen Feinde verteidigen, wären sie dem Untergang geweiht. Das Überleben der Art ist *kontingent* auf bestimmte Verhaltensweisen (Skinner 1974, p. 41), Verhaltensweisen, die im genetischen System fixiert werden.

Was für die Art gilt, gilt auch für das Individuum. Das Modell der Evolution lässt sich beiziehen, um *individuelles* Verhalten zu erklären. "You have precisely the same problems with operant behaviour that Darwin faced in evolution. Natural selection and operant conditioning are very similar. Both move the concept of a prior design to an *a posteriori ex post facto* selection" (Skinner 1977a, p. 280)[6]. Verhalten, das den Überlebenswert eines Organismus erhöht, wird in seinem Auftreten verstärkt. "When a bit of behavior is followed by a certain kind of consequence, it is more likely to occur again, and a consequence having this effect is called a reinforcer" (Skinner 1971, p. 25). Skinner nennt solches Verhalten "operant", um hervorzuheben, dass es auf die Umwelt *einwirkt*. "Operant behavior is essentially the exercise of power: it has an effect on the environment" (Skinner 1974, p. 154). Operantes Verhalten ist "instrumentelles Verhalten" im Sinne Thorndikes.

In seinem Bemühen, aus der Psychologie eine Wissenschaft zu machen, verschiebt Skinner die Erklärung für das, was Menschen tun, von innen nach aussen, vom autonomen Menschen zur Umwelt. Zur Umwelt allerdings nicht im Sinne einer Zugkraft - wie im Modell der klassischen Konditionierung -, sondern im Sinne einer *Stosskraft*. Skinner geht es um die Wirkung, die die Umwelt auf das Verhalten *post festum* hat. "Keine Darstellung der Wechselwirkung zwischen Organismus und Umwelt ist vollständig, wenn sie nicht die Einwirkung der Umwelt auf den Organismus

---

[6] Schon Thorndike gebrauchte diese Analogie: "We learn by the gradual selection of the appropriate act or judgment ..." (Thorndike 1911, p. 284).

nach dem Auftreten der Reaktion berücksichtigt" (Skinner 1969, p. 16). Eine adäquate Verhaltensanalyse muss stets den *Anlass* einer Reaktion, die *Reaktion* selbst und die verstärkenden *Konsequenzen* der Reaktion spezifizieren. Die Wechselbeziehungen zwischen diesen drei Grössen bilden die "Verstärkungskontingenzen". Skinner interessiert sich nicht für die *Topographie* des Verhaltens, sondern für die Variablen, von denen es abhängig ist. Ein Verstärker bringt eine Reaktion unter die Kontrolle eines Stimulus, der die Reaktion nicht auslöst, sondern den Anlass besorgt, auf den hin sie auftritt.

Das Schema der operanten Konditionierung kann wie folgt geschrieben werden: $S_d \rightarrow R \rightarrow S_r$. Dabei ist "$S_d$" ein diskriminativer Reiz, auf den hin eine Reaktion auftritt. "R" ist die "operante Reaktion", oft einfach "Operant" genannt. Genau genommen kann eine *einzelne* Verhaltensweise allerdings kein Operant sein, da operantes Verhalten durch seine *Auftretenswahrscheinlichkeit* definiert ist. Um Wahrscheinlichkeiten auszumachen, müssen aber *mehrere* Ereignisse beobachtet werden. Ein Operant ist daher die *Klasse* jener Reaktionen, deren Auswirkungen das Auftreten dieser Art von Reaktion beeinflusst. Die Auswirkungen entsprechen der *Verstärkung* ("S_r") der operanten Reaktion.

Verstärkungen können grundsätzlich in zwei Formen auftreten: als positive und als negative Verstärker (Skinner 1953, p. 76f.). Ein *positiver* Verstärker ist ein Reiz, der die Auftretenswahrscheinlichkeit einer Verhaltensweise erhöht, wenn er zur Situation *hinzutritt* (z.B. Futter). Ein *negativer* Verstärker ist ein Reiz, der die Auftretenswahrscheinlichkeit einer Verhaltensweise erhöht, wenn er von der Situation *weggenommen* wird (z.B. Befreiung eines Lebewesens von Lärmeinwirkung). Damit ergeben sich vier Arten von operanter Konditionierung (vgl. Tabelle 1). Folgendes gilt es zu beachten: Strafe ist nicht negative Verstärkung (wie

	hinzufügen	wegnehmen
angenehm	pos. Verstärkung	Extinktion
unangenehm	Bestrafung	neg. Verstärkung

Tabelle 1: Vier Arten der operanten Konditionierung

oftmals fälschlicherweise angenommen wird[7]), sondern die Darbietung eines aversiven (unangenehmen) Stimulus. Die Beendigung einer Strafe ist eine Form von negativer Verstärkung. Der Entzug einer positiven Verstärkung ist eine Form von Strafe (z.B. Entzug von Freiheit im Gefängnis).

---

[7] Selbst Skinner ist nicht konsequent und spricht gelegentlich von "negativer Verstärkung" im Sinne von "Strafe" (vgl. unten).

Zwischen klassischer und operanter Konditionierung besteht ein wesentlicher Unterschied. Die klassische Konditionierung setzt am *Reiz* an und verändert die *Reizbedingungen*, während die operante Konditionierung an der *Reaktion* ansetzt und das *Reaktionsspektrum* eines Lebewesens verändert. Tatsächlich ist das klassische Konditionieren in seiner Anwendung relativ beschränkt. Jeder konditionierte Reflex setzt einen unkonditionierten voraus. Klassische Konditionierung ist daher nur insofern möglich, als Menschen über *Reflexe* verfügen. Des weiteren kann durch klassisches Konditionieren der Verhaltensbereich eines Lebewesens nicht erweitert werden, denn konditioniert werden lediglich neue Stimuli, die sich mit alten Reaktionen assoziieren. Der Prozess der klassischen Konditionierung ist daher ein Prozess der *Stimulussubstitution* (Skinner 1953, p. 58). Zwar kann mit klassischer Konditionierung der Bereich der auslösenden Reize beträchtlich erweitert werden, auf der Reaktionsseite aber ist keine Veränderung möglich. Der Vorzug der operanten Konditionierung liegt genau darin, dass mittels operantem Konditionieren die *Reaktionen* eines Lebewesens verändert werden können.

Auf den Schultern von Pawlow und Watson

Skinner hat vorwiegend mit Ratten und Tauben gearbeitet. Die "Skinner-Box" hat ähnliche Merkmale wie die Versuchsanordnung von Pawlow. Auch bei Skinner werden die Tiere so gut wie möglich von der Aussenwelt abgeschirmt, damit die Wirkung der zur Diskussion stehenden Reize optimal untersucht werden kann. Und auch Skinners Tiere müssen sich zunächst an ihre Umgebung gewöhnen, bevor das Experiment beginnen kann. Ein wichtiger Unterschied zu Pawlows Versuchsanordnung besteht darin, dass im Falle der Skinner-Box die Tiere nicht in ein Gestell geschnallt und künstlich passiv gehalten werden. Insofern die operante Reaktion der Ansatzpunkt der Konditionierung ist, haben die Tiere optimale Bewegungsfreiheit.

Folgendes Experiment soll das Vorgehen Skinners illustrieren (Skinner 1972, p. 524ff.). Skinner liess Tauben hungern, bis sie noch 75% ihres normalen Körpergewichts hatten. Dann wurden die Tauben einzeln in Versuchskäfige gebracht. Die Käfige waren mit beweglichen Futtertrögen ausgestattet (vgl. Abbildung 2), die mittels einer Uhr so manipuliert waren, dass sie in regelmässigen Abständen nach oben geschoben wurden, 5 Sekunden verharrten und wieder verschwanden, *unabhängig* vom Verhalten des Tieres. Die Tauben wurden ein paar Minuten im Käfig gelassen und wieder herausgeholt. Am folgenden Tag wurde der Vorgang wiederholt. Als am Schluss des Experiments das Verhalten der Tiere untersucht wurde, ergab sich ein eigenartiges Bild. Eine Taube rannte im Kreis herum. Eine andere stiess mit ihrem Kopf in eine der oberen Ecken des Käfigs. Eine dritte klopfte mit ihrem Schnabel auf den Boden. Andere machten seltsame Kopfbewegungen oder verrenkten ihren Körper. Keine dieser Verhaltensweisen konnte während der Gewöhnungsphase vor Beginn des Experiments beobachtet werden.

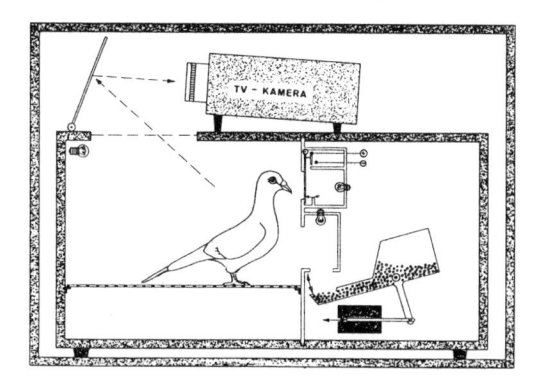

Abbildung 2: Skinners Versuchsanordnung (aus: Zeier 1976)

Skinner erklärt das bizarre Verhalten der Tauben folgendermassen. Die hungrigen Tiere, die in die Skinner-Box gebracht werden, bewegen sich relativ frei. Unmittelbar nach einer dieser Bewegungen, die wir jetzt "R" nennen können, kommt der Futtertrog nach oben. Die Körner entsprechen "S_r" und sind als *Verstärker* zu bezeichnen. Nach 5 Sekunden geht der Futtertrog wieder nach unten. Falls das Futter als Verstärker wirkte, muss der Futtertrog zu einem *diskriminativen Reiz* ("S_d") geworden sein. Ebenfalls muss sich die Auftretenswahrscheinlichkeit von "R" erhöht haben. Das bedeutet, dass die Taube jene Bewegung, die sie vor dem Auftauchen des Futtertrogs machte, vermehrt "emittieren" wird. Falls das Intervall zwischen den Präsentationen des Futtertroges nicht zu gross ist und das verstärkte Verhalten nicht wieder gelöscht wird, ist die Wahrscheinlichkeit gross, dass die Taube vor dem nächsten Erscheinen des Futtertrogs wiederum "R" ausführen wird, das somit ein weiteres Mal verstärkt wird. Etc. Die bizarren Verhaltensweisen der Tauben sind also damit zu erklären, dass *zufällige* Verhaltensweisen durch das Futter *verstärkt* und in ihrer Auftretenswahrscheinlichkeit erhöht wurden. Skinner spricht von "Aberglauben" bei Tauben. Das Wort "Aberglauben" steht in Anführungsstrichen, doch scheint Skinner auch *menschlichen* Aberglauben nicht anders erklären zu wollen (Skinner 1969, p. 153, 1972, p. 527, 1974, p. 147f.).

Die Tatsache, dass bei der operanten Konditionierung - im Unterschied zur klassischen Konditionierung - die Verstärkung abhängig ist von einer Reaktion des Organismus, gibt dem operanten Verhalten den Eindruck der *Freiheit*. Doch das operante Verhalten ist genauso determiniert wie das respondente. "I submit that what we call the behavior of the human organism is no more free than its digestion, gestation, immunization, or any other physiological process" (Skinner 1978, p. 79). Die Freiheit ist eine *Illusion*, die dadurch entsteht, dass wir die *Ursachen* unseres Verhaltens nicht kennen.

Drei Faktoren tragen zur Illusion der Freiheit bei. Erstens steht das operante Verhalten nicht unter der Kontrolle antezedenter Reize und erweckt schon dadurch den Eindruck von Freiheit (Skinner 1974, p. 216f.). Im Falle von Reflexen, die von Reizen *ausgelöst* werden, haben wir nicht das Gefühl, frei zu sein, wohl aber im Falle von Verhalten, das von *nachfolgenden* Ereignissen kontrolliert wird. Zweitens kann es schwierig sein, im konkreten Fall auszumachen, wodurch eine bestimmte Verhaltensweise kontrolliert wird. Sind die Verstärker nicht eindeutig erkennbar, scheint es sie nicht zu geben, und es entsteht der Glaube an die Willensfreiheit (ebd., p. 59). Drittens empfinden wir Verhalten, das positiv oder negativ verstärkt wird - im Gegensatz zu Verhalten, das bestraft wird - als *angenehm*. Folglich glauben wir uns frei in unseren Entscheidungen und meinen, wir würden aus innerem Antrieb handeln (ebd., p. 60). Doch die Freiheit existiert nicht; sie ist bestenfalls ein *Gefühl* (Skinner 1977a, p. 283, 1977b, p. 381). Wirkliche Freiheit wäre ein Zustand *ohne Ursachen*, was es nicht gibt.

Obwohl Skinner das Verhalten in einer anderen Perspektive sieht als Pawlow und Watson, bleibt er den Grundsätzen des Behaviorismus treu. Dazu gehört die Überzeugung von der lückenlosen *Determiniertheit* des Verhaltens, der Glaube an die Umwelt als *Letztursache* aller Verhaltensänderung und die Hoffnung, aus der Psychologie endlich eine *Naturwissenschaft* zu machen. Dazu gehört auch die Unempfindlichkeit gegenüber *Artunterschieden*. In Übereinstimmung mit der behavioristischen Tradition postuliert Skinner die strukturelle Identität von tierischem und menschlichem Verhalten. Besteht der Gegenstand der Psychologie in jenem Verhalten, das durch Konditionierung *geändert* werden kann, dann ist die biologische Systematik ohne Bedeutung für die psychologische Forschung. Insbesondere die qualitative Differenz zwischen tierischem und *menschlichem* Verhalten ist irrelevant. Entsprechende Unterschiede reduzieren sich auf eine Frage der Komplexität (Skinner 1953, p. 44, 1974, p. 250). Folglich legt es sich nahe, die Grundprinzipien der Konditionierung an *einfachen* Lebewesen zu studieren, da dabei die methodischen Anforderungen der experimentellen Kontrolle leichter realisierbar sind als beim Menschen.

Erklärung als Beschreibung

Skinners Hauptargument zugunsten des Behaviorismus ist sein Verständnis einer wissenschaftlichen *Erklärung*. Der Rekurs auf innere Instanzen wird abgelehnt, weil dabei eine nicht-materielle Substanz postuliert wird, die es in einer wissenschaftlichen Analyse nicht geben darf. Der Stoff, aus dem die Welt besteht, ist einheitlich und *physikalisch*. Auch das Verhalten ist ein Bestandteil der physikalischen Wirklichkeit. "No special kind of mind stuff is assumed. A physical world generates both physical action and the physical conditions within the body ..." (Skinner 1974, p. 242). Der "radikale Behaviorismus" - wie Skinner seinen Ansatz nennt - leugnet die Existenz einer mentalen Innenwelt. Menschliches Verhalten wird nicht durch einen Wechsel vom (physikalischen) Verhalten zum (nicht-physikalischen) Geist oder Bewusstsein erklärt, sondern durch eine Relation auf *derselben* Ebene. In einer wissenschaftlichen Erklärung haben das Explanandum und das Explanans von *derselben* Art zu sein. Daher ist der Organismus sowohl als Sitz physiologischer Prozesse wie als Ort geistiger Aktivitäten *psychologisch* irrelevant (Skinner 1976, p. 92).

Eine Psychologie, deren Erklärungen auf *derselben* Ebene liegen wie die Phänomene, die sie erklären will, kann sich mit der blossen *Beschreibung* ihres Gegenstandes begnügen (Hineline 1988; Hinson 1987, p. 185; Skinner 1938, p. 44). Folglich bedarf sie auch keiner *Theorie*. Tatsächlich glaubt Skinner, die Analyse von Verstärkungskontingenzen erfordere *keine Theorie*. "Die experimentelle Verhaltensanalyse befasst sich nicht mit der Erprobung von Theorien, sondern mit der direkten Modifikation von Verhalten" (Skinner 1969, p. 89). Dabei versteht Skinner unter einer Theorie "any explanation of an observed fact which appeals to events taking place somewhere else, at some other level of observation, described in different terms, and measured, if at all, in different dimensions" (Skinner 1972, p. 69). Da psychologisch allein das Verhalten real ist, gibt es nichts, was jenseits der Verhaltensebene liegt.

Die einzige Voraussetzung, die Skinner anerkennt, ist die, dass die Wirklichkeit *geordnet* ist. "So far as I can see, I began simply by looking for lawful processes in the behavior of the intact organism. ... I had the clue from Pavlov: control your conditions and you will see order" (Skinner 1972, p. 104). Forschung ist *Sehen* von Ordnung: "... our scientific practice is reduced to *simple looking*" (ebd., p. 117 - Hervorhebung W.H.). Nur diejenigen, die nicht zu *sehen* vermögen, nehmen Zuflucht bei Theorien. Skinner scheint dem manipulativen Eingriff des Experimentators keine Beachtung zu schenken und auf eine *prämoderne* Theorie der Erkenntnis zurückzugreifen (vgl. Kapitel 1). Wie den Göttern auf dem hohen Olymp die Ordnung des Kosmos *vor Augen liegt*, ist für den Verhaltenswissenschaftler wahr, was er *sieht*.

Skinner widerspricht den Rekonstruktionen, die *Wissenschaftstheoretiker* vom wissenschaftlichen Handeln geben. Entschieden wendet er sich gegen die hypothetisch-deduktive Methode. "I never faced a Problem which was more than the eternal problem of finding order. I never attacked a problem by constructing a Hypothesis. I never deduced Theorems or submitted them to Experimental Check. So far as I can see, I had no preconceived Model of behavior - certainly not a physiological or mentalistic one and, I believe, not a conceptual one" (Skinner 1972, p. 112). Keine Theorie und kein Modell liegen seiner Forschung zugrunde. Seine einzige Voraussetzung ist die *Ordnung*, die er bereits erkannt hat: "If I engaged in Experimental Design at all, it was simply to complete or extend some evidence of order already observed" (ebd.).

Skinner wendet sich gegen hypothetische Konstrukte mit der Attitüde Newtons: *Hypotheses non fingo*. Das Verhalten ist einer der Gegenstände, "die ohne hypothetisch-deduktive Methoden auskommen" (Skinner 1969, p. 10). Skinner ist jedoch nicht gegen Theorien *à tout prix*. Die Ablehnung von mentalistischen, physiologischen und konzeptuellen Theorien schliesst Theorien *in einem anderen Sinn* nicht aus (Skinner 1972, p. 99). Tatsächlich können wir Verhalten nur dann befriedigend erklären, wenn wir über die blossen Fakten *hinausgehen*. "Whether particular experimental psychologists like it or not, experimental psychology is properly and inevitably committed to the construction of a theory of behavior. A theory is essential to the scientific understanding of behavior as a subject matter" (ebd., p. 302). Skinner ist Antitheoretiker in einem spezifischen Sinn: "Radical behaviorism is antitheoretical in the sense that it attacks and rejects traditional explanations of behavior in terms of *internal initiating causes*" (Skinner 1988b, p. 468 - Hervorhebung W.H.).

Ein Theoretiker ist Skinner allein schon deshalb, weil operante Verhaltensweisen nur als *Verhaltensklassen* identifiziert werden können. Verhaltensklassen lassen sich aber nicht "sehen". Sie müssen aus Aufzeichnungen, die die Verstärkungskontingenzen festhalten, *erschlossen* werden. Das gilt erst recht für die *Auftretenswahrscheinlichkeit* einer Verhaltensweise, die ebenfalls nicht "gesehen" werden kann, sondern *berechnet* werden muss. Schliesslich kann auch ein *Verstärker* nicht unmittelbar identifiziert werden, da er nicht auf das Verhalten wirkt, dem er *folgt*, sondern auf die Verhaltensklasse, deren *künftige* Auftretenswahrscheinlichkeit er verändert. Skinner ist sich dessen durchaus bewusst. "Es ist nicht korrekt, wenn man sagt, eine operante Verstärkung 'bestärke die Reaktion, die ihr vorausgeht'. Die Reaktion hat ja bereits stattgefunden und kann nicht mehr verändert werden. Was verändert wird, ist die künftige Wahrscheinlichkeit von Reaktionen derselben *Klasse*" (Skinner 1953, p. 89). Die Begriffe, die Skinner bei seinen experimentellen Analysen gebraucht, beziehen sich somit keineswegs auf "sichtbare" Phänomene. Sie liegen auf einer *anderen Ebene* als das Verhalten selbst. Aber auf was für einer Ebene? Vielleicht doch auf einer konzeptuellen?

Was uns geschieht

Skinners Bemühen, aus der Psychologie eine Wissenschaft zu machen, führt ihn dazu, den Menschen auf *Verhalten* zu reduzieren und die Verhaltensursachen in die *Umwelt* zu verlegen. Das Innere ist kein Ort der Initiierung von Aktivität, sondern ein Feld von *Geschehnissen*, die dem einzelnen *zustossen*. Skinners Behaviorismus basiert auf der Doktrin, "that what an organism does can and should be explained entirely in terms of what happens to it" (Hall 1987, p. 42). Im Vergleich zum humanistischen

Bild des Menschen, kehrt Skinner das Verhältnis von Aktivität und Passivität um: "... behaviorism calls for probably the most drastic change ever proposed in our way of thinking about man. It is almost literally a matter of turning the explanation of behavior inside out" (Skinner 1974, p. 274).

Während im herkömmlichen Sinn der *Mensch* aktiv ist, verhält es sich nach behavioristischer Auffassung genau umgekehrt. Die Umwelt übernimmt die Kontrolle und die "Verantwortung", die bislang inneren Instanzen zugeschrieben wurde. "A scientific analysis shifts both the *responsibility* and the *achievement* to the environment" (Skinner 1971, p. 23 - Hervorhebungen W.H.). Ohne Bedenken spricht Skinner von "Handlungen" der Umwelt: "... a person does not act upon the world, the world acts upon him" (ebd., p. 202); "the initiating action is taken by the environment" (Skinner 1974, p. 81). Das autonome Individuum dankt ab zugunsten der autonomen Umwelt.

Obwohl die Verhaltensanalyse das Selbst entthront, sieht Skinner darin keine Entmenschlichung. "Science does not dehumanize man, it de-homunculizes him ... What is being abolished is ... the inner man, the homunculus, the possessing demon, the man defended by the literatures of freedom and dignity" (Skinner 1971, p. 191). Doch die Vertreibung des Homunkulus führt zur *Passivierung* des Menschen - wie bei Pawlow und Watson. Verhalten ist wie Kinderkriegen: es *geschieht* einem. "A person produces a poem and a woman produces a baby, and we call the person a poet and the woman a mother" (Skinner 1972, p. 354). Die Mutter ist Ort eines biologischen Prozesses. Genauso ist der Dichter Ort eines Ereignisses. Er "hat" ein Gedicht wie die Mutter das Kind. "We 'have' behavior, as the etymology of the word itself makes clear. It 'occurs to us' to act in a particular way, and it is not any prior intention, purpose, or plan which disposes us to do so" (ebd., p. 355).

Das Moment der *Passivität* scheint nicht ganz zu Skinner zu passen, da ein Operant "spontan" emittiert wird. Doch der Eindruck täuscht, denn Skinner macht einfach *keine Aussage* darüber, wie ein Operant zustande kommt, da er allein an den Verstärkungskontingenzen interessiert ist. Grundsätzlich ist aber auch operantes Verhalten reizgesteuert. "I do not mean that there are no originating forces in spontaneous behavior but simply that they are not located in the environment. We are not in a position to see them, and we have no need to" (Skinner 1938, p. 20). Alles Verhalten ist determiniert, entweder durch die genetische Ausstattung, die auf die evolutionäre Vergangenheit eines Lebewesens zurückgeht oder durch die Umwelt, der das Lebewesen bisher ausgesetzt war. Insofern ist das Individuum "at best a locus in which many lines of development come together in a unique set" (Skinner 1971, p. 200).

Das passivistische Verständnis des Menschen schliesst Individualität nicht aus. Bereits Pawlow sah in den bedingten Reflexen *individuelle* Reaktionen, im Gegensatz zu den unbedingten Reflexen, die *arteigen* sind (Pawlow 1972, p. 65f.). Skinner geht einen Schritt weiter, wenn er jedes Lebewesen als Produkt von genetischen und biographischen Einflüssen sieht, die in ihrer spezifischen Zusammensetzung absolut einmalig sind. Da aber die genetische Ausstattung der Menschen mehr oder weniger identisch ist, erweist sich auch für Skinner Individualität vorwiegend als ein Resultat von Lernprozessen. Der Mensch wird zum Individuum, indem er ein *Verhaltensrepertoire* erwirbt (Skinner 1974, p. 184f.). So gesehen restituiert der Behaviorismus das Individuum als wissenschaftlichen Gegenstand. Skinner sieht uns in Reichweite einer "Wissenschaft vom Individuellen" (Skinner 1972, p. 119).

Das behavioristische Individuum ist jedoch nicht unteilbar. Besteht Individualität in der Besonderheit eines Verhaltensrepertoires, dann sind mehrere solche Repertoires innerhalb eines Individuums möglich: "... it is quite clear that more than one person, in the sense of an integrated and organized system of responses, exists within one skin" (Skinner 1972, p. 308). Ein Individuum braucht nicht nur *ein* Selbst zu haben. "Two or more repertoires generated by different sets of contingencies compose two or more selves" (Skinner 1971, p. 190). Ist die Umwelt, die das Verhalten steuert, unbeständig, besteht kein Grund, vom Verhalten Beständigkeit zu erwarten. "Der fromme Kirchgänger vom Sonntag kann am Montag zum aggressiven und skrupellosen Geschäftsmann werden. Er verfügt über zwei Reaktionssysteme, die zwei verschiedenartigen Gruppen von Umständen angemessen sind, und seine 'Widersprüchlichkeit' ist nicht grösser als die der Umwelt, die ihn am Sonntag in die Kirche und am Montag zur Arbeit führt" (Skinner 1953, p. 266). Ergeben sich daraus keine Identitätsprobleme? Nein. Kommt ein Individuum in eine Situation, in der verschiedene seiner "Selbste" von Bedeutung sind, empfindet es zwar eine Spannung. Da es aber kein "Ich" hat, das sich übersituativ gebärden könnte, gibt es ausser momentanen Diskrepanzen keine Schwierigkeiten. Identität und Personalität sind auf der Verhaltensebene definiert. "Hinter" dem Verhalten gibt es nichts, was ein Problem bereiten könnte.

Innerlichkeit als Körperlichkeit

Skinner postuliert keinen leeren Organismus. Schon für Watson war das Körperinnere kein Anathema. Doch warnte er davor, innen etwas Geheimnisvolleres zu vermuten als aussen (Watson 1930, p. 45). Auch Skinner anerkennt das Innere des Körpres im *physikalischen* Sinn. "Wir haben keinen Grund anzunehmen, der stimulierende Effekt eines entzündeten Zahns unterscheide sich wesentlich von dem einer ... glühend heissen Ofenplatte" (Skinner 1953, p. 239). Das Innere bildet keinen mentalen Raum; es befindet sich ganz einfach *unter der Haut*. Was unter der Haut ist, "is not different in kind from the rest of the universe" (Skinner 1967, p. 212). Der Mensch wird zerlegt entlang der Körperoberfläche: aussen ist sein Verhalten, innen sind seine Anatomie und Physiologie. Eine "Introspektion" im psychologischen Sinn gibt es nicht, da der "Blick nach innen" lediglich körperliche Phänomene ausmachen kann. Was wir "introspektiv" erfahren, ist eine "physikalische Teilverfassung des Körpers" (Skinner 1969, p. 220).

Skinner bestreitet nicht, dass es Gefühle, Empfindungen und Ideen gibt, doch stellt er deren *kausale Bedeutung* in Frage. Was wir fühlen, sind *keine Ursachen* unseres Verhaltens. Die Selbstbeobachtung ist dem Verhalten "aufgepfropft"; sie spielt bei der *Determination* des Verhaltens keine Rolle. "I have no hesitation in saying I feel my own body, I feel happy, I feel tired, I feel exhausted, I feel cheerful. But I don't behave in any way *because* of my feelings. That's the main point. Feelings are by-products of behaviour. The mistake people make is to take them as causes" (Skinner 1977a, p. 284). Was wir fühlen, sind Zustände unseres Körpers. Gefühle sind kollaterale Effekte von Verhaltenskontingenzen (Skinner 1974, p. 53). Auch das Gefühl, *frei* zu sein, ist nicht mehr als ein Gefühl. Es hat keine faktische Bedeutung. Wir würden uns genau gleich verhalten, hätten wir keine inneren Erlebnisse.

Der Einwand gegen innere Zustände ist also nicht, dass es sie nicht gibt, "sondern ... dass sie für eine funktionale Analyse nicht relevant sind" (Skinner 1953, p. 41). Es wäre töricht, die Welt unter der Haut zu leugnen, doch es wäre genauso töricht zu behaupten, da sie privat sei, sei sie von einer anderen Art als die öffentliche Welt. "The difference is not in the stuff of which the private world is composed, but in its *accessibility*. There is an exclusive intimacy about a headache, or heartache, or a silent soliloquy" (Skinner 1971, p. 182 - Hervorhebung W.H.). Skinner scheint ein Argument Thorndikes aufzugreifen, der den Unterschied zwischen der Beziehung zu uns selbst und der Beziehung zu anderen in verschiedenen *Erkenntnisquellen* sieht. "The real difference between a man's scientific judgment about himself and the judgment of others about him is that he has *added sources of knowledge*" (Thorndike 1911, p. 13). Die Frage ist daher nicht, ob wir uns selbst erkennen können, sondern was wir erkennen, wenn wir uns selbst erkennen. Einen geistigen Stoff jedenfalls kann die Selbsterkenntnis nicht zutage fördern.

Die Rede von Gefühlen, Empfindungen, Stimmungen etc. ist genauso von Verstärkungen abhängig wie anderes Verhalten auch. Alle Referenz an innere Prozesse lässt sich auf Ereignisse der Verhaltensebene zurückführen. Auf diese Weise haben wir uns die Entstehung der Innenwelt überhaupt vorzustellen. Wir reden von Willenskräften, Gedächtnis, Wünschen, Ideen und Charakter, weil wir von einer Sprachgemeinschaft in diesem Sinn verstärkt werden. Wir hypostasieren unsere private Welt zu einer *substantiellen* Wirklichkeit mit kausaler Kraft. Anstatt von intelligentem Verhalten, sprechen wir von einer Intelligenz, die das intelligente Verhalten *verursacht*. Statt zu sagen, Menschen *tun* etwas, sagen wir, sie verfügen über die *Fähigkeit*, etwas zu tun. Skinner kritisiert unseren Hang zur Substantivierung von Verben und Adjektiven. Aus Prozessen machen wir Substanzen, die wir irgendwo in der Welt unterbringen müssen. Also erfinden wir den inneren Raum des Geistes.

Konsequent in der Verfolgung seines behavioristischen Ansatzes will Skinner auch ohne *Bedürfnisse* auskommen. Ein Verstärker wirkt nicht, weil er ein Bedürfnis befriedigt, sondern ausschliesslich deshalb, weil er die Auftretenswahrscheinlichkeit einer Verhaltensweise erhöht. "I don't like the word motivating. ... I don't think people 'need to be reinforced'. They *are* reinforced. That is all you can say" (Skinner 1977a, p. 282). Verstärkung hat nichts mit Lustgewinn oder Unlustvermeidung zu tun. Thorndikes Effektgesetz wird der subjektivistische Ballast genommen. Wenn jemand seiner Befriedigung über eine Verstärkung Ausdruck verleiht, dann ist dies lediglich ein Beispiel für *Verbalverhalten*, das genauso unter Verstärkungskontingenzen steht wie ein anderes Verhalten auch.

Der Bedürfnisbegriff hat denselben Stellenwert wie der Begriff der *Intention*. "A person acts intentionally ... in the sense that his behavior has been strengthened by consequences" (Skinner 1971, p. 103). Was jemand *beabsichtigt*, ist die Folge von *früheren* Verstärkungen dessen, was er "im Sinn" hat. "Anstatt zu sagen, ein Mensch verhalte sich so, wegen der Konsequenzen, die sein Verhalten nach sich *ziehen werde*, sagen wir einfach, er verhalte sich so, wegen der Konsequenzen, die ein ähnliches Verhalten in der Vergangenheit nach sich *gezogen hat*" (Skinner 1953, p. 90).

Auch einen Willen gibt es nicht. "Die Unterscheidung zwischen willkürlichem und unwillkürlichem Verhalten ist eine Frage der *Art* von Kontrolle, die ausgeübt wird" (Skinner 1953, p. 111). Die experimentelle Verhaltensanalyse ist nichts anderes als eine "nonteleological analysis of the *directed effects* of behavior", eine Analyse von "Orientierungen", die in mentalistischer Sprache als Absichten beschrieben werden (Skinner 1972, p. 41f.). Skinner eliminiert die *Zukunft* als Zeitdimension. Intentionen mögen in subjektiver Hinsicht noch so sehr zukunftsgerichtet sein, ihre objektive Analyse als operantes Verhalten macht die Orientierung am Kommenden zur Illusion. "All operant behavior 'stretches toward' a future even though the only consequences responsible for its strength *have already occurred*" (Skinner 1978, p. 103 - Hervorhebung W.H.).

Skinners Argument gegen Dispositionen, Intentionen und Bedürfnisse besagt nicht nur, dass sie auf einer anderen Ebene als derjenigen des Verhaltens liegen, sondern auch, dass sie als Erklärungskonzepte *erschlichen* sind. Denn eine Disposition kann nicht anders als anhand von Verhaltensweisen identifiziert werden. Wird sie zur *Erklärung* von Verhalten beigezogen, entsteht ein logischer Zirkel. Skinner bedient sich eines literarischen Beispiels, um seine Kritik zu illustrieren: Molières Doktor aus "Le Malade Imaginaire", der die einschläfernde Wirkung von Opium mit Hilfe einer *virtus dormitiva* erklärt (Skinner 1938, p. 427). Im gleichen Sinn wird Verhalten mittels Konzepten erklärt, die wissenschaftlich unzugänglich sind. Das gilt, wenn Pawlow zur Erklärung der klassischen Konditionierung kortikale Prozesse bemüht. Und es gilt, wenn wir intelligentes Verhalten mittels Intelligenz, extravertiertes mittels Extraversion und furchtsames mittels Ängstlichkeit erklären.

Doch Skinners Kritik ist überzogen. Sein Argument wäre nur dann gültig, wenn wir Fähigkeiten und Absichten aufgrund *derselben* Verhaltensweisen erschliessen würden, die wir mittels der Fähigkeiten und Absichten erklären. Im allgemeinen ist dies aber nicht der Fall. Die Fähigkeiten und der Charakter eines Menschen, die wir beiziehen, um sein Verhalten zu erklären, sind uns aufgrund von Verhaltensweisen in *anderen* und *früheren* Situationen bekannt. Insbesondere eine genetische Psychologie, die die *Entwicklung* von Verhaltensdispositionen untersucht, vermag innere Instanzen unabhängig vom Verhalten, zu dessen Erklärung sie beigezogen werden, zu identifizieren (vgl. Kapitel 5). Weder braucht das Innere über eine logisch dubiose Schlussfolgerung erschlichen zu sein, noch muss es in seiner Erklärungskraft Engeln und Dämonen gleichen. Wie wir gesehen haben, kommt selbst Skinner nicht ohne erschlossene Begriffe aus. Als theoretische Grössen unterscheiden sich "Auftretenswahrscheinlichkeiten" und "Reaktionsklassen" nicht wesentlich von Dispositionen.

Die Fatalität der sozialen Interaktion

Die operante Verhaltensanalyse ermöglicht nicht nur ein Verständnis *individuellen* Verhaltens, sondern auch die Analyse *sozialer Interaktionen*. Soziales Verhalten liegt - in behavioristischer Perspektive - dann vor, wenn die Reize, die eine Reaktion kontrollieren, sozialer Natur sind (Herzog 1984a, p. 265ff.; Homans 1967; Skinner 1953, p. 276). Eine natürliche Sozialität scheint Skinner nicht anzunehmen. "Man becomes a social creature only because other men are important parts of his environment" (Skinner 1972, p. 43). Soziales entsteht aus asozialem Verhalten.

Im einfachsten Fall haben wir es mit einer Kette von Reiz-Reaktions-Gliedern zu tun, die zwei Personen aneinander bindet. Das Verhalten der einen Person fungiert als Reiz für das Verhalten der anderen, deren Verhalten seinerseits zum Reiz für das Verhalten der ersten Person wird etc. Dieser dem Reflexbogen-Modell entsprechende Ablauf wird der *operanten* Analyse zugänglich, wenn die Reaktion der zweiten Person zum Verstärker für das Verhalten der ersten Person wird (Skinner 1953, p. 276).

Eine Eigenart sozialer Verstärkung besteht darin, "dass das verstärkende System vom verstärkten Verhalten selten unabhängig ist" (Skinner 1953, p. 278). Die Verstärkungen, die Eltern ihrem Kind für gute Schulleistungen geben, sind verknüpft mit den Verstärkungen, die die guten Leistungen des Kindes für das Selbstgefühl der Eltern bedeuten. Gerade das pädagogische Verhältnis ist in einem starken Mass von Zyklen gegenseitiger Verstärkung geprägt. Aber selbst der experimentelle Psychologe ist davon nicht ausgenommen: "My rats and pigeons have changed my behavior as much as I have changed theirs" (Skinner 1988a, p. 451).

Wie sehr sich in sozialen Beziehungen klassische und operante Konditionierungsprozesse überkreuzen und zu Interaktionszyklen verzahnen können, sei am Beispiel *depressiven* Verhaltens geschildert. Das Beispiel ist nicht zufällig gewählt, denn die letzten Jahre haben den westlichen Gesellschaften eine Zunahme an depressiven Erkrankungen gebracht (Seligman 1988), was für die moralische Erziehung nicht unwichtig ist. Denn Depressive sind kaum fähig, sich für die Probleme menschlichen Zusammenlebens zu interessieren. Depressionen zeigen sich in Verhaltensblockierungen, Gefühlen der Passivität und Tendenzen der Selbstentwertung, alles Symptome, die zum Rückzug in die "Innerlichkeit" verleiten und vom Engagement an den globalen Problemen der Menschheit wegführen.

Depressive zeigen einerseits Verhaltensexzesse und andererseits Verhaltensdefizite. Unter *Verhaltensexzessen* werden Klagen, Selbsterniedrigung, Flucht- und Meideverhalten verstanden. Unter *Verhaltensdefizite* fallen fehlende soziale Fertigkeiten, eine allgemeine Passivität und eine verzerrte Fremd- und Selbstwahrnehmung. Betrachten wir zunächst das Moment der *Passivität*. Die Passivität Depressiver scheint eine Folge ihrer mangelnden Fähigkeit zu sein, unangenehme Situationen eigenhändig zu bewältigen. Während sich Menschen im Normalfall einer aufdringlichen Person erwehren können, reagieren Depressive mit *Hilflosigkeit*. Sie erdulden die Schwatzhaftigkeit einer lästigen Nachbarin und schimpfen vielleicht *im nachhinein*, eine Reaktion, die ineffektiv ist, da sie die Ursache der unerwünschten Inanspruchnahme nicht beseitigt. Die Unfähigkeit, sich aus unangenehmen Situationen zu befreien, hat zur Folge, dass Depressive vermehrt unter *aversiver Stimulation* stehen, was ihre Reizbarkeit erhöht (Berkowitz 1983; Classen 1989).

Das Verhalten Depressiver gleicht der *gelernten Hilflosigkeit*, wie sie Seligman (1972, 1975) beschrieben hat. Seligman experimentierte mit Hunden, die im Sinne der Pawlowschen Versuchsanordnung in ihrer Bewegungsfreiheit eingeschränkt waren und applizierte ihnen Elektroschocks. Ein Teil der Hunde konnte die Schocks durch Drücken eines Plättchens mit der Schnauze beenden, der andere Teil musste die Prozedur wehrlos über sich ergehen lassen. Ein Tag später wurden die Hunde der beiden Versuchsgruppen in einen Käfig gesetzt, aus dem sie durch Überspringen einer Barriere vor Elektroschocks fliehen konnten. Die Elektroschocks wurden im Sinne der klassischen Konditionierung durch das Aufleuchten einer Lampe angekündigt. Es zeigte sich, dass nur jene Hunde auf das Aufleuchten der Lampe hin die Flucht ergriffen, die im ersten Teil des Experiments ihre Situation kontrollieren konnten. Die Hunde der anderen Gruppe zeigten ein eigentümliches Verhalten (Seligman 1972, p. 198; Seligman & Maier 1967, p. 3f.). Anfangs heulten sie auf, rannten herum, defäktierten und urinierten, sprangen aber nicht über die Barriere. Nach einigen Versuchsdurchgängen legten sie sich winselnd in eine Ecke und erduldeten die Schocks, ohne einen Fluchtversuch zu unternehmen. Selbst wenn sie zufällig auf die andere Seite der Barriere gelangten, lernten sie nicht, dem Schock zu entkommen, sondern nahmen ihn beim nächsten Versuchsdurchgang wieder hin.

Seligman zog aus seinen Experimenten den Schluss, dass sich Tiere dann *hilflos* verhalten, wenn sie gelernt haben, über keine Reaktion zu verfügen, um aversiven Reizen zu entkommen. Dieses Verhalten lernen sie in Situationen, in denen sie keine Kontrolle ausüben können. Kontrolle ist dann nicht möglich, wenn keine *instrumentelle Reaktion* verfügbar ist, d.h. wenn die Umweltereignisse unabhängig vom Verhalten des Tieres sind. Kontrolle meint das Ausmass an Verhaltensweisen, über die ein Organismus verfügt, um mit situativen Bedingungen so umzugehen, dass sie entsprechend seinen Zielen beeinflusst werden können.

Die Blockierung des instrumentellen Verhaltens nach Erfahrungen mit unkontrollierbaren Stromschlägen wurde nicht nur an Hunden, sondern auch an Ratten, Fischen, Mäusen und Menschen beobachtet (Seligman 1972, p. 199). Seligman vermutet, dass der Zustand der Depression mit dem Phänomen der gelernten Hilflosigkeit vergleichbar ist. Depressive scheinen unter der Kontrolle von Reizen zu stehen, denen sie sich *ausgeliefert* fühlen. Es ist zu vermuten, dass sie in früheren Situationen gelernt haben, ihr Verhalten sei *wirkungslos*, um aversiven Reizen zu entkommen. So etwa, wenn sie als Säuglinge nicht in der Lage waren, durch Schreien eine fürsorgliche Reaktion auszulösen. Ihre Hilflosigkeit hat sich in *Hoffnungslosigkeit* und den Glauben, "nichts machen zu können", verwandelt. Im einzelnen unterscheidet Seligman (1975, p. 45ff.) drei Effekte der gelernten Hilflosigkeit: einen motivationalen Effekt (Passivität), einen kognitiven Effekt (Unfähigkeit, die eigene Wirksamkeit adäquat wahrzunehmen) und einen emotionalen Effekt (Angst).

Seligmans Ansatz erinnert an das *psychoanalytische* Konzept der Depression (vgl. Kapitel 3). Abraham (1924) vermutete, dass Depressive in der frühen Kindheit den *Verlust eines Liebesobjekts* erlitten haben. Aus diesem Verlust soll eine besondere Sensibilität für künftige ähnliche Erfahrungen entstanden sein. Depressive entwickeln erhöhte Ansprüche an ihre Umwelt, d.h. sie haben verstärkt *narzisstische* Bedürfnisse. Ihr Verhalten gleicht dem Versuch, das Unmögliche möglich zu machen und die unstillbaren Bedürfnisse nach Zuwendung doch noch zu befriedigen. Rado nannte das depressive Verhalten einen oral-narzisstischen Reparationsmechanismus und meinte, was der Depressive durch Rebellion nicht erreichen könne, versuche er durch "reumütige Selbstbestrafung und Sühne" zu erzwingen, nämlich das verlorene Objekt zurückzugewinnen (Rado 1927, p. 50).

Die erhöhte Rate an aversiver Stimulation, unter der Depressive leiden, und das Gefühl der Hilflosigkeit führen zu einer *appellativen* Haltung, zu Klagen und zu Leidensbekundungen. Dieses Verhalten findet meist die entsprechende Aufmerksamkeit der Umwelt, da es moralische Gefühle weckt. Dadurch wird es *positiv* verstärkt. Mitleid und Zuwendung beenden den aversiven Zustand, der somit *negativ* verstärkt wird. Die Verhaltensexzesse Depressiver erfahren dadurch eine doppelte Bestätigung. Andererseits bewirkt die Passivität des Depressiven, dass er zum Verhalten aufgefordert wird ("Jetzt tu' doch mal etwas!", "Jetzt nimm dich doch zusammen!"), was als unangenehm erlebt wird und das Ausmass an aversiver Stimulation erhöht.

Die *Verhaltensdefizite* von Depressiven äussern sich vor allem in einem ungenügenden Sozialverhalten. Konstruktives Sozialverhalten ist nicht ausreichend gelernt worden, tritt selten auf und wird dementsprechend kaum verstärkt. Dazu kommt, dass appellatives Verhalten "effektiver" zu sein scheint als konstruktives Verhalten. Beobachtungen der familiären Interaktion von Depressiven zeigen, dass die Angehörigen am häufigsten auf *depressives* Verhalten reagieren, während sie nicht-depressives Verhalten nahezu übersehen (Linden 1976, p. 128). Der Depressive scheint für das wenige konstruktive Sozialverhalten, das er zeigt, nicht verstärkt zu werden, wodurch dessen Auftretenswahrscheinlichkeit zurückgeht.

Schliesslich hat die verzerrte Realitätswahrnehmung des Depressiven Verhaltensweisen zur Folge, zu deren Verstärkung *objektiv* wenig Anlass besteht. Kaum jemand ist gewillt, das pessimistische Weltbild, das negative Selbstbild und die misanthrope Stimmung Depressiver zu verstärken. Eine verzerrte Wahrnehmung ist für die Betroffenen zumeist auch aversiv, denn die Realitätsverzerrung führt zu inadäquatem Verhalten. Ganz allgemein sind Depressive kaum verstärkend. Sie sind schwer zugänglich, oft apathisch, nicht ansprechbar und lehnen das auf sie gerichtete Interesse ab oder deuten es falsch. Ihr Verhalten ist *deprimierend* für ihre Umwelt. Alfred Adler führte über die Melancholie aus: "Es gibt keine psychische Erkrankung, unter der die Umgebung mehr leidet und auf ihren Unwert mehr hingewiesen wird, als die Melancholie" (Adler 1914, p. 259 - im Original hervorgehoben). Insofern sie keine "feedbacks" geben, *löschen* Depressive das ihnen zugewandte Verhalten. Da sie alles in einem negativen Licht sehen und ständig klagen, werden sie selbst zum aversiven Reiz, der von ihrer Umwelt gemieden wird. Immer weniger ist ihr Verhalten verstärkend, und immer weniger wird ihr Verhalten verstärkt. Ein eigentlicher Teufelskreis setzt sich in Gang.

Moralische Gefühle

Dem Teufelskreis der Depression kommt eine Eigendynamik zu, und es wäre falsch, nach der "eigentlichen" Ursache depressiver Erkrankungen zu fragen. Liegen die Ursachen des Verhaltens in der *Umwelt*, dann sind die Interaktionspartner des Depressiven genauso "Ursache" seiner Krankheit, wie er "Ursache" ihres Verhaltens ist.

So dramatisch die verhaltenstheoretische Analyse der Depression sein mag, der Behaviorismus führt eher zu einer *nüchternen* Betrachtung des Menschen als zu spektakulären Einblicken in die Abgründe der menschlichen Seele. Sowieso haben Dramen Menschen zur Voraussetzung, die ihr Schicksal *verantworten* können, Menschen also, die fähig sind zu *handeln*.

Insofern der Behaviorismus den Menschen die Verantwortung für ihr Tun abspricht, kommt er zum vornherein für eine dramatische Weltsicht nicht in Frage. Das zeigt auch das behavioristische Verständnis der *Gefühle*.

Skinner sieht in den Emotionen keine ursächlichen Verhaltensdeterminanten und deutet die menschlichen Beziehungen "gefühllos". Begriffe wie "Zuneigung" oder "Freundschaft" sind *Etiketten*, die auf Verstärkungskontingenzen verweisen. "... Liebe könnte man analysieren als die wechselseitige Tendenz zweier Personen zu gegenseitiger Verstärkung, wobei die Verstärkung sexueller oder nichtsexueller Art sein kann" (Skinner 1953, p. 286).

Auch Normen und Werte lassen sich derart begreifen. Werturteile sind Aussagen über *Gefühle* und damit Aussagen über *Verstärker*. "To make a value judgment by calling something good or bad is to classify it in terms of its reinforcing effects" (Skinner 1971, p. 99). Da Verstärker nichts mit Bedürfnissen zu tun haben, ist das Gute keine Frage der Bilanzierung von Lust- und Unlustempfindungen. Skinner ist kein Epikuräer: "... pleasure is not the ultimate good, pain the ultimate evil; the only good things are positive reinforcers, and the only bad things are negative reinforcers" (ebd., p. 102)[8]. Menschen sind daher nicht auf sich bezogen, wenn sie werten, sondern auf die Welt ausserhalb ihrer selbst. Ein Werturteil fällen, bedeutet Gegenstände oder Verhaltensweisen bezüglich ihrer verstärkenden Wirkung klassifizieren.

Ganz ohne Egoismus kommt allerdings auch Skinner nicht aus. Insofern Verstärker auf das Überleben von Gattung und Individuum bezogen sind, haben sie eine instrumentelle Komponente. "What is good for the species is what makes for its survival. What is good for the individual is what promotes his well-being. What is good for a culture is what permits it to solve its problems. There are ... other kinds of values, but they eventually take second place to survival" (Skinner 1974, p. 226). Das Überleben ist der höchste Wert. Ein Verhalten ist in dem Masse gut, wie es zum Überleben der Gattung, des Individuums oder der Kultur beiträgt (Skinner 1981, p. 16)[9].

Skinner hat keinen Bedarf nach einer Theorie *moralischen* Verhaltens. Moralisches Verhalten ist zu erklären wie anderes Verhalten auch. *Alles* Verhalten steht unter der Kontrolle seiner Konsequenzen. Wir sind gut zu anderen, weil unsere Güte durch deren Reaktion verstärkt wird. Oder wir sind gut, weil unser Verhalten von Gesetzgebern und anderen Autoritäten sanktioniert wird. "... what we feel when we behave morally or ethically depends on the contingencies responsible for our behavior" (Skinner 1974, p. 212). "Gut" und "böse" sind Etiketten für Verstärkungen. Niemand handelt, weil er *weiss* oder *fühlt*, dass sein Verhalten richtig ist; "...

---

[8] Hier verwendet Skinner den Ausdruck "negative reinforcers" falsch; richtigerweise müsste es "Bestrafung" heissen.

[9] Die Selbsterhaltung ist das Prinzip der Stoa (Spaemann 1989, p. 64ff.). Wenn Skinner kein Epikuräer sein will, dann kann man ihn wenigstens als Stoiker bezeichnen.

he acts because of the contingencies which have shaped his behavior and created the conditions he feels" (ebd., p. 213).

Wenn moralische Gefühle ein *Nebenprodukt* von Verstärkungen sind, dann sollten wir moralisches Verhalten nicht der *Nächstenliebe* zuschreiben (Skinner 1971, p. 105). Gefühle erklären nichts. Sätze, die mit "Du sollst" anfangen, sind *Vorhersagen* von Verstärkungskontingenzen. Das Gebot, die Wahrheit zu sagen, liesse sich folgendermassen übersetzen: "If you are reinforced by the approval of your fellow men, you will be reinforced when you tell the truth" (ebd., p. 107). Und "Du sollst nicht stehlen" liesse sich übersetzen mit: "If you tend to avoid punishment, avoid stealing" (ebd., p. 109). Solche Sätze sind nicht normativer als zu sagen: "If coffee keeps you awake when you want to go to sleep, don't drink it" (ebd.). Oder, "Wenn du nicht nass werden willst und es beginnt zu regnen, dann nimm den Regenschirm mit" (Skinner 1953, p. 391). Das Verbot zu töten ist von derselben Art wie das Verbot, bei Rot über die Strasse zu gehen.

Wir brauchen keinen inneren Sinn zu bemühen, um zu verstehen, weshalb Menschen tun, was rechtens ist, denn sie tun es aufgrund der Wirksamkeit von Verstärkern. Das Böse im Menschen ist keine Frage von Instinkten oder Charaktereigenschaften, sondern eine Frage der Dominanz von *Verhaltenstendenzen*. Wird das altruistische Verhalten nicht verstärkt, bleibt nur Egoismus übrig, und der betreffende Mensch erscheint als unmoralisch. "His condition is ... described by saying that he is suffering from a lack of values" (Skinner 1971, p. 112). Was aber tatsächlich fehlt, sind wirksame Verstärker seines prosozialen Verhaltens.

Automatische Güte

Die Lösung der globalen Probleme unserer Zeit kann nicht über den Weg des Gewissens oder der Tugendhaftigkeit erfolgen. "... what is needed is a restoration of social environments in which people behave in ways called moral" (Skinner 1974, p. 215). Was wir anstreben müssen, ist eine Umwelt, in der die Menschen *automatisch* gut sind. "... we can conceive of moral training which is so adequate to the demands of the culture that men will be good practically automatically ..." (Skinner 1972, p. 14). Der Mensch ist kein "moralisches Tier", das Moralität als *Eigenschaft* besässe. "... he has constructed a social environment in which he behaves with respect to himself and others in moral ways" (Skinner 1974, p. 263). Genausowenig wie jemand für seine Haarfarbe, seine Schönheit oder seine Kurzsichtigkeit verantwortlich gemacht werden kann, können wir ihn für sein Verhalten zur Rechenschaft ziehen. "The concept of responsibility offers little help. The issue is *controllability*. ... What must be changed is not the responsibility of autonomous man but the conditions, environmental or genetic, of which a person's behavior is a function" (Skinner 1971, p. 71 - Hervorhebung W.H.). Wir müssen bessere Umwelten schaffen, nicht bessere Menschen. "The problem is to induce people not to be good but to behave well" (ebd., p. 63). Die Moral ist keine Frage der Gesinnung, sondern eine des *Verhaltens*.

Der Wert einer Verhaltensweise liegt in ihren *Konsequenzen*. Indirekt wendet sich Skinner gegen Kant: "To the traditionalist a human act is not simply a physical movement, it is a *judgment*, or the expression of a judgment, reached only by applying certain standards of conduct. It is not the act which is essentially human (morally acceptable though it may be), but the application of the standard" (Skinner 1972, p. 52 - Hervorhebung W.H.). Diese "traditionalistische" Ansicht[10] teilt Skinner gerade nicht, wenn er für die "automatische Güte" plädiert. Im behavioristischen Rahmen verfügt der Mensch weder über einen Willen noch über Intentionen. Die Erklärung seines Verhaltens erfolgt *mechanistisch*. Ein Kind handelt nicht aufgrund selbstgesetzter oder selbstgefundener Massstäbe, sondern aufgrund einer heteronomen Konditionierung. Der Vorgang der Konditionierung ist eine Art mechanische Konstruktion der Moral auf der Basis von elementaren Reiz- und Reaktionspartikeln.

Es ist offensichtlich, dass mit dieser Argumentation ein *Wertrelativismus* verbunden ist. Was Menschen gut finden, entspricht den Verstärkungen, die sie in den Gruppen erfahren, denen sie zugehören. "Each culture has its own set of goods, and what is good in one culture may not be good in another" (Skinner 1971, p. 122). Moral und Ethik entsprechen den *Sitten* und *Gebräuchen* menschlicher Gemeinschaften. Kulturen lassen sich nicht in bessere und schlechtere einteilen. Es kann lediglich festgestellt werden, dass einige Kulturen ihre Mitglieder mehr dazu veranlassen, sich für sie einzusetzen als andere.

Anders als Eysenck geht Skinner von einem moralisch *neutralen* Menschen aus und steht damit in Übereinstimmung mit Rousseau[11]. Die Notwendigkeit der *moralischen Erziehung* folgt nicht aus dem Bösen im Menschen, sondern aus der Neutralität seiner Natur.

"People are not ethical or moral by nature, nor do they simply grow ethical or moral. It is the ethical and moral sanctions maintained by other members of a group which induce them to behave in ethical and moral ways. To leave ethical and moral behavior to the natural endowment of the individual and a natural process of growth is to promote ethical and moral chaos. We must accept that a culture *imposes* its ethical and moral standards upon its members. It can do nothing else" (Skinner 1978, p. 158).

Moralisches und unmoralisches Verhalten sind *gelernt*. Bei Beachtung der Prinzipien der operanten Konditionierung kann das moralische Verhalten geformt und das unmoralische gelöscht werden. Anders als Eysenck ist Skinner nicht auf die *Bestrafung* als Erziehungsmethode angewiesen. Ist

---

[10] Die auf dem Gebiet der Psychologie von Kohlberg restauriert wird (vgl. Kapitel 9).

[11] "Ich habe gezeigt, dass die einzige Leidenschaft, welche mit dem Menschen geboren wird, die Selbstliebe, an sich selbst in Rücksicht des Guten und des Bösen gleichgültig ist, dass sie bloss durch Zufälle und die Umstände, in welchen sie sich entwickelt, gut oder böse wird" (Rousseau 1763, p. 508f.).

unmoralisches Verhalten die Folge von Verstärkungen, so kann es abgebaut werden, wenn ihm diese entzogen werden. Ein Verhalten, das nicht mehr verstärkt wird, reduziert seine Auftretenswahrscheinlichkeit.

Erziehung als Verhaltensengineering

Obwohl Skinners Standpunkt "liberaler" ist als derjenige Eysencks, vertritt auch Skinner eine *indoktrinäre* Pädagogik. Das Herbartsche Problem wird "gelöst", indem es - wie in der Antipädagogik - zurückgewiesen wird. Nur ist Skinners Lösung das pure Gegenteil der antipädagogischen Verherrlichung des Kindes. Skinner plädiert vehement für erzieherische *Kontrolle*. Das Herbartsche Problem existiert deshalb nicht, weil es keine Freiheit gibt, also auch keine Subjektivität, die bei der Erziehung berücksichtigt werden müsste. Allzu bereitwillig haben wir angenommen, der Schüler sei ein freies Wesen, das lernen *wolle* und *wisse*, was es zu lernen habe. Diese Annahmen sind nicht nur falsch, sondern geradezu verantwortlich für die Misere unserer Schulen (Skinner 1972, p. 234f.). Eine freie Erziehung ist ein Unding, weil die Menschen nicht frei *sind*. Wollten wir die Schüler von ihren Lehrern befreien, so kämen sie lediglich unter die Kontrolle anderer Umweltbedingungen.

Auch für die *Theorie der Erziehung* gilt der behavioristische Grundsatz, dass alles Verhalten unter der Kontrolle von Reizen steht. "We must surely begin with the fact that human behavior is always controlled. ... No one steps outside the causal stream" (Skinner 1974, p. 221, 227). Freiheit ist nur solange ein Thema, wie Menschen unter *aversiver* Kontrolle stehen. Aversive Kontrolle ist schlecht, weil sie zu Auflehnung, Rebellion und Passivität führt. Das Problem ist daher nicht, Menschen von Kontrolle zu befreien, sondern von aversiven Formen der Kontrolle (Skinner 1971, p. 39). Dazu braucht es eine *Verhaltenstechnologie*. "If we have achieved a true scientific understanding of man, we should be able to prove this in the actual prediction and control of his behavior" (Skinner 1972, p. 259). Eine Verhaltenstechnologie wäre in der Lage, menschliches Verhalten mit derselben Präzision zu beherrschen, wie wir fähig sind, den Kurs eines Raumschiffes zu steuern (Skinner 1971, p. 3).

Auch Skinner glaubt an die *Machbarkeit* des Menschen. "Wenn wir erst einmal die besondere Art einer Folgeerscheinung, die wir *Verstärkung* nennen, hergestellt haben, erlauben es unsere Methoden, das Verhalten eines Organismus fast beliebig zu formen" (Skinner 1968, p. 17). Das Verhalten eines Lebewesens ist leicht zu ändern, vorausgesetzt man bringt es unter veränderte Umweltkontingenzen. "... if we can arrange the circumstances, we can control behaviour" (Skinner 1977a, p. 277). Es wäre daher schlechter Rat, von der Idee der *Vervollkommnung* des Menschen abzulassen. "This is no time ... to abandon notions of progress, improvement, or, indeed, *human perfectibility*" (Skinner 1972, p. 4 - Hervorhebung W.H.). Der Traum von der Verbesserung des Menschen ist noch nicht ausgeträumt. Wie Watson hat Skinner seine konkreten Vorstellungen von der behavioristischen Utopie (Skinner 1948).

Die Behavioristen sind keine Advokaten einer "Erziehung vom Kinde aus" (vgl. Kapitel 1). Die reformpädagogische "Religion der Entwicklung" (Key) verhindert eine effiziente Verhaltenskontrolle. Wie Rousseau, der in seinem "Emil" eine maximal kontrollierende Erziehung postuliert, fordert Skinner die Beherrschung der Bedingungen, unter denen kindliches Verhalten auftritt[12]. Auch Skinners Pädagogik ist eine "negative", insofern er nicht das Kind, sondern die *Kontingenzen* seines Verhaltens kontrollieren will. "Teaching is the arrangement of contingencies of reinforcement which expedite learning" (Skinner 1972, p. 218). Eltern und Lehrer verändern nicht Persönlichkeiten, sondern die *Umwelten*, in denen Kinder und Schüler leben. Was wir brauchen, ist eine Erziehung als "psychological engineering" und Lehrer als "behavioral engineers" (ebd., p. 310, 233). Damit kämen wir in die Lage, Verhalten zu *produzieren*: "... it should be possible to *produce* behavior according to plan simply by arranging the proper conditions" (ebd., p. 3).

Auch wenn Skinner ein deterministisches Menschenbild verficht, ist seine Pädagogik weit weniger direktiv als diejenige von Pawlow und Watson. Dies deshalb, weil Skinner nicht an den Verhaltensantezedenzien, sondern an den Verhaltenskonsequenzen ansetzt. Damit muss der Erzieher *warten*, bis jenes Verhalten, das er zu verändern wünscht, wenigstens ansatzweise auftritt. "Der Schüler muss, wie jeder Organismus, zuerst handeln, bevor er dafür verstärkt werden kann" (Skinner 1968, p. 133). Für den Lehrer bedeutet dies einen eher *sokratischen* als dozierenden Unterrichtsstil. "The teacher should wait for the student to respond rather than rush to tell him what he is to do or say" (Skinner 1971, p. 81).

Die Erziehung erscheint im Lichte des "radikalen Behaviorismus" auch nicht als eine eingleisige Einwirkung auf den Edukanden, sondern als ein *Interaktionsprozess*. Der Erzieher steht genauso unter der Kontrolle des Zöglings wie dieser unter der Kontrolle von jenem. Die Beziehung von Kontrolleur und Kontrolliertem ist reziprok. "In a very real sense .... the slave controls the slave driver, the child the parent, the patient the therapist, the citizen the government, the communicant the priest, the employee the employer, and the student the teacher" (ebd., p. 161). Die Reaktion des Schülers verstärkt, löscht oder bestraft das Verhalten des Lehrers.

---

[12] Skinner lobt Rousseaus "Emil" als ein "remarkable book" und "one of the great practical treatises on how human behavior can be changed" (Skinner 1971, p. 37, 118). Ein eigenartiges Lob, wenn man daran denkt, dass Rousseau eine fiktive Erziehung beschreibt, die keineswegs auf praktischer Erfahrung beruht.

Wider die Strafe

So scharf und nüchtern Skinners Blick auf pädagogische Interaktionen sein mag, so unwohl fühlt man sich beim Gedanken, dass dies alles sein soll, was Erziehung meint. Können wir zufrieden sein mit der Feststellung, die Mutter verstärke ihr Kind, "indem sie es mit Zärtlichkeiten überschüttet, wenn es sich besonders gut oder richtig verhält" (Skinner 1953, p. 300)? Etwas Wesentliches scheint zu fehlen, nämlich die Differenz zwischen faktischer und *erwünschter* Erziehung. Eine Mutter, die sich ihrem Kind nur dann zuwendet, "wenn es sich besonders gut oder richtig verhält", dünkt uns eine schlechte Mutter. Erzieherisches Handeln darf gerade *kein* Tauschgeschäft sein, bei dem Zuwendung gegen Wohlverhalten eingehandelt wird (Herzog 1991a). Skinners emotionslose Analyse der pädagogischen Interaktion erweist sich als höchst *unpädagogisch*. Denn das pädagogische Verhältnis ist ein *bedingungsloses* Verhältnis. Der pädagogische Eros kennt keine Voraussetzungen. Die Zuwendung zum Kind soll um *seiner selbst* willen geschehen, nicht in der Erwartung eines persönlichen Profits.

Ideale können zu hoch greifen, und Skinner mag uns helfen, von Illusionen loszukommen. Es kann sein, dass Skinners "Realismus" dem Erziehungsalltag näher steht als der "Idealismus" der pädagogischen Tradition. Wie der Ansatz von Eysenck könnte derjenige von Skinner *in praxi* Erklärungswert haben, möglicherweise sogar mehr Erklärungswert als jener von Eysenck. Trotz Tabuisierung der Strafe als pädagogischer Massnahme, dürfte das Verhalten vieler Kinder unter aversiver Kontrolle stehen, "not because punishment is more effective in the long run, but because it yields immediate results" (Skinner 1972, p. 46). Vieles was Kinder (und Erwachsene) tun, ist dadurch motiviert, aversiven Konsequenzen zu entkommen. Dass unmoralisches Verhalten oft deshalb gemieden wird, weil es unangenehme Konsequenzen hat, dürfte - unseren Idealen zum Trotz - wahr sein. Es scheint also auch im Falle Skinners notwendig zu sein, in Erwägung zu ziehen, ob nicht die pädagogische Wirklichkeit über weite Strecken im Sinne der operanten Konditionierung funktioniert, auch wenn wir deshalb unser Ideal einer besseren Erziehung nicht aufgeben brauchen.

Ganz ohne Ideale ist allerdings auch Skinner nicht. So sehr er für die *Kontrolle* des Verhaltens plädiert, so sehr ist er darauf bedacht, *aversive* Kontrolle zu vermeiden. Die Erziehung darf auf keinen Fall das *Gefühl* der Freiheit bedrohen. "In the long run, I don't believe a person is either free or responsible. However, I want a world where people feel free as they have never felt before" (Skinner 1977a, p. 283). Strafe ist daher kein Erziehungsmittel. "I would like to see no punishment at all" (ebd., p. 282). Darin ist sich Skinner mit Watson einig.

Unerwünschtes Verhalten wird am besten dadurch kontrolliert, dass Umstände geschaffen werden, unter denen es nicht auftreten kann. Als Beispiel einer idealen Erziehungsökologie nennt Skinner das *Kloster*

(Skinner 1971, p. 60)! Eine andere Möglichkeit zur Korrektur von Verhalten besteht darin, die Kontingenzen aufzubrechen, unter denen eine unerwünschte Verhaltensweise steht. "Temper tantrums often disappear when they no longer receive attention, aggressive behavior is attenuated by making sure that nothing is gained by it, and overeating is controlled by making foods less palatable" (ebd., p. 61). Unerwünschtes Verhalten kann schliesslich durch die Verstärkung von Verhalten, das dazu im Widerspruch steht, "verdrängt" werden. Sportliche Betätigung wird gelegentlich deshalb empfohlen, weil Jugendliche dadurch in eine Umwelt eingebunden werden, in der sie zu "beschäftigt" sind, um sich mit Problemen zu belasten. Das unerwünschte Verhalten wird ausgeschaltet, ohne grosses Aufheben zu machen.

Alle diese Massnahmen sind jedoch insofern ungenügend, als sie lediglich das unerwünschte Verhalten vermindern, aber nichts dazu beitragen, das *erwünschte* Verhalten aufzubauen. Das ist ein weiterer Grund, weshalb Strafen pädagogisch untauglich sind. "... when we punish a person for behaving badly, we leave it up to him to discover how to behave well ..." (Skinner 1971, p. 62). Würde die Erziehung lediglich in der Eindämmung von unerwünschtem Verhalten bestehen, bliebe das erwünschte Verhalten unbeachtet. Gerade die moralische Erziehung kann sich nicht auf die Verhinderung des Bösen beschränken, sondern muss auch die Förderung des Guten zum Ziel haben. Wie aber fördert man das erwünschte Verhalten?

Skinner gibt im wesentlichen zwei Ratschläge. Erstens muss das angestrebte Verhalten *verstärkt* werden. Zweitens muss es in elementare Verhaltenseinheiten *zerlegt* und zum Endverhalten *zusammengesetzt* werden (Skinner 1968, p. 177ff.). Bei der Verstärkung ist darauf zu achten, dass sie *unmittelbar* auf das emittierte Verhalten folgt. Skinner betont, dass "schon eine Pause von nur wenigen Sekunden zwischen Reaktion und Verstärkung den grössten Teil der verstärkenden Wirkung zunichte macht" (ebd., p. 22). Das gilt auch für die elementaren Teilschritte, die zum gewünschten Endverhalten führen. "Der ganze Prozess des Sicherwerdens auf jedem Gebiet muss in eine sehr grosse Zahl sehr kleiner Schritte aufgeteilt werden, und mit jeder Durchführung eines Schrittes muss eine Verstärkung verbunden werden" (ebd., p. 26). Das Zielverhalten wird graduell aufgebaut und wie eine Skulptur geformt.

Die grösste Schwierigkeit der Formung *moralischen* Verhaltens liegt darin, dass seine Konsequenzen oft nicht leicht ersichtlich sind. In Ethik und Moral geht es deshalb darum, die entlegenen Konsequenzen unseres Verhaltens ins Spiel zu bringen (Skinner 1971, p. 164). Das Ideal ist eine Kultur, in der es keine Bestrafung gibt, ausser jener, die aus der physischen Umwelt folgt. In einer solchen Kultur würden wir nichts tun *müssen*, da alles, was wir täten, *belohnend* und damit "gewollt" wäre (Skinner 1972, p. 14). Nochmals macht sich Skinner zum Sprachrohr Rousseaus.

L'Homme Machine

Wie pädagogisch ist das Menschenbild Skinners? Seine Ausführungen zur Erziehungstechnologie hinterlassen einen zwiespältigen Eindruck. Herbart wäre wohl angetan gewesen von Skinners Determinismus, wenn auch seine Mechanik keine Mechanik des *Körpers*, sondern eine solche des *Geistes* war. Auch mögen Pawlow und Watson mechanistischer gedacht haben als Skinner. Ihre "organischen Maschinen" wurden von simplen Zugkräften beherrscht, während bei Skinner eine weit subtilere Apparatur am Werk ist. Eine Maschine ist der Mensch aber auch für Skinner. "Early theories of behavior ... represented man as a push-pull automaton, close to the nineteenth-century notion of a machine, but progress has been made. *Man is a machine* in the sense that he is a complex system behaving in lawful ways, but the complexity is extraordinary" (Skinner 1971, p. 193 - Hervorhebung W.H.). Maschinen werden hergestellt, indem man sie aus Bestandteilen zusammensetzt. Genauso wird menschliches Verhalten produziert: als ein Konglomerat von elementaren Verhaltensweisen, die unter spezifischen Verstärkungskontingenzen stehen.

Zwischen dem Bau einer Maschine und der Formung menschlichen Verhaltens besteht kein wirklicher Unterschied. Noch vorsichtig heisst es zunächst:

"Wenn wir die äussere Ähnlichkeit von Verhalten unberücksichtigt lassen, können wir sagen, dass sich Automaten tatsächlich sehr menschenähnlich verhalten. Sie ermitteln, identifizieren und klassifizieren Stimuli. Sie speichern und rufen Information ab. Sie lernen und lehren. Sie lösen Probleme und spielen Spiele. Sie verhalten sich als Mitglieder eines Sozialsystems, in dem andere Mitglieder auch Maschinen sein können. Wir behandeln sie wie Menschen, indem wir sie 'unterweisen' und ihnen 'Fragen stellen', und wir beachten ihre Antworten. Wir tun sogar das, was sie uns befehlen" (Skinner 1969, p. 237).

Bald aber bleibt nur noch die *topographische* Verschiedenheit zurück. Mensch und Maschine sind *unterschiedlich gebaut*:

"Der eigentliche Unterschied liegt in der Zusammensetzung. Wollte eine Maschine menschliche Gefühle haben, müsste sie menschliche Dinge zum Fühlen haben. Um sich ihrer selbst so bewusst zu sein, wie sich ein Mensch seiner selbst bewusst ist, müsste eine Maschine das sein, dessen sich ein Mensch bewusst ist. Sie müsste wie ein Mensch gebaut sein und wäre selbstverständlich ein Mensch. Sie würde sich wie ein Mensch verhalten, und ihr Verhalten würde Reaktionen auf sich selbst einschliessen, die so geartet wären, dass wir sie als bewusst bezeichnen würden" (ebd., p. 243f.).

Daraus folgt: "Der Mensch *ist* eine Maschine, allerdings eine ungeheuer komplexe" (ebd., p. 244).

Was uns der Behaviorismus präsentiert, ist ein dreifaches *Als-ob*: als ob der Mensch eine Maschine wäre, als ob er sich wie eine Maschine analysieren liesse und als ob man ihn wie eine Maschine konstruieren könnte. Wenn wir auf unsere erkenntnistheoretischen Überlegungen im ersten Kapitel zurückblicken, dann hat das Modell der Maschine die Funktion, den Gegenstand der behavioristischen Psychologie *sichtbar* zu machen. Skinner *sieht* den Menschen im Lichte der Mechanik. Die Maschine ist seine Erkenntnisperspektive. Es ist irreführend, wenn er seine Position als ein schlichtes *Sehen von Ordnung* beschreibt. Denn dabei unterschlägt er, dass ein Sehen ohne Gesichtspunkt nicht möglich ist. Die Maschine ist nichts anderes als der Gesichtspunkt, der es dem Behavioristen ermöglicht, überhaupt *etwas* zu sehen. Die Ordnung der Dinge ist den Menschen nicht gegeben; sie müssen sie sich erarbeiten, und dazu bedienen sie sich gegenstandskonstituierender Metaphern und Modelle (Herzog 1984a).

Natürlich ist keine Maschine gleich wie eine andere. Insofern kommt es darauf an, was für eine Art Maschine man vor Augen hat, wenn man im Menschen eine Maschine sieht. Skinner denkt nicht an eine "nineteenth-century machine, a push-pull collection of levers" (Skinner 1977a, p. 286). Ebensowenig sieht er im Computer ein taugliches Modell für die Analyse menschlichen Verhaltens (Skinner 1974, p. 122, 1988a, p. 333). Doch der Unterschied von Skinners Mechanik zu einer Dampfmaschinen- oder Computermechanik ist eher scheinbar als real. *Verantwortlich* können auch *seine* Maschinen nicht sein. "Wir suchen in einer Maschine nach keiner ... Verantwortlichkeit, und das sollten wir auch nicht beim Menschen tun" (Skinner 1969, p. 245).

Skinners Mensch-Maschinen sind auch nicht von sich aus aktiv. Seine Unterscheidung in *ausgelöstes* und *emittiertes* Verhalten ist wenig überzeugend (vgl. bereits oben). Skinner schreibt: "... there is ... a kind of response which occurs *spontaneously* in the absence of any stimulation with which it may be specifically correlated" (Skinner 1972, p. 491 - Hervorhebung W.H.). Diese Art von Verhalten wird "emittiert" genannt. Doch andernorts erscheint die Spontaneität als ein "negativer Beweis", der die "schwache Seite" einer wissenschaftlichen Erklärung entlarvt (Skinner 1953, p. 54). "... science insists that action is initiated by forces *impinging* upon the individual, and that caprice is only another name for behavior for which we have not yet found a cause" (Skinner 1972, p. 8 - Hervorhebung W.H.). In dem Masse, wie die wissenschaftliche Analyse voranschreitet, geht die Kontrolle des Verhaltens vom Organismus auf die Umwelt über. Wie spontan kann dann das emittierte Verhalten noch sein?

Die Frage nach der Spontaneität operanten Verhaltens ist nicht nebensächlich, hängt doch von ihrer Beantwortung die Einschätzung der Skinnerschen Konditionierung als eigenständiger Lerntyp ab. Ist das operante Verhalten tatsächlich *spontan*, dann handelt es sich dabei um eine gegenüber der klassischen Konditionierung *unabhängige* Form von Lernen. Wenn nicht, dann entspricht seine erste Hälfte (nämlich die Auslösung durch einen Reiz) dem Pawlowschen Konditionierungstyp, und die operante Konditionierung ist kein "reiner" Typ von Lernen (Amsel & Rashotte 1977, p. 111). Da Skinner viel daran gelegen scheint, die operante Konditionierung als eigenständigen Lerntyp auszuweisen, mag seine Behauptung der Spontaneität des operanten Verhaltens - eine Behauptung, die in geringer Übereinstimmung mit anderen Äusserungen Skinners steht - einem propagandistischen Motiv entspringen. Die Unterscheidung in zwei Verhaltens- bzw. Lerntypen wird jedoch zunehmend in Frage gestellt (ebd., p. 110ff.; Bower & Hilgard 1981, p. 290ff.; Schwartz & Gamzu 1977). Es mag richtig sein, dass im Rahmen des Skinnerschen Ansatzes die Spontaneität des Verhaltens *sichtbar* wird, doch theoretisch *anerkannt* ist sie nicht. Es ist angemessener zu sagen, operantes Verhalten sei Verhalten, dessen antezedente Reizbedingungen *nicht interessieren*, als zu sagen, es sei spontan.

Skinner hat zweifellos recht, wenn er darauf hinweist, dass er im Gegensatz zu Pawlow und Watson nicht mit dem Reflexbogen-Modell arbeitet. Die Reize, für die er sich interessiert, lösen das Verhalten nicht aus, sondern *modifizieren* es: "... stimuli do not *elicit* operant responses; they simply modify the probability that responses will be emitted" (Skinner 1974, p. 245). Die Umwelt *selegiert* Verhalten. Folglich interessiert sich Skinner nicht für die Verhaltensantezedenzien. Das heisst aber nicht, dass es sie nicht gibt. "Operant behavior ... is not really uncaused; the cause is simply harder to spot" (ebd., p. 60).

Den mechanistischen Ansatz Skinners verrät auch das atomistische Verständnis der operanten Konditionierung. Zwar wird bei der operanten Konditionierung das *Verhalten* verändert - und nicht der Reiz, von dem es eine Funktion ist -, doch die Veränderung besteht allein in der Erhöhung oder Verminderung seiner *Auftretenswahrscheinlichkeit*. Wie bei der klassischen Konditionierung wird beim operanten Konditionieren nichts *Neues* erworben. Das Verhalten muss vorhanden sein, damit es verändert werden kann. Das "gesamte Repertoire eines Individuums oder einer Spezies (muss) vor der ontogenetischen oder phylogenetischen Selektion existieren ..., allerdings nur in der Form von minimalen Einheiten" (Skinner 1969, p. 151).

Der Mensch als Verhältnis

Der Atomismus Skinners wird durch eine holistische Gegentendenz relativiert. Bereits Watson insistierte auf der Feststellung, dass der Behaviorismus *ganzheitlich* sei. Anders als sein nächster Kompagnon, die Physiologie, die das Funktionieren von *Teilen* von Lebewesen untersuche, sei der Behaviorismus daran interessiert, "was das Lebewesen als *Ganzes* von morgens bis abends und von abends bis morgens tut" (Watson 1930, p. 44 - Hervorhebung W.H.). Die Erfassung dieser doppelten Ganzheit des *Lebewesens* und der *Lebenszeit* ist auch der Anspruch, den Skinner der experimentellen Verhaltensanalyse stellt. Verhalten ist ein umfassender Begriff: "... the term *behavior* must include the total activity of the organism - the functioning of all its parts" (Skinner 1972, p. 448). Kaum ein Psychologe hat sich zu so vielen Verhaltensbereichen geäussert wie Skinner. Darin liegt seine Faszination für die pädagogische Psychologie. Gemessen am Anspruch einer umfassenden Perspektive auf den Menschen erfüllt Skinner pädagogische Erwartungen.

Zu Recht kritisiert Skinner die *Aspektivität* der aktuellen Forschungspraxis in der Psychologie. "A bit of sensing is studied by one psychologist, a bit of behaving by another, and a bit of changing by still another. The experimental analysis of behavior puts Humpty Dumpty together again by studying relatively complete episodes, each with a history of reinforcement, a current setting, a response, and a reinforcing consequence" (Skinner 1987, p. 782). Wer das Verhalten untersucht, kann sich nicht mit einzelnen *Organen* beschäftigen (Skinner 1977a, p. 274). Genau dies tat Pawlow. "Pavlov remained a physiologist dealing with organs, not the organism as a whole" (ebd., p. 275). In gewisser Weise nimmt Skinner einen *ethologischen* Standpunkt ein. Denn das Verhalten ist nicht nur Ausdruck des Organismus in seiner *Ganzheit*, sondern auch des Organismus in seiner *Umwelt*. Wesentlich sind nicht die Aussenwelt *oder* die Innenwelt, sondern deren *Relation* (Hinson 1987, p. 189; Skinner 1978, p. 76). Ein Operant - auch ein Reflex - ist ein *Beziehungskonzept*. Allerdings begreift Skinner die Beziehung schliesslich rein *korrelativ*, als *äusserliche* Verbindung diskreter Ereignisse: Reiz, Reaktion und Verstärkung.

Trotzdem erscheint das Psychische bei Skinner in einem neuen Licht. Es ist nicht mehr Binnengeschehen - wie in der Bewusstseinspsychologie -, sondern *Bezogenheit*. Statt das Verhalten zur Grundeinheit der Psychologie zu machen, wäre es daher vorteilhafter, im *Verhältnis* von Mensch und Umwelt diese basale Einheit zu sehen. Skinner kommt dieser Auffassung nahe, wenn er sich weigert, den Geist mit dem *Gehirn* gleichzusetzen. Dahinter vermutet er lediglich die neueste Version der alten Tradition, den Menschen mit einem seiner *Organe* zu identifizieren. Das aber ist nicht nur überholt, sondern auch verkürzt, denn nicht nur das Gehirn, auch der Rest des Körpers spielt eine Rolle beim menschlichen Verhalten. "The mind is what the *body* does. It is what the *person* does. In other words, it is behavior, and that is what behaviorists have been saying for more than half a century. To focus on an organ is to rejoin the Homeric Greeks" (Skinner 1987, p. 784). Unser Geist ist Verhalten, oder besser: ein *Verhältnis*.

In diesem Sinn gibt es auch ein Verhältnis zu unserem *Körper*. "A person responds to the physical world around him and, with a rather different set of nerves, to the no less physical world within his skin" (Skinner 1972, p. 284). Auch wenn Skinner noch und noch die stoffliche Einheit der Welt beschwört, akzeptiert er deren *Differenzierung* in verschiedene Bereiche. Wir verhalten uns zu unserem Körper anders als zur Aussenwelt. Er ist jener Teil unserer Welt, der von unserer Haut umschlossen und deshalb *privat* ist. Jedermann ist bezogen auf eine "small but important private world of stimuli" (ebd., p. 374). Die Besonderheit des Körpers liegt darin, dass er der einzige Teil unserer Welt ist, "which remains the same (*idem*) from moment to moment and day to day" (Skinner 1971, p. 189).

Die Privatheit der körperlichen Stimuli bringt es mit sich, dass sie öffentlich nicht leicht erkennbar sind. Während sie von innen *erlebt* werden, müssen sie von aussen - aufgrund von "accompanying public stimuli" - *erschlossen* werden (Skinner 1972, p. 374ff.). Dadurch wird ihre Benennung unsicher. Wir erwerben die Worte zur Beschreibung unserer inneren Zustände unter grossen Schwierigkeiten. Ein rigoroses Vokabular der Innerlichkeit ist uns nicht möglich[13]. Skinner rehabilitiert die Innerlichkeit. Ja, die Antwort auf die Frage "What is inside the skin, and how do we know about it?" bildet gar das *Herzstück* des radikalen Behaviorismus (Skinner 1974, p. 233). Doch was unter der Haut ist, wird nur als Zone *körperlicher Stimuli* zugelassen.

Das Gespenst in der Maschine

Zu Recht kritisiert der Behaviorismus die Idee des Geistes als Innenwelt und die Introspektion als Methode zur Erschliessung eines inneren Raumes. Das Innere schien der Bewusstseinspsychologie ein Ort zu sein, wo Kopien der Aussenwelt angefertigt werden. Doch die Erkenntnis ist kein Kopiervorgang. "Ein Mensch braucht die stimulierende Umwelt nicht zu kopieren, um sie wahrzunehmen ..." (Skinner 1969, p. 228). Sehen ist *Unterscheiden* und damit eine Form von *Verhalten*. Das Sehen gibt allerdings ein gefährliches Modell des Erkenntnisprozesses, denn die Idee der Erkenntnis als Abbildung entstammt dem Sehbereich (vgl. Kapitel 1).

"It is much less convincing to say that we do not *hear* the sounds made by an orchestra but rather some inner reproduction. ... The argument is wholly unconvincing in the field of *taste* and *odor*, where it is not easy to imagine copies distinguishable from the real thing, and it is seldom if ever made in the case of *feeling*. When we feel the texture of a sheet of paper, we feel the paper, not some internal representation" (Skinner 1974, p. 89f. - Hervorhebungen W.H.).

Skinners Kritik ähnelt Ryles Destruktion des "Gespenstes in der Maschine" (Ryle 1949). Doch Skinner geht weiter als Ryle[14]. Er entleert den Organismus von allen kausalen Grössen. Die *Ursachen* des Verhaltens liegen jenseits des Körpers und jenseits des Verhaltens in der *Umwelt*.

Skinner bringt zwei Einwände gegen das Denkmodell der Bewusstseinspsychologie durcheinander, die m.E. getrennt werden sollten. Sein (etwas verborgenes) Argument ist die Attribuierung göttlicher Eigenschaften an den Menschen auf der einen Seite und deren Verinnerlichung

---

[13] Deshalb ist die Sprache, in der wir über Gefühle und Gedanken, ja über Psychisches überhaupt sprechen, vorwiegend *metaphorisch* (Skinner 1969, p. 241, 1972, p. 376, 1974, p. 27).

[14] Aber auch weniger weit, da er im Rahmen des Cartesianismus verbleibt, den Ryle sprengen will.

zu einer geistigen Substanz auf der anderen Seite[15]. Während bei den Homerischen Griechen und im Christentum der Mensch als abhängig von höheren Mächten erscheint, erfolgt in Renaissance und Aufklärung - mit der Säkularisierung der Religion und dem Aufstieg des Individualismus - die Erhöhung des Menschen zu einem selbstverantwortlichen und schöpferischen Akteur. Der Mensch selbst erscheint als Verursacher seines Tuns. Seine Autonomie beweist seine Göttlichkeit. "The autonomous is the uncaused, and the uncaused is miraculous, and the miraculous is God" (Skinner 1972, p. 354). Attribute, die früher allein Gott oder den Göttern zugeschrieben wurden, gelten nun für den Menschen. Als freies, vernünftiges und tätiges Wesen ist er Herr und Schöpfer seiner Welt - der natürlichen Welt in der *Technik*, der sozialen Welt in der *Politik* und seiner selbst in der *Erziehung*. Der Prozess der Vergottung des Menschen geht einher mit der Selbstdeutung des Menschen als *geistige Substanz*, wofür insbesondere Descartes verantwortlich ist[16]. Somit erscheint die Freiheit und Autonomie des Menschen als ein Attribut seiner Geistigkeit, und diese wird im Inneren des Menschen lokalisiert.

Es scheint mir richtig zu sein, die "Realitätsverdoppelung in der Psychologie" (Holzkamp 1965) zu kritisieren, denn das Innere, das wir beiziehen, um menschliches Verhalten zu erklären, erschliessen wir aufgrund des Äusseren, d.h. aufgrund von Verhaltensweisen. Die Innerlichkeit kann somit keine vom Verhalten unabhängige Instanz der psychologischen Erklärung sein. "Wir sagen, ein Mann sei gross und stark und sei von grosser Statur und Stärke, doch folgern wir deshalb nicht, dass er gross ist wegen seiner grossen Statur oder dass er stark ist wegen seiner Stärke" (Skinner 1969, p. 230). Weshalb sollten wir dann in psychologischen Dingen dergleichen tun? Das cartesianische Denken beschert uns ein *dualistisches Weltbild* und eine *dualistische Anthropologie*. Der Mensch erscheint zweigeteilt in eine nicht-materielle Geistigkeit und eine materielle Körperlichkeit, und wir sind ratlos, wenn es darum geht zu erklären, wie der nicht-materielle Geist in der Körperwelt *Wirkungen* hinterlässt. Wie die transzendentale Freiheit ist der substantielle Geist ein Gespenst, dessen Vertreibung uns nur recht sein kann. Eine Innerlichkeit, die dem Verhalten unvermittelt gegenübersteht, ohne in ihrer Genese hergeleitet zu sein, ist als Erklärungskategorie abzulehnen[17].

---

[15] Ich orientiere mich im folgenden nur lose an Skinner und folge eher meinen eigenen Gedanken.

[16] Das folgende Zitat gibt ein prägnantes Résumé der Position Descartes': "Daraus erkannte ich, dass ich eine Substanz bin, deren ganzes Wesen oder deren Natur nur darin besteht, zu denken und die zum Sein keines Ortes bedarf, noch von irgendeinem materiellen Dinge abhängt, so dass dieses Ich, d.h. die Seele, durch die ich das bin, was ich bin, völlig verschieden ist vom Körper, ja dass sie sogar leichter zu erkennen ist als er, und dass sie, selbst wenn er nicht wäre, doch nicht aufhörte, alles das zu sein, was sie ist" (Descartes 1637, p. 55).

[17] Wie wir oben gesehen haben, liegt in der genetischen Erklärungsweise ein Ausweg aus Skinners scharfer Kritik am Mentalismus (vgl. auch Kapitel 5).

Wenn aber Skinner gegen den Mentalismus opponiert, dann wendet er sich nicht nur gegen die Zweiteilung des Menschen, sondern auch gegen dessen *Autonomie*. Von Anfang an setzt er den "inneren Menschen" mit dem "autonomen Menschen" gleich. Was er abschaffen will, "is autonomous man - the inner man, the homunculus, the possessing demon" (Skinner 1971, p. 191). Die Autonomie des Menschen soll in Verbindung stehen mit Magie, Zauberei und Hokuspokus. Das Anliegen, den Mentalismus zu überwinden, wird zum Unterfangen, die Autonomie des Menschen zu untergraben.

Doch damit wird der Dualismus gerade nicht bezwungen. Die Entmündigung des *Menschen* geht einher mit der Ausstattung der *Umwelt* mit geradezu phantastischen Kräften. Nicht mehr Götter und Dämonen und nicht mehr der autonome Mensch, aber die *Umwelt* soll "verantwortlich" sein für das Tun und Lassen des Menschen. Statt die Menschen zu vergotten, verhilft Skinner der Umwelt zu göttlichen Gnaden.

Zwar betont Skinner, die Unterscheidung von "öffentlich" (objektiv) und "privat" (subjektiv) sei nicht identisch mit derjenigen von "physikalisch" und "mental" - "my toothache is just as physical as my typewriter, though not public" (Skinner 1972, p. 384) -, doch sein Behaviorismus *eliminiert* ganz einfach das Mentale. Das Verhalten ist ein physikalisches System und hat mit Bewusstsein nichts zu tun. "You behave even though you aren't aware of why you're behaving" (Skinner 1977a, p. 285). Alles Verhalten ist *unbewusst*, denn es wird von Kontingenzen aufrechterhalten, die auch wirksam sind, wenn sie nicht bemerkt werden. Bewusstsein existiert nur in der Form von *Sprachverhalten* (Skinner 1971, p. 183), das - wie alles Verhalten - unter dem Einfluss von Umweltkontingenzen steht und *physikalisch* zu erklären ist[18].

Insofern Körper und Verhalten des Menschen Teil der physikalischen Wirklichkeit sind, erweist sich das (Selbst-)Bewusstsein als ein *Epiphänomen*. Wie das Herbartsche Problem "bewältigt" Skinner den Cartesianismus durch Leugnung der einen Hälfte und durch Absolutsetzung der anderen[19]. Die Opferung der menschlichen Autonomie vertreibt zwar das Gespenst aus der Maschine, doch zurück bleibt eine *leere Maschine*. Bei aller Radikalität seines Behaviorismus denkt Skinner nicht radikal genug. Denn der Mensch "braucht durch die Behauptung, er sei kein Gespenst in einer Maschine, nicht zu einer Maschine degradiert zu werden. Er könnte schliesslich ... eine Art Lebewesen sein, nämlich ein *höheres Säugetier*" (Ryle 1949, p. 451 - Hervorhebung W.H.).

---

[18] Skinner ist diesbezüglich nicht besonders deutlich. Während er früher tatsächlich Bewusstsein mit Sprachverhalten gleichgesetzt hat, scheint er sich mittlerweile dahingehend korrigiert zu haben, dass das *Selbstbewusstsein* Sprachverhalten ist (Skinner 1988a, p. 299, 306, 350). Vgl. aber erneut Skinner 1990, p. 1207.

[19] Beides hängt zusammen. Das Herbartsche Problem stellt sich in einer cartesianischen Welt, die die Bereiche von Freiheit (Subjektivität) und Kausalität (Mechanik) voneinander trennt. Mit dieser Einsicht gewinnen wir einen ersten Hinweis, wie das Herbartsche Problem erfolgversprechend zu lösen ist: durch Überwindung des Cartesianismus.

Das Innere und das Private

Der Fehler in Skinners Argumentation liegt in der Gleichsetzung des autonomen Menschen mit der cartesianischen *Innerlichkeit*. Gegen diese Gleichsetzung lässt sich ein Argument anführen, das Skinner selbst in anderem Zusammenhang verwendet, nämlich die Reduktion des Menschen auf eines seiner *Organe*. Genausowenig wie der Mensch mit einem *körperlichen* Organ gleichgesetzt werden kann, darf seine Autonomie einem *geistigen* Organ zugeschrieben werden.

Skinner verdächtigt den autonomen Menschen nicht nur, mit dem substantiellen Geist identisch zu sein, er setzt auch die Innerlichkeit mit der *Privatheit* gleich. Diese Gleichsetzung ist die Folge der Reduktion von Innerlichkeit auf *Körperlichkeit*. Innen sind nur körperliche Reize. Diese werden als *Empfindungen* erlebt und sind damit *per definitionem* privat (Gebauer 1984; Straus 1956; Wittgenstein 1953). Nun ist es richtig, dass der Zugang zur körperlichen Innerlichkeit für Aussenstehende nicht direkt erfolgen kann. Doch das Körperinnere ist nicht einfach von der Öffentlichkeit ausgeschlossen. Gefühle, Empfindungen, Bedürfnisse etc. haben eine unsichtbare *und* eine sichtbare Seite. Sie zeigen sich im Verhalten und sind damit für andere bemerkbar. Ein Schmerz beispielsweise ist kein bloss privater Vorgang, auch wenn er von "innen" kommen mag. Schmerzen und andere Empfindungen sind privat und öffentlich zugleich (Strawson 1959, p. 133ff.). Wir gestalten unsere Innerlichkeit in der Auseinandersetzung mit den Reaktionen anderer auf unsere "inneren" Vorgänge. Das *Bewusstsein* der Innerlichkeit resultiert aus einer intellektuellen *Konstruktion* (Piaget 1926, p. 111).

Skinner teilt diese Ansicht, wenn er meint, eine Welt, die lediglich einer Einzelperson zur Verfügung stünde "und das ohne jegliche publike Begleiterscheinungen, könnte nie der diskriminative Anlass zur Selbstbeschreibung werden" (Skinner 1953, p. 259). Zwar ist die *Empfindung* eines Schmerzes privat. Seine *Benennung* aber bezieht sich auf öffentliche Ereignisse, die mit dem Schmerz verbunden sind (Stöhnen, verzerrtes Gesicht etc.). Durch die Benennung wird der Schmerz zu einem diskriminativen Reiz, der durch die sprachliche Gemeinschaft kontrolliert wird. Insofern private Reize öffentlich benannt werden, sind sie nicht exakt fassbar. Das Private kann *falsch* oder *unpräzise* bezeichnet werden[20].

Skinner leugnet nicht nur das substantielle, sondern auch das symbolische (sprachliche) Mentale. Sprache ist Verbalverhalten, und dieses ist die Folge der operanten Kontrolle unserer "vocal musculature" (Skinner 1981, p. 13, 1988b, p. 472). Ist das Innere einmal reduziert auf Körperlichkeit, gibt es psychische Zustände nur mehr als *Körpersensationen*. Doch damit ist nicht alles gesagt über Innerlichkeit. Sind Erinnerungen, Träume, Sinnestäuschungen, Phantasien, Gedanken etc. - alles Phänomene,

---

[20] Genau deshalb ist die Introspektion eine unzuverlässige Methode (Meehl 1988, p. 192).

die das Psychische allererst *erschliessen* lassen (Herzog 1984b; Traxel 1969) - ebenfalls Manifestationen einer körperlichen Innerlichkeit? Und wie steht es mit *Urteilen* über die eigene Person? Ist unser Selbstverständnis auch nur ein Epiphänomen von Verhaltenskontingenzen?

Das Innere als *symbolische Innerlichkeit* kann als Resultat einer *Verinnerlichung* verstanden werden, die nichts mit einer cartesianischen Substanz zu tun hat. Skinner jedoch weigert sich, im Inneren etwas *Gewordenes* zu sehen. Er zieht es vor, innen und aussen antithetisch zu behandeln und aus der mentalen Innerlichkeit ein metaphysisches Mirakel zu machen. Oder doch nicht? Obwohl sich Skinner als *Psychologe* gegen physiologische Erklärungen wendet, scheint er eine physiologische Erklärung des Verhaltens nicht grundsätzlich abzulehnen (Skinner 1974, p. 236f., 274). Eine physiologische Erklärung dünkt ihn im Gegenteil die einzig mögliche Form einer Erklärung zu sein, die das *Innere* des Organismus in Rechnung stellt. Nur will Skinner dieses Innere nicht als Ursache verstanden haben, da es die Folge von phylogenetischen "Verstärkungen" ist (Skinner 1969, p. 149ff., 1981, 1988a, p. 434). In diesem beschränkten Sinn anerkennt Skinner das Innere als Ergebnis einer *Verinnerlichung*, nämlich einer in der Evolution wirkenden Form der Verinnerlichung. Selbstverständlich wird dabei das Innere erneut ausschliesslich physikalisch, d.h. als strikt *körperliche Innerlichkeit* verstanden.

Skinner wendet sich gegen die *mentale* Innerlichkeit mit dem Argument, sie bestehe aus einer anderen Art von Stoff als die übrige Welt. Diese andere Art von Stoff gibt es aber nicht. Gegen die *materielle* Innerlichkeit führt er an, sie erkläre nichts. Vielmehr sei sie ihrerseits erklärungsbedürftig, denn alles, was innen ist, hat auf Ereignisse in der Aussenwelt zurückgeführt zu werden. Das Innere hat keinen *letztgültigen* kausalen Status. Tatsächlich geht es Skinner darum. Er sucht nach *Letztursachen*. "... the *ultimate* causes of behavior must be found outside the organism" (Skinner 1972, p. 325 - Hervorhebung geändert). Skinner ist unzufrieden mit "nicht abgeschlossenen kausalen Sequenzen" (Skinner 1969, p. 201) und verlangt von einer vollständigen Erklärung, dass sie die ontogenetische *und* die phylogenetische Vergangenheit einer Verhaltensweise aufdeckt. "Alles menschliche Verhalten ... muss ... begründet werden, einerseits mittels der phylogenetischen Kontingenzen des Überlebens, die den Menschen als Spezies hervorgebracht haben, und andererseits mittels der ontogenetischen Verstärkungskontingenzen, die ihn als Individuum hervorgebracht haben" (Skinner 1969, p. 245). Eine solche *vollständige* Geschichte einer Verhaltensweise enthält logischerweise alles, was zu deren Verständnis relevant sein kann.

Doch werden wir im konkreten Fall diese Geschichte jemals kennen? Skinners Erwartung an eine wissenschaftliche Erklärung kann nur von einem Gott eingelöst werden, der die Welt zu *überblicken* vermag (vgl. Kapitel 1). Dieser Gott, der wüsste, wie alles entstanden ist und wie alles ausgehen wird, wäre zugleich der Schöpfer der Welt. Er hätte alles gemacht und könnte daher alles erklären. Die Kryptoreligiosität der behavioristischen Sehnsucht nach der "automatischen Güte" verbindet sich mit der Kryptotheologie einer Erkenntnistheorie, die die Aufdeckung der letzten Geheimnisse verspricht.

Der Anspruch, wissenschaftliche Erklärungen hätten uns zu sagen, wie *alles gekommen* ist, ist nicht nur unsinnig, sondern auch unnötig. Wir brauchen keine *Letztursachen*, um menschliches Verhalten zu begreifen. Wann uns eine Erklärung genügt, ist allerdings nicht a priori zu entscheiden. Erklärungen sind wie Theorien Antworten auf Fragen, die aus einem *Kontext* heraus gestellt werden (Herzog 1984a, p. 300ff.). Menschliches Erkennen ist kontextuell. Nur eine göttliche Wissenschaft wäre in der Lage, absolute Antworten zu geben.

Damit spricht auch nichts dagegen, das Innere kausal zu behandeln (Catania 1988, p. 482f.; Skinner 1988c, p. 486). Zwar sind auf diese Weise keine *endgültigen* Erklärungen möglich, Ursachen aber werden nichtsdestoweniger benannt. Und wenn wir das Innere nicht bloss als Körperlichkeit zulassen, sondern auch als verinnerlichte (symbolische) Geistigkeit, dann müsste auch gegen eine *psychische Innerlichkeit* als Verhaltensdeterminante nichts sprechen - vor allem dann nicht, wenn wir die symbolische Geistigkeit als eine emergente natürliche Eigenschaft der körperlichen Welt (des Verhaltens) auffassen.

Behaviorismus als Methode

Wo liegt die Wahrheit des Behaviorismus? Die behavioristische Psychologie steht mit der Bewusstseinspsychologie über eine Reihe von Voraussetzungen in positiver wie negativer Beziehung. Die offensichtlichste Gemeinsamkeit liegt im *assoziationistischen* und *mechanistischen* Gegenstandsverständnis. Zwar sind die Elemente der behavioristischen Analyse nicht mehr Empfindungen, sondern Reize und Reaktionen, doch der Mensch ist nach wie vor nicht Subjekt seines Verhaltens, sondern der *Erleidende* von mechanisch erfolgenden Reiz-Reaktions-Verbindungen. Die Assoziationen, die sein psychisches Leben formen, *geschehen* ihm; es gibt kein Ich, das sie erbrächte. Der Mechanik des Geistes entspricht die Mechanik des Verhaltens. Die menschliche *Subjektivität* wird eliminiert, womit Kontrolle und Machbarkeit als unbegrenzt erscheinen.

Nichts vermag dies deutlicher zu zeigen als das mit dem Assoziationismus verbundene "Beliebigkeitsprinzip" (Metzger) bzw. - technisch ausgedrückt - das Prinzip der "Äquipotentialität von Reizen". Verhaltensänderungen erfolgen als Ergebnis der mechanischen Verknüpfung von an sich *beliebigen* Reizen mit *beliebigen* Reaktionen. Pawlow bringt diese Überzeugung deutlich zum Ausdruck. Bedingte Reflexe entstehen dadurch, dass "*irgendwelche* indifferente Reize die Reize, welche die angeborenen bestimmten Reflexe hervorrufen, einmal oder einige Male begleiten" (Pawlow 1972, p. 89 - Hervorhebung W.H.). Es zeigt sich, "dass man *alles Beliebige* der Aussenwelt zu einem Reiz für die Speicheldrüse machen kann" (ebd., p. 64 - Hervorhebung W.H.). Was auch immer wir als Reiz wählen, wir rufen eine Speichelsekretion hervor, "wenn wir nur diesen Reiz vorher mit der Nahrung zeitlich in Verbindung gebracht haben" (ebd., p. 123). Die Assoziation vermag alles[21]. Kein Wunder, dass der Glaube an die Formbarkeit des Verhaltens gross ist.

Ich glaube nicht, dass der Behaviorismus in theoretischer Hinsicht recht hat. Seine Wahrheit liegt im methodologischen Bereich. Das letzte Datum der psychologischen Forschung ist das *Verhalten*. Dabei gilt es, Watsons "Zugeständnis" in Rechnung zu stellen, dass auch das *Sprechen* Verhalten ist. Die Grundlage der psychologischen Erkenntnis liegt in dem, was unseren Sinnen zugänglich ist. "Wir können Verhalten beobachten - das, was der Organismus tut oder sagt" (Watson 1930, p. 39 - Hervorhebung weggelassen).

Nun ist es zweierlei zu behaupten, Psychisches sei über Verhalten *zugänglich* und zu behaupten, es *sei* nichts anderes als Verhalten. Im ersten Fall beziehen wir den Standpunkt eines *methodologischen*, im zweiten denjenigen eines *metaphysischen* Behaviorismus. Sowohl Pawlow als auch Watson waren metaphysische Behavioristen, wobei Pawlow noch einen Schritt weiter ging als Watson und nur die "Nerventätigkeit" als real anerkannte. Auch Skinner ist ein metaphysischer Behaviorist, seinen gegenteiligen Beteuerungen zum Trotz[22]. Denn das einzige, was er anerkennt, ist physikalisch messbares Verhalten, alles andere ist ihm ein Epiphänomen.

Worin besteht die Position des methodologischen Behaviorismus? Methodologische Behavioristen weisen die Introspektion nicht deshalb zurück, weil es keine Innerlichkeit gibt, sondern weil wir uns selbst und weil uns andere nur über *Verhaltensweisen* zugänglich sind. Daraus folgt nicht, dass der Mensch nur Verhalten ist. Niemandem kann es verwehrt sein, aufgrund von beobachtbarem Verhalten auf Instanzen zu schliessen, die dem Verhalten zugrunde liegen. In diesem Sinn meint beispielsweise Eysenck, die fundamentale Einheit der Psychologie sei die *Persönlichkeit* (Eysenck 1972, p. 7). Bei dieser Grundeinheit handle es sich um ein nicht unmittelbar beobachtbares Konzept. Deshalb habe Watson in *methodologischer* Hinsicht recht: "... we must agree with J.B.Watson and his many followers that our *primary datum* is behaviour, not consciousness, and that our laws must be laws about observable behaviour, not about non-observable states of consciousness" (ebd., p. 292 - Hervorhebung W.H.). Ist

---

[21] Allerdings widersprechen Pawlows Äusserungen zu Unterschieden in der Konditionierbarkeit entsprechend dem Verhältnis von Erregung und Hemmung im Gehirn diesen Aussagen. Auch stellte Pawlow fest, dass Reize, die einen starken Orientierungsreflex auslösen, die Bildung eines bedingten Reflexes erschweren (Amsel & Rashotte 1977, p. 98).

[22] Ich gebrauche die Termini etwas anders als Skinner, der den "methodologischen" Behaviorismus mit dem gleichsetzt, was hier "metaphysischer" Behaviorismus genannt wird (Skinner 1974, p. 14ff.).

das Verhalten unser primäres Datum und die Persönlichkeit unsere fundamentale Einheit, wie bringen wir dann beides zusammen?

Eysencks Verständnis der Persönlichkeit geht kaum über die Ebene von Verhaltensdaten hinaus. Allerdings bedeutet ihm Verhalten mehr als dem Laien. "It includes speaking and all measurable bodily reactions, however small and impossible to detect by the naked eye these might be" (Eysenck 1972, p. 293). Das *Verbalverhalten* wird jedoch nicht in seiner intendierten Bedeutung betrachtet. Stimmt eine Versuchsperson dem Satz "Ich habe Angst vor dem Alleinsein" zu, dann wird dies nicht als valide Selbstbeschreibung gewertet, sondern als "primäres Datum" behandelt, dessen Sinn dadurch ausgemacht wird, dass die Antwort der Versuchsperson mit dem *typischen* Antwortverhalten einer Gruppe von Personen (z.B. Neurotikern) verglichen wird, über deren psychische Beschaffenheit der Forscher Bescheid weiss. Das primäre Datum der Psychologie ist nicht die Angst, die sich die Versuchsperson zuschreibt, sondern das verbale Angstverhalten, dessen subjektive Bedeutung missachtet wird.

Eysencks Haltung entspricht der Position Skinners, der glaubt, es sei möglich, "to account for verbal behavior in terms of the history of the speaker, without reference to ideas, meanings, propositions, and the like" (Skinner 1972, p. 351). Sprache ist Sprachverhalten, das *erklärt* werden muss wie anderes Verhalten auch. Werden Sinn und Bedeutung ausgeklammert, so wird das Verhalten *objektiv* analysierbar. "Introspection does not enter into this process; you are dealing throughout with factual, behaviouristic events" (Eysenck 1972, p. 294). Die Persönlichkeit ist eine *statistische Grösse*: das Resultat der mathematischen Transformation von objektiven Verhaltensdaten. Wie sich ein individuelles Subjekt zu seiner Klassifikation als "ängstlich" stellt, spielt keine Rolle, da seine Ängstlichkeit allein auf der Ebene des aggregierten Verbalverhaltens einer Gruppe von Versuchspersonen existiert. Zwar geht Eysenck - anders als Skinner - über die Verhaltensebene hinaus, aber nicht in Richtung *Subjektivität*, sondern in Richtung "hypothetische Konstrukte". Die Äusserung der Versuchsperson ist *kein Ausdruck* von Ängstlichkeit. Das Innere des Menschen bleibt unangetastet.

Die Behandlung der Sprache als *Sprachverhalten* hat zur Folge, dass die *Kommunikation* in der behavioristischen Psychologie methodisch eine geringe Rolle spielt. Sprachlichen Äusserungen wird misstraut. Wir werden sehen, dass die Psychoanalyse ein anderes Verhältnis zur Sprache hat (vgl. Kapitel 3). Vorläufig bleibt festzuhalten, dass zwischen einem metaphysischen und einem methodologischen Behaviorismus ein wesentlicher Unterschied besteht. Das Beispiel Eysenck zeigt, dass innere Instanzen als legitime psychologische Grössen gelten können, wenn deren Verbindung zur Verhaltensebene nachweisbar ist. Die Persönlichkeit als Einheit der

Psychologie zu postulieren, ist etwas anderes als blosse Reiz-Reaktions-Verbindungen zu untersuchen[23].

Die Visualisierung des Verhaltens

Nun haben wir festgestellt, dass auch Skinner nicht ohne Grössen auskommt, die auf einer *anderen* als der Verhaltensebene liegen. Dadurch, dass er nicht an elementaren Reizen oder Reaktionen, sondern an der Einheit *Verhalten-plus-Verstärkung* ansetzt, erweist sich sein Ansatz sogar als theoretischer als derjenige von Eysenck. Skinner versucht, ein Problem zu lösen, das als eine Variante des "Trugschlusses der unzutreffenden Konkretheit" (Whitehead 1925, p. 66ff.) gelten kann. Der Trugschluss besteht im wesentlichen darin, dass etwas Abstraktes für konkret genommen wird. In diesem Sinne verwechseln wir das Abstraktum "Mensch" mit seiner konkreten Erscheinung. Die Verwechslung scheint sich schon wahrnehmungsmässig aufzudrängen: "People are easier to see than their behavior, and behavior is easier to see than the contingencies which generate it" (Skinner 1971, p. 125). Was wir *sehen*, scheint uns das *Wesentliche* zu sein, also statten wir es mit erklärender Kraft aus. Skinner widersetzt sich diesem Trugschluss. Der Mensch, wie er uns erscheint, ist ohne Bedeutung für die Erklärung seines Verhaltens.

Da der Mensch nicht wichtig ist, kann die Beobachtung seines *Verhaltens*, erstrecke sie sich über einen noch so langen Zeitraum, keinen Einblick in das wirkliche Geschehen geben (Skinner 1969, p. 19). Wer bloss Verhalten beobachtet, der sieht das *Wesentliche* nicht. Denn wesentlich ist die *Wahrscheinlichkeit*, mit der ein Verhalten auftritt. Diese aber kann *nicht beobachtet* werden. Es bedarf eines besonderen Verfahrens, um sie "sichtbar" zu machen. Dieses Verfahren ist die experimentelle Verhaltensanalyse. Skinner sieht im Experiment eine Methode zur *Visualisierung* der nicht-beobachtbaren Aspekte des Verhaltens (Skinner 1972, p. 117). Diese werden in gleicher Weise sichtbar gemacht wie die Konstriktionen eines Kapillargefässes unter dem Mikroskop. Letztlich bleibt Skinner seiner atheoretischen Position treu: Erkennen ist ein *Sehen* von Ordnung, auch wenn die Ordnung *sichtbar* gemacht werden muss.

Es lässt sich nicht sagen, Skinner sei bei der Darlegung seiner erkenntnistheoretischen Position besonders deutlich. Ein Sehen, das *sichtbar* macht, ist kein "blosses Sehen" ("simple looking"). Erfolgt es des weiteren im Lichte mechanischer Modelle, dann entspricht Skinners Behaviorismus eher eine *konstruktivistische* als eine positivistische Erkenntnistheorie. Skinner sieht kein "reines Verhalten" ("pure behavior"), sondern ein ex-

---

[23] Damit erkläre ich mich nicht als Anhänger der Forschungsmethodik von Eysenck. Es geht mir allein um den Nachweis, dass ein methodologischer Behaviorismus Konstrukte anerkennt, die auf einer anderen als der Verhaltensebene liegen. Logischerweise müsste diese andere Ebene auch über subjektive Äusserungen erreichbar sein.

perimentell *hergerichtetes* Verhalten. Die Ordnung, die er findet, ist eine Ordnung, die er *geschaffen* hat.

Das Interesse am Verborgenen und an der *Sichtbarmachung* des Verborgenen kann nicht darüber hinwegtäuschen, dass alles, was die experimentelle Verhaltensanalyse aufdeckt, *Verhaltenskontingenzen* sind. Die Reduktion aller menschlichen Äusserungen auf die allgemeine Kategorie Verhalten ist verantwortlich für die *anthropologische Abstinenz* des Behaviorismus. Stellen weder die Sprache noch die Moral besondere Anforderungen an die Theoriebildung, dann ist jede Art von Verhalten gut genug, um psychologische Forschung zu ermöglichen. Der Mensch ist ersetzbar durch Ratten, Tauben, Hunde, Katzen, Affen etc. Thorndike bringt diese Haltung prägnant zum Ausdruck: "Die Verwickeltheit des menschlichen Lernens wird sich ... am besten verstehen lassen, wenn wir zunächst von ihm absehen und statt dessen das Verhalten niederer Tiere untersuchen, wenn sie lernen, sich bestimmten Situationen gegenüber in veränderter, für sie vorteilhafterer Weise zu benehmen" (Thorndike 1913, p. 98).

Das behavioristische Interesse am Tier ist nicht genuin. Es folgt aus einer Methodologie, die es leichter finden, mit Tieren zu experimentieren als mit Menschen. Die Tiere interessieren aus Gründen der "convenience" (Skinner 1972, p. 126, 259). Die einzige Differenz, die Skinner zwischen Tier und Mensch vermutet, bildet die Sprache: "... the only differences I except to see revealed between the behavior of rat and man (aside from enormous differences of complexity) lie in the field of verbal behavior" (Skinner 1938, p. 442). Das Verbalverhalten aber ist nichts anderes als "the extension of operant control to the vocal musculature" (Skinner 1981, p. 13). Ist das *Verhalten* der psychologische Grundbegriff, dann spielt das sich verhaltende *Lebewesen* keine Rolle. Seine Artmerkmale bleiben unberücksichtigt. Verstärkt werden *Reaktionen*, nicht Organismen. Da das Lebewesen sein Verhalten nicht einmal verursacht, kommt ihm theoretisch überhaupt keine Bedeutung zu. Bestenfalls ist es ein *Gastgeber* für vagabundierende Verhaltensweisen. Wie Gäste ein Hotel, betreten Verhaltensweisen einen Organismus und verlassen ihn wieder. "(Organisms) have guests; but the guests can come and go as individuals" (Baer 1976, p. 89)[24]. Damit ist ein letztes Mal dem Glauben an die beliebige Formbarkeit des Verhaltens Ausdruck gegeben.

Eine anfechtbare Erbschaft

Die Auflösung der Trennungslinie zwischen Tier und Mensch kann nicht nur negativ gewertet werden. Sie ist auch nicht die Leistung Pawlows,

---

[24] Baer bedient sich - wohl ungewollt - einer religiösen Ausdrucksweise. Wie der Mensch Stätte des Heiligen Geistes, ist der Organismus Gasthaus des Verhaltens. Darin liegt nochmals ein Hinweis auf die Kryptotheologie des Behaviorismus.

Watsons oder Skinners, sondern eine Konsequenz der Darwinschen *Evolutionstheorie*. Darwin machte den Menschen endgültig zu einem *Lebewesen*. Während einer langen Zeit des abendländischen Denkens stand der Mensch *zwischen* den Wesen des Himmels und der Erde (Lovejoy 1936). Und seine Zwischenstellung verleitete ihn, sich entweder im Dunkel der "bestialischen" Körperlichkeit oder im Lichte der "göttlichen" Geistigkeit zu sehen. Geist und Körper wurden zu Widersachern im Selbstverständnis des Menschen. Darwin ermöglichte insofern ein neues menschliches Selbstverständnis, als seine Theorie vom "Ursprung der Arten" die Geistigkeit im Rahmen der Körperlichkeit verstehen lässt. Der Geist ist genauso ein *natürliches* Phänomen wie der Körper.

Ist dies die Botschaft Darwins, dann stellt sich die Frage, ob sie die Behavioristen verstanden haben. Denn aus der Evolutionstheorie folgt keineswegs die Notwendigkeit, die Differenzen zwischen den Lebewesen einzuebnen und eine *allgemeine* Theorie des Verhaltens zu entwickeln. Allmählich scheint dies auch den Behavioristen deutlich zu werden. Die "Äquivalenz der Assoziabilität" (Seligman), wie sie beispielhaft in Pawlows Überzeugung von der beliebigen Konditionierbarkeit zum Ausdruck kommt, wird zunehmend in Frage gestellt (Bitterman 1965; Keiler & Schurig 1978; Seligman 1970). Ethologen wie Lorenz zieren sich nicht, wenn es darum geht, die Grenzen des Behaviorismus zu benennen: "Noch nie hat ein Skinnerianer zugegeben, dass er unfähig ist, eine weibliche Taube oder Ratte zu konditionieren, beim Kopulieren auf dem Rücken zu liegen" (Lorenz 1976, p. 13).

Doch das "Beliebigkeitsprinzip" ist schon vor dem Advent der Ethologie in Frage gestellt worden. Bregman (1934) konnte mit Hilfe derselben experimentellen Prozedur, die Watson beim "kleinen Albert" gebrauchte, zeigen, dass die Konditionierung einer Angstreaktion auf hölzerne Objekte und Vorhangstoff *nicht* gelingt. Offenbar muss eine Affinität zwischen Subjekt und Objekt bestehen, damit Angst auftreten kann. Das aber heisst, dass im Falle des "kleinen Albert" die Ratte *kein beliebiger* Reiz war, der lediglich aufgrund der experimentellen Manipulation zu einem angstauslösenden Stimulus wurde. Es ist auch intuitiv plausibel, dass Menschen eher vor Lebewesen Angst haben als vor Gegenständen - und dies nicht nur im Falle von Kindern, wie dem "kleinen Albert".

Sowohl Pawlow wie Skinner scheinen bei der Wahl ihrer Versuchstiere und ihrer experimentellen Prozeduren eine "glückliche Hand" gehabt zu haben. So zeigen Tauben eine natürliche Bereitschaft, auf helle Objekte zu picken, da sie dabei Futter "erwarten". Es gelingt nicht, Tauben zu trainieren, das Picken zu *unterlassen*, um Futter zu bekommen (Bower & Hilgard 1981, p. 296; Brown & Jenkins 1968). Offensichtlich müssen wir *artspezifische* Merkmale in Rechnung stellen, um zu befriedigenden Verhaltenserklärungen zu gelangen. Im Falle des Menschen heisst dies, dass wir eine *Anthropologie* benötigen, die der Psychologie hilft, die Besonderheiten des *Lebewesens Mensch* auszumachen. Über eine solche Anthropologie verfügt der Behaviorismus zweifellos nicht.

Ein weiterer Einwand gegen das darwinistische Selbstverständnis der Behavioristen betrifft den *Funktionalismus*. Es hat sich eingebürgert, den Behaviorismus "funktionalistisch" zu nennen, im Gegensatz zum "Strukturalismus" der Bewusstseinspsychologie (Hillner 1985; Holzkamp 1973, p. 244ff.). Doch ist dies eine zumindest fragwürdige Zuordnung. Der Funktionalismus als *philosophische* Strömung war nicht reduktionistisch (Bruder 1982, p. 31; Sanders 1972, p. 32ff.). Sein Thema war die Anpassung des Organismus an die Umwelt, wobei die letztere nicht als *Verhaltensdeterminante*, sondern als Gefüge von *Bedingungen* galt, mit denen sich das Lebewesen auseinanderzusetzen hat. Dabei spielt das *Bewusstsein* eine zentrale Rolle. Eine Psychologie *ohne* Bewusstsein, wie sie Watson vorschwebte, war für Funktionalisten wie James, Dewey und G.H. Mead ein Unding. Erst das Bewusstsein schafft jene Beziehung zwischen Subjekt und Objekt, die die notwendige Reorientierung des Verhaltens ermöglicht. Will man das Verhalten in seiner *Funktion* für das Lebewesen verstehen, kann man Organismus und Umwelt *nicht auseinanderreissen* und als separate Entitäten behandeln.

Nun könnte man einwenden, dass gerade für Skinner die Einheit der psychologischen Analyse das Lebewesen-in-seiner-Umwelt ist. Tatsächlich haben wir festgestellt, dass Skinner die *Relation* von Verhalten und Verstärkung untersucht und nicht Verhalten "an sich" oder Verstärkung "an sich". Ebenso stellten wir fest, dass die Relationalität der Verhaltenskontingenzen auf einer anderen als der Verhaltensebene liegt. Es handelt sich um eine *konzeptuelle* Ebene, die erst in der Dimension der *Zeit* "sichtbar" wird. Die konzeptuelle Ebene wird von Skinner aber immer wieder diskreditiert und durch den Positivismus des "blossen Sehens" verdrängt, der in den Reizen *Ursachen* sieht, die das Verhalten vorhersagen und kontrollieren lassen.

Die Zeit spielt eine eigenartig irritierende Rolle in Skinners Behaviorismus. Da er nicht das Verhalten, sondern dessen Verstärkungskontingenzen untersucht, muss Skinner der Zeit mehr Beachtung schenken als Watson und andere Behavioristen. Ausdrücklich schreibt er, seine Forschung visualisiere die *zeitlichen* Aspekte des Verhaltens, nicht das Verhalten als solches (Skinner 1972, p. 117). Die Zeit führt aber nicht nur zu den verborgenen Reizen, von denen das Verhalten abhängig ist, sie zwingt auch zum Ebenenwechsel. Ein Verstärker *folgt* einer Verhaltensweise und bewirkt, dass die *Klasse* dieser Verhaltensweisen in *Zukunft* häufiger auftritt. Auf der Ebene der zeitlichen Relationen sind es nicht mehr Reize, sondern *Begriffe*, die die ausschlaggebende Rolle spielen. Es ist völlig verfehlt zu sagen, die zeitlichen Bedingungen des Verhaltens seien "sichtbar", da diese nicht auf einer sinnlichen, sondern auf einer *konzeptuellen* Ebene liegen.

Doch Skinner bleibt Positivist. Um die zeitliche Lücke zwischen der Verstärkung einer Verhaltensweise und ihrer nächsten Emittierung zu schliessen, bemüht er die *Umwelt*. Die Verstärkungskontingenzen, die einen Organismus verändern, werden von *diesem* nicht aufbewahrt (Skinner

1968, p. 181), wohl aber von der Umwelt. Skinner macht aus der Umwelt nicht nur einen Akteur, der gegenüber dem Organismus *handelt* und *Verantwortung* trägt, er stattet diesen Akteur auch mit *Dispositionen* und einem *Gedächtnis* aus (Place 1987). Die Reize sollen die *Fähigkeit* haben, aversiv, diskriminativ oder verstärkend zu sein. Sie erwerben Kontrolle ("acquire control") über Verhaltensweisen und halten Verhalten aufrecht ("maintain behavior"). Das geht so weit, dass sich die Umwelt *entwickelt*: "It is the environment that develops, not a mental or cognitive possession" (Skinner 1978, p. 99). Was beim Menschen als Mentalismus zurückgewiesen wird, gewinnt als Merkmal der Umwelt wissenschaftliche Würde. Das wahre Subjekt ist die Umwelt.

Skinners Werk ist durchzogen von einer Ambivalenz zwischen einer molaren und einer molekularen Betrachtung des Verhaltens. In der *molaren* Perspektive erscheint das Verhalten in einer zweiseitigen Relation zur Umwelt; in der *molekularen* Perspektive wird es von der Umwelt einseitig determiniert. Damit gewinnt die evolutionistische Metapher, die Skinner in seinen späten Arbeiten immer häufiger verwendet, eine *ideologische* Funktion. Sie verhüllt die mechanistischen Grundlagen des Behaviorismus, indem sie diesem ein ökologisches Gewand umhängt. In Wahrheit lässt Skinners Behaviorismus keine inneren Ursachen (wie es Gene und Mutationen sind) zu, so dass er die Erbschaft Darwins zu Unrecht für sich beansprucht. Skinner kann nur die *eine* Hälfte der Evolutionsmetaphorik ausschöpfen, die Seite der *Selektion* (Bolles 1988; Colman 1988; Plotkin 1987). Doch selbst das Selektionsprinzip wird höchst vage gebraucht, denn im Gegensatz zur behavioristischen Programmatik ermöglicht die Evolutionstheorie weder die *Kontrolle* noch die *Vorhersage* von Verhaltensänderungen.

Eine Lösung des Herbartschen Problems?

Es bleibt uns, nach dem Beitrag Skinners zur Lösung des Herbartschen Problems zu fragen. Die Antwort findet sich in den Gedankengängen der vorangehenden Abschnitte. Eine *Lösung* des Problems vermögen wir nicht zu sehen, nur eine Radikalisierung der Herbartschen Annahme, das pädagogische Verhältnis müsse als *Kausalverhältnis* begriffen werden. Die Idee der *Kontrolle* des Zöglings über die Manipulation des *Bewusstseins* (Erziehung als Verfestigung von Vorstellungsmassen) war der Spekulation eines Philosophen entsprungen. Pawlow, Watson und Skinner stellten Herbart "vom Kopf auf die Füsse" und machen das *Verhalten* zum Ausgangspunkt der pädagogischen Manipulation. Skinner bemängelt, dass es in den hochzivilisierten Kulturen für die Nutzung des Bildungspotentials noch keine analoge Technologie wie für die Nutzung von Wasserkraft, Bodenschätzen, Nahrungsrohstoffen und Atomenergie gibt (Skinner 1968, p. 225). Allein durch die *Kontrolle des Verhaltens* werde es uns gelingen, jene "automatische Güte" herzustellen, derer unsere Gesellschaft so dringend bedarf.

Kontrolle aber bedeutet Missachtung von *Subjektivität*. Moralische Erziehung im Sinne des Behaviorismus ist *Indoktrination*: die blinde Weitergabe überlieferter Normen und Regeln. Ist damit der Begriff der *Moral* nicht fehl am Platz? Was sich Watson und Skinner erträumen, eine Gesellschaft von Menschen, die in ständiger Übereinstimmung mit dem stehen, was sie tun, und "automatisch gut" sind, ist zwar ein schöner, aber ein abwegiger Traum. Es ist der Traum vom verlorenen Glück, die regressive Phantasie Rousseaus, die Hoffnung auf ein Zurück zur instinkthaften Einbindung des Menschen in eine paradiesische Umwelt. Doch die Menschen haben das Paradies verlassen. Als "instinktentbundene" Wesen sind sie mit einem "Hiatus" (Gehlen) belastet, der sich zwischen ihrem Verhalten und ihrer Welt aufgetan hat. Mehr noch, die Menschen haben nur Welt *dank* dieses Hiatus'. Wollen wir unser Menschsein nicht verleugnen, so dürfen wir die Gebrochenheit unserer Existenz nicht hinwegphantasieren.

Der Behaviorismus beraubt den Menschen seiner existentiellen Besonderheit. Was für Pawlow gilt, dass nämlich die Naturwissenschaft die Erscheinungen "nur von aussen her betrachtet" (Pawlow 1972, p. 60), gilt auch für Skinner. Mit einem Diktum Max Meyers schwört er auf die "psychology of the other one": "... consider only those facts which can be objectively observed in the behavior of one person in its relation to his prior environmental history" (Skinner 1974, p. 14). Die *Aussenperspektive* lässt den Menschen als *Maschine* rekonstruieren. Als Maschine steht er in *Übereinstimmung* mit sich selbst. Die Automatik der Konditionierung sorgt für seine Vollkommenheit, auf dass er von Neuem ins Paradies eintreten kann. Zum Preis der Aussensteuerung ist der Anblick Gottes abermals zu haben. Doch sind wir bereit, diesen Preis zu zahlen? Sind wir bereit, unsere *Menschlichkeit* aufzugeben?

Das Streben nach dem Paradies ist die Sehnsucht des Menschen, *nicht Mensch zu sein* (Kundera 1984, p. 284). Der Behaviorismus gibt diesem Streben eine eigenwillige Interpretation. Als mechanisches Getriebe hätte der Mensch den Zustand der *Distanziertheit* überwunden. Er wäre frei vom Mühsal der Entscheidung. Maschinen sind Paradigmen der Unmittelbarkeit. Jeder ihrer Schritte ist unerbittlich festgelegt. Doch von Maschinen denken wir nicht in moralischen Kategorien. Das moralisch Gute gibt es nur dort, wo es *verfehlt* und *verworfen* werden kann. Eine Maschine kann gestört sein; unmoralisches Verhalten ist aber keine Funktionsstörung.

Die Moral ist genau deshalb nötig, weil wir als Menschen *keine* Maschinen sind und *nicht* automatisch gut sein können. Immer wieder erfahren wir uns als "ausserhalb" unserer selbst stehend, als "exzentrisch" und unserer Umwelt "entfremdet". Trotzdem fühlen wir uns verantwortlich für unser Tun. So sehr Skinner die Subjektivität des Menschen leugnet, so sehr liegt in ihr der Grund, weshalb wir überhaupt moralisch sein müssen. Denn unser "Ich" ist es, das auch unseren Egoismus ermöglicht. Wer eine Handlung moralisch beurteilt, der setzt voraus, dass sie freiwillig geschehen ist und dem Handelnden zugerechnet werden kann (Höffe 1986, p. 61f.). Damit wird fast alles zurückgewiesen, was das behavioristische Bild des Menschen ausmacht. Moralisches Verhalten beruht auf *Freiheit*, und es wird dem *Menschen* zugerechnet, der dessen *Urheber* ist.

Der Behaviorismus ist der eigenartige Versuch, eine Psychologie zu begründen und dabei den *Menschen* auszuklammern (Herzog 1991b, p. 12f.). Gegenstand der Psychologie soll nicht das menschliche Subjekt, sondern das Verhalten in seiner Abhängigkeit von antezedenten und konsequenten Reizen sein. Damit wird zwangsläufig die Grundlage unseres Moralverständnisses untergraben, nämlich die Auffassung, dass der Mensch *verantwortlich* ist für das, was er tut. Der Behaviorismus leugnet den Unterschied zwischen Verhalten und Handeln und eliminiert dadurch das Moralische. Eine *Theorie der moralischen Erziehung* ist mit seiner Hilfe nicht zu gewinnen. Damit bleibt die Herbartsche Frage offen.

Der Rahmen, innerhalb dessen wir in diesem Kapitel über moralische Erziehung nachgedacht haben, ist zu eng. Mit dem Behaviorismus stehen wir in theoretischer Hinsicht an derselben Stelle, an der auch Herbart gestanden hat. Das eigentliche Übel scheint das *cartesianische Denken* zu sein, das die beiden Seiten Freiheit und Mechanik, Autonomie und Zwang, Geist und Körper sowohl voneinander trennt als auch insgeheim aneinander bindet. Wie hatte doch Ryle gesagt: Der Mensch könnte eine Art *Lebewesen* sein, ein *höheres Säugetier*. Es scheint als hätten wir diesem Hinweis zu folgen, um zwischen der Skylla des reinen Geistes und der Charybdis der reinen Mechanik aufs offene Meer eines *postcartesianischen Denkens* hinauszufinden.

3 Die verinnerlichte Angst

> *"Für die Psychoanalyse ist nicht die Genese, sondern die Beziehung zu einem Objekt das Wesentliche."*
>
> Sigmund Freud

Die im vorangehenden Kapitel diskutierten Autoren stehen der Psychoanalyse ablehnend gegenüber. Für Skinner folgt das Erklärungsschema Freuds einem traditionellen Muster, bei dem die Ursachen für menschliches Verhalten im Inneren des Organismus gesucht werden (Skinner 1972, p. 241). Dabei sieht er deutlich, dass das Innere bei Freud nicht die menschliche *Autonomie* garantiert, sondern die Lücke schliessen soll, die zwischen den frühen Lebenserfahrungen des Individuums und seinem aktuellen Verhalten besteht. Das Unbewusste hat den Makel der Theorie. Es verweist auf etwas, das wir nicht *sehen*, zur Erklärung des Verhaltens aber zu benötigen scheinen. Das psychoanalytische Konzept des "seelischen Apparats" ist für Skinner ein Überbleibsel aus den Zeiten des Animismus. Ähnlich lautet das Verdikt Eysencks: "What alchemists and astrologers were to chemists and astronomers, psychoanalysts are to psychologists ..." (Eysenck 1972, p. 25).

Skinner und Eysenck sind nicht allein mit ihrer Kritik[1]. Popper, der die Psychoanalyse mit der Individualpsychologie und dem Marxismus in einen Topf wirft, meint, diese Disziplinen hätten mehr mit primitiven Mythen als mit einer Wissenschaft gemein (Popper 1969, p. 34). Freuds Epos von Es, Ich und Über-Ich könne nicht mehr Glaubwürdigkeit beanspruchen als Homers "collected stories from Olympus" (ebd., p. 38). Für andere ist die Psychoanalyse eine "amüsante Fiktion" (Bunge 1987, p. 266) oder eine "Verbindung von Gelehrsamkeit und Hokuspokus" (Wiener 1950, p. 135).

Kann die Pädagogik angesichts solch massiver Kritik von einer Auseinandersetzung mit der Psychoanalyse überhaupt etwas erwarten? Dem vernichtenden Urteil der Behavioristen und Wissenschaftstheoretiker stehen andere Auffassungen gegenüber. Fisher befindet Freud für "scientifically alive and well" (Fisher 1982, p. 681). Robinson nennt den Begründer der Psychoanalyse "the preeminent figure in modern theoretical psychology" (Robinson 1981, p. 380). Für Marie Jahoda ist die Existenz der Freudschen Theorie ein "Stachel im Fleische der akademischen Psycho-

---

[1] Eysenck ist im übrigen gegenüber Skinner genauso scharf wie gegenüber Freud. "Both Skinner and Freud ... succeed in spinning a web of words around a cocoon of an idea, but these words do not come to grips with reality" (Eysenck 1988, p. 423). Eysencks Idol ist weder Freud noch Skinner, sondern Pawlow (vgl. unten).

logie ..., der nicht vor der Zeit entfernt werden sollte" (Jahoda 1977, p. 20). Und Bruner sieht in Freud "the ground from which theory will grow" (Bruner 1958, p. 82). Die meisten Autoren, die der Psychoanalyse positiv gegenüber stehen, sehen die Bedeutung Freuds darin, dass er etwas Wesentliches gesehen hat, aber nicht in der Lage war, seine Entdeckung in eine zufriedenstellende Theorie zu kleiden. Freud dachte in Kategorien, die der Sache nicht angemessen sind, um die es der Psychoanalyse geht. George Miller bringt diese Art von Kritik auf den Begriff, wenn er Freud einen "loyalen Rebellen" nennt (Miller 1962, p. 249). In der Tat steht Freud geistesgeschichtlich in der Tradition des 19. Jahrhunderts. Seine Leistung ist weniger die Begründung eines *neuen* Denkens als die Erprobung der Grenzen des *alten* Denkens. Im Falle Skinners haben wir gesehen, dass bei aller Radikalität der Kritik kein neues Menschenbild entstehen muss. Wir können nicht sagen, Skinner habe der Psychologie zu einer neuen Anthropologie verholfen. Wir werden sehen, dass es mit Freud nicht anders steht - Ricœur zum Trotz, der bei Freud ein "neues Verständnis des Menschen" (Ricœur 1965, p. 10) diagnostiziert.

Freud selbst nannte die Psychoanalyse eine schwere Kränkung der menschlichen Eigenliebe. Ihre beiden Aufklärungen - die Unbändigkeit des Trieblebens und die Unbewusstheit der seelischen Vorgänge - "kommen der Behauptung gleich, dass das *Ich nicht Herr sei in seinem eigenen Haus*" (Freud 1917a, p. 137). Die *psychologische* Umwälzung unseres Weltbildes soll in einer Reihe mit der kosmologischen Erneuerung durch Kopernikus und der biologischen Revolution Darwins stehen. Nicht Kopernikus - Darwin - *Pawlow* heisst die Genealogie der Psychologie[2], sondern Kopernikus - Darwin - *Freud*.

Psychoanalyse meint zweierlei, nämlich erstens eine besondere Behandlungsmethode neurotischen Leidens und zweitens die Wissenschaft von den unbewussten seelischen Vorgängen, die auch "Tiefenpsychologie" genannt wird (Freud 1926a, p. 300). Da es uns nicht um psychotherapeutische Methoden, sondern um theoretische Orientierungen geht, beschränke ich meine Ausführungen auf die Psychoanalyse als *Wissenschaft*. Sowieso war Freud der Meinung, die Zukunft werde die Bedeutung der Psychoanalyse eher im wissenschaftlichen als im therapeutischen Bereich sehen (ebd., p. 301).

Freud hat seine Ansichten mehrfach geändert, wenn auch viele Bausteine seines Lehrgebäudes unverändert blieben. Anders als gewisse Freudianer war Freud neuen Erkenntnissen gegenüber aufgeschlossen. Das Fundament der Psychoanalyse war ihm die "Beobachtung der Tatsachen des Seelenlebens", ihren "theoretischen Überbau" erachtete er als "in beständiger Umwandlung begriffen" (Freud 1926a, p. 303). Leider hat er oftmals nicht klar gemacht, inwieweit die Umwandlungen, die er selbst an seiner Theorie vorgenommen hat, frühere Auffassungen überholt haben.

---

[2] Wie Eysenck (1972, p. 301) annimmt (vgl. Kapitel 2).

Vom Bewusstsein zum Unbewussten

Mit dem Behaviorismus teilt die Psychoanalyse die Ablehnung des *Bewusstseins* als Gegenstand der Psychologie. Während für Skinner alles Verhalten unbewusst ist, erachtet Freud das Psychische im *wesentlichen* für unbewusst (Freud 1923a, p. 283). Der Psychoanalyse bleibt "gar nichts anderes übrig, als die seelischen Vorgänge für an sich unbewusst zu erklären" (Freud 1915a, p. 129). Zwischen Behaviorismus und Psychoanalyse scheinen zunächst wenig Differenzen zu bestehen. Vor allem wenn wir auf Skinner hören, der schreibt: "It is often said, particularly by psychoanalysts, that behaviorism cannot deal with the unconscious. The fact is that ... it deals with nothing else" (Skinner 1974, p. 169). Allerdings ist das Unbewusste der Psychoanalytiker und dasjenige der Behavioristen nicht identisch. Während der Begriff "unbewusst" im Behaviorismus ausschliesslich deskriptiv verwendet wird, ist "das Unbewusste" der Psychoanalytiker explikativ. Es ist ein psychischer *Ort*, eine Lokalität, genauso wie das Bewusstsein. Während der Behaviorismus durch eine Verschiebung von *innen* nach *aussen* - vom Bewusstsein zum Verhalten - entstanden ist, verdankt die Psychoanalyse ihre Existenz einer Verschiebung von *oben* nach *unten* - vom Bewusstsein zum Unbewussten. Der Behaviorismus erschliesst die *Umwelt* des Menschen, die Psychoanalyse seine *Tiefe*.

Popper nennt die Psychoanalyse "an interesting psychological metaphysics" (Popper 1974, p. 985). Er folgt darin Wundt, der das Unbewusste als "mystische Metaphysik" diskreditierte. Aus der Gleichsetzung des psychologischen Gegenstandes mit der *unmittelbaren Erfahrung* (vgl. Kapitel 2) folgt, dass das Unbewusste, da es "nicht der unmittelbaren Erfahrung angehört, ... auch kein Gegenstand der Psychologie sein (kann)" (Wundt 1896, p. 35). Zwar wird das Bewusstsein von der Psychoanalyse nicht abgelehnt, doch ist es ein vorübergehender Zustand. Was uns im Moment bewusst ist, braucht es im nächsten nicht mehr zu sein, kann es aber wieder werden. In diesem Sinne sagen wir, etwas sei uns nicht bewusst gewesen und meinen, dass es durchaus *bewusstseinsfähig* war (Freud 1923a, p. 283). Dieser Begriff des Unbewussten genügt der Psychoanalyse aber nicht, denn ihr Verständnis des Psychischen basiert auf der Idee einer seelischen *Dynamik*. Es gibt seelische Vorstellungen, die alle Folgen haben wie sonstige Vorstellungen auch, nur werden sie nicht (mehr) bewusst. Die Psychoanalyse behauptet, "dass solche Vorstellungen nicht bewusst sein können, weil eine gewisse *Kraft* sich dem widersetzt" (ebd., p. 284 - Hervorhebung W.H.). Ihr Zustand ist derjenige der *Verdrängung*. "Unseren Begriff des Unbewussten gewinnen wir ... aus der Lehre von der Verdrängung. Das Verdrängte ist uns das Vorbild des Unbewussten" (ebd.).

Damit kennt die Psychoanalyse zwei Formen des Unbewussten: das "latent Unbewusste" und das "verdrängt Unbewusste". Das latent Unbewusste wird auch "vorbewusst" genannt, so dass unbewusst im strengen Sinn allein das "dynamisch Unbewusste", d.h. das *Verdrängte* sein kann. Allerdings verwendete Freud den Begriff des Unbewussten nicht konsequent. Auch vom deskriptiv Unbewussten (vom "Vorbewussten") ist immer wieder als vom "Unbewussten" die Rede. Schliesslich spekulierte Freud über ein "phylogenetisch Unbewusstes". Er glaubte, "dass die archaische Erbschaft des Menschen nicht nur Dispositionen, sondern auch *Inhalte* umfasst, Erinnerungsspuren an das Erleben früherer Generationen" (Freud 1939, p. 546 - Hervorhebung W.H.). Gewisse Urphantasien, wie die sexuelle Verführung oder die Kastration, sollen ein Besitz unseres phylogenetischen Erbes sein (Freud 1917b, p. 361f.). Freuds endgültige Meinung war die, dass zwar alles Verdrängte unbewusst, nicht aber alles Unbewusste verdrängt sein muss. "Das Unbewusste hat den weiteren Umfang; das Verdrängte ist ein Teil des Unbewussten" (Freud 1915a, p. 125).

Neben der Unterscheidung von deskriptiv und dynamisch unbewusst ist auch der Unterschied von unbewussten *Formen* und *Inhalten* zu beachten. Auf der einen Seite sind psychische Kräfte, Vorgänge und Strukturen unbewusst, auf der anderen Seite Gedanken, Phantasien und Empfindungen. Die Behauptung unbewusster Prozesse und Strukturen ist kaum provokativ, denn unsere Denkprozesse gelten allgemein als nicht bewusst. Wir sind uns der *Ergebnisse* unseres Denkens bewusst, nicht aber seiner Strukturen (Miller 1962, p. 71; Piaget 1972a, p. 31f.). Eher provokativ ist die Idee unbewusster *Inhalte*. Und darin liegt wohl eine der Besonderheiten der Psychoanalyse. Karl Bühler hat Freud einen *Stoffdenker* genannt und auf eine Stelle verwiesen, die seines Erachtens Motto für das Freudsche Lebenswerk hätte sein können: "Ich habe oft bemerkt, dass mich der Inhalt eines Kunstwerkes stärker anzieht als dessen formale und technische Eigenschaften, auf welche doch der Künstler in erster Linie Wert legt" (Freud 1914a, p. 197). Gemäss Bühler vermag Freud "genau wie am Kunstwerk auch an den seelischen Gebilden und Verläufen nur das *Stoffliche*, nur die eine Seite kurz gesagt, zu sehen" (Bühler 1927, p. 165 - Hervorhebung W.H.). Das ist ein harsches Urteil, das von Marie Jahoda in seiner Einseitigkeit zurückgewiesen wird (Jahoda 1977, p. 55), obwohl sie Bühler im Grundsätzlichen zustimmt.

Tatsächlich spielen *Inhalte* in der Psychoanalyse eine grosse Rolle. Freud glaubte an eine Art lamarckistische Vererbung bestimmter Konstellationen des frühmenschlichen Soziallebens. Insbesondere die ödipale Situation glaubte er auf eine tatsächliche Rivalität der Söhne mit den Vätern, die im individuellen Leben als "phylogenetische Erinnerungsspur" nachwirkt, zurückführen zu können (Freud 1913a, 1940, p. 47 Anm.). Der "Ödipuskomplex" ist keine psychische *Kraft*, sondern ein *Inhalt*, "an dem sich die Seelenkräfte des Individuums messen" (Freud 1914b, p. 198). Auf dem Hintergrund des Verdrängten gewinnt das Psychische einen wesentlich *dramatischen* Charakter (Kohut 1977, p. 120f.; Schafer 1970, p. 895ff.), was wohl einer der Gründe für die nachhaltige Faszination der Psychoanalyse ist. Andere psychologische Ansätze, wie der Behaviorismus, deren Theorien streng formal sind und zur Erklärung *beliebiger* Inhalte beigezogen werden können, vermögen das Interesse der Öffentlichkeit weit weniger auf sich zu ziehen als die Psychoanalyse. Die *Topographie* des Verhaltens, an der Skinner nicht interessiert war, steht bei Freud im Vordergrund des Interesses. Die vielen literarischen Bezüge in seinen Schriften haben durchwegs die Funktion, eine *inhaltliche* These der Psychoanalyse zu illustrieren.

Die Triebe

Der Stoffdenker Freud macht aus dem Unbewussten nicht nur einen psychischen Ort, sondern einen mit spezifischem Inhalt versehenen Ort. Die Verdrängung wird aktiviert im Falle *anstössiger Wünsche*, vor allem solcher sexueller Natur. Im Vordergrund des psychoanalytischen Interesses steht das Unbewusste als "Ablagerungsstätte" inakzeptabler sexueller Strebungen. Dabei meint Sexualität mehr als Genitalität. Sie betrifft vieles, was ausserhalb der Fortpflanzung steht und wird im umfassenden Sinn von *Liebe* gebraucht (Freud 1910a, p. 136f., 1920a, p. 260). Statt von Sexualität spricht man daher besser von *Psychosexualität*. Diese *entwickelt* sich zur genitalen Stufe und äussert sich vorher in Form prägenitaler, nämlich oraler, analer und phallischer Strebungen. Sie wird als *Trieb* begriffen und ihre Energie *Libido* genannt.

Dem Sexualtrieb steht der Nahrungstrieb zur Seite (Freud 1905a, p. 47). Dahinter verbirgt sich die biologische Dualität von *Selbsterhaltung* (Hunger) und *Arterhaltung* (Sexualität) (Freud 1930a, p. 245). Freud hat den Triebdualismus zeit seines Lebens beibehalten, allerdings in seinen späten Lebensjahren einen Gegensatz von *Lebens-* und *Todestrieben* postuliert (vgl. unten).

Wesentlich für das Verständnis der psychoanalytischen Triebtheorie ist Freuds Annahme, die Triebe seien nicht psychischer sondern *organischer* Natur. Sie stammen aus Reizquellen des Körpers (Freud 1905a, p. 76). Als psychische Phänomene sind sie in Form von *Vorstellungen* und *Affekten* vorhanden. Ein Trieb ist die "psychische Repräsentanz einer kontinuierlich fliessenden, *innersomatischen* Reizquelle" - im Unterschied zum Reiz, der "durch vereinzelte und *von aussen kommende* Erregungen hergestellt wird" (ebd. - Hervorhebungen W.H.). Der Gegensatz bewusst vs. unbewusst hat daher auf den Trieb keine Anwendung. "Ein Trieb kann nie Objekt des Bewusstseins werden, nur die Vorstellung, die ihn repräsentiert" (Freud 1915a, p. 136). Die Repräsentanzen sind Wahrnehmungs- und Erinnerungsbilder. Als *psychische* Phänomene bestehen die Triebe aus einer energetischen Triebladung als körperliche Anforderung an das Seelenleben und einer energetisch besetzten Erinnerungsspur, die das Bild einer ehemals erfolgten Triebbefriedigung aktiviert. Beides zusammen entspricht dem, was Freud einen *Wunsch* nennt (Freud 1900, p. 538ff.).

Triebe sind also Kräfte, die ihren Ursprung in einer somatischen Reizquelle haben, sich psychisch repräsentieren und durch einen dranghaften Charakter ausgezeichnet sind. Neben dem *Drang* unterscheidet Freud die

Quelle, das Objekt und das Ziel des Triebes. Ist die *Quelle* ein Erregungszustand des Körpers, besteht das *Ziel* in der Aufhebung der Erregung, d.h. in der Befriedigung des Triebes (Freud 1905a, p. 77). Um sein Ziel zu erreichen, ist der Trieb auf ein *Objekt* angewiesen (Freud 1915b, p. 86). Objekte brauchen nicht andere Personen zu sein, da das Triebziel auch am eigenen Körper erreicht werden kann. Freud sagt vom Objekt, es sei "das variabelste am Triebe, nicht ursprünglich mit ihm verknüpft, sondern ihm nur infolge seiner Eignung zur Ermöglichung der Befriedigung zugeordnet" (ebd.). Es kann im Laufe der Lebensschicksale eines Triebes beliebig oft gewechselt werden[3].

Freud stellte sich den Trieb als einen Energiebetrag vor, der ab einer gewissen Intensität nach "Abfuhr" drängt. Die Unlust verursachende Triebspannung wird durch Entladung der Triebenergie in Befriedigung verwandelt. Triebe funktionieren nach dem *Lustprinzip*. Verdrängungen bilden sich, wenn die Triebdynamik behindert wird und quasi Sand ins Getriebe der libidinösen Mechanik gerät. Die Verdrängung kann sowohl die Triebrepräsentanz wie auch den damit verbundenen Affektbetrag betreffen. In jedem Fall entsteht das Unbewusste als Folge eines *Konflikts*. Es ist unbewusst *geworden*. Während die Kraft der Verdrängung das Unbewusste entstehen lässt, wird es durch eine andere Kraft, die der Analytiker als *Widerstand* erfährt, daran gehindert, wieder bewusst zu werden (Freud 1923a, p. 284, 1937a, p. 378). Woher aber kommen die Kräfte der Verdrängung und des Widerstands?

Freud hat im Verlaufe seiner Tätigkeit als Therapeut eine Veränderung durchgemacht, die den Gegensatz bewusst vs. unbewusst in den Hintergrund treten liess. Zwar blieb die Frage der Bewusstheit psychischer Inhalte nach wie vor relevant, doch zentral für sein Modell der seelischen Vorgänge wurde schliesslich die *Organisiertheit* der psychischen Inhalte. Freud erkannte, dass sich das Unbewusste aus heterogenen Inhalten zusammensetzen kann und suchte nach einem besseren Orientierungsschema für seine Beobachtungen.

"Es würde allen Missverständnissen ein Ende machen, wenn wir ... bei der Beschreibung der verschiedenartigen psychischen Akte ganz davon absehen würden, ob sie bewusst oder unbewusst sind, und sie bloss nach ihrer Beziehung zu den Trieben und Zielen, nach ihrer Zusammensetzung und Angehörigkeit zu den einander übergeordneten psychischen Systemen klassifizieren und in Zusammenhang bringen würden" (Freud 1915a, p. 131).

Von einer topischen Betrachtungsweise wechselte Freud zu einer *strukturellen*. Die Psyche wurde zerlegt in die Instanzen "Es", "Ich" und "Über-Ich"[4].

---

[3] Es sei schon hier darauf hingewiesen, dass die Psychoanalyse ein ähnliches "Beliebigkeitsprinzip" vertritt wie der Behaviorismus.

[4] Allerdings spricht Freud auch im Falle des Strukturmodells oft von der topischen Betrachtungsweise.

Ein wesentlicher Anlass für Freuds veränderte Perspektive war die Beobachtung unbewusster *Schuldgefühle* und *Strafbedürfnisse*. "Wir lernen in unseren Analysen, dass es Personen gibt, bei denen die Selbstkritik und das Gewissen, also überaus hochgewertete seelische Leistungen, unbewusst sind und als unbewusst die wichtigsten Wirkungen äussern ..." (Freud 1923a, p. 295). Diese Erfahrung liess sich nicht in das topische Modell einfügen, da es dabei weder um verdrängte Triebkräfte noch um triebfeindliche Anforderungen der Aussenwelt geht. Freud musste erkennen, dass auch die "hochgewerteten" Prozesse im Menschen unbewusst sein können. Nicht nur das psychisch Verdrängte braucht dem Bewusstsein fremd zu bleiben, "sondern auch ein Teil der unser Ich beherrschenden Regungen, also der stärkste funktionelle Gegensatz des Verdrängten" (Freud 1915a, p. 151). Um die Kräfte von Verdrängung und Widerstand ausfindig zu machen, wenden wir uns daher dem Strukturmodell zu.

Der psychische Apparat

Freud meinte, seine Lebensarbeit sei auf ein "einziges Ziel" eingestellt gewesen; er habe die "feineren Störungen der seelischen Leistung bei Gesunden und Kranken" beobachten und "aus solchen Anzeichen erschliessen - oder, wenn Sie es lieber hören: erraten - (wollen, W.H.), wie der Apparat gebaut ist, der diesen Leistungen dient, und welche Kräfte in ihm zusammen- und gegeneinanderwirken" (Freud 1930b, p. 292). Tatsächlich verwendete Freud mehrfach die Metapher eines *Apparates*, um Struktur und Funktion der Seele zu erläutern. Schon im frühen und während seines Lebens unveröffentlicht gebliebenen "Entwurf einer Psychologie" brachte Freud die Vorstellung von einem Apparat vor. Dann in der "Traumdeutung", wo von einem Instrument die Rede ist, welches den Seelenleistungen dient und wie ein "zusammengesetztes Mikroskop" oder ein photographischer Apparat vorzustellen ist (Freud 1900, p. 512). Schliesslich im unvollendet gebliebenen "Abriss der Psychoanalyse", wo es heisst: "Wir nehmen an, dass das Seelenleben die Funktion eines Apparates ist, dem wir räumliche Ausdehnung und Zusammensetzung aus mehreren Stücken zuschreiben, den wir uns also ähnlich vorstellen wie ein Fernrohr, ein Mikroskop u. dgl." (Freud 1940, p. 9). Die Stücke des Apparates sind das "Es", das "Ich" und das "Über-Ich". Das Es umfasst alles, "was ererbt, bei Geburt mitgebracht, konstitutionell festgelegt ist, vor allem also die aus der Körperorganisation stammenden Triebe" (ebd.). Dieser älteste Teil des psychischen Apparates bleibt das ganze Leben hindurch der wichtigste. Er bildet den "Kern unseres Wesens" (ebd., p. 53).

Auch wenn das Es die Triebe umfasst, darf es nicht mit den Trieben gleichgesetzt werden. Als *psychische* Struktur ist es lediglich die den Trieben am nächsten stehende Instanz des seelischen Apparats. Freud stellte sich vor, das Es "sei am Ende gegen das Somatische offen, nehme da die Triebbedürfnisse in sich auf, die in ihm ihren psychischen Ausdruck finden" (Freud 1933a, p. 511). Die Triebe selbst "repräsentieren die körperlichen Anforderungen an das Seelenleben" und bilden einen "Grenzbegriff zwischen Seelischem und Somatischem" (Freud 1915b, p. 85, 1940, p. 11). Sie stellen ein Mass der *Arbeitsanforderung* dar, "die dem Seelischen infolge seines Zusammenhanges mit dem Körperlichen auferlegt ist" (ebd.). Inhalt des *Unbewussten* sind nicht die Triebe, sondern ausschliesslich die Triebrepräsentanzen. "Wenn wir ... von einer unbewussten Triebregung oder einer verdrängten Triebregung reden, so ist dies eine harmlose Nachlässigkeit des Ausdrucks. Wir können nichts anderes meinen als eine Triebregung, deren *Vorstellungsrepräsentanz* unbewusst ist, denn etwas anderes kommt nicht in Betracht" (Freud 1915a, p. 136 - Hervorhebung W.H.).

Das Es hat keine Organisation; es bildet "ein Chaos, einen Kessel voll brodelnder Erregungen" (Freud 1933a, p. 511). Es bringt keinen Gesamtwillen auf, sondern ist allein danach bestrebt, den Triebbedürfnissen Befriedigung zu verschaffen.

"Für die Vorgänge im Es gelten die logischen Denkgesetze nicht, vor allem nicht der Satz des Widerspruchs. Gegensätzliche Regungen bestehen nebeneinander, ohne einander aufzuheben oder sich voneinander abzuziehen ... Es gibt im Es nichts, was man der Negation gleichstellen könnte, auch nimmt man mit Überraschung die Ausnahme von dem Satz der Philosophen wahr, dass Raum und Zeit notwendige Formen unserer seelischen Akte seien. Im Es findet sich nichts, was der Zeitvorstellung entspricht, keine Anerkennung eines zeitlichen Ablaufs und, was höchst merkwürdig ist ..., keine Veränderung des seelischen Vorgangs durch den Zeitablauf. Wunschregungen, die das Es nie überschritten haben, aber auch Eindrücke, die durch Verdrängung ins Es versenkt worden sind, sind virtuell unsterblich, verhalten sich nach Dezennien, als ob sie neu vorgefallen wären" (Freud 1933a, p. 511).

Alle diese Merkmale zusammen machen das aus, was Freud den *Primärvorgang* nennt.

Zum Chaos im Es gehört, dass die Triebrepräsentanzen ohne feste Verbindung sind. "Durch den Prozess der *Verschiebung* kann eine Vorstellung den ganzen Betrag ihrer (affektiven, W.H.) Besetzung an eine andere abgeben, durch den der *Verdichtung* die ganze Besetzung mehrerer anderer an sich nehmen" (Freud 1915a, p. 145). Freud hielt die Besetzungsenergie im Es für frei beweglich, so dass sie sich mühelos von einer Vorstellung auf eine andere oder vom Ganzen auf einen Teil übertragen kann. Die Triebenergie kann auch ganze Netzwerke von Vorstellungen, die durch Assoziationen aneinander gebunden sind, besetzen (Holder 1976, p. 248). Neben der beweglichen postulierte Freud eine "eher gebundene" Form der psychischen Energie (Freud 1940, p. 23). Diese ist charakteristisch für das *Ich*. Im Ich bleiben die Vorstellungen länger besetzt und sind besser organisiert als im Es.

Organisation und Synthese: das Ich

Das Ich entsteht als Folge von *Versagungen*. "Ursprünglich war ja alles Es, das Ich ist durch den fortgesetzten Einfluss der Aussenwelt aus dem Es *entwickelt* worden" (Freud 1940, p. 23 - Hervorhebung W.H.). Es entsteht als eine Art Oberflächendifferenzierung des psychischen Apparates (Freud 1923a, p. 293) und entspricht einem *Reizschutz*, den das "undifferenzierte Bläschen reizbarer Substanz" gegen Aussenreize errichtet (Freud 1920a, p. 236ff.). Der Reizschutz ist die "beinahe wichtigere Aufgabe als die Reizaufnahme" (ebd., p. 237), und zwar deshalb, weil der Durchbruch ungefilterter Energie das Innere des psychischen Apparates zerstören könnte. Auch wenn das Ich *entwickelt* wird, bleibt es mit dem Es verbunden. Es ist nicht mehr als "ein Stück vom Es, ein durch die Nähe der gefahrdrohenden Aussenwelt zweckmässig verändertes Stück" (Freud 1933a, p. 513f.). Es ist "der organisierte Anteil des Es" (Freud 1926b, p. 242).

Das Ich verkörpert die *Vernunft*, "im Gegensatz zum Es, welches die Leidenschaften enthält" (Freud 1923a, p. 294). Es ist bestrebt, "das Realitätsprinzip an die Stelle des Lustprinzips zu setzen, welches im Es uneingeschränkt regiert" (ebd. p. 293). Das Ich beherrscht nicht nur die Wahrnehmung, sondern auch die Motilität und kontrolliert damit die Befriedigung der Triebe (ebd., p. 286f., 294, 321); "... es hat zwischen Bedürfnis und Handlung den Aufschub der Denkarbeit eingeschaltet" (Freud 1933a, p. 513). Es steht unter den Imperativen der *Selbsterhaltung* und der *Sicherheit*. "Wie das Es ausschliesslich auf Lustgewinn ausgeht, so ist das Ich von der Rücksicht auf Sicherheit beherrscht. Das Ich hat sich die Aufgabe der Selbsterhaltung gestellt, die das Es zu vernachlässigen scheint" (Freud 1940, p. 54f.). Wir treffen nochmals auf den Gegensatz von Selbst- und Arterhaltung, wie er für Freuds frühe Triebtheorie charakteristisch ist. Das irrationale Es ist ausschliesslich an der Erhaltung der Art interessiert, während das rationale Ich dieses Ziel so weit relativiert, dass auch das Selbst auf seine Rechnung kommen kann. Freud spricht von den "Selbsterhaltungs-" und "Ichtrieben", deren Funktion die Erhaltung des individuellen Lebens ist. Die "eigentlichen Lebenstriebe" sind aber die dem Es zugeordneten Sexualtriebe (Freud 1920a, p. 250).

Es kann sein, dass trotz des Reizschutzes, den das Ich gewährt, äussere Reize ins Innere des psychischen Apparates eindringen. Dieser Vorgang ist für das Lebewesen *traumatisch* (Freud 1920a, p. 239). Ein Trauma ist eine "Überschwemmung" des Organismus mit (äusseren) Reizen, denen es gelungen ist, den Reizschutz zu durchbrechen. In traumatischen Situationen erlebt sich das Individuum *hilflos* (Freud 1926b, p. 303). Als Reaktion auf das Trauma findet eine Besetzung der Einbruchstelle mit Libido statt. Diese geht auf Kosten der Organisation des seelischen Apparates, d.h. auf Kosten des Ichs. Die psychische Energie wird von den rationalen Systemen abgezogen und auf die Einbruchstelle konzentriert. Dadurch *regrediert* das Lebewesen auf eine primitivere Form des Funktionierens.

Freud erwähnt als Beispiel den körperlichen Schmerz (Freud 1920a, p. 240). Ein verletztes Organ führt zu Reizungen, die den psychischen Reizschutz durchbrechen und den Organismus zu Reaktionen drängen, die ihn daran hindern, seine höheren Funktionen adäquat wahrzunehmen.

Aufgabe des Ichs ist es, dem Lustprinzip unter erschwerten Bedingungen zum Erfolg zu verhelfen. Wahrnehmung, Denken und Urteilen, die zur Funktionsweise des Ichs gehören, sollen die Chancen der Triebbefriedigung rational abwägen und Wege suchen, damit das Es trotz widriger Umstände sein Ziel erreichen kann. Das *Realitätsprinzip* ist also nicht mit einem autonomen Ich verbunden, sondern es steht im Dienste des Es. Die Ersetzung des Lustprinzips durch das Realitätsprinzip bedeutet keine Absetzung des ersteren. Im Gegenteil: "Eine momentane, in ihren Folgen unsichere Lust wird aufgegeben, aber nur darum, um auf dem neuen Wege eine später kommende, gesicherte zu gewinnen" (Freud 1911a, p. 22). Das Ich ist nicht frei, sondern der "getreue Diener" des Es (Freud 1933a, p. 527). Ganz wie bei Nietzsche, wo es heisst: "Der schaffende Leib schuf sich den Geist als eine Hand seines Willens" (Nietzsche 1883/85, p. 40)[5].

Doch das Ich ist dem Es nicht völlig untertan. Es ist nicht nur "Triebabkömmling", sondern auch ein "Stück der Aussenwelt" (vgl. unten). Nur in extremen Fällen stellt es sich bedingungslos in den Dienst des Es und ermöglicht den Trieben die Lösung im befriedigenden Lusterlebnis. In den weniger extremen Fällen nimmt es Rücksicht auf die Forderungen der Aussenwelt - später auch auf diejenige des Über-Ichs - und verweist das Lustprinzip in seine Schranken. Die Folge sind Bearbeitungen der Es-Impulse durch das Ich, unter Umständen deren "dauernde Lahmlegung" (A. Freud 1936, p. 10) durch *Abwehrmechanismen*.

Obwohl ein "Stück vom Es" (Freud), ist das Ich eine Instanz, die *gegen* die Triebe wirken kann. Gehen die Ansprüche der Aussenwelt in Richtung Einschränkung des Lustprinzips, gerät das Ich in die unangenehme Lage, "zwei Herren" dienen zu müssen. Im Lichte der Psychoanalyse ist das menschliche Verhalten eine Funktion von Kräften und Gegenkräften. Entstammen die Kräfte dem Es, so die Gegenkräfte dem Ich, das seine Aufgabe dann erfüllt, wenn es *nach aussen* die Reize kennenlernt, Erfahrungen speichert, überstarke Reize vermeidet, mässigen Reizen durch Anpassung begegnet und lernt, die Aussenwelt in zweckmässiger Weise zu seinem Vorteil zu verändern, und wenn es *nach innen* "die Herrschaft über die Triebansprüche gewinnt, entscheidet, ob sie zur Befriedigung zugelassen werden sollen, diese Befriedigung auf die in der Aussenwelt günstigen Zeiten und Umstände verschiebt oder ihre Erregungen überhaupt unterdrückt" (Freud 1940, p. 10).

Gesteuert wird das Ich von Reizspannungen, deren Erhöhung als *Unlust* und deren Herabsetzung als *Lust* empfunden wird. Auch das Ich funk-

---

[5] Zum Verhältnis von Freud zu Nietzsche vgl. Ellenberger 1970, p. 382ff., 754f., passim und Hagens 1985.

tioniert nach dem Lustprinzip, nur ist es - im Gegensatz zum Es - in der Lage, Unlust zu *antizipieren*. Es erkennt die Ansprüche der Aussenwelt und die unlustvollen Sanktionen, die im Falle der Missachtung von Ansprüchen folgen können. Eine erwartete Unlust wird als *Angst* erlebt, ihr Anlass als *Gefahr*. Beim Kind ist es insbesondere die Angst vor dem Verlust der elterlichen Zuwendung, die einer ungehemmten Befriedigung der Triebe im Weg steht. Der Lustaffekt der Triebbefriedigung wird vom (antizipierten) Unlustaffekt der emotionalen Ablehnung zur Seite geschoben; "eben diese Affektverwandlung macht das Wesen dessen aus, was wir als 'Verdrängung' bezeichnen" (Freud 1900, p. 573 - im Original hervorgehoben). Aus Angst werden die ungewünschten Triebansprüche *verdrängt* und bilden jenen Sektor innerhalb des seelischen Apparates, der mit dem Begriff des *Unbewussten* belegt wird.

Die Energie des Ichs und die neue Theorie der Triebe

Die Kräfte der Verdrängung und des Widerstands stammen also vom Ich. Von ihm geht jene Anstrengung aus, durch welche unerwünschte seelische Strebungen vom Bewusstsein ferngehalten werden (Freud 1923a, p. 286). Nach psychoanalytischer Auffassung kostet die Verdrängung - wie alles psychische Geschehen - Energie. Die Energie stammt von den Trieben und ist libidinöser Natur. Da die den Trieben am nächsten stehende Instanz das Es ist, erweist sich dieses als das "grosse Reservoir der Libido" (Freud 1923a, p. 298 Anm. 1, 327ff.). Das Ich verfügt nur insofern über Energie, als es Libido *neutralisieren* und *binden* kann. Neutralisierte Energie ist Energie, "deren Tendenz, dem Lustprinzip zu folgen (Tendenz zu direkter, unmittelbarer Abfuhr), herabgesetzt ist" (Rapaport 1960, p. 97). Wenn also Freud in seinen früheren Arbeiten von "Ichtrieben" gesprochen hat, dann war dies eine trügerische Redeweise, die er später korrigierte. Das Ich selbst bildet keine Triebe. Alle seine Energie stammt vom Es.

Wie aber gelangt das Ich in den Besitz von libidinöser Energie? Die Antwort ist: durch *Identifizierung*. Die Identifizierung ist ein zentraler und zugleich dunkler Begriff der Psychoanalyse (Bronfenbrenner 1960; Schafer 1968a). Fürs erste sei dazu folgendes angemerkt: Der psychische Apparat ist ein konservatives System, das dazu tendiert, eine gefundene Form der Befriedigung beizubehalten. Ermöglicht ein Objekt Befriedigung, dann wird dessen inneres Bild mit Libido besetzt. Freud erwähnt verschiedentlich den Zustand der Verliebtheit und meint, in diesem Fall würde die Libido fast völlig auf die geliebte Person bzw. deren mentales Schema übergehen. Dabei ist in Rechnung zu stellen, dass alle Objektbesetzungen vom Es ausgehen. Das Ich kann sie lediglich registrieren (Freud 1933a, p. 514).

Sobald jedoch ein Objekt *aufgegeben* wird, tritt eine Veränderung ein, die man als "Aufrichtung des Objekts im Ich" (Freud 1923a, p. 297) beschreiben muss. Das Ich tritt an die Stelle des Objekts, *identifiziert* sich mit ihm und lenkt die ans Objekt gebundene Libido auf sich selbst (Freud 1933a, p. 502, 514). Dadurch gelingt es ihm, dem Es Energie zu entziehen. Die Energie wird von erotischer (sexueller) bzw. Objekt-Libido in *narzisstische* bzw. Ich-Libido transformiert (Freud 1905a, p. 121f., 1923a, p. 312). Die Ich-Libido wird desexualisiert (neutralisiert) und steht nun dem Ich für *seine* Aktivitäten zur Verfügung.

Das Ich braucht nicht nur Energie, um die unerwünschten Triebbedürfnisse abzuwehren, sondern auch um die zurückgewiesenen Triebe in Schach zu halten. Die Triebe versuchen, das Ich zu besetzen, um ihre Energie zum Abfluss zu bringen. Um dies zu verhindern, schickt das Ich seinerseits Energie aus und besetzt die Triebe bzw. deren Repräsentanzen. Diesen Vorgang nennt Freud "Gegenbesetzung". Die Gegenbesetzung ist der wichtigste *ökonomische* Terminus der psychoanalytischen Verdrängungslehre (Drews 1975, p. 131). Die Gegenbesetzung wird dauernd verlangt, da die "kontinuierliche Natur des Triebes" (Freud) dessen Abwehr immer wieder von neuem erforderlich macht (Freud 1915c, p. 112, 1926b, p. 295). Da die Gegenbesetzung mittels der dem Ich verfügbaren neutralisierten Energie erfolgen muss, hat sie zur Folge, dass das Ich energetisch *verarmt*. Wie im Falle eines Traumas, einer Verletzung oder der Verliebtheit führt die Einbusse von Libido zu einer Hemmung und Herabsetzung anderer lebenswichtiger Funktionen des Ichs.

Mit dem Schritt der Psychoanalyse von einer "Es-Psychologie" zu einer "Ich-Psychologie" ist eine Neuformulierung der *Trieblehre* verbunden. Freud sah in der Trieblehre das "bedeutsamste, aber auch das unfertigste Stück der psychoanalytischen Theorie" (Freud 1905a, p. 77 Anm. 1[6]). Sie ist ein "dunkles Gebiet" (Freud 1926a, p. 301), "ein Feld, auf dem wir mühsam nach Orientierung und Einsichten ringen" (Freud 1933a, p. 529). Von allen langsam entwickelten Stücken seiner Theorie habe sich die Trieblehre "am mühseligsten vorwärts getastet" (Freud 1930a, p. 245). In seinen letzten Jahren dachte sich Freud den Triebdualismus nicht mehr in Anlehnung an den Gegensatz von Hunger und Sexualität, sondern im Hinblick auf jenen von Liebe und Hass (Freud 1923a, p. 309) bzw. - mit Bezug auf Empedokles - Liebe und Streit (Freud 1937a, p. 385f.). Die der Selbst- und Arterhaltung angelehnten Ich- und Sexualtriebe mussten dem weniger anschaulichen Gegensatz von *Lebens-* und *Todestrieben* weichen.

Die neue Triebtheorie versuchte den Veränderungen gerecht zu werden, die das Strukturmodell mit sich brachte. Wie wir gesehen haben, kann sich das Ich durch Identifizierung der Energie des Es bemächtigen, so dass auch die "Ichtriebe" als *libidinös* zu betrachten sind. Das Ich hat keine eigene Energie. "Objektlibido" und "Ichlibido" sind zwei Formen *ein und derselben* Energie, deren Reservoir das Es bildet (Freud 1923a, p. 298 Anm. 1). Die Libido ist nun die Energie des *Eros*, d.h. der Lebens-

---

[6] Es handelt sich bei dieser Anmerkung um einen Zusatz aus dem Jahr 1924. Auch die folgenden Stellen betreffen späte Äusserungen Freuds.

triebe (Freud 1930a, p. 248)[7]. Das Charakteristische des Eros ist seine Tendenz zu *Vereinigung* und *Verbindung* (Freud 1923a, p. 312). Er will die lebende Substanz nicht nur erhalten (wie ehemals die "Ichtriebe"), sondern "zu immer grösseren Einheiten zusammenfassen" (Freud 1930a, p. 246). Die Libido (des Eros) ist also immer *objektgerichtet*, auch wenn sie als Objekt das Selbst wählen kann (wie im Falle des Narzissmus). Damit wird die Sexualität nicht nur erotischer, sondern auch *organismischer* begriffen - im Gegensatz zu Freuds erster Theorie, wo sich die Triebe aus Quelle, Ziel und Objekt mechanisch *zusammensetzten*.

Die *Objektbeziehungstheorie* hat daraus ihren Profit gezogen. Sie postuliert die Objektgerichtetheit des menschlichen Verhaltens von Anfang an. Die Idee einer objektlosen Entwicklungsphase wird zurückgewiesen (Balint 1965, p. 48ff., 83ff.; Fairbairn 1952). Der Eros steht auch nicht mehr - wie ehedem die "Sexualtriebe" - im schroffen Gegensatz zur Kultur, sondern ist geradezu deren Verbündeter. Da es "eine der Hauptbestrebungen der Kultur ist, die Menschen zu grossen Einheiten zusammenzuballen" (Freud 1930a, p. 232), steht die Kultur "im Dienste des Eros, der vereinzelte menschliche Individuen, später Familien, dann Stämme, Völker, Nationen zu einer grossen Einheit, der Menscheit, zusammenfassen" (ebd., p. 249) will.

Allerdings ist auch Freuds zweite Triebtheorie dualistisch[8]. Dem Leben steht der *Tod* gegenüber, dem Lebenstrieb der *Todestrieb*. Was der eine will, ist das Gegenteil dessen, was der andere will. Während dem Todestrieb die Aufgabe gestellt ist, "das organische Lebende in den leblosen Zustand zurückzuführen", verfolgt der Eros das Ziel, "das Leben durch immer weitergreifende Zusammenfassung der in Partikel zersprengten lebenden Substanz zu komplizieren" und "dabei zu erhalten" (Freud 1923a, p. 307). Strebt der Lebenstrieb nach "immer grösseren Einheiten", versucht der Todestrieb, "diese Einheiten aufzulösen und in den uranfänglichen, anorganischen Zustand zurückzuführen" (Freud 1930a, p. 246). Das Leben ist ein "Kampf und Kompromiss" (Freud 1923a, p. 307) zwischen den Strebungen nach Leben und Tod. Dem Optimismus der Lebenstriebe steht der Pessimismus der Todestriebe gegenüber.

---

[7] Für die Energie der Todestriebe hat Freud selbst keinen Terminus eingeführt. Bei seinen Nachfolgern ist gelegentlich von "Destrudo" die Rede (Brenner 1972, p. 31).

[8] Man mag die Rede von *zwei* Triebtheorien nicht ganz für korrekt halten, da Freud zwischen der ersten und dem, was hier seine zweite Triebtheorie genannt wird, Ansichten vertreten hat, die als Manifestationen von einer oder gar von zwei weiteren Triebtheorien verstanden werden können (Nagera 1969, p. 26ff.). Doch handelt es sich dabei um tastende und teilweise widersprüchliche Versuche, die als Zeichen einer *Übergangsphase* verstanden werden sollten.

Psychosexuelle Entwicklung

Als letzte Differenzierung bildet sich das *Über-Ich*. Es ist die *moralische Instanz* des psychischen Apparates (Freud 1940, p. 60). Es steht in enger Beziehung zur psychosexuellen Entwicklung und zeigt - als "Erbe des Ödipuskomplexes" (Freud) - besonders anschaulich das Freudsche Stoffdenken. Um die Diskussion des Über-Ichs vorzubereiten, wenden wir uns einer Darstellung der *psychosexuellen Entwicklung* zu.

Ausgangspunkt der psychoanalytischen Entwicklungstheorie ist die Annahme, dass die Verknüpfung von Sexualtrieb und Sexualobjekt nicht angeboren, sondern erworben ist[9]. Anders als der Hunger, "der sein Objekt weit energischer festhält" (Freud 1905a, p. 59), ist der Geschlechtstrieb zunächst unabhängig von seinem Objekt. Das Objekt ist - in der treffenden Formulierung Ricœurs - die "Variable einer ökonomischen Funktion" (Ricœur 1965, p. 137). Eine zweite Annahme der psychoanalytischen Entwicklungstheorie besteht darin, dass die Sexualität zunächst in der Form von *Partialtrieben* vorliegt. Der Sexualtrieb setzt sich aus "Komponenten" zusammen, die erst in der Pubertät miteinander verschmelzen (Freud 1905a, p. 71, 1910b, p. 88). Die Partialtriebe sind in bezug auf ihre somatischen Quellen (die "erogenen Zonen") definiert. Im wesentlichen unterscheidet Freud die Mund-, die After- und die Genitalzone, denen drei *Sexualorganisationen* (und damit drei Partialtriebe) entsprechen. Die Sexualorganisationen folgen einander und bilden eine *Entwicklungslinie*.

Die Sexualität des Säuglings äussert sich musterhaft im Lutschen, weshalb Freud den ersten Abschnitt der psychosexuellen Entwicklung die *orale* Phase nennt (Freud 1905a, p. 103). Als *Sexualobjekt* gelten irgendwelche zum Saugen geeigneten Körperteile, z.B. die Lippen, die Zunge, der Daumen, eine Zehe etc., in erster Linie aber die Mutterbrust. Auffällig an der ersten Sexualorganisation ist, "dass der Trieb nicht auf andere Personen gerichtet ist; er befriedigt sich am eigenen Körper, er ist *autoerotisch*" (ebd., p. 88). Des weiteren lehnt sich die Sexualbetätigung an eine wichtige Körperfunktion an, nämlich die Nahrungsaufnahme, weshalb Freud auch von der kannibalistischen Sexualorganisation spricht. "Das Objekt der einen Tätigkeit (der Nahrungsaufnahme, W.H.) ist auch das der anderen, das Sexualziel besteht in der *Einverleibung* des Objektes, dem Vorbild dessen, was späterhin als *Identifizierung* eine so bedeutsame psychische Rolle spielen wird" (ebd., p. 103).

Tatsächlich führt Freud die Identifizierung auf die *Einverleibung* zurück, nicht nur ontogenetisch, sondern auch phylogenetisch. Er glaubt an die Rekapitulation der Phylogenese in der Ontogenese auch auf seelischem

---

[9] Das mag als Widerspruch zur eben festgestellten Objektbezogenheit der Triebe erscheinen, doch Freuds Äusserungen zur psychosexuellen Entwicklung stammen aus der Zeit *vor* der Revision seiner Triebtheorie. Wie die psychosexuelle Entwicklung im Rahmen der revidierten Triebtheorie zu verstehen ist, hat er nicht deutlich gemacht.

Gebiet (Freud 1913b, p. 123, 1924a, p. 220). Nachdem sich die Brüder der menschlichen Urhorde zusammengetan hatten, um den Vater zu töten, verzehrten sie ihn, um sich durch Einverleibung der Identifizierung mit ihm zu versichern (Freud 1939, p. 530). Die Identifizierung verwandelt das Ich nach dem Vorbild des Objekts. Sie entspricht der Introjektion des Objekts ins Ich (Freud 1921, p. 100). Dieser archaische Vorgang wiederholt sich in der individuellen Entwicklung, allerdings nur mehr auf symbolischer Ebene.

Die zweite Phase der psychosexuellen Entwicklung ist gleichsam am gegenteiligen körperlichen Prozess orientiert, nicht an der Einverleibung, sondern an der *Ausscheidung*. Es handelt sich um die *anale* Phase, deren Sexualziel die Reizung der Afterzone ist.

"Kinder, welche die erogene Reizbarkeit der Afterzone ausnützen, verraten sich dadurch, dass sie die Stuhlmassen zurückhalten, bis dieselben durch ihre Anhäufung heftige Muskelkontraktionen anregen und beim Durchgang durch den After einen starken Reiz auf die Schleimhaut ausüben können. Dabei muss wohl neben der schmerzhaften die Wollustempfindung zustande kommen" (Freud 1905a, p. 92).

Auch die anale Phase ist autoerotisch, d.h. auf den eigenen Körper bezogen. Im allgemeinen wird bei der analen Sexualorganisation erstmals der Widerstand der Aussenwelt erfahren und als Anlass für *Abwehrmassnahmen* erlebt. "Das 'Anale' bleibt von da an das Symbol für alles zu Verwerfende, vom Leben Abzuscheidende" (ebd., p. 93 Anm. 2).

Als dritte Organisationsform der Sexualität folgt die *phallische* Phase, die der genitalen Organisation insofern nahe kommt, als sie um ein echtes Sexualobjekt weiss und an der *Genitalzone* orientiert ist. Allerdings kennt sie nur "eine Art von Genitale, das männliche" (Freud 1905a, p. 105 Anm. 1). Das Kind schreibt anfänglich allen Menschen einen Penis zu. Die Vagina wird erst in der Pubertät entdeckt. Erst dann fällt die sexuelle Polarität mit derjenigen von *männlich* und *weiblich* zusammen (Freud 1923b, p. 241). Zwischen der phallischen Phase und der Pubertät postuliert Freud eine *Latenzzeit*, während der die psychosexuelle Entwicklung ruht. Deshalb ist von einem "zweizeitigen Ansatz" der menschlichen Sexualentwicklung die Rede (Freud 1905a, p. 137, 1940, p. 15). In der Latenzzeit ist die Produktion von libidinöser Energie nicht eingestellt, doch wird sie zu anderen als sexuellen Zwecken, wie Charakterbildung oder schöpferische Betätigung, verwendet. In der Latenzzeit gewinnt das Ich auch die Energie, die es braucht, um seine Abwehrtätigkeit auszuüben (Ziese 1976, p. 360).

Der Ödipuskomplex und das Über-Ich

Dadurch dass die Sexualität ein *Objekt* findet[10], bildet sich der *Ödipuskomplex*. Als sein Erbe entsteht die dritte und letzte Instanz des psychischen Apparates: das *Über-Ich*. Der Ödipuskomplex stellt ein zentrales Theoriestück der Psychoanalyse dar. Seine Anerkennung ist gleichsam das Schibboleth, "welches die Anhänger der Psychoanalyse von ihren Gegnern scheidet" (Freud 1905a, p. 129 Anm. 2). Freud glaubte, dass jedem Menschen die Aufgabe gestellt ist, den Ödipuskomplex zu lösen. Wem dies misslingt, der ist der *Neurose* verfallen. Der Ödipuskomplex schliesst die phallische Phase ab und führt über den frühkindlichen sexuellen Monismus hinaus. Er verläuft für die beiden Geschlechter verschieden, weshalb sich eine getrennte Diskussion nahelegt. Ich beginne mit der *männlichen* Entwicklungslinie.

Zu Beginn der phallischen Phase entwickelt der Knabe eine affektive Beziehung zur Mutter, die ihre Wurzeln in der frühen Besetzung der Mutterbrust hat. Er wählt sich ein *Liebesobjekt* in Anlehnung an das Objekt der Befriedigung seiner Nahrungsbedürfnisse (Freud 1914c, p. 53ff., 1923a, p. 299, 1927a, p. 157). Gleichzeitig *identifiziert* er sich mit dem Vater und "möchte so werden und so sein wie er, in allen Stücken an seine Stelle treten" (Freud 1921, p. 98). Wir haben zwei Formen der Gefühlsbindung. Erstens eine sexuelle *Objektwahl* gegenüber der Mutter (die Mutter wird zum Objekt der libidinösen Triebe) und zweitens eine *Identifizierung* mit dem Vater, an dessen Machtfülle der Sohn partizipieren möchte. Geht es bei der Objektwahl darum, etwas zu *haben*, so bei der Identifizierung, etwas zu *sein* (ebd., p. 99): Der Knabe will die Mutter haben und wie der Vater sein.

Unter normalen Umständen wird sich der Vater den inzestuösen Wünschen des Sohnes widersetzen, was dieser als *Kastrationsgefahr* erlebt. Er bekommt Angst, und seine Identifizierung mit dem Vater wird *ambivalent* (Freud 1921, p. 98). Zwar möchte er nach wie vor wie der Vater sein, doch sein Streben wird von aggressiven Gefühlen blockiert. Die Vateridentifizierung "wendet sich zum Wunsch, den Vater zu beseitigen" (Freud 1923a, p. 299). Diese Konstellation wird *Ödipuskomplex* genannt. Der Knabe steht vor der Alternative, entweder seinen Triebwunsch zu befriedigen und dabei den Penis zu verlieren oder den Penis zu behalten, dann aber seinen Triebwunsch aufgeben zu müssen. Dieser Konflikt wird normalerweise zugunsten des Penis entschieden, was dem ersten Schritt zur Auflösung des Ödipuskomplexes und zur Errichtung der Inzestschranke entspricht. Der Ödipuskomplex wird "gründlich zerstört", so-

---

[10] Freud schwankt hinsichtlich der Objektlosigkeit der frühkindlichen Entwicklung. Einerseits heisst es, "dass auch das kindliche Sexualleben, bei allem Überwiegen der Herrschaft erogener Zonen, Komponenten zeigt, für welche andere Personen als Sexualobjekte *von Anfang an* in Betracht kommen" (Freud 1905a, p. 98 - Hervorhebung W.H.). Andererseits schreibt Freud geradezu apodiktisch: "Die Entwicklung des Sexualtriebes geht ... vom Autoerotismus zur Objektliebe ..." (Freud 1908a, p. 19).

bald der Knabe die libidinöse Beziehung zur Mutter aufgibt und die Identifizierung mit dem Vater *verinnerlicht* (Freud 1933a, p. 500ff., 559). Freud meint, der Ödipuskomplex *zerschelle* förmlich unter dem Schock der Kastrationsdrohung. Deshalb besteht im Idealfall auch im Unbewussten kein Ödipuskomplex mehr; "... das Über-Ich ist sein Erbe geworden" (Freud 1925a, p. 265).

Nach der Verinnerlichung der Vateridentifizierung findet eine Triebentmischung statt. Die ambivalenten Gefühle gegen den Vater werden aufgespalten und die libidinösen Tendenzen neutralisiert. Die aggressiven Tendenzen behalten ihren Charakter und werden zur Basis der strafenden Haltung des Über-Ichs ("Gewissensbisse").

Die Umwege der weiblichen Entwicklung

Auch beim *Mädchen* besteht zunächst eine phallische Orientierung. Es möchte einen Penis haben wie der Knabe. Aus diesem Grund identifiziert es sich mit dem Vater und entwickelt *knabenhafte* Verhaltensweisen. Die Masturbation des Mädchens an der Klitoris entspricht der Onanie des Knaben am Penis. Beider Sexualität ist männlich. "Wir müssen ... anerkennen, das kleine Mädchen sei ein kleiner Mann" (Freud 1933a, p. 549). Allerdings bedeutet "männlich" für die Psychoanalyse in erster Linie "aktiv", während "weiblich" die Bedeutung von "passiv" hat (Freud 1905a, p. 69, 123 Anm. 1, 1913b, p. 120, 1940, p. 45). Freud nahm an, dass sich Mädchen bis zur Pubertät genauso aktiv verhalten wie Knaben. "Der Gegensatz Aktiv-Passiv verschmilzt späterhin mit dem von Männlich-Weiblich, der, ehe dies geschehen ist, keine psychologische Bedeutung hat" (Freud 1915b, p. 97).

Was den *Ödipuskomplex* des Mädchens anbelangt[11], müssen wir in Rechnung stellen, dass die Mutter für beide Geschlechter das "erste Liebesobjekt" ist (Freud 1917b, p. 324), weshalb sich die libidinösen Triebe sowohl des Knaben als auch des Mädchens zunächst auf sie richten. Die nährende und pflegende Mutter wird zur "ersten Verführerin des Kindes" (Freud 1940, p. 45). Sie ist für beide Geschlechter die stärkste Objektwahl, das "Vorbild aller späteren Liebesbeziehungen" (ebd.). Die Sexualität des Mädchens ist daher zunächst genauso auf die Mutter gerichtet wie diejenige des Knaben. Das Mädchen benimmt sich maskulin und betrachtet den Vater als Rivalen. Die entscheidende Wende in der Entwicklung des Mädchens vollzieht sich mit der Entdeckung seiner *Penislosigkeit*. Es empfindet seinen Mangel als Strafe für seine phallischen Impulse. Freud spricht daher von einem Kastrationskomplex bei beiden Geschlechtern (Freud 1905a, p. 101 Anm. 1). Das Mädchen, das sich männlich glaubt, da es die Differenz der Geschlechter noch nicht zu erkennen vermag, be-

---

[11] Freud hat sich geweigert, beim Mädchen von einem "Elektrakomplex" zu sprechen, wie dies C.G. Jung getan hat (Freud 1920b, p. 264 Anm. 2).

trachtet die Tatsache seiner Penislosigkeit als "Benachteiligung und Grund zur Minderwertigkeit" (Freud 1924b, p. 249). Es verfällt dem *Penisneid*, der "unvertilgbare Spuren in seiner Entwicklung und Charakterbildung hinterlassen ... wird" (Freud 1933a, p. 556).

Das Mädchen gelangt über den Kastrationskomplex in die Situation des Ödipuskomplexes, während beim Knaben genau das Umgekehrte der Fall ist. "Bei letzterem ... macht die Kastrationsdrohung dem Ödipuskomplex ein Ende, beim Weib erfahren wir, dass es im Gegenteil durch die Wirkung des Penismangels in seinen Ödipuskomplex gedrängt wird" (Freud 1940, p. 50). Das Mädchen, das seine Penislosigkeit entdeckt, macht die Mutter für sein Manko verantwortlich (Freud 1925a, p. 262) und lässt sie als Liebesobjekt fallen. Gleichzeitig erweckt der Penisneid einen starken Impuls gegen die Masturbation der Klitoris. Die Abwendung von der Mutter und die Aufgabe der Masturbation bedeuten ein Absinken der aktiven gegenüber den passiven Sexualstrebungen. Eine neue Libidoposition wird eingeleitet, in der die *Passivität* die Oberhand gewinnt (Freud 1933a, p. 558). Das Mädchen gibt den Wunsch nach einem Penis auf, setzt an dessen Stelle den Wunsch nach einem *Kind* und nimmt in dieser Absicht den *Vater* zum Liebesobjekt (Freud 1925a, p. 264). Damit erreicht es die ödipale Konstellation, die beim Mädchen eine sekundäre Bildung ist.

Mit dem Wegfall der Kastrationsangst fehlt beim Mädchen das Hauptmotiv, um den Ödipuskomplex zu *verlassen*. Der weibliche Ödipuskomplex geht nicht so abrupt zugrunde wie der männliche. Das Mädchen verharrt länger in der ödipalen Konstellation und überwindet diese durch *Verdrängung* (Freud 1925a, p. 265) oder "überhaupt nicht" (Freud 1931, p. 279). Die ödipale Entwicklung scheint beim Mädchen "weit eher als beim Knaben Erfolg der Erziehung, der äusseren Einschüchterung zu sein, die mit dem Verlust des Geliebtwerdens droht" (Freud 1924b, p. 250). Neben der Angst vor Liebesverlust spielen aber auch andere Motive, wie die narzisstische Kränkung durch die Penislosigkeit und die Angst vor genitaler Verletzung durch den Vater, eine Rolle (Brenner 1972, p. 106f.). Die unausbleibliche Enttäuschung durch den Vater zwingt das Mädchen, sich erneut der *Mutter* zuzuwenden und sich mit ihr und ihren Wertvorstellungen zu identifizieren.

In dem Masse wie ein Mädchen den Ödipuskomplex nur unvollkommen überwindet, erfolgt der Aufbau seines Über-Ichs *unvollständig*. Freud konnte sich des Eindrucks nicht erwehren, "dass das Niveau des sittlich Normalen für das Weib ein anderes wird" (Freud 1925a, p. 265) als für den Mann. Das weibliche Über-Ich ist "niemals so unerbittlich, so unpersönlich, so unabhängig von seinen affektiven Ursprüngen, wie wir es vom Manne fordern" (ebd.). Wenn die Stärke des Über-Ichs abhängig ist von der Intensität des Ödipuskomplexes (Freud 1923a, p. 302), dann ist die umgekehrte Abfolge von Ödipus- und Kastrationskomplex beim Mädchen der Grund für die langsamere Auflösung seines Ödipuskomplexes. "Die Bildung des Über-Ichs muss unter diesen Verhältnissen leiden, es kann nicht die Stärke und die Unabhängigkeit erreichen, die ihm seine kulturelle Bedeutung verleihen ..." (Freud 1933a, p. 560).

Die Heteronomie des Über-Ichs

Das Über-Ich ist die Instanz der *Moral*. Es ist der "Vertreter der ethischen Anforderungen des Menschen" (Freud 1925b, p. 86). Zwar ist Freud schwankend in der Ausstattung des Über-Ichs mit psychischen Funktionen. Doch im wesentlichen soll es zwei normative Systeme enthalten, das *Gewissen* und das *Ich-Ideal*, und als dritte Funktion unterliegt ihm die *Selbstbeobachtung* (Freud 1933a, p. 498f., 503). Das Ich-Ideal übergreift den strikt moralischen Bereich. Auch die Selbstbeobachtung betrifft mehr als nur das moralische Verhalten. Doch beide Über-Ich-Funktionen stehen *auch* im Dienste der Moral, und die Moral ist das konstanteste Attribut, das Freud dem Über-Ich zugeschrieben hat. Aber welche Bedeutung hat die Moral im Rahmen der psychoanalytischen Anthropologie?

Die Psychoanalyse versteht den Menschen als ein konfliktträchtiges Wesen. Menschliches Verhalten ist - grob gesagt - das Resultat von Kräften der Natur (Es) und Kräften der Kultur (Über-Ich). Diese Kräfte lassen sich nicht restlos miteinander versöhnen. Freud rechnet nicht mit der utopischen Möglichkeit der glatten Einpassung des Menschen in die Umwelt - wie Watson und Skinner mit ihren elysischen Erwartungen. "Kultur" bedeutet für Freud auch nicht die Vervollkommnung des Menschen, denn das "Unbehagen in der Kultur" ist essentiell (Freud 1930a, p. 226ff.). Es gibt keinen Weg, die "wohltuende Illusion" der Vervollkommnung zu schonen (Freud 1920a, p. 251). Gerade das Wertvollste in der menschlichen Kultur ist auf Triebverdrängung gebaut. Natur (Sexualität) und Kultur (Moralität) erscheinen Freud wie eine Skylla und Charybdis (Freud 1926c, p. 308).

Freuds Menschenbild liegt näher bei Eysenck als bei Watson oder Skinner. Das Gewissen ist auch für Freud auf *Angst* gebaut. Das Über-Ich entsteht bei der Auflassung des Ödipuskomplexes, der vom Kind aus Angst stillgelegt wird. Die Gefahr, die von den Eltern ausgeht, wird verinnerlicht und zur Angst des Gewissens (Freud 1940, p. 60). Theoretisch geht Freud allerdings weit über Eysenck hinaus. Denn das Gewissen ist keine konditionierte Angstreaktion. Die Entstehung des Über-Ichs basiert auf Prozessen der *Identifizierung* und *Internalisierung*. Sowohl der Knabe wie das Mädchen gewinnen ihre moralische Identität über die Nachahmung des gleichgeschlechtlichen Elternteils.

Psychische Struktur wird mittels jener Einverleibungstendenz gebildet, die für die orale Stufe der Libidoentwicklung charakteristisch ist. Der Stoffdenker Freud sieht eine Parallele zwischen der ontogenetischen Bildung des Über-Ichs und der phylogenetischen Sozialisierung der Menschheit (Freud 1913a, p. 424ff.). Der Sinn des Kannibalismus ist es, sich ein

Stück des Opfers anzueigenen, um in den Besitz seiner Eigenschaften zu gelangen. Ein libidinös besetztes Objekt wird verlassen, um durch Introjektion im Ich wiederaufgerichtet zu werden (Freud 1923a, p. 296). Dieser Vorgang ist "zumal in frühen Entwicklungsphasen ein sehr häufiger und kann die Auffassung ermöglichen, dass der Charakter des Ichs ein Niederschlag der aufgegebenen Objektbesetzungen ist, die Geschichte dieser Objektwahlen enthält" (ebd., p. 297). Bei der Identifizierung wird ein "Stück der Aussenwelt" zu einem "Bestandteil der Innenwelt" (Freud 1940, p. 59f.).

Am Beispiel der Melancholie

Freud hat den Mechanismus der Identifizierung erstmals am Beispiel der *Melancholie* geschildert. Wenn eine Liebesbeziehung abbricht, dann gerät das Individuum in einen Zustand, der einem Trauma vergleichbar ist. Das Interesse an der Aussenwelt schwindet und weicht dem Gefühl der Vereinsamung. Die Folge ist eine Lähmung der Aktivität. Das Individuum muss *Trauerarbeit* leisten, will es seine Normalität zurückgewinnen (Freud 1917c, p. 198f.). Es ist gezwungen, seine Libido vom ehedem geliebten Objekt abzuziehen und für die Besetzung eines neuen Objekts freizugeben.

Da das Objekt in der Erinnerung weiterbesteht, kann es durch *Halluzination* festgehalten werden. Statt auf ein neues Objekt, wird die Libido aufs Ich gelenkt. Dort dient sie dazu, eine *Identifizierung* mit dem Objekt herzustellen. Der "Schatten des Objekts" fällt aufs Ich, welches nun wie das verlorene Objekt behandelt wird. Der Objektverlust verwandelt sich in einen Ichverlust, "der Konflikt zwischen dem Ich und der geliebten Person in einen Zwiespalt zwischen der Ichkritik und dem durch Identifizierung veränderten Ich" (Freud 1917c, p. 203). Freud spricht von "Identifizierung", doch treffender wäre der Begriff der *Introjektion*. Denn der Identifizierung mit der Person, die man nicht verlieren möchte, folgt die *Internalisierung* der Identifizierung ins Ich.

Wenn es heisst, der "Schatten des Objekts" falle auf das Ich, dann ist gemeint, dass die aggressiven Gefühle gegenüber dem Objekt introjiziert werden und sich gegen das Ich richten. Das Ich wird wie das verlorene Objekt behandelt, angeklagt und mit Vorwürfen überschüttet. Damit kann Freud die Herabsetzung des Selbstwertgefühls, die Selbstvorwürfe und Selbstanklagen erklären, die für depressive Verstimmungen so charakteristisch sind.

Es ist offensichtlich, dass sich Freud die Entstehung des *Über-Ichs* im Schema der Melancholie vorstellt. Wie das Ich ein Niederschlag von Objektbeziehungen sein soll, bildet sich das Über-Ich durch die Verinnerlichung der elterlichen Gebote. "Die ins Ich introjizierte Vater- oder Elternautorität bildet dort den Kern des Über-Ichs, welches vom Vater die Strenge entlehnt, sein Inzestverbot perpetuiert und so das Ich gegen die

Wiederkehr der libidinösen Objektbesetzung versichert" (Freud 1924b, p. 248). Erst die Eltern führen eine moralische Unterscheidung im Leben des Kindes ein. Als Triebwesen ist das Kind amoralisch und "besitzt keine inneren Hemmungen gegen seine nach Lust strebenden Impulse" (Freud 1933a, p. 500). "Ein ursprüngliches, sozusagen natürliches Unterscheidungsvermögen für Gut und Böse darf man ablehnen. ... fremder Einfluss ... bestimmt, was Gut und Böse heissen soll" (Freud 1930a, p. 251).

Das Kind wird moralisch im Kreise der Familie. Es nimmt Rücksicht auf Vater und Mutter, weil es von ihnen *abhängig* ist (Freud 1933a, p. 504f., 1940, p. 11). Anders als der Melancholiker, der sich im Prinzip von seinem Liebesobjekt lösen könnte, kann sich das Kind von seinen Eltern nicht trennen. In seiner Hilflosigkeit hat es Angst, die elterliche Unterstützung zu verlieren. Folglich unterwirft es sich den Eltern durch Introjektion ihrer strafenden Haltung. Das Gewissen ist die "Repräsentanz unserer Elternbeziehung" (Freud 1923a, p. 303). Das Über-Ich benimmt sich "ganz wie die Eltern, deren Stelle es eingenommen hat" (Freud 1940, p. 60). Als "Erbe des Ödipuskomplexes" ist es ein "Sieg der Generation über das Individuum" (Freud 1925a, p. 265).

Damit erweist sich das Über-Ich als eine *heteronome* Instanz. Das Ich gehorcht nicht aus Vernunft, sondern aus *Angst*. Was wir als Schuldgefühl empfinden, ist nichts anderes als eine "topische Abart der Angst" (Freud 1930a, p. 261). Für das ursprünglich allein herrschende Es, das weder Moral noch Unmoral kennt, ist das Böse dasjenige, "wofür man mit Liebesverlust bedroht wird" (ebd., p. 251). Letztlich bildet die *Kastrationsangst* den Kern, um den sich die Gewissensangst ablagert. Die Strafe des Über-Ichs ist eine "Fortbildung der Kastrationsstrafe" (Freud 1926b, p. 270).

Das moralische Empfinden bildet sich im Rahmen der kindlichen Abhängigkeit unter dem Druck der Triebe und aus Angst vor Objektverlust. Das Über-Ich kommt von aussen und stammt von den frühen Objektbeziehungen des Kindes ab. Diese Herkunft belässt ihm ein Moment der *Fremdheit*. Auch in moralischer Hinsicht ist der Mensch nicht "Herr in seinem eigenen Haus". Die Stimme des Gewissens ist eine fremde Stimme. Das Über-Ich ist das Mahnmal der einstigen Schwäche des Ichs und setzt seine Herrschaft über das reife Ich fort. "Wie das Kind unter dem Zwange stand, seinen Eltern zu gehorchen, so unterwirft sich das Ich dem kategorischen Imperativ seines Über-Ichs" (Freud 1923a, p. 315).

Das defensive Ich

Nicht nur Eysenck, auch Freud anerkennt keine natürliche Moral. Die Sozialität des Menschen ist nicht primär. Ursprünglich sind nur *Sexualobjekte* (Freud 1912a, p. 165), d.h. Objekte, die den *egoistischen* Triebbedürfnissen genügen. "Die sozialen Gefühle ruhen auf Identifizierungen mit anderen ..." (Freud 1923a, p. 304). Ohne die Umsetzung der frühen

Objektwahlen in Identifizierungen bliebe der Mensch amoralisch. Tatsächlich erwachsen unsere besten Tugenden "als Reaktionsbildungen und Sublimierungen auf dem Boden der bösesten Anlagen" (Freud 1913b, p. 129). Der Mensch wird sozial, indem er äusseren Zwang verinnerlicht. Das Kind wird durch "ein System von Liebesprämien und Strafen ... zur Kenntnis seiner sozialen Pflichten erzogen" (Freud 1933a, p. 591).

Sind wir damit auf unserem Weg zu einer Theorie der moralischen Erziehung weiter gekommen? Bietet uns Freud mehr für das Verständnis moralischen Verhaltens als Eysenck oder Skinner? Unsere Moral wird uns *auferlegt*, dies scheinen alle drei zu sagen. Das Über-Ich zeigt aber noch nicht das ganze Ausmass an menschlicher Heteronomie. Denn das Ich ist ein höchst schwächliches Wesen, das sich auch gegenüber dem Es kaum zu behaupten vermag. Es und Über-Ich versuchen nicht nur, das Ich einzuschränken, sie sind auch Chiffren unserer *Vergangenheit*. Bei aller Verschiedenheit zeigen Es und Über-Ich die "eine Übereinstimmung ..., dass sie die Einflüsse der Vergangenheit repräsentieren, das Es den der ererbten, das Über-Ich im wesentlichen den der von anderen übernommenen" (Freud 1940, p. 11).

Wie wir gesehen haben, ist das Es ohne zeitliche Orientierung. Die Zeit verändert nichts an den verdrängten Inhalten. Der erwachsene Neurotiker kämpft noch mit denselben Konflikten, die ihn schon als Kind geplagt haben. Auch das Über-Ich funktioniert nicht nach dem Realitätsprinzip. In seinen "Ideologien" lebt die Vergangenheit fort (Freud 1933a, p. 505). "In der Einsetzung des Über-Ichs erlebt man gleichsam ein Beispiel davon, wie Gegenwart in Vergangenheit umgesetzt wird" (Freud 1940, p. 61). Als Repräsentanz der Elternbeziehung kolportiert es *vergangene* Abhängigkeiten und ist aktuellen Situationen gegenüber blind. Oft ist es genauso unbewusst und verdrängt wie das Es. "Nicht nur das Tiefste, auch das Höchste am Ich kann unbewusst sein" (Freud 1923a, p. 295). Im Unbewussten aber "ist nichts zu Ende zu bringen, ist nichts vergangen oder vergessen" (Freud 1900, p. 550).

Insofern das Es die *körperliche* und das Über-Ich die *kulturelle* Vergangenheit repräsentieren, ergibt sich eine erstaunliche Parallele zu Skinner. Die Instanzen von Es und Über-Ich lassen sich mit den phylogenetischen und ontogenetischen Verstärkungskontingenzen vergleichen. Rein formal betrachtet räumen Skinner und Freud der Vergangenheit der Spezies und derjenigen des Individuums eine geradezu imperiale Bedeutung ein. Bei Skinner allerdings wird der Mensch von seiner Vergangenheit *lückenlos* determiniert, während Freud mit dem Ich immerhin eine auf *Gegenwart* bezogene Instanz kennt. Das Ich spricht etwas von dem an, was wir die *Subjektivität* des Menschen genannt haben (vgl. Kapitel 1).

Allerdings sind die Grenzen des Ichs offensichtlich. Freud hat es denn auch vorwiegend mit defensiven Kräften ausgestattet: mit *Abwehrmechanismen*. Die Abwehr ist das "Kernstück des dynamischen Aspekts der psychoanalytischen Theorie" (Drews 1975, p. 128). Abwehr bedeutet die Anstrengung, die eine Person aufbringt, um unliebsame, peinliche oder unerträgliche Vorstellungen und Affekte von sich fernzuhalten. Allgemein gesagt, meint Abwehr die Zurückweisung einer übermässigen Reizerregung. Damit kommt die Idee der *Verdrängung* auf verallgemeinerte Weise zum Ausdruck (Freud 1926b, p. 300ff.). Die Verdrängung ist eine Form von Abwehr, wenn auch die wichtigste.

Das Ich als Stätte der Angst

Die Abwehrtätigkeit ist in erster Linie gegen das Es gerichtet. Abwehr ist "Schutz des Ichs gegen Triebansprüche" (Freud 1926b, p. 301). Freud geht davon aus, dass der psychische Apparat nach innen über keinen Reizschutz verfügt (Freud 1920a, p. 238, 1926b, p. 240). Da das Ich auch gegen die inneren Erregungen etwas unternehmen muss, behandelt es die Triebe als kämen sie von aussen, "um die Abwehrmittel des Reizschutzes gegen sie in Anwendung bringen zu können" (Freud 1920a, p. 239). Freud ist überzeugt davon, dass "das Ich zur Abwehr gewisser Unlusterregungen aus seinem Inneren keine anderen Methoden zur Anwendung bringt, als deren es sich gegen Unlust von aussen bedient" (Freud 1930a, p. 200). Die Struktur dieses Als-ob-Verhaltens entspricht der *Projektion*. Im Gegensatz zur Introjektion, die Äusseres nach innen nimmt, verlegt die Projektion Inneres nach aussen. Unerwünschte Triebregungen werden in andere Menschen projiziert und bekämpft als wären sie Bedrohungen von aussen. Die Projektion scheint die Grundlage *aller* Abwehrmechanismen zu sein, da sie die Basis bereitet, damit sich das Ich innerer Reize überhaupt erwehren kann. Auch die Verdrängung kann nur erfolgreich sein, wenn eine Projektion stattgefunden hat[12].

Wir werden auf Abwehrmechanismen[13] über *Auslassungen* und *Entstellungen* aufmerksam. Im Falle der Verdrängung stehen Auslassungen im Vordergrund, ansonsten Entstellungen. "Wenn man den Vergleich nicht allzu strenge durchführt, kann man sagen, die Verdrängung verhält sich zu den anderen Abwehrmethoden wie die Auslassung zur Textentstellung, und in den verschiedenen Formen dieser Verfälschung kann man die Analogien zur Mannigfaltigkeit der Ichveränderung finden" (Freud 1937a, p. 376f.). Die Lücken und Verdrehungen im psychischen Leben eines Menschen sind diesem im allgemeinen nicht bewusst. Die Wirkung der Abwehr besteht insbesondere in der Trennung einer Vorstellung von ihrer energetischen Besetzung. Das abwehrende Ich entzieht der Vorstellung die Erregungssumme (den Affekt), die abgespalten und an eine andere Vorstellung gebunden wird (Drews 1975, p. 25f.). Das Ich kämpft nicht nur gegen die Triebe, die auf seinem Boden zur Befriedigung gelangen möchten. "Es entfaltet dieselbe aktive und energische Gegenwehr

---

[12] Für eine ausführlichere Diskussion der verschiedenen Abwehrmechanismen sei auf Kapitel 7 verwiesen.

[13] Wie auf das Unbewusste überhaupt (vgl. unten "Interpolation des Bewusstseins").

auch gegen die Affekte, die an diese Triebimpulse gebunden sind" (A. Freud 1936, p. 27).

Zur Abwehr kommt es dann, wenn eine vom Ich wahrgenommene Gefahr als *Angst* erlebt wird. Angst ist nicht - wie Freud zunächst angenommen hatte - das *Resultat* von Verdrängung, sondern deren *Anlass* (Freud 1926b, p. 253). Die Angst ist eine angeborene Reaktion auf eine reale Gefahr, wird aber im Verlaufe der psychischen Entwicklung zu einem Signal für *potentielle* Gefahren, denen das Individuum auszuweichen versucht. Freuds Angsttheorie fügt sich in das Strukturmodell des psychischen Apparates. Als Vermittler zwischen Es, Über-Ich und Aussenwelt ist das Ich die "eigentliche" und "alleinige" Angststätte (Freud 1923a, p. 323, 1926b, p. 238, 280, 1933a, p. 520).

Die Ängste des Ichs entsprechen seinen Abhängigkeiten. Zwar sind die Triebgefahren, gegen die es sich verteidigt, "immer die gleichen, aber die *Gründe*, warum es einen bestimmten Triebvorstoss als Gefahr empfindet, können von verschiedener Art sein" (A. Freud 1936, p. 43 - Hervorhebung W.H.). In einem *ersten* Fall wehrt das Ich aus Angst vor dem *Über-Ich* ab. In einem *zweiten* Fall erfolgt die Triebabwehr aus *Realangst*. Dies mag vor allem für Kinder gelten, deren Über-Ich noch nicht oder nur ungenügend ausgebildet ist. Ein *dritter* Fall bietet die Triebabwehr aus Angst vor der *Triebstärke*. Diese Konstellation ist immer dann gegeben, wenn das Kräfteverhältnis zwischen Es und Ich prekär ist. "In der ersten infantilen Periode, in der Pubertät und im Klimakterium steht jedesmal ein relativ starkes Es einem relativ schwachen Ich gegenüber. Es sind ... Perioden von Es-Stärke und Ich-Schwäche" (ebd., p. 109). Ein *vierter* Fall von Triebabwehr liegt ähnlich wie der dritte. Ein Trieb kann abgewehrt werden, weil er das Bedürfnis des Ichs nach Synthese bedroht (ebd., p. 48). Das erwachsene Ich verlangt, dass die in ihm vorhandenen Regungen übereinstimmen und sträubt sich gegen wahrgenommene Diskrepanzen.

Als Funktionen des Ichs sind die Abwehrmechanismen abhängig vom Stand der *Ichentwicklung*. Im strengen Sinn kann es vor der Differenzierung von Ich und Es keine Abwehrtätigkeit geben, doch scheint Freud anzunehmen, dass die Abwehrkräfte schon früh wirksam sind. Vor der Verdrängung gibt es eine *Urverdrängung*, die auf eine übergrosse Stärke an Erregung reagiert (Freud 1915c, p. 109, 1926b, p. 239f.). Die Chronologie der Abwehrmechanismen ist jedoch ein ungeschriebenes Kapitel der Psychoanalyse (A. Freud 1936, p. 41ff.). Trotzdem ist davon auszugehen, dass Kinder nicht auf dieselbe Art und Weise abwehren wie Erwachsene, und bei Kindern verschiedenen Alters dürfte mit verschiedenen Abwehrmechanismen zu rechnen sein. Anna Freud betont die grosse Verwandlungsfähigkeit des menschlichen Ichs. So sehr sich das Es gleich bleibe, so sehr verändere sich das Ich (ebd., p. 110).

Die dunkle Herkunft des Ichs

Die Abwehrlehre zeigt das Ich als *integrative* Kraft. Anders als bei Skinner, der sich kein Zentrum des Individuums vorstellen kann, bildet das psychoanalytische Ich so etwas wie den *Kern* des Individuums. Als *Vermittler* zwischen Es, Über-Ich und Aussenwelt steht es nicht nur in Beziehung zu verschiedenen Bereichen der Wirklichkeit, sondern erstrebt auch deren Vereinheitlichung und *Synthese* (Freud 1917a, p. 152, 1926b, p. 261, 1933a, p. 513). Als Instanz der Vernunft hat es "einen einigenden Einfluss auf die Menschen ..., die so schwer zusammenzuhalten und darum kaum zu regieren sind" (Freud 1933a, p. 598). Das Ich ist das *Subjekt*, das die Wirklichkeit *erkennt* und *bewältigt*. Auch wenn die Triebe das Ich mit Energie versorgen, wird es von ihnen nicht wirklich "getrieben", sondern es erfährt sie als "Arbeitsanforderungen", die zu bewältigen sind. Es steht in *Beziehung* zu seinem Körper, den es als von sich selbst abgehoben erlebt[14]. Ähnlich steht es in Beziehung zur Aussenwelt und zum Über-Ich. Es erfährt die Ansprüche der Gesellschaft in Form von Geboten und Verboten und muss sich damit *auseinandersetzen*. So schwach das Ich sein mag, es verkörpert die Autonomie des Menschen.

Doch bleibt die Frage, wie das psychoanalytische Subjekt zu denken ist. Das zentrale Konzept, mit dem Freud den Prozess der psychischen Strukturbildung erfassen will, ist die *Identifizierung*. Sowohl das Ich als auch das Über-Ich sollen Resultate von Identifizierungen sein. Insofern ist die Identifizierung der "Vorgang, durch den das menschliche Subjekt sich konstituiert" (Laplanche & Pontalis 1967, p. 220). Ist also das Ich nichts anderes als der Niederschlag seiner Objektbeziehungen? Wenn ja, dann würde Freud eine Anthropologie formulieren, die sich von der Skinnerschen kaum unterscheidet. Ersetzen wir "Identifizierung" durch "Konditionierung", dann erweist sich Freuds "Ich" - wie Skinners "Selbst" - als Resultat einer kontingenten Lerngeschichte. Wie aber vermag sich ein solches Ich "späterhin gegen ... Identifizierungseinflüsse resistenter (zu) verhalten" (Freud 1923a, p. 315)? Die Subjektivität des Ichs, seine Selbständigkeit, ist nicht begreifbar, wenn sie das Resultat von Identifizierungen ist.

Der Vergleich des Freudschen "Ichs" mit dem Skinnerschen "Selbst" macht etwas Wesentliches deutlich. Freud unterscheidet nie eindeutig zwischen "Ich" und "Selbst". Was William James und George Herbert Mead strikt getrennt haben, das "I" als "Knower" und das "Me" als "Known", findet bei Freud keine Abgrenzung. Vom "Selbst" ist überhaupt selten die Rede, und das "Ich" wird wahlweise im Sinne einer Instanz des psychischen Apparates und als "ganze Person" verwendet (Hartmann 1950). Trotzdem operiert auch Freud mit dieser Unterscheidung. So spricht er von der "Fixierung der Libido an den eigenen Leib und die eigene Person

---

[14] Die Gegenständlichkeit des Körpers kommt auch zum Ausdruck, wenn Freud das Es die "andere Aussenwelt" des Ichs nennt (Freud 1923a, p. 322).

anstatt an ein Objekt" (Freud 1917b, p. 401). Die "eingezogene Libido" soll sich im Ich wieder finden, "als verstärkte Besetzung des erkrankten Körperteiles" (ebd., p. 404). Das "Ich" meint hier offensichtlich den eigenen Körper bzw. einen Teil davon und würde besser das *körperliche Selbst* genannt. Das gilt auch, wenn andernorts von der "Anheftung der Libido an das eigene Ich, an Stelle eines Objekts" (Freud 1925b, p. 82), die Rede ist. Und es gilt, wenn Freud schreibt, das Kind lerne, "wie man durch absichtliche Lenkung der Sinnestätigkeit und geeignete Muskelaktion Innerliches - dem Ich Angehöriges - und Äusserliches - einer Aussenwelt Entstammendes - unterscheiden kann" (Freud 1930a, p. 200). Wiederum betrifft das "Ich" das *Selbst* des Kindes, während das "man" dem "I" von James und Mead gleichkommt.

Damit stellt sich die Frage, ob die Identifizierung tatsächlich mit dem *Ich* in Verbindung steht, oder ob sie nicht vielmehr der Mechanismus zur Bildung des *Selbst* ist. Ist es nicht stimmiger zu sagen, durch Identifizierung erwerbe sich das Ich ein Selbst, als zu sagen, durch Identifizierung entstehe das Ich? Tatsächlich dürfte dies die richtige Interpretation sein. Das Ich als *Subjekt* besetzt sich selbst als *Objekt*. Dann bleibt erneut offen, was das Ich ist und wie es entsteht. Seine Autonomie scheint sich als Illusion zu erweisen. Wie für Skinner scheint es für Freud Freiheit nur als *Gefühl* zu geben. Sowieso stellt sich die Frage, wie man sich die Genese des Ichs vorzustellen hat, wenn die Identifizierung der Mechanismus seiner Bildung ist. Identifizierungen werden durch *Angst* ausgelöst, Stätte der Angst aber ist das Ich, also müsste das Ich bereits vorhanden sein, bevor es durch Identifizierungen gebildet wird. Auch wenn es heisst, die Identifizierung sei eine "Introjektion des Objekts ins Ich" (Freud 1921, p. 100), wird ein Ich vorausgesetzt. Doch entweder besteht das Ich *vor* aller Identifizierung - dann kann es nicht das *Ergebnis* von Identifizierungen sein -, oder es bildet sich *durch* Identifizierungen - dann kann es nicht schon *vorher* sein.

Freud hat die Identifizierung insbesondere für die Erklärung des *Über-Ichs* verwendet. Das Über-Ich soll der "Niederschlag der ersten (sic!) Objektbesetzungen des Es" (Freud 1926c, p. 314) sein; es ist "aus dem 'Es' hervorgegangen" (Freud 1926a, p. 302). Anderswo aber heisst es, das Über-Ich bilde sich als eine "Sonderung ... vom ... *Ich*" (Freud 1933a, p. 498 - Hervorhebung W.H.). Schliesslich wird dem Ich zugemutet, dass es "sein Über-Ich aus dem Es schöpft" (Freud 1923a, p. 305). Wiederum wird damit die Existenz eines Ichs *vor* dem Über-Ich vorausgesetzt.

Zur Entstehung des Ichs vermag die Identifizierung offensichtlich nichts beizutragen. Damit muss die Herkunft des Ichs auch in energetischer Hinsicht fragwürdig bleiben. Denn wenn die libidinöse Besetzung der eigenen Person oder des eigenen Körpers nicht das Ich, sondern das *Selbst* betrifft, dann ist nicht zu sehen, wie die Regression von der Objektwahl zur Identifizierung dem *Ich* Energie verschaffen kann. Wenn die Libido vom Objekt aufs *Selbst* übergeht, dann bräuchte es einen weiteren Prozess, damit sie vom Selbst ins *Ich* fliessen könnte. Die Überzeugung, das Ich gewinne seine Energie über einen Prozess der Identifizierung, bei dem "Objekt-Libido" in "Ich-Libido" verwandelt wird, verdankt sich der Äquivokation von Freuds Ich-Begriff. Die Identifizierung mag aus einem Objekt einen *Selbstanteil* machen, Energie aber fliesst dem Ich dabei keine zu.

Das Manko der Entwicklung

Wie also entsteht das Ich? Es scheint, dass wir mit dieser Frage an die Grenzen des psychoanalytischen Entwicklungsbegriffs stossen. Es lässt sich nicht bestreiten, dass Freud genetischer denkt als Skinner. Freud glaubt gar, die Psychoanalyse sei eine "genetische Psychologie" (Freud 1913b, p. 121). Entwicklung ist Bildung von Struktur durch *Verinnerlichung*. Und darin erweist sich Freud der Skinnerschen Kritik am Mentalismus gewachsen. Denn das Innere der Psychoanalyse ist nicht - wie dasjenige der Bewusstseinspsychologie - ohne Beziehung zum Äusseren, vielmehr ist es innerlich *geworden*. Es hat eine Entstehungsgeschichte und lässt sich im Prinzip auf jene äusseren Daten zurückführen, die Skinner allein für wissenschaftlich legitim erachtet.

Alles weist darauf hin, dass auch das Strukturmodell *genetisch* interpretiert werden darf. Freud betont als einen "besonderen Wert" der topischen Betrachtungsweise, dass sie "gleichzeitig *genetisch* ist" (Freud 1939, p. 543). Doch Rapaport belehrt uns, dass die Psychoanalyse nicht an die Möglichkeit einer linearen Zuordnung von Verhaltensweisen und psychischen Instanzen glaubt. "Kein Verhalten kann als Es-Verhalten, oder als Ich-Verhalten beschrieben werden" (Rapaport 1960, p. 44). Die Psychoanalyse erschliesst nicht *Verhaltensweisen*, sondern *Verhaltensaspekte*. Jedes Verhalten hat Es-, Ich- und Über-Ich-Komponenten. Ähnlich heisst es bei Wälder, die Begriffe Es, Ich und Über-Ich sind "wie verschiedene Seiten aufzufassen ..., die in *jedem* psychischen Akte des entwickelten Menschen aufzeigbar sind" (Wälder 1930, p. 299 - Hervorhebung W.H.). Wenn *alles* Verhalten Ausdruck *aller* Instanzen des seelischen Apparates ist, dann lassen sich die Instanzen kaum als Entwicklungsprodukte verstehen.

Tatsächlich dominiert die strukturelle Betrachtungsweise die genetische so sehr, dass über die Herkunft der Instanzen des seelischen Apparates schlicht nichts Verbindliches gesagt werden kann. Was das Ich anbelangt, so heisst es einerseits, es sei ein Teil des Es, nämlich jener Teil, "der durch die Nähe und den Einfluss der Aussenwelt modifiziert wurde" (Freud 1933a, p. 512). Also *entsteht* das Ich aus dem Es. Andererseits soll das Ich eine Entwicklungsgeschichte haben "wie die Libido" (Freud 1917b, p. 349). Damit suggeriert Freud die Existenz eines Ichs von *Anfang* an. Des weiteren hat Freud das Es als Instanz eingeführt, die im Verhältnis zur *Innenwelt* (der Triebe) steht, während das Ich das Verhältnis zur *Aussenwelt* reguliert. "Die Wahrnehmung (der Aussenwelt, W.H.)

spielt für das Ich die Rolle, welche im Es dem Trieb zufällt" (Freud 1923a, p. 293). Diese *strukturelle* Zuordnung von Ich und Es lässt sich kaum in eine *genetische* Ordnung bringen.

Das Problem wiederholt sich im Verhältnis von Ich und Über-Ich. Freud sieht im Ich das "eigentlichste Subjekt" (Freud 1933a, p. 497). Es "kann sich selbst zum Objekt nehmen, sich behandeln wie andere Objekte, sich beobachten, kritisieren, Gott weiss was noch alles mit sich selbst anstellen" (ebd.). Ein Teil des Ichs vermag sich dem übrigen Ich entgegenzustellen. Kritik und Beobachtung sind aber Funktionen, die dem *Über-Ich* angehören (vgl. oben), so dass Freud den Gedanken nahelegt, Ich und Über-Ich seien *dieselbe* Instanz, allerdings zu verschiedenen *Zeiten*. Auch hier verdeckt die strukturelle Darstellungsweise ein *genetisches* Verhältnis. Das Über-Ich liesse sich mit dem "I" von James und Mead gleichsetzen, das sich das Ich als "Me" zum Objekt macht. Wie aber könnte dann das "eigentlichste Subjekt" noch das Ich sein? Und wie müssten wir den Satz verstehen, das Ich schöpfe sein Über-Ich aus dem Es?

Wie wenig die Psychoanalyse wirklich genetisch denkt, zeigt auch die Überzeugung Freuds, das Vergangene lebe innerseelisch weiter und bleibe "wie es zu Anfang war" (Freud 1930a, p. 252). Die infantile Stufe des Gewissens (die Angst vor Liebesverlust) wird nach der Introjektion ins Über-Ich nicht etwa verlassen, "sondern (besteht) neben und hinter ihr fort" (ebd., p. 253). Analoges gilt für die Phasen der psychosexuellen Entwicklung: "... die eine kommt zur anderen hinzu, sie überlagern einander, bestehen nebeneinander" (Freud 1940, p. 17). Freud missgönnt dem Menschen die Wohltat des Vergessens. Alle Wünsche, Hoffnungen und Einstellungen des Kindes sind beim Erwachsenen noch vorhanden. "Sie sind nicht zerstört, sondern bloss überlagert, wie die psychoanalytische Psychologie in ihrer räumlichen Darstellungsweise sagen muss" (Freud 1913b, p. 122). Dasselbe gilt für die kulturelle Entwicklung der *Menschheit*. "Was einmal zu Leben gekommen ist, weiss sich zäh zu behaupten" (Freud 1937a, p. 369). Bezeichnenderweise hat Freud die *genetische* Betrachtungsweise nie zu den Gesichtspunkten der Metapsychologie gezählt[15].

Im Lichte der Psychoanalyse gewinnt die Entwicklung einen eigenartig *additiven* Charakter. Nichts scheint sich wirklich zu verändern. Neues wird zu Altem lediglich *hinzugefügt* (Gedo & Goldberg 1973, p. 105, 156). Die Tendenz, das Alte neben dem Neuen bestehen zu lassen, zeigt sich auch bei Erikson (1959), dessen epigenetische Matrix der psychischen Entwicklung alle Funktionen von Anfang an verzeichnet. Auch die psychoanalytische Vorstellung der *Regression* fügt sich in das elementaristische Verständnis von Entwicklung. Frühere Zustände werden wieder eingenommen, wenn sich spätere als unbefriedigend erweisen. Veränderun-

---

[15] Die metapsychologische Darstellung eines seelischen Vorgangs umfasst den topischen, den dynamischen und den ökonomischen Gesichtspunkt (Freud 1915a, p. 140, 1920a, p. 217, 1925b, p. 86). Von einem "genetischen Gesichtspunkt" ist erst in der Nachfolge Freuds die Rede (z.B. bei Rapaport 1960, p. 47ff.).

gen in der einen Richtung lassen sich durch Veränderungen in der anderen Richtung rückgängig machen. Ähnlich stellen es sich die Behavioristen vor. Falsch konditioniertes Verhalten kann durch Umkonditionierung *gelöscht* werden (vgl. Kapitel 2). Damit ist keine Dynamik der Entwicklung formulierbar. Die Phasen der psychosexuelllen Entwicklung lösen einander ab, ohne innere Notwendigkeit. Ebenso stehen die Instanzen des psychischen Apparates in rein äusserlicher Beziehung zueinander. Das Ganze erscheint wie ein Spiel mit Bauklötzen. Die psychosexuelle Entwicklung ist ein Aneinanderschieben von *Elementen* der Entwicklung[16].

Das gering entfaltete Entwicklungsdenken zeigt sich auch daran, dass die Psychoanalyse dazu neigt, alle Veränderungen auf frühere Ereignisse zurückzuführen. Schon die erste Objektfindung wird von Freud "eigentlich eine Wiederfindung" (Freud 1905a, p. 126) genannt. Die späteren Objektwahlen erfolgen in Anlehnung an ihre kindlichen Vorbilder. "Vor allem sucht der Mann nach dem Erinnerungsbild der Mutter, wie es ihn seit den Anfängen der Kindheit beherrscht ..." (ebd., p. 131). Dank der Inzestschranke, die durch die Auflassung des Ödipuskomplexes errichtet wird, gleitet die Vorliebe des Mannes von der Mutter ("vielleicht noch seiner Schwester") ab, "um bei einem fremden Objekt nach deren *Ebenbild* zu landen" (Freud 1913a, p. 309 - Hervorhebung W.H.). Spätestens nach dem Ödipuskomplex scheint sich nichts *Neues* mehr zu ereignen. Die Menschen, die jemand nach den "ersten sechs Jahren der Kindheit" kennenlernt, sind ihm "Ersatzpersonen" der "ersten Gefühlsobjekte" (Freud 1914c, p. 238f.). Die Pubertät besteht im wesentlichen aus einer Wiederbelebung der infantilen *Partialtriebe* (Ziese 1976, p. 360). Hinsichtlich der Angst spekulierte Freud unter dem Einfluss von Otto Rank, ob nicht vielleicht alle Angst auf das *erste* Angsterlebnis, die Geburt, zurückgeführt werden kann (Freud 1926b, p. 274ff.). Die gesamte menschliche Entwicklung scheint in den ersten Lebensjahren beschlossen zu sein. Dem Erwachsenen kommt keine Eigenständigkeit zu. "Die Psychoanalyse hat nichts über den Erwachsenen auszusagen, das nicht letzten Endes eine Aussage über die Kindheit ist" (Stork 1976, p. 869)[17]. Als ob sich das menschliche Individuum nur bis zum Ödipuskomplex entwickelte, um dann dem Diktat des Wiederholungszwanges zu folgen[18].

---

[16] Peterfreund hat zweifellos recht, wenn er die psychoanalytische Metapsychologie eine prädarwinistische Theorie nennt (Peterfreund 1978, p. 437). Auch Parisi meint, Freuds Theorie "does not depend in any substantial way on Darwin's theory of evolution" (Parisi 1987, p. 235). Selbst wenn gewisse Einflüsse Darwins auf Freud nachweisbar sind, darf nicht vergessen werden, dass sich Freud sein Leben lang dem Lamarckismus verpflichtet fühlte (Grubrich-Simitis 1985, p. 110f., 1987; Jones 1957, p. 365).

[17] Auch das Träumen "ist ein Stück des überwundenen Kinderseelenlebens" (Freud 1900, p. 540 - im Original hervorgehoben). Wie in der Neurose finden wir im Traum "das Kind wieder mit den Eigentümlichkeiten seiner Denkweisen und seines Affektlebens" (Freud 1911b, p. 203 - Hervorhebung weggelassen).

[18] Es ergeht einem mit Freud wie mit Skinner. Ein Verhalten erklären bedeutet, es auf Verhalten zurückführen, das schon einmal war: "... to look for a match is to look in a

Die Hoffnung auf das Ich

So unzulänglich das psychoanalytische Entwicklungsdenken sein mag, so sehr ist es mit einer Idee verbunden, die es verdient, beachtet zu werden. Was Freud letztlich vor Augen hat, ist der Ausschluss von Selbstanteilen aus dem Prozess der Entwicklung. Neben dem normalen Gang der menschlichen Entwicklung häufen sich Primitivismen an, die auf eine Blockierung von Entwicklungsschritten hindeuten. Meist ist dieses Vorkommen die Folge einer *Entwicklungsspaltung*. "Ein quantitativer Anteil einer Einstellung, einer Triebregung, ist unverändert erhalten geblieben, ein anderer hat die weitere Entwicklung erfahren" (Freud 1930a, p. 201). Ein Teil des Selbst wird *abgespalten* und dem Prozess der Entwicklung entzogen. Was sonst als die *Abwehrtätigkeit* des Ichs kann dahinter stehen?

Die Abwehr kann dazu führen, dass sich das Individuum selber fremd wird. In der *Entstehung von Fremdheit* liegt der eigentliche Fokus des psychoanalytischen Interesses. Träume sind für Freud interessant, weil sie uns fremd erscheinen. Das neurotische Symptom ist einem Fremdkörper gleich (Freud 1926b, p. 243). Das Es wird wegen seiner Ichfremdheit so genannt (Freud 1933a, p. 510). Selbst das Über-Ich ist uns fremd und spielt die "Rolle einer Aussenwelt ..., obwohl es ein Stück Innenwelt geworden ist" (Freud 1940, p. 60). Was uns fremd ist, sind *Inhalte*[19] unseres Seelenlebens; es sind Gedanken und Wünsche, die uns einmal vertraut waren. Das Fremde ist uns fremd *geworden*. Freuds Theorie ist eine Theorie der Entstehung von *Selbstentfremdung*.

Wenn es dies ist, was Freud vor Augen hat, nämlich die Hemmung von Entwicklungsprozessen, und wenn dafür das Ich in seiner Defensivfunktion verantwortlich ist, dann stehen wir ein weiteres Mal vor der Frage nach der Herkunft dieses Ichs. Das Ich erweist sich als ein dunkles Konzept. Ricœur scheint recht zu haben, wenn er meint, im Freudianismus werde die "radikale Frage nach dem Subjekt des Denkens und des Daseins *nicht gestellt*" (Ricœur 1965, p. 430 - Hervorhebung W.H.). Doch ist offensichtlich, dass Freud das Ich nicht einfach zurückweist, wie Skinner. Vielmehr findet die psychoanalytische Arbeit im Ich ihre eigentliche Orientierung. Die Analyse will "dem Ich des Kranken die *Freiheit* schaffen ..., sich so oder anders zu entscheiden" (Freud 1923a, p. 317 Anm. 1). Sie will ihm "die Herrschaft über verlorene Bezirke des Seelenlebens wiedergeben" (Freud 1940, p. 32). Sie ist "ein Werkzeug, welches dem Ich die fortschreitende Eroberung des Es ermöglichen soll" (Freud 1923a, p. 322). Das Ich ist gesund, wenn es "zu allen Teilen des Es Zugang hat und

---

manner previously reinforced by finding matches. To seek help is to act in ways which have in the past led to help" (Skinner 1974, p. 63).

[19] Erinnern wir uns an das Stoffdenken der Psychoanalyse. Erinnern wir uns auch, dass sich die topische Betrachtungsweise auf *Inhalte* bezieht, die bewusst, vorbewusst oder unbewusst sein können (Freud 1940, p. 20). Die strukturelle Betrachtungsweise dagegen betrifft *Funktionen*, die durchwegs unbewusst sind.

seinen Einfluss auf sie üben kann" (Freud 1926c, p. 292). "Wir wollen das Ich herstellen, es von seinen Einschränkungen befreien, ihm die Herrschaft über das Es wiedergeben ..." (ebd., p. 295). "Wo Es war, soll Ich werden" (Freud 1933a, p. 516).

So schwach das Ich sein mag, so sehr sieht Freud in seiner *Stärkung* die eigentliche Aufgabe der psychoanalytischen Arbeit. Der Patient soll unter der Anleitung des Arztes "jenen Fortschritt vom Lustprinzip zum Realitätsprinzip machen, durch welchen sich der reife Mann vom Kinde scheidet" (Freud 1916, p. 232 - Hervorhebung weggelassen). Dass dies nicht nur für die *Therapie* Gültigkeit hat, sondern auch für die normale Entwicklung des Menschen, liegt auf der Hand und zeigt sich daran, dass Freud die Psychotherapie als ein "Erziehungswerk" und ein "Stück Erziehungsarbeit" schildert (Freud 1905b, p. 118). Mit Recht habe man die psychoanalytische Behandlung eine "Art von Nacherziehung" genannt und eine "Korrektur der Erziehung des Kindes" (Freud 1917b, p. 433, 1926a, p. 305). Damit lässt sich folgern: Wo die Erziehung angemessen verläuft, erübrigt sich die therapeutische Nacherziehung.

In die Erziehungsarbeit der Psychoanalyse ist nicht nur das Es, sondern auch das Über-Ich einbezogen. Denn eine Stärkung des Ichs bedeutet auch mehr Autonomie gegenüber der heteronomen Stimme des Gewissens. Tatsächlich bilden in der therapeutischen Situation der "analytische Arzt und das geschwächte Ich des Kranken" eine Partei nicht nur gegen die *Triebansprüche* des Es, sondern auch gegen die *Gewissensansprüche* des Über-Ichs (Freud 1940, p. 32). Die Absicht der Psychoanalyse ist es, das Ich zu stärken und "vom Über-Ich unabhängiger zu machen" (Freud 1933a, p. 516). Das Ich soll auch in moralischer Hinsicht frei werden. "Wo Über-Ich war, soll Ich werden" (Eagle 1984, p. 270)[20].

Die Illusion des Lustprinzips

Die Zielsetzung der Autonomisierung des Individuums entspricht der pädagogischen Intuition (vgl. Kapitel 1). Die Erziehung will die Subjektivität des Menschen stärken und seine Bildung fördern. Eine "psychoanalytische Pädagogik" scheint daher keine abwegige Idee zu sein. Doch Freuds Theoretisierung der pädagogischen Intuition ist unbefriedigend. Zwischen dem praktischen Interesse am Ich und dessen theoretischer Analyse besteht eine Divergenz, die die Pädagogik zwingt, über die Psychoanalyse hinauszudenken. Der Grund für die Divergenz liegt in Freuds "loyaler Rebellion" gegen das Weltbild des 19. Jahrhunderts. Sein Verständnis des Menschen verbleibt im Horizont des mechanistischen Denkens. Wie die Psychologie Pawlows und Watsons, basiert diejenige von Freud auf dem Modell des *Reflexbogens* (Freud 1900, p. 538). Der aus-

---

[20] Ähnlich meint Loch, in der psychoanalytischen Therapie gehe es "immer nur darum, neurotische Schuldgefühle in gemeine Schuld zu verwandeln" (Loch 1972, p. 42).

gezeichnete Zustand eines Lebewesens ist die Passivität, die durch Reize *gestört* wird. Im Unterschied zu Pawlow und den Behavioristen sind es für Freud allerdings nicht äussere, sondern innere Reize, die das Lebewesen stören. Der *Trieb* ist ein Reiz für das Psychische, der aus dem *Inneren* des Organismus stammt (Freud 1915b, p. 82). Er wirkt als Kraft und kausales Agens und erklärt die *Aktivität* des Lebewesens.

An dieser Grundvorstellung hat Freud zeit seines Lebens festgehalten. Die Menschen streben danach, die Unlust zu vermeiden, die mit jedem Spannungsgefühl einhergeht (Freud 1905a, p. 114). Den Lebenszweck setzt das *Lustprinzip* (Freud 1930a, p. 208). Im Dienste des Lustprinzips steht auch der seelische Apparat. Sein Bestreben ist es, die "Anhäufung von Erregung zu vermeiden und sich möglichst erregungslos zu erhalten" (Freud 1900, p. 568). Insofern leitet sich das Lustprinzip vom *Konstanzprinzip* her, mit dem Fechner das psychische Geschehen erklären wollte (Freud 1920a, p. 219)[21]. Freud spricht auch vom *Nirwanaprinzip* (Freud 1924c, p. 343) und erinnert damit an das "ozeanische Gefühl", welches für den ursprünglichen Zustand des menschlichen Lebens charakteristisch sein soll (Freud 1930a, p. 197ff.). Damit beinhaltet das Lustprinzip die These, dass sich der Mensch eigentlich *nicht* verändern, *nicht* differenzieren und *nicht* entwickeln will. "Für die Libido liegt die Zukunft rückwärts, im 'verlorenen Glück'" (Ricœur 1965, p. 281). Auch Freud denkt in den Kategorien eines säkularisierten Ursprungsmythos. Das Paradies wird in den mütterlichen Uterus verlegt, von dem ein ständiger Sog zur narzisstischen Regression ausgeht.

Doch Freud glaubt nicht an die Wiederkehr des primordialen Glücks. Die Not des Lebens zwingt uns dazu, erwachsen zu werden und *Vernunft* anzunehmen. Der Weg zurück zur vollen Befriedigung der Triebe ist uns durch die Widerstände, welche die Verdrängung schafft, verwehrt. Es bleibt uns nur, "in der anderen, noch freien Entwicklungsrichtung fortzuschreiten, allerdings ohne Aussicht, den Prozess abschliessen und das Ziel erreichen zu können" (Freud 1920a, p. 252)[22]. Der Glaube an die Ewigkeit, den die *Religionen* perpetuieren, ist nicht mehr als eine Kindheitsneurose (Freud 1927a, p. 186, 1930a, p. 206ff.). Freud vergleicht die Tröstungen der Konfessionen mit einem Narkotikum (Freud 1927a, p. 182). Die Anstrengungen des Lebens lassen die Menschen Wesen phantasieren, die ihnen helfen, mit dem fertig zu werden, was sie von alleine nicht vermögen. So wächst den Göttern die dreifache Aufgabe zu, "die Schrecken der Natur zu bannen, mit der Grausamkeit des Schicksals ... zu versöhnen und für die Leiden und Entbehrungen zu entschädigen, die dem

---

[21] Zu Parallelen zwischen Freud und Fechner vgl. Dorer 1932, p. 106ff.

[22] Freud scheint die Vision Heinrich von Kleists nicht teilen zu wollen, der in seiner Schrift "Über das Marionettentheater" schreibt, das "letzte Kapitel von der Geschichte der Welt" wäre, dass "wir wieder von dem Baum der Erkenntnis essen, um in den Stand der Unschuld zurückzufallen" (von Kleist 1810, p. 78).

Menschen durch das kulturelle Zusammenleben auferlegt werden" (ebd., p. 152).

Auch wenn Freud im Streben nach der Reizlosigkeit den eigentlichen Lebenszweck sieht und damit die paradiesischen Sehnsüchte des Behaviorismus bestätigt, hält er diese für illusionär. Die Versöhnung von Natur und Kultur ist uns nicht vergönnt. Das Lustprinzip ist "überhaupt nicht durchführbar" (Freud 1930a, p. 208). Dem Konstanz- und dem Nirwanaprinzip wirkt die *Not des Lebens* entgegen. Sie ist unsere "strenge Erzieherin" (Freud 1917b, p. 347). Tatsächlich verdankt der seelische Apparat den Anstoss zur Differenzierung der Not des Lebens (Freud 1900, p. 538f.). Der Zwang zur Veränderung kommt von *aussen*. Oder von innen? Während den äusseren Reizen im Prinzip ausgewichen werden kann, sind die inneren Reize unvermeidbar. Es sind die im Inneren des Organismus entstehenden Triebreize, die das Nervensystem nötigen, auf seine ideale Absicht der Reizfernhaltung zu verzichten, "da sie eine unvermeidliche kontinuierliche Reizzufuhr unterhalten" (Freud 1915b, p. 84). Erst die *Triebe* bringen ein Lebewesen in Not, da sie in ihrer Chaotik dem individuellen Leben feind sind. Um sich am Leben zu erhalten, muss es sich differenzieren.

Wie auch immer, ob Not des Lebens oder unausweichliche Triebe, das menschliche Individuum scheint sich nur unter *Zwang* zu verändern. Insofern steht das Lustprinzip mit dem *Todestrieb* in Verbindung. Denn die Tendenz nach Spannungslosigkeit und Konstanz, was ist sie anderes als ein Streben nach dem Tod? Tatsächlich nennt Freud das Lustprinzip eines seiner *stärksten Motive*, an die Existenz von Todestrieben zu glauben (Freud 1920a, p. 264). "Das Lustprinzip scheint geradezu im Dienste der Todestriebe zu stehen ..." (ebd., p. 271). Was das Leben will, ist die *Leblosigkeit*. In diesem Sinne definiert Freud einen Trieb als "ein dem belebten Organischen innewohnender Drang zur Wiederherstellung eines früheren Zustandes, welchen dies Belebte unter dem Einflusse äusserer Störungskräfte (sic!) aufgeben musste" (ebd., p. 246 - Hervorhebung weggelassen).

Diese *konservative* Definition soll auch für die *Lebenstriebe* gelten (Freud 1923a, p. 307). Es ist jedoch offensichtlich, dass "die rastlose Ausbreitungstendenz des Eros" (Freud 1930a, p. 246 Anm. 1) dem widerspricht. Sowieso macht die modifizierte Triebtheorie das Lustprinzip als psychologisches Grundprinzip zweifelhaft. Die Beobachtung Freuds, das Verdrängte nötige zur Wiederholung statt zur Erinnerung, impliziert einen *Wiederholungszwang*, der alles andere als lustvoll ist (Freud 1920a, p. 228f.). Der Wiederholungszwang erweist sich als "ursprünglicher, elementarer, triebhafter (sic!) als das von ihm zur Seite geschobene Lustprinzip" (ebd., p. 233), so dass er seinerseits zum Beweisstück für den Todestrieb wird. Der Wiederholungszwang setzt sich über das Lustprinzip hinweg und wiederholt eine *unlustvolle* Situation. Darin liegt das "Jenseits des Lustprinzips" (Freud 1920a).

Im Zeichen des Eros

Was aber gilt nun? Ist der Todestrieb mit dem *Lustprinzip* oder mit dessen *Jenseits* verbunden? Ich glaube, dass Freuds Ausführungen zur zweiten Triebtheorie widersprüchlich sind, jedoch in eine bestimmte Richtung weisen. Um diese Richtung zu verdeutlichen, möchte ich auf eine frühere Beobachtung zurückkommen, die wir einleitend zur Darstellung der *Abwehrlehre* gemacht haben. Nicht nur Freuds Triebtheorie, auch sein Verständnis des seelischen Apparates ist konservativ. Das Es und das Über-Ich sind Repräsentanten der *Vergangenheit*. Das einzige auf Gegenwart bezogene Organ ist das Ich, und dieses haben wir als äusserst schwach kennengelernt.

Die Orientierung an der Vergangenheit gilt insbesondere für *Neurotiker*. Neurotiker leiden an "Reminiszenzen" (Freud 1910b, p. 58, 1937b, p. 406). Sie haften an einem "Stück ihrer Vergangenheit" und sind "der Gegenwart und der Zukunft entfremdet" (Freud 1933a, p. 273, 356). Sie benehmen sich, "als bestünden die alten Gefahrsituationen noch, sie halten an allen früheren Angstbedingungen fest" (Freud 1926b, p. 287). Neurotiker werden nur mehr älter, können sich aber *nicht mehr verändern*. Ihre Symptome sind "Erinnerungssymbole" (Freud 1910b, p. 58), Zeichen des Übergewichts, das in ihrem Seelenleben "den Erinnerungsspuren im Vergleich mit den rezenten Eindrücken zufällt" (Freud 1905a, p. 144). Sie "kommen von der Vergangenheit nicht los und vernachlässigen für sie die Wirklichkeit und die Gegenwart" (Freud 1910b, p. 59).

In drei Bereichen der psychoanalytischen Theorie - der Trieblehre, dem Strukturmodell und der Neurosenlehre - dominiert die Vergangenheit. Die Triebe sind konservativ und wollen den *früheren* Zustand wiederherstellen, der psychische Apparat ist konservativ, da seine mächtigen Instanzen (Es und Über-Ich) die *Vergangenheit* repräsentieren, und die Neurosenlehre zeichnet den Zustand der Krankheit als Fixierung an Konflikte der *Kindheit*. Stellen wir in Rechnung, dass Freud die Psychoanalyse als Arzt entwickelt hat, so können wir uns des Eindrucks nicht erwehren, dass das *Strukturmodell* und die *Trieblehre* im Hinblick auf die *Neurosenlehre* entworfen sind. Freud wurde oft vorgeworfen, er sehe den Menschen im Lichte des Neurotikers. Er pflegte sich mit dem Hinweis zu verteidigen, dass man das Normale erst dann verstehe, wenn man das Krankhafte studiert habe (Freud 1890, p. 20). Das mag sein, doch wenn die Fixierung an die Vergangenheit "einer der wichtigsten und praktisch bedeutsamsten Charaktere der Neurose (ist)" (Freud 1910b, p. 59), dann erweist sich ein psychologisches Modell, das nur die Vergangenheitsorientierung des Menschen umfasst, als beschränkt auf *neurotische* Menschen.

Der Neurotiker wird beherrscht von der Vergangenheit - aber der Normale? Verfügt Freud vielleicht deshalb über keine Entwicklungstheorie, weil er bloss eine *Entwicklungspathologie* geschrieben hat? Die Neurose macht *asozial*, heisst es (Freud 1921, p. 132). Ist dies so zu verstehen, dass der Mensch natürlicherweise sozial ist und asozial *wird*? Ist dann nicht der *Eros*, der die "Berührung" will und nach der "Vereinigung" strebt (Freud 1926b, p. 265), der *ursprüngliche* Trieb des Menschen? Und ist dann nicht der Rückzug von anderen das Ergebnis einer *fehlverlaufenen* Entwicklung? Ich glaube, dass die Inkonsistenz von Freuds zweiter Triebtheorie in diesem Licht zu sehen ist. Das menschliche Leben spielt sich ab in den Spannungen der Zeit (Herzog 1988b). Vergangenheit und Zukunft sind *gleichwertige* Horizonte des menschlichen Seins. Freuds revidierte Triebtheorie versucht dieser Tatsache gerecht zu werden. Ist der Todestrieb auf Vergangenheit gerichtet, so steht die Zukunft im "Zeichen des Eros" (N.O. Brown). Im Eros liegt die *Hoffnung* des Menschen. Doch Freuds Loyalität gegenüber dem mechanistischen Denken hat ihn daran gehindert, die Sprengkraft des Eros zu entfesseln und für eine wirklich *neue Psychologie*[23] fruchtbar zu machen.

Der Wandel in Freuds Trieblehre wird im allgemeinen zuwenig beachtet[24]. Er beinhaltet unausgesprochen ein revidiertes Verständnis des Menschen. Zwar spricht Freud nach wie vor die Sprache der Triebe. Doch die Triebe sind gleichsam *menschlicher* geworden. Sie haben die Blindheit verloren, die ihnen in der ersten Fassung der psychoanalytischen Triebtheorie zukommt. Freud sagt zwar nicht, der *Mensch* sei auf andere Menschen bezogen, doch er sagt es von den Trieben. Es gibt Triebe, die "erhalten und vereinigen *wollen*" und Triebe, die "zerstören und töten *wollen*" (Freud 1933b, p. 281 - Hervorhebungen W.H.), Triebe, "welche das Leben zum Tod führen *wollen*" und Triebe, "welche immer wieder die Erneuerung des Lebens *anstreben* und *durchsetzen*" (Freud 1920a, p. 255 - Hervorhebungen W.H.). Der Eros verrät "die *Absicht*, aus mehreren eines zu machen" (Freud 1930a, p. 237 - Hervorhebung W.H.). Die Lebenstriebe repräsentieren die "*Bestrebungen* zum Leben" (Freud 1933b, p. 282 - Hervorhebung W.H.). Sie *wollen* immer mehr lebende Substanz "zu grösseren Einheiten zusammenballen" (Freud 1933a, p. 540). Etc. Diese *Quasi-Intentionalität* der Triebe widerspricht der Mechanik der ersten Trieblehre, wo die Triebe zunächst objektlos sind und ein Objekt allererst - in Anlehnung an die Nahrungsbedürfnisse - finden.

Die Libido der Lebenstriebe ist *gerichtet*. Sie fällt mit dem Eros der Dichter und Philosophen zusammen, "der alles Lebende zusammenhält" (Freud 1920a, p. 259). Das *Ziel* des Eros ist, "immer grössere Einheiten herzustellen und so zu erhalten, also *Bindung*" (Freud 1940, p. 12 - Hervorhebung W.H.). Synthese und Organisation, die ansonsten dem *Ich* zugeschrieben werden (vgl. oben), erscheinen im Kontext der zweiten Triebtheorie als Merkmale eines Triebes. Der Eros ist der *Lebenstrieb*,

---

[23] Freud schreibt, von der "Traumdeutung" an habe die Psychoanalyse eine zweifache Bedeutung gehabt, "sie war nicht nur eine neue Therapie der Neurosen, sondern auch eine neue Psychologie" (Freud 1924c, p. 212).

[24] Was möglicherweise damit zu tun hat, dass Freuds Annahme eines Aggressions- und Destruktionstriebes (als Manifestationen des Todestriebes) weitgehend auf Ablehnung gestossen ist.

für den das Lustprinzip gerade *nicht* gilt, der *nicht* konservativ und *nicht* regressiv ist. Synthese und Organisation verweisen auf Prozesse, die Freuds Definition des Triebbegriffs sprengen, da sie nicht die *Leblosigkeit* wollen, sondern auf Verbindung und *Erweiterung* ausgerichtet sind. Der Eros bringt die *innere* Bereitschaft allen Lebens nach *Veränderung* zum Ausdruck[25]. Will uns vielleicht auch Freud den Hinweis geben, dass der Mensch nicht als Maschine zu verstehen ist, sondern als "eine Art *Lebewesen*, nämlich ein höheres Säugetier" (Ryle)?

In der Kryptoanthropologie von Freuds zweiter Trieblehre erscheint der Mensch als ein *Beziehungswesen*. Ähnlich wie Skinner, dessen mechanistisches Denken durch die Anerkennung der *Zeit* destabilisiert wird (vgl. Kapitel 2), findet auch Freud, sobald er die Dimension der *Zukunft* ernst nimmt, zu einem *relationalen* Menschenbild. Im "Jenseits des Lustprinzips" liegt nicht mehr die Fatalität des Todes, sondern die Hoffnung auf das Leben. Die Lebenstriebe bilden die anthropologische Basis für eine Psychologie, die auf der Grundlage des Lustprinzips nicht errichtet werden kann. Im "Jenseits des Lustprinzips" liegt "the other side of the individual, the place of the individual in the larger whole" (Bakan 1966, p. 178). Mit seiner zweiten Triebtheorie strapaziert Freud das mechanistische Denken so stark bis ein *organismisches* Denken sichtbar wird (vgl. Kapitel 6).

Interpolation des Bewusstseins

Freuds Rebellion gegen das mechanistische Weltbild ist im methodischen Bereich offensichtlicher als im theoretischen. Die folgenden Überlegungen werden unser Verständnis Freuds als eines Denkers an der Schwelle zu einem postcartesianischen Denken bestärken. Sie zeigen mit aller Deutlichkeit, wie sehr Freud gegen den Rahmen des naturwissenschaftlichen Weltbildes seiner Zeit ankämpfte, ohne dass es ihm vergönnt gewesen war, den sicheren Boden eines "Jenseits des Mechanizismus" zu erreichen.

Freud sah in der psychoanalytischen Methode den *Kern* seiner Wissenschaft. "In Wirklichkeit ist die Psychoanalyse eine Forschungsmethode, ein parteiloses Instrument, wie etwa die Infinitesimalrechnung" (Freud 1927a, p. 170f.). Im Vergleich zur Bewusstseinspsychologie und noch mehr im Vergleich zum Behaviorismus steht die Tiefenpsychologie vor einem beinahe unzugänglichen Gegenstand. Wenn weite Bereiche des Seelenlebens unbewusst sind - nicht nur das Es, sondern auch das Ich und das Über-Ich -, wie vermögen wir dann Psychisches zu erkennen? Für Anna Freud liegt der einzig mögliche Zugang zum Unbewussten im Ich. Weder das Es noch das Über-Ich sind anders als in ihren *Auswirkungen auf das Ich* erkennbar. "Das Ich ist sozusagen das Medium, durch das hin-

---

[25] Die Absicht des Eros ist es, das Leben "zu höheren Entwicklungen zu führen" (Freud 1923c, p. 233).

durch wir ein Bild der beiden anderen Instanzen zu erfassen versuchen" (A. Freud 1936, p. 9). Freud selbst hat es nicht anders gesehen: Das Unbewusste können wir nur erkennen, indem "wir es bewusst machen" (Freud 1923a, p. 288). Wir täten unrecht daran, das "Kriterium der Bewusstheit" herabzusetzen, denn es verhält sich damit wie mit unserem Leben, "es ist nicht viel wert, aber es ist alles, was wir haben" (Freud 1933a, p. 508). Ohne die Leuchte des Bewusstseins wären wir im Dunkel der seelischen Tiefen verloren.

Damit bezieht Freud in gewisser Weise die Position der Bewusstseinspsychologie, die den Zugang zum Seelischen nur über die unmittelbare Erfahrung für möglich hält. Ist das Ich die "Stätte des Bewusstseins" (Freud), dann müssen das Es und das Über-Ich in diese Stätte eintreten, wollen sie erkannt werden. Von der Bewusstseinspsychologie unterscheidet sich die Psychoanalyse allerdings in der Annahme nicht-bewusster *Regionen* des Seelischen. Das Ich ist nur *methodisch*, nicht auch theoretisch die Zentralinstanz der Psychoanalyse. Es ist eine Durchgangsstation zu den anderen seelischen Provinzen.

Wie aber wird das Bewusstsein methodisch genutzt? Etwa so, wie bei Herbart und Wundt, als *Introspektion*? Die Psychoanalyse ist wie der Behaviorismus eine Theorie der *verborgenen* Ursachen des Verhaltens. Im Unterschied zu Skinner sieht Freud das Verborgene jedoch nicht ausserhalb des Menschen, sondern - wie die Bewusstseinspsychologie - in diesem selbst. Dem Inneren gegenüber vermag die Introspektion aber genausowenig auszurichten wie gegenüber den äusseren Faktoren, von denen Skinner das Verhalten abhängig sieht. Denn das Unbewusste ist *verdrängt* und damit der inneren Wahrnehmung entzogen. Trotzdem liegt im Bewusstsein der einzig mögliche Zugang zum Unbewussten - aber nur, weil es *lückenhaft* und *entstellt* ist.

Die Psychoanalyse macht ihre Beobachtungen mit Hilfe der Lücken und Auslassungen des Bewusstseins und *ergänzt* und *interpoliert* das Fehlende durch Schlussfolgerungen. Sie stellt gleichsam eine bewusste Ergänzungsreihe zum unbewussten Seelischen her. "Auf der Verbindlichkeit dieser Schlüsse ruht die relative Sicherheit unserer psychischen Wissenschaft" (Freud 1940, p. 19f.). Wie aber findet der Psychoanalytiker zu seinen Schlussfolgerungen? Da die Psychoanalyse im Umgang mit neurotisch Kranken entstanden ist, müssen wir an diesem Punkt einsetzen.

Neurosen sind durch spezifische Unangepasstheiten wie Ängste, Zwangshandlungen, Hemmungen etc. charakterisiert. Solche *Symptome* sind Zeichen dafür, dass dem Ich die synthetisierende Arbeit misslungen ist (Freud 1928, p. 273). Sie gelten als Ausdruck einer pathologischen Entwicklung, deren Wurzeln im *Ödipuskomplex* liegen. Es sind missglückte Problemlösungen auf dem Hintergrund einer behinderten Triebentwicklung (Freud 1905a, p. 72ff.). Dabei ist ein Symptom immer auch ein *Ersatz* und eine "Konversion" für unterbliebene Befriedigungen (Freud 1904, p. 101, 1910b, p. 70, 1926b, p. 237, 285). Da sich das Individuum selbst gegen die Triebbefriedigung wehrt, ist das Symptom auch

Ausdruck der *Abwehr* des Triebes durch das Ich. Symptome sind *Kompromisse*, die aus der Interferenz zweier gegensätzlicher Strebungen hervorgehen und sowohl das Verdrängte (den Trieb) als auch das Verdrängende (das Ich) vertreten (Freud 1910a, p. 137, 1917b, p. 298). Im Kompromiss liegt der *Sinn* der neurotischen Symptome.

Die Traumdeutung als methodisches Paradigma

Wie kann der Sinn eines Symptoms erraten werden? Den Weg zeigt die psychoanalytische "Deutungskunst" (Freud). Im Deutungsprozess liegt der Kern der psychoanalytischen Methode. Am ausführlichsten hat Freud den Deutungsprozess am Beispiel des *Traumes* erläutert. Die Traumdeutung gilt als *Grundstein* der psychoanalytischen Arbeit und als *via regia* zum Unbewussten (Freud 1900, p. 577, 1910b, p. 76, 1913b, p. 107).

Träume sind insofern etwas Besonderes als sie im strengen Sinn privat sind. Anders als Empfindungen, die als körperliche Phänomene eine öffentliche *und* eine private Seite haben (vgl. Kapitel 2), sind Träume nur als *Traumberichte* oder *Traumerzählungen* öffentlich zugänglich[26]. In der Traumanalyse kann es daher nie darum gehen, "den" Traum zu erkennen, da dieser direkt nicht fassbar ist. Die Traumdeutung muss davon ausgehen, dass Traum und Traumerzählung übereinstimmen, auch wenn Erinnerungslücken eine Traumerzählung *unvollständig* machen können.

Wenn die Traumerzählung immer schon die Traumwirklichkeit darstellt, dann kann es in der Traumdeutung nicht um den Gegensatz von *wahr* und *falsch* gehen. Die Traumdeutung will den *Sinn* des Traumes aufdecken, nicht seine Wahrheit. Ihre Opposition ist jene von *manifest* und *latent*. Freud spricht vom "manifesten Trauminhalt" und vom "latenten Traumgedanken" (Freud 1901, p. 17f.). Was wir erinnern, ist der Traum*inhalt*, was wir deutend erschliessen, der Traum*gedanke*. Die Deutungsarbeit besteht darin, vom Manifesten auf das Latente zu schliessen. Wie aber ist dies zu leisten?

Methodisch greift die Traumdeutung zur *freien Assoziation*. Der Träumende wird aufgefordert, zu einzelnen Traumelementen spontan seine Einfälle mitzuteilen. Dadurch verrät er den Gedankenkreis, zu dem ein Traum gehört[27], und der Analytiker gelangt zu Auskünften, die meist *biographischer* Natur sind. Die Technik der freien Assoziation bildet die *Grundregel* der psychoanalytischen Therapie (Freud 1904, p. 103, 1913c, p. 194f., 1923c, p. 214f.). Der Analysand soll alles, was ihm in den Sinn

---

[26] Selbstverständlich können Träume durch die Messung von Hirnpotentialen in gewisser Weise öffentlich *gemacht* werden. Das betrifft aber nicht ihren Inhalt.

[27] Hier zeigen sich Freuds Wurzeln im Assoziationismus der Herbartschen Psychologie (Ellenberger 1970, p. 674, 744f., passim). Für Dorer liegt im System Herbarts "die bedeutendste historische Grundlage der Psychoanalyse" (Dorer 1932, p. 147, vgl. auch ebd., p. 170, 175ff.).

kommt, ungestört und ungehemmt äussern. Die Regel lässt sich nur partiell befolgen. Unweigerlich verstösst der Patient gegen das Grundgesetz der Analyse. Er zeigt *Widerstände* und macht den Analytiker unfreiwillig auf *Verdrängungen* aufmerksam. Insofern der analytischen Grundregel gefolgt werden kann, ermöglicht sie es, das Ich und dessen Zensur zu umgehen. Assoziationen unterliegen nicht der rationalen Kontrolle und sollten etwas vom irrationalen Funktionieren des Unbewussten offenbaren. Freud glaubte, seine Methode führe nicht zu willkürlichen Ergebnissen, da die Assoziationen durch die innere Einstellung des Analysanden *determiniert* seien (Freud 1924a, p. 207f.)[28].

Als Methode der *Traumdeutung* führt die freie Assoziation zum verdrängten *Wunsch*. Dieser ist der "wesentliche Faktor der Traumbildung" (Freud 1913d, p. 81). Da im Traum die Verdrängung gelockert ist, stossen Inhalte ins Traumbewusstsein vor, die ansonsten zurückgehalten werden. Insofern kann Freud sagen, der Traum sei "einer der *Umwege zur Umgehung der Verdrängung*" (Freud 1905c, p. 94).

Das Unbewusste ist jedoch nur *eine* Quelle der Traumgedanken. Die beiden anderen Quellen bilden aktuelle Reize und Tagesreste. Freud sieht den Traum als einen "Hüter des Schlafes" (Freud 1900, p. 538, 1901, p. 45). Er steht im Dienste der körperlichen Rekreation und fungiert als eine Art Reizschutz gegenüber aktuell störenden Reizen. Solche Reize werden bis zu einem gewissen Grad im Traum neutralisiert. Neben aktuellen Reizen verarbeitet der Traum vor kurzem im Wachbewusstsein vorgefallene Ereignisse, die den Träumer noch beschäftigen. Träume reagieren auf Erlebnisse, die eine *Sehnsucht* zurücklassen. Insofern sind auch die Tagesreste den Schlaf *störende* Reize. Und selbstverständlich können auch die Rückstände aus dem Unbewussten den Schlaf stören. Damit dies nicht geschieht, dafür sorgt ein der Traumdeutung korrespondierender Mechanismus, der die latenten Traumgedanken in den manifesten Trauminhalt verwandelt. Dieser Mechanismus ist die *Traumarbeit*.

Um zu einem *Verständnis* des Traumes zu gelangen, ist die Kenntnis der Prinzipien der Traumarbeit unerlässlich. Denn auch wenn wir wissen, dass im Traum Unbewusstes auftaucht, wissen wir noch nicht, wie und in welcher Form. Zunächst ist der manifeste Trauminhalt eine *Verbildlichung* des latenten Traumgedankens. "Der Trauminhalt ist gleichsam in einer Bilderschrift gegeben, deren Zeichen einzeln in die Sprache der Traumgedanken zu übertragen sind ..." (Freud 1900, p. 280). Zur Verbildlichung gesellt sich die *Traumentstellung* als zweite Leistung der Traumarbeit. Die Traumentstellung entspricht der Umarbeitung des latenten Traumgedankens durch Auslassungen, Modifikationen, Umgruppierungen, Anspielungen etc. (Freud 1901, p. 41). Ihre Methoden sind die *Verschiebung* und die *Verdichtung*. Sie bewirken eine *Zensur* der Traumgedanken. Die Zensur ist eine Leistung des Ichs, wie überhaupt die

---

[28] Insofern ist die Bezeichnung "freie Assoziation" irreführend, denn das Psychische ist gemäss psychoanalytischer Auffassung lückenlos determiniert.

Traumarbeit vom Ich erbracht wird. Insofern trägt der Traum alle Zeichen der Bearbeitung durch die *Abwehrmechanismen*. Und man könnte die Gleichung aufstellen: Traumarbeit : Verdrängung = Deutungsarbeit : Widerstand. Was der Analytiker in der Deutungsarbeit verspürt, sind die *Widerstände* des Analysanden, jene Kräfte, die bei der Traumarbeit von der *Verdrängung* ausgehen.

Freud sieht im Traum einen Ersatz für etwas, das dem Träumer unbekannt ist. Dieses Unbekannte liegt im Unbewussten und kann mit Hilfe der Traumdeutung *erschlossen* werden. Das Traumbewusstsein gibt ein gutes Beispiel für die *Entstellungen*, mit denen der Analytiker arbeitet. Im Traum ist das Unbewusste aufgrund der Traumarbeit in einer entstellten Form präsent. Die Entstellungen lassen sich rückgängig machen, wenn der Träumende in freier Assoziation von seinen Einfällen zu den Traumelementen berichtet. Aufgrund der Einfälle versucht der Analytiker, den *Sinn* des Traumes zu rekonstruieren. Er bemüht sich zu *erraten*, was damals geschah, als sich die Verdrängungen herausbildeten. Auf diese Weise kann er die Lücken in der Erinnerung des Analysanden schliessen. Seine Deutungskunst entzieht den "Erzen der unbeabsichtigten Einfälle" gleichsam den "Metallgehalt an verdrängten Gedanken" (Freud 1904, p. 104, 1910b, p. 75). Die Fremdheit des Traumes kann sich auflösen und sein *Sinn*, der immer ein *persönlicher* ist, vom Analysanden angeeignet werden. Insofern entspricht der Traumarbeit des Träumenden die *Analysearbeit* des Analytikers (Freud 1901, p. 18).

Die analytische Situation

Die Traumdeutung ist das Paradestück der psychoanalytischen Methodik. Sie bildet das Instrument, unter dessen gekonnter Anwendung auch die neurotischen Symptome ihren Sinn verraten. "Die Traumarbeit ... scheint in allem Wesentlichen identisch mit jener Entstellungsarbeit, welche die verdrängten Komplexe bei missglückender Verdrängung in Symptome verwandelt" (Freud 1910b, p. 79). Der Traum ist daher unmittelbar mit *pathologischen* Phänomenen vergleichbar, denn er ist "gebaut wie ein neurotisches Symptom" (Freud 1925b, p. 73) und hat die gleiche Genese. Er ist das "Normalvorbild aller psychopathologischen Bildungen" (Freud 1913b, p. 110); ja er ist selbst eine Psychose, "mit allen Ungereimtheiten, Wahnbildungen, Sinnestäuschungen einer solchen" (Freud 1940, p. 31). Er ist das erste Glied einer Reihe, "die das hysterische Symptom, die Zwangsvorstellung, die Wahnidee umfasst, aber vor den anderen ausgezeichnet durch seine Flüchtigkeit und seine Entstehung unter Verhältnissen, die dem normalen Leben angehören" (Freud 1933a, p. 458f.).

Der Traum steht nicht nur in einer Reihe mit den psychopathologischen Bildungen, er ist auch von derselben Art wie die Fehlleistungen, der Witz, die Religion, die Kunst und andere *kulturelle Gestaltungen* des menschlichen Lebens. Alles sind dies Beispiele für die "Wiederkehr des Verdrängten". Das unvollständig Verdrängte kommt zurück in verschleierter Form, als *Kompromissbildung*. Was Freud bezüglich der Hysterie sagt, gilt allgemein: "... ein hysterisches Symptom entsteht ... dort, wo zwei gegensätzliche Wunscherfüllungen, jede aus der Quelle eines anderen psychischen Systems, in einem Ausdruck zusammentreffen ..." (Freud 1900, p. 542 - im Original hervorgehoben). "Verdrängung - Nachlass der Zensur - Kompromissbildung", dies ist das Grundschema, nicht nur für die Entstehung abweichenden Verhaltens, sondern auch für die vielfältigen Formen der Kultur (Freud 1901, p. 44, 1913a, p. 363).

Methodisch geht der Analytiker im Falle krankhafter Bildungen genau gleich vor wie im Falle des Traumes. Seine Daten sind Verhaltensweisen und Phantasien, wie sie vom Patienten berichtet und durch assoziative Einfälle ergänzt werden. Doch die Daten der Psychoanalyse beruhen nicht bloss auf sprachlichen Äusserungen. Auch das Geschehen in der analytischen Situation liefert Datenmaterial. Die Beziehung von Analytiker und Analysand bildet die Grundlage dessen, was Freud *Übertragung* und *Gegenübertragung* nennt. Vom Analytiker wird erwartet, dass er sich so neutral wie möglich verhält, um als "Projektionsfläche" für die Gefühle, Wünsche und Erwartungen des Analysanden zu dienen. Er "soll undurchsichtig für den Analysierten sein und wie eine Spiegelplatte nichts anderes zeigen, als was ihm gezeigt wird" (Freud 1912b, p. 178). Damit wird die Dynamik der therapeutischen Beziehung in erster Linie vom Analysanden und seinen Erfahrungen aus *früheren* sozialen Beziehungen bestimmt. Diese überträgt er unter dem Einfluss des *Wiederholungszwangs* auf den Analytiker, der das Verhalten des Analysanden als Ausdruck von aktuell nicht (mehr) angemessenen Motiven deutet. Der Patient führt dem Analytiker "mit plastischer Deutlichkeit ein wichtiges Stück seiner Lebensgeschichte vor" (Freud 1940, p. 34).

Eine Psychoanalyse ist also keineswegs an das Verbalverhalten des Analysanden gebunden. Was dieser nicht erinnert, verrät er unter dem Einfluss des Wiederholungszwangs in seinen nonverbalen Äusserungen. "Er *agiert* gleichsam vor uns, anstatt uns zu berichten" (Freud 1940, p. 34 - Hervorhebung W.H.). An der Person des Analytikers lässt der Patient seine Vergangenheit wieder aufleben und *vergegenwärtigt* sie dadurch. In der analytischen Situation wiederholt sich seine Kindheit und wird dadurch *sichtbar*. Wie Skinner sorgt Freud für die *Visualisierung* der verborgenen Determinanten des Verhaltens[29]. Das "Stück realen Lebens" (Freud 1914d, p. 211), das die Übertragung repräsentiert, wird - wie die Erinnerungen, Träume und Einfälle des Patienten - vom Analytiker *gedeutet* und als Ausdruck einer perennierenden Problematik, die einem früheren Lebensabschnitt des Patienten zugehört, verstanden. Ob auf der Bewusstseins- oder auf der Verhaltensebene, das Vorgehen des Psycho-

---

[29] Allerdings ist der Psychoanalytiker weniger jemand, der *sehen* will, als jemand, der *hört*. Bei diesem Hören scheint Freud jedoch dieselbe Theorie der "unbefleckten Wahrnehmung" zu vertreten wie Skinner im Bereich des Sehens (Spence 1987, p. 55ff.).

analytikers ist dasselbe. Immer geht es darum, psychische *Inhalte* ans Tageslicht zu befördern, die nicht in die aktuelle Situation gehören, diese aber *verständlich* machen, sofern sie sich zu einem Muster zusammenfügen, das einen Sinn ergibt.

Was aber gibt einen Sinn? Der Sinn, nach dem die Psychoanalyse fragt, ist kein Produkt der kontingenten Assoziation von Verhaltenselementen, wie im Behaviorismus. Die Mechanik von freier Assoziation und Wiederholungszwang dient lediglich zur Beschaffung jener Daten, die in der analytischen Situation *fehlen*, um den *Kontext* ausfindig zu machen, in den ein Symptom gehört. Der Kontext, der nach psychoanalytischer Auffassung immer ein *persönlicher* ist, ermöglicht es, das Symptom zu deuten. Symptome gewinnen dadurch Sinn, dass sie mit dem *Lebensschicksal* eines Patienten verbunden werden (Bernfeld 1932, p. 451). Sinn ist Einbettung eines Phänomens in einen umgreifenden Horizont. "Deuten heisst, etwas einen anderen Sinn zuschreiben als den ausdrücklichen und offensichtlichen ..." (Codignola 1977, p. 97). Diesen anderen Sinn gibt die Lebensgeschichte des Individuums.

Die Logik der Deutung

Offensichtlich kann das Deuten in der Psychoanalyse nicht auf die Entzifferung *sprachlicher* Zeichen reduziert werden, wie Habermas (1968) und Ricœur (1965) annehmen[30]. Ziel der psychoanalytischen Arbeit ist auch nicht, eine zerstörte Sprache zu rekonstruieren, wie Lorenzer (1970a) glaubt. Die Reduktion der Psychoanalyse auf Hermeneutik käme der Rückführung von Geschichte auf *Sprachgeschichte* gleich (Codignola 1977, p. 62). Freud hat sich immer darum bemüht, die Entzifferung von Symbolen und die Deutung von Einfällen an konkrete *aussersprachliche* Bezugspunkte zurückzubinden, insbesondere an die Beziehung des Analytikers zum Analysanden. Sprache und Bewusstsein sind für die Psychoanalyse *Methoden*, nicht *Gegenstände* der Untersuchung. In der Sprache drückt sich der Analysand aus. Und in der Sprache teilt sich der Analytiker mit. Insofern ist die Psychotherapie eine "talking cure" (Freud 1910b, p. 54). Doch ohne Halt ausserhalb der Sprache wäre die analytische Kur undenkbar. In jeder Analyse gibt es "Zielvorstellungen", die der Patient "nicht fahrenlassen kann", wie die Zielvorstellung der Behandlung und die Zielvorstellung des Analytikers (Freud 1900, p. 508f.). Beide Zielvorstellungen sind *Konstanten* des psychoanalytischen Prozesses. Es sind Sachverhalte, die dem symbolischen Bereich entzogen sind und die Rolle von *faktischen* Elementen spielen.

Zu den faktischen Elementen des analytischen Geschehens gehört das Insgesamt an *Bedingungen*, unter denen die Analyse stattfindet. Es handelt

---

[30] Ricœur nennt die Analyse einen "geschlossenen Raum des Wortes" und eine "zusammen mit dem Patienten geleistete Wortarbeit" (Ricœur 1965, p. 378).

sich um Bedingungen wie Ort und Zeit der Analyse, Geschlecht, Alter, Nationalität, Sprache und Rolle von Analytiker und Analysand. Es sind dies Umstände der analytischen Arbeit, die als solche keine Deutung zulassen. Sie entziehen sich der Deutung, weil sie nicht als Phantasien zurückgewiesen und durch Analyse aufgelöst werden können (Codignola 1977, p. 83). Es sind Elemente, die *agiert* werden und eine für Analytiker und Analysand *gemeinsame* Wirklichkeit bilden.

Insofern der Deutung durch das therapeutische Setting Bezugspunkte geliefert werden, schliesst diese das Setting in ihre logische Struktur ein. Fortwährend teilt die Deutung die Wirklichkeit in zwei Kategorien ein. "Der einen gehören die Dinge an, die gedeutet werden, der anderen ... die Dinge, die in bezug auf die ersteren für *wahr* gehalten werden" (Codignola 1977, p. 98). Sobald der Analytiker deutet, verlegt er das Objekt seiner Deutung in den Bereich des Falschen. "Das kann er jedoch nicht tun, ohne ... etwas Wahres als kognitives Bezugszeichen anzunehmen" (ebd., p. 103). Zwischen wahr und falsch findet im Verlaufe des therapeutischen Prozesses eine Verschiebung statt. Immer mehr Ereignisse werden in den Bereich der *gemeinsamen* Wirklichkeit hineingenommen, wodurch schliesslich die Wahrheit (der Intersubjektivität) die Unwahrheit (der Neurose) besiegt. Psychoanalyse ist Abbau von falscher Subjektivität und Befreiung des "wahren Selbst" (Winnicott). Damit dieser Prozess gelingen kann, muss sich der Analytiker an den Rest von Wahrheit halten, der (noch) vorhanden ist.

Die primäre Erkenntnisquelle des Psychoanalytikers ist also die *analytische Situation* und nicht das sprachliche Verhalten des Analysanden. "Deshalb besteht ein erheblicher Unterschied gegenüber dem Vorgehen des Historikers, dessen schriftlich und mündlich überlieferte Quellen zwar ebenfalls auf ausserhalb derselben gelegene vergangene Ereignisse verweisen, zu denen er jedoch keinen andern Zugang mehr hat, im Gegensatz zum Analytiker, welcher aus der unmittelbaren Beobachtung des Verhaltens des Analysanden dessen auf das Erleben bezogene Angaben ergänzen und kritisch klären kann" (Kunz 1975, p. 51).

Die analytische Situation ist eine Situation, in der sowohl vermittelte wie unvermittelte Erfahrungen möglich sind. Deshalb kann die Psychoanalyse keine *Archäologie* sein[31]. Denn derjenige, den man in seiner Vergangenheit erforscht, ist ein *lebender* Mensch, dessen Geschichte noch nicht begraben ist. Treffender ist daher die Charakterisierung Bernfelds, der die Psychoanalyse eine "Spurenwissenschaft" nennt (Bernfeld 1932, p. 473ff.)[32].

---

[31] Ricœur nennt die Psychoanalyse eine "Archäologie des Subjekts" (Ricœur 1965, p. 429ff.).

[32] Die Charakterisierung der Psychoanalyse als "Spurenwissenschaft" lässt auf deren Nähe zur Detektivkunst aufmerksam werden. Wie der Detektiv die Spuren eines Verbrechens entziffert, die der Täter willentlich vertuscht hat, deutet der Analytiker die Symptome einer Krankheit, die der Patient ohne Absicht immer wieder von neuem produziert.

Freud hat die Psychoanalyse allerdings wiederholt mit der *Archäologie* verglichen. Die Unvollständigkeit der psychoanalytischen Daten soll den Analytiker zu ähnlichen Rekonstruktionen zwingen, wie sie der Archäologe am historischen Material vornimmt. Er hat das Vergessene aus den Anzeichen, die es hinterlassen hat, "zu erraten oder, richtiger ausgedrückt, zu *konstruieren*" (Freud 1937b, p. 396). Anstatt "Deutung" sei daher "Konstruktion" die "weitaus angemessenere Bezeichnung" (ebd., p. 398) für das, was der Analytiker tut. Doch die archäologische Metaphorik weckt übertriebene Erwartungen (Spence 1987). Wenn Freud die Arbeit des Psychoanalytikers mit einer archäologischen Ausgrabung vergleicht und als Ideal gar die Entdeckung des Grabes von Tut-ench-Amun anführt, dann suggeriert er, alles biographisch Wesentliche bleibe *erhalten*, und es sei "nur eine Frage der analytischen Technik, ob es gelingen wird, das Verborgene *vollständig* zum Vorschein zu bringen (Freud 1937b, p. 398 - Hervorhebung W.H.).

Wachtel nennt Freuds überspannten Glauben an die Erhaltung der Vergangenheit das *Kältesteppenmammut-Modell* (Wachtel 1977, p. 51, 59). Wie ein Mammut, eingefroren in den Eismassen eines arktischen Gletschers, während Tausenden von Jahren in seiner körperlichen Struktur erhalten bleibt, sollen abgespaltene oder verdrängte Selbstanteile irgendwo in der seelischen Tiefe konserviert werden[33]. Das Modell passt zu Freuds mosaikartigem Verständnis der menschlichen *Entwicklung*. Kann das seelisch Verborgene wieder *vollständig* zum Vorschein gebracht werden, dann deshalb, weil "im Seelenleben nichts, was einmal gebildet wurde, untergehen kann" und "alles irgendwie erhalten bleibt" (Freud 1930a, p. 201). Die *archäologische* Metaphorik führt auf direktem Weg zu den *mechanistischen* Gleichnissen der Metapsychologie. Was die psychoanalytische Ausgrabung zutage fördert, sind *Elemente* der psychosexuellen Entwicklung, repräsentiert in Form von Vorstellungen, Imagines und Erinnerungsspuren. Die Archäologie der Psychoanalyse ist eine Zerlegung der Seelentätigkeit "in ihre elementaren Bestandteile" (Freud 1919a, p. 242). Hinter diesen Metaphern verbirgt sich eine *statische* Welt, die nicht nur *überblickbar*, sondern auch *beherrschbar* ist. Der archäologische Blick *vergegenwärtigt* die Vergangenheit und ermöglicht dadurch die göttliche Schau der Wahrheit, der nichts unverborgen bleibt (vgl. Kapitel 1).

Zum Vergleich von Psychoanalyse und Detektivkunst vgl. Ginzburg 1979, Shepherd 1985 und Spence 1987, p. 113ff.

[33] In einem nachgelassenen Fragment Freuds heisst es: "Beim Neurotiker ist man wie in einer prähistorischen Landschaft ... Die grossen Saurier tummeln sich noch herum, und die Schachtelhalme sind palmenhoch" (Freud 1941, p. 151).

Die Gültigkeit der psychoanalytischen Erkenntnis

Die psychoanalytische Methode ist an die analytische Situation gebunden. Ausserhalb der Analyse wird bestenfalls im Lichte psychoanalytischer Einsichten *interpretiert*. Die Psychoanalyse unterscheidet sich diesbezüglich kaum vom Behaviorismus. Freuds Ausführungen zur Gesellschafts- und Kulturtheorie entsprechen Skinners Äusserungen auf diesem Gebiet. In beiden Fällen wird das begriffliche Instrumentarium, das auf eine spezifische methodische Situation zugeschnitten ist (das Labor bzw. die analytische Situation), *interpretierend* auf andere Situationen übertragen[34,35].

Ist aber die analytische Situation überhaupt ein *gültiger* Ort für die psychologische Erkenntnisgewinnung? Diese Frage lässt sich nicht ohne Qualifikation beantworten. Was für eine Erkenntnis wollen wir? Auf welche Realität soll sie bezogen sein? Skinner hat zweifellos recht, wenn er sagt: "The psychoanalytic couch is a simplified world ..." (Skinner 1972, p. 296). Doch in gleicher Weise hat Marie Jahoda recht: "Das psychologische Experiment ist ... eine genauso einzigartige Situation wie die analytische Couch ..." (Jahoda 1977, p. 180). Der beste Ort, um psychoanalytische Sätze zu prüfen, ist daher die analytische Situation (Meehl 1978, p. 829). Es gibt nichts an der psychoanalytischen Methode, das die Wissenschaftlichkeit der Psychoanalyse herabsetzen könnte. Die Frage ist nicht, ob die Psychoanalyse wissenschaftlich ist, sondern inwiefern ihre Erkenntnisse gültig sind.

Diesbezüglich sind gegenüber der Psychoanalyse genauso Vorbehalte angebracht wie gegenüber einer Psychologie, deren Wissen ausschliesslich im Labor gewonnen wird. Methoden können nicht von theoretischen und metatheoretischen Positionen losgelöst werden (Herzog 1984a, p. 289ff.). Auch wenn ich damit die Psychoanalyse in methodischer Hinsicht verteidige, ist dies kein Freispruch für die gängige Praxis von Analytikern, sich ihrer Wissenschaftlichkeit über schlecht dokumentierte Fallberichte zu versichern. Die Daten, mittels derer in der Psychoanalyse Forschung betrieben wird, sind von "beklagenswerter Unzulänglichkeit" (Eagle 1984, p. 199), was durch eine Reihe von unbefragten Mythen (Spence 1987) verschleiert wird. Es ist durchaus fraglich, ob ein Analytiker Therapeut und Forscher *zugleich* sein kann[36]. Grünbaum dürfte recht haben, wenn er meint, "dass die *klinischen* Zeugnisse der Grundlagen, auf denen

---

[34] Skinner nennt seine Ausführungen zur Sprache und zu anderem, nicht experimentell untersuchtem Verhalten ausdrücklich "Interpretationen" (Skinner 1974, p. 251f., 1988a, p. 114, 274, 364).

[35] Wenn Chomsky (1959) Skinner vorwirft, eine Terminologie, die auf die experimentelle Laborsituation zugeschnitten ist, in vager Analogie auf kulturelle Phänomene zu übertragen, dann kritisiert Ricœur Freuds Kulturtheorie als "eine bloss analogische Transposition der ökonomischen Erklärung des Traums und der Neurose" (Ricœur 1965, p. 76).

[36] Ein Problem, dessen sich Freud durchaus bewusst war (z.B. Freud 1917b, p. 434).

Freuds Gebäude erklärtermassen beruht, dürftig sind" (Grünbaum 1984, p. 309).

Der praktische Syllogismus

Betrachten wir die Logik der psychoanalytischen Deutung noch etwas genauer. Deutung ist Einbettung einer Verhaltensweise in einen Kontext, der ihr *Sinn* gibt. Der Stoffdenker Freud fragt nach der *Semantik* des menschlichen Verhaltens. Im Vergleich dazu sind die Behavioristen blosse Phonetiker (Bühler 1927, p. 68). Sie studieren das Verhalten in seinen bedeutungslosen Elementen. Die Psychologie kann sich aber ohne die Sinndimension nicht entfalten. Sie ist die "Wissenschaft vom sinnerfüllten Leben" (Spranger), wie Bühler mit Blick auf Freud betont: "... das Axiom von der Sinnhaftigkeit des menschlichen und tierischen Benehmens ist unangreifbar, es soll, nachdem wir die gottlose Mechanik der klassischen Assoziationstheorie überwunden haben, in goldenen Lettern über unserer Wissenschaft stehen und Freuds Namen unter denen genannt werden, die es wieder zu Ehren gebracht haben" (ebd., p. 205 - Hervorhebung weggelassen).

Sinn ist Einsicht in einen Zusammenhang, wo auf den ersten Blick keiner zu sein scheint. Der Zusammenhang, den die Psychoanalyse aufdeckt, ist ein biographischer. Das Verfahren der Psychoanalyse geht dahin, "den *genetischen Zusammenhang* der seelischen Geschehnisse aufzufinden" (Bernfeld 1932, p. 481). Ein Symptom wird sinnvoll im Horizont lebensgeschichtlicher Ereignisse. Damit entspricht die Struktur der psychoanalytischen Deutung dem *praktischen Syllogismus*. Der praktische Syllogismus ermöglicht "teleologische" Erklärungen und ist das für *Handlungen* angemessene Erklärungsmuster (Brandtstädter 1984, p. 851f., 1985, p. 256ff.; von Wright 1971). Eine Handlung erklären, heisst zeigen, dass es unter den gegebenen Umständen angemessen und *vernünftig* war, diese Handlung zu vollziehen. Die Struktur teleologischer Erklärungen sieht folgendermassen aus (von Wright 1971, p. 93):

A beabsichtigt, p herbeizuführen.
A glaubt, dass er p nur dann herbeiführen kann, wenn er a tut.
Folglich macht sich A daran, a zu tun.

Eine Erklärung ermöglicht das Schema nur, wenn eine Handlung - im Beispiel die Handlung a - bereits *vorliegt*. Denn die Aussagen der ersten beiden Zeilen führen nicht *zwingend* dazu, dass die Handlung a ausgeführt wird. Die Prämissen eines praktischen Schlusses haben nicht mit Notwendigkeit eine Handlung zur Folge. "Der Syllogismus ist ... kein logischer Beweis. Nur wenn eine Handlung bereits vorliegt und eine praktische Argumentation zu ihrer Erklärung oder Rechtfertigung konstruiert wird, nur dann haben wir eine logisch schlüssige Argumentation. Die Notwendigkeit des praktischen Schlussschemas ist ... eine *ex post actu* verstandene Notwendigkeit" (von Wright 1971, p. 110).

Es ist wichtig, genau zu sehen, inwiefern eine syllogistische Erklärung erklärt. Nehmen wir als Beispiel die folgende Situation (von Wright 1971, p. 112):

A beabsichtigt, die Klingel zum Läuten zu bringen.
A glaubt (weiss), dass er die Klingel nur dann zum Läuten bringen kann, wenn er den Knopf drückt.
Folglich drückt *A* den Knopf.

Das Verhalten, das es zu erklären gilt, ist das Drücken des Knopfes. Dieses Verhalten ist eine *Handlung*, d.h. es wird angenommen, dass der Knopf intentional gedrückt wird. Die Handlung wird aber nicht durch ihre Intention erklärt. Denn eine Intention ist ein *definierendes* Moment einer Handlung. Intentionen dienen dazu, Handlungen zu *identifizieren*. In gewisser Weise *verstehen* wir eine Handlung dadurch, dass wir ihre Intention ausfindig machen. Folglich muss die *Erklärung* der Handlung darüber hinausgehen. Sie nimmt nicht Bezug auf die Intention, sondern auf den die Handlung umgreifenden *Kontext*. Wenn wir eine Handlung erklären wollen, dann müssen wir auf ein Ziel verweisen können, das nicht bereits in der Handlung enthalten ist (von Wright 1971, p. 115). In unserem Beispiel besteht das Ziel im Läuten der Klingel. A drückt den Knopf, damit die Türglocke läutet. Damit wird die Handlung in einen Kontext gestellt, der als Erklärungshorizont fungiert.

Auch dabei spielt das Verstehen eine gewisse Rolle, denn es geht darum, die Handlung im Lichte eines umfassenden Zusammenhangs zu sehen. Max Weber unterscheidet deshalb das "aktuelle Verstehen" vom "erklärenden Verstehen". Das *aktuelle* Verstehen entspricht der bereits erwähnten Identifikation einer Handlung *als* Handlung, indem deren *Absicht* ausgemacht wird. Das *erklärende* Verstehen erfasst den *Zusammenhang*, in den ein aktuell verständliches Handeln hineingehört (Weber 1921, p. 4). Es ordnet die Tatsachen im Umkreis einer Handlung zu einem kohärenten Bild. Dadurch entsteht ein "grösserer Zusammenhang" (von Wright 1979, p. 427), der uns die Handlung verstehen lässt. Dieser grössere Zusammenhang ist zwar in sich stimmig und damit *vernünftig*, doch seine Struktur ist weder kausaler noch logischer Natur (Herzog 1984a, p. 148).

Der praktische Syllogismus erlaubt keine Prognosen. Er vermag Handlungsabläufe zu rekonstruieren, nachdem sie bereits vorgefallen sind. Damit ist er auch nicht in der Lage, lückenlose Kausalketten zu bilden und Ereignisse auf ihre Letztursachen zurückzuführen[37]. Der praktische Syllogismus entspricht einem Datenmuster, das aus *Indizien* besteht, die als *Spuren* von Handlungen gelesen werden. Als "Spurenwissenschaft" ist der

---

[37] Wie dies von Skinner beansprucht wird (vgl. Kapitel 2).

Psychoanalyse eine andere Form von Erkenntnis nicht möglich. Wie Freud betont, besteht in der Psychoanalyse zwischen Konstruktion (Analyse) und Prognose (Synthese) eine Asymmetrie:

"Solange wir die Entwicklung von ihrem Endergebnis aus nach rückwärts verfolgen, stellt sich uns ein lückenloser (sic!) Zusammenhang her, und wir halten unsere Einsicht für vollkommen befriedigend, vielleicht für erschöpfend. Nehmen wir aber den umgekehrten Weg, gehen wir von den durch die Analyse gefundenen Voraussetzungen aus und suchen diese bis zum Resultat zu verfolgen, so kommt uns der Eindruck einer notwendigen und auf keine andere Weise zu bestimmenden Verkettung ganz abhanden" (Freud 1920b, p. 276f.).

Die Psychoanalyse ist nicht imstande, "aus der Kenntnis der Voraussetzungen die Natur des Ergebnisses vorherzusagen" (ebd., p. 277). Damit anerkennt Freud die beschränkten Möglichkeiten der menschlichen Erkenntnis. Indem sich die Psychoanalyse als "Spurenwissenschaft" etabliert, begründet sie ein gegenüber dem Cartesianismus alternatives Erkenntnisparadigma.

Die Suche nach dem verlorenen Sinn

Die Besonderheit psychoanalytischer Erklärungen besteht darin, dass der praktische Syllogismus einerseits im Rahmen *biographischer* Tatsachen angewandt wird und andererseits Bezug genommen wird auf *unbewusste* Zielsetzungen. Der Analytiker bemüht sich um die sukzessive Rekonstruktion des lebensgeschichtlichen Horizontes eines Individuums, um dem aktuell unverständlichen Verhalten einen Sinn zu geben. Ein Symptom, eine Fehlleistung oder ein Traum werden aufgrund der in der analytischen Situation anfallenden Daten in einen Kontext gestellt, der von frühkindlichen Erfahrungen gebildet wird und das zunächst Unverständliche verständlich macht. Das Symptom erweist sich als Resultat einer *Handlungsweise*, zu der der Analysand gefunden hat, um mit einer Situation fertig zu werden, von der er in seiner Kindheit überfordert war. Die Psychoanalyse stellt mit Hilfe ihrer Methode einen Kontext her, der die Symptomatik in einen Zusammenhang stellt, in dem sie ihre Sinnlosigkeit verliert und *vernünftig* wird.

Die Einbettung einer Verhaltensweise in einen Zusammenhang, der dem Analysanden zunächst nicht bewusst ist, mag den Eindruck erwecken, als sei die Psychoanalyse eine *Naturwissenschaft* - im Sinne der "psychology of the other one" der Behavioristen (vgl. Kapitel 2)[38]. Denn der Sinn, den der Analytiker aufdeckt, ist von aussen gesehen und entspricht nicht der Perspektive des Analysanden. Doch was der Analytiker zu erkennen vermag, sind keineswegs *kontingente* Zusammenhänge, sondern intentionale Bezüge, die auch vom Analysanden eingesehen werden kön-

---

[38] Tatsächlich hat Freud in der Psychoanalyse eine Naturwissenschaft gesehen (z.B. Freud 1925b, p. 85).

nen. Die Aussenperspektive des Analytikers ist keine Sicht auf ein mechanisches Getriebe, denn der Sinn menschlicher Handlungen liegt nicht in einer hermetischen Innerlichkeit. Der Sinn ist *objektiv* erkennbar. Deshalb hat die Diskrepanz von Eigen- und Fremdperspektive nichts mit dem Unterschied von Natur- und Geisteswissenschaft zu tun. Vielmehr ist sie die schlichte Folge der Tatsache, dass unser Wissen, wer und was wir sind, von anderen abhängig ist. Was uns Skinner gezeigt hat, dass nämlich "öffentlich" und "privat" nicht mit "körperlich" und "geistig" zusammenfallen, hat auch für die Psychoanalyse seine Gültigkeit.

Wenn unsere Rekonstruktion der psychoanalytischen Erklärungsstruktur richtig ist, dann hat dies zur Folge, dass es die Psychoanalyse nicht mit Verhalten, sondern mit *Handeln* zu tun hat. Das mag eigenartig anmuten, denn Handlungen unterliegen *Absichten*; sie sind willentlich und zumeist *bewusst*. All dies, so nehmen wir an, gilt für neurotische Symptome gerade nicht. Symptome sind willentlich nicht beeinflussbar. Sie widerfahren uns; wir sind ihnen ausgeliefert; und sie machen uns unfrei. Trotzdem deutet die Psychoanalyse Symptome in den Kategorien der Handlungssprache. Verhalten, das uns mechanisch *erscheint*, betrachtet sie, als wäre es *intentional*. Das Sinnlose wird gesehen, "als ob es auf einen verborgenen Sinn hindeutete" (Freud 1923c, p. 215). Symptome drücken *Absichten* aus, wenn auch unbewusste. Sie sind keine Naturereignisse, sondern Handlungsweisen, genauer gesagt: das unbeabsichtigte Ergebnis von Handlungsweisen.

Das Ziel der psychoanalytischen Therapie ist die Befreiung des Patienten von den Einschränkungen der Neurose. Dieses Ziel ist nur erreichbar, wenn der Analysand ansprechbar ist, wie schwach auch immer. Denn die analytische Situation besteht darin, "dass wir uns mit dem Ich der Objektperson verbünden, um unbeherrschte Anteile ihres Es zu unterwerfen, also sie in die Synthese des Ichs einzubeziehen" (Freud 1937a, p. 375). Die psychoanalytische Therapie besteht nicht zuletzt darin, dem Patienten klar zu machen, dass er die *Verantwortung* übernehmen muss für den Zustand der Selbstentfremdung, in dem er sich befindet (Schafer 1976, p. 57). Wollte er sagen, was "unbekannt, unbewusst und verdrängt" sei, sei nicht sein Ich, so stünde er "nicht auf dem Boden der Psychoanalyse" (Freud 1925c, p. 567). Das Schicksal der Menschen ist "zum grossen Teil selbst bereitet" (Freud 1920a, p. 231). Zwar vermag der einzelne - vor allem in frühen Jahren - seine Lebensumstände nur wenig zu beeinflussen, doch die Art und Weise, wie er sich mit dem Leben auseinandersetzt, ist seine eigene Leistung. Das Ich mag im Lebenskampf scheitern, doch verkörpert es die aktive und autonome Seite des Menschen. Nur wo das Ich noch ansprechbar ist, kann dessen Stärkung Aussicht auf Erfolg haben.

Aber gehen wir damit nicht zu weit? Basiert Freuds *Metapsychologie* nicht auf einer mechanistischen Weltauffassung? Ist das Seelenleben nicht einem strikten Determinismus unterworfen? Unsere Analyse der psychoanalytischen Deutungskunst haben wir im Rahmen der psychoanalytischen *Praxis* vorgenommen. Es ist oft schon bemerkt worden, dass Freuds klinische und seine wissenschaftlichen Schriften nicht ohne weiteres zusammenpassen (Gill 1976; Klein 1976; Rapaport 1960; Schafer 1976). Habermas spricht vom "szientistischen Selbstmissverständnis" der Psychoanalyse. Freud habe eine *Humanwissenschaft* begründet, diese aber fälschlicherweise für eine *Naturwissenschaft* gehalten (Habermas 1968, p. 300f.). Tatsächlich ist in der Psychoanalyse vom *Menschen* die Rede. Anders als die Behavioristen, die nur vom *Verhalten* sprechen und das sich verhaltende Lebewesen übergehen, insistiert Freud auf dem Menschen als Initiator seines Tuns. Die Psychoanalyse argumentiert vom Standpunkt des Handelnden aus.

Trotzdem besteht bei Freud eine Diskrepanz zwischen Theorie und Praxis, wenn auch nicht jene, die Habermas ansetzt. Diese Diskrepanz ist im selben Licht zu sehen, das uns schon bei der Ausleuchtung der zweiten Triebtheorie geholfen hat. Freuds Praxis ist seiner Theorie voraus. Und zwar in dem Sinne, dass sich in der Praxis eine Abkehr von einem mechanistischen und eine Zuwendung zu einem *organismischen* Verständnis des Menschen anzeigt. Es scheint mir nicht richtig zu sein, in Freuds Schriften einen *Konflikt* zwischen einem mechanistischen und einem humanistischen Menschenbild zu sehen (Holt 1972). Der Eindruck des Konflikts kann nur entstehen, wenn Freuds Werk als *Gesamttext* behandelt wird, ohne die *Entwicklung* in seinem Denken zu berücksichtigen. Das gilt auch für Ricœur, der die Psychoanalyse einer "gemischten Rede" überführt, die zwischen Energetik und Hermeneutik oszilliert (Ricœur 1965, p. 79-161). Die Diskrepanz zwischen Mechanik und Sinn verliert einiges an Schärfe, wenn man sie als Ausdruck der Anstrengung eines Autors versteht, der das wissenschaftliche Denkmodell des 19. Jahrhunderts zu sprengen versuchte[39].

Wir dürfen nicht vergessen, dass Freud eher widerwillig und relativ spät Arzt geworden ist (Freud 1914b, p. 145; Jones 1953, p. 47ff., 82ff.)[40]. Lange Zeit dachte er an eine Karriere als Wissenschaftler und Physiologe. Diese Zeit hat sein Denken nachhaltig geprägt. Freud hat sich auch mehrfach dagegen gesträubt, die Psychoanalyse eine ärztliche Wissenschaft zu nennen. Er hielt es "gar nicht für wünschenswert, dass die Psychoanalyse von der Medizin verschluckt werde" (Freud 1926c, p. 338). Auch Freuds Praxis war zunächst nicht psychotherapeutisch, sondern von Hypnose und Suggestion beherrscht. Das eindrückliche Zeichen einer neuen Sichtweise des Menschen setzt die "Traumdeutung", von Freud im Alter von rund 40 Jahren verfasst. Doch gerade die "Traumdeutung" zeugt von der Gleichzeitigkeit der Erneuerung im Praktischen und der Beharrlichkeit im Theoretischen. Die Deutungskunst vermag das

---

[39] Allerdings geht es Freud auch um die Frage, wie Sinn verloren gehen und in die Selbstentfremdung einer mechanischen Existenz führen kann. Diesen Aspekt der Freudschen Psychoanalyse werden wir im Kapitel 7 ausführlicher diskutieren.

[40] "Ich bin Arzt geworden durch eine mir aufgedrängte Ablenkung meiner ursprünglichen Absicht ..." (Freud 1926c, p. 344).

Reflexbogenmodell kaum zu relativieren. Freuds Praxis hat seine Theorie nur langsam erreicht. Und als es so weit war und das Strukturmodell und die zweite Triebtheorie vorlagen, gelang es ihm nicht mehr, eine *konsistente* Überarbeitung seiner Theorie vorzunehmen. So ist er der "loyale Rebell" geblieben, als den ihn George Miller bezeichnet hat.

4 Prinzipien der Moral

> *"Denn wer weder durch die Vernunft noch durch Mitleid bewogen wird, anderen Hilfe zu leisten, der wird mit Recht ein Unmensch genannt ..."*
>
> Baruch de Spinoza

Unsere Diskussion des Behaviorismus hat zu einer Verschärfung des Herbartschen Problems geführt. Wir mussten einsehen, dass auch Skinner nicht sagen kann, wie erzieherisches Handeln (moralische) Subjektivität zu beeinflussen vermag. Die Behavioristen leugnen das autonome Subjekt und sind überzeugt, dass eine wissenschaftliche Theorie der Erziehung "Jenseits von Freiheit und Würde" (Skinner 1971) zu entwickeln ist. Für Herbart wäre diese Auffassung genauso unhaltbar gewesen, wie die Absolutsetzung der menschlichen Freiheit durch Kant. Denn eine Erziehung, die *nicht* zur Freiheit führt, war ihm ein Zeichen der Tyrannei (vgl. Kapitel 1). Das Herbartsche Problem besteht genau darin zu erklären, wie durch erzieherische Einwirkung Freiheit möglich ist.

So gesehen, kommt die Psychoanalyse der pädagogischen Intuition näher als der Behaviorismus. Denn Freud anerkennt zumindest die Zielsetzung der Pädagogik. Der Mensch soll in seinem Ich *gestärkt* werden, um sich freier und selbständiger bewegen zu können. Darin liegt die Hoffnung der Psychoanalyse (vgl. Kapitel 3). Genau deshalb rebellierte Freud gegen das mechanistische Denken, das noch für Skinner ein Synonym für Wissenschaftlichkeit war. Doch Freuds Aufbegehren war nicht radikal genug. Er vermochte sich vom Mechanizismus nicht zu befreien. Und so stehen wir mit Freud trotz allem nicht viel besser da als mit Skinner.

Unsere Analyse von Behaviorismus und Psychoanalyse zeigt, dass der Mensch im Rahmen derselben mechanistischen Grundauffassung in unterschiedlichem Licht erscheinen kann. Obwohl beide Psychologien das Ich seiner Macht berauben, ist ihre Stossrichtung verschieden. Während Skinner die Ursachen des Verhaltens in die Umwelt verlegt, belässt sie Freud im Menschen, doch verschiebt er sie in eine verborgene Tiefe. Beide Male wird dem Menschen die Subjektivität abgesprochen. Statt Herr im eigenen Haus zu sein, ist er Spielball fremder Mächte.

Skinner und Freud haben ihr Menschenbild nicht spekulativ begründet. In beiden Fällen liegen *empirische* Gründe vor. Allerdings bedienen sich Behaviorismus und Psychoanalyse nicht nur je besonderer Methoden, sondern auch je besonderer Untersuchungsobjekte, um ihre Ansichten plausibel zu machen. Polemisch formuliert, beschränkt sich der Behaviorismus auf *Ratten* und die Psychoanalyse auf *Neurotiker*. Und böse gesagt, sind die Experimente der Behavioristen das Eingeständnis, dass sie nur an Ratten demonstrieren können, was sie über den Menschen behaupten (Bruder 1982, p. 164). Doch lassen wir die Polemik beiseite. Was deutlich werden sollte, ist die Fragwürdigkeit der oft behaupteten *Voraussetzungslosigkeit* der psychologischen Forschung. Skinner wie Freud sehen den Menschen *im Lichte ganz bestimmter Annahmen.* Diese Annahmen legen fest, wie ihnen der Mensch erscheint und was sie "sehen", wenn sie ihn erforschen.

Erkenntnisse sind *perspektivisch.* Was Psychologen unterscheidet, ist "der Gesichtspunkt, von dem aus sie den Menschen betrachten" (Jahoda 1977, p. 117). Wenn die pädagogische Psychologie im Gesichtspunkt der *pädagogischen Intuition* begründet werden soll (vgl. Kapitel 1), dann stellt sich die Frage, ob die Perspektiven von Skinner und Freud dem Standpunkt der Erziehung angemessen sind. Skinners Perspektive wird ihm gewiss nicht gerecht (vgl. Kapitel 2). Freud kommt der pädagogischen Intuition näher. Denn auf seine Weise kämpft auch er mit dem Herbartschen Problem: Wie kann aus einem blinden Es ein sehendes Ich werden? Wie verwandelt sich Mechanik in Subjektivität? Doch Freud vermag diese *pädagogische* Frage nicht wirklich zu beantworten.

Wollen wir zuviel? Müssen wir nicht einfach hinnehmen, dass eine *wissenschaftliche* Theorie der Erziehung *mechanistisch* ist? Nein, denn nicht nur die Erziehung, auch die Moral nimmt Partei für das *Subjekt.* Wie der Pädagogik kann es der Ethik nicht gleichgültig sein, wie Psychologen den Menschen sehen. Jede Ethik macht bestimmte Annahmen anthropologischer Art (Fromm 1947, p. 30; Heller 1988; Midgley 1978, p. 166). Die Annahmen können falsch sein, doch sie stimmen mit denjenigen der Pädagogik darin überein, dass sie den Menschen in seiner *Subjektivität* begreifen lassen. Brauchen wir dann nicht eine Theorie moralischen Verhaltens, die auf der Anerkennung der menschlichen Subjektivität beruht?

Was aber verstehen wir unter Moral? Zwar sind wir dieser Frage bislang nicht ausgewichen, doch über eine zufriedenstellende Antwort verfügen wir noch nicht. Bevor wir uns weiter in die Psychologie vertiefen, ist es daher ratsam, einen deutlicheren Begriff davon zu haben, was unter *Moralität* zu verstehen ist, vor allem auch deshalb, weil unsere bisherige Auseinandersetzung mit der Psychologie eher negativ ausgegangen ist. Eine Lösung für das Herbartsche Problem haben wir noch nicht gefunden. Vielleicht deshalb nicht, weil wir nicht klar genug sehen, worin der *moralische* Aspekt des Problems besteht.

Die Ordnung als das Gute

Bei Fragen der Moral geht es um *gut* und *böse.* Skinner will die Menschen automatisch gut machen, damit sie das Böse meiden. Und Freud verweilt nur deshalb so lange beim Bösen, um für das "Verhältnis des Bösen zum Guten" die richtige Formel zu finden (Freud 1917b, p. 158). Die Philosophie ist damit einverstanden. "Die alleinigen Objekte einer praktischen Vernunft sind ... die vom Guten und Bösen" (Kant 1788, p. 174). Ethik ist die Erörterung der Fragen "Was ist gut?" und "Was ist schlecht?" (Moore 1903, p. 31; Tugendhat 1989, p. 147). Schlecht können allerdings auch Dinge, Ereignisse und Zustände sein. Erst das *Böse* kann allein dem *Menschen* zugeschrieben werden. Denn die Tiere - unsere "nächsten Verwandten" - vermögen lediglich ein "sogenanntes Böses" (Lorenz 1963).

Schulz meint, böse sei die *Unordnung*, "genauer: der Umsturz der Ordnung in mir selbst und der Ordnung in bezug zu anderen" (Schulz 1972, p. 726). Der Umsturz gründet im Ich, insofern dieses *Freiheit* ist. Jede Vorgegebenheit bedeutet ihm Bindung, die es im Glauben an seine Bedingungslosigkeit nicht annehmen will. Indem es sich über alle Bindung hinwegsetzt, reisst es die Mauern und Zäune ein, die in ihm und ausser ihm gegen die reine Triebhaftigkeit errichtet sind (ebd.). Die Schilderung des Bösen durch Schulz erinnert an Freuds *Todestrieb*. Während der Eros *vereinen* und binden will, *zerstört* der Todestrieb und löst den Zusammenhang auf, in dem die Menschen stehen.

Liegt also das Böse in der Zerstörung und das Gute in der Wahrung von Ordnung? Wir zögern zuzustimmen, denn Ordnungen können auch schlecht sein. In einer Diktatur als *politische* Ordnung vermögen wir nichts Gutes zu sehen. Brauchen wir nicht einen Massstab, an dem wir die Güte einer Ordnung messen können? Werner Marx bejaht diese Frage und meint, nicht das Gute, sondern der Begriff des *Masses* gebe die letzte Bestimmung der Ethik (Marx 1983, p. 9). Welches Mass aber? Marx' Kritik ist nicht stichhaltig. Denn Ordnungen sind zwar nicht als solche gut, das aber heisst nur, dass das Gute nicht mit Ordnung *gleichgesetzt* werden kann. Ein *Mass* aber ist auch das Gute. Wir messen eine (politische) Ordnung am Mass des Guten.

Wenn wir das Gute nicht mit Ordnung gleichsetzen können, ist dann das Böse identisch mit *Unordnung*? Auch dies können wir nicht bejahen. Wer in Notwehr einen Menschen tötet, von dem sagen wir nicht, er habe Böses getan. Es gibt Formen der Aggression, die im Dienste der Erhaltung von Leben stehen und der *Ordnung* dienen. Auch wenn wir nicht glauben mögen, dass der Zweck die Mittel heiligt, denken wir doch, dass unter Umständen selbst ein Krieg gerecht sein kann. Was wir missbilligen, sind "bösartige" Formen der Aggression (Fromm 1973, p. 20), die reine Destruktivität, die Vernichtung von Ordnung als *Selbstzweck*.

Das Böse kann also genausowenig mit der Zerstörung von Ordnung gleichgesetzt werden wie das Gute mit deren Erhaltung. Doch weshalb ist uns die Ordnung als solche kein Mass für gut und böse? Die Antwort liegt in unserem Selbstverständnis. Ordnung ist etwas, das wir uns - wenigstens zum Teil - selbst zuschreiben. Insofern unterscheiden wir uns von der Antike und deren Deutung des Kosmos als einer *objektiven Ordnung*, der sich der Mensch einzufügen hat. Wir erachten die Ordnungen, in denen wir leben, nicht als natürlicherweise gut, sondern als veränderbar und damit *verbesserbar*. Darin drückt sich unsere Modernität aus. Der moderne Mensch ist der *schaffende Mensch*, der sich die Ordnungen seines Seins selbst gibt - in der *Technik* gegenüber der Natur, in der *Politik* gegenüber der Gesellschaft und in der *Erziehung* gegenüber sich selbst. Er steht in der Situation desjenigen, "der Ordnung selbst entwerfen, machen und durchhalten muss" (Willms 1969, p. 28). Deshalb ist es für uns schwierig, in der Ordnung als solcher das Gute zu sehen, denn wir fühlen uns selbst verantwortlich für die Ordnungen, in denen wir leben.

Wo gut und böse zur Leistung des Menschen werden, können wir nicht mehr fragen, "Ist das, was *ist*, gut?", sondern die Frage lautet, "Ist das, was wir *tun*, gut?" Gut und böse verblassen als Attribute des *Seins* und werden zu Merkmalen von *Handlungen*. Das Moralische wird *subjektiviert*. Mit dieser Subjektivierung sind zwei wesentliche Umorientierungen der Ethik im Vergleich zur Antike verbunden: (1) Die Verlagerung von gut und böse vom *Wissen* zum *Wollen*, und (2) die Verengung des Moralischen vom *guten Leben* auf die *Gerechtigkeit*. Den beiden Umorientierungen wollen wir im folgenden nachgehen.

Die Subjektivierung von gut und böse

In der *Antike* stehen das Gute, das Wahre und das Schöne in grosser Nähe zueinander. Für Sokrates ist die Tugend eine Frage des *Wissens* (Ferber 1989). Böses wird nicht aus schlechtem Willen, sondern aus Unkenntnis getan. Wer um die Wahrheit weiss, der ist auch erfüllt vom Guten. Damit stellt Sokrates den Menschen auf sich selbst. Der einzelne soll als *Individuum* um das Gute wissen. Doch der Individualismus der Antike ist - gemessen am neuzeitlichen Individualismus - begrenzt. Er ist ein Individualismus der *Vernunft*, dem eine qualitative Auszeichnung fehlt (Landmann 1976, p. 132ff.). Die Vernunft ist *allgemein* und macht die Menschen eher *gleich* als verschieden voneinander. Der vernünftige Mensch erkennt die Wahrheit, wie sie *an sich* ist. So führt die Wahrheit nicht eigentlich zur Freiheit, sondern zur Unterwerfung des einzelnen unter die *objektive* Ordnung des Seins.

Noch bei Kant ist dieser Gedanke lebendig. Die Erkenntnis der natürlichen und die Erkenntnis der moralischen Ordnung löschen die Individualität des einzelnen aus. Das "Sittengesetz" entspricht in seiner Objektivität dem "Naturgesetz". Kant ist geradezu entzückt ob der Entdeckung, dass das Gewissen *in* uns einer ebenso unerbittlichen Notwendigkeit folgt, wie der Himmel *über* uns (Kant 1788, p. 300).

Bei aller Individuierung, die sie möglich macht, führt die Vernunft nicht zu einer verinnerlichten, wohl aber zu einer *kognitiven* Moral. Moralisch ist derjenige, der um das Gute *weiss*. Da die Griechen die Erkenntnis nicht für einen konstruktiven, sondern für einen *kontemplativen* Vorgang hielten (vgl. Kapitel 1), war ihnen die Vernunft kein Organ zur *Schaffung* von Normen, sondern eines zur *Nachahmung* der kosmischen Wahrheit. Der Individualismus der Antike war nicht nur ein quantitativer, er war auch ein *rezeptiver* Individualismus. Was der einzelne findet, ist nie etwas Originäres, sondern das *Allgemeine*, wie es schon immer war, für immer sein wird und für jedermann Gültigkeit hat.

Bereits im *Christentum* änderte sich diese Ansicht. In christlicher Hinsicht tut der Mensch Böses nicht aus fehlendem Wissen, sondern aus mangelndem *Glauben*. Adam und Eva wurden sündig, weil sie *nicht gehorchten*. Die freie Aneignung der Wahrheit, die den Griechen so viel bedeutete, erscheint den Christen als Frevel. Der Mensch soll auf *Gottes Wort* hören, dem Allmächtigen *vertrauen* und nicht auf *Erkenntnis* aus sein. Dieser Gegensatz war den Griechen unbekannt. Ihre Religion hatte keinen hemmenden Einfluss auf die Philosophie. Insofern die Götter im vollen Besitz der Wahrheit waren, konnte der Mensch durch "betrachtende Tätigkeit" dem Göttlichen gleich werden (Aristoteles 1972, p. 295ff.). Der Weg zu Gott führte über das *Wissen*.

Die christliche Trennung von Glauben und Erkenntnis hatte die Stärkung einer Kompetenz zur Folge, die bei den Griechen von geringer Bedeutung war: der *Wille* (Dihle 1982). Der Glaube bringt einen Zwiespalt in die Seele, da er vom einzelnen oft verlangt, entgegen seinen Interessen zu handeln. Das *credo quia absurdum* führt auf eine neue, weit radikalere Weise zur Stärkung der menschlichen Subjektivität. Als Gläubiger steht der Mensch nicht mehr unter dem Schutzschild der allgemeinen Vernunft, vielmehr ist er *auf sich selbst* gestellt. Zwar steht er vor *Gott*, doch er steht *allein* vor Gott. Der Allmächtige tritt ihm als Individuum gegenüber - wie die biblischen Figuren Moses, Abraham, Jesus etc. eindrücklich zeigen. In ihrer Vereinzelung werden sie von Gott aber auch getragen. Er *macht* sie zu Individuen und *hält* sie in ihrer Individualität. So wird der Mensch zu einem Wesen, das nur in Beziehung zu Gott wirklich *sein* kann. Obwohl zum Einzelwesen geworden, ist er ein *Beziehungswesen* (Greshake 1987, p. 3ff.). In der Beziehung zu Gott findet er seine *Moralität*. Der Christ ist nicht gut, weil er um das Gute *weiss*, sondern weil er es von Gott *erfährt*. Die Liebe ist eine Gnade, die kein Mensch sich selbst geben kann. Haben die Griechen die moralische Ordnung *entdeckt*, wird sie den Christen *offenbart*.

Dies ändert sich erneut im Übergang zur Neuzeit. Der *moderne* Mensch misstraut dem Wort und "glaubt" nur, was er selbst erkannt hat. "Die Offenbarung muss von der Vernunft beurteilt werden", heisst es bei Locke (1690, Bd. II, p. 414). Dabei ist das Erkennen des modernen Menschen ein *Machen* (vgl. Kapitel 1). Die Wahrheit wird nicht mehr gefunden, sondern *hergestellt*. Damit wird auch das Gute zur Leistung des Menschen. Der Wille löst sich von seiner Einbindung in die Beziehung zu Gott und wird zur Instanz einer säkularisierten Moral. Der einzelne sieht sich als absolutes Individuum, befreit von jeder Bindung und Abhängigkeit. Descartes' "Cogito ergo sum" bringt das Selbstverständnis des modernen Menschen auf den Punkt: Der Mensch ist nicht mehr in Beziehung zum *Kosmos* oder zu *Gott*, sondern in Beziehung zu sich *selbst*. Im Denken ist er mit sich selbst verbunden, und diese Selbstbeziehung ist der *Grund* seines Seins. Wir stehen damit wiederum vor einer *kognitiven* Moral. Doch die Vernunft ist nicht mehr eingebunden in eine objektive Ordnung, die *entdeckt* werden könnte, vielmehr ist sie zur "subjektiven Vernunft" (Horkheimer 1947) geworden, die zur *Schaffung* von Ordnung beigezogen wird. Das Gute ist die Leistung von Menschen, die mit ihrer *Vernunft* gut sein *wollen*.

Und das Böse? Auch das Böse wird subjektiviert. Es erscheint als Widersacher der Vernunft: als Unvernunft des *Körpers*. Gut und böse verteilen sich entlang der cartesianischen Spaltung des Menschen in *res cogitans* (Geist) und *res extensa* (Körper). Das christliche Denken kannte diese Art von Dualismus nicht, denn der Christ steht in seiner *Ganzheit* in Beziehung zu Gott[1]. Das Böse liegt in der *Abkehr von Gott*, nicht in der Körperlichkeit des Menschen. Der Mensch, der *objektiv* auf Gott bezogen ist, kann seine Bezogenheit *subjektiv* leugnen, womit er sich sündig macht. Erst in der Moderne wird das Böse zur "Schwäche des Fleisches". Statt im Verhältnis zum Kosmos oder zu Gott wird der Mensch im Verhältnis zu sich selbst sündig. Auch der Konflikt zwischen gut und böse hat sich verinnerlicht[2].

Im Schatten Descartes'

Auch nach Descartes wird das Gute im *Geist* lokalisiert und von den körperbezogenen Emotionen befreit. Das *Mitgefühl* oder die *Sympathie* gelten als fragwürdige Grundlagen moralischen Verhaltens, insbesondere bei Kant. Die körperliche Natur des Menschen ist egoistisch, der Wille dagegen von der "Nötigung durch Antriebe der Sinnlichkeit" (Kant 1781, p. 489) frei. Folglich kann er gegen den Egoismus des Körpers mobilisiert werden. Das "Prinzip der Sittlichkeit" wird zum Widerpart des "Prinzips der Selbstliebe" (Kant 1788, p. 133f., 146). Moralisch gut ist dasjenige Verhalten, das von der *Vernunft* geleitet wird, pflichtgemäss ist und ohne Zuneigung erfolgt. Was nicht "bloss um des Gesetzes willen" getan wird, hat "keinen wahren sittlichen Wert" (Kant 1785, p. 24, 1788, p. 203).

Kant steht am Ende des Prozesses der Subjektivierung von gut und böse. Seine Ethik bildet gleichsam die Quintessenz der vorausgehenden Ansätze ethischen Denkens. Die antike Vorstellung des *vernünftigen*, die christliche des *wollenden* und die neuzeitliche des *schaffenden* Individuums verbinden sich zur Vorstellung eines Menschen, der sich durch seinen Willen moralisch macht, indem er sich mittels der Vernunft ein Gesetz

---

[1] Christus ist keine Reinkarnation Gottes in menschlicher Gestalt, sondern Fleisch gewordener Gott.

[2] Freuds Modell des psychischen Apparats ist ein spätes Zeugnis dieses Prozesses der Verinnerlichung von gut und böse. Das Es als Repräsentant der angeborenen Neigung des Menschen zu Destruktion und Grausamkeit (Freud 1930a, p. 248) wird durch das Über-Ich als Repräsentant der menschlichen Kultur und Zivilisation in Schach gehalten.

gibt. Kants Prinzip, "alles aus der Maxime seines Willens, als eines solchen, zu tun, der zugleich sich selbst als allgemein gesetzgebend zum Gegenstande haben könnte" (Kant 1785, p. 65), ist - gemäss Horkheimer und Adorno - das Geheimnis des *Übermenschen*. Dessen Wille ist nicht weniger despotisch als der kategorische Imperativ. "Beide Prinzipien zielen auf die Unabhängigkeit von äusseren Mächten, auf die als Wesen der Aufklärung bestimmte *unbedingte Mündigkeit*" (Horkheimer & Adorno 1944, p. 103 - Hervorhebung W.H.). Der menschliche Wille wird auf ein zeitenthobenes Vernunftgesetz verpflichtet. Das eben ist die *Freiheit*, die Kant meint: die Fähigkeit des Menschen zur Selbstbestimmung durch *Selbstgesetzgebung* (Kant 1785, p. 81, 1788, p. 144). Es ist jene Freiheit, die der Pädagogik das Herbartsche Problem beschert. Denn wie kann die absolute Freiheit pädagogisch beeinflusst werden?

Manchen schon ist Kants Ethik unglaublich vorgekommen. In ihrer Radikalität löscht sie alle *qualitative* Individualität aus, wie sie das Christentum ermöglicht hat und wie sie vor allem in der Renaissance zum Ausdruck gelangen konnte. Als Vernunftwesen sind die Menschen *ununterschieden*. Befolgen sie den kategorischen Imperativ, dann machen sie sich zu allgemeinen, austauschbaren und selbstlosen Individuen. Zwar ist die Uneigennützigkeit ein definierendes Moment der Moralität. Moralisches Handeln setzt die Fähigkeit voraus, "unter dem Gesichtspunkt der Interessen anderer zu denken" (Williams 1972, p. 18). Daraus folgt aber weder die Notwendigkeit einer *absoluten* Selbstlosigkeit noch die Erfordernis einer ausschliesslich durch die *Vernunft* begründeten Moral. Kants Ambition, aus jedem moralisch Handelnden einen "obersten Gesetzgeber" zu machen, ist eine Phantasievorstellung, die kein sittliches Ideal darstellt, sondern die *Vergöttlichung* des Menschen (Williams 1973, p. 361).

Kants Subjekt ist mit Hilfe der Schablone des Cartesischen "Cogito" gezeichnet. Als Teil der "intelligiblen Welt" kann es moralisches *Handeln*, das immer in der "Sinnenwelt" stattfindet, nicht verständlich machen. Es markiert die eigentliche Gegenposition zum ichlosen Automaten Skinners. Wo Skinner mit der *automatischen Güte* rechnet, kalkuliert Kant die *göttliche Moral*. In beiden Fällen wird die *menschliche* Situation verkannt. Geht der Mensch bei Skinner im Verhalten auf, fällt er bei Kant mit dem Denken zusammen. In der Reinheit seines Verstandes ist er genauso eindimensional wie in der Reinheit seiner Gewohnheiten. Auch die Ethik - nicht nur die Psychologie - gedeiht schlecht im Schatten des Cartesianismus. Doch fahren wir noch etwas weiter in unserer Diskussion des Prozesses der Verinnerlichung von gut und böse, indem wir der Verengung des Moralischen auf Fragen der *Gerechtigkeit* folgen.

Die Moral und ihre Prinzipien

Mit der Verinnerlichung von gut und böse geht etwas verloren, was in der griechischen Antike eine wichtige Rolle spielte und dem Bereich der Moral zugerechnet wurde: das *gute Leben*. "Antike Ethik ist Kunstlehre des Lebens" (Spaemann 1989, p. 9). Für Aristoteles ist das oberste aller praktischen Güter die Glückseligkeit[3]. Das gute Leben und das gute Handeln werden dem Glücklichsein gleichgesetzt (Aristoteles 1972, p. 58). Wer Gutes tut, dessen Leben steht unter dem Zeichen des Gelingens.

Die Gleichsetzung von Moral und Glück ist für moderne Menschen kaum noch nachvollziehbar. Uns scheint die Moral eher etwas zu sein, das uns daran *hindert*, glücklich zu sein. Freud bringt diese Auffassung prägnant zum Ausdruck. Im Streben nach dem Glück sieht er das Programm des *Lustprinzips*. Zu erfüllen ist es nicht, denn die Menschen können ohne Kultur nicht zusammenleben, die Kultur aber muss *gegen* den einzelnen aufgeboten werden (Freud 1927a, p. 140). Deshalb wird der Preis für den Kulturfortschritt "in der Glückseinbusse durch die Erhöhung des Schuldgefühls bezahlt" (Freud 1930a, p. 260).

Glück und Moral fallen auseinander. Habermas liefert eine andere Begründung, warum dem so sein muss. *Moralische* Fragen sind "unter dem Aspekt der Verallgemeinerungsfähigkeit von Interessen oder der *Gerechtigkeit*" rational entscheidbar, während Fragen des *guten Lebens* einer rationalen Erörterung "nur innerhalb des Horizonts einer geschichtlich konkreten Lebensform oder einer individuellen Lebensführung" zugänglich sind (Habermas 1983, p. 189f. - zweite Hervorhebung weggelassen). Die moralischen Fragen gehen *alle* Menschen gleichermassen an, während wir von den "evaluativen Fragen" in unserer *Individualität* und Zugehörigkeit zu partikularen Gruppen betroffen werden. Diese Differenz ist eine Folge des *modernen* Individualismus, der im Gegensatz zum Individualismus der Antike *qualitativer* Natur ist. "Selbstverwirklichung" - die Losung des modernen Subjekts - meint nicht Werden wie alle anderen, sondern Entwicklung individueller Besonderheiten. Die Wege zum Glück sind verschieden. Auch das gute Leben ist in der Moderne subjektiviert worden.

Damit sich die privaten Wege zum Glück nicht in die Quere kommen, unterwerfen sich die einzelnen einer übergeordneten Instanz, die das individuelle Glücksstreben öffentlich ausbalanciert. Diese Instanz ist die *Moral*. Moralische Fragen sind daher *öffentliche* Fragen, die das *Zusammensein* der Menschen betreffen, während Fragen des guten Lebens privat sind und jeden in seiner Partikularität angehen. Das heisst nicht, dass es keine moralischen Pflichten gegen sich selbst gibt. Denn das Zusammenleben der Menschen kann dadurch beeinträchtigt werden, dass sich der einzelne missachtet oder überschätzt. Die Frage, wie wir leben wollen, ist daher nicht völlig aus dem Bereich der Moral auszugrenzen (Taylor 1985, Bd. 2, p. 230ff., 289ff.). Doch faktisch hat sich die Moral in der Moderne auf die Regelung der *zwischenmenschlichen* Beziehungen zurückgezogen und dabei insbesondere Fragen der *Gerechtigkeit* thematisiert. Wird die

---

[3] Nicht im Sinne von subjektiver Euphorie, sondern im Sinne eines gelingenden Lebens (Spaemann 1989, p. 21, passim).

Verwirklichung der qualitativen Individualität zum höchsten Ziel des menschlichen Seins, so wächst der Moral die Aufgabe zu, die Selbstverwirklichung der einzelnen so weit zu begrenzen, dass sie einander bei der Verfolgung ihrer Interessen *nicht behindern*.

Tatsächlich ist die Gerechtigkeit ein *negatives* Prinzip. Sie fordert Rücksichtnahme auf die Ansprüche anderer. Sie verlangt nicht die *Zuwendung* zum anderen. Aristoteles definierte die Gerechtigkeit als Verteilung von Gütern entsprechend der Verhältnismässigkeit (Aristoteles 1972, p. 159f.). Jeder soll bekommen, was ihm gehört. Die Gerechtigkeit fundiert eine Ordnung, in der jedem das *Seine* gegeben wird (Mertens 1988, p. 45). Sie führt zur *Trennung* der Menschen und ermöglicht den einzelnen, je ihr eigenes Leben zu führen. Insofern basiert die Gerechtigkeit auf der Annahme, die Menschen regelten ihr Zusammenleben als rationale Egoisten.

Doch die Menschen denken nicht nur an sich selbst. Und sie beachten einander nicht nur aus Kalkulation. Menschen sind aufeinander bezogen und *sorgen* füreinander. Die *Fürsorge* und das *Wohlwollen* lassen sich genauso als moralische Prinzipien bezeichnen wie die Gerechtigkeit. Wo die Vernunft als Organ des Guten im Hintergrund steht, wie im Christentum, da steigt gar die *Liebe* (agape, caritas) zum höchsten Prinzip des moralischen Handelns auf: "Du sollst den Herrn, deinen Gott, lieben mit deinem ganzen Herzen, mit deiner ganzen Seele und mit deinem ganzen Gemüt. Das ist das grösste und erste Gebot. Das zweite aber ist diesem gleich: Du sollst deinen Nächsten lieben wie dich selbst" (Mt 22, 37-39). Die Liebe ist beinahe das Gegenteil der Gerechtigkeit. Liebe gibt es auch dort, wo *kein Anspruch* besteht, wo niemandem etwas *geschuldet* wird und wo *kein Konflikt* zu lösen ist. Die Liebe ist ein *positives* Prinzip. Sie bejaht den anderen, indem sie auf ihn zugeht. Und dies auch dort, "wo nur wenige oder keine Bande der Sympathie vorliegen; wo der Mitmensch kein Freund ist; wo man an ihm nichts besonders Anziehendes, Schönes, Sinnvolles entdeckt" (Mertens 1988, p. 47).

Die Liebe entspringt einer Ethik, in der die moralischen Ansprüche *erlebt* werden, während die Gerechtigkeit von einer Ethik abstammt, bei der das Moralische *erkannt* wird. Im ersten Fall liegt der Ursprung der Moral *ausserhalb* des Menschen, der sich moralisch *ansprechen* lässt, im zweiten Fall *innerhalb* des Menschen, der sich *selbst* ein Gesetz gibt. Beide Perspektiven gehören zum Menschsein. Die Gerechtigkeit ist das Prinzip der *Vernunft*, die dem Menschen hilft, seine Handlungen zu *planen*, das Wohlwollen das Prinzip der *Erfahrung*, die sich einstellt, wenn der Mensch mit seinem Handeln auf Widerstand stösst (vgl. Kapitel 8). Während wir bei der Planung einer Handlung von unserem Ich dominiert werden, sind es bei der Handlungsausführung die Grenzen unseres Ichs, die uns betroffen machen. Insofern erfordert das *tatsächliche*, im Gegensatz zum bloss *beabsichtigten* Handeln die Fähigkeit, sich vom Denken loslösen und sich der Welt hingeben zu können. Sobald wir uns loslassen, werden wir *verletzlich* und für das Schicksal anderer *empfänglich*. Wurzelt die Gerechtigkeit in uns selbst, insofern wir mit ihrer Hilfe unser Ich verteidigen, entstammt das Wohlwollen dem Leiden an der Welt, das unser Ich relativiert und uns für die Belange anderer öffnet.

Die Moral wird von zwei Prinzipien erschlossen: der *Gerechtigkeit* und dem *Wohlwollen* (Frankena 1963). Es scheint, als liessen sich die beiden Prinzipien in einem übergreifenden Prinzip vereinen, der *gegenseitigen Anerkennung*. Denn ohne die *Anerkennung* des anderen ist weder ein gerechtes noch ein wohlwollendes Handeln zu erwarten. Die Anerkennung des anderen steht aber in Beziehung zur Anerkennung des *Selbst*. Das ermöglicht uns einen Gedankengang, der die Frage der *Begründung* moralischer Normen betrifft.

Die Achtung moralischer Prinzipien

Die bisherigen Ausführungen sagen nichts darüber aus, weshalb jemand ein moralisches Prinzip, wie dasjenige der Gerechtigkeit oder dasjenige des Wohlwollens, achtet. Wir haben *Quellen* der Moral ausgemacht, nämlich die Vernunft und die Erfahrung. Daneben haben wir *Prinzipien* der Moral aufgezeigt, die diesen Quellen entstammen, nämlich die Gerechtigkeit und das Wohlwollen. Wie aber erlangen diese Prinzipien Verbindlichkeit? Wenn die Moral dem privaten Glück entgegensteht, wie kann sie dann Anerkennung finden? Ist uns unser Glück nicht das Nächste, das wir nicht zugunsten einer fernen Ordnung begrenzen wollen? Für Freud folgt die Achtung der Moral aus der Verinnerlichung von Autoritätsbeziehungen. Für Eysenck ist das Gewissen eine konditionierte Angstreaktion. Und Skinner glaubt, die Verstärkung des Verhaltens mache die Menschen automatisch gut. Ist dies alles, was wir zur Frage der Achtung moralischer Gebote sagen können?

Fragen der Moral sind keine Fragen des Geschmacks. Zwar mag das Gute auch eine ästhetische Dimension haben, in moralischer Hinsicht geht es aber nicht um persönliches Gefallen, sondern um objektive *Forderungen*. Folgen wir einer Aufforderung, so erwarten wir, dass ihr auch andere, die davon betroffen sind, nachkommen. Gerade weil moralische Normen *objektiv* gelten, können sie vom einzelnen als Einschränkung empfunden werden. Sie sind etwas, das uns auferlegt wird und dem wir uns zu unterwerfen haben. Doch erfolgt diese Unterwerfung aus *Angst*?

Insofern Normen objektiv gelten, werden sie *begründet*. Subjektive Vorlieben bedürfen keiner Begründung. Man hat gerne Vanilleeis, liest gerne Kriminalromane oder hört gerne Betty Carter. Niemand verlangt dafür eine Rechtfertigung. Man kann aber nicht Tiere quälen oder Kinder schlagen, *ohne* dafür zur Rechenschaft gezogen zu werden. Normen werden durch Appell an eine das Individuum übersteigende Ordnung begründet. Diese kann durch ein göttliches Wesen verkörpert sein, eine Sphäre der Heiligkeit bildet, in einer geschichtlichen Tradition liegen etc. Dabei ist das *Selbstverständnis* der Menschen der eigentliche Grund, weshalb

Normen *Anerkennung* finden. Je nach dem, wie wir uns verstehen, scheinen uns moralische Ansprüche begründet zu sein oder nicht. Verstehen wir uns als Kinder Gottes oder als Glieder einer Gemeinschaft, so verlangen wir andere Begründungen, als wenn wir uns als autonome Individuen begreifen. Normen werden anerkannt, wenn gezeigt wird, dass wir *allen Grund haben*, sie zu bejahen, da wir uns *so und so verstehen* (Tugendhat 1984, p. 84f., 1989, p. 151f.).

Damit stossen wir nochmals auf die Unterschiede zwischen antikem, christlichem und modernem Weltbild. Denn diese Weltbilder beinhalten verschiedene *Menschenbilder*. Menschen, die sich in Beziehung zum Kosmos oder zu Gott verstehen, argumentieren anders, wenn sie ihre moralischen Überzeugungen legitimieren, als Menschen, die sich in Beziehung zu sich selbst sehen. Auch unter den Bedingungen der Moderne werden moralische Normen *begründet*, aber nicht in einer überirdischen (religiösen oder metaphysischen) Ordnung, sondern in der Sphäre der Gemeinsamkeit mit anderen.

Auch dieses Begründungsmuster basiert auf einem *Selbstverständnis*. Es ist jenes Selbstverständnis, das auch der Kantischen Ethik zugrunde liegt, die besagt, "dass eine Norm genau dann begründet ist, wenn alle ihr zustimmen können" (Tugendhat 1984, p. 96). Das Kriterium der Achtung eines moralischen Prinzips ist die Unparteilichkeit bzw. die Irrelevanz des persönlichen Standpunkts. Wollen wir die Berechtigung einer moralischen Forderung *überprüfen*, dann haben wir uns auf den Standpunkt eines Menschen "an sich" zu stellen, der von sich abstrahiert. Von diesem "moralischen Standpunkt" (Baier 1954) aus argumentieren wir, wie ein anderer an unserer Stelle auch argumentieren würde. Die Begründung moralischer Normen liegt im Appell an unser Selbstverständnis als Gleiche unter Gleichen.

Gegenseitige Anerkennung

Wir beziehen uns auf andere, wenn wir Normen begründen, seien diese anderen *faktisch* oder *imaginär* anwesend. Ohne Gemeinsamkeit mit anderen ist der moralische Standpunkt nicht denkbar. Doch wie kommt es, dass ich mich anderen verbunden fühle und diese anderen genauso wertvoll erachte wie mich selbst? Darin besteht die zentrale *moralpädagogische* Frage (vgl. Kapitel 8). Ist uns der Rekurs auf eine höhere Ordnung verwehrt, um moralischen Normen zur Anerkennung zu verhelfen - und unsere Modernität verunmöglicht diesen Rekurs -, dann werden wir auf uns selbst verwiesen. Wir müssen das Gute aus uns selbst begründen, nicht als solipsistische Einzelwesen, sondern als Exemplare der Gattung Mensch. Auch unter den Bedingungen der Moderne bleiben wir *Beziehungswesen* (vgl. Kapitel 6).

Wenn unser Selbstverständnis als Gleiche unter Gleichen moralische Prinzipien begründet und wenn wir uns dabei als Beziehungswesen verstehen, dann bekommt die *gegenseitige Anerkennung* tatsächlich den Charakter eines höchsten Moralprinzips (Wandschneider 1983). Dieses müsste folglich in der Lage sein, die Prinzipien der *Gerechtigkeit* und des *Wohlwollens* unter sich zu vereinen. Kohlberg hält genau dies für möglich. Das Wohlwollen kontrolliert die Gerechtigkeit so, dass diese mit der Förderung des Wohlbefindens anderer vereinbar bleibt, und die Gerechtigkeit schränkt das Wohlwollen so weit ein, dass die Autonomie anderer nicht verletzt wird (Kohlberg, Boyd & Levine 1986, p. 213). Interessanterweise führt die Koordination der Prinzipien von Gerechtigkeit und Wohlwollen zur *Goldenen Regel*:

"In der positiven Version 'Gehe mit anderen so um, wie du willst, dass man mit dir umgeht!' gelangt die Haltung des Wohlwollens zum Ausdruck, die in der christlichen Maxime 'Liebe deinen Nächsten wie dich selbst!' noch stärker betont wird. In der negativen Version 'Was du nicht willst, dass man dir tu, das füg auch keinem anderen zu!' gelangt die Haltung der Gerechtigkeit zum Ausdruck, mit der die Rechte und Autonomie anderer respektiert und geschützt wird" (ebd.).

Die Goldene Regel ist zweifellos ein ungenaues Mass des Guten. Ihre wörtliche Interpretation führt zu unsinnigen Konsequenzen. Denn derjenige, der sich anderen gegenüber benimmt, wie er selbst von diesen behandelt werden möchte, kann seine partikularen Vorlieben und Absonderlichkeiten verallgemeinern. Ein Masochist kann für das Geschlagenwerden eintreten, ein Nachtruhestörer für die Belästigung der Schlafenden. Die Goldene Regel darf daher nicht unvermittelt auf die eigene Person bezogen werden. Vielmehr muss es darum gehen, sich zu fragen, ob man es gerne hätte, wenn man *an Stelle des anderen* vom eigenen Verhalten betroffen würde. Dann dürfte der Masochist nicht den Sadismus verkünden, und der Nachtschwärmer müsste Ruhe geben. Auf diese Weise steht die Goldene Regel in Beziehung zum Prinzip der *wechselseitigen Anerkennung*, dessen Forderung lautet: "Wie du willst, dass man deine Bedürfnisse und Interessen berücksichtigt, so berücksichtige auch du die Bedürfnisse und Interessen der anderen" (Höffe 1981, p. 66).

Die Moral der gegenseitigen Anerkennung ist deshalb plausibler als die Kantische, weil sie vom *Menschen* ausgeht und nicht von einem seiner Organe, nämlich der blossen Vernunft. Den Menschen achten, heisst den Menschen *als Ganzes* achten. Das Prinzip der wechselseitigen Anerkennung hat nicht die Verleugnung des partikularen Selbst zur Voraussetzung, wie der kategorische Imperativ. Insofern auch *ich* Mensch bin, bin ich nicht nur verpflichtet, *andere* in ihrer Menschlichkeit anzunehmen, sondern auch *mich selbst*. Es gibt keinen Begriff des Menschen, der mich ausschliessen könnte. Zwischen den Gründen, aus denen man etwas für *andere* tut, und den Gründen, aus denen man etwas für *sich* tut, besteht eine erkennbare Analogie (Fromm 1947, p. 104; Williams 1972, p. 78). Damit geht die gegenseitige Achtung über das *kognitive* Selbstverständnis hinaus und macht auch die *emotionale* Selbstbeziehung zu einem Faktor der moralischen Begründung. Liebe zum Nächsten ist nur insofern zu erwarten wie Liebe zu sich selbst vorliegt. Die Anerkennung der Person als höchstes moralisches Prinzip meint immer auch die Anerkennung des Selbst.

Wer moralisch handelt, braucht sich nicht zu verleugnen, er bedarf lediglich der Einsicht, dass er ein Mensch ist, wie andere auch. Diese Einsicht allerdings mag für viele nicht eingängig sein, da sie sich in irgendeiner Hinsicht *besonders* vorkommen und glauben, sie könnten sich deshalb von moralischen Verpflichtungen ausnehmen. Sobald das Menschsein für graduell erklärt wird, besteht die Möglichkeit, sich auf ein Selbstverständnis zu berufen, das das Böse im eigenen Fall rechtfertigt. Insofern ist die Behauptung, alle Menschen seien *als Menschen* gleich, keine Trivialität (Williams 1973, p. 369ff.). Und die Selbstbeziehung ist geradezu von strategischer Bedeutung, wenn es darum geht, Moralität pädagogisch hervorzubringen.

Moral und Gesellschaft

Wir haben in unserer bisherigen Diskussion eine Unterscheidung, die nicht unwichtig ist, vermieden, nämlich diejenige in *Moralität* und *Sittlichkeit*. Habermas differenziert die Begriffe wie folgt: "Die konkrete Sittlichkeit einer naiv eingewöhnten Lebenswelt lässt sich dadurch charakterisieren, dass moralische Fragen mit evaluativen Fragen noch ein *unauflösliches Syndrom* bilden, während sich in einer rationalisierten Lebenswelt die moralischen Fragen gegenüber den Problemen des guten Lebens *verselbständigen* ..." (Habermas 1983, p. 190 - Hervorhebungen W.H.). Die Moralität betrifft gesellschaftliche Verhältnisse, unter denen die Frage nach dem guten Leben *privatisiert* worden ist; die Sittlichkeit bezieht sich auf gesellschaftliche Situationen, die die Fragen von Moral und gutem Leben noch *nicht getrennt* haben. Während wir in unseren bisherigen Ausführungen der Frage nach dem Verhältnis von *Individuum* und Moral nachgegangen sind, stellt sich uns nun die Frage nach dem Verhältnis von *Gesellschaft* und Moral.

Es ist dies ein Thema, das erstmals von Durkheim ausführlich diskutiert worden ist. Seine Beschäftigung mit Fragen der Moral stand in engem Zusammenhang mit der gesellschaftlichen Krise des 19. Jahrhunderts. Eine seiner Hauptfragen war: "Wie muss eine Moraltheorie aussehen, die der sozialen Differenzierung und Arbeitsteilung moderner industrieller Gesellschaften Rechnung trägt?" (Müller 1986, p. 71). Durkheim führte die soziale Unrast seiner Zeit auf den raschen Wandel von einer ständisch-traditionalen zu einer industriellen Gesellschaft zurück. Das moralische Bewusstsein vermochte mit dem Wandel im ökonomischen Bereich nicht Schritt zu halten; Gesellschaftsstruktur und Bewusstsein hatten sich gegeneinander verschoben.

Durkheim unterschied Gesellschaften mit "mechanischer" Solidarität von Gesellschaften mit "organischer" Solidarität. Die mechanische Solidarität gilt für traditionale Gesellschaften, die aus überschaubaren und *autarken* Einheiten bestehen und deren Zusammenhalt vorwiegend von religiösen Traditionen bestimmt wird. Technische und ökonomische Entwicklung, Arbeitsteilung sowie das Kommunikations- und Verkehrswesen sind schwach ausgebildet. Durkheim bezeichnete diese Art von Gesellschaften als *segmentären Typ*, weil die sozialen Einheiten über ein weites Territorium verstreut sind und wenig Verbindungen untereinander haben. "Solange jedes Segment sein eigenes Leben hat, bildet es eine kleine Gesellschaft in der grossen ..." (Durkheim 1893, p. 262). Statt von "kleiner Gesellschaft" könnte man - mit Bezug auf eine Unterscheidung von Ferdinand Tönnies - von *Gemeinschaft* sprechen. Das Leben in der Gemeinschaft wird fast völlig durch ein *Kollektivbewusstsein*, d.h. durch gemeinsame Überzeugungen und Gefühle bestimmt.

Die mittelalterliche Gesellschaft kann als typisches Beispiel einer segmentären Gesellschaft gelten. Ihre Integration beruhte auf einem alles durchdringenden und beherrschenden religiösen Glauben. Die sozialen Strukturen waren starr und die Stellung der Menschen unveränderlich. Der einzelne fügte sich in die soziale und religiöse Ordnung ein, ohne dass es dazu einer institutionalisierten Erziehung bedurft hätte. Deshalb nennt Durkheim die Integration des einzelnen in die Gemeinschaft *mechanisch*. Die Menschen sind über das religiöse Bewusstsein gleichsam ineinander verzahnt. Ihre Individualität ist nur gering ausgeprägt (Thum 1984, p. 931ff.). Die Angehörigen mittelalterlicher Gesellschaften sind nicht eigentlich Individuen, sondern *Typen*, die gleichsam automatisch in das mechanische Gefüge des sozialen Apparates eingepasst sind.

Dies alles änderte sich mit der Neugründung von Städten und mit der Intensivierung der Handelsbeziehungen in Spätmittelalter und Renaissance. Durkheim spricht von organisierten Gesellschaften, in denen die Gemeinsamkeit der Lebensverhältnisse und die gemeinschaftlichen Lebenserfahrungen zerfallen (Durkheim 1893, p. 222ff.). Moderne Gesellschaften sind *Nationen* mit einem hohen Urbanisierungsgrad, einem ausgesprochenen Stadt-Land-Gefälle, einem ausgebauten Kommunikations- und Verkehrswesen, einem hohen technischen Entwicklungsstand und einer expandierenden Wirtschaft (Müller 1986, p. 82). Die Kommunikations- und Verkehrsverbindungen begünstigen Arbeitsteilung, soziale Differenzierung und funktionale Spezialisierung. Die hierarchische Ordnung der mittelalterlichen Gemeinschaften zerbricht und zerfällt in eine Vielzahl *heterogener* Lebensbereiche, die nicht mehr durch ein Kollektivbewusstsein integriert sind. Familie, Staat, Kirche, Wirtschaft etc. gewinnen ein Eigenleben, während sie früher unter dem Primat der Religion einander zugeordnet waren. Es gibt nicht mehr nur *eine* Anschauung der Welt, sondern *Weltanschauungen* (im Plural)[4]. Die Gesellschaft verliert ihre Überschaubarkeit und wird zur "ärgerlichen Tatsache" (Dahrendorf).

---

[4] Von "Weltanschauung" ist erstmals bei Wilhelm von Humboldt und Hegel die Rede. Erst im 19. Jahrhundert wird man sich der Tatsache verschiedener "Weltbilder" bewusst.

Individualität und Innerlichkeit

Für den einzelnen hat das Leben in der modernen Gesellschaft eine besondere Konsequenz. Die Komplexität und Distanziertheit der sozialen Verhältnisse übt einen ständigen Druck in Richtung *Individualisierung* aus. Die persönliche *Identität* wird zum Problem, denn der einzelne ist nicht mehr in eine kohärente soziale Ordnung eingepasst. Er muss mit einer Pluralität von Welten zurechtkommen, die nicht mehr aufeinander abgestimmt sind. Oft fühlt er sich im Stich gelassen, und dies weit mehr als der christliche Mensch, denn diesem war Gott auch jemand, der über die Einsamkeit hinweghalf. Für den modernen Menschen dagegen scheint alles relativ zu sein, da zu jedem Wert ein anderer, oft gegensätzlicher besteht. Was liegt mithin näher, als *in sich* jene Ordnung zu suchen, die die äusseren Verhältnisse nicht mehr bieten? Wir können nochmals auf Descartes verweisen, der die "Wendung nach innen" wohl als erster in aller Radikalität vollzog[5]. Die Gewissheit der Existenz ist ihm in der reflexiven Beziehung zu sich selbst gegeben.

Während Descartes die Selbstbeziehung als Reflexion des *Denkens* begriff, führte sie in der Romantik zu den *Stimmungen* und *Gefühlen*. Der "kalten" Vernunft wurde die "Wärme" der Emotionen als Basis der Selbstfindung gegenübergestellt (vgl. Kapitel 1). Damit aber ist schwerlich eine Identität zu gewinnen, denn Gefühle sind ihrer Natur nach wechselhaft. Trotzdem wird der Weg zu den Trieben immer wieder als Weg der Identitätsbildung propagiert. Seine Gefahr liegt darin, dass dabei das *Moralische* als Ort der Vermittlung der privaten Wege zum Glück *verlorengeht*. Der Weg nach innen führt weg von der Auseinandersetzung mit den anderen. Die Innerlichkeit wird zum Ort des Desinteresses an den gemeinsamen Problemen der Menschheit[6]. Ist der antike Mensch an einer unveränderlichen Ordnung ausserhalb seiner selbst orientiert, so liefert sich das romantische Individuum den Wechselfällen seiner Stimmungen aus.

Der Gegensatz von Antike und Romantik mag überzeichnet sein, doch verweist er auf das zentrale Problem, das gemäss Durkheim jede moderne Gesellschaft zu lösen hat. Die Flucht in die Innerlichkeit ist letztlich eine Flucht vor der *Selbständigkeit*. Denn die Heterogenität der sozialen Lebensbereiche eröffnet dem einzelnen Verhaltensspielräume, die Gesellschaften mit mechanischer Solidarität nicht kennen (Bertram 1986, p. 18). Diese Verhaltensspielräume bedeuten *Freiheit* und *Autonomie*. Die Autonomie ist die Grundlage der Integration fortgeschrittener Gesellschaften,

---

[5] Bei Augustin, der in gewisser Weise ein Vorläufer Descartes' ist, führt der Weg nach innen noch zu *Gott*, nicht zum Selbst.

[6] Konservative Kritiker sehen in der Flucht in die Innerlichkeit eine notwendige Folge des modernen Individualismus, was sie dazu verleitet, die Moderne pauschal zu verurteilen (z.B. Berger, Berger & Kellner 1973). Doch Individualität und Innerlichkeit brauchen nicht zusammenzufallen.

eine Integration, die Durkheim *organisch* nennt (Durkheim 1893, p. 152ff.). Die Menschen leben nicht mehr als *Typen*, sondern als *Individuen* zusammen. Der einzelne ist über seine reflexive Identität in die Gesellschaft eingebunden.

Was uns diese Überlegungen zeigen, ist die Abhängigkeit moralpsychologischer und moralphilosophischer Begriffe von der Differenzierung sozialer Verhältnisse. Philosophie, Psychologie und Soziologie finden bei der Begründung der moralischen Erziehung zusammen. Die Sittlichkeit, die das Leben gemäss überkommenen Gewohnheiten und Tugenden regelt, ist angemessen für das Zusammenleben in einer *Gemeinschaft*. In einer *Gesellschaft* dagegen ist ein moralisches System notwendig, das die Primärkontexte des menschlichen Zusammenlebens übergreift und soziale Regulationen auf einer höheren Ebene erlaubt. Denn nur so wird die Integration der sozialen Teilsysteme gewährleistet. Es braucht moralische *Prinzipien*, die nicht ein konkretes Verhalten vorschreiben, sondern Anleitungen geben, wie Konflikte zwischen Systemen zu lösen sind. Eine Gesellschaft benötigt ein differenzierteres moralisches Regulationssystem als eine Gemeinschaft.

Autonomie und Handlung

Unsere soziologische Argumentation führt zur philosophischen zurück. Denn wenn wir moralische Normen dadurch begründen, dass wir uns auf unser *Selbstverständnis* berufen, dann gehört zum Selbstverständnis des modernen Menschen das Moment der *Gesellschaftlichkeit*. Wir können unsere Identität nicht mehr von partikularen Gruppen her begründen, da dabei unser gesellschaftliches Zusammenleben gefährdet würde. Menschen in Gesellschaft müssen sich als *Gleiche* verstehen, die trotz heterogener Lebensverhältnisse, Überzeugungen und Werte an ein gemeinsames System von Normen zur Regelung ihrer Beziehungen gebunden sind[7]. Dieses "postkonventionelle" System der Moral gehört *nicht zufälligerweise* zum Selbstverständnis des modernen Menschen, sondern ist Ausdruck der Notwendigkeit, unter den Bedingungen einer komplexen Gesellschaft leben zu müssen.

Die Vermittlung der Kontexte, in denen moderne Menschen leben, gelingt nur Individuen, die die unterschiedlichen Verhaltensanforderungen, denen sie ausgesetzt sind, koordinieren und auf der Basis einer eigenständigen Lebensführung aufeinander abstimmen können (Müller 1986, p. 83). Die *Autonomie* des einzelnen ist genauso ein *objektives* Merkmal moderner Gesellschaften wie die Heterogenität der gesellschaftlichen

---

[7] Daher bildet in (modernen) Gesellschaften die *Gleichheit* die Basis der Gerechtigkeit. Gerechtigkeit und Gleichheit sind jedoch nicht wesentlich miteinander verbunden. Güter können auch nach dem Bedürfnis- oder dem Leistungsprinzip verteilt werden (Hoffman 1987, p. 61; Tugendhat 1989, p. 160ff.).

Wertsphären. Menschen in modernen Gesellschaften *sind* autonom; sie haben lediglich die Wahl, sich zu ihrer Autonomie zu bekennen oder vor ihrer Freiheit zu fliehen (Fromm 1941).

Der Individualismus, den moderne Gesellschaften freisetzen, darf nicht mit *Innerlichkeit* verwechselt werden. Zwar ist der Weg nach innen immer wieder die naheliegende Fluchttendenz des modernen Menschen, doch für Durkheim muss das Individuum *verantwortlich* und *kooperativ* sein. Verantwortung und Kooperativität sind die wesentlichen Ingredienzen der organischen Solidarität. Der Kitt, der moderne Gesellschaften zusammenhält, ist nicht die Gerechtigkeit, sondern das *Wohlwollen*. Das Ziel einer zeitgemässen *moralischen Erziehung* muss daher die Stärkung des Zusammengehörigkeitsgefühls der Menschen sein. "Die Gesellschaft kann nur leben, wenn unter ihren Mitgliedern ein genügender Zusammenhalt besteht" (Durkheim 1902, p. 46). Der Zusammenhalt aber basiert auf der *gegenseitigen Anerkennung* der Menschen. Damit stossen wir auch von der Soziologie her zu jenem höchsten Moralprinzip, das wir bereits auf philosophischem Weg erarbeitet haben.

Sowohl unsere philosophischen wie unsere soziologischen Überlegungen stellen den Prozess der Modernisierung als einen Prozess der Freisetzung von *Subjektivität* dar. Fragen der Moral werden zu menschlichen Fragen, zu Fragen innerer Konflikte und zu Fragen der Willenskraft. Wenn wir über moralische Geschehnisse urteilen, dann setzen wir ein Wesen voraus, das *willentlich*, *absichtlich* und *vernünftig* ist. Dabei handelt es sich durchwegs um Faktoren, die nicht sichtbar sind und auch nicht *sichtbar gemacht* werden können. Die Moralität scheint ein Phänomen zu sein, das sich der objektiven Analyse entzieht[8]. Auf dieser Folgerung beruht die Moralphilosophie Kants. Kant misst die Moralität einer Verhaltensweise nicht an ihren *Konsequenzen*, sondern an der *Gesinnung*, die ihr zugrunde liegt. Die Triebfeder der Gesinnung aber "muss von aller sinnlichen Bedingung frei sein" (Kant 1788, p. 196).

Der Kantischen Ethik steht eine Tradition zur Seite, die andersherum argumentiert. Im *Utilitarismus* zählt nicht die Gesinnung, sondern der *Erfolg* als moralisches Kriterium. Befördert eine Verhaltensweise das menschliche Wohl, dann ist sie gut, egal welche Absicht ihr unterliegt. Dieses Verständnis von Moral liegt dem Behaviorismus näher als die Kantische Ethik. Doch die Utilitaristen betonen lediglich die andere Seite des moralischen Geschehens. Die reine Gesinnung, losgelöst von allem Erfolg, ist eine genauso absurde Vorstellung wie der reine Erfolg ohne jede Gesinnung. "Die Meinung, dass der gute Wille ... das einzig Gute sei, die Bewertung der Handlung bloss nach dem, was sie meint, und nicht auch nach dem, was sie im jeweiligen historischen Augenblick real bedeutet, ist idealistischer Wahn" (Horkheimer 1933, p. 171). Tatsächlich haben wir es nicht mit *Verhalten* zu tun, wenn wir moralisch urteilen,

---

[8] Kein Wunder, dass sie dem Behaviorismus zum Opfer fällt.

sondern mit *Handeln*. Handlungen aber spielen sich ab in der Polarität von Absicht *und* Erfolg.

Moralische Entwicklung

Ich glaube, dass wir nun deutlicher sehen, was mit Moralität gemeint ist. Damit müsste es uns auch besser gelingen, die beiden Ansätze psychologischer Theoriebildung, denen wir bisher begegnet sind, im Hinblick auf eine *Theorie der moralischen Erziehung* zu beurteilen. Weder der Behaviorismus noch die Psychoanalyse vermögen moralisches *Handeln* zu erklären. Ein Subjekt, das für sein Tun und Lassen einsteht, finden wir in beiden Fällen nicht. Skinner plädiert dafür, die Menschen automatisch gut zu machen, und Freud glaubt, moralische Ansprüche seien gegen deren Willen durchzusetzen, denn nichts laufe der "ursprünglichen menschlichen Natur" so zuwider wie das Gebot der Nächstenliebe (Freud 1930a, p. 241).

Der Unterschied zwischen der behavioristischen und der psychoanalytischen Erklärung moralischen Verhaltens besteht einzig im Prozess der *Internalisierung*. Freud unterscheidet zwei Stufen des moralischen Verhaltens. Zuerst ist das Kind aus äusseren Gründen - aus Angst vor Liebesverlust - gut, dann wird die Autorität der Eltern durch Aufrichtung eines Über-Ichs verinnerlicht (Freud 1930a, p. 252). Diese Auffassung kann ihre Abkunft vom christlichen Menschenbild nicht verleugnen. Die Stimme Gottes kehrt in säkularisierter Form als Stimme des Über-Ichs wieder. Der "Einbildung" Gottes im Menschen entspricht die "Verinnerlichung" der Eltern durch das Kind. "Die Aggression des Gewissens konserviert die Aggression der Autorität" (ebd., p. 254)[9, 10]. Anders als der Behaviorismus handelt die Psychoanalyse nicht vom Verhalten, sondern von den inneren Strukturen, die aus dem Verhalten hervorgehen.

Weshalb aber geht die moralische Entwicklung nicht weiter? Weshalb führt sie nicht zu einem autonomen Gewissen? Erikson hat den Versuch gemacht, die moralische Entwicklung über Freud hinauszuführen (Erikson 1964, p. 197ff., 1982, p. 92ff.). Er unterscheidet - in einer etwas unglücklichen Terminologie - das Moralische vom Ethischen und vom Ideologischen. Das Moralische entspricht den beiden Freudschen Stufen des Über-Ichs. Moralische Verhaltensregeln beruhen auf der Furcht vor

---

[9] Auch das Motiv der Erbsünde klingt an: Der Ödipuskomplex tradiert eine historische Tat, die die Söhne immer wieder von neuem den Vätern gegenüber schuldig werden lässt. "Wir lassen ... das Schuldbewusstsein wegen einer Tat über viele Jahrtausende fortleben und in Generationen wirksam bleiben, welche von dieser Tat nichts wissen konnten" (Freud 1913a, p. 440).

[10] Was die Abkunft des Über-Ichs vom christlichen Gewissen anbelangt, so argumentiert Freud allerdings genau umgekehrt. Der christliche Gott ist eine Projektion der kindlichen Idealisierung des Vaters und der damit verbundenen Gefühle der Ambivalenz (Freud 1913a, 1927a, 1939).

Drohungen. "Das können äussere Drohungen des Verlassenwerdens, der Bestrafung und öffentlichen Blossstellung sein, oder aber ein drohendes inneres Gefühl von Schuld, Scham oder Isolierung" (Erikson 1964, p. 195). Im Gegensatz dazu beruhen ethische Regeln auf *Idealen,* "nach denen mit einem hohen Grad an rationaler Billigung und mit einer bereitwilligen Zustimmung zu einem formulierten Guten, zu einer Definition der Vollkommenheit und mit einem gewissen Versprechen der Selbstverwirklichung gestrebt wird" (ebd.). Ist das Moralische ein Merkmal der *Kindheit,* so das Ethische ein Attribut der *Erwachsenheit.* Dazwischen liegt das *Ideologische* als Charakteristikum der *Adoleszenz.* "In der Adoleszenz nähert sich der Mensch ... einem ethischen Standpunkt, aber dieser bleibt einem Wechsel des impulsiven Urteils und ungewöhnlicher Rationalisierung ausgesetzt" (ebd., p. 198).

Erikson erweitert die beiden Freudschen Stufen der *kindlichen* Moral um eine Stufe der *adoleszenten* und eine Stufe der *erwachsenen* Moral. Ausdrücklich bringt er seine Ergänzung in Zusammenhang mit der Ausweitung der *sozialen Beziehungen* des Menschen. Das Individuum durchläuft ein System sich konzentrisch erweiternder Kreise von der Mutter-Kind-Dyade über die Familie, die Gemeinschaft und die Gesellschaft bis hin zur Menschheit. Das Kind kann nicht im Horizont seiner Primärgruppe verbleiben; es muss sich der Gesellschaft öffnen. "Das Paradies der frühen Kindheit muss verlassen werden - eine Tatsache, die der Mensch noch immer nicht zu akzeptieren gelernt hat" (Erikson 1964, p. 204)[11].

Erikson vermag uns zu zeigen, wie wir unsere philosophischen und soziologischen Überlegungen *psychologisch* weiterführen können. Moralische Autonomie und moralische Handlungskompetenz lassen sich begreifen als Ergebnis von *Entwicklungsprozessen,* die keiner strikt inneren Logik folgen, sondern von sozialen Einflüssen mitbestimmt werden. Diese Perspektive ist auch pädagogisch befriedigend, denn eine unserer Forderungen an die Theorie der Erziehung ist deren *Prozessorientierung* (vgl. Kapitel 1). Die *Entwicklungspsychologie* sollte uns zeigen können, wie der Mensch zu einem autonomen moralischen Subjekt *wird.* Wenn Entwicklungsprozesse des weiteren von der Komplexität sozialer Beziehungen abhängig sind, dann wird der Suche nach einer Theorie der moralischen Erziehung eine erfolgversprechende Richtung gewiesen. In diese Richtung wollen wir gehen, wenn wir uns im nächsten Kapitel der genetischen Psychologie Piagets zuwenden.

---

[11] Eine Tatsache, die gerade Behavioristen nicht akzeptieren wollen, auch wenn ihre Theorie unter dem Zeichen der Rückkehr ins Paradies steht (vgl. Kapitel 2).

Pathologie des Gewissens

Wenn psychische Entwicklung und gesellschaftliche Komplexität aufeinander bezogen sind, ist dann Freuds Theorie der Über-Ich-Bildung beschränkt auf die moralische Entwicklung im Horizont der *Familie*? Ich glaube, ja. Zwar spricht auch Freud davon, der Infantilismus müsse überwunden werden. Der Mensch könne nicht ewig Kind bleiben; er müsse endlich hinaus ins "feindliche Leben" (Freud 1927a, p. 182). Doch dieser Hinweis auf die "Erziehung zur Realität" steht in einem Zusammenhang, in dem Freud seiner Hoffnung auf den Primat des Intellekts Ausdruck gibt (ebd., p. 186). Dieser Primat soll "in weiter, weiter, aber wahrscheinlich doch nicht in unendlicher Ferne" (ebd.) liegen. Wie sehr Freud seine Hoffnungen auf das Ich gesetzt hat, haben wir gesehen (vgl. Kapitel 3). In die Metapsychologie sind diese Hoffnungen aber nicht eingegangen, schon gar nicht in Freuds Ausführungen zum Über-Ich, das eine *heteronome* Instanz geblieben ist. Die erwachsene Moral, von der *Erikson* spricht, ist demgegenüber eine *autonome* Moral. Sie vermag zu zeigen, dass eine Erweiterung der moralischen Stufen über die beiden Stufen des Über-Ichs hinaus nicht im Widerspruch zu Freud stehen muss, jedenfalls dann nicht, wenn wir Freuds Hoffnungen auf das Ich teilen.

Vielleicht hat Freud auch nicht eine "Physiologie", sondern eine "Pathologie des Gewissens" geschrieben (Allport 1955, p. 70; Ricœur 1965, p. 458; Peters 1960), wie sein Ansatz generell vom Pathologischen her entworfen ist. Das Über-Ich hat etwas *Bösartiges* an sich. Es ist nicht Ausdruck der konstruktiven Tendenzen im Menschen, sondern ein Mahnmal seiner *Destruktivität*. Was im Über-Ich herrscht, "ist wie eine Reinkultur des Todestriebes" (Freud 1923a, p. 319). Das Über-Ich ist das Organ "eines Pessimismus, von dem viele von uns ein grosses Stück in sich zu beherbergen scheinen" (Freud 1936, p. 288). Besonders muss dies auf *Neurotiker* zutreffen, die "im Handeln gehemmt" sind (Freud 1913a, p. 444). Sie fühlen eine Fremdheit in sich, die ihre Aktivität lähmt. Damit erscheint das Über-Ich als ein *pathologisches* Organ, das die Initiative des Individuums durch eine Überlast von Schuldgefühlen beschneidet[12].

Ausdrücklich betont Freud, die Vateridentifizierung, die sich als Über-Ich einen "dauernden Platz im Ich" erzwinge, führe zur Verinnerlichung der *passiven* Elternbeziehung. Das Über-Ich werde sadistisch, das Ich masochistisch, "d.h. im Grunde weiblich passiv" (Freud 1928, p. 278). Freud hat - zumindest anfänglich[13] - in der Über-Ich-Bildung eindeutig einen

---

[12] Für den pathologischen Charakter des Über-Ichs spricht auch, dass Erikson die der phallischen Phase Freuds (die durch den Ödipuskomplex abgeschlossen wird) entsprechende Stufe der psycho*sozialen* Entwicklung vom Konflikt zwischen Initiative und *Schuld* charakterisiert sieht (Erikson 1964, p. 104ff.). Wo Gefühle der Schuld überhandnehmen, werden die Initiative eines Menschen unterdrückt und seine Entwicklung blockiert.

[13] D.h. zur Zeit der Einführung des Strukturmodells, also um 1920. Erstmals ist vom Über-Ich bei Freud 1923 die Rede (Freud 1923a).

abnormen Vorgang gesehen. Zwar müssten die normalen Vorgänge bei der Gewissensbildung "ähnlich sein wie die hier dargestellten abnormen", heisst es, doch sei es "noch nicht gelungen, die Abgrenzung beider herzustellen" (ebd.). Das wurde um 1927 geschrieben - 12 Jahre vor Freuds Tod -, und es ist nicht zu sehen, dass Freud in seinen letzten Schriften zur Klärung dieser Abgrenzung etwas Wesentliches beigetragen hätte.

"Pathologie des Gewissens" meint *Fixierung* der moralischen Entwicklung auf einer primitiven Stufe. Das Über-Ich *blockiert* die Entwicklung des Ichs und verhindert sein Erstarken als autonome psychische Instanz. Während bei normalen, stabilen Zuständen "das Über-Ich *nicht vom Ich unterschieden wird*" (Freud 1940, p. 24 - Hervorhebung W.H.), ist es im pathologischen Fall "vom Ich abgespalten" (Freud 1919b, p. 258). Die psychoanalytische Therapie arbeitet denn auch "nicht *für*, sondern *gegen* das Über-Ich, will sie doch das Starrgewordene wieder elastisch machen, den automatischen (sic!) 'kategorischen Imperativ' des Über-Ichs in das freiwählende, realitätsgerechte Urteilen und Handeln des Ichs verwandeln" (Balint 1965, p. 212 - Hervorhebungen W.H.). Ricœur hat wohl recht, wenn er schreibt, Freud habe "eine grundlegende Struktur des ethischen Lebens entdeckt, nämlich eine erste Grundlage der Moral, die die doppelte Funktion hat, die *Autonomie vorzubereiten*, aber auch *sie zu verzögern*, in einem archaischen Stadium *zu blockieren*" (Ricœur 1965, p. 459 - Hervorhebungen W.H.).

Wenn dem so ist, dann müssen wir uns fragen, wie eine moralische Entwicklung aussieht, die über die von Behaviorismus und Psychoanalyse beschriebene *heteronome* Grundlegung der Moral hinausgeht und den Anforderungen unserer philosophischen und soziologischen Analysen gerecht wird, d.h. zu einer *autonomen* Moral führt.

"Von der Familie zur Menschheit"

Eine heteronome Moral ist wohl unvermeidlich unter menschlichen Bedingungen. Das Kind ist von seinen Pflegepersonen *abhängig*, das Über-Ich der Niederschlag der langen Zeit kindlicher Abhängigkeit (vgl. Kapitel 3). Doch irgendwann muss sich das Kind von seiner Abhängigkeit befreien. Die *Ablösung* von den Eltern wird zur "unentrinnbaren Aufgabe, wenn die soziale Tüchtigkeit des jungen Individuums nicht gefährdet werden soll" (Freud 1910b, p. 93). Kultur ist für Freud der "notwendige Entwicklungsgang *von der Familie zur Menschheit*" (Freud 1930a, p. 258 - Hervorhebung W.H.). Doch der Schritt zur Menschheit wird nicht auf einmal getan. Der Familie folgt der Eintritt in Sekundärgruppen und die Partizipation an den Institutionen der Gesellschaft. Erst dann kann man auf eine Identifizierung mit der universalen Menschheit hoffen.

Die Ausweitung seiner sozialen Beziehungen ist für die moralische Entwicklung des einzelnen von zentraler Bedeutung. Mit der Partizipation an immer grösseren sozialen Einheiten verändert sich das *Selbstverständ-*

nis des Menschen. Folglich muss sich auch die Art der Anerkennung moralischer Normen ändern, denn als letzte Instanz des moralischen Bewusstseins haben wir das menschliche Selbstverständnis ausgemacht. Unser Selbstverständnis legt fest, inwiefern wir bereit sind, uns einer *Autorität* zu unterwerfen. Das Kind, das sich als abhängig von seinen Eltern erlebt, anerkennt diese als Autorität. Der Jugendliche, der sich von den Eltern ablöst und sich in Beziehung zu seinen "peers" begreift, anerkennt die Gleichaltrigen als Autorität. Der Erwachsene, der sich als Bürger einer Nation begreift, anerkennt die politische Gemeinschaft als Autorität. Etc.

Der moralischen Entwicklung liegt im Kern eine Erweiterung der *Beziehungsstruktur* eines Menschen und damit verbunden eine Umwälzung seiner Auffassung von moralischer Autorität zugrunde. Die Veränderung der sozialen Beziehungen verändert das Selbstverständnis, und die Veränderung des Selbstverständnisses verwandelt die Auffassung von moralischer Autorität. Dies ist in pädagogischer Hinsicht von zentraler Bedeutung, denn das *Selbst* spielt in der moralischen Erziehung offensichtlich eine wesentliche Rolle. Die Achtung des Edukanden innerhalb der pädagogischen Beziehung ist bereits ein bedeutsames Teilmoment seiner moralischen Erziehung (vgl. Kapitel 9). Auf dem Fundament des Akzeptiertwerdens kann sich jene *Selbstachtung* bilden, die eine wichtige Voraussetzung der Bejahung moralischer Forderungen darstellt.

Diese Überlegungen finden Unterstützung in einer Typologie moralischer Orientierungen, die Garbarino und Bronfenbrenner entwickelt haben (Garbarino & Bronfenbrenner 1976, p. 260 - leicht modifiziert):

(1) *Egozentrische Orientierung*: Das Individuum wird in der Hauptsache durch die Befriedigung eigener Bedürfnisse motiviert, ohne die Wünsche und Erwartungen anderer zu berücksichtigen, es sei denn, diese lassen sich für eigene Zwecke manipulieren.

(2) *Orientierung an den Eltern*: Das Individuum sieht die elterlichen Vorschriften und Werte als unveränderlich an und verallgemeinert diese Haltung auf moralische Standards, die ihm von anderen Erwachsenen und Autoritätspersonen auferlegt werden.

(3) *Orientierung an den Gleichaltrigen*: Das Individuum verhält sich im Rahmen seiner "peer group" als anpassungsfähiger Konformist. Seine Orientierung ist grösstenteils unabhängig von der Autorität der Erwachsenen und letztlich auch von jeder gesellschaftlichen Autorität. Verhaltensweisen werden von momentanen Veränderungen der Gruppenmeinungen und -interessen gesteuert.

(4) *Orientierung an der Gemeinschaft*: Das Individuum ist einer Anzahl dauerhafter Gruppenziele verpflichtet, die den individuellen Wünschen und partikularen zwischenmenschlichen Beziehungen übergeordnet sind.

(5) *Orientierung an der Gesellschaft*: Die Werte eines Individuums sind funktional autonom, d.h. sie sind in sozialer Interaktion entstanden, aber im täglichen Umgang im Hinblick auf ihre Bedeutung und Anwendung nicht mehr von sozialen Repräsentanten abhängig. Das Individuum reagiert eher auf der Basis von Prinzipien als aus Loyalität gegenüber sozialen Repräsentanten.

Die Typologie von Garbarino und Bronfenbrenner ermöglicht eine Erweiterung von Eriksons Idee der Verbindung von *gesellschaftlicher Differenzierung* und *moralischer Entwicklung*. Die erste Orientierung ist letztlich *asozial* und damit in keiner Gesellschaft akzeptabel. Garbarino und Bronfenbrenner sprechen von einer "Ethik des Eigennutzes, der Dichotomie von Lust und Schmerz, von Manipulation und Mitteln, die zu keinem anderen Zweck als dem der eigenen Befriedigung dienen" (Garbarino & Bronfenbrenner 1976, p. 261). Die zweite, dritte und vierte Orientierung sind an Autoritäten, die "verinnerlicht" sein können, ausgerichtet und entsprechen wenig differenzierten Gesellschaften. Ihre moralische Struktur besteht im *Gehorsam* gegenüber sozialen Agenten. "Auf dieser Ebene wird das moralische Urteil eines Individuums von Individuen oder Gruppen geleitet, die für seine affektiven und sozialen Bedürfnisse von herausragender Bedeutung sind" (ebd., p. 262). Freuds Stufen der Über-Ich-Bildung dürften in etwa in diesem Rahmen anzusiedeln sein. Die fünfte Orientierung schliesslich ist *autonom* und charakteristisch für komplexe Gesellschaften. Hier sind es nicht soziale Agenten, die das Handeln lenken, sondern Prinzipien und Ideen. "Das Individuum verwendet ethische Verhaltensstandards in grundsätzlich rationaler Form und weitgehend unabhängig von psychosozialen Faktoren" (ebd., p. 263)[14].

Garbarino und Bronfenbrenner betonen, der Schritt zu einer heteronomen Moral sei ein Bestandteil eines jeden Sozialisationsprozesses. Indem ein Kind zur Orientierung an personalen Autoritäten vorstösst, wird es Mitglied einer sozialen Gemeinschaft. In einfachen Gesellschaften, in denen auch im Erwachsenenalter Autoritätspersonen bestimmend sind, bleibt das Individuum auf dieser Stufe stehen (Garbarino & Bronfenbrenner 1976, p. 265; Piaget 1932, p. 300, 395f.). Der einzelne versteht sich in Beziehung zu *konkreten* anderen, so dass er keiner höheren Instanz der moralischen Begründung bedarf.

Anders verhält es sich in komplexen Gesellschaften mit differenzierter Sozialstruktur, in denen eine Vielzahl von sozialen Agenten und Autoritäten operiert. Die Pluralität der sozialen Beziehungen nötigt das Individuum, Gegensätze zu versöhnen, Widersprüche zu überwinden und unabhängige Urteile zu fällen (Garbarino & Bronfenbrenner 1976, p. 266). An die Stelle von konkreten Autoritäten rücken abstrakte *Prinzipien*.

---

[14] Der Fehler im Text der deutschen Übersetzung wurde - unter Beiziehung des amerikanischen Originals - korrigiert.

Garbarino und Bronfenbrenner betonen die Bedingtheit der autonomen Moral durch eine pluralistische Gesellschaft.

"Eine pluralistische Struktur liegt dann vor, wenn soziale Agenten und Gruppen unterschiedliche Erwartungen, Sanktionen und Belohnungen für die Mitglieder einer Gesellschaft repräsentieren. Diese Differenzen rufen zwischen den Individuen und Gruppen Konflikte hervor, die grösstenteils durch ein Muster 'elementarer Regeln' und durch eine allgemeine Anerkennung integrativer Prinzipien bzw. Ziele reguliert werden" (ebd., p. 278).

Reifes und unabhängiges moralisches Urteilen und Handeln ist nur in einer pluralistischen Gesellschaft zu erwarten. Damit haben wir nochmals eine Bestätigung der Notwendigkeit *autonomer Subjektivität* für das moderne moralische Bewusstsein gefunden.

5 Der Weg zur moralischen Autonomie

> *"Comment est-il possible d'atteindre du nouveau? C'est peut-être ça mon problème central."*
>
> Jean Piaget

Man mag sich fragen, ob die Beschäftigung mit Piaget im Kontext des pädagogischen Rahmens, den wir uns gesetzt haben (vgl. Kapitel 1), berechtigt ist. Sowohl der Behaviorismus wie die Psychoanalyse sind *individuumorientierte* Ansätze, doch Piaget ist nicht am Individuellen interessiert. Sein Interesse gilt dem *Allgemeinen* (Piaget 1977a, p. 131). Mehr noch, Piaget betrachtet sich nur zögernd als Psychologen. In erster Linie will er Biologe und *Epistemologe* sein. "Je ne suis pas psychologue. Je suis épistémologiste" (ebd., p. 79). Es mutet daher eigenartig an, wenn Piaget als einer der "few giants in contemporary psychology" (Berlyne 1976, p. 15) und als "Riese der Entwicklungspsychologie" (Edelstein 1976, p. 17) tituliert wird.

Als Epistemologe interessiert sich Piaget für das *Subjekt*. Die Erkenntnis, die er schildert, ist eine *aktive* Leistung. Sie ist etwas anderes als das "blosse Sehen" Skinners. Mag Piaget dem Kriterium der *Individualität* nicht gerecht werden, so verspricht sein Ansatz, der *Subjektivität*, die sich uns zunehmend als Kernproblem der Theorie der moralischen Erziehung nahegelegt hat, die notwendige Beachtung zu schenken. Allein schon dadurch rechtfertigt sich die Auseinandersetzung mit ihm.

Doch trotz Beschränkung auf die epistemische Seite des Menschseins scheint Piaget auch dem Kriterium der *Ganzheitlichkeit* Genüge zu tun. Von der Psychologie heisst es nämlich: "Elle cherche à expliquer l'homme tout entier dans son unité, et pas dans la pulvérisation de ses conduites" (Piaget 1977a, p. 82). Piaget, der sich nun doch als *Psychologe* zu erkennen gibt, repräsentiert auf seine Weise "ein wieder umfassend gewordenes Denken" (Fetz 1988, p. 172). In diesem umfassenden Denken findet schliesslich auch das Kriterium der *Prozessorientierung* Erfüllung, denn die Psychologie Piagets ist Entwicklungspsychologie - *genetische* Psychologie im ursprünglichen Sinn des Wortes.

Das gestaltpsychologische Erbe

Piaget knüpft an Vorstellungen der *Gestaltpsychologie* an, wenn auch ein direkter Einfluss dieser Richtung der Psychologie auf sein Denken nicht bestanden hat (Piaget 1952, p. 22). Die Gestaltpsychologie war - wie der

Behaviorismus und die Psychoanalyse - eine Gegenbewegung zur Bewusstseinspsychologie. Allerdings setzte ihre Kritik erneut an einem anderen Punkt an. War der Behaviorismus durch eine Neueinstellung der psychologischen Optik auf das Verhalten entstanden und nahm die Psychoanalyse ihren Anfang bei einer Verschiebung der Blickrichtung vom Bewusstsein zum Unbewussten, so beruht die Gestaltpsychologie - grob gesagt - auf einer Neueinschätzung des psychologischen Gegenstands innerhalb der Grenzen des Bewusstseins. Die Gestaltpsychologie ist weiterhin *Bewusstseinspsychologie*, was sich etwa an ihrem Bekenntnis zur Phänomenologie zeigt (Katz 1944, p. 24ff.; Köhler 1938; Metzger 1941, p. 11ff.). Auch ihr hauptsächliches Forschungsgebiet, die *Wahrnehmung*, entspricht dem Forschungsinteresse der Bewusstseinspsychologie. Schliesslich ist ihr *passives* Verständnis des Menschen kaum verschieden von der Anthropologie jener psychologischen Schule, die sie beerbt.

Das Neue an der Gestaltpsychologie liegt in der Anerkennung von *Ganzheiten* als Grundeinheiten der Psychologie. Damit wendet sie sich gegen den Elementarismus und Assoziationismus der klassischen Bewusstseinspsychologie. Für Köhler lassen sich schon die einfachsten psychologischen Phänomene nicht mittels assoziationistischer Prinzipien verstehen. "Ein Beobachter, der menschliches und tierisches Verhalten vorurteilslos betrachtete, würde Reflexe und bedingte Reflexe kaum als die nächstliegenden oder gar als die allein in Betracht kommenden Funktionstypen ansetzen, mit deren Hilfe seine Beobachtungen erklärt werden müssten" (Köhler 1933, p. 35). Auch auf der Reizseite sind keine elementaren, sondern komplexe Bedingungen in Rechnung zu stellen. "Anstatt Lokalreize mit lokalen und gegenseitig unabhängigen Sinnesdaten zu beantworten, scheint der Organismus vielmehr auf eine gegebene *Reizkonstellation* mit einem *Gesamtprozess* zu reagieren, der als funktionelle Einheit die Antwort des Nervensystems auf jene Gesamtsituation darstellt" (ebd., p. 67).

Den Anlass zur gestaltpsychologischen Rebellion gab eine - gemessen an alltäglichen Verhältnissen - unspektakuläre Beobachtung Wertheimers, das sogenannte *Phi-Phänomen*. Werden in einem dunklen Raum zwei Lichtquellen, die in einem bestimmten Abstand zueinander stehen, kurz nacheinander eingeschaltet, sieht man (richtigerweise) zwei *nacheinander* aufglühende Lämpchen. Wird der Abstand zwischen den Lichtquellen sukzessive verkleinert und werden die Lichter weiterhin im selben zeitlichen Intervall eingeschaltet, entsteht plötzlich der Eindruck, als ob sich die Lämpchen vom einen zum anderen Ort *bewegen*. Diese Bewegung ist offensichtlich eine *Scheinbewegung*, da ihr auf der Reizseite keine objektive Veränderung entspricht.

Das experimentell nachweisbare Phi-Phänomen zeigt, dass wir nicht *Reize*, sondern *Reizkonfigurationen* wahrnehmen. Auch ein alltäglicheres Beispiel, wie die Transposition einer Melodie, kann zeigen, dass wir ganzheitlich wahrnehmen und nicht isolierte Reize aufaddieren. Obwohl durch die Transposition physikalisch eine völlig neue Situation entsteht (alle Töne sind verändert), erkennen wir die Melodie wie zuvor. Wir nehmen nicht Reize wahr, sondern gruppieren die Reize zu *sinnvollen* Einheiten. Wir gehen weit über das physikalisch Gegebene hinaus, indem wir den Sinnesdaten *Strukturen* auferlegen, die nicht ihrerseits sinnlich, sondern *kognitiv* sind. Wobei die Strukturierungsprozesse ohne Bewusstsein ablaufen; nur das *Resultat*, die wahrgenommene Gestalt, ist uns bewusst.

Die Gestaltpsychologie nötigt uns, eine Funktionsebene "oberhalb" der Sinne anzuerkennen. Diese nicht-sinnliche und nicht-physikalische Ebene, die von unmittelbar gegebenen Phänomenen bestimmt wird, soll gemäss Metzger die eigentlich *psychologische* Ebene sein (Metzger 1941, p. 11ff.). Damit widersprechen die Gestaltpsychologen der behavioristischen Einebnung des Psychischen auf das physikalisch Messbare. Wie die Psychoanalytiker unterscheiden sie eine Ebene des *Sinnes* von einer Ebene der (sinnlosen) Reize. Der gestaltpsychologische Dualismus von Sinn und Reiz ist allerdings nicht identisch mit der psychoanalytischen Dichotomie von Sinn und Mechanik. Er ist ein Dualismus von "unmittelbar gegebener" und physikalischer Wirklichkeit.

Die Gestaltpsychologen begreifen die phänomenale Wirklichkeit nicht als Inhalt eines solipsistischen Bewusstseins, sondern als *intentionale* Bezogenheit auf Objekte[1]. Das Bewusstsein enthält nicht bloss subjektive, sondern auch objektive Gegebenheiten (Köhler 1938, p. 51f.). "Innen" und "aussen" decken sich nicht mit "innerhalb" und "ausserhalb" des Bewusstseins. Gerade weil wir nicht Reize, sondern Reizkonfigurationen wahrnehmen, erleben wir uns auf Gegenstände *ausgerichtet* und an der Welt *interessiert*. "Da sind nicht getrennt vorhanden: ein Ich, ein Interesse und allerlei Dinge im Feld, sondern es gibt da, von vielen anderen Dingen umgeben, ein-an-einem-bestimmten-Gegenstand-interessiertes-Ich" (ebd., p. 54). Es scheint, als müsste die Psychologie nicht die unmögliche Aufgabe lösen, den Menschen allererst mit der Welt in *Beziehung* zu setzen[2]. Köhler anerkennt die *Intentionalität* des Bewusstseins und widersetzt sich dem cartesianischen Dualismus zwischen einem weltlosen Geist und einem welthaften Körper.

Doch einen Dualismus postuliert Köhler trotz allem. Alles psychische Geschehen hat seine Parallele in *physikalischen* Vorgängen. Was wir phänomenal sehen, ist einem kortikalen Korrelat *isomorph* und entspricht der makroskopischen Struktur im physikalischen Raum (Köhler 1938, p. 158f., 1969, p. 65ff., 89ff.). Zwischen physikalischer Aussenwelt, Gehirn und phänomenalem Bewusstsein bestehen Beziehungen der *Abbildung*. Das menschliche Auge entspricht einer Kamera, die Bilder projiziert, die in der "kortikalen Netzhaut" entschlüsselt werden (Köhler 1938, p. 80,

---

[1] Auch die Intentionalität des Bewusstseins verweist auf die phänomenologischen Wurzeln der Gestaltpsychologie (Baumgartner 1985).

[2] Eine Aufgabe, die sich der Behaviorismus und die Psychoanalyse gleichermassen gestellt haben: Reize müssen mit Reaktionen und Triebe mit Objekten verbunden werden (vgl. Kapitel 6).

98, 100). Umgekehrt basiert unser Denken auf *Einsicht*, die dann entsteht, wenn Hirnprozesse neue Strukturen bilden, die unser Bewusstsein "reflektiert" (Köhler 1969, p. 154, 163f.). Das Wesentliche geschieht jenseits des Bewusstseins. Doch ein Unbewusstes im *dynamischen* Sinn will Köhler nicht anerkennen. Er weigert sich, seine Schlüsse auf ein Gebiet zu beziehen, "das von der physikalischen Welt verschieden und trotzdem nicht phänomenal ist" (Köhler 1938, p. 172). Die Vergangenheit wird im *Nervensystem* bewahrt. Die Reste früherer Erfahrungen sind Teil der physikalischen Welt, in der sie Spuren hinterlassen haben. Auch die Gestaltpsychologie entpuppt sich - nicht anders als der Behaviorismus - als ein *physikalistisches* System.

Obwohl die Gestaltpsychologen die Immanenz des Bewusstseins aufbrechen, unterscheiden sie sich in *erkenntnistheoretischer* Hinsicht nicht wesentlich von der Bewusstseinspsychologie und von der Psychoanalyse. Auch Freud sah in der Innenwelt eine *Spiegelung* der Aussenwelt. Wissenschaftliche Arbeit war ihm "Einsicht in Zusammenhänge und Abhängigkeiten ..., die in der Aussenwelt vorhanden sind" und in der Innenwelt des Denkens "irgendwie zuverlässig reproduziert oder gespiegelt werden" (Freud 1940, p. 52). Unser "seelischer Wahrnehmungsapparat" gleicht einem "Wunderblock", der beliebig oft beschrieben und gelöscht werden kann (Freud 1925d, p. 367f.). Im Gedächtnis bewahren wir die "Niederschrift" der sinnlichen Vorstellungen als "Dauerspuren" auf (Freud 1920a, p. 234f.). Die in den psychischen Systemen verschiebbaren "Repräsentanzen" sind "Imagines" der Aussenwelt. Sie sind das Rohmaterial des psychischen Geschehens, dessen (mechanische) Dynamik durch (energetische) "Besetzung" in Gang gesetzt wird.

Die Gestaltpsychologen distanzieren sich von einer solch elementaristischen und mechanizistischen Betrachtungsweise, doch ihre Gestaltgesetze (Katz 1944, p. 30ff.; Metzger 1941, passim) machen aus dem Psychischen letztlich ebenfalls ein *mechanisches* Geschehen. Insofern die Wahrnehmungsprozesse physikalischen Gesetzen gehorchen, gibt es auch für die Gestaltpsychologen kein *Subjekt* der Wahrnehmung. "It is not you or I who sees, but it is our brain and nervous system which does various things we know nothing about and which thereby produces in us our experience of seeing" (Roche 1973, p. 148). Für die Inferenz von den Empfindungen zu den Wahrnehmungsgestalten wird kein Subjekt benötigt. Insofern begrenzt sich die Rebellion der Gestaltpsychologie im wesentlichen auf die Ablehnung des *Atomismus*. Sie enthält "nichts von dem, was von einer Theorie gefordert werden muss, die von innen ausgelöstes *Handeln* erklären will" (Katz 1944, p. 98 - Hervorhebung W.H.).

Wahrnehmung - Gewohnheit - Intelligenz

Piaget steht zweifellos der Gestaltpsychologie näher als dem Behaviorismus oder der Bewusstseinspsychologie. In seiner Autobiographie schreibt er, er habe in seinen Jugendjahren plötzlich begriffen, dass man auf allen Ebenen dasselbe Problem der *Beziehung* zwischen den Teilen und dem Ganzen wiederfinde. In allen Bereichen des Lebens (dem organischen, dem geistigen und dem sozialen) gebe es *Gesamtheiten*, "die sich qualitativ von ihren Teilen unterscheiden und die ihnen eine Organisation aufzwingen" (Piaget 1952, p. 22). Infolgedessen gebe es keine isolierten Elemente. Das tönt gestaltpsychologisch. Doch Piagets Ganzheiten sind nicht autochthone Grössen, sondern *erarbeitete* Gestalten.

Das gilt insbesondere für die Wahrnehmung. Diese ist eine *Tätigkeit*, die in immer enger werdendem Zusammenhang mit der *Intelligenz* steht (Piaget 1972a, p. 114; Piaget & Inhelder 1966, p. 36ff.). Während für die Gestaltpsychologen die Intelligenz in der Umstrukturierung des Wahrnehmungsfeldes liegt (Köhler 1969, p. 133ff.), sieht Piaget - genau umgekehrt - die Wahrnehmung abhängig von der Intelligenz. Die Unterordnung der Wahrnehmung unter die kognitive Entwicklung verweist auf die *rationalistischen* Wurzeln von Piagets Denken - im Gegensatz zum empiristischen Erbe, das die Gestaltpsychologie von der Bewusstseinspsychologie übernommen hat (Katz 1944, p. 28; Wetzel 1978). Das menschliche Erkennen ist kein Prozess der Induktion aufgrund von sinnlichen Erfahrungen, sondern eine Formung des Wahrgenommenen mittels der Kategorien des Denkens.

Was aber heisst "Denken"? Kann Denken nicht als *Verhalten* begriffen werden, so dass die Wahrnehmung unter der Kontrolle des Verhaltens steht, ja mit Verhalten gleichgesetzt werden muss? Dies wäre die Antwort Skinners: "Human thought is human behavior" (Skinner 1974, p. 130). Wissen entsteht nicht aus der Konfrontation mit einer stimulierenden Umwelt, sondern aus der Verstärkung von operantem Verhalten. Wie das Selbst ist unser Wissen nichts anderes als ein "repertoire of behavior" (ebd., p. 152). Folglich unterscheiden sich Wissen und Denken nicht von der Wahrnehmung, denn auch die Wahrnehmung ist Verhalten - "perceptual behavior" (ebd., p. 94). Wir brauchen keine *Kopien* zu bemühen, um zu verstehen, weshalb wir *Dinge* wahrnehmen.

Skinner reduziert die Intelligenz auf das Niveau von *Gewohnheiten*. Intelligenz jedoch ist nicht Gewohnheit. Sie besteht gerade darin, in *ungewohnten* Situationen zurechtzukommen. Sie verlangt Flexibilität und geistige Mobilität. Dank der Intelligenz vermögen wir das unmittelbar Gegebene zu überschreiten und vergangene und zukünftige Ereignisse in Rechnung zu stellen. Weder Wahrnehmung noch Gewohnheit sind dazu in der Lage. Die Wahrnehmung ist auf das Hier und Jetzt begrenzt und ermöglicht die *situative* Regulation des Verhaltens. Gewohnheiten sind zeitlich ausgedehnter als Wahrnehmungen, doch sind sie *in ihrem Ablauf festgelegt*. Das zeigt sich spätestens dann, wenn uns eine Gewohnheit in die Quere kommt. Das Ändern der Gewohnheit kommt dem Lernen einer *neuen* Gewohnheit gleich.

Die Intelligenz ist von beiden Beschränkungen frei. Weder ist sie situativ begrenzt, noch ist sie in ihrem Ablauf festgelegt. Im Denken können wir die räumlichen und zeitlichen Beschränkungen unserer Wahrnehmungen und Gewohnheiten sprengen. Das Denken ist - wie Piaget sagt - *reversibel*. Es kann sich in alle Richtungen bewegen und wieder zu seinem Ausgangspunkt zurückkehren. Dagegen sind Gewohnheiten und Wahrnehmungen *irreversibel*. Die Reversibilität macht die Intelligenz zu einem Organ der *Erkenntnis*. Die Intelligenz bezeichnet "die höheren Organisations- und Gleichgewichtsformen der Erkenntnisstrukturen" (Piaget 1947a, p. 9).

Wenn die Intelligenz weder von der Wahrnehmung noch von der Gewohnheit hergeleitet werden kann, woher kommt sie dann? Da sie kein Produkt der Erfahrung ist, muss sie wohl *angeboren* sein. Auch diese Möglichkeit wird von Piaget verworfen. Zweifellos spielen genetische und Reifungsfaktoren bei jedem Entwicklungsprozess eine Rolle, doch treten sie nie isoliert und in reiner Form auf (Piaget 1972a, p. 28). Die Reifung des Nervensystems eröffnet lediglich einen Raum von *Möglichkeiten*, die keine Verwirklichung erlauben, wenn "nicht die Bedingungen materieller Erfahrungen oder sozialer Wechselwirkung diese Verwirklichung nach sich ziehen" (Piaget 1964, p. 245). Also ist es doch die *Erfahrung*, die zur Intelligenz führt, wenn auch im Wechselspiel mit der Reifung?

Die Erfahrung vermag weder allein noch in Verbindung mit der Reifung die Entwicklung der Intelligenz zu erklären. Erfahrungen müssen *verstanden* werden, sonst vermögen sie nichts auszurichten. Sowohl die Gene als auch die Umwelt sind dem Lebewesen äusserlich und können seine Entwicklung nur *beeinflussen*, aber nicht determinieren. Die Entwicklung ist eine Leistung des Lebewesens selbst, und in diesem Sinne ist auch die Intelligenz *selbst gemacht*. Das mag eigenartig tönen, wird aber sofort verständlich, wenn wir uns Piagets Denkansatz vergegenwärtigen.

Zwischen Biologie und Erkenntnistheorie

Ohne Kenntnis der biologischen Voraussetzungen, auf denen sie beruht, ist Piagets Theorie nicht verständlich (Piaget 1970a, p. 23). Piaget ist von Haus aus *Biologe* und hat sich zeit seines Lebens als Biologe zu erkennen gegeben. Bis ins hohe Alter hat er neben seiner psychologischen Forschung biologische Studien betrieben, vor allem an Mollusken. Als er in seinem 80. Lebensjahr gefragt wurde, ob er zur Biologie *zurückgekehrt* sei, antwortete er: "... je n'y suis pas revenu, je ne l'ai jamais quittée" (Piaget 1977a, p. 165).

Tatsächlich steht der Gedanke, überall gebe es *Gesamtheiten*, die sich qualitativ von ihren Teilen unterscheiden und ihnen eine *Organisation* aufzwingen, am Anfang eines Lebenswerks, das konsequent die Idee der Strukturierung auf allen Ebenen verfolgt hat. Anders als Freud, hat Piaget seine Theorie im Grundsätzlichen kaum revidiert. Obwohl er sich als einen seiner "grössten Revisionisten" (Piaget 1970a, p. 703 Anm. 2)[3] bezeichnete, war seine Problemstellung von Anfang an klar und seine Methode schon früh erkenntlich. Sein Werk zeugt von dem beharrlichen Versuch, die Ebenen der Biologie, der Psychologie und der Erkenntnistheorie zusammenzubringen und miteinander zu verbinden. Dabei spielt die Biologie die *fundierende* Rolle, insofern sie Piaget zum Modell der Analyse jener Probleme macht, die ihn vorwiegend interessieren, nämlich die Probleme der Erkenntnis (Fetz 1988, p. 185; Herzog 1984a, p. 186ff.).

Die Möglichkeit einer "engen Verbindung zwischen der Biologie und der Philosophie" hatte den Gymnasiasten Piaget geradezu ekstatisch aufgewühlt (Piaget 1952, p. 19f., 22). Philosophie bedeutet allerdings in diesem Zusammenhang ausschliesslich *Erkenntnistheorie*, und diese wird im Sinne des Begriffs der "épistémologie" als *Wissenschaftstheorie* verstanden[4]. Die "genetische Epistemologie", die Piaget schliesslich entwickelt hat, "versucht, Erkennen, insbesondere wissenschaftliches Erkennen, durch seine Geschichte, seine Soziogenese und vor allem die psychologischen Ursprünge der Begriffe und Operationen, auf denen es beruht, zu erklären" (Piaget 1970b, p. 7). Piaget war während 10 Jahren Professor für Wissenschaftsgeschichte an der naturwissenschaftlichen Fakultät der Universität Genf. In dieser Zeit hat er "intensiv das Auftauchen und die Geschichte der wichtigsten Begriffe der Mathematik, der Physik und der Biologie" (Piaget 1952, p. 36) untersucht. Die Beschäftigung mit der Geschichte der Naturwissenschaften hat sein Denken nachhaltig beeinflusst. Es erstaunt daher nicht, wenn er sich nur zögernd als Psychologen zu verstehen vermochte.

Doch Piaget war *auch* Psychologe. Wenn ihm die Biologie die *Methode* und die Epistemologie die *Problemstellung* gegeben haben, dann hat er in der Psychologie seine *Forschungsobjekte* gefunden. Der ideale Gegenstand der genetischen Epistemologie wäre die *Geschichte des wissenschaftlichen Denkens*. Da uns diese - vor allem in ihren prähistorischen Abschnitten - nur unvollständig zugänglich ist, hat sich Piaget der *Ontogenese* des Erkennens zugewandt (Piaget 1970b, p. 21, 1977a, p. 140). Piaget wurde Psychologe, um die *empirischen* Probleme seiner Erkenntnistheorie zu lösen. Seine Psychologie war nie Selbstzweck (Buggle 1985, p. 18; Inhelder 1988, p. 72); eher war sie von sekundärer Bedeutung: ein *Nebenprodukt* der genetischen Epistemologie (Inhelder 1977, p. 332).

---

[3] Die Stelle findet sich nur in der amerikanischen Erstveröffentlichung (P.H. Mussen [ed.]: Carmichael's Manual of Child Psychology, New York: Wiley 1970 [3. Auflage], p. 703-732).

[4] Bei aller Polemik, die Piaget an die Adresse der Philosophie gerichtet hat (insbes. Piaget 1965), hat er deren Bedeutung für sein Denken anerkannt: "... je lui dois la position des problèmes que j'ai étudiés, et je pense que la réflexion philosophique est indispensable au savant, indispensable à toute recherche" (Piaget 1977a, p. 29; vgl. auch Piaget 1965, p. 284).

Den Ausgangspunkt der genetischen Epistemologie gibt die Frage, "vermittels welcher Leistungen geht der menschliche Geist von einem Stand weniger befriedigender Erkenntnis zu einem Stand höherer Erkenntnis über?" (Piaget 1970b, p. 20). Um die Frage zu beantworten, bedarf es zunächst der *formalen* Analyse der Kriterien *adäquater Erkenntnis*. Diese Kriterien werden von Logikern und Spezialisten auf einem Gebiet der Wissenschaft erarbeitet. Die Psychologie übernimmt dann die Aufgabe zu untersuchen, wie der Übergang von einer niederen Stufe der Erkenntnis zu einer Stufe, die anhand der formalen Kriterien als höher beurteilt wird, tatsächlich vollzogen wird (Piaget 1970a, p. 86). Jede Erkenntnistheorie hat es sowohl mit formalen wie mit empirischen Problemen zu tun, "sowie man aber auf Tatsachenprobleme stösst, werden psychologische Befunde wichtig und sollten berücksichtigt werden" (Piaget 1970b, p. 14).

In der Programmatik der genetischen Epistemologie ist die Psychologie quasi eingeklemmt zwischen Biologie und Erkenntnistheorie. Von der Biologie gehen die methodischen Konzepte in die Psychologie ein, von der Erkenntnistheorie die Tatsachenprobleme (Herzog 1984a, p. 209). Es entsteht eine Art Sandwich, bei dem man sich die Psychologie als "Wurst" und die Biologie und die Erkenntnistheorie als die beiden Brotscheiben vorstellen kann (vgl. Abbildung 3)[5]. Vier Jahre vor seinem Tod schreibt Piaget die folgenden Worte, die wie ein Echo der aufwühlenden Gedanken aus seiner Gymnasiastenzeit klingen: "... my efforts directed toward the psychogenesis of knowledge were for me only a link between two dominant preoccupations: the search for the mechanisms of biological adaptation and the analysis of that higher form of adaptation which is scientific thought, the epistemological interpretation of which has always been my central aim" (Piaget 1977b, p. xi). Das "Zielbewusstsein", das sich bei Piaget in der Adoleszenz gebildet hatte (Vidal 1983, p. 206), war die biologische Erklärung der Erkenntnis. Diesem Zielbewusstsein ist er sein Leben lang treu geblieben.

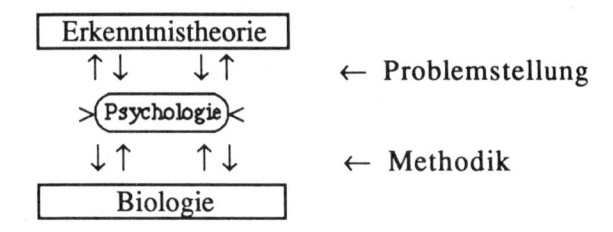

```
           ┌─Erkenntnistheorie─┐
             ↑↓      ↓↑           ← Problemstellung
            >(Psychologie)<
             ↓↑      ↑↓           ← Methodik
           └─────Biologie─────┘
```

Abbildung 3: Piagets "Psychologie-Sandwich"

---

[5] Die Abbildung wird Piaget allerdings nicht gerecht, da er einen "Zirkel der Wissenschaften" postuliert, bei dem die Disziplinen rekursiv miteinander verbunden sind (Piaget 1950).

Evolution und Äquilibration

Haben wir Piagets *Programmatik* ausgemacht, so müssen wir uns nun mit seinem biologischen Denken beschäftigen, denn in der Biologie liegt der Schlüssel zu seiner Psychologie. Wesentlich ist zunächst Piagets Orientierung an *Gesamtheiten*. Die traditionellen Dichotomien Anlage vs. Umwelt, Reiz vs. Reaktion, Körper vs. Geist, Subjekt vs. Objekt und Individuum vs. Gesellschaft werden zurückgewiesen und in der Perspektive höherer Einheiten "aufgehoben". So steht nicht ein genetisches System einer selegierenden Umwelt gegenüber, sondern ein lebendiger und sich verhaltender *Organismus*. Piagets Position entspricht derjenigen von Lehrman, der den Kern des Problems anschaulich zur Darstellung bringt. "Die Wechselwirkung, aus der sich der Organismus entwickelt, ist *nicht* ... eine Wechselwirkung zwischen Anlage und Umwelt. Es ist eine Wechselwirkung zwischen *Organismus* und Umwelt! Und der Organismus ist in jedem verschiedenen Stadium seiner Entwicklung unterschiedlich" (Lehrman 1953, p. 37). Das gilt gemäss Piaget nicht nur für die Ontogenese, sondern auch für die *Phylogenese*. Piaget widersetzt sich der neodarwinistischen Position, wie sie Monod (1970) vertritt. Die Evolution ist nicht einfach das Ergebnis von Mutation und Selektion; sie wird vielmehr vom *Verhalten* gesteuert (Piaget 1976, 1977a, p. 172). Während Mutation und Selektion Ereignisse sind, die einem Lebewesen *zustossen*, ist das Verhalten eine Leistung des Organismus selbst, dem eine wesentliche Beteiligung an der Evolution zukommt.

Das Denken des Neodarwinismus ist *dualistisch* und *mechanistisch*. Mutation und Selektion sind *lokale* Ereignisse, die in kontingenter Beziehung zueinander stehen. Was auf der Seite des Organismus geschieht (Mutation), ist blind gegenüber dem, was auf seiten der Umwelt geschieht (Selektion), und umgekehrt. Mutationen erfolgen "nach inneren Gesetzlichkeiten, die Umwelt betreffend jedoch *zufällig*" (Eibl-Eibesfeldt 1970, p. 48 - Hervorhebung W.H.). Damit trennt der Neodarwinismus das Lebewesen von seiner Umwelt. Insofern schliesslich nur die *Gene* auf die selegierende Wirkung der Umwelt reagieren, ist der Organismus ohne funktionale Bedeutung für die Evolution der Lebewesen. Organismen sind "survival machines - robot vehicles blindly programmed to preserve the selfish molecules known as genes" (Dawkins 1976, p. ix). Wie der Behaviorismus ist der Neodarwinismus nicht wirklich am Lebewesen interessiert. Sein Denken ist *cartesianisch*. Für Piaget ist dies das "Zugeständnis einer Schlappe" (Piaget 1968, p. 45).

Etwas vereinfacht sieht Piaget den Prozess der Evolution folgendermassen. Ausgangspunkt einer jeden Veränderung ist die Lebendigkeit des Lebewesens, d.h. dessen *Aktivität* in bezug auf die Umwelt. Verhalten ist ein ständiges Überschreiten der organismischen Grenzen und gleichbedeutend mit "Suchen und Erobern von Neuem" (Piaget 1974a, p. 114). Die Aktivität führt zur Erkundigung und *Assimilation* der Umwelt, solange jedenfalls, wie das Überleben des Lebewesens nicht gefährdet ist.

Die explorative Tätigkeit hat unvermeidlich gewisse Ungleichgewichte zur Folge, denn in ungewohnter Umwelt ist die Anpassung des Lebewesens suboptimal. Dies führt zu regulatorischen Aktivitäten, mit dem Ziel der Wiederanpassung. Dabei bildet sich eine phänotypische Modifikation (ein "Akkommodat"), d.h. eine organismische Veränderung *ausserhalb* des genetischen Systems, die nicht erblich ist.

Kommt der Organismus auf diese Weise wieder ins Gleichgewicht, ist die Regulation beendet. Wenn nicht, werden sogenannte Regulatorgene aktiviert, die von der phänotypischen Peripherie zum Genotypus Information übermitteln. Diese Information ist unspezifisch, etwa im Sinne der Mitteilung "Etwas funktioniert nicht". Die Folge der Störmeldung sind mehr oder weniger gezielte Mutationen im Erbgut, die der Selektion durch das innere und äussere Milieu ausgesetzt werden (Piaget 1975a, p. 811f., 1977a, p. 168f.). Die Mutationen sind somit nicht rein zufällig, wie im Neodarwinismus, sondern liegen im Bereich des organismischen Ungleichgewichts. Sie entsprechen der tastenden Erprobung von Variationen innerhalb eines beschränkten Feldes ("scanning"). Auf diese Weise entsteht schliesslich eine *Phänokopie*[6], d.h. ein genetisch verankerter Ersatz des phänotypischen Akkommodaten.

Piaget vertritt einen gemässigten *Lamarckismus*, da er anerkennt, dass sich unter gewissen Bedingungen phänotypische Modifikationen im Erbgut festsetzen können (Piaget 1950, Bd. III, p. 108). Er bezeichnet seine Position allerdings nicht als Neolamarckismus, sondern als *Interaktionismus*. Der Interaktionismus bezieht sich nicht auf das Verhältnis von genetischem System und Umwelt, vielmehr anerkennt er die "Wechselwirkung der Umgebung mit dem *Organismus* als Tatsache" (ebd., p. 115 - Hervorhebung W.H.). Auf der phylogenetischen Ebene stehen sich nicht Anlage und Umwelt, sondern *Organismus* und Umwelt gegenüber. Ganz allgemein ist die biologische Wirklichkeit "die Assimilation der Umwelt durch den Organismus und die Transformation des Organismus in Funktion der Umwelt: ein kontinuierlicher Austausch" (Piaget 1926, p. 196).

Was aber liegt dem kontinuierlichen Austausch von Organismus und Umwelt zugrunde? Wir haben die Antwort bereits gegeben: die *Lebendigkeit* des Organismus. Leben ist Aktivität, Aktivität ist Verhalten, und Verhalten ist Entstehung von Neuem. In seiner Lebendigkeit zeigt der Organismus eine intrinsische Tendenz, sich seiner Umwelt zu bemächtigen. Das Verhalten ist adaptiv, indem es den Aktionsradius des Lebewesens ausweitet und dadurch seine Überlebenschancen erhöht. Was für *physiologische* Regulationen gelten mag, nämlich die *Bewahrung von Zuständen* (die Homöostase), gilt nicht für das *Verhalten*: "... le comportement vise constamment à des dépassements" (Piaget 1977a, p. 172). Piaget widersetzt sich dem Quietismus des Fechnerschen Konstanzprinzips. Ver-

---

[6] Piagets Terminologie ist etwas eigenwillig und weicht vom üblichen Gebrauch des Begriffs Phänokopie ab (Goodwin 1982, p. 529). Lorenz beispielsweise nennt die Kopie einer Verhaltensweise im Erbgut - genau entgegengesetzt zu Piaget - eine "Genokopie" (Lorenz 1963, p. 67).

änderung ist genauso ein Grundmerkmal von Leben wie Aktivität. Die *Ursache* der Veränderung liegt aber nicht in der Umwelt des Lebewesens, wie der Behaviorismus in physikalistischer Manier annimmt, sondern in den *Aktionen* des Lebewesens auf die Umwelt (Piaget 1974a, p. 44). Die Umwelt "übermittelt" dem Lebewesen auch keine Information. Diese wird vielmehr aus den Aktionen, die das Lebewesen auf die Umwelt ausübt, gewonnen. Die Umwelt ist daher nie Ursache, sondern immer nur *Anlass* für Veränderung (Piaget 1967, p. 121). Die Umwelt löst Entwicklung aus, indem sie Ungleichgewichte schafft, die der Organismus kompensieren muss.

Auch wenn Piaget keine (statischen) Zustände anerkennt, ist ihm doch das *Gleichgewicht* der "zentrale Mechanismus und die notwendige Vektion des Entwicklungsprozesses" (Piaget 1972b, p. 268). Dabei versteht Piaget unter Gleichgewicht ein "Fliessgleichgewicht" (von Bertalanffy), denn "Gleichgewicht bedeutet Aktivität" (Piaget 1964, p. 272). Insofern ist die *Äquilibration*, d.h. der *Ausgleich von Ungleichgewichten*, der eigentliche Mechanismus der Entwicklung. Die Äquilibration ist nichts anderes als die Gesamtheit der adaptiven Regulationsprozesse eines Lebewesens. Äquilibration ist organismische *Selbstregulation* (Piaget 1970a, p. 73, 1975b, p. 838). Da die Adaptationsprozesse in die Organisationsweise des Verhaltens eingebunden sind und das Verhalten Ausdruck der Lebendigkeit des Organismus ist, erweist sich die Selbstregulation als Implikation der organismischen Lebendigkeit. In der Tat sind für Piaget Lebendigkeit (Leben) und Selbstregulation identische Begriffe: "Leben ist im wesentlichen Selbstregelung" (Piaget 1967, p. 27). Wenn es daher heisst, die Äquilibration sei der "grundlegende Entwicklungsfaktor" (Piaget 1970a, p. 75), dann lässt sich dies auch so verstehen, dass der grundlegende Entwicklungsfaktor in nichts anderem als in der Tatsache der *Lebendigkeit* des Lebewesens liegt. Oder, noch einfacher gesagt: Leben ist Entwicklung.

Ich sehe in diesem Geflecht der Begriffe Lebendigkeit, Verhalten, Selbstregulation und Äquilibration den *metatheoretischen Kern* von Piagets Ansatz, von dem andere Begriffe - wie beispielsweise jener der Entwicklungsstufen - abgegrenzt werden können und als spezifische *Artikulationen* der organismischen Programmatik zu verstehen sind (Herzog 1984a, p. 212)[7]. Piaget ist nicht müde geworden, die *Aktivität* als das fundamentale Datum der Psychologie zu verteidigen, der gegenüber andere Phänomene als abgeleitet zu betrachten sind. Daher sein immer wieder erhobener Anspruch auf eine *biologische* Erklärung psychischer Phänomene (Piaget 1967, 1970a). Wobei "biologisch" nicht physiologisch oder hereditär zu verstehen ist, sondern die "tieferliegende" Ebene der organismischen *Selbstregulation* meint. Auch das Genom und seine Funk-

---

[7] Insbesondere das Konzept der Äquilibration kann als der "harte Kern" von Piagets Forschungsprogramm bezeichnet werden (Rowell 1983, p. 62). Es bildet eine Art roter Faden, der sich durch Piagets Gesamtwerk hindurchzieht und sein permanentes Interesse an einer biologischen Auffassung des Psychischen dokumentiert (Furth 1981, p. xiv, 253; Inhelder 1977; Moessinger 1978).

tionsweise werden vom Prinzip der Selbstregulation bestimmt. Die Selbstregulation ist der übergreifende Mechanismus, der die körperlichen Prozesse mit den kognitiven Regulationen verbindet. "It is ... in this direction, and not in mere heredity that one has to seek the biological explanation of cognitive constructions ..." (Piaget 1980, p. 31).

Im Lichte des biologischen Denkens zeigt sich die kognitive Entwicklung als ein Prozess der zunehmenden *Verinnerlichung* organismischer Regulationsprozesse. Der letzte Ursprung der Intelligenz liegt "in den allgemeinsten Funktionsweisen der lebenden Organisation" (Piaget 1967, p. 353). Damit wird uns verständlich, inwiefern die Intelligenz *selbst gemacht* ist. Die Intelligenz ist nicht etwas, das dem Lebewesen aufgrund von Reifungsprozessen oder Erfahrungen *zustösst*, sondern etwas, das es *selbst erarbeitet*, indem es sich aktiv mit seiner Umwelt auseinandersetzt. Zwischen dem Nervensystem und der Gesellschaft steht die individuelle Aktivität (Piaget & Inhelder 1955, p. 325), und diese ist der Ansatzpunkt für Piagets Psychologie.

Die Intelligenz als Anpassung *par excellence*

Piaget betrachtet auch das Verhältnis von *Subjekt* und *Objekt* im Lichte seines biologischen Ansatzes. Seit Descartes ist die Frage der Erkenntnis mit der Polarität Geist vs. Körper verbunden, denn als erkennendes Subjekt scheint der Mensch eine geistige Substanz zu sein. Descartes glaubte zu wissen, dass "die Körper nicht eigentlich durch die Sinne oder durch die Einbildungskraft, sondern einzig und allein durch den Verstand erkannt werden, nicht dadurch, dass man sie betastet oder sieht, sondern dass man sie denkt" (Descartes 1641, p. 29). Die Erkenntnis wird ähnlich begriffen wie das Anlage-Umwelt-Verhältnis. Wo statt des Organismus die *Gene* mit der Umwelt interagieren, erkennt anstelle des Menschen der *Geist* die Welt. Ein körperloses Ich steht einer körperlichen Welt gegenüber, zu der auch der Leib des erkennenden Subjekts gehört, denn das "Ich, das denkt" ist eine Substanz, "die zum Sein keines Ortes bedarf" und nichts Körperliches an sich hat, ja von keinem materiellen Ding abhängig ist (Descartes 1637, p. 55)[8]. Der Körper kann "als eine Art von Maschine" angesehen werden, "die aus Knochen, Nerven, Muskeln, Adern, Blut und Haut ... zusammengesetzt ist" und auch ohne den Geist all die Bewegungen ausführt, die menschliches Leben ausmachen (Descartes 1641, p. 75). Der erkennende Mensch wird entzweigerissen in einen körperlosen Geist und einen geistlosen Körper. Es ist der körperlose Geist, der im Behaviorismus und in der Psychoanalyse denunziert wird. Zurück bleibt ein geistloser Körper, der weder moralisches noch epistemisches Verhalten verständlich machen kann.

---

[8] Vgl. die vollständige Wiedergabe des Zitats in Anmerkung 16 von Kapitel 2.

Piaget knüpft durchaus am modernen Verständnis des Menschen an, jedoch nicht im Sinne Descartes', obwohl er diesen der "Entdeckung des Erkenntnissubjekts" (Piaget 1965, p. 69) wegen lobt. Er greift auf Elemente der christlichen Auffassung vom Menschen zurück und sieht das erkennende Subjekt als *Ganzes* in Beziehung zur Welt[9]. Auch das erkenntnistheoretische Verhältnis lässt sich organismisch begreifen. Piagets *interaktionistisches Tertium* (Piaget 1967, p. 121ff., 307) wird zum Modell der psychologischen Analyse. Wie die Evolution kein Resultat von blossen Widerfahrnissen ist, die dem Lebewesen zustossen, ist die Erkenntnis kein passives Geschehen. Sie ist das Ergebnis einer "strukturierenden Aktivität", ohne die das Gegebene chaotisch und unverständlich bliebe (ebd., p. 346). Die *Aktivität* ist auch das Passwort zu Piagets Erkenntnistheorie. Zwar steht Piaget in der rationalistischen Tradition Descartes' und Kants, doch die Erkenntnis ist ihm keine Leistung eines körperlosen Geistes, sondern eine Tätigkeit des *ganzen* Menschen. Der *Mensch* steht in Beziehung zur Welt, nicht sein Geist.

Piaget kann diesen Neuansatz nur deshalb machen, weil er den Menschen vom *Kinde* aus versteht. Darin zeigt sich die Originalität seiner *genetischen* Epistemologie. Descartes, Kant und die meisten Vertreter der abendländischen Philosophie gehen das Erkenntnisproblem vom Standpunkt des *Erwachsenen* aus an. Doch wie weit auch immer man in die Geschichte und Vorgeschichte zurückgehen mag, immer liegt *vor* dem Erwachsenen das Kind (Piaget 1945, p. 253). Skinner hat daher recht mit der Feststellung: "Descartes could not begin, as he thought he could, by saying 'Cogito ergo sum'. He had to begin as a baby ..." (Skinner 1967, p. 216). Darin stimmen Skinner und Piaget überein. Die genetische Epistemologie fragt nach der *Entstehung* von Erkenntnis. Sie fragt, "wie (sich) der Übergang von einer niederen Stufe der Erkenntnis zu einer Stufe, die als höher beurteilt wird, ... vollzieht" (Piaget 1970b, p. 20). Da sie diesen Übergang - mangels phylogenetischer Daten - in der *Ontogenese* verfolgt, ist ihr Ansatzpunkt das Denken des *Kindes*. Kinder begründen sich nicht als blosse Geistwesen. In der Perspektive der genetischen Erkenntnistheorie erscheint daher auch die *Körperlichkeit* als Attribut des erkennenden Subjekts. Als ob Piaget dem Hinweis Nietzsches hätte folgen wollen: "'Leib bin ich und Seele' - so redet das Kind. Und warum sollte man nicht wie die Kinder reden?" (Nietzsche 1883/85, p. 39).

Eine Erkenntnistheorie, die "redet wie die Kinder", versteht das epistemische Subjekt *organismisch*. Sie überwindet den Zwang, den Menschen

---

[9] Über den Einfluss des christlichen Denkens auf Piaget ist wenig bekannt. Immerhin bezeichnete er seine Mutter als "überzeugte Protestantin" (Piaget 1952, p. 18) und gab dem "Problem der Religion" (ebd.) einen zentralen Stellenwert für die Zeit seiner Jugend. Stellt man in Rechnung, dass Piaget damals auch die Problemstellung seiner wissenschaftlichen Tätigkeit gefunden hat, ist es nicht abwegig, christlichem Gedankengut einen gewissen Einfluss auf seinen Ansatz einzuräumen. Vom Interesse an religiösen Fragen zeugt auch eine Reihe von frühen Veröffentlichungen Piagets (Chapman 1988a, p. 18ff., 68ff., 432ff.).

entweder als denkendes Ich (Descartes) *oder* als gedankenlose Maschine (Skinner) zu begreifen. Die Subjektivität des Menschen wird fassbar als organismische Lebendigkeit, denn der Organismus ist ein aktives Subjekt: "... l'organisme est un sujet actif" (Piaget 1977a, p. 210). Das organismische Subjekt ist - als "Zentrum des Funktionierens" (Piaget 1968, p. 68f., 137) - eine Quelle von Strukturen (Piaget 1972b, p. 290). Diese sind "psychische Organe" (Piaget 1964, p. 157) und als solche der "formalisierte Ausdruck der allgemeinen Koordinationen der Aktionen des Subjekts" (Piaget 1965, p. 75). Auch erkenntnistheoretisch entspricht Piagets Position einem *Interaktionismus*, denn die Erkenntnis stammt weder vom Objekt noch vom Subjekt, sondern von den *Interaktionen* zwischen beiden (Piaget 1950, Bd. III, p. 115, 1970a, p. 26, 47). Organ der Interaktionen ist das Verhalten.

Piaget sieht nicht nur eine *Parallele* zwischen den Problemen der Biologie und denjenigen der Erkenntnistheorie. Wenn die biologischen und die erkenntnistheoretischen Fragen zusammenhängen, dann deshalb, weil sie in einer *genetischen* Beziehung stehen. "Die Erkenntnis ist eine Adaptation, und die individuellen oder kollektiven Entwicklungen der Vernunft sind wirkliche Evolutionen; die Mechanismen dieser Adaptation und Evolution hängen ... von den vitalen Mechanismen ab" (Piaget 1950, Bd. III, p. 121). Die Intelligenz ist nichts anderes als eine Weiterführung der organismischen Anpassungsprozesse mit anderen Mitteln: Sie ist "Anpassung *par excellence*" (Piaget 1969, p. 130).

Piaget postuliert eine funktionelle Kontinuität von den niedrigsten Formen der sinnlichen und motorischen Anpassung bis zu den höchsten Formen des Denkens, so dass die Intelligenz als das differenzierteste Organ der organismischen Selbstregulation erscheint (Piaget 1947a, p. 9, 1967, p. 27). Für den Begriff der wissenschaftlichen Erkenntnis ergibt sich, dass die Adaptation des Erkenntnissubjekts an das Erkenntnisobjekt nur ein "Spezialfall der Adaptationen des Organismus an die Umwelt" (Piaget 1967, p. 183) ist. Die kognitive Entwicklung setzt die allgemeine biologische Adaptation fort. Ihre eigentliche Funktion liegt darin, Anpassungsformen zu finden, die wegen ihres Reichtums an Assimilationen und Akkommodationen, sowie wegen der Stabilität des Gleichgewichts zwischen diesen beiden Unterformen der Anpassung im organischen Bereich nicht realisierbar sind.

Assimilation und Akkommodation

Assimilation und Akkommodation sind die beiden Hauptformen der organismischen Selbstregulation. Da die Umwelt des Lebewesens genauso wie sein Verhalten in ständiger Veränderung begriffen ist, gewinnt die Äquilibration den Charakter eines Ausgleichs zwischen Bewahrung (Assimilation) und Modifikation (Akkommodation) von Struktur. Einerseits wird die Umwelt mittels assimilierender Strukturen dem Organismus "einverleibt", andererseits werden diese Strukturen aufgrund einer "widerständigen" Umwelt akkommodiert und zu einem optimaleren Funktionieren gebracht. Assimilation und Akkommodation bezeichnen die beiden Seiten des Anpassungsprozesses. "Assimilation is that aspect of adaptation which conserves form or organization. Accommodation is that aspect which modifies form as a function of the external situation" (Piaget 1954, p. 4). Im Assimilationskonzept ist der gestaltpsychologische Gedanke, dass uns nie reine Sinnesdaten, sondern immer nur kognitiv strukturierte Wahrnehmungen gegeben sind, bewahrt. Erkenntnis ist immer Assimilation an *Erkenntnisschemata*.

Die Assimilation ist eine Grundfunktion jeder lebenden Organisation. Ihre Thematisierung wirft "das Problem des Lebens selbst auf" (Piaget 1936, p. 56). Sie ist von Geburt an vorhanden und bringt die Tatsache zum Ausdruck, dass die Entwicklung keinen absoluten Anfang hat (Piaget 1967, p. 14). Schon der Säugling *erkennt* seine Welt, wenn auch im Rahmen seiner bescheidenen Möglichkeiten. Die Assimilationsstrukturen sind dem *Reizschutz* des "seelischen Apparats" der Psychoanalyse vergleichbar (vgl. Kapitel 3). Sie verleihen dem, was wahrgenommen wird, eine *Bedeutung* (Piaget 1965, p. 168, 1967, p. 5). Sie sind die Instanz der *Sinngebung*. Assimilationsstrukturen sind daher nicht nur "Reizschutz", sondern auch "Reizfilter". Sie lassen die Welt *begreifen*, und dies zunächst in einem durchaus wörtlichen Sinn. Der Säugling erkennt, indem er die Gegenstände seiner Welt *ergreift*. Ein Objekt ist "zum Lutschen da", "zum Greifen da", "zum Schütteln da", "zum Werfen da" etc. (Piaget 1945, p. 207, 1964, p. 160). Die Assimilationsstrukturen sind den späteren *Begriffen* funktionell äquivalent, denn es sind *allgemeine Schemata*, für die der Einzelfall ein blosser Repräsentant ist (Piaget 1945, p. 212f., 1967, p. 7f.).

Insofern Assimilationsschemata allgemein sind, funktionieren sie nie allein, sondern immer nur in Verbindung mit Akkommodationsprozessen. Denn jede Anwendung eines Schemas verlangt die Berücksichtigung situativer Bedingungen. Das Ergreifen eines Gegenstandes (Assimilation) erfordert, die Stellung der Hand und die Beugung der Finger auf die besondere Beschaffenheit des Objekts abzustimmen (Akkommodation). Ohne Akkommodation gäbe es keine Variation in den Strukturen des Verhaltens und damit *keine Entwicklung* (Piaget 1970a, p. 33). Insofern Assimilation und Akkommodation immer zusammen auftreten, besteht die Anpassung eines Lebewesens im *Gleichgewicht* von Assimilation und Akkommodation (Piaget 1972a, p. 137f., 1977a, p. 71).

Der (ontogenetische) Begriff der Akkommodation ist in enger Anlehnung an das (phylogenetische) Konzept des *Akkommodaten* gebildet. Ein Akkommodat ist eine nicht-erbliche Veränderung eines Organismus. Dementsprechend ist im Bereich des Verhaltens jede situative Modifikation einer Assimilationsstruktur eine Akkommodation (Piaget 1970a, p. 34). Soll die Modifikation überdauern, muss auf der Ebene der epistemischen Strukturen eine Art "Phänokopie" der Verhaltensänderung hergestellt werden (Piaget 1975a). Die "Phänokopie" entspricht der Rekonstruktion der Verhaltensstruktur im symbolischen Medium des Geistes.

Nun sind Assimilation und Akkommodation biologische Begriffe. Wie können sie von *erkenntnistheoretischer* Bedeutung sein? Im Falle des Verhaltens ist die Assimilation nicht materiell, sondern *funktionell* (Piaget 1967, p. 182). Dieser Unterschied ist aber "weit davon entfernt, einen radikalen Gegensatz zu enthalten" (Piaget 1950, Bd. III, p. 118). Vielmehr gibt es eine "Kontinuität zwischen der biologischen Assimilation, die eine Eingliederung der Substanzen und der Energien in die Organisation des eigenen Körpers darstellt, der elementaren geistigen Assimilation oder Eingliederung der Objekte in die eigenen Handlungsschemata und der rationalen Assimilation oder Eingliederung der Objekte an die Operationsschemata" (ebd.). Die Begriffe Assimilation und Akkommodation gelten daher im kognitiven Bereich genauso wie im organischen Bereich. Ihr Zusammenspiel beschreibt in beiden Fällen den Zustand der Anpassung des Organismus an die Umwelt. Die Intelligenz ist nichts anderes als ein hochdifferenziertes Organ der Anpassung.

Besteht Anpassung im Gleichgewicht der Austauschbeziehungen eines Lebewesens mit der Umwelt, dann bedeutet Nicht-Anpassung ein *Ungleichgewicht* der Austauschbeziehungen. Ungleichgewichte werden als "Gefühl, es sei noch etwas zu tun" (Piaget 1975c, p. 169), erlebt und lösen Regulationsprozesse aus, die zu *Entwicklung* führen. Jedes Lebewesen strebt nach einem Gleichgewicht zwischen Assimilation und Akkommodation. Dieses Streben realisiert sich als Äquilibration. Piaget unterstellt ein *Konsistenzmotiv*, doch dieses Motiv ist mit der Organisationsweise des lebenden Systems identisch. Das Streben nach Gleichgewicht ist nichts anderes als die dynamische Seite der organismischen Struktur. Es ist die *Äquilibration*, die die Organisation reziproker Assimilation und Akkommodation aufrechterhält und innere und äussere Ungleichgewichte ausgleicht, wodurch höher entwickelte Organisationsstrukturen entstehen.

Ungleichgewichte

Die Äquilibration steht im Dienste der Aufrechterhaltung des organismischen Funktionierens. Dieses Funktionieren stellt den höchsten Wert des Organismus dar. Assimilation und Akkommodation erfolgen insofern als dieser Wert nicht gefährdet ist. Ein Zustand der Nicht-Anpassung braucht daher nicht in jedem Fall zu Entwicklung zu führen, insbesondere beim Menschen nicht, der sich seiner Nicht-Anpassung *bewusst* sein kann. Das Bewusstsein der Nicht-Anpassung ist eine Folge von Hemmungen, die den Verhaltensstrom unterbrechen. Bewusst wird uns zunächst der Kontrast zwischen dem bis anhin ungeniert hingenommenen Ablauf der Handlung und der unterbrechenden Störung. Der Bewusstwerdungsvorgang ist daher im wesentlichen ein *Unterscheidungsprozess* (Kesselring 1981, p. 135). Wir unterscheiden, was wir bisher undifferenziert wahrgenommen haben. Das Bewusstsein der Verhaltensblockierung mag schliesslich zu einer Veränderung der kognitiven Struktur führen.

Die Ungleichgewichte, die zu struktureller Entwicklung führen, sind dreifacher Art (Piaget 1975c, p. 16f.; Moessinger 1978, p. 279): (1) Ungleichgewichte aufgrund von äusseren Störungen, d.h. eine Unfähigkeit zu assimilieren und ein Druck zu akkommodieren, (2) Ungleichgewichte zwischen kognitiven Subsystemen, d.h. eine Unfähigkeit, verschiedene kognitive Subsysteme miteinander zu koordinieren und (3) Ungleichgewichte zwischen der kognitiven Gesamtstruktur und kognitiven Teilstrukturen. Das Geheimnis der kognitiven Entwicklung scheint in den Beziehungen zwischen diesen drei Formen des Ungleichgewichts zu liegen (Piaget 1975c, p. 170).

Auch wenn Piaget selbst dazu neigt, diese Ungleichgewichte *als solche* für wirksam zu halten, scheint mir, dass zumindest *innere* Ungleichgewichte, also Ungleichgewichte zwischen kognitiven Subsystemen oder zwischen Gesamt- und Teilstrukturen, nicht ohne weiteres bewusst werden, sondern an *soziale Interaktionen* gebunden sind. Ungleichgewichte aufgrund *äusserer* Störungen bewirken unweigerlich eine Handlungshemmung, die als Gefühl der Nicht-Anpassung erlebt werden kann. Wenn aber das Ungleichgewicht in den kognitiven Strukturen selbst oder zwischen verschiedenen Substrukturen liegt, dann genügt eine blosse Handlungsstörung nicht, um diese Art von Ungleichgewicht bewusst zu machen. Innere Ungleichgewichte sind Widersprüche im *Denken*, und solche Widersprüche lassen sich oft nicht leicht erkennen. Erst im Kontakt mit anderen mag uns ein Denkfehler bewusst werden, dann nämlich, wenn uns ein Gesprächspartner mit Ideen konfrontiert, die in unserem Bewusstsein weit auseinanderliegen und nicht zusammenpassen. Es braucht den *Wider-Spruch* anderer und nicht nur den *Wider-Stand* der Dinge, damit wir uns der Unangepasstheit unseres *Denkens* bewusst werden.

Sind nicht auch Piagets Experimente in diesem Licht zu sehen? In den Forschungsarbeiten der genetischen Psychologie werden Kinder aufgrund ihrer Unfähigkeit, ein bestimmtes Problem zu lösen, auf Widersprüche in ihrem Denken aufmerksam. Sie erkennen, dass sie etwas nicht können, was der *Experimentator* zu können scheint. Es ist denkbar, dass ein Kind von sich aus auf die Probleme stösst, die ihm von Piaget und seinen Mitarbeitern vorgelegt wurden, wenn auch eher unwahrscheinlich. Aber selbst dann fehlte dem Kind der *Ansporn*, das Problem zu lösen. Im Experiment setzt der Versuchsleiter diesen Ansporn, und er repräsentiert auch die Gewissheit, dass das Problem eine Lösung hat. Aebli (1963) sieht daher in den Experimenten Piagets einen *Elaborationsprozess* am Werk, der im wesentlichen problemlösenden Charakter hat.

Es scheint also, dass für die Auflösung von Ungleichgewichten im *Denken* soziale Interaktionen unentbehrlich sind. Während im Verhältnis zur dinglichen Umwelt materielle Widerstände auf natürliche Weise Bewusstsein auslösen, weil das *instrumentelle Handeln* nicht gelingt, dürften logische Widersprüche in der *Kommunikation* mit anderen Menschen bewusst werden. Das setzt voraus, dass uns die Beziehungen zu anderen überhaupt von *Bedeutung* sind. Ein Mensch, der sich selbst genügt, braucht den Widerspruch anderer nicht. Er wird sich allerdings auch nicht *verändern*. Die Entwicklung des Menschen setzt seine Bezogenheit auf andere voraus. Freud sprach von "dem einen Wunsche, der das Kind erziehen hilft, vom Wunsche: gross und erwachsen zu sein" (Freud 1908b, p. 173). Haben die Erwachsenen keine Bedeutung für das Kind, dann wird es nicht wissen wollen, wie sich die Welt in deren Perspektive ausnimmt. Es wird keinen Widerspruch erfahren, sich aber auch nicht entwickeln.

Anpassung, Assimilation, Akkommodation und Äquilibration sind *funktionale* Begriffe. Sie umschreiben die *biologische Perspektive*, in der Piaget das erkenntnistheoretische Problem angeht. So sehr sich ein Organismus verändern mag, was sich über seine Veränderungen hinweg gleich bleibt, ist der Prozess der Anpassung und dessen Regulation durch die Äquilibration. "Wenn sich die Assimilationsschemata wie auch die Formen der Akkommodation in ihrer *Struktur* ändern, bleiben doch die Funktionen der Assimilation und der Akkommodation als solche konstant" (Piaget 1950, Bd. III, p. 158 - Hervorhebung W.H.). Dieser Änderung der *strukturellen* Seite des Verhaltens müssen wir uns nun zuwenden.

Genetischer Strukturalismus

Piaget wird gelegentlich als *Strukturalist* bezeichnet. Doch Piaget war immer genauso Funktionalist wie er Strukturalist war (Beilin 1987, p. 58f.; Furth 1981, p. 255). Struktur und Funktion sind Momente eines *einheitlichen* Geschehens. Das Funktionieren ist eine "strukturierende Aktivität", die Struktur das Resultat einer "Strukturierung" (Piaget 1968, p. 134, 1972b, p. 244). Die Strukturen lassen sich von "Funktionen im biologischen Sinne des Wortes" (Piaget 1968, p. 68) nicht trennen. Sie verweisen auf die "Tätigkeiten des Subjekts" (ebd., p. 138).

Etwas systematischer gesprochen, zeichnen sich Strukturen durch die Merkmale *Ganzheit*, *Transformation* und *Selbstregulation* aus (Piaget 1968, p. 8). Im Gegensatz zu Aggregaten, deren Teile ohne innere Verbindung sind, sind Strukturen *relational*, d.h. ihre Elemente sind nicht unabhängig von ihren Beziehungen zueinander und zur strukturalen Ganzheit. Strukturen sind aber nicht statisch, sondern dynamisch. Sie regulieren sich selbst. Selbstregulation heisst Bewahrung *und* Veränderung von Struktur. Eine Struktur ist ein selbstregulatives System, das durch seine Transformationen "erhalten bleibt oder reicher wird" (ebd.).

Ist eine Struktur ein "ganzheitliches System selbstregulierter Transformationen", dann erweist sich der *Organismus* als "Prototyp der Strukturen" (Piaget 1968, p. 44). Der Organismus ist gleichzeitig ein "physikochemisches System" und der "Ursprung der Tätigkeiten des Subjekts" (ebd.). Die Strukturen finden sich daher nicht im Bewusstsein, sondern im *operativen Verhalten* (ebd., p. 67). Man könnte meinen, dass auch Piaget am (operanten) Verhalten ansetzt. Dies umso mehr, als er die Psychologie "une science du comportement" (Piaget 1977a, p. 18) nennt. Doch wie schon Freud meint auch Piaget mit Verhalten etwas anderes als Skinner. Operatives Verhalten ist *Handeln*. Das *Handeln* und nicht das Verhalten oder das Bewusstsein, ist strukturiert. Entwicklung ist Veränderung von *Handlungsstrukturen*, wobei die Handlungsstrukturen den Assimilationsschemata entsprechen.

Strukturen kommen nicht von aussen, sondern von *innen*, allerdings nicht vom genetischen System, sondern von der strukturierenden Tätigkeit der Selbstregulation (Piaget & Inhelder 1969, p. 29). Struktur ist für Piaget ein System von logisch verbundenen *Operationen*. Ein Objekt erkennen heisst nicht, es abbilden, sondern auf es einwirken. "Es bedeutet, Transformationssysteme zu konstruieren, die sich an oder mit diesem Objekt ausführen lassen" (Piaget 1970b, p. 23).

Das Denken geht aus dem Tun hervor, "indem es dieses verinnerlicht" (Piaget 1947a, p. 40). Auch für Piaget ist die *Verinnerlichung* der zentrale Mechanismus der psychischen Strukturbildung. Nur sieht Piaget dabei etwas anderes als Freud. Das Innere resultiert nicht aus einer unmittelbaren Anschauung, sondern aus einer intellektuellen *Konstruktion*. Die kognitiven Strukturen entstehen durch die Verinnerlichung von *Handlungen* und deren Koordination zu Systemen. Die Handlungen "müssen ... zunächst ... in ihrem konkreten Vollzug beherrscht werden" (Piaget 1972a, p. 16). Sie erfordern ein System effektiver, materieller Tätigkeiten. Denken heisst ordnen, gleichsetzen, vereinen, trennen etc. "All diese Operationen muss man ... zunächst konkret ausgeführt haben, bevor man in der Lage ist, sie geistig zu vollziehen" (ebd.). Sind die Handlungen verinnerlicht, spricht Piaget von *Operationen*[10]. Operationen sind Handlungen, die nicht mehr konkret, sondern symbolisch vollzogen werden, sowie Handlungen, "die auf die verschiedensten Weisen kombiniert werden können; insbesondere jene, die umgekehrt werden können, d.h. ... reversibel sind" (ebd.). Operationen treten nie isoliert, sondern immer als *Operationssysteme* auf (Piaget 1947a, p. 41).

Der Prozess der Verinnerlichung ist der Prozess der kognitiven Entwicklung. Piagets Strukturalismus ist ein *genetischer Strukturalismus*. Was das Kind zunächst *tut*, kann es schliesslich in Gedanken. Piaget unterscheidet vier Stufen der Entwicklung: die Stufe der sensomotorischen Intelligenz, eine präoperationale Übergangsstufe, die Stufe der konkreten und die Stufe der formalen Operationen. Gemessen am Kriterium der Operativität gliedert sich die kognitive Entwicklung in zwei Hauptabschnitte, einen *präoperationalen* und einen *operationalen*. Damit ist festgehalten, dass die Intelligenz des Kindes relativ lange (bis ca. 7 Jahre) aktional ist, d.h. an die konkrete Tätigkeit gebunden bleibt. Zwar sind auf

---

[10] Piaget unterscheidet zwischen "operativ" und "operational". "Operativ" bezeichnet jede Tätigkeit, die die Wirklichkeit zu transformieren versucht; "operational" bezieht sich auf kognitive Transformationsprozesse (Piaget 1970a, p. 55).

der präoperationalen Übergangsstufe bereits Vorbegriffe und ein prälogisches Denken entwickelt (Piaget 1945, p. 282ff., 1947a, p. 140ff., 1964, p. 175ff., 1970c, p. 46ff.), doch gelingt es dem Kind noch nicht, sich von der zeitlichen Orientierung seines Handelns zu lösen. Dem präoperationalen Denken fehlt die *Reversibilität*. Der Übergang zu den beiden operationalen Stufen entspricht daher einer Befreiung der Intelligenz von der *Gewohnheit*. Die Loslösung von der *Wahrnehmung* erfolgt schon früher, mit dem Eintritt in die präoperationale Übergangsphase. Dabei erobert das Kind den Raum der *Vorstellungen*, dank derer es die unmittelbare Wahrnehmungssituation transzendieren kann. Trotzdem bleibt das kindliche Denken relativ lange der konkreten Situation verhaftet und erreicht erst auf der Stufe der formalen Operationen eine wirkliche Unabhängigkeit von der Handlungssituation.

Wir sehen damit, inwiefern die kognitive Entwicklung voranschreitet: einerseits vom konkreten Handeln über eine präoperationale Zwischenphase zu den abstrakten *Operationen* und andererseits von der "Unfreiheit" der Wahrnehmungen über die "Halbfreiheit" der Vorstellungen zur "Freiheit" des *Denkens*. Die operationale Intelligenz beschliesst die kognitive Entwicklung, "indem sie das Individuum die in Zeit und Raum fernsten Ereignisse beherrschen lässt" (Piaget 1964, p. 157). Dadurch wird das Denken *logisch*, denn die Logik "stellt eben jenes System von Zusammenhängen dar, das die *Koordination von Gesichtspunkten* ermöglicht, und zwar von Gesichtspunkten verschiedener Individuen ebenso wie von solchen, die aufeinanderfolgenden Wahrnehmungen oder Intuitionen ein und desselben Individuums entsprechen" (ebd., p. 185f. - Hervorhebung W.H.).

Die kognitive Entwicklung erweist sich als ein Prozess der *Dezentrierung* des erkennenden Subjekts. Der Säugling steht (unbewusst) im Zentrum der Welt, insofern ihm eine Abkehr vom Standpunkt der Wahrnehmungen und Gewohnheiten verwehrt ist. Seine Welt ist *die* Welt, da er sich von sich selbst nicht distanzieren kann. Piaget spricht vom "Egozentrismus" des Säuglings. Insofern erst die formalen Operationen eine wirkliche Dezentrierung des eigenen Standpunkts ermöglichen, ist der Egozentrismus allerdings nicht auf die Phase der sensomotorischen Intelligenz begrenzt, sondern zeigt sich auf je neue Weise auch auf den späteren Stufen der kognitiven Entwicklung (Piaget 1964, p. 205; Piaget & Inhelder 1955, p. 329ff.). Selbst das formal-operationale Denken ist nicht völlig frei von (unbewusster) subjektiver Voreingenommenheit, wie überhaupt die reine Erkenntnis ein Ideal ist, das nie erreicht wird.

Trotzdem geht die kognitive Entwicklung in Richtung *Objektivierung* der Erkenntnis. Hier liegt auch der Berührungspunkt von *genetischer Epistemologie* und *genetischer Psychologie*. Das Erkenntnisproblem stellt sich für Piaget als Frage, wie das Subjekt *zunehmend* fähig wird, die Wirklichkeit adäquat zu erkennen, d.h. epistemische Objektivität zu erlangen (Piaget 1970a, p. 26). Piaget spricht vom "phasenweisen Erscheinen des erkennenden Subjekts" (Piaget 1965, p. 142). Indem das Kind sukzessive seinen Standpunkt zu relativieren vermag, findet es zu jener "exzentrischen Position", die Plessner (1928) als charakteristisch für den Menschen erachtet.

Die kognitive Entwicklung

Sehen wir uns die Stufen der kognitiven Entwicklung etwas genauer an. Die *sensomotorische* Intelligenz ist ausgezeichnet durch einen "Adualismus" (Baldwin). Der Säugling kann sich nicht als von seiner Umwelt getrennt erkennen (Piaget 1964, p. 161). Er benimmt sich, als wäre er der ruhende Pol des Universums. Alle seine Erkenntnisse sind zentriert im Ich. Dieses Ich besteht aus Reflexen, Gewohnheiten und *Zirkulärreaktionen*, d.h. aus Handlungszyklen, die sich selbst erhalten. Der Säugling kennt die Welt, indem er auf sie einwirkt. Nicht Sinneseindrücke, sondern die sensomotorische Aktivität als Ganze bildet die Grundlage seines Wissens (Piaget 1970c, p. 32ff.).

Der *Egozentrismus* des Säuglings ist das Ergebnis der sich erst aufbauenden Koordination seiner Handlungen. So sind zum Beispiel Sehen und Greifen zunächst voneinander getrennt. Während der ersten Lebensmonate gibt es nur Wahrnehmungsbilder, die erscheinen, sich auflösen und gelegentlich wiederkommen (Piaget 1970a, p. 27). Der Säugling lebt in einer Welt, in der es "only moving perceptual pictures" (Piaget 1954, p. 39) gibt[11]. Später binden sich die Wahrnehmungsbilder an Handlungen. Piaget gibt das Beispiel eines 10-monatigen Kindes, das mit einem Ball spielt. Der Ball rollt unter einen Stuhl, wo ihn das Kind leicht hervorholen kann. Dann rollt er unter ein Sofa mit Fransen, unter dem ihn das Kind nicht finden kann. Es geht zurück zum Stuhl und sucht den Ball dort, wo es ihn vorher hat finden können (Piaget 1977a, p. 48). Der Ball ist als Objekt von den Handlungen des Kindes nicht losgelöst. Er bildet einen Teil seiner sensomotorischen Aktivität.

In dem Masse wie sich die Wahrnehmungsräume integrieren, bildet sich eine *konstante* Welt. Sobald in den sinnlichen Veränderungen Gleichheit ersichtlich wird, gewinnen die Objekte Permanenz. Von Bedeutung ist vor allem die Koordination der Schemata von Auge und Hand, denn die Veränderung eines Gegenstandes im *visuellen* Feld (z.B. dessen Verkleinerung bei zunehmender Distanz) lässt sich kompensieren durch die Gleichheit, wie sie im *manipulativen* Raum erfahren wird. Solange die Seh- und Greifschemata voneinander getrennt sind, hat nicht nur jeder der beiden Wahrnehmungsräume seine eigenen Gegenstände, sondern jede sinnliche Veränderung erscheint als *tatsächliche* Veränderung.

---

[11] Ob dieses elementaristische Verständnis der frühen Wahrnehmungswelt des Kindes angesichts neuerer Forschung noch aufrechterhalten werden kann, ist allerdings fraglich (Rose & Ruff 1987; Stern 1985, p. 47ff.).

Die Koordination der sensomotorischen Zyklen ist mit etwa 18 Monaten abgeschlossen, so dass sich das Kind nun in einer stabilen Welt mit konstanten Objekten befindet. Piaget spricht von einer "kopernikanischen Wende" in der Entwicklung des Kindes, da es seinen Standpunkt ein erstes Mal dezentrieren kann. Die Dezentrierung betrifft vor allem den eigenen Körper, der nun nicht mehr im Mittelpunkt des Universums steht, sondern ein "Objekt wie jedes andere" (Piaget 1970a, p. 28) bildet. Allerdings bleibt die Dezentrierung beschränkt auf die Ebene des Verhaltens. Das Kind *kann* sich von den Objekten unterscheiden, aber es *weiss* nichts davon. Seine Intelligenz ist eine "gelebte Intelligenz" und "kein Denken" (Piaget 1945, p. 302). Was es kann, ist noch nicht verinnerlicht. Die Verinnerlichung setzt den Schritt in den symbolischen Raum der *Vorstellungen* voraus.

Vorstellungen bilden sich dank der *semiotischen Funktion*, die sich noch während der sensomotorischen Phase in Form von aufgeschobenen Nachahmungen und Symbolspielen äussert (Piaget 1945). Die semiotische Funktion ermöglicht es, ein nicht-gegenwärtiges Objekt oder Ereignis durch Symbole zu repräsentieren. Nachahmung und Spiel sind nichts anderes als solche Repräsentationen auf der Ebene des Verhaltens; es sind "Repräsentation(en) durch tatsächliche Handlungen" (Piaget 1970a, p. 56). Piaget meint daher, die Vorstellungen entstünden nicht aus der *Wahrnehmung*, sondern sie seien das Resultat der Verinnerlichung der *Nachahmung* (Piaget 1945, p. 94f.). Die Vorstellungen ermöglichen eine neue Form von Intelligenz, die "repräsentative Intelligenz" (ebd., p. 209).

In dem Masse wie sich die Welt der Wahrnehmungen zur Welt der Vorstellungen erweitert, können nicht-gegenwärtige Situationen mit aktuellen Ereignissen in Beziehung gesetzt werden. Das Kind vermag Handlungsabläufe zu überblicken, die es nicht unmittelbar wahrnehmen kann. Allerdings bleibt es seinen *Gewohnheiten* verhaftet, die *gerichtet* sind und keine Reversibilität erlauben. Des weiteren sind die Vorstellungsbilder *individuell*. Das Kind verfügt noch nicht über *Zeichen*, um seine Erfahrungen zu repräsentieren, sondern lediglich über *Symbole*. Piaget spricht daher vom "symbolischen Denken" des präoperationalen Kindes (Piaget 1923a, 1947a, p. 140ff.).

Schliesslich besteht die eigentliche Aufgabe der präoperationalen Entwicklung darin, die Errungenschaften der praktischen Intelligenz auf der Ebene der Vorstellungen zu *rekonstruieren*. Tatsächlich beginnt nun allererst der Prozess der *Verinnerlichung* der sensomotorischen Schemata mit Hilfe der semiotischen Funktion. Diese Verinnerlichung ist keine passive Spiegelung, sondern eine aktive *Konstruktion*. Das Kind muss einen eigentlichen Prozess des *Neulernens* durchlaufen. Was es im Handeln bereits beherrscht, muss es im Bereich der Vorstellungen von neuem erwerben. Damit begibt es sich auf einen langen Weg, denn die Rekonstruktion der praktischen Intelligenz dauert von ca. 1 1/2 Jahren (Ende der sensomotorischen Phase) bis ca. 7 Jahren (Beginn der konkreten Operationen).

Während dieser Zeit bleibt das Denken des Kindes *prälogisch*. Auch wenn die operativen Strukturen Schritt für Schritt verinnerlicht werden, bilden sie noch keine *Gesamtstrukturen*, die allererst ein reversibles Denken möglich machen. Das präoperationale Kind bleibt dem "Primat der Wahrnehmung" unterworfen (Piaget 1964, p. 177). Sein Denken ist an *Konfigurationen*, nicht an *Transformationen* orientiert. Das zeigen die berühmten Experimente Piagets zur Erhaltung von Menge, Gewicht und Volumen. Die Veränderung der *Form* eines Objekts bedeutet für ein präoperationales Kind, dass sich das Objekt selbst verändert hat. Aus wenig Wasser in einem niedrigen und breiten Gefäss wird durch Umschütten in ein hohes und schmales Gefäss *mehr* Wasser. Aus einem kubischen Tonklumpen, der zu einer Wurst ausgewalzt wird, entsteht *mehr* Ton. Etc. (Piaget 1947a, p. 146ff.; Piaget & Inhelder 1941; Piaget & Szeminska 1941). Diese Urteile sind das Ergebnis der Zentrierung des präoperationalen Kindes auf das, was es *sieht*, anstatt auf das, was *geschieht*. Das Kind beachtet das eine Gefäss und *dann* das andere, den einen Tonklumpen und *dann* den anderen, ohne beides miteinander in Beziehung zu setzen. Es beachtet *Zustände*, nicht *Vorgänge* und ist dabei auf den eigenen Standpunkt fixiert. Sein Denken ist zentriert auf das, was in seinem Blickfeld liegt (Piaget 1945, p. 298). Dieser *Egozentrismus* des präoperationalen Kindes muss erst aufgelöst werden, bevor auch kognitiv der Standpunkt der Dinge eingenommen werden kann.

Sozialisierung als Reversibilisierung

Die Überwindung des präoperationalen Egozentrismus gelingt erstmals auf der Stufe der *konkreten Operationen*. Das Kind vermag nun zwischen Schein (Erscheinung) und Sein (Realität) zu unterscheiden und die Wahrnehmung dem Denken unterzuordnen. Der grosse Unterschied zwischen einem präoperationalen und einem operationalen Kind besteht darin, dass sich das erstere beim Denken auf wahrnehmungsbedingte Konfigurationen stützt, während das letztere die *Transformationen* beachtet, die von der einen Gestalt zur anderen überleiten. "Die Gestalten den Transformationen unterzuordnen heisst ... nicht nur, sich von ersteren zu befreien: es bedeutet, sie in einen Prozess hineinzunehmen, dank dessen sie ... ihr nicht-additives, irreversibles Wesen verlieren und so verändert werden" (Piaget 1972a, p. 110). Das Kind erobert sich ein weiteres Stück Freiheit.

Das eigentliche Merkmal der Operationen ist ihre *Reversibilität* (Piaget 1945, p. 364). Bärbel Inhelder zeigt am Beispiel des Kommentars eines Kindes zur Auflösung von Zucker in Wasser, wie sich das Prinzip der Reversibilität plötzlich Geltung verschafft: "Der Zucker ist im Wasser in kleine Krümchen zerfallen, so klein und so zerstreut, dass man sie nicht mehr sieht, aber ich kann sie in meinem Kopf wieder zusammenfügen und weiss, dass es dann wieder derselbe Zucker sein *muss*" (Inhelder 1988, p. 74). Das Kind, das die Reversibilität entdeckt hat, ist in der Lage, einen

Gegenstand gleichzeitig unter *mehreren* Gesichtspunkten zu betrachten. Es kann seinen Standpunkt "im Kopf" wechseln, ohne die Verbindungslinien zwischen den verschiedenen Standpunkten zu verlieren. Damit hat es den Raum der Logik betreten.

Zugleich ist sein Denken *sozial* geworden, denn für Piaget bildet die Logik einen sozialen Raum. "Wenn man ... sich selbst an verschiedenen Stellen gleichzeitig vorstellen kann, dann stellt man sich in Wirklichkeit die Perspektive einer anderen Person vor" (Piaget 1937, p. 354). Die Objektivierung der Vorstellungen ist die "Folge der Koordinierung verschiedener Perspektiven", d.h. die Folge der "Koordinierung der eigenen Welt mit der anderer" (Piaget 1945, p. 330). Die Dezentrierung des präoperationalen Denkens ist dessen *Sozialisierung*. Der Egozentrismus vermindert sich "im gleichen Masse ..., wie die Sozialisierung des Kindes im Sinne der Kommunikation und der Kooperation fortschreitet" (ebd., p. 365). Egozentrismus ist ja nichts anderes als "Verwechslung des eigenen Standpunktes mit dem eines anderen" (ebd., p. 98). Insofern diese Verwechslung unbewusst erfolgt, ist der Egozentrismus Befangenheit vom eigenen Standpunkt.

Piaget rückt die soziale Welt in enge Nähe zur Vorstellungswelt (Piaget 1964, p. 165). Das Soziale liegt weniger auf der *Verhaltensebene* als auf der kognitiven Ebene, genauer: auf der Ebene des sozialen *Perspektivenwechsels*[12]. Menschen sind erst dann wirklich aufeinander bezogen, wenn sie sich gegenseitig in ihre jeweilige Situation versetzen können. Sind sie dazu fähig, dann sind sie nicht nur sozial geworden, sondern können auch logisch denken. "Dem logischen und sozialisierten Denken entspricht ... die reversible Koordinierung der Gesichtspunkte ..." (Piaget 1945, p. 365). Vernunft meint die Fähigkeit, sich in die Situation eines anderen versetzen und gemeinsam mit ihm über ein Problem nachdenken zu können. Sie ist das Vermögen des Individuums, "gegenüber einem anderen das zu *rechtfertigen*, was ihm für sich selbst evident erscheint" (ebd., p. 300 - Hervorhebung W.H.).

Piaget verwendet einen *anspruchsvollen* Begriff des Sozialen. Die Gleichsetzung des logischen mit dem sozialen Raum hat zur Folge, dass Kinder erst spät sozialisiert sein können. Bei Kindern unter 7 bis 8 Jahren gibt es "kein soziales Leben im eigentlichen Sinne" (Piaget 1923b, p. 48). Präoperationale Kinder befinden sich in einer Art vorgesellschaftlichem Raum. Dies allerdings nur, weil Piaget alle präreflexiven und nonverbalen Formen der Kommunikation und alle emotionalen Beziehungen ausklammert. Selbstverständlich ist dies eine beschränkte Perspektive, der verschiedentlich heftig widersprochen wird (z.B. Broughton 1981, p. 333ff.; Hamlyn 1978, p. 42ff.). Bei aller Kritik sollte man aber in Rechnung stellen, dass Piagets Psychologie im Dienste der *genetischen Epistemologie* steht und damit notwendigerweise auf den kognitiven Bereich begrenzt ist.

---

[12] Darin liegt eine wichtige Differenz der genetischen Psychologie zum Behaviorismus, die wohl auch verantwortlich ist für gewisse Missverständnisse von Piaget in den USA.

Piaget behauptet im übrigen nicht, den präoperationalen Kindern fehle eine soziale *Motivation*. Das strenge Kriterium des Perspektivenwechsels schliesst nicht aus, dass schon Kinder soziale Wesen sind. Das egozentrische Denken ist nicht asozial, beinahe im Gegenteil. Egozentrische Kinder sind durchaus aufeinander *bezogen* und meinen auch nicht, sie würden sich missverstehen. Die Kinder verstehen sich gerade deshalb schlecht, "weil sie glauben, dass sie sich verstehen" (Piaget 1923b, p. 137). Sie haben nur *eine* Perspektive, aber diese *teilen* sie mit allen[13]. Piaget verwahrte sich dagegen, als Rousseauist bezeichnet zu werden[14]. Der Egozentrismus "stammt aus dem Mangel an Differenzierung zwischen den eigenen und den anderen möglichen Standpunkten, absolut nicht aus einem Individualismus, der den Beziehungen zu anderen *vorausgeht* (wie im Konzept von Rousseau, das mir gelegentlich zugeschrieben wird ...)" (Piaget 1962, p. 14 - Hervorhebung W.H.). Subjektiv sind die Kinder von Anfang an sozial, objektiv - vom Standpunkt der intellektuellen Kooperation - sind sie es nicht.

Piaget betont auch, das symbolische Denken impliziere nicht den Glauben an die Realität des Symbolismus, doch die präoperationalen Kinder seien an der Wahrheit ganz einfach nicht interessiert. "Certes, l'enfant distingue assez tôt le réel de l'imaginaire, mais il n'aime pas à faire cette distinction. Toute la logique enfantine jusque vers 7-8 ans reste donc dominée par un besoin de satisfaction immédiate plus que par un besoin de vérité" (Piaget 1923a, p. 303). Das Kind fragt sich nicht, ob seine Spielsymbole wahr sind. "In einem Sinne weiss es wohl, dass sie nicht wahr sind, nämlich für die andern, und es versucht auch nicht ernstlich, die Erwachsenen (sic!) seiner Umgebung zu überzeugen. Aber es stellt sich auch nicht die Frage nach der Wahrheit, und es hat auch kein Bedürfnis, sich diese Frage zu stellen ..." (Piaget 1945, p. 216). Das Kind kann sehr wohl an den Erwachsenen *orientiert* sein, ohne deren Standpunkt zu teilen. Es kann "lange Zeit egozentrisch bleiben ... und doch am Bewusstsein der anderen in jeder Hinsicht teilnehmen" (Piaget 1932, p. 463). Das eben *heisst* Egozentrismus: glauben, die eigene Welt sei auch die Welt der anderen. Egozentrismus hat nichts mit Solipsismus oder Autismus zu tun![15]

Egozentrismus ist auch nicht mit *Egoismus* zu verwechseln. Das Kind ist nicht "selbstisch" oder "selbstsüchtig", denn es ist nicht auf sich bezogen. Da es sein Selbst nicht kennt und sich seiner selbst nicht bewusst ist, ist sein Denken "selbstlos". Egozentrismus meint Zentrierung des Verhaltens im *Ich*, nicht im Selbst. Piaget ist nicht müde geworden, den "primä-

---

[13] Wenn "Egozentrismus" darin besteht, den eigenen Standpunkt nicht vom Standpunkt anderer unterscheiden zu können bzw. zwischen verschiedenen Standpunkten nicht trennen zu können, dann ist es falsch zu sagen, das Kind kenne nur *seinen* Standpunkt, denn es kennt in Wirklichkeit nur *einen* Standpunkt. "Egozentrismus" ist "Zentrierung auf ein Ich, das sich selbst nicht erkennt" (Piaget 1965, p. 147).

[14] Was allerdings Aebli (1967) nicht daran gehindert hat, Piaget so zu bezeichnen.

[15] Obwohl Piaget in seinen frühen Schriften den Begriff des Egozentrismus in die Nähe von Bleulers Konzept des Autismus gebracht hat (z.B. Piaget 1923a, p. 283ff., 1923b).

ren Narzissmus", den Freud als normative Phase der Entwicklung ansetzt (Freud 1914c, 1940, p. 13), als "Narzissmus ohne Narziss" auszuweisen (Piaget 1926, p. 128ff., 1945, p. 237, 1954, p. 38, 1964, p. 164, 1970c, p. 34; Piaget & Inhelder 1966, p. 24). Diese paradoxe Formulierung beinhaltet nichts anderes als eine *Zurückweisung* des Konzepts des primären Narzissmus. Wo eine Differenzierung von Ich und Selbst fehlt, da ist eine emotionale "Besetzung" des Selbst ausgeschlossen. Piaget widersetzt sich der Annahme eines ursprünglich asozialen Zustands des menschlichen Individuums.

Der letzte Schritt der kognitiven Entwicklung führt zur Stufe der *formalen Operationen*. Das Denken in den Kategorien der konkreten Operationen ist ohne reale Denkobjekte nicht möglich. Dagegen zeichnen sich die formalen Operationen dadurch aus, dass sie nicht mehr auf konkrete Gegenstände angewiesen sind. Die Operationen sind gewissermassen reflexiv geworden, indem sie sich auf sich selbst beziehen. Formale Operationen sind "Operationen auf Operationen und Transformationen auf Transformationen" (Piaget 1970a, p. 43). Dadurch erschliesst sich dem Kind der Bereich des *Hypothetischen*. War das Denken bisher in die Grenzen der Wirklichkeit eingebunden, tritt es nun in den Horizont der *Möglichkeiten* und *Ideale*. Im hypothetischen Denken kann das Faktische relativiert werden. Insofern gewinnt das Individuum ein weiteres Stück Freiheit. Das Jugendalter, in dem das formal-operationale Denken erstmals auftaucht, ist denn auch das "metaphysische Alter *par excellence*" (Piaget 1964, p. 205).

Ich glaube, dass mit dieser Skizze die Tendenz der kognitiven Entwicklung nochmals deutlich geworden ist. Die Entwicklung der Intelligenz ist ein Prozess der *Dezentrierung des Subjekts*. Dieses löst sich immer mehr von seinen anfänglichen Bindungen an Wahrnehmung und Gewohnheit und gewinnt Distanz gegenüber der Unmittelbarkeit und Gegenwärtigkeit der Handlungssituation. Die kognitive Entwicklung ist ein Prozess der Überschreitung von räumlichen und zeitlichen Grenzen. Die formalen Operationen sind in ihrer Reversibilität dem Pfeil der Zeit enthoben und in ihrer Reflexivität von räumlichen Bindungen frei. "Die Intelligenz allein, die aller Um- und Rückwege im Handeln und im Denken fähig ist, strebt nach einem allgemeinen Gleichgewicht, indem sie die gesamte Wirklichkeit assimiliert und ihre eigene Tätigkeit an diese akkommodiert: eine Tätigkeit, die sich dadurch von ihrem ursprünglichen Haften am *hic et nunc* befreit" (Piaget 1947a, p. 12).

Ein dynamischer Kantianismus

Frei von Raum und Zeit: Sind wir damit nicht bei Kants Idealismus des transzendentalen Subjekts angelangt? Kant spielt zweifellos eine wichtige Rolle für die genetische Psychologie. Piaget fühlt sich "dem Geist der Kantischen Philosophie sehr nahe" (Piaget 1965, p. 78) und nennt seine

Position einen "dynamischen Kantianismus" (Piaget 1974b, p. 3). Wie für Kant resultiert für Piaget jede Erkenntnis aus einer *Synthese*, die von den Strukturen abhängt, welche dem Subjekt eigen sind. Doch anders als Kant glaubt Piaget, "dass diese Strukturen nicht im vorhinein gegeben sind, sondern sich nach und nach aufbauen" (ebd.). Piaget befreit das Kantische Apriori vom Charakter der Vorgängigkeit und macht es zu einem Produkt von *Bildungsprozessen*.

Hat Kant dem Erkenntnissubjekt eine transzendentale Existenz verliehen, holt es Piaget zurück in die Welt des Faktischen, indem er es *funktionalisiert* (Piaget 1967, p. 277, 355 Anm. 45, 1970c, p. 142). Das Kantische Apriori wird zu einem funktionalen Apriori und zum *terminus ad quem* der kognitiven Entwicklung (Piaget 1965, p. 78, 1977a, p. 56, 1980, p. 33; Taylor 1975, p. 246). Auf keinen Fall wird es *hereditär* interpretiert, wie bei Lorenz (1973). A priori ist das Funktionieren des biologischen Systems. Dieses Funktionieren wird nicht vererbt, wie ein farbliches oder morphologisches Merkmal. Vielmehr besteht es "als notwendige *Bedingung* jeder (erblichen, W.H.) Übermittlung ... und nicht als übermittelter Inhalt" (Piaget 1967, p. 150 - Hervorhebung geändert).

Piagets Genetisierung des epistemischen Subjekts führt also nicht zum transzendentalen Subjekt. Das Erkenntnissubjekt kann sich von seinen Ursprüngen nicht absetzen. Piaget denkt in einem anderen Horizont als Kant. Indem er das Subjekt als *Lebewesen* begreift, postuliert er eine innere Kontinuität von organischem und geistigem Leben, die sowohl den Cartesischen Dualismus von Körper und Geist als auch den Kantischen Dualismus von Sinnlichkeit und Verstand sprengt (Fetz 1988, p. 129f.). Ein Lebewesen ist gegenüber Geist und Materie ein *Tertium*. Als "Prototyp der Strukturen" ist der Organismus ein ganzheitliches, sich selbst regulierendes und transformierendes System. Die kognitive Entwicklung ist nichts anderes als eine Resultante der Tendenz des Lebens nach *Selbstüberschreitung*. Die operationale Intelligenz ist eine Fortführung der organismischen Regulationen auf einer anderen Ebene. Das erkennende Subjekt reflektiert sein eigenes materielles Objektsein und bleibt in seinem Geist *genetisch* an seinen Körper gebunden[16]. Das Subjekt ist bedingt durch ein in ihm liegendes Objekt, das die Quelle seiner Verhaltensformen darstellt. "Dieses Objekt ist der Körper, die Bedingung für die eigenen geistigen Koordinationen ..." (Piaget 1950, Bd. III, p. 273). Subjekt und Objekt sind *innerlich*, nicht äusserlich miteinander verbunden.

Die Wendung, die Piaget dem Erkenntnisproblem gibt, harrt noch immer ihrer Würdigung. Wir sind geradezu präokkupiert von der Vorstellung, die Erkenntnis beruhe auf einer Beziehung zwischen einem Subjekt und einem ihm *gegenüber* stehenden Objekt. Dazu dürfte uns die Dominanz des Sehens verleiten, aber auch eine Vielzahl von optischen Instrumenten, die uns umgeben und tatsächlich im Sinne eines Abbildungspro-

---

[16] Piaget vollzieht jene "Ehe von Natur und Geist", die sich Gehlen - mit Bezug auf Novalis - von der philosophischen Anthropologie erhofft hat (Gehlen 1940, p. 404).

zesses verstanden werden können. So glauben wir, die Erkenntnisbeziehung müsse ein *äusseres* Verhältnis sein. Piaget, der die Erkenntnis nicht von der *Wahrnehmung*, sondern vom *Handeln* her angeht, kann das Erkenntnisproblem anders fassen und die epistemische Beziehung als *innere Relation von Subjekt und Objekt* begreifen. Ist der Mensch ein "Riss in der Ordnung der Dinge" (Foucault), dann "erinnert man sich ... daran, dass dieser Riss ... aus einem umfassenden, aber nicht schlecht organisierten *Aufbrechen* hervorgeht, das durch das ganze *Leben* gebildet wird" (Piaget 1968, p. 50f. - Hervorhebungen W.H.).

Die Erkenntnis ist keine Abbildung, sondern eine *Transformation*. Wir bilden keine Objekte im Inneren unserer Subjektivität ab, sondern wir transformieren die Wirklichkeit. Wir tun dies zunächst mit Hilfe jenes Teils unserer selbst, der den Objekten am nächsten steht, mit unserem *Körper*. Als Körper sind wir Teil der Welt und geniessen deshalb "eine permanente Mitgliedschaft unter den Dingen der Welt" (Taylor 1986, p. 208). Wir verstehen die Dinge von *innen* her, weil wir eines von ihnen sind. Subjekt und Objekt sind *ursprünglich* identisch (Fetz 1988, p. 128). Erst über Differenzierungsprozesse dezentriert sich das Subjekt und vermag sich von den Objekten zu unterscheiden.

Subjekt und Objekt fallen daher nie wirklich auseinander. Das Fundament der Erkenntnis liegt weder in einem "selbständigen" materiellen Objekt, noch in einem "substanziellen" geistigen Subjekt, sondern in der unauflöslichen Interaktionseinheit beider (Fetz 1988, p. 265f.). Das *Verbindungsglied* von Körper und Geist ist das *Verhalten* des Lebewesens (Piaget 1967, p. 217). Damit kann die Frage nach der Überschreitung von Raum und Zeit so beantwortet werden, dass das Subjekt seiner konkreten Bindungen an räumliche und zeitliche Verhältnisse zwar immer mehr enthoben wird, dass eine *Auflösung* des Subjekt-Objekt-Verhältnisses aber nie gelingen kann.

Die kognitive Entwicklung erfolgt von A bis Z im Rahmen einer nicht überschreitbaren Subjekt-Objekt-Matrix, ja, die Unterscheidung von Subjekt (Selbst) und Objekt ist bereits ein Schritt *innerhalb* des Prozesses der kognitiven Entwicklung. Kognitive Entwicklung ist *Differenzierung* der unzerstörbaren Beziehung von Subjekt und Objekt. Da es keine Akkommodation an Objekte ohne Assimilation der Objekte an die Aktivität des Subjekts gibt und umgekehrt, kann die Beziehung zwischen Subjekt und Objekt "prinzipiell nicht aufgelöst werden und findet sich bis in das schliessliche Gleichgewicht der Operationen wieder, die gleichzeitig eine Akkommodation der Intelligenz an die Erfahrung und eine Assimilation der Wirklichkeit an die Intelligenz des Subjekts darstellen" (Piaget 1950, Bd. III, p. 115).

Was auf der biologischen Ebene die Untrennbarkeit der Organismus-Umwelt-Verschränkung ist, bildet im Bereich der Erkenntnis die "Unauflösbarkeit von Subjekt und Objekt" (Piaget 1965, p. 132). Erkenntnis ergibt sich aus den *Transaktionen* zwischen Subjekt und Objekt. Etwas wissen, heisst die Wirklichkeit transformieren und an die Schemata der

Transformation assimilieren (Piaget 1966, p. 515). Dabei handelt es sich nicht um blinde Transformationen, da das Individuum mit der Widerständigkeit der Dinge konfrontiert wird. Es gibt eine *Assimilationsresistenz* der Objekte, die das Individuum zur Veränderung seiner Erkenntnisstrukturen zwingt. Gerade weil die Relation von Subjekt und Objekt nicht auflösbar ist, wird der Mensch immer wieder *betroffen* von den Dingen, die ihn umgeben. Diese Betroffenheit signalisiert eine Störung des organismischen Gleichgewichts und motiviert zur Reäquilibrierung. Die Fähigkeit zur Aufrechterhaltung eines bestimmten Gleichgewichts in kompensatorischer Reaktion auf Gleichgewichtsstörungen ist aber ein Charakteristikum von Leben überhaupt. Erhaltung durch Transformation, dies könnte die *Definition* des lebenden Organismus sein (Piaget 1967, p. 36).

Das Erkenntnisobjekt ist kein Ding "an sich", sondern bleibt immer ein "Objekt-wie-es-von-einem-Subjekt-erkannt-wird". Das "An-sich" ist immer ein "Für-uns". Umgekehrt kann der Mensch nicht über seinen Schatten springen und zum Subjekt "an sich" werden (Piaget 1967, p. 371). Da wir uns in Abhängigkeit von der Assimilationsresistenz der Objekte verändern, entspricht einer neuen Sicht der Welt eine neue Struktur der Subjektivität. In der Veränderung des Subjekts verändert sich das Objekt und umgekehrt. Die "Umwandlung der intellektuellen Instrumente des Subjekts" bedeutet zugleich eine Umwandlung der Realität (Piaget 1950, Bd. I, p. 44). Das Subjekt selbst hat eine Genese und zwar eine *autopoietische*. Damit erweisen sich beide, das Objekt und das Subjekt, als Grenzwerte der Erkenntnis (Piaget 1970c, p. 132, 141).

Piagets Forschungsmethodik und die moralische Entwicklung

Von der kognitiven Entwicklung ist es ein kleiner Schritt zur *moralischen* Entwicklung. Fragen der Moral betreffen das menschliche Zusammenleben, und wir haben gesehen, dass Piaget bereits die *Logik* in einem sozialen Raum ansiedelt. Tatsächlich nennt er die Logik eine "Moral des Denkens" und die Moral eine "Logik des Handelns" (Piaget 1932, p. 468, 1954, p. 13, 1964, p. 200). Es liegt daher nahe zu vermuten, dass die genetische Psychologie auch zur Frage der Entstehung und Entwicklung der *Moral* etwas zu sagen hat.

Piaget hat genausowenig wie Skinner oder Freud eine *systematische* Theorie moralischen Verhaltens vorgelegt. Dennoch hat er mit seinem 1932 erschienenen Buch "Das moralische Urteil beim Kinde" einen bedeutenden Beitrag zu unserem Thema geleistet. Aebli sieht in diesem Buch die "Goldader in den Gedankengebirgen" Piagets. Wolle man die Schätze heben, die in den Schichten und Verwerfungen dieses Gebirges verborgen lägen, müsse man der Ader folgen. Dabei stosse man "auf die tiefsten Einsichten und die grundlegenden Begriffe dieses so produktiven Forschers und Autors" (Aebli 1983, p. 13).

Aebli hat nicht unrecht mit seiner enthusiastischen Laudatio auf seinen akademischen Mentor. Das besagte Buch ist eine Art heimliches Résumé der frühen Arbeiten Piagets und insofern zwei späteren Büchern, der "Psychologie der Intelligenz" (Piaget 1947a) und "Biologie und Erkenntnis" (Piaget 1967), vergleichbar. Obwohl es von moralischem Verhalten und moralischer Entwicklung handelt, wird das Thema immer wieder eingebettet in Überlegungen, die für Piagets Denken von grundsätzlicher Bedeutung sind.

Unsere Skizze der kognitiven Entwicklung hat gezeigt, wie sehr Piaget der Entwicklung eine Tendenz in Richtung *Autonomie* und *Selbständigkeit* gibt. Kognitive Entwicklung ist Dezentrierung eines von situativen Ansprüchen gefangengenommenen Subjekts. Je höher die Stufe der Entwicklung, desto freier ist das Individuum von zeitlichen und räumlichen Beschränkungen. Die Zunahme von Autonomie ist auch das Thema, das Piaget im Bereich der *Moral* verfolgt. Er unterscheidet im wesentlichen zwei Stufen der moralischen Entwicklung, eine Stufe der *heteronomen* und eine Stufe der *autonomen* Moral.

Allerdings handelt es sich bei der moralischen Entwicklung eher um *Phasen*, die aufeinander folgen und sich zum Teil überlappen als um Stufen im strengen Sinn der Intelligenzentwicklung. Piaget spricht von "Typen der Moral" (Piaget 1932, p. 236, 402) und betont, dass in moralischer Hinsicht keine "Gesamtstadien" zu beobachten sind (ebd., p. 107). Im wesentlichen hat er die folgenden Bereiche moralischen Verhaltens untersucht: Regel, Lüge, Strafe und Gerechtigkeit. Am ausführlichsten ist die Untersuchung der *Regeln*, die ich im folgenden referieren werde. Dabei ergibt sich zusätzlich die Gelegenheit, Piagets *Forschungsmethodik* kennenzulernen, von der bislang noch nicht die Rede war.

Piaget hat - wie Pawlow, Skinner und Freud - eine besondere Methode zur Untersuchung seiner Probleme entwickelt. Diese Methode ist *klinisch* (Piaget 1926) und ähnelt in gewisser Weise dem Vorgehen des Psychoanalytikers. Wie dieser ist der genetische Psychologe ein *hörender* Mensch, der sehr genau auf das eingeht, was er von seinen Versuchspersonen *vernimmt*. Wenn Gruber von Piaget sagt, "c'est dans son caractère d'écouter bien" (Gruber, in Piaget 1977a, p. 107), dann beschreibt er nicht nur die Persönlichkeit Piagets, sondern auch einen wesentlichen Aspekt seiner Methode. Allerdings ist der genetische Psychologe nicht nur ein *hörender*, sondern auch ein *fragender* und *sehender* Mensch.

Die klinische Methode ist gegenüber der psychometrischen Methode[17] dadurch ausgezeichnet, dass sie mit sprachlichen *Bedeutungen* arbeitet, da es darum geht, *Prozesse* zu erfassen und nicht *Produkte*. Die Sprache spielt daher für Piaget eine andere Rolle als für Skinner oder Eysenck. Im Sinne der Gestaltpsychologie wird das Sprechen nicht auf ein *phonetisches* Geschehen reduziert, sondern als "Symbol für entscheidende innere Vor-

---

[17] Zur psychometrischen Methode vgl. unsere Ausführungen zum methodologischen Behaviorismus im Kapitel 2.

gänge aufgefasst" (Köhler 1933, p. 42). In der Sprache *äussert* sich ein Subjekt über seine psychische Innerlichkeit.

Die strikte *Standardisierung* der Forschungssituation (wie bei Pawlow, Skinner oder Eysenck) ist daher kein Merkmal eines klinisch inspirierten Forschungsansatzes. Der Idee der Standardisierung liegt ein reduktionistisches Verständnis psychischer Wirklichkeit zugrunde. Danach *reagieren* Forschungsobjekte auf objektive (physikalische) Reize, die folglich für alle Versuchspersonen *identisch* zu sein haben. Geht man statt dessen davon aus, dass menschliches Verhalten kognitiv gesteuert wird, dann sind die entscheidenden Variablen subjektiver Natur. Folglich hat der Forscher die Standardisierung quasi auf der Subjektseite vorzunehmen, d.h. die *Bedeutungen* zu kontrollieren, die die Versuchspersonen der Forschungssituation beimessen. Es geht darum, sicher zu stellen, dass eine Versuchsperson die Versuchsbedingungen so versteht, wie sie vom Versuchsleiter *gemeint* sind. Dies kann nicht anders erreicht werden als durch ein *individuell* abgestimmtes Vorgehen. Die Versuchspersonen müssen *einzeln* untersucht werden und nicht mittels eines Masseverfahrens. Es ist daher falsch, die Standardisierung als ein ausschliesslich *methodisches* Konzept zu behandeln. Methoden sind zurückgebunden an Voraussetzungen theoretischer und metatheoretischer Natur (Herzog 1984a, p. 289ff., 300ff.; Turiel 1983, p. 26ff.).

Im Sinne dieser Kritik am Konzept der Standardisierung erfolgt die Forschung der genetischen Psychologie in der Perspektive der Versuchspersonen. Wollen wir Kinder untersuchen, haben wir die kindliche Sprache zu lernen (Piaget 1926, p. 24). Und wollen wir die kindliche Moral untersuchen, haben wir uns auf den Standpunkt des kindlichen Verhaltens zu stellen (Piaget 1932, p. 24). Des weiteren müssen wir die Kinder untersuchen, wie sie "wirklich" sind, d.h. unbeeinflusst von den Erwachsenen. Insofern sind *Spiele* ein geeignetes Studienobjekt. Spiele sind auch moralisch bedeutsam, denn sie werden von *Regeln* bestimmt, Regeln, die im Zentrum einer jeden *Sittlichkeit* stehen. Schliesslich lassen sich im Falle der Spiele leicht zwei Gruppen von Erscheinungen unterscheiden. Erstens die *Praxis* der Regeln, d.h. die Art und Weise wie Kinder die Regeln zur Anwendung bringen, und zweitens das *Bewusstsein* der Regeln, d.h. die Art und Weise wie sich Kinder den verpflichtenden Charakter der Spielregeln vorstellen (ebd., p. 24f.).

Konkret hat Piaget Regelverhalten und Regelbewusstsein am Beispiel des *Murmelspiels* untersucht. Beim Murmelspiel geht es darum, Kugeln, die in einem Kreis, Quadrat oder Loch liegen, mittels anderer Kugeln hinauszuschlagen. Dazu gibt es eine Vielzahl von Spielvarianten mit ihren je besonderen Regeln, die uns nicht weiter zu interessieren brauchen. Methodisch ist Piaget so vorgegangen, dass er sich naiv stellte, sich das Spiel erklären liess und dann mit den Kindern spielte. Anschliessend befragte er die Kinder über das Spiel (Piaget 1932, p. 34ff.). Auf diese Weise haben Piaget und seine Mitarbeiter rund 20 Knaben von 4 bis 13 Jahren beim Murmelspiel beobachtet und dazu befragt. Zur Ergänzung wurde bei

Mädchen nach der gleichen Methode ein "viel einfacheres Spiel" untersucht (ebd., p. 96ff.).

Regelverhalten und Regelbewusstsein

Was sind die Ergebnisse von Piagets Untersuchung des Murmelspiels? Bezüglich des *Verhaltens* der Kinder glaubt Piaget vier Stadien unterscheiden zu können.

1. *Motorisches und individuelles Stadium* (bis ca. 3 Jahre). Das Kind spielt ausschliesslich nach seinen Wünschen und Bedürfnissen, ohne Rücksicht auf andere, aber auch ohne Rücksicht auf irgendwelche Regeln. Die Freude an der Spielaktivität steht im Vordergrund. Eine Wettbewerbs- oder Leistungsmentalität ist nicht vorhanden. Das Spielverhalten ist meist *ritualisiert* und wird nach einem starren Muster ausgeführt (Piaget 1932, p. 44). Dadurch erscheint es *regelmässig*, doch ist es nicht im strengen Sinn einer *Regel* unterworfen. Eine Regel würde die Interaktion von mindestens zwei Personen koordinieren. Da das Kind im ersten Entwicklungsstadium jedoch nicht auf andere bezogen ist, spielt es für sich, ohne Kooperation mit anderen.

2. *Egozentrisches Stadium* (ca. 3 - ca. 7 Jahre). Dieses Stadium beginnt, sobald das Kind Regeln übernimmt. Im Falle des Murmelspiels realisiert es, dass es Elemente gibt, die *wesensmässig* zum Spiel gehören, z.B. ein Viereck oder ein Kreis, die Murmeln und das Herauswerfen der Murmeln aus dem Kreis (Piaget 1932, p. 49f.). Trotz dieser Orientierung an *Regeln* spielt das Kind nach wie vor für sich; dies auch dann, wenn es äusserlich gesehen mit anderen zusammenspielt. Die Regeln werden individuell, nicht kollektiv angewandt. Nach wie vor besteht keine Wettbewerbshaltung. Man spielt "zusammen", aber gewinnen können durchaus beide. Die Regeln sind auch nicht vereinheitlicht. Der eine Spieler kann die eine, der andere eine davon völlig verschiedene Regel befolgen. Es findet auch keine gegenseitige Überwachung statt. "Jeder sucht einfach sich selbst zu amüsieren, die Murmel im Viereck zu treffen, d.h. nach seinem eigenen Standpunkt zu 'gewinnen'" (ebd., p. 54).

3. *Beginnende Zusammenarbeit* (ca. 7 - ca. 11 Jahre). Erstmals ist nun ein "Verständigungsbedürfnis" (Piaget) vorhanden. Es besteht auch der Wunsch zu gewinnen, d.h. *besser* zu sein als der Mitspieler. Damit werden die Regeln intersubjektiv. Man kontrolliert, ob sich der andere an die Regeln hält oder ob er mogelt. "Man sieht so, worin das dritte Stadium besteht. Das Hauptinteresse des Kindes ist kein psycho-motorisches mehr: es ist ein *soziales* Interesse" (Piaget 1932, p. 59 - Hervorhebung W.H.). Das Herausschlagen der Murmeln bildet nicht mehr das eigentliche Ziel. Es geht nicht mehr bloss darum, mit den Kameraden zu spielen, sondern vor allem, "die Partie mittels einer systematischen Gesamtheit von Regeln, welche in den angewandten Mitteln völlige Gegenseitigkeit garantiert, zu organisieren" (ebd., p. 59f.). Die kollektive Orientierung ist jedoch be-

schränkt auf die momentane Situation. Hinsichtlich der *allgemeinen* Spielregeln herrscht eine beträchtliche Unsicherheit. Es gibt lediglich eine "provisorische" Moral, die völlig situativ ist. Genau darin liegt der wesentliche Unterschied zum vierten und letzten Stadium.

4. *Kodifizierung der Regeln* (ab ca. 11 Jahren). In diesem Stadium beherrschen die Kinder allgemeingültige Vorschriften und "finden sogar Gefallen an juristischen Auseinandersetzungen" (Piaget 1932, p. 56). Die Kinder suchen nicht nur miteinander zu spielen und sich zu einigen, "sondern sie scheinen auch ... ein besonderes Vergnügen daran zu finden, alle möglichen Fälle vorauszusehen und zu kodifizieren" (ebd., p. 64).

Was Piaget im Bereich des *Verhaltens* untersucht hat, findet seine Fortsetzung auf der Ebene des *Bewusstseins*. Im zweiten Teil der Untersuchung werden die Kinder gebeten, Regeln zu erfinden, aus denen ein neues Spiel entstehen könnte.

"Wesentlich ist zu erfahren, ob man das Recht hat, die Regeln zu ändern und ob eine Regel deshalb richtig ist, weil sie dem allgemeinen Gebrauch entspricht, auch wenn sie neu ist, oder weil sie einen ewigen inneren Wert hat. Ist dieser Punkt geklärt, so ist es leicht, die beiden folgenden Fragen zu stellen. 1. Hat man immer so gespielt wie heute: 'Hat Dein Papa, als er klein war, Dein Grosspapa, haben die Kinder zur Zeit Wilhelm Tells, Noahs, Adam und Evas, so gespielt, wie Du es mir heute gezeigt hast?' 2. Welches ist der Ursprung der Regeln: sind sie von den Kindern erfunden worden oder von den Eltern und allgemein von Erwachsenen aufgezwungen worden?" (Piaget 1932, p. 37).

Im Falle des Regelbewusstseins unterscheidet Piaget drei Stadien[18].

1. Zunächst besteht kein Bewusstsein des verpflichtenden Charakters von Regeln. Regeln sind als solche interessant, doch sind sie nichts Soziales. Das Kind ist auch nicht in der Lage, zwischen sozialen und dinglichen Gesetzmässigkeiten zu unterscheiden (Piaget 1932, p. 67 Anm.).

2. Sobald es Regeln übernimmt, betrachtet sie das Kind als absolut und unabänderlich[19]. Es "weigert sich, die Spielregeln zu ändern und behauptet, jede Abweichung, selbst wenn sie allgemein anerkannt würde, wäre ein Fehler" (Piaget 1932, p. 70). Klar ausgeprägt ist diese Haltung allerdings erst bei den etwa 6-Jährigen. Piaget betont die Paradoxie dieser Entwicklungsphase. Im *Verhalten* sind die Kinder weitgehend egozentrisch, also nicht auf Kooperation ausgerichtet. In ihrem *Bewusstsein* aber vertreten sie einen absoluten "Fundamentalismus". Die Regeln sind heilig und unantastbar. Das moralische Bewusstsein ist *heteronom*. Die Autorität der Eltern und der Erwachsenen wird blindlings akzeptiert. Das ändert sich erst im dritten Stadium des Regelbewusstseins.

---

[18] Die Stadien des Regelbewusstseins sind nicht näher bezeichnet. Zeitlich deckt sich das erste Stadium in etwa mit dem motorischen und individuellen Stadium des Regelverhaltens.

[19] Das zweite Stadium deckt sich zeitlich mit dem egozentrischen Stadium des Regelverhaltens, dauert aber länger, nämlich bis etwa zur Mitte des Stadiums der beginnenden Zusammenarbeit.

3. Die Spielregeln erscheinen den Kindern nicht mehr als Gesetze, die von aussen kommen und heilig sind, "sondern als das Ergebnis eines freien Entschlusses, das in dem Masse geachtet wird, als es auf gegenseitigem Übereinkommen beruht" (Piaget 1932, p. 82). Diese Veränderung zeigt sich anhand dreier Symptome. *Erstens* akzeptiert das Kind Änderungen von Regeln, sofern ihnen allgemein zugestimmt wird. *Zweitens* betrachtet das Kind die Regeln nicht mehr als ewig. *Drittens* hat es eine "natürliche" Vorstellung vom Ursprung des Murmelspiels und seinen Regeln: "... die ersten Murmeln mussten wohl einfache abgerundete Kieselsteine gewesen sein, welche die Kinder zu ihrem Vergnügen warfen, und die Regeln ... sind wahrscheinlich allmählich durch die Initiative der Kinder selbst entstanden" (ebd., p. 83).

Dieses Résumé der Untersuchungen Piagets zum Murmelspiel gibt uns nicht nur einen Einblick in seine Forschungsmethode, sondern zeigt uns auch sein Bemühen, aus dem Strom des Verhaltens *Strukturen* herauszuschälen. Die Zeitspanne von zehn Jahren, über die das Alter der untersuchten Knaben streut, gewinnt dadurch eine Ordnung, die eine *Entwicklungstendenz* erkennen lässt. Diese Tendenz ist dieselbe im Falle des Regelverhaltens wie im Falle des Regelbewusstseins. Das Verhalten verändert sich von einem hedonistischen Individualismus über die Kooperation mit anderen zum Interesse an grundsätzlichen rechtlichen Auseinandersetzungen. Das Bewusstsein beginnt mit einer asozialen Orientierung, der eine blinde Unterordnung unter äusserlich auferlegte Normen folgt und führt zu einer autonomen Haltung, bei der Regeln durch Gegenseitigkeit und Verständigung anerkannt werden. Auch wenn es im einen Fall vier und im anderen drei Stadien sind, besteht ein analoger Entwicklungsgang von einer *egozentrischen* über eine *heteronome* zu einer *autonomen* Moral.

Allerdings besteht zwischen den beiden Entwicklungsebenen eine *zeitliche Verschiebung*. Das Bewusstsein ist gegenüber dem Verhalten verspätet. Daraus folgert Piaget, dass das Regelbewusstsein eine *Reflexion* des Regelverhaltens ist. Wie im Falle der Intelligenz das praktische Können der Sensomotorik mittels der semiotischen Funktion auf die Ebene der Vorstellungen gehoben wird, wo es rekonstruiert werden muss, scheint das moralische Bewusstsein eine Widerspiegelung des moralischen Verhaltens zu sein. Das Auftreten einer neuen *Regelpraxis* bringt nicht ohne weiteres ein neues *Regelbewusstsein* mit sich, "da jede psychologische Operation auf den verschiedenen Gebieten des Handelns und Denkens neu gelernt werden muss" (Piaget 1932, p. 107). Die Stadien der moralischen Entwicklung "sind als aufeinanderfolgende Phasen regelmässiger Prozesse aufzufassen, die sich wie *Rhythmen* auf den übereinanderliegenden Gebieten des Verhaltens und des Bewusstseins wiederholen" (ebd. - Hervorhebung W.H.). Die Metapher des Rhythmus ist gut gewählt. Das Pulsieren der Verhaltensentwicklung überträgt sich auf die Ebene des Bewusstseins. Moralische Praxis und moralische Theorie sind einander über eine "rhythmische Verschiebung" zugeordnet.

Heteronome Moral

Eine Metapher ist keine Erklärung. Wie hat man sich den Rhythmus der moralischen Entwicklung verständlich zu machen? Die Beantwortung dieser Frage lässt sich so vorbereiten, dass wir aus Piagets Untersuchung des Murmelspiels drei Entwicklungsphasen abstrahieren, nämlich eine *prämoralische* Phase, eine Phase der *heteronomen* und eine Phase der *autonomen* Moral. Diese Dreiteilung ist insofern gerechtfertigt, als das erste Stadium sowohl im Falle des Regelverhaltens als auch im Falle des Regelbewusstseins - gemessen an Piagets strengem Begriff der Sozialität - *asozial* ist. Das Kind ist nicht an Regeln, wohl aber am Vergnügen "regelmässigen" Verhaltens orientiert. Allerdings diskutiert Piaget nur im Falle der kindlichen Spiele ein prämoralisches Stadium. Bei Lüge, Strafe und Gerechtigkeit fehlen entsprechende Hinweise, was sich durch das höhere Alter der betreffenden Kinder erklären mag.

Wenn wir von einer Dreiteilung der moralischen Entwicklung ausgehen, dann stellt sich als erstes die Frage nach dem Übergang von der *prämoralischen* zur Phase der *heteronomen* Moral. Das auffallendste Merkmal des kleinen Kindes ist sein Egozentrismus. Sowohl im Verhalten wie im Bewusstsein ist es auf seinen Standpunkt beschränkt. Wobei nochmals betont sei, dass Egozentrismus nicht Ichbezogenheit meint, auch nicht Egoismus, sondern die Unfähigkeit, den eigenen Standpunkt vom Standpunkt anderer zu unterscheiden. Dem egozentrischen Kind fehlt der *innere* soziale Raum. Es kann daher mit anderen Kindern nicht wirklich zusammenarbeiten. "Der Egozentrismus als Mangel an Differenzierung zwischen Ich und Aussenwelt und der Egozentrismus als Mangel an Zusammenarbeit bilden ... ein und dieselbe Erscheinung" (Piaget 1932, p. 116). Um zusammenzuarbeiten, muss man sich seines Ichs bewusst sein und sein Denken in Beziehung zum Denken anderer bringen können.

Der Egozentrismus führt zu einem moralischen Realismus (Piaget 1932, p. 137). Normen und Regeln werden als dingliche Gegebenheiten wahrgenommen. Das Physische und das Soziale scheinen von derselben Art zu sein. Zum moralischen Realismus gesellt sich ein *psychologischer Realismus*. Innen und aussen werden vom egozentrischen Kind genausowenig unterschieden wie physisch und sozial (ebd., p. 462). "Einem realistischen Denken erscheint alles gleichermassen wirklich, es lokalisiert alles auf derselben äusseren Ebene" (Piaget 1926, p. 134). Ein Traum beispielsweise wird nicht als subjektives Phänomen erlebt, sondern als objektives Ereignis. Dementsprechend sehen Kinder menschliches Verhalten vorwiegend unter dem Aspekt seiner äusseren Folgen, ohne die dahinterstehenden Absichten zu erfassen (ebd., p. 138). Allerdings gilt dies nicht in einem absoluten Sinn, denn bereits 3-Jährige sind in der Lage, Intentionen zu erkennen (ebd., p. 218f.). Der psychologische Realismus scheint nur für die ersten beiden Lebensjahre uneingeschränkt zu gelten.

Wir wollen den Realismus des kindlichen Denkens am Beispiel der *Lüge* noch etwas veranschaulichen. Bis ins Alter von ca. 7 Jahren vermögen Kinder nicht wirklich zu lügen. Objektiv gesehen können sie zwar ohne weiteres die Unwahrheit sagen, jedoch steht keine *Absicht* dahinter. Das Kind lügt, wie es spielt, "aus dem Bedürfnis heraus, die Wirklichkeit seinen Wünschen entsprechend zu verändern" (Piaget 1928, p. 112). Diese Haltung ergibt sich aus dem kindlichen Egozentrismus. Das Kind ist nicht in der Lage, die Wirklichkeit aus dem Blickwinkel eines anderen Menschen zu erfassen. Folglich ist es nicht fähig, die Wahrheit zu erfassen, denn Wahrheit setzt *Intersubjektivität* voraus. Lügen - als eine Form von *Täuschung* - kann nur auf dem Hintergrund wahrer Aussagen gelingen. Nur im Raum sozialer Gemeinsamkeit können die Konsequenzen einer Lüge erkannt werden (Piaget 1932, p. 201). Doch Kinder haben kein Interesse an der Wahrheitsfindung, da für sie der Unterschied von Sein und Schein nicht relevant ist. Trotzdem sind sie in der Lage, Lügen zu *identifizieren*. Piaget zeigt, dass sie dies aufgrund der Reaktion von Erwachsenen tun. Eine Lüge ist, wofür man *bestraft* wird. "Die Lüge ist verboten, man weiss nicht recht warum. Beweis dafür ist, dass sie bestraft wird: bestrafte man sie nicht, so wäre sie nicht 'schlimm'" (ebd., p. 206). Das ist moralischer Realismus in Reinkultur[20].

Das Denken des egozentrischen Kindes - liesse sich in grober Annäherung sagen - ist *mythisch*. Im Mythos werden Wirklichkeitsbereiche, die zivilisierte Erwachsene unterscheiden, einander gleichgesetzt. Natürliches und Soziales, Physisches und Psychisches, Inneres und Äusseres werden gleich behandelt. Der Mythos trennt auch nicht zwischen Immanenz und Transzendenz, was uns umittelbar zum *moralischen Realismus* zurückführt. Da das Kind sich selbst nur oberflächlich kennt und Subjektivität und Objektivität nicht zu unterscheiden vermag, erscheinen ihm die moralischen Regeln als Botschaften einer höheren Macht, die aber genauso wirklich ist, wie die materielle Welt. Es nimmt sie *realistisch* wahr, als etwas, das denselben logischen Status hat wie ein Traum oder ein Gewitter. Insbesondere ist das Kind nicht in der Lage, seine *Gleichartigkeit* mit jenen Personen zu erkennen, von denen es moralische Forderungen entgegennimmt, nämlich seinen Eltern. In seinem Realismus bleibt es an äusseren Attributen wie Grösse und Stärke kleben und kann nicht begreifen, dass es - auf einer abstrakten Ebene - von *derselben* Art ist wie seine Eltern (Piaget 1926, p. 297ff.). Diese kommen ihm daher gleichsam göttlich vor.

Damit aber erklärt sich die heteronome Moral des Kindes. Insofern ihm die Eltern allmächtig erscheinen, unterwirft es sich deren Geboten. Es

---

[20] Piaget stellt auch im Falle der Lüge eine dreiphasige Entwicklung fest. "Zuerst ist die Lüge schlimm, weil sie bestraft wird und wäre erlaubt, wenn die Strafe abgeschafft würde. Dann ist die Lüge als solche etwas Schlimmes und würde es auch bleiben, wenn man die Strafen aufheben würde. Schliesslich ist die Lüge schlimm, weil sie dem Vertrauen und der gegenseitigen Zuneigung zuwiderläuft" (Piaget 1932, p. 209).

idealisiert sie[21] und schafft damit die Grundlage für deren moralische Autorität. Piaget spricht von der *einseitigen Achtung* des Kindes gegenüber den Eltern (Piaget 1928, p. 108ff.). Wobei die Beziehung des Kindes zu den Eltern nicht deshalb einseitig ist, weil es von den Eltern *missachtet* würde, sondern weil es die *Gegenseitigkeit* menschlicher Beziehungen nicht zu erkennen vermag. Das Kind ist "eingeschlossen in seinem Ich" (ebd., p. 109). Deshalb respektiert es die elterlichen Forderungen. Das moralische Bewusstsein "ist zu Beginn nichts anderes als die Gesamtheit der so akzeptierten Gebote" (ebd., p. 107).

Das erinnert uns an Freuds Erklärung des *Über-Ichs*. Wie Piaget betont auch Freud den heteronomen Charakter der moralischen Regungen des Kindes. Und auch Freud sieht die Basis der frühen moralischen Entwicklung in der Eltern-Kind-Beziehung. Doch Freud insistiert auf dem *emotionalen* Charakter dieser Beziehung. Das Kind hat affektiv gefärbte Wünsche an die Eltern. Diese kulminieren in der Dramatik der ödipalen Situation, in deren Verlauf sich das Kind der Macht der Eltern unterwirft. Der Knabe respektiert die Vorherrschaft des Vaters und versagt sich den Anspruch auf die Mutter; das Mädchen relativiert die an den Vater gerichteten Wünsche und respektiert dessen eheliche Beziehung. Der Ödipuskomplex geht zugrunde am *Respekt* der Kinder gegenüber den Eltern.

Obwohl der *Respekt* und die *einseitige Achtung* auch für Piaget die wesentlichen Faktoren sind, die die moralische Heteronomie erklären, ist seine Argumentation anders gelagert. Der Respektierung der Eltern geht kein affektives Drama voraus; der Respekt ist die schlichte Folge einer kognitiven *Unfähigkeit*. Wegen seines Egozentrismus' kann das Kind nicht anders, als die moralischen Gebote der Eltern wie unanfechtbare Edikte entgegenzunehmen. Das "Über-Ich" ist nicht deshalb so unerbittlich, weil das Kind Angst vor Liebesverlust hat, sondern weil es in seinem egozentrischen Denken gefangen ist. Piagets Erklärung ist sparsamer. Ist deshalb Freuds Erklärung falsch?

Autonome Moral

Was bewirkt den Übergang vom moralischen Realismus zur *moralischen Autonomie*? Man könnte meinen: die kognitive Entwicklung. Schliesslich hat Piaget gezeigt, wie die Entwicklung der Intelligenz vom Egozentrismus des Säuglings zu den dezentrierten Denkoperationen des Jugendlichen führt. Doch Piaget verweist nicht einfach auf die kognitive Entwicklung. Statt dessen ist immer wieder von der *Zusammenarbeit* die Rede. "Nur in der Zusammenarbeit und durch sie kann es eine vollkommene moralische Autonomie geben" (Piaget 1932, p. 416). "Allein die Zusammenarbeit

---

[21] In der psychoanalytischen Selbsttheorie von Kohut (1977) fungieren die Eltern als "idealisierte Selbstobjekte" des Kindes. Es liegt nahe, die kognitive Basis für die Bildung von Selbstobjekten im Konzept des kindlichen Realismus zu suchen.

lässt das Kind zur Selbständigkeit finden und formt wirklich sein Gefühl für das Gute" (Piaget 1928, p. 111).

Die Bedeutung der Zusammenarbeit für die moralische Entwicklung liegt darin, dass in der Gemeinsamkeit mit anderen das Prinzip der *Gleichheit* erfahren werden kann (Piaget 1932, p. 314). Wir haben gesehen, wie die heteronome Moral in der Unfähigkeit des Kindes wurzelt, die Eltern als *seinesgleichen* wahrzunehmen. Das Kind sieht die Erwachsenen in einem göttlichen Licht und vermag die *Menschlichkeit* ihrer Gebote nicht zu begreifen. Sobald es sich anderen gleich erfährt, schwindet der moralische Realismus und weicht einer autonomen Moral. An die Stelle der einseitigen tritt die *gegenseitige Achtung* (Piaget 1928, p. 110).

Die Zusammenarbeit ist auch jener Faktor, der den Egozentrismus zerstört und damit nicht nur die moralische, sondern auch die *kognitive* Entwicklung vorantreibt. "Je mehr ... die Zusammenarbeit an die Stelle des Zwangs tritt, um so mehr unterscheidet das Kind sein Ich von dem Denken des anderen" (Piaget 1932, p. 119). In Wirklichkeit kann nur die Zusammenarbeit das Kind von seinem Egozentrismus befreien. Denn woher kommt der Fortschritt der Intelligenz, "wenn nicht gerade von der zunehmenden Zusammenarbeit?" (ebd., p. 209). Das sind ungewohnte Töne, wenn man sich daran gewöhnt hat, Piaget als einen Theoretiker zu lesen, der die Bedeutung der sozialen Interaktion vernachlässigt.

Piaget zeigt, inwiefern das *Selbst* des Kindes moralische Bedeutung hat. Kinder, die sich nur ungenügend kennen und ihren Eltern gegenüber in einseitiger Achtung stehen, unterwerfen sich - ihres mangelnden Selbstverständnisses wegen - der elterlichen Autorität. Sie mögen sich sagen: "Ich 'gehöre' meinen Eltern, also übernehme ich deren Moral." Sind sie später in der Lage, sich selbst besser zu kennen und ihre Gleichartigkeit mit anderen einzusehen, anerkennen sie diese nicht mehr ohne weiteres als moralische Autoritäten. Die gegenseitige Achtung verlangt eine moralische Begründung, die auf *Reziprozität* beruht. Das Kind mag sich nun sagen: "Ich bin einer von denen, also gilt für *uns* die gleiche Moral." Die *Gleichheit* ist die für Menschen in modernen Gesellschaften wesentliche Instanz der moralischen Begründung (vgl. Kapitel 4).

Die Zusammenarbeit hält Piaget nur unter *Gleichaltrigen* für möglich (Piaget 1928, p. 110). Denn die Familie ist ein System der Inegalität (Piaget 1932, p. 327). Doch Piaget ist nicht allzu wörtlich zu nehmen, wenn er die Gleichaltrigengruppe der Familie vorzieht. Das entscheidende Kriterium ist nämlich die Erfahrung *egalitärer* sozialer Beziehungen. Darauf weist das folgende Zitat hin: "(Die) gegenseitige Achtung zwischen Erwachsenen (sic!) und Kindern wird begreifbar in dem Masse, wie die Eltern es verstehen, *Kameraden* zu sein und nicht nur Gesetzgeber ..." (Piaget 1928, p. 114 - Hervorhebung W.H.). Insofern die Eltern den Kindern *Kameraden* sind, ist es auch in der Familie möglich, Gleichheit zu erfahren und Zusammenarbeit zu praktizieren. Es heisst auch, der Begriff der Gerechtigkeit entstehe aus den sozialen Beziehungen zwischen *Kindern*, zumindest entwickle er sich in einer solchen Umgebung *leichter* als unter dem Einfluss der Beziehungen zwischen Kindern und *Erwachsenen* (ebd., p. 116). Es ist nicht einzusehen, weshalb Gleichaltrigengruppen *als solche* egalitär sein sollten. Gleichaltrige können einander genauso unterdrücken wie Familienangehörige.

Nicht ein bestimmter Sozialverband, sondern das *Prinzip* der Zusammenarbeit ermöglicht die Entwicklung moralischer Autonomie. Die Zusammenarbeit übt einen ständigen Druck aus, sich mit dem Standpunkt anderer zu befassen. Auf diese Weise gelangt der einzelne zur Erkenntnis der *Gleichheit* der Menschen (Piaget 1932, p. 230, 314). Sobald man sich in die Perspektive eines anderen versetzen kann, relativiert sich der eigene Standpunkt, und die prinzipielle Egalität menschlicher Beziehungen wird ersichtlich. Paradoxerweise führt die *Relativierung* des Selbst zur Autonomie. "Die Autonomie tritt ... erst mit der Gegenseitigkeit in Erscheinung, wenn die gegenseitige Achtung stark genug ist, im Individuum das innerliche Bedürfnis hervorzurufen, den anderen so zu behandeln, wie es selbst behandelt sein möchte" (ebd., p. 238). Auch für Piaget führt die *Goldene Regel* ins Zentrum der Moral.

Immer wieder bringt Piaget die Zusammenarbeit mit der *gegenseitigen Achtung* in Verbindung (Piaget 1932, p. 169, 205, 212, 378, 381, 436, 454 etc.). Die "Diskussion", der "freie intellektuelle Austausch", die "echte Zusammenarbeit" sind *Analogien* zur "gegenseitigen Achtung" (Piaget 1928, p. 114f.). Diese ist dann verwirklicht, wenn die Individuen einander gleichen persönlichen Wert beimessen (Piaget 1964, p. 197). In der gegenseitigen Anerkennung, die die Prinzipien der Gerechtigkeit und des Wohlwollens unter sich vereint, haben wir den *Kernkomplex* der Moral ausgemacht (vgl. Kapitel 4). Dabei haben wir betont, dass die gegenseitige Anerkennung kein bloss kognitives Phänomen ist. Dem stimmt Piaget zu, wenn er in der *Solidarität* (Piaget 1928, p. 116, 1932, p. 240, 394) und in der *Sympathie* (Piaget 1932, p. 238, 405) Teilmomente der gegenseitigen Achtung sieht. Zwar soll die Sympathie *als solche* nichts Moralisches beinhalten (ebd., p. 459), doch entgeht Piaget die "erstaunliche Fähigkeit (des Kindes, W.H.) zur Einfühlung und zur gefühlsmässigen Identifikation mit dem Leidenden" (ebd., p. 276) nicht. Zwischen *Gerechtigkeit* und *Liebe* besteht kein wirklicher Gegensatz (ebd., p. 382f.).

Moralische Erziehung

Was ergibt sich aus Piagets Analysen in *pädagogischer* Hinsicht? Piagets Erklärung des Übergangs von der moralischen Heteronomie zur moralischen Autonomie hat zur Folge, dass das Kind Gelegenheit haben muss, mit anderen - seien es Kinder oder Erwachsene - zusammenzuarbeiten. "In der Zusammenarbeit mit seinen Altersgenossen .... entwickelt (das Kind, W.H.) gleichzeitig seine Persönlichkeit und den Respekt vor der unpersönlichen und objektiven Wahrheit" (Piaget 1928, p. 117).

Die Zusammenarbeit muss nicht erzwungen werden, denn es bestehen "ursprüngliche psychologische Neigungen des Kindes zur Zusammenarbeit" (Piaget 1932, p. 341). Piaget hält es sogar für wahrscheinlich, dass "die Keime der Gleichheit sich schon in den frühesten Beziehungen der Kinder untereinander finden lassen" (ebd., p. 338). Es genügt daher, wenn Kinder Gelegenheit haben, den Standpunkt anderer kennenzulernen. Piaget weist die Frage Kants "Wie kultiviere ich die Freiheit bei dem Zwange?" entschieden zurück. Eine Kultivierung der Freiheit unter *Zwang* ist ausgeschlossen. Es müsste genügen, den gesellschaftlichen Kreis eines Kindes allmählich zu erweitern, um es zu erziehen.

Der Erwachsene soll dem Kind *Partner* sein, und zwar "unter einem doppelten moralischen und intellektuellen Gesichtspunkt" (Piaget 1932, p. 476). Insbesondere der Lehrer soll "ein älterer Mitarbeiter und, wenn er das Zeug dazu hat, ein einfacher Kamerad" (ebd., p. 429) für den Schüler sein. Piaget hält "die Versuche zur Einführung der Demokratie in der Schule für äusserst wichtig" (ebd., p. 428). Wird es nicht zum Krieg gegen die Autorität verurteilt, ist das Kind zu Disziplin und demokratischem Leben fähig. Unter natürlichen Bedingungen folgt in der moralischen Entwicklung die Demokratie auf die Theokratie und die Gerontokratie (ebd., p. 82). Nur die "aktive Schule", in der das Kind nicht zur Arbeit gezwungen wird, sondern von selbst arbeitet, kann die Entwicklung moralischer Autonomie unterstützen.

Die Pädagogik Piagets hat eine hohe *Eleganz*. Sie beruht auf der These, dass der kindliche Egozentrismus in der Zusammenarbeit mit Gleichgestellten überwunden wird. Auf diese Weise gelangt das Kind zur Erkenntnis der *Reziprozität* sozialer Beziehungen und vermag den Schritt zur moralischen Autonomie zu tun. Die Ausweitung der sozialen Beziehungen und die Zusammenarbeit unter Gleichen ist der singuläre Faktor, der das Kind moralisch autonom werden lässt. Dürfen wir dieser Eleganz trauen? Genügt es, sich auf gleichen Fuss mit anderen zu stellen, um moralisch zu werden? Kann man sich nicht optimal in die Situation eines anderen versetzen, um ihn dann *auszunutzen*? Braucht es nicht mehr für eine autonome Moral als die blosse Kompetenz zum Perspektivenwechsel?

Piaget steht diesen Fragen nicht abweisend gegenüber. Insofern er nicht nur von der Zusammenarbeit, sondern auch von der gegenseitigen Achtung der Kinder spricht, anerkennt er die Bedeutung der *Emotionalität* für die moralische Entwicklung. Doch in theoretischer Hinsicht hat er daraus wenig gemacht. Es ist unklar, wie er das Verhältnis von Emotion und Kognition verstanden haben will. Zwar heisst es immer wieder, das Gefühlsleben und die Erkenntnis seien "untrennbar, wenn auch unterschieden" (Piaget 1947a, p. 8). Die Gefühle und die intellektuellen Operationen stellten keine voneinander getrennten Realitäten dar, sondern die komplementären Aspekte einer jeden psychischen Aktivität (Piaget 1933, p. 405). Doch über diese proklamativen Äusserungen ist Piaget nie hinausgelangt.

Wesentlich für Piagets Verständnis der moralischen Erziehung ist das Verhältnis von Verhalten und Bewusstsein. Wir haben gesehen, wie zwischen diesen beiden Ebenen eine zeitliche Verschiebung besteht. Kinder sind in dem, was sie *können*, weiter als in dem, was sie *wissen* (Piaget 1932, p. 214ff.). Piaget rechnet mit einer Verschiebung von ein bis zwei Jahren (ebd., p. 325f.). Für die moralische Erziehung folgt daraus die grosse Bedeutung des *Handelns*. Piaget schreibt, eine an der Psychologie orientierte Erziehung dürfe niemals von den folgenden Prinzipien abweichen: "1. Die einzigen Wahrheiten sind die, die man selbst unabhängig entwickelt hat, und nicht die, die man von aussen erhält; 2. das moralisch Gute ist im wesentlichen autonom und kann nicht vorgeschrieben werden" (Piaget 1947b, p. 123). Die Entwicklung des *moralischen Bewusstseins* basiert auf der Entwicklung des *moralischen Handelns*. "Wann immer das Reden tatsächliches Handeln ersetzt, wird die Entwicklung des Bewusstseins behindert. ... Allein der Rückgriff auf wirkliche eigene Aktivität bildet die Grundlage für das Erlernen von kooperativem Handeln ..." (ebd., p. 123f.). Die moralische Erziehung muss auf der *Erfahrung* des Kindes gründen und auf seiner Selbstbestimmung.

Mit Piaget stehen wir am Ende des Spektrums psychologischer Theorien, die wir zum Verständnis des Menschen und seiner Moralität beigezogen haben. Wenn wir auf den Behaviorismus zurückblicken, der den Anfang des Spektrums markiert, so lässt sich kaum ein grösserer Gegensatz als der zwischen Eysenck und Piaget denken. Auf der einen Seite das Gewissen als konditionierte Angstreaktion, auf der anderen eine Moral der Autonomie. Auf der einen Seite die apodiktische Forderung nach Strafe und Indoktrination, auf der anderen das Vertrauen in die Selbständigkeit des Kindes und die Forderung nach einer freien Erziehung. Die Pädagogik ist angehalten, sich zu entscheiden. Sie kann nicht Eysenck *und* Piaget folgen. In jedem Fall ist die Entscheidung selbst von moralischer Bedeutung. Eine Wertneutralität gibt es auch diesbezüglich nicht.

Äquilibration oder Zusammenarbeit?

Wir wollen auf einen Punkt zurückkommen, der uns ein gewisses Erstaunen bereitet hat, nämlich die Frage, wie der Egozentrismus des Kindes überwunden wird. Einerseits ist Egozentrismus die Unfähigkeit, zwischen dem eigenen und dem Standpunkt anderer zu unterscheiden und damit die Unfähigkeit zu echter Zusammenarbeit. Andererseits soll die Zusammenarbeit zur Überwindung des Egozentrismus und damit zur Differenzierung der Standpunkte führen. Auf der einen Seite kommt der Fortschritt der Intelligenz von der Zusammenarbeit, auf der anderen Seite setzt die Zusammenarbeit die Entwicklung der Intelligenz voraus. Wie kann beides richtig sein?

Wir haben die *Äquilibration* als jenen Faktor ausgemacht, den Piaget als Motor der kognitiven Entwicklung ansetzt. Diesem inneren Faktor scheint im Kontext der moralischen Entwicklung ein äusserer Faktor zur Seite zu stehen, nämlich die *Zusammenarbeit*. Damit präzisiert sich unsere

Frage: Wie ist das Verhältnis zwischen Äquilibration und Zusammenarbeit zu verstehen? Um die Antwort vorwegzunehmen: Ich glaube, dass wir an der Äquilibration als dem zentralen Erklärungsprinzip Piagets festhalten können, dass wir aber die Bedeutung der sozialen Interaktion stärker gewichten müssen als dies bisher geschehen ist.

Die Äquilibration führt unmittelbar ins Zentrum des organismischen Denkens. Lebewesen sind aktiv und selbstregulativ. Dadurch sind sie Subjekte und die "Produzenten" ihrer eigenen Entwicklung (Lerner & Busch-Rossnagel 1981). Liessen wir lediglich Reifung (Anlage) und Lernen (Umwelt) als Erklärungsfaktoren für Entwicklungsprozesse zu, würden wir das Lebewesen als ein Produkt *heteronomer* Kräfte auffassen. Das Lebewesen stünde im Status eines passiven *Objekts*. Als *Subjekt* hingegen ist es selbst die Ursache seiner Veränderungen, wenn auch die Anstösse dazu von aussen kommen mögen.

Damit ist deutlich gemacht, dass soziale Einflüsse keine *Kausalfaktoren* für Entwicklungsprozesse sind. Die soziale Erfahrung ist für die Entwicklung zweifellos bestimmend, aber für sich allein genommen unzulänglich. "Und zwar einfach deshalb, weil die Vermittlung ... zwischen sozialer Umwelt und Kind seitens des Kindes die Aneignung dessen voraussetzt, was man ihm beizubringen versucht" (Piaget 1972a, p. 28). Die Aneignung von dem, was die soziale Interaktion vermittelt, setzt Strukturen voraus, die *verstehen* lassen, was übermittelt wird. Auch wenn es soziale Faktoren des Denkens gibt, "die sich den biologischen Faktoren überlagern, um deren Werk zu vollenden" (Piaget 1924, p. 183), sind die sozialen Faktoren keine *Ursachen*. Das Soziale ist genausowenig ein Reiz wie das Verhalten eine Reaktion ist. Denn damit würde das *aktive* Verständnis des Lebewesens, das Piagets Denken zugrunde liegt, preisgegeben.

Ein Kind versteht soviel, wie es zu assimilieren vermag (Piaget 1970a, p. 66). Die Sprache ist daher kein "Mittel" der Kommunikation. Es gibt keinen Zugriff auf das *Bewusstsein* des Kindes. Umgekehrt hat auch das Kind keinen direkten Zugang zum Bewusstsein von Erwachsenen. "... there is nothing in Piaget's theory that would allow the mind of another to be transparent to the child. Knowledge of other minds is as much of a construction from scratch as is any other kind of knowledge" (Butterworth 1983, p. 202). Die kognitiven Strukturen sind zwar "nicht ohne Interaktionen zwischen dem Subjekt und den Objekten", doch im Verlaufe dieser Interaktionen sind die Objekte der "Anlass (nicht die Ursache) für die formgebenden Regulationen" (Piaget 1967, p. 121) des Subjekts. Die Strukturen der kognitiven Entwicklung "(enthalten) keine exogenen Elemente ... und (begnügen) sich mit der Umstrukturierung und Rekombination der auf den niederen Stufen in weniger differenzierter Form gegebenen Elemente" (ebd., p. 329). Alle Kausalität ist im Organismus selbst, was uns zum Begriff der *Äquilibration* zurückführt.

Wie aber steht es dann mit der *Zusammenarbeit*? Was genau ist ihre Bedeutung? Hören wir nochmals auf Piagets Worte.

"Das soziale Leben trägt ... dazu bei, die geistigen Prozesse umkehrbar zu machen und auf diese Weise das Auftreten logischer Denkprozesse zu *veranlassen*. ... (Der) Egozentrismus bringt das Denken in keiner Weise dazu, sich seiner selbst bewusst zu werden ... (Diese Bewusstheit entsteht) aus einem *Zusammenstoss* mit anderen ... Die *Reibung* mit den anderen, der *Austausch* und der *Widerspruch* sorgen dafür, dass das Denken sich seiner Ziele und seiner Bestrebungen bewusst wird" (Piaget 1924, p. 32f., 184 - Hervorhebungen W.H.).

Erneut ist von "Veranlassung" die Rede, auch von "Reibung", "Widerspruch" und "Zusammenstoss". Im sozialen Verkehr wird nichts *übertragen*, aber vieles *ausgelöst*.

Mr. Chance und die Zusammenarbeit

Was würde geschehen, wenn die soziale Veranlassung ausbliebe? Wäre auch dann Entwicklung zu erwarten? Als Hilfe zur Beantwortung dieser Frage möchte ich eine Novelle von Jerzy Kosinski beiziehen[22]. Die Novelle handelt von einem Waisenkind, das von der Umwelt isoliert in einem Haus und dem dazugehörigen Garten aufgewachsen ist. Sein Name ist *Chance* - "because he had been born by chance" (Kosinski 1970, p. 7). Von einem Tag auf den anderen wird Chance auf die Strasse gesetzt und mit dem Leben in einer amerikanischen Grossstadt (New York) konfrontiert. Wie kommt Chance mit dieser Situation zurecht? Wie kann er sich anpassen? In der Novelle Kosinskis wird allerdings die umgekehrte Frage gestellt: Wie kann Chance *derselbe* bleiben, der er Haus und Garten war? Was sind die Bedingungen, damit er sich *nicht* verändern muss?

Solange Chance zuhause lebte, waren seine sozialen Erfahrungen weitgehend auf das Medium Fernsehen beschränkt. Er machte blosse *Beobachtungen*. In seiner neuen Umgebung entgeht ihm daher weitgehend der Sinn sozialer Ereignisse. Er ist kaum in der Lage, etwas von den Gesprächen zu verstehen, in die er verwickelt wird. Nicht nur ist er dazu unfähig, er kann auch nur im Lichte der Erfahrungen, die er in seinem Garten gemacht hat, kommunizieren. Doch keinem scheint an Chance irgendetwas aufzufallen. Alle verstehen ihn und bewahren ihn vor dem Gefühl der Andersartigkeit. An die Stelle der Einsamkeit in Haus und Garten ist eine *Pseudogemeinsamkeit* getreten.

Das hindert Chance nicht, gesellschaftlich aufzusteigen. Er trifft den Präsidenten der Vereinigten Staaten, erzählt ihm vom Wachstum der Pflanzen im Rhythmus der Jahreszeiten, und der Präsident vernimmt ein Plädoyer für eine zyklische Wirtschaftstheorie. Was Chance *wörtlich* meint, wird von seiner Umwelt *metaphorisch* verstanden und in seinem vermeintlichen Tiefsinn ausgeschöpft. Trotz seiner "blumigen" Sprache hat jedermann das Gefühl, Chance verstünde sich auf seine Sache. "Everything you said was directly to the point", wird ihm lobend versichert

---

[22] Ich verdanke den Hinweis auf Kosinski Miller 1986 (vgl. auch Spence 1987).

(Kosinski 1970, p. 60). Der sowjetische UNO-Botschafter erkennt in Chance einen Mann von höchster Bildung, obwohl er weder lesen noch schreiben kann. Gleichgültig an welchen sozialen Interaktionen er sich beteiligt, es treten keine Verständigungsprobleme auf, denn seine Gesprächspartner deuten sein Verhalten im Rahmen ihrer eigenen Vorstellungswelt. War Chance in seinem Haus ein blosser Beobachter, ist er nun ein blosser *Teilnehmer*. Nichts veranlasst ihn, die Perspektive des Teilnehmers zu verlassen und seine sozialen Beziehungen von *aussen* ("exzentrisch") zu betrachten. Nie kommt es zur Störung seines Verhaltens, eine Störung, die ihm allererst erlauben würde, seine Kommunikationsprobleme wahrzunehmen.

Das Beispiel von Chance zeigt im Negativen die Bedeutung sozialer Beziehungen für die menschliche Entwicklung. Chance bleibt in seiner Welt *gefangen*, da ihm niemand widerspricht. Obwohl er die begrenzte Welt von Haus und Garten verlassen hat, besteht dennoch kein Anlass zur Änderung seines Weltbildes. So kommt Chance schliesslich zur Überzeugung, dass er sich selbst das Leben gegeben hat.

Das Beispiel ist fiktiv. Niemand dürfte in diesem Ausmass Gefangener seiner primären Welt bleiben können. Auch ist das Beispiel auf *soziale* Beziehungen reduziert und kann damit bestenfalls der Situation eines Erwachsenen (wie Chance einer ist) gerecht werden. Ein Kind steht aber auch im Kontakt zur *dinglichen* Welt, die seinem Handeln unausweichlich Widerstände entgegensetzt.

Wir haben früher schon der Vermutung Ausdruck gegeben, dass das Gleichgewicht zwischen Individuum und Umwelt stärker von Interaktionen mit der dinglichen Wirklichkeit beeinflusst wird, während die inneren Gleichgewichte stärker von *sozialen Interaktionen* abhängig sind. Es ist schwierig, sich zu widersprechen und sich dessen nicht bewusst zu werden, wenn man von anderen daran erinnert wird, was man vor kurzem gesagt hat und worüber man sich eben noch einig war (Voyat 1982, p. 224f.). Umgekehrt ist es leicht, mit Widersprüchen zu leben, wenn einem die anderen alle Inkonsistenzen durchgehen lassen. In genau dieser Situation befindet sich Chance. Aufgewachsen in den engen Verhältnissen von Haus und Garten, verfügt er über ein primitives Weltbild, dessen Dezentrierung auf soziale Beziehungen angewiesen wäre. Da diese aber fehlen, lebt er in einer *Pseudogemeinschaft*, die zur Weiterentwicklung keinen *Anlass* gibt.

Der Begriff der Pseudogemeinschaft stammt von Wynne und meint die Abschirmung sozialer Beziehungen gegenüber Veränderung. In jeder menschlichen Beziehung kommt es zu Situationen, die eine gegenseitige Neuanpassung notwendig machen. "In der Pseudo-Gemeinschaft aber wird die subjektive Spannung, die aus der Divergenz oder Unabhängigkeit der Erwartungen nebst der offenen Betonung eines Gefühls der eigenen Identität erwächst, nicht bloss als Beeinträchtigung jener besonderen Transaktion erlebt, sondern auch als mögliche Zerstörung der gesamten Beziehung" (Wynne et al. 1958, p. 48). Die Zerstörung der Beziehung darf aber nicht erfolgen, weshalb die Veränderung verhindert wird. Da die Beziehung auch *nicht verlassen* werden kann, wird sie zum Hindernis für die individuelle Entwicklung und führt zur Abstumpfung des sozialen Erlebens. "Kurz, die pseudo-gemeinsame Beziehung enthält ein charakteristisches Dilemma: Divergenz erscheint als Störung der Beziehung und muss deshalb vermieden werden; vermeidet man aber Divergenzen, so ist ein Wachstum der Beziehung unmöglich" (ebd., p. 49). Divergenz heisst Unterschied. Unterschied kann *Widerspruch* beinhalten. Pseudogemeinschaften vermeiden es, Widersprüche zu artikulieren und verhindern dadurch die Auslösung von Ungleichgewichten, die zu Entwicklung führen können.

Emotionale Blockaden

Werden wir damit nicht an Freud erinnert und sein zentrales Thema, die *Blockierung* von Entwicklung und die *Passivierung* des Menschen? Kommt Entwicklung über das Bewusstsein von Widersprüchen und Andersartigkeit zustande, so wird sie durch die Verschleierung von Widersprüchen und die Intoleranz gegenüber Andersartigkeit verhindert. Das kann deshalb der Fall sein, weil *emotionale* Barrieren vorliegen, z.B. eine starke Bindung zwischen Mutter und Kind, deren Auflösung Angst machen würde. Gefühle haben ihre Wurzeln vorwiegend in unserem Verhältnis zur belebten Welt[23]. "Die wirklich bedrohlichen Dinge sind solche, die dem belebten Vertrauten am ähnlichsten sind" (Spitz 1976, p. 16). Für ein Kind sind es die Menschen, von denen es abhängig ist, die eine Fülle von emotionalen Reaktionen auslösen (Block 1982, p. 289f.; Gruber 1982, p. 263). Genau deshalb sah Freud in der emotionalen Dynamik zwischen Eltern und Kind einen wesentlichen Faktor, der über das Schicksal der menschlichen Entwicklung entscheidet.

Es erstaunt nicht, dass bei Piaget davon wenig zu finden ist, denn die Problemstellung der *genetischen Epistemologie*, die auf eine Theorie der *naturwissenschaftlichen Erkenntnis* ausgerichtet ist, hat Piagets Aufmerksamkeit praktisch ausschliesslich auf die *dingliche Welt* gelenkt. Was Piaget allein interessierte, war der *rationale* Mensch. Dieser verändert sich, wenn in seinem Denken Widersprüche auftreten und wenn er sich dieser Widersprüche bewusst wird. Zwei Dinge bleiben dabei im Dunkeln, nämlich *erstens,* weshalb treten überhaupt Widersprüche auf und *zweitens,* weshalb werden Widersprüche nicht einfach übergangen?

Zum ersten Punkt haben wir insofern einiges nachgetragen, als es wohl die *Interaktionen mit anderen Menschen* sind, die die Widersprüche in unserem Denken aufdecken lassen. Zwar wirkt der soziale Faktor nicht inhaltlich. Soziale Interaktionen sind keine Transportwege für Gedanken.

---

[23] Erinnern wir uns an den vergeblichen Versuch Bregmans, eine konditionierte Angstreaktion gegenüber Holz und Vorhangstoff zu errichten (vgl. Kapitel 2).

In den Beziehungen von Erwachsenen zu Kindern werden aber *Ansprüche* gestellt, denen ein Kind genügen muss. Eine Kultur oder eine Lebensform bildet Normen für das, was im Denken erreicht werden soll. Insofern definiert sie das Ausmass an Widersprüchlichkeit, das zulässig ist, soll ein Kind als normal gelten. Es gibt daher durchaus einen Sinn, wenn Piaget schreibt, "die Intelligenz, die die Zusammenarbeit fördert, braucht dieselbe (die Zusammenarbeit, W.H.), um sich selbst zu konstituieren" (Piaget 1932, p. 210).

Zum zweiten Punkt ist auf den *emotionalen Bereich* zu verweisen. Und dies nicht nur für die interpersonalen Beziehungen, z.B. für die Eltern-Kind-Beziehung, sondern auch intrapersonal. Widersprüche im Denken können *abgewehrt* werden, wenn sie als Bedrohung des Selbst erscheinen. Entwicklung erfolgt nur, wenn das Individuum nicht durch Gefühle der Angst blockiert wird. Angst führt dazu, dass in Situationen *assimiliert* wird, die der *Akkommodation* bedürften. Auch damit gehen wir nicht wirklich über Piaget hinaus: "Wenn die Assimilation die Akkommodation *übertrifft* (d.h. wenn die Merkmale des Objekts nur insoweit berücksichtigt werden, wie sie mit den gegenwärtigen Interessen des Subjekts übereinstimmen), entwickelt sich das Denken in egozentrische oder sogar *autistische* Richtung" (Piaget 1970a, p. 35 - Hervorhebung W.H.).

Piaget hat sich weder speziell um die sozialen noch um die emotionalen Einflüsse auf die menschliche Entwicklung gekümmert, wiewohl keines von beidem aus seiner Theorie ausgeschlossen ist. Das Soziale ist sogar zentral in seinem Ansatz enthalten (Mays 1979, 1983). Und er hat "das interaktionistische Fundament seiner Theorie niemals preisgegeben" (Kesselring 1981, p. 303 Anm. 32). Allerdings hat er mehr die Verarbeitung des Sozialen durch das Individuum thematisiert als die soziale Interaktion als solche. Piaget betont ausdrücklich, er bestreite die soziale Natur der kollektiven Bedeutungen nicht, "ganz im Gegenteil: Wir versuchten ständig nachzuweisen, dass die Vernunft Kooperation und soziale Wechselbeziehungen voraussetzt. Aber der Tatbestand des Sozialen ist für uns ein zu erklärender Tatbestand und kann uns nicht als (ausserhalb der Psychologie liegende) Ursache dienen" (Piaget 1945, p. 19). Das Soziale kann nicht unbefragt vorausgesetzt werden. Es ist *keine Ursache* der Entwicklung; Ursache ist einzig die Äquilibration.

Der Organismus als Subjekt

Wo liegt der Kern der Psychologie Piagets? Für viele bildet der *Strukturalismus* diesen Kern. Fetz glaubt, der Strukturbegriff könne "wie kein zweiter innerhalb der Piagetschen Theorie den Rang eines Grundbegriffs beanspruchen" (Fetz 1988, p. 214). Das ist zweifellos richtig, nur muss man sich der besonderen Bedeutung bewusst sein, die Piaget dem Strukturbegriff gibt. Statt "Struktur" liessen sich genausogut "Genese", "Funktion" oder "Subjekt" in den Rang eines Piagetschen Grundbegriffs erheben. Letztlich muss aber die Suche tiefer ansetzen, denn im Strukturalismus, wie ihn Piaget versteht, sind "Struktur und Funktion, Entstehung und Geschichte, individuelles Subjekt und Gesellschaft ... voneinander untrennbar" (Piaget 1968, p. 122).

Strukturen sind Transformationssysteme; sie verweisen auf eine *Strukturierung*. Gegenüber den Funktionen von Assimilation, Akkommodation und Äquilibration sind die Strukturen sekundär. Die Funktionen zeigen sich im Verhalten. Ein Kernbegriff Piagets ist daher die *Aktivität* im Sinne einer selbstregulativen und *konstruktiven Tätigkeit* (Boden 1979, p. 17; Gruber 1982, p. 254f.). Die "letzte Natur des Wirklichen" ist ein "ständiges Sich-in-Konstruktion-Befinden" (Piaget 1968, p. 66). Damit erübrigt sich ein *Motivationsbegriff* im Sinne von Trieben oder Bedürfnissen. Motivation kann nicht *Aktivierung* oder *Energetisierung* bedeuten, wenn der Grundbegriff der Theorie die Aktivität ist. Nicht die Aktivität, sondern die *Passivität* ist für Piaget ein erklärungsbedürftiges Phänomen. Damit müsste die genetische Psychologie über genau jenes Rüstzeug verfügen, das Freud im Mechanizismus seiner Zeit nicht finden konnte, um sein *praktisches* Problem - die Passivierung des Menschen in der Neurose - zu lösen (vgl. Kapitel 6).

Piagets Standpunkt ist allerdings ungenau. Es heisst nämlich auch, die Intelligenz sei der formale Aspekt eines jeden Verhaltens, dessen *energetischer* Aspekt die Affekte bildeten. "Dans les conduites vous avez ... une structure de la conduite et une énergétique de la conduite. ... Il est tout à fait évident que pour que l'intelligence fonctionne, il faut un moteur qui est affectif" (Piaget 1977a, p. 80). Die Affekte bilden eine Energiequelle - "like gasoline, which activates the motor of an automobile but does not modify its structure" (Piaget 1954, p. 5). Das tönt nach der psychoanalytischen Definition des Triebes. Dieser soll die Kraft sein, welche den seelischen Apparat zur Tätigkeit treibt und "das Fahrzeug von der Stelle bringt" (Freud 1926c, p. 291f.).

Ich sehe in diesen Äusserungen Piagets eine *façon de parler*[24]. Wichtiger als die Idee der affektiven Kraft scheint auch diejenige des *Interesses*

---

[24] Piagets Position ist im übrigen reichlich verworren. Einerseits sollen Affekt und Kognition untrennbar sein (Piaget 1954, p. 9, 41). Die affektiven und die intelligenten Schemata sind die "gleichen Schemata oder wenigstens untrennbare Aspekte der gleichen Realität" (Piaget 1945, p. 242). Es gibt daher keine affektiven Operationen (Piaget 1954, p. 13). Andererseits bestehen affektive Strukturen und Schemata, die den kognitiven Strukturen entweder isomorph sind (ebd., p. 9, 73) oder mit ihnen interagieren (ebd., p. 25). Die beiden Bereiche sind sich symmetrisch (ebd., p. 38) und scheinen ihre eigene Entwicklung zu haben: "... there is as much construction in the affective domain as there is in the cognitive" (ebd., p. 12). Es gibt daher eine "logic of feelings" (ebd., p. 60), und diese ist etwas anderes als die kognitive Logik: "Affective logic does not ... consist purely and simply in the imposition of intellectual logic on intuitive affects ..." (ebd.). Was aber heisst dann: "... affective structures have to do with an intellectualization of the affective aspect of our exchanges with other people" (ebd., p. 73), und: "Feelings, without being structures by themselves, are structurally organized by being intellectualized" (ebd., p. 15)? Plötzlich gibt es wieder keine affektiven Strukturen und Schemata mehr. Der wesentliche Unterschied soll darin liegen, ob wir es mit Dingen oder

zu sein. Immer wieder ist davon die Rede, dass niemand etwas tue, ohne ein *Interesse* an einer Sache zu haben. "Jamais on ne cherchera à résoudre un problème si le problème ne vous intéresse pas" (Piaget 1977a, p. 80). Jede wirkliche Tätigkeit "setzt Interesse voraus" (Piaget 1932, p. 64). Das Interesse bildet den affektiven Aspekt der Assimilation (Piaget 1954, p. 5). Es ist die "Einstellung bei jedem Akt geistiger Assimilation: denn geistig assimilieren heisst ein Objekt in die Aktivität des Individuums eingliedern, und diese Beziehung zwischen dem Objekt und dem Ich ist nichts anderes als das Interesse im buchstäblichsten Sinn des Wortes ('inter-esse')" (Piaget 1964, p. 179). Ein Interesse kann nicht auf eine Energetisierung reduziert werden, denn Interessen sind *intentional*. Das gilt für jede Verhaltensweise, denn das Verhalten besteht aus "Aktionen teleonomischer Art" (Piaget 1976, p. 7, 1977a, p. 210)[25]. Eine teleonomische Motivation betrifft nicht die Energie, sondern die *Ziele* des Verhaltens.

Die Aktivität ist ein Zeichen von *Subjektivität*. Piagets Psychologie ist eine "Wende zum Subjekt" (Fetz 1988, p. 130). Dieses Subjekt ist allerdings kein individuelles Subjekt. Es ist nicht das im "Sinne des gelebten Individuellen verstandene Subjekt", sondern ein "beliebiges" Subjekt (Piaget 1968, p. 67). Der Ursprung dieses Subjekts ist der "lebendige Organismus" (ebd., p. 44, 50). Das Ich ist Ausdruck der "gesamten Verhaltensregulationen" (Piaget 1965, p. 183) eines Lebewesens. Ich glaube daher, dass der eigentliche Grundbegriff Piagets der *Organismus* ist. Sein Denken ist *organismisch*, im Sinne der biologischen Perspektive seines Ansatzes.

Als Organismus ist das Subjekt ein "Verhaltenssubjekt" (Piaget 1967, p. 237). Seine Strukturen finden sich nicht im Bewusstsein, sondern in der operativen Tätigkeit. Als Verhaltenssubjekt ist das Subjekt auch die Ursache seiner Veränderungen. Bei Piaget wird Entwicklung erstmals als Genese von *Neuem* begreifbar. Entwicklung ist keine Entfaltung von Anlagen, sondern eine echte *Konstruktion*. Piaget interessiert sich genau für das, was bei Skinner im Dunkeln bleibt, nämlich die Entstehung von neuen Verhaltensweisen. Akzeptieren wir die Tatsache, dass es im Verlaufe der Entwicklung Neues gibt, dann können wir nicht auf eine deterministische Anlage oder Umwelt oder deren "Interaktion" zurückgreifen. Die Entwicklung erklärt sich für Piaget als ein Äquilibrationsprozess. Die Äquilibration ist ein Regelungsvorgang, der die Variabilität der inneren und äusseren Systembedingungen auffängt. Diese Variabilität ist nicht vorhersehbar, so dass sich der Entwicklungsprozess nie im Detail prognostizieren lässt.

Personen zu tun haben: "There are ... schemes that have to do with people and schemes that have to do with objects. Both are cognitive and affective at the same time" (ebd., p. 51).

[25] "Teleonomie" meint ein zielgerichtetes Geschehen, das nicht teleologisch oder finalistisch, sondern durch Rückkopplungsprozesse gesteuert wird.

Die Normativität der Entwicklung

Wenn sich Entwicklungsprozesse nicht prognostizieren lassen, wie allgemein ist dann die kognitive Entwicklung? Kann man sich einen anderen Verlauf, als den von Piaget beschriebenen, überhaupt vorstellen? Piaget vertritt im Falle der Intelligenz einen strengen Stufenbegriff, der die drei Kriterien der Invarianz der Stufensequenz, der Stufen als Gesamtstrukturen und der hierarchischen Integration der Stufen fordert (Herzog 1984a, p. 181ff.). Das erste und das dritte Kriterium lassen den Entwicklungsprozess im Sinne einer *logischen Notwendigkeit* deuten. Wenn die *Reihenfolge* der Stufen festgelegt ist und wenn die höheren Stufen die tieferen *implizieren*, dann ist schwer vorstellbar, wie eine Entwicklungssequenz *empirisch* einen anderen Verlauf nehmen kann als die Theorie postuliert. Ist also Piagets Theorie überhaupt eine *empirische* Theorie? Ich denke schon, nur ist sie es in einem spezifischen Sinn, der sich aus Piagets konstruktivistischer Erkenntnistheorie ergibt.

Piagets Theorie ist keine *allgemeine* Entwicklungstheorie. Sie ist nicht einmal eine allgemeine Theorie der *kognitiven* Entwicklung. Sie ist vielmehr eine Theorie der Entwicklung *epistemischer Subjektivität*. Dies ergibt sich allein schon aus der Problemvorgabe Piagets für die genetische Psychologie. Diese soll nämlich erklären, wie höhere Formen der Erkenntnis aus tieferen hervorgehen. *Erklärungen* erfolgen in der Psychologie auf der Verhaltensebene und sind *genetisch* (Piaget 1972b, p. 49).

Die genetische Erklärungsweise, für die das Konzept der *Äquilibration* steht, unterscheidet Piaget von abstrakten Erklärungsmodellen (Piaget 1963, p. 153ff.). Abstrakte Modelle vernachlässigen konkretes Verhalten und suchen nach generellen Erklärungsprinzipien. Dieser Abstraktion wegen sind sie auf das *Bewusstsein* anwendbar, was für das Konzept der Kausalität nicht gilt (ebd., p. 163). Das Bewusstsein ist ein "System von *Implikationen*" (Piaget 1972b, p. 93), "deren höhere Formen *logische Notwendigkeiten* oder moralische Verpflichtungen ... darstellen" (Piaget 1972a, p. 141f. - Hervorhebung W.H.). Hier - im Bereich des *Bewusstseins* - stossen wir auf die Begriffe "logische Notwendigkeit" und "Implikation". Ich meine daher, dass Piaget die Idee einer logisch notwendigen Entwicklungssequenz als *Bewusstseinstatsache* versteht, der gegenüber der Entwicklungsverlauf selbst eine *Verhaltenstatsache* ist, die mit Hilfe des Äquilibrationskonzepts zu erklären ist[26].

Die Interpretation der logischen Notwendigkeit als vom Forscher entworfene Bewusstseinstatsache ist auch deshalb plausibel, weil sie mit Piagets genetischer Epistemologie in Übereinstimmung steht. Piaget betont, es gebe keine *reinen* Tatsachen, da "jede Tatsache mit einer Interpretation in Einklang steht" (Piaget 1965, p. 47). Jede wissenschaftliche Tatsache

---

[26] Der Versuch, aus Piagets Entwicklungspsychologie das Programm einer explikativen "Entwicklungslogik" zu machen, scheint mir daher reichlich verfehlt zu sein (zur Kritik vgl. Mueller 1982).

beruht auf einer "Lektüre der Erfahrung" (ebd., p. 160). Diese Lektüre ist an einen "logisch-mathematischen Rahmen" (ebd., p. 75f.) gebunden, dessen Quelle das epistemische Subjekt ist (Piaget 1972b, p. 290). Logik und Mathematik haben - wie bei Kant - zur Aufgabe, die Wirklichkeit "intelligibel" zu machen. Wenn Piagets genetische Epistemologie allgemeingültig sein soll, dann muss sie auch auf seine eigene Theorie der kognitiven Entwicklung anwendbar sein. Dann aber ist mit "Entwicklungslogik" nicht eine in der Sache liegende natürliche Logik gemeint, sondern das begriffliche Netz, das der Forscher auswirft, um den Verlauf der kognitiven Entwicklung einzufangen.

Die Gerichtetheit der kognitiven Entwicklung lässt sich damit nicht als reine Tatsache verstehen. Vielmehr ist sie eine Implikation der erkenntnistheoretischen Problemstellung Piagets. Diese geht von einem *a priori* festgelegten Endpunkt der Entwicklung aus, auf den die empirischen Analysen der genetischen Psychologie bezogen werden. Der Endpunkt wird nicht "entdeckt", sondern "erfunden" (Fetz 1978, p. 30f.; Hamlyn 1978, p. 52ff.; Herzog 1984a, p. 186f.). Er liegt im "heute akzeptierten wissenschaftlichen Denken" (Piaget 1970c, p. 24). Insofern umschreibt Piagets Psychologie ein "Modell *optimaler* kognitiver Entwicklung" (Brandtstädter 1980, p. 143 - Hervorhebung W.H.). Die *Gerichtetheit* der Entwicklung ist keine empirische Tatsache, sondern eine *normative Voraussetzung*. Die kognitive Entwicklung wird immer schon im Lichte des "Vorurteils" der *Endstufe* gesehen, der sie "notwendigerweise" zustrebt.

Methodologisch folgt aus diesen Überlegungen, dass die empirische Prüfung von Piagets Theorie nicht die Funktion haben kann nachzuweisen, dass "die" kognitive Entwicklung im Sinne der postulierten Stufensequenz abläuft. Vielmehr geht es darum festzustellen, ob überhaupt Entwicklungsverläufe auffindbar sind, die der theoretisch festgelegten Sequenz entsprechen (Hoppe, Schmid-Schönbein & Seiler 1977, p. 107; Kitchener 1986, p. 31; Zeil-Fahlbusch 1983, p. 119). Für Piaget genügt es daher, nachgewiesen zu haben, dass sich Individuen, deren Denken den herkömmlichen Standards naturwissenschaftlichen Erkennens gerecht wird, entsprechend den vier Stufen seines Schemas entwickeln. Damit muss offen bleiben, ob auch andere Formen kognitiver Entwicklung möglich sind.

Dialektische Vernunft

Die Enge von Piagets Kognitionsbegriff ist oft schon bemängelt worden. Sie ist die unmittelbare Konsequenz der Frage, wie sich Erkenntnis, "sofern sie zum wissenschaftlichen Denken gehört" (Inhelder, in Furth 1969, p. 45), entwickelt. Genaugenommen müsste es "naturwissenschaftliches Denken" heissen, denn andere Formen des Denkens hat Piaget kaum untersucht[27]. Kann aber das naturwissenschaftliche Denken den Rahmen für eine *allgemeine* Theorie der kognitiven Entwicklung setzen? Die Frage stellt sich insbesondere für eine Theorie der *moralischen* Entwicklung, denn die Moral wurzelt in den *sozialen* Beziehungen der Menschen und nicht in ihrem Verhältnis zur *dinglichen Natur*[28]. Ist ein Denken, das naturwissenschaftliche Probleme lösen lässt, hinreichend oder überhaupt angemessen, um moralische Probleme zu bewältigen? Versuchen wir zum Schluss unserer Auseinandersetzung mit Piaget diese zweifellos wichtige Frage wenigstens ansatzweise zu beantworten.

Die Kritik an Piagets Intelligenzbegriff operiert gerne mit der Idee einer Pluralität von Logiken. So postuliert Riegel eine über die Stufe der formalen Operationen hinausgehende *fünfte* Stufe der kognitiven Entwicklung, auf der das Individuum Zugang zum *dialektischen* Denken haben soll (Meacham & Riegel 1978, p. 172; Riegel 1973, 1976). Die von Piaget beschriebene Stufe der formalen Operationen genüge nicht zur Erklärung des Denkens Erwachsener. Es gebe immer mehr Beweise, die darauf hindeuteten, dass die "lineare, logische und rationale Verfahrensweise des Naturwissenschaftlers und des Mathematikers" (Meacham & Riegel 1978, p. 181) nicht der einzige Modus der Erkenntnis sei, der den Menschen zur Verfügung stehe.

Tatsächlich ist das Denken der formalen Operationen ein *problemlösendes* Denken, das sich im Rahmen gegebener Fragestellungen bewegt, nicht aber Probleme generieren lässt (Arlin 1975). Des weiteren kann die Logik der Gruppe, die Piaget zur Darstellung der formalen Operationen beizieht (Piaget 1957), auf *aussagenlogische* Operationen zurückgeführt werden. Der Aussagenlogik aber liegt die klassische Logik zugrunde, deren drei wichtigste Axiome folgendermassen lauten. (1) *Satz der Identität*: "Alles ist mit sich identisch und verschieden von anderem." Anders formuliert: Alles bleibt sich gleich. Ein Stuhl ist kein Tisch, er ist verschieden von einem Tisch, und er bleibt ein Stuhl, d.h. er wird nicht zum Tisch. (2) *Satz vom Widerspruch*: "Von zwei Sätzen, von denen der eine das Gegenteil des anderen aussagt, muss einer falsch sein." Wenn wir sagen, X ist ein Stuhl, und wenn wir sagen, X ist ein Tisch, dann muss einer der beiden Sätze falsch sein, da sie sich aufgrund des ersten Axioms widersprechen. (3) *Satz vom ausgeschlossenen Dritten*: "Von zwei Sätzen, von denen der eine das vollständige Gegenteil des anderen aussagt, muss einer richtig sein. Eine dritte Möglichkeit gibt es nicht - *tertium non datur*." Ein vollständiges Gegenteil lässt sich immer durch eine Negation

---

[27] Die gewichtige Ausnahme ist natürlich die Untersuchung des moralischen Urteils. Daneben hat Piaget auch einige Arbeiten zur Religiosität und zum Gesellschaftsverständnis von Kindern vorgelegt (Chapman 1988a, p. 68ff., 179ff.).

[28] Damit sage ich nicht, unser Verhältnis zur dinglichen Natur falle aus dem Zuständigkeitsbereich der Ethik heraus. Jedoch scheint mir die Begründung einer Umweltethik nicht aus einer substanziell gedachten Natur heraus möglich zu sein. Nur Menschen, die sich ihres zerstörerischen Verhaltens gegenüber der Natur bewusst werden und sich einig werden, dass es so nicht weitergehen darf, können die Träger einer Umweltethik sein.

bilden, z.B. "Es regnet" - "Es regnet nicht", "Ich habe Hunger" - "Ich habe keinen Hunger". Solche Sätze schliessen sich gegenseitig aus. Wenn der eine falsch ist, *muss* der andere richtig sein.

Die Axiome der klassischen Logik sind insofern beschränkt, als sie eine *zeitlose* Logik, eine Logik ohne Veränderung und Entwicklung begründen. Die klassische Logik hat ein einziges Thema: "Being as objective permanence" (Günther 1967, p. 404). Als logisch gilt ihr die Faktizität der notwendigen und *ewigen* Ereignisse. Sie wird beherrscht vom "Primat der Metaphysik" (Günther). Doch in Wirklichkeit *verändern* sich die Dinge. Ein Stuhl kann zwar nicht ohne weiteres zu einem Tisch werden. Doch ein Mensch oder ein Tier können wachsen, sich verändern und sterben. *Lebewesen* sind nicht (nur) *seiend*, sondern (auch) *werdend*. Dies aber wird vom Satz der Identität ausgeschlossen. Denn was ist, muss *bleiben*, wie es ist, soll es mit sich identisch *sein*. Was die klassische Logik ebenfalls nicht auszudrücken vermag, ist *Ambivalenz*. Ich mag Hunger haben, aber nicht essen wollen. Ich liebe jemanden und hasse ihn zugleich. Etc. Von zwei sich *logisch* ausschliessenden Ereignissen können *psychologisch* gesehen beide wahr sein.

Es ist offensichtlich, dass die formalen Operationen, da sie Raum und Zeit überschreiten, den ontologischen Prämissen der klassischen Logik gehorchen[29]. Deshalb glaubt Riegel, der Stufe der formalen Operationen eine *postformale* Stufe anfügen zu müssen, deren Basis in der *dialektischen* Logik liegt. Die dialektische Logik ist eine *zeitliche* Logik. Ein Zitat von Ernst Bloch bringt dies auf prägnante Weise zum Ausdruck: "Die formale Schullogik lehrt, dass A nicht zugleich Nicht-A sein könne. Die Dialektik bestreitet diesen Satz nicht völlig, aber sie berichtigt ihn; sie lehrt, dass A nicht zugleich Nicht-A *bleiben* könne" (Bloch 1949, p. 126). Im wesentlichen sind es die Fragen der Identität und des Widerspruchs, die die dialektische Logik von der klassischen Logik trennen. Während die klassische Logik die Identität als das Primäre erachtet, ist für die dialektische Logik der Widerspruch das Erste. Mittels des Widerspruchs soll die Wirklichkeit in ihrem *Prozess* erfasst werden. Auf der Stufe der dialektischen Operationen werden Widersprüche nicht äquilibriert, sondern als real anerkannt.

Piaget hat sich Riegels Ontologisierung des Widerspruchs widersetzt. Der Widerspruch ist kein *objektives* Bewegungsprinzip, die Negation (im Sinne Hegels) keine Kausalkraft (Chapman 1988a, p. 288ff.; Fetz 1988, p. 161ff.). Der Grund für die Zurückweisung des Widerspruchs als Erklärung für Entwicklung liegt darin, dass für Piaget das letzte Prinzip aller Veränderung die Aktivität des organismischen *Subjekts* ist. Das Subjekt

---

[29] Allerdings muss man sich der Tatsache bewusst sein, dass Piaget immer wieder nach anderen Instrumenten zur Formalisierung der Intelligenzentwicklung gesucht hat. Die Aussagenlogik ist nur das am häufigsten verwendete Modell. In seinen letzten Jahren hat er nach einer intensionalen Logik gesucht und gehofft, die Entwicklungsstufen damit besser darstellen zu können (Chapman 1988a, p. 328ff.).

konstruiert sein Wissen, es *konstruiert* seine Erkenntnisstrukturen, und es *konstruiert* auch die Widersprüche in seinem Denken.

Die Rezentrierung des Denkens

Der Widerspruch ist nicht das einzige Merkmal, das eine dialektische Logik auszeichnet. Ein wichtiges Moment des dialektischen Denkens ist die Vermittlung des *Abstrakten* mit dem *Konkreten*. Bei Piaget verläuft die kognitive Entwicklung vom Konkreten (sensomotorische Intelligenz) zum Abstrakten (formale Operationen) und *bleibt* im Bereich des Abstrakten. Damit entsteht das Problem der Rückvermittlung der formal-logischen Schemata mit dem konkreten Handeln. Riegel spricht von einer *Entfremdung* zwischen Subjekt und Objekt (Riegel 1973, p. 350). Insofern die Entwicklung zu Ebenen voranschreitet, auf denen Widersprüche formal aufgelöst werden, ist Piagets Theorie *antidialektisch* und entfremdet die Jugendlichen ihrer lebensweltlichen Kontexte.

Diese Kritik wird auch von anderen Autoren vorgebracht. Das Problem besteht offensichtlich darin, dass der Verlauf der kognitiven Entwicklung von einer Tendenz zur Dezentrierung bestimmt wird, die das Ich zunehmend relativiert. Das Denken wird vom Egozentrismus befreit und zu einem *allgemeinen* Denken. Die Frage ist dann, wie vom Standpunkt eines allgemeinen Denkens ein Bezug auf das konkrete Ich noch möglich ist. Muss das Individuum *regredieren*, um zu sich selbst zu finden? Das aber ist nicht möglich, da die kognitive Entwicklung einem hierarchischen Stufenaufbau entspricht, bei dem die höheren Stufen die tieferen *integrieren*. Damit muss tatsächlich der Eindruck entstehen, als könnte ein abstrakt denkendes Subjekt nicht mehr zu sich selbst finden.

Der Dezentrierung muss also eine *Rezentrierung* folgen, soll auch im Bereich des Selbst Entwicklung möglich sein. Was Riegel als Vermittlung von Konkretem und Abstraktem thematisiert (Meacham & Riegel 1978, p. 172), entspricht genau dieser Notwendigkeit. Die Stufe der dialektischen Operationen soll die Rückwendung des Denkens auf seine Ursprünge im konkreten Ich ermöglichen. Die dialektischen Operationen erscheinen als eine notwendige Stufe im Prozess der *Identitätsbildung*.

Es ist nicht leicht, die Kritik Riegels zu werten, denn empirisch gibt er keine Belege für sein Postulat einer postformalen Entwicklungsstufe. Auch andere Autoren haben bisher höchstens plausibel machen können, dass es eine fünfte Stufe der kognitiven Entwicklung geben könnte (Commons, Richards & Armon 1984; Kramer 1983). Oft wird die Rezentrierung des Denkens als *kontextuelle Relativierung* der formalen Operationen verstanden. So von Perry, der den absoluten Relativismus der Jugendjahre aufgrund von persönlichen *Verpflichtungen* einem kontextuellen Relativismus weichen sieht. Das logische Denken allein führt nicht soweit. "In even its farthest reaches ... reason alone will leave the thinker with several legitimate contexts and no way of choosing among them - no way, at least, that he can justify through reason alone" (Perry 1970, p. 135). Die Entscheidung für eine bestimmte Form des Lebens ist *persönlicher* Natur und liegt jenseits der Gewissheiten, die die Logik der formalen Operationen bieten kann. Ohne sein Leben durch eine persönliche Entscheidung zu *riskieren*, entkommt der Jugendliche dem Relativismus des abstrakten Denkens nicht.

Dieser *existentiellen* Verpflichtung wegen kann der kontextuelle Relativismus nicht als eine (fünfte) Stufe der kognitiven Entwicklung verstanden werden (Perry 1970, p. 205). Erfordert die Rezentrierung des Denkens eine Rekontextualisierung durch ein existielles *Engagement*, ist das formal-operationale Denken auch nicht negativ zu werten. Die "Entfremdung" des Jugendlichen, von der Riegel spricht, ist geradezu *notwendig* für den Schritt zur persönlichen Autonomie. "Alienation cannot be prevented. And indeed it should not be. If it could be prevented, so could that detachment which is man's last recourse of freedom and dignity *in extremis*" (ebd., p. 200). Die Entfremdung kann auch nicht einfach dem Denken zugeschlagen werden. Sie ist ein Faktum der objektiven Welt. Der Relativismus des Jugendlichen ist ein objektiver Relativismus, nämlich ein *Pluralismus* der Werte, Weltbilder und Handlungskontexte der (post-)modernen Welt (vgl. Kapitel 4), der nicht nach einer neuen Stufe des Denkens, sondern nach einer neuen From der Bewältigung verlangt, die über rein rationale Erwägungen hinausgeht.

Rezentrierung durch Arbeit

Perry führt uns nicht von Piaget weg, sondern zu ihm zurück. Denn Perrys Analyse des jugendlichen Relativismus steht keineswegs im Widerspruch zu Piagets eigener Darstellung des Schicksals der formalen Operationen. Piaget schreibt dem Jugendalter eine besondere Form des *Egozentrismus* zu, die sich daraus ergibt, dass die Möglichkeiten, die das formaloperationale Denken bietet, überschätzt werden. Der Jugendliche ist fixiert auf seine Neuerwerbung und sieht die Welt nur noch in der Perspektive der "exzentrischen Position" (Plessner). Er manövriert sich gedanklich aus der Welt hinaus und wird zum Gefangenen seines "Sendungsbewusstseins" (Piaget & Inhelder 1955, p. 331). Doch der jugendliche Egozentrismus wird genauso überwunden wie seine früheren Formen. Er wird es in dem Masse, wie sich der Jugendliche mit *konkreten Aufgaben* konfrontiert sieht. Insbesondere die *Arbeit* ist ein wirksames Mittel zur Dezentrierung des formalen Denkens (ebd., p. 333f.). Die Arbeit heilt von allen Träumereien und macht den Jugendlichen "vom Reformator zum Realisator" (Piaget 1964, p. 209)[30]. Das Wirkliche gewinnt gegenüber dem Möglichen erneut die Oberhand.

---

[30] Wie im Falle des Kindes, ist es das *Sozialleben*, das den Egozentrismus des Adoleszenten überwinden lässt.

Die Notwendigkeit, das formal-operationale Denken zu *rezentrieren*, wird bereits von Piaget anerkannt. Es wäre auch eigenartig, sollte ausgerechnet Piaget ein rein logisches System postuliert haben, das von jeder Rückbindung an die konkrete (experimentelle) Praxis frei wäre (Labouvie-Vief 1980). Denn Piagets *genetische Epistemologie* steht im Zeichen der Versöhnung von Rationalismus und Empirismus. Die Anpassung des Organismus an die Umwelt ist keine Frage der Logik *allein*. Die Logik bedarf der *Pragmatik*, die sie daran hindert, Illusionen zu erzeugen. Das Wahre ist eine "Organisation des Wirklichen", "denn das Subjekt kann die Objekte nur erkennen, indem es mit ihnen umgeht" (Piaget 1967, p. 344, 371f.). Ohne Verbindung mit konkreten Erfahrungen ist die Logik unbrauchbar.

Damit ist die Kritik an Piagets naturwissenschaftlicher Verengung der Intelligenz nicht widerlegt. Perry macht deutlich, dass ein epistemisches Subjekt für eine *allgemeine* Theorie der menschlichen Entwicklung ungenügend ist. Die Beziehung des Menschen zu sich selbst ist mehr als ein epistemisches Verhältnis. Die Entwicklung der Intelligenz führt zu einer Relativierung der konkreten Wirklichkeit zugunsten *denkbarer* Möglichkeiten. Doch unser Selbst ist nur beschränkt "denkbar", da wir von unserer leiblichen Existenz nicht absehen können. Als körperliche Wesen sind wir in vieler Hinsicht partikular und müssen uns damit abfinden, dass die Ideale, die wir für uns entwerfen, nur allzuoft Illusionen sind und eher zur Selbstverkennung als zur Selbstfindung beitragen. Zumindest in Beziehung zu uns selbst müssen wir uns mit *optimalen* Lösungen zufrieden geben und unseren Hang zum Maximalen zügeln.

Die Aufgabe des Jugendlichen kann daher nicht darin bestehen zu lernen, alle seine Erfahrungen in formalen und dezentrierten Denkweisen zu verarbeiten.

"Das Problem besteht eher darin, die Erfahrungen zu identifizieren, die sich am besten von einer Vielzahl von Perspektiven her würdigen lassen, während man es sich zugleich als legitime Option offen hält, trotz vorhandener Alternativen seine je eigenen Gefühle zu empfinden oder sich auf eine spezifische Auffassung, ein spezifisches Ziel oder eine spezifische Handlungsstrategie festzulegen" (Chandler 1975, p. 204).

Der Anspruch ist ein Denken, das nicht im Abstrakten bleibt, sondern zum Konkreten zurückführt und dabei das Allgemeine mit dem Besonderen vermittelt. Es geht darum, die Entwicklungslinie, die Piaget dem epistemischen Denken auferlegt hat, nämlich vom Konkreten und Partikularen zum Abstrakten und Allgemeinen, durch eine *Rezentrierung* auf das Konkrete zu relativieren.

Wir dürfen den Menschen nicht nur als *epistemisches* Subjekt begreifen, denn er ist auch *existentielles* Subjekt. Dieses existentielle Subjekt anerkennt die Relativität der menschlichen Welt und vermag sich dadurch von der rigiden Logik der formalen Operationen zu distanzieren. Idealerweise ist es ihm möglich, mit Widersprüchen zu leben, von ihnen zu profitieren und sich gar an ihnen zu erfreuen (Chandler 1975, p. 200).

Moralische Konflikte

Eine bloss epistemische Subjektivität kann gerade einer *Theorie der moralischen Erziehung* nicht genügen. Moralisches Handeln ist oft nicht ohne Widerspruch möglich. Insbesondere bei moralischen *Konflikten* stehen wir selten vor Problemen, die eine *eindeutige* Lösung haben (Haan, Aerts & Cooper 1985, p. 60; Haan, Weiss & Johnson 1982, p. 255). Oft tun wir das eine, obwohl wir wissen, dass das andere auch nicht falsch wäre. Begehen wir einen Diebstahl, um das Leben eines Menschen zu retten[31], so mögen wir zwar etwas Gutes tun, doch das Böse, das wir dabei in Kauf nehmen, wird damit nicht aus der Welt geschafft.

Moralische Konflikte sind keine *logischen* Konflikte, weil moralische Werte keine Ordnung bilden, die von *disjunkten* Prinzipien beherrscht wird. Moralische Konflikte sind im strengen Sinn *Handlungskonflikte*. Sie entstehen dann, wenn zwei (oder mehr) Prinzipien nicht *gleichzeitig* in die Praxis umgesetzt werden können (im obigen Beispiel die Rettung von Leben und der Respekt vor Eigentum). Der Konflikt basiert auf einem *pragmatischen* Widerspruch. Deshalb verschwindet der eine Anspruch nicht, wenn ich mich für den anderen entscheide. Es ist falsch, die Logik des moralischen Denkens so darzustellen, "als erfordere sie, eines der widerstreitenden Sollen müsse in Konfliktsituationen völlig verworfen werden" (Williams 1973, p. 292 - Hervorhebung weggelassen). Sicher muss eines verworfen werden, damit überhaupt *gehandelt* wird, doch unsere Entscheidung eliminiert nicht die Konflikthaftigkeit der ursprünglichen Situation. Weder lassen sich moralische Konflikte vermeiden, noch kann man sie restlos lösen. Wir mögen im höchsten Masse moralisch sein und trotzdem *schuldig* werden.

Auch moralische Widersprüche sind also keine blossen Widersprüche des *Denkens*, sondern *objektive* Widersprüche, die wir hinnehmen müssen, da wir sie logisch nicht ausräumen können. Prinzipien als solche garantieren kein tugendhaftes Verhalten (Keniston 1969, p. 304ff.). Die blosse Berücksichtigung der Logik führt geradewegs zur Unmoral. Die Krux des moralischen Verhaltens besteht in der Vermittlung der abstrakten Prinzipien mit dem konkreten Handeln. Das abstrakte Denken kann daher nicht das einzige Kriterium moralischer Reife sein. Chandler (1987) optiert für eine "postskeptische Rationalität", die die Idee der absoluten (logischen) Wahrheit aufgibt und durch eine *diskursive* (dialogische) Wahrheit ersetzt.

Damit werden wir ein letztes Mal darauf aufmerksam, dass Piaget die soziale Basis des Erkennens unaufgeklärt gelassen hat. Sein Verständnis der wissenschaftlichen Erkenntnis liegt in der Tradition der Galileischen "scienza nuova" (Fetz 1978; Wetzel 1978). Wie für Galilei das Universum einem grossen Buch gleicht, das unserer Betrachtung offensteht, falls wir

---

[31] Ich spiele auf das "Heinz-Dilemma" an, das in der Kohlberg-Tradition verwendet wird, um die Entwicklung des moralischen Denkens zu untersuchen (vgl. Kapitel 9).

seine Sprache (die Mathematik) verstehen, ist für Piaget die Mathematik das Instrument zur Strukturierung der physikalischen Wirklichkeit. Ohne den "logisch-mathematischen Rahmen" ist "keine physikalische Erkenntnis möglich" (Piaget 1965, p. 147). Der logisch-mathematische Rahmen aber entspricht den Strukturen der Intelligenz, Strukturen, die *selbst gemacht* sind. In der Entwicklung des epistemischen Subjekts gibt es daher nirgends die Notwendigkeit der *kommunikativen* Validierung der Erkenntnis (Rotman 1977, p. 180f.). Erkenntnis ist Assimilierung der Wirklichkeit an dezentrierte und reversible Operationssysteme, die vom epistemischen Subjekt aus eigener Kraft geschaffen werden.

Piaget setzt Rationalität mit logischer Notwendigkeit gleich. Obwohl im Irdischen verwurzelt, ist die Vernunft des epistemischen Subjekts letztlich die *schauende* Vernunft des "kosmischen Exils" (Quine). Nicht ganz zu unrecht hat Merleau-Ponty gesagt, Piagets Theorie nehme den "Platz des lieben Gottes" ein (Piaget 1965, p. 181). Götter *sehen* die Wahrheit; sie sind nicht aufeinander angewiesen, um zu erkennen. Doch die *Menschen* sehen für sich allein zuwenig. Ihr Erkennen bedarf der kommunikativen Vergewisserung. In *diesem* Sinn kann die dialektische Vernunft eine Korrektur von Piagets Rationalismus sein. Denn die dialektische Logik ist nicht nur eine *zeitliche*, sondern auch eine *diskursive* Logik. Sie ist die Logik des *Gesprächs* (Gadamer 1960). Im Gespräch ist eine Vermittlung der Heterogenität der menschlichen Standpunkte möglich. Damit ermöglicht das Gespräch auch die Integration des Selbst. Unser Selbst formt sich in der Kommunikation mit anderen. Wir brauchen der kognitiven Entwicklung keine fünfte Stufe aufzupfropfen, um dem Individuum den Weg zu sich selbst zu zeigen. Menschen sind immer schon aufeinander bezogen und dadurch Subjekte einer diskursiven Vernunft.

6 Die Doppelnatur des Menschen

> *"Wir sind primär sozial als Erben höherer Säugerart."*
>
> Adolf Portmann

Wir sind unsere Auseinandersetzung mit der Psychologie in der Erwartung angetreten, ein besseres Rüstzeug für die Theoretisierung der pädagogischen Intuition zu finden. Freud, Skinner und Piaget sollten uns dabei helfen, die pädagogische Erkenntnisperspektive in pädagogische Theorie umzusetzen. Unser unmittelbares Anliegen war das Herbartsche Problem: Wie kann moralische Autonomie das Ergebnis von erzieherischer Einwirkung sein? Haben wir eine Antwort gefunden? Hat sich unsere Hoffnung auf bessere pädagogische Theorie erfüllt?

Besser wäre die pädagogische Theorie dann, wenn sie die Ansprüche auf *Integration*, *Prozessorientierung* und *Handlungsanleitung* einlösen liesse (vgl. Kapitel 1). Den höchsten Integrationsgrad weist zweifellos der *Behaviorismus* auf. Da er alles, was psychologisch von Bedeutung ist, als Verhalten begreift, vermag er alles mit Hilfe seiner Verhaltenskategorien zu erklären. Doch der Behaviorismus bietet keine Lösung für das Herbartsche Problem. Eine maximale Wirksamkeit, die selbst die Herstellung *automatisch guten Verhaltens* verspricht, wird erkauft mit der Preisgabe der menschlichen Subjektivität. Ohne ein Subjekt, das sein Tun verantworten kann, ist moralisches Handeln aber nicht denkbar (vgl. Kapitel 4).

Die *Psychoanalyse* ist kompromissbereiter. Die Subjektivität ist ihr zumindest als *Utopie* unverzichtbar, denn Freuds Hoffnungen liegen auf dem Ich. Doch für die Analyse der *Genese* des Ichs fehlen der Psychoanalyse die theoretischen Mittel. So bleibt auch in ihrem Rahmen unerklärlich, wie moralische Subjektivität möglich ist. Der automatischen Güte der Behavioristen stellen die Psychoanalytiker ein Gewissen zur Seite, dessen Beziehung zum Ich äusserlich und repressiv ist. Die integrative Kraft, die auch die Freudsche Theorie aufweist, ist erkauft mit einer ungenügenden Prozessorientierung.

Erst die *genetische Psychologie* lässt das Kriterium der Prozessorientierung einlösen. Die Verankerung der Subjektivität in der Organisation des Lebewesens lässt die Moralität ontogenetisch erklären. In der Zusammenarbeit mit anderen und durch Prozesse der Äquilibrierung wird das organismische Subjekt unabhängig und seine Moral autonom. Zufrieden können wir aber auch mit Piaget nicht sein, denn in Umkehrung der Verhältnisse bei der Psychoanalyse ist die Prozessorientierung nun mit einem Verlust an Integrationskraft erkauft. Piagets Psychologie ist eine auf *epistemische* Subjektivität eingegrenzte Theorie, die die *existentielle* Subjektivität des Menschen nicht zu fassen vermag.

Wir können daher nicht sagen, unsere Hoffnung auf bessere pädagogische Theorie hätte sich bereits erfüllt. Trotzdem stehen wir weit besser da als zu Beginn unserer Reise in die Gefilde der Psychologie. Auch wenn wir noch keine bessere *Theorie* gefunden haben, hat sich uns eine *metatheoretische Perspektive* erschlossen, die zu einer solchen Theorie führen kann. Wie wir am Ende des zweiten Kapitels feststellen mussten, ist das Herbartsche Problem nicht lösbar, weil es von den Aporien des Cartesianismus gezeichnet ist[1]. Das cartesianische Denken bildet den metatheoretischen Horizont sowohl des Behaviorismus wie der Psychoanalyse. Eine Lösung des Herbartschen Problems ist somit nur jenseits des Cartesianismus möglich.

Überwinden lässt sich der Cartesianismus mit Hilfe des *organismischen* Denkens, wie wir es bei Piaget kennengelernt haben (vgl. Kapitel 5). Was uns im folgenden beschäftigen wird, ist daher die Auswertung unserer theoretischen Analysen im Hinblick auf eine *Metatheorie*, die die angestrebte interdisziplinäre pädagogische Psychologie begründen und das Herbartsche Problem lösen lässt. Konkret stellen wir uns die Frage, inwiefern der *Organismus* an die Stelle der *Maschine* treten und als Modell fungieren kann, um eine psychologische Theorie zu begründen, die den pädagogischen Kriterien Integration, Prozess- und Handlungsorientierung *gleichermassen* gerecht werden kann. Dabei folgen wir dem Hinweis Ryles, der Mensch sei eine "Art Lebewesen" (vgl. Kapitel 2). Es wird uns insbesondere darum gehen zu zeigen, worin die Eigenheiten dieser "Art Lebewesen" bestehen, denn nur von einer *anthropologischen* Interpretation des Organismusmodells können wir eine angemessene Theoretisierung der pädagogischen Intuition erwarten. Nur eine *Humanwissenschaft*, die auch die *Besonderheiten* des Menschen begreifen lässt, ist in der Lage, eine Theorie *moralischen* Verhaltens zu begründen.

Stellen wir in diesem Kapitel die metatheoretischen *Grundlagen* des organismischen Denkens vor, sollen diese im nächsten Kapitel auf der *Theorieebene* konkretisiert werden. Es wird uns um den Versuch gehen, die beiden Kriterien der Integration und Prozessorientierung, denen keine der diskutierten psychologischen Theorien in gleicher Weise zu genügen vermag, im Rahmen einer psychologischen *Entwicklungstheorie* einzulösen (vgl. Kapitel 7). Damit werden wir in der Lage sein, das Herbartsche Problem zu lösen. Bei diesem Lösungsversuch soll zunächst die Skizze der integrativen und prozessorientierten Theorie im Hinblick auf die moralische Entwicklung erweitert werden (vgl. Kapitel 8), um dann das dritte pädagogische Kriterium, die Handlungsorientierung, aufzugreifen und in die Grundzüge einer *Theorie der moralischen Erziehung* einzubringen (vgl. Kapitel 9).

Nun aber wenden wir uns der organismischen *Metatheorie* zu. Zuvor allerdings soll die Kritik am *mechanistischen* Denken systematisiert werden, um die Alternative des Organismusmodells etwas plastischer heraus-

---

[1] Vgl. insbesondere Anmerkung 19 und den Schlussabschnitt von Kapitel 2.

streichen zu können. Zu diesem Zweck blenden wir nochmals auf unsere Diskussion von Behaviorismus und Psychoanalyse zurück.

Descartes' Vermächtnis an die Psychologie

Der Behaviorismus vermag uns nicht zu überzeugen. Zwar scheinen seine Empfehlungen die Synthetisierung des Menschen möglich zu machen, doch nur zum Preis seiner *Moralität*. Was er anbietet, ist eine automatische, keine verantwortete Güte. Überhaupt macht die Automatik das Wesen des behavioristischen Menschen aus. Allen Ernstes sehen Pawlow, Watson und Skinner im Menschen eine komplizierte *Maschine*. Und die Psychoanalyse denkt nicht anders. Für Freud gleicht das Psychische einem Fernrohr, Mikroskop oder sonst einem Apparat.

Im Unterschied zur behavioristischen Maschine ist der psychoanalytische Apparat nicht leer, sondern voller "Dämonen" (Eysenck 1972, p. 106). Die dramatischen Figuren, die die Hebel des seelischen Getriebes bedienen, sind von den Geistern des Animismus nicht zu unterscheiden (Skinner 1972, p. 51). Die Wurzeln der Psychoanalyse liegen jedoch nicht im Mittelalter, sondern dort, wo auch der Behaviorismus seine Herkunft hat, nämlich im 17. Jahrhundert. Auf *Descartes*, diesen "Erzvater der Neuzeit" (Husserl), geht die Zweiteilung der Welt zurück, die sowohl der Psychoanalyse wie dem Behaviorismus zugrunde liegt. Wenn Reaktionen erst über Prozesse der Konditionierung in eine Beziehung zu Reizen gelangen, dann ist dies nicht anders, als wenn sich Triebe erst nach einer Zeit der autoerotischen Befriedigung an Objekte binden.

Die Behavioristen interessieren sich für *irgendein* Verhalten, das durch *irgendwelche* Reize verändert wird. Zwischen Lebewesen und Umwelt liegt eine Grenze, die zwei heterogene Sphären voneinander scheidet. Insofern sie Kontakt zueinander haben, ist ihre Beziehung *beliebig* (Feffer 1982, p. 56ff.). Formal gesehen entspricht Skinners Verständnis des Verhaltens dem Freudschen Begriff des Triebes. Verhalten, *das verstärkt worden ist*, geht eine Beziehung zur Umwelt ein, wie sich ein Trieb, *der befriedigt worden ist*, an ein Objekt (bzw. dessen "Erinnerungsspur") bindet. Weder Verhalten und Reiz noch Trieb und Objekt sind *natürlicherweise* miteinander verbunden. Das Objekt ist das "variabelste am Trieb" und kann "beliebig oft gewechselt werden" (Freud 1915b, p. 86). Es interessiert nur als Triebziel; das Ziel aber "ist allemal die Befriedigung" (ebd.). Damit gelangt das Lebewesen nie über seine innere Dynamik hinaus. Alle Objektbeziehungen unterstehen dem Lustprinzip oder sind davon abgeleitet. In seinem Streben nach Befriedigung ist das Es *blind* (Freud 1933a, p. 512f.); Lebewesen (Trieb) und Umwelt (Objekt) begegnen sich rein *zufällig*[2].

---

[2] Vgl. die Diskussion des Neodarwinismus im Kapitel 5.

Was die Psychoanalyse vom Behaviorismus unterscheidet, ist der Glaube, dass das blosse Nebeneinander von Organismus und Umwelt schliesslich doch von einem *Sinn* zusammengehalten wird. Das Ich - wie auch immer vom Es abstammend - wird in den Stand der Subjektivität gehoben und als *Vermittler* zwischen Trieb und Objekt eingesetzt (Freud 1923a, p. 322). Woher aber nimmt das Ich diese vermittelnde Kraft? Wie gelangt es in seine "Mittelstellung zwischen Aussenwelt und Es" (Freud 1924d, p. 333)? Die Psychoanalyse kann diese Frage nicht beantworten, da sie über keine befriedigende *Entwicklungstheorie* verfügt. Ein Lebewesen, beherrscht von Trieben, die der blinden Logik des Lustprinzips gehorchen, kann nicht plötzlich sehend werden und Ansprüche integrieren, die es zu *beurteilen* fähig sein müsste.

Angesichts dieser Aporie der psychoanalytischen Theorie[3] ist die Strategie des Behaviorismus nur allzu verständlich. Er "überwindet" den Dualismus, indem er ihn *leugnet*. Dies hat wenigstens den Vorteil, kein Ich als *deus ex machina* bemühen zu müssen, um die Mängel der Theorie zu beheben (Allport 1955, p. 41). Die Subjektivität des Menschen wird ohne Zaudern dem Studium der Dämonologie überwiesen und seine Mechanisierung unverblümt zum Dogma erhoben. Jede innere Verursachung des "Homme machine" entpuppt sich als Rückfall ins vorwissenschaftliche Zeitalter. Die Person als verantwortliches Wesen existiert ganz einfach nicht.

Es ist richtig, das Innere des Menschen von Quasi-Akteuren zu säubern. Doch wenn dabei das Innere gleich mit verloren geht, und wenn das übriggebliebene Äussere nun seinerseits zum mechanischen Homunkulus wird, dann sind wir nicht viel weiter gekommen. Was uns im Wege steht, ist daher nicht der Mechanizismus allein. Hinter dem Menschen als Maschine und Apparat steht der Mensch als geistig-körperliche Dublette. Der Mechanisierung des Menschen geht die Zweiteilung der Wirklichkeit in eine "denkende" und "ausgedehnte" Substanz voraus. Descartes steht paradoxerweise sowohl am Anfang der Subjektivierung des Menschen als auch am Anfang seiner Mechanisierung.

Das "Cogito ergo sum" setzte den Menschen ins Zentrum seiner selbst. Vermochte er bisher allein "in Gott und durch Gott" zu sein, existierte er nun aus eigener Kraft. Noch für Sartre gibt es "keine andere Wahrheit ..., von der man ausgehen kann, als diese: Ich denke, also bin ich" (Sartre 1946, p. 25). In der denkenden Reflexion erfährt sich der Mensch als Subjekt. Aber die Wahrheit des Cogito verführt zur Unwahrheit der Maschine. Denn insofern der Mensch *allein im Denken* zu sich findet, muss er bereits seinen *Körper* der Aussenwelt zuschlagen. Für deren Analyse aber ist die Mechanik das geeignete Instrument (Descartes 1644, p. 245f.). Damit findet das denkende Subjekt seinen Platz in einem mechanischen Körper. Der Geist ist zum "Gespenst in der Maschine" (Ryle) geworden.

---

[3] Die - wie in der Einleitung zum 4. Kapitel angedeutet - der Aporie des Herbartschen Problems analog ist.

Descartes' Definition der menschlichen Subjektivität war im selben Masse falsch wie erfolgreich. Was für ein Mensch ist dies, der nur im *Vollzug* seines Denkens existiert?[4] Was für ein Mensch ist dies, der sich seiner Existenz nur als *Erwachsener* versichern kann?[5] Und was für ein Mensch ist dies, der in seinem Denken von den materiellen Dingen völlig verschieden ist, als denkende *Substanz* aber ein Teil der Welt sein muss? Die Paradoxien in Descartes' Menschenbild haben seine Plausibilität nicht geschmälert. Denn Descartes hatte Erfolg. Noch für uns gilt, dass "wir die Welt durch Gläser betrachten, welche Descartes geschliffen hat" (Straus 1956, p. 9). Seit Descartes sehen wir den Menschen dualistisch[6] und mechanistisch. Der Dualismus ist *erkenntnistheoretischer* Natur und die Folge der cartesianischen Selbstbegründung des modernen Menschen; der Mechanizismus ist *ontologischer* Natur und die Folge der Erhebung der Maschine zum "Ideal der Naturordnung" (Toulmin 1961). Wenn wir weiter kommen wollen, dann müssen wir *beides* überwinden, den Mechanizismus *und* den Dualismus.

Denken *sub specie machinae*

Maschinen brauchen nicht einfach zu sein. Sie müssen auch nicht rein mechanisch funktionieren[7]. Eine Maschine ist ein physikalisches System, dessen Freiheitsgrade drastisch eingeschränkt sind. Typischerweise hat es *einen* Freiheitsgrad, der seine Funktion festlegt (Köhler 1938, p. 206). Gewisse Maschinen lassen sich durch Eingriff von aussen in ihrem Funktionieren verändern, wodurch sie im Prinzip zu anderen Maschinen werden (z.B. Umschaltung eines Heizsystems in ein Kühlsystem). Des weiteren gibt es Maschinen, die durch *Rückkopplung* ihre Funktionsweise *selbst* verändern können und damit über mehr als einen Freiheitsgrad verfügen (z.B. Dampfmaschine, Thermostat).

Als "Ideale der Naturordnung" haben Maschinen folgende methodologischen Implikationen:

(1) *Passivität* (Reaktivität): Der ausgezeichnete Zustand der Wirklichkeit ist die Passivität (die "Homöostase"). Die Bestandteile der Wirklichkeit sind an sich regungslos. Wie einer Maschine Energie zugeführt werden muss, damit sie aktiv wird, müssen die Teile der

---

[4] "Ich bin, ich existiere, das ist gewiss. Wie lange aber? Nun, *solange ich denke*" (Descartes 1641, p. 23 - Hervorhebung W.H.).

[5] Erinnern wir uns an Skinner, der das Cogito-Argument mit dem Einwand in Frage stellt, dass auch Descartes als *Baby* hat beginnen müssen (vgl. Kapitel 5).

[6] Das heisst nicht, dass es vor Descartes keinen Dualismus gegeben hat, nur war es ein Dualismus anderer Art (vgl. Kapitel 4).

[7] Trotzdem gebrauche ich die Begriffe "Maschine" und "Mechanik" synonym, nicht zuletzt deshalb, weil für "Maschine" kein gängiges Adjektiv verfügbar ist.

Wirklichkeit aktiviert werden, damit etwas geschieht. Alle Veränderung und Aktivität ist die Folge externer Kräfte. Auch der Mensch muss "angetrieben" werden, um aktiv zu sein. Eine wissenschaftliche Erklärung nimmt Bezug auf solche Wirkursachen.

(2) *Elementarismus* (Atomismus): Die Wirklichkeit besteht aus elementaren Bestandteilen. Wie sich eine Maschine in diskrete Einheiten zerlegen und wieder zusammensetzen lässt, ist die Wirklichkeit ein Aggregat innerlich unverbundener Teile. Es gibt keine von der Summe der Teile unabhängige Ganzheit. Folglich lassen sich dieselben Teile auch verschieden zusammensetzen.

(3) *Additivität* (Assoziativität): Die Wirklichkeit ist additiv zusammengefügt. Dabei gibt es keine qualitativen "Sprünge". Der Übergang vom Teil zum Ganzen ist kontinuierlich und quantitativ. Auch der Schritt vom Tier zum Menschen ist keine qualitative Veränderung, sondern lediglich eine Komplizierung der Wirklichkeit. Da alle Ereignisse quantitativ und alle grösseren Einheiten aus Teilen zusammengesetzt sind, kann jede Veränderung im Prinzip rückgängig gemacht werden. Die Richtung der Zeit ist ohne Bedeutung.

(4) *Determinismus*: Besteht die Wirklichkeit aus Elementen und ihre Dynamik aus Kräften, die auf die Elemente einwirken, ist ein mechanisches System zu jeder Zeit vollständig determiniert. Damit kann jeder Zustand des Systems - sei er vergangen, gegenwärtig oder zukünftig - im Prinzip eruiert werden. Folglich ist die totale Manipulation der Wirklichkeit möglich, sofern auf die Elemente des Systems eingewirkt und seine Dynamik gesteuert werden kann.

Erkenntnistheoretisch basieren diese Annahmen auf der strikten Trennung von Subjekt und Objekt, sind jedoch nicht davon ableitbar. Doch wie ein Mechaniker einer Maschine *gegenübersteht*, hat ein Wissenschaftler Distanz zu seinem Gegenstand. Der Erkennende ist *getrennt* vom Erkannten. Die Erkenntnisbeziehung kann damit ihrerseits mechanistisch modelliert werden, als phototechnische Abbildung, Kopie, Darstellung, Spiegelung etc.

Psychologie vom Gottesstandpunkt

Im Cartesianismus verschmelzen der erkenntnistheoretische Dualismus und der ontologische Mechanizismus zu einer Psychologie vom göttlichen Standpunkt. Die Erkenntnis genügt dem Psychologen nur, wenn er seines Gegenstandes vollumfänglich sicher ist. Der Behaviorismus ist das eindrücklichste Beispiel einer Psychologie vom göttlichen Standpunkt[8]. Doch

---

[8] Eigentlich hat Gott keinen Standpunkt, da er omnipräsent und damit *unmittelbar* zur Welt ist. Die göttliche Erkenntnis ist eine perspektivelose Erkenntnis, denn Perspektiven

auch die Psychoanalyse akzeptiert den erkenntnistheoretischen Dualismus und das anthropologische Modell der Maschine. Heute liegen die Schatten des Cartesianismus auf der "Cognitive Science", die zwar einen neuen Maschinentyp (den Computer) favorisiert, ansonsten aber nicht viel Neues bietet (Bunge 1987, p. 258ff.; Taylor 1975, p. 161f., 263).

Das Ideal der göttlichen Psychologie ist ein Wissen, das den Menschen *synthetisieren* lässt. Haben wir erst einmal begriffen, was eine Verstärkung bewirken kann, vermögen wir das Verhalten eines Organismus "fast beliebig zu formen" (Skinner 1968, p. 17). Verstehen wir eine Sache so gut, dass wir sie uns *bauen* können, ist unser Verständnis "fast perfekt" (Miller, Galanter & Pribram 1960, p. 50). Nicht nur unser Verständnis und unser Handeln, wir selbst wären dann (fast) perfekt. Es scheint, als vermöchten wir etwas nur dann zu erkennen, wenn wir es analog einer Maschine *herstellen* können.

Die Maschine ist jedoch ein ungenügendes Modell des Menschen. Da sie erkenntnistheoretisch mit dem cartesianischen Dualismus liiert ist, gibt sie immer nur *Teilansichten* des Humanen. Ist der menschliche Körper ein mechanisches Getriebe, verschwindet der menschliche Geist. Ist der Geist programmiert wie ein Computer, geht der menschliche Körper verloren. In jedem Fall verliert der Mensch seine *Ganzheitlichkeit*. Wollen wir aber den ganzen Menschen verstehen, scheint uns nichts anderes übrig zu bleiben, als den Geist in eine Körpermaschine zu sperren, wo er sich in einen *Dämon* verwandelt.

Ich glaube, dass das dualistisch-mechanistische Modell einen *Anachronismus* darstellt. Es stammt aus einer Zeit, der der Mensch als Quasi-Gott erschien. Auf dem Hintergrund ihrer griechisch-christlichen Vergangenheit war der "scienza nuova" des 17. Jahrhunderts ein Erkenntnisideal zugewachsen, das die Kriterien der Wahrheit in göttlicher Schau, göttlicher Schöpfung und göttlicher Allwissenheit suchte (vgl. Kapitel 1). In der Maschine sah sie ein "Ideal der Naturordnung", das die hohen Erwartungen einzulösen versprach. Denn im Bereich der Technik steht der Mensch tatsächlich einer Welt gegenüber, die er nicht nur zu *überblicken* vermag, sondern die er auch *geschaffen* hat. Was im Bereich der Technik wahr sein mag, braucht es anderswo nicht auch zu sein. In den *Humanwissenschaften* jedenfalls führt das Modell der Maschine in die Irre. Das Ideal der vollständigen Erklärung und Beherrschung menschlichen Verhaltens ist weder realistisch noch vernünftig. Selbst naturwissenschaftliche Erklärungen sind immer relativ zu einem nicht-befragten Hintergrund (Mead 1929, p. 44; Popper 1969, p. 238ff.). Es ist nicht möglich, die Welt *als Ganze* zu problematisieren. Descartes' *integraler* Zweifel und sein Anspruch auf *apodiktische* Gewissheit sind ganz einfach absurd.

Die Psychologie ist daher nicht aufgerufen, menschliches Verhalten *in extenso* zu erklären. Psychologische Fragen stellen sich, wenn in unserer

---

sind relativ, Gott aber ist absolut. Wenn daher im folgenden vom "Gottesstandpunkt" die Rede ist, sollte in Erinnerung bleiben, dass dies eigentlich eine inadäquate Redeweise ist.

Erfahrung Diskrepanzen auftreten (Herzog 1984b; Traxel 1969). Wir können uns *nicht* erklären, weshalb eine gerade Linie, die durch eine strahlenförmig schraffierte Fläche führt, *gekrümmt* erscheint (Heringsche Täuschung). Doch wir sehen uns nicht veranlasst zu fragen, weshalb eine *krumme* Linie gekrümmt erscheint. Die Psychologie "soll uns erklären, warum wir uns täuschen; aber wir können uns selber erklären, warum wir uns nicht täuschen" (Ryle 1949, p. 448). Wenn wir etwas *nicht* verstehen, dann suchen wir nach einem Rahmen, der unser Unverständnis beheben lässt. Psychologische Erklärungen basieren auf der Einbettung problematischen Verhaltens in einen *Kontext*, der dem Verhalten einen *Sinn* verleiht (vgl. Kapitel 3).

Das Bild des Menschen, innerhalb dessen wir problematisches Verhalten verstehen, ist weder dasjenige eines Quasi-Gottes noch dasjenige einer Quasi-Maschine. Menschen erscheinen uns vielmehr als *Handelnde*, mit allen Grenzen, die dem Handeln auferlegt sind (Mischel 1981; Peters 1958; Taylor 1975, 1985). Das Modell des Handelns führt zu einer Psychologie vom *irdischen Standpunkt*. Insofern die Psychoanalyse nicht ihrer mechanistischen Metapsychologie verpflichtet ist, kommt sie diesem Standpunkt nahe. Freud setzte in seiner ärztlichen Praxis ein Modell intentionalen Handelns voraus, das er nur dann zugunsten unbewusster "Mechanismen" verliess, wenn das Verhalten des Analysanden keinen Sinn ergab (Peters 1958, p. 55ff.). Die Psychoanalyse ist eine Theorie *abweichenden* Verhaltens. Sie erklärt nicht normales Verhalten, dessen Funktionieren sie für *offensichtlich* hält. Sie kann als ein Verfahren begriffen werden, einem Menschen, der unter Gefühlen der Sinnlosigkeit leidet, zu einem besseren Selbstverständnis zu verhelfen, indem sie den Sinn seiner Lebensschicksale aufdeckt. Insofern basiert die Psychoanalyse auf einem lebensweltlichen Modell des Menschen. Es geht ihr nicht - wie dem Behaviorismus - darum, Verhalten *schlechthin* zu erklären, sondern ihre Frage ist, "Was mache ich, wenn das Verhalten eines Individuums keinen Sinn ergibt?"

Sollen psychologische Erklärungen das lebensweltliche Verständnis menschlichen Verhaltens nicht *ersetzen*, sondern *ergänzen*, so bedarf die Psychologie einer Metatheorie, die nicht im Widerspruch zum menschlichen Selbstverständnis steht. Soll der *Organismus* ein besseres Rüstzeug für die Theoretisierung der pädagogischen Intuition sein, muss er diesem Kriterium genügen. Die *Maschine* ist nicht zuletzt deshalb ein verfehltes Modell des Menschen, weil sie im Widerspruch zum menschlichen Selbstverständnis steht. Der epistemische Anspruch der cartesianischen Metatheorie ist total. *Alles* muss erklärt werden, weil der Begriff der Erklärung über das Modell der Maschine mit dem Anspruch auf *Machbarkeit* verbunden ist. Skinner verkörpert anschaulich die Zwänge, in die ein cartesianischer Wissenschafter gerät. Erklärung wird gleichgesetzt mit Kontrolle und Vorhersage. Da Kontrolle nur von aussen möglich ist, müssen die "letzten Ursachen" in einer akzeptablen Verhaltenserklärung *ausserhalb* des Organismus liegen (Skinner 1972, p. 325). Nochmals sehen wir, wie sich der Dualismus mit dem Mechanizismus zu einer Psychologie vom göttlichen Standpunkt verbindet.

Metatheorie als Mythologie

In gewisser Weise beinhaltet eine Metatheorie eine *Mythologie*. Freud nannte die Trieblehre "sozusagen unsere Mythologie" (Freud 1933a, p. 529)[9]. Obwohl man in der psychoanalytischen Arbeit keinen Augenblick von den Trieben absehen könne, sei man nie sicher, sie scharf zu erkennen. Wir haben gesehen, wie Freud in seinen späten Jahren die Trieblehre auf eine Art und Weise umgestaltet hat, die vom mechanistischen Denken wegführt. Dadurch, dass den Trieben Quasi-Intentionen wie Vereinigen und Trennen zugeschrieben werden, werden sie "ichhaft" (vgl. Kapitel 3).

Mythologisch ist aber nicht nur die Psychoanalyse. Jede wissenschaftliche Theorie hat ihre Mythen, insofern sie ihre zentralen Begriffe nicht selbst begründen kann (Hübner 1978, 1985; MacCormac 1986). Wenn Chomsky Skinners Ansatz "weitgehend eine Mythologie" (Chomsky 1967, p. 142) nennt, dann ist dies weit weniger pejorativ zu verstehen als von Chomsky gemeint. Denn Skinners Begriff des operanten Verhaltens ist Freuds Triebbegriff nicht nur formal ähnlich. Sieht Freud in den Trieben etwas Mythisches, erscheint Skinner das operante Verhalten *mysteriös*: "... there is always an element of mystery in the emission of any operant response" (Skinner 1968, p. 137)[10].

Die *Definition* des Operanten verstärkt den Eindruck des Mysteriösen. Wie erinnerlich wird bei der operanten Konditionierung ein Verhalten dann verstärkt, wenn seine Emittierung wahrscheinlicher wird. "When a bit of behavior has the kind of consequence called reinforcing, it is more likely to occur again" (Skinner 1974, p. 51). Dies ist eine rein *formale* Definition. Das wird nicht anders, wenn Skinner "Verstärkung" definiert. Gewöhnlich wird angenommen, Verstärker könnten *unabhängig* von ihrem Effekt auf einen Organismus erkannt werden[11]. Tatsächlich aber besteht "das einzige definierende Merkmal eines verstärkenden Stimulus darin, dass er verstärkt" (Skinner 1953, p. 76). Ein Verstärker ist ein Ereignis, das einem operanten Verhalten folgt und die Auftretenswahrscheinlichkeit dieses Verhaltens erhöht. Damit sind "operantes Verhalten" und "Verstärkung" nicht nur formal, sondern auch <u>*zirkulär*</u> definiert.

---

[9] An Einstein gewandt fragte er, ob nicht jede Naturwissenschaft auf eine Art von Mythologie hinauslaufe (Freud 1933b, p. 283).

[10] Die Stelle wird in der deutschen Ausgabe falsch wiedergegeben, weshalb ich das amerikanische Original zitiere (B.F. Skinner: The Technology of Teaching. Englewood Cliffs: Prentice-Hall 1968).

[11] Was allererst erlauben würde, im strikten Sinn von einer kausalen Beziehung zu sprechen.

Die zirkuläre Definition der Grundbegriffe des radikalen Behaviorismus lässt sich offenbar nicht vermeiden (Westmeyer 1973, p. 53f.). Dann aber hat das Paradigma der operanten Konditionierung *keinen theoretischen* Status. Es ist empirisch gehaltlos. Seine Bedeutung liegt auf der *metatheoretischen* Ebene[12]. Die Definition der operanten Konditionierung hat die Funktion, jenes Verhalten zu *identifizieren*, das durch kontingente Ereignisse modifizierbar ist und all jenes Verhalten aus dem Bereich der Verhaltenstheorie *auszuschliessen*, das diesem Kriterium nicht genügt. Das Effektgesetz, das Skinner als einziges psychologisches Gesetz anerkennt, ist keine "Regel für die Verstärkung von Verhalten" (Skinner 1953, p. 84), sondern eine Regel zur *Identifizierung* des verhaltenspsychologischen *Gegenstandes*. Damit ist auch die *Kontrolle* des Verhaltens keine aus der Forschung stammende *Erkenntnis*, sondern eine *Voraussetzung* dieser Forschung. Zweifellos können Skinners Forschungsarbeiten die *Kontrollierbarkeit* von Verhalten belegen; niemals aber lässt sich aus ihnen die Konsequenz ziehen, *alles* Verhalten sei kontrollierbar oder gar alles Verhalten *sei zu kontrollieren*.

Liegen Freuds Mythen in den *Trieben*, ist Skinners Mythos das *operante Verhalten*. Mythen konkretisieren sich als *Metaphern*. "The value of myth for science lies in providing a change of metaphor that creates a fresh focus, a new set of terms for dealing with intellectual material, and thus serving both to explode mental logjams and to provide a source of creativity in the search for answers" (O'Flaherty 1980, p. 110). Metaphern kristallisieren sich zu *Modellen*. "Every metaphor is the tip of a submerged model" (Black 1979, p. 31). Modelle schliesslich sind Mittel zur Theoretisierung wissenschaftlicher Problemstellungen (vgl. Kapitel 1). Sowohl die erste Triebtheorie Freuds als auch die Verhaltenstheorie Skinners basieren auf dem Modell der *Maschine*. Dagegen ist Piagets Mythos die *Struktur*. Das geradezu mystische Entzücken, von dem Piaget in seiner Jugend erfasst wurde, nachdem er die Ubiquität ganzheitlicher Strukturen erkannt hatte, prägte ihn nicht nur intellektuell. Er beschloss, sein Leben "der biologischen Erklärung der Erkenntnis zu widmen" (Piaget 1952, p. 20). Ist Piagets Mythos die Struktur, so ist sein Modell der *Organismus*, denn der Organismus ist der "Prototyp der Strukturen" (Piaget 1968, p. 44).

---

[12] Das heisst nicht, im konkreten Fall lasse sich nicht ausmachen, was ein Verstärker ist. Skinners Begriffe mögen unter Laboratoriumsbedingungen klar definiert sein. Sobald aber der Schritt von der konkreten Verhaltensanalyse im Labor zur *Interpretation alltäglichen Verhaltens* gemacht wird, werden die Begriffe *theoretisch* verwendet, womit sie die methodische Präzision verlieren, die ihnen unter experimentellen Bedingungen zukommt. Was in der Experimentalsituation eine blosse *Kontrolltechnik* sein mag, wird ausserhalb des Labors zu einer allgemeinen *Theorie* über das Verhalten von Lebewesen. Als Termini einer generellen Verhaltensanalyse sind Skinners Begriffe nicht mehr empirisch, sondern ausschliesslich *metatheoretisch* begründet. Skinner kann nur deshalb den Eindruck erwecken, er hätte keine Theorie, weil er diesen Schritt nicht reflektiert: "It is because Skinner's theory of behavior uses the same words as the technology of operant conditioning that he can ... maintain that he doesn't have a theory at all" (Mackenzie 1988, p. 112).

Das Organismusmodell

Nachdem wir unsere Kritik am cartesianischen Denken und am Modell der Maschine in metatheoretischer Hinsicht zusammengefasst haben, wollen wir uns nun der Explikation des *organismischen Denkens* zuwenden. Was sind die Grundlagen der organismischen Metatheorie? Liegt dem mechanistischen Modell die Metapher der Maschine zugrunde, so dem organismischen diejenige des *lebendigen Organismus* (Sameroff 1983, p. 249, 260, 273). Ein Organismus lässt sich nicht wie eine Maschine in Teile zerlegen und wieder zusammensetzen. Seine Teile bestehen nicht *vor* dem Ganzen, sondern entstehen *aus* ihm (Kaplan 1967, p. 76). Teil und Ganzes sind funktional aufeinander bezogen. Wesentlich für den Organismus sind die *Relationen* zwischen Teil und Ganzem, zwischen den verschiedenen Teilen untereinander und zwischen dem organismischen Ganzen und der Umwelt (Kitchener 1986, p. 44ff.; Piaget 1975c, p. 16f.; Sameroff 1983, p. 252). Ungleichgewichte innerhalb dieser Relationen lösen Prozesse der Äquilibration aus und können zu *Entwicklung* führen. Entwicklung ist weder präformierte Entfaltung noch zufällige Akkumulation, sondern *Transformation* des Organismus.

Die Relationalität des Organismus betrifft insbesondere seine Beziehung zur Umwelt. "An organism cannot exist separated from its environment, and an environment cannot be defined except from the perspective of an organism" (Sameroff 1983, p. 271). Die Beziehung des Organismus zur Umwelt ist *intentional* (Piaget 1965, p. 166f.). Die Intentionalität ist ein Grundcharakter von Leben, denn "Leben ist wesentlich Bezogenheit auf etwas" (Jonas 1973, p. 16). Umgekehrt ist der Organismus *funktional* von seiner Umwelt abhängig. Die Umwelt ist Bedingung und Grenze des organismischen Funktionierens.

Das Verhältnis von Organismus und Umwelt ist *transaktional* (Kitchener 1986, p. 47f.; Lazarus 1981, p. 204f.; Sameroff 1983, p. 250). Wie Transformationen führen Transaktionen zu *qualitativen* Veränderungen. Sie verändern die Pole, zwischen denen sie stattfinden, während bei Interaktionen die Pole unverändert bleiben. Organismus *und* Umwelt sind das Resultat ihrer Beziehung, "the organism changing the environment through its activity and the environment changing the organism through its selective opportunities" (Sameroff 1983, p. 271). Auch die Entwicklung ist daher ein dynamischer Prozess kontinuierlicher Transaktionen zwischen Organismus und Umwelt (Piaget 1967, p. 356).

Im Falle von Transaktionen und Transformationen kann der ursprüngliche Zustand eines Systems nicht wiederhergestellt werden. Die Zeit ist im organismischen Denken *gerichtet* und *irreversibel*. Wo Leben ist, sind Entwicklung und Tod[13]. Das Neue ist gegenüber dem Alten *emergent*

---

[13] Der Tod mag nicht in jedem Fall zum Leben gehören, doch lasse ich das Problem einzelliger Lebewesen und die Frage des Übergangs vom Anorganischen zum Organischen beiseite.

(Werner 1957, p. 133). Die Zerlegung eines organismischen Systems führt daher nicht zum zeitlich Primären. Das Elementare ist *nicht* das Erste. Organismen lassen sich auch nicht zu neuen Systemen zusammensetzen. Genausowenig wie sie sich auf ihre *früheren* Zustände zurückführen lassen, da sie sich *qualitativ* verändert haben, lassen sie sich in ihrer *künftigen* Entwicklung vorhersagen, da diese bedingt ist durch probabilistische Transaktionen zwischen dem Organismus und der Umwelt (Lerner 1985, p. 162ff.; Sameroff 1983, p. 260). "Development is ... *not preformed*, nor is it the *necessary* result of given circumstances" (Furth 1981, p. 282). Trotzdem erfolgt die Entwicklung nicht richtungslos, denn sie ist das Resultat von endogenen *Konstruktionen* (Inhelder 1988, p. 72).

Das vielleicht eindrücklichste Merkmal eines Organismus ist seine *Aktivität*. "Activity is a given in living systems" (Sameroff 1982, p. 101). Sie ist ein definierendes Moment von Leben (Sameroff 1983, p. 246). Leben ist wesentlich aktiv (Piaget 1958, p. 837; Piaget & Inhelder 1966, p. 13). Etwas, das von sich aus aktiv ist, *ist* ein Lebewesen[14]. Phänomenal werden Maschinen und Organismen in erster Linie anhand dieses Kriteriums unterschieden. Erweist sich etwas vermeintlich Lebloses als belebt oder etwas scheinbar Belebtes als unbelebt, reagieren wir mit Befremden und Angst. Auch für Plessner und Portmann ist die Aktivität ein Charakteristikum von Leben. Lebewesen haben phänomenal eine Mitte, aus der heraus sie leben (Plessner 1928, p. 218ff.). Sie sind "Zentren eigener Aktivität" (Portmann 1970, p. 162). Lebendigkeit kündigt sich daher "in voller Deutlichkeit" erst in der *Bewegung* an (Plessner 1928, p. 187). Die "zentrische Positionalität" des Tieres wird im *Prozess* realisiert. "Ein Ding positionalen Charakters (ein Lebewesen, W.H.) kann nur sein, indem es *wird*; der Prozess ist die Weise seines Seins" (ebd.).

Die intuitive Unterscheidung zwischen belebt und unbelebt hat in verschiedene Definitionsversuche des Lebendigen Eingang gefunden. Für Kant existiert ein Ding dann als Naturzweck, "wenn es von sich selbst Ursache und Wirkung ist" (Kant 1790, p. 482). Das gilt zwar nicht für seine Zeugung, doch es gilt insofern, als ein Lebewesen selbst Ursache seiner *Erhaltung* und *Veränderung* ist. Ein "Produkt der Natur" ist ein "organisiertes und sich selbst organisierendes Wesen" (ebd., p. 486). Der Gedanke der *Selbstorganisation* gehört auch für Piaget, für den die lebende Organisation im wesentlichen aus Selbstregulation besteht (Piaget 1967, p. 363), zum Begriff des Lebens. Leben ist Autoregulation und *Autopoiese* (Maturana 1975). In jedem Fall ist die Fähigkeit zur Aufrechterhaltung einer kontinuierlichen Identität eines der zentralen Merkmale, die zwischen Leben und Nicht-Leben unterscheiden (Sameroff 1983, p. 256). Dadurch erweisen sich Lebewesen als *autonom* (Varela 1987).

Leben ist Prozess, nicht Substanz (Weiss 1969, p. 8). Organismen unterscheiden sich gerade dadurch von Maschinen, dass sie praktisch keine

---

[14] Die Identifizierung von Leben anhand von Aktivität findet sich schon früh in der kindlichen Entwicklung (Piaget 1926, p. 163ff.; Spitz 1976).

festen Bestandteile haben. Keine anatomische Struktur besteht dauernd aus demselben Material. Organe bleiben sich selbst lediglich in *morphologischer* Hinsicht gleich, nicht aber hinsichtlich des Stoffes, aus dem sie bestehen. Ein Organ ist eher ein stationärer Prozess als eine dingliche Substanz (Köhler 1938, p. 211). Ein Organismus gleicht eher einer Flamme als einem Stein, eher einer *Form* als einem Stück Materie (Wiener 1950, p. 89). Deshalb hat die Unterscheidung von Struktur und Funktion im Bereich des Organischen etwas Willkürliches an sich. Wiederum hat Piaget dies deutlich gesehen: Struktur und Funktion sind letztlich untrennbare Begriffe (vgl. Kapitel 5).

Das organismische Denken anerkennt die Relevanz *anschaulicher* Qualitäten für die Bildung psychologischer Theorie. Dies im Gegensatz zum mechanistischen Denken, das sich darum bemüht, phänomenal identifizierbare Einheiten aufzulösen und theoretisch herunterzuspielen. So kommt den Artmerkmalen im Behaviorismus keine Bedeutung zu, und das Lebewesen bleibt ohne Beachtung. Das Verhalten wird ausschliesslich in Beziehung zur Umwelt analysiert. Der Organismus erscheint als "Gastgeber" von Verhaltensweisen (vgl. Kapitel 2). Ähnliches gilt für den Neodarwinismus und die Soziobiologie, die das Verhalten vom genetischen System abhängig machen oder von der additiven Interaktion von Erbgut und Umwelt. Auch hier spielt das *Lebewesen* bei der Erklärung des Verhaltens keine Rolle (Levins & Lewontin 1985; Lewontin, Rose & Kamin 1984). Damit erfüllt der Mechanizismus das Programm des *Reduktionismus*: Rückführung der biologischen auf die physikalische Ebene. Das organismische Denken widersetzt sich der Diskreditierung der Anschauung, indem es den *Organismus-in-seiner-Umwelt* zur Einheit der Theoriebildung macht (Bateson 1972, p. 580).

Zur Abrundung meiner Darstellung des Organismusmodells sollen die Grundbegriffe des organismischen Denkens in Entsprechung zur Darstellung des mechanistischen Denkens zusammengefasst werden:

(1) *Aktivität* (Spontaneität): Ein Organismus ist aktiv. Seine Aktivität ist Ausdruck seiner Lebendigkeit.

(2a) *Holismus* (Ganzheitlichkeit): Ein Organismus ist eine organisierte Ganzheit. Nicht das Elementare, sondern das *Ganze* ist das Ursprüngliche. Der Organismus hat eine *Struktur*, nämlich die besondere Organisationsweise der Ganzheit, die er ist. Das Ganze ist stabiler als seine Teile. Die Teile entstehen als Differenzierungen aus der Ganzheit.

(2b) *Relationalität* (Transaktionalität): Ein Organismus steht in Beziehung zur Umwelt. Sein Verhalten ist intentional auf Umwelt bezogen. Das Verhältnis von Organismus und Umwelt steht unter dem Anspruch der *Passung* und wird funktional gesteuert. Gerät die Beziehung von Organismus und Umwelt in ein Ungleichgewicht, werden Prozesse der Readaptation (Äquilibration) ausgelöst.

(3) *Entwicklung* (Transformation): Organismen können sich in ihrer Struktur verändern, um eine bessere Passung im Verhältnis zur Umwelt zu erreichen. Strukturelle Veränderungen entsprechen Entwicklungsprozessen. Wenn sich die Organisationsform der Organismus-Umwelt-Beziehung ändert, dann ändert sich der Systemcharakter der organismischen Struktur im Ganzen, was zu einer qualitativ neuen ("emergenten") Adaptationsform führt. Die Entwicklung ist insofern *zielorientiert* ("teleonomisch"), als sie ein optimales Organismus-Umwelt-Gleichgewicht, d.h. eine *optimale Passung* zwischen Organismus und Umwelt anstrebt.

(4) *Adeterminismus*: Insofern Organismen aktiv sind, sind ihr Verhalten und ihre Entwicklung (von aussen) *nicht determiniert*, sondern eine komplexe Funktion eigener Aktivität, funktionaler Störungen und konstruktiver Anpassungsleistungen. Während im mechanistischen Denken Determinismus und lineare Kausalität zusammenfallen, postuliert das organismische Modell eine ganzheitliche (zyklische) Determination. Erklärungen erfolgen nicht mit Bezug auf Antezedenz-Konsequenz-Beziehungen, sondern in Begriffen von Transformation und Selbstregulation.

Wie das Maschinenmodell erkenntnistheoretisch mit dem Cartesianismus verbunden ist, steht das Organismusmodell einer *konstruktivistischen* Erkenntnistheorie nahe. Erkenntnis ist die Folge der konstruktiven Verarbeitung von Umweltdaten durch ein epistemisches Subjekt und insofern eine spezielle Form der organismischen Adaptation.

Das Organismusmodell und das Herbartsche Problem

Modelle lassen sich nicht empirisch begründen (Herzog 1984a, p. 94ff.). Die Mythologie, die ihnen zugrunde liegt, kann nur *plausibel* gemacht werden. Skinner hat nicht *bewiesen*, dass der Mensch ohne Freiheit und Würde ist, dass sein Verhalten ausschliesslich durch Umweltreize kontrolliert wird, dass es keine Autonomie gibt etc. Er hat lediglich *plausibel* gemacht, dass man menschliches Verhalten in dieser Perspektive sehen kann. Praktisch alle seine Äusserungen über menschliches Verhalten beruhen auf *Interpretationen* und nicht auf experimentellen Analysen. Sie basieren auf einer Theorie, deren metatheoretische Voraussetzungen verborgen bleiben.

Allerdings lässt sich genausowenig beweisen, dass Skinners Programm falsch ist oder notwendigerweise fehlschlagen muss (Mischel 1981, p. 275). Da es bei Modellen darum geht, eine Erkenntnisperspektive freizulegen - den Menschen zu sehen, *als ob* er so oder so beschaffen wäre -, bewegen wir uns im Bereich von *Argumenten*, die plausibel oder nicht plausibel sein können. Skinner scheint diese Auffassung zu teilen. Wenn er das "vorwissenschaftliche" Bild des Menschen mit seinem "wissenschaftlichen" vergleicht, sagt er nämlich: "Neither view can be proved ..." (Skinner 1971, p. 96). Lediglich die *Evidenz* zugunsten des "wissenschaftlichen" Bildes wird in dem Masse grösser wie die Forschung voranschreitet.

Der Wechsel vom mechanistischen zum organismischen Denken kann also allein mit *Argumenten* gestützt werden. Unsere beiden Hauptargumente sind die *pädagogische Intuition* und der *Begriff der Moral*. Was wir suchen, ist eine Metatheorie, die die pädagogische Psychologie in der pädagogischen Erkenntnisperspektive begründen lässt (vgl. Kapitel 1). In der Perspektive der Pädagogik erscheint der Mensch als ein bildsames Wesen. Die Erziehung kann daher keine mechanische Herstellung sein. Sie ist unverzichtbar auf Subjektivität ausgerichtet. "Der Verlust des Subjekts wäre nicht das Ende einer bestimmten Pädagogik, sondern ihr Ende überhaupt" (Heitger 1987, p. 21). Daher verlangt der pädagogische Gesichtspunkt eine Theorie der Subjektivität. Gleichzeitig verlangt er eine Theorie der Beeinflussung von Subjektivität. Aus den beiden Ansprüchen haben wir das *Herbartsche Problem* abgeleitet. Es besteht darin, eine Theorie der Subjektivität zu finden, die sich mit einer Theorie erzieherischen Handelns verbinden lässt. Diese Verbindung ist im Horizont des cartesianischen Denkens unmöglich. Ist der Mensch in seiner Subjektivität (Geist) von seiner Körperlichkeit (Mechanik) verschieden, und ist die Verbindung von Geist und Körper kontingent, so muss sich jeder Versuch der erzieherischen Beeinflussung von Subjektivität als absurd erweisen. Der Cartesianismus ist dem pädagogischen Denken *wesensfremd*, da er genau das nicht begreifen lässt, was die pädagogische Intuition anschaulich macht, dass nämlich Menschen in ihrer Subjektivität beeinflussbar sind.

Mit diesem Gedankengang ist ein starkes Argument gegen eine metatheoretische Orientierung am mechanistischen Denken gewonnen. Aus einer Maschine wird kein Subjekt, und auf einen souveränen Geist lässt sich erzieherisch nicht einwirken. Gegen das mechanistische Denken spricht aber auch der Begriff der *Moral* (vgl. Kapitel 4). Einen automatisch guten Menschen empfinden wir nicht als moralisch. Denn von einem moralischen Individuum erwarten wir, dass es auch *anders* kann. Moralität ist eine Frage von *Entscheidung* und *Handeln*. Damit erweist sich Piagets "Metapsychologie" als vielversprechend für die Lösung des Herbartschen Problems. Denn Piaget thematisiert den Menschen als *Handelnden*, und dies in einem Rahmen *jenseits* des Cartesianismus. Der Mythos der Struktur und das Modell des Organismus lassen den Menschen als Subjekt begreifen, ohne dass er auf souveräne Geistigkeit reduziert würde.

Das Subjekt Piagets ist jedoch zu eng verstanden, als dass es der pädagogischen Psychologie genügen könnte. Es ist nicht das im "Sinne des gelebten *Individuellen* verstandene Subjekt", sondern der "kognitive Kern, der allen Subjekten derselben Stufe gemeinsam ist" (Piaget 1968, p. 67, 133 - Hervorhebung W.H.). Mit Piaget erscheint der Mensch zwar als Subjekt, doch als *epistemisches*, nicht als *existentielles*. Die Pädagogik kann sich damit nicht zufrieden geben. Obwohl die Allgemeinbildung durchaus ein Ziel der Erziehung ist, gehört die Förderung der Individualität mit zu ihren Aufgaben (vgl. Kapitel 1). Eine pädagogisch-psychologische Theorie muss daher den Menschen nicht nur in seiner Allgemeinheit, sondern auch in seiner *Besonderheit* begreifen können.

Wie lässt sich dem pädagogischen Anspruch auf Beachtung von Individualität gerecht werden? Sowohl der Behaviorismus als auch die Psychoanalyse sind individuumorientierte Theorien. Skinners Ansatz basiert auf einer *einzigen* allgemeinen Aussage, dem Effektgesetz. Alle anderen Aussagen des radikalen Behaviorismus beziehen sich auf individuelle Verhaltensweisen (Westmeyer 1973, p. 83). Doch der Behaviorismus bietet uns keine Hilfe beim Aufbau einer Theorie moralischen Verhaltens. Daher wenden wir uns der Psychoanalyse zu, um dem Menschlich-Besonderen theoretisch Genüge zu tun. Was Psychoanalytiker treiben, ist "zumeist und vor allem Psychologie des menschlichen Individuums" (Freud 1933a, p. 570). Analyse ist Aufdeckung der Lebensgeschichte eines besonderen Menschen mit Hilfe der allgemeinen Kategorien der psychoanalytischen Theorie. Wenn es eines Beweises bedürfte, dass der Mensch nicht nur epistemisches Subjekt ist, dann hätte ihn wohl Freud erbracht. Er hat die "Genesis des Objekts mit der von Liebe und Hass verknüpft" (Ricœur 1965, p. 435). Die Beziehung zum Objekt ist ihm primär affektiver Natur. Freud spricht von der "unzweideutigen Art, wie die Psychoanalyse das Primat im Seelenleben für die Affektvorgänge in Anspruch nimmt" (Freud 1913b, p. 113). In den Affekten verkörpern sich die Triebschicksale, die der Lebensgeschichte des Individuums eine einzigartige Prägung geben.

Damit lässt sich der Theoretisierung des Organismusmodells eine Richtung geben. Wollen wir dem pädagogischen Anspruch auf Subjektivität *und* Individualität gerecht werden, könnte die *Verbindung von genetischer Psychologie und Psychoanalyse* der pädagogischen Psychologie den Weg weisen. Ist aber eine solche Verbindung überhaupt möglich? Haben sich uns die beiden Ansätze von Psychoanalyse und genetischer Psychologie nicht als zu heterogen gezeigt, als dass eine Integration der beiden Theorien denkbar ist? Bevor wir mit der Analyse des Organismusmodells weiterfahren, wollen wir uns dieser Frage zuwenden.

Die psychologischen Sprachen von Freud und Piaget

Um sich vom Cartesianismus zu befreien, genügt die Kritik am Mechanizismus nicht. Der Mechanizismus *und* der Dualismus sind zu überwinden. Wie dies *möglich* ist, hat uns Piaget gezeigt. Dass es *nötig* ist, haben wir bei Freud gelernt. Freud war ein loyaler Rebell (vgl. Kapitel 3). Seine Loyalität bestand in der Verpflichtung auf das cartesianische Denken, seine Rebellion in der Blosslegung der Mängel dieses Denkens. Anders als Skinner, der das mechanistische Paradigma mit der Konsequenz des Wissenschaftlers bis in seine entferntesten Ecken ausleuchtete, sprengte Freud mit der Inkonsequenz des Klinikers die Grenzen des Paradigmas. Freuds grosses Thema war die Spannung zwischen der *eshaften Mechanik* des Unbewussten und der *ichhaften Intentionalität* des Bewusstseins. Die "Metapsychologie" verdeckt nur allzu leicht die *klinische* Problematik, die seinen Arbeiten zugrunde liegt.

Freud sah das seelische Leben beherrscht von drei Polaritäten: Subjekt vs. Objekt, Lust vs. Unlust, Aktivität vs. Passivität (Freud 1915b, p. 96). Dem liesse sich anfügen: Rationalität vs. Irrationalität, Leben vs. Mechanik, Sozialität vs. Asozialität. Lassen wir den *ökonomischen* Gegensatz Lust vs. Unlust und das *epistemische* Verhältnis Subjekt vs. Objekt für den Moment beiseite, können wir alle übrigen Polaritäten dynamisch interpretieren, als durch die Abwehrtätigkeit des Ichs *bewirkte* Passivität, Irrationalität, Mechanik und Asozialität. Damit wird das klinische Interesse der Psychoanalyse überdeutlich, denn was pathologisches Verhalten von normalem Verhalten unterscheidet, ist die stereotype Repetitivität des ersteren. "No moment of behavior can be looked upon as neurotic unless the processes that have set it in motion predetermine its automatic repetition irrespective of the situation, the utility, or the consequences of the act" (Kubie 1954, p. 182 - im Original hervorgehoben).

In der Neurose verliert der Mensch seine intellektuelle Potenz. Denn intelligentes Verhalten ist *flexibles* Verhalten, das vom Zwang der Wahrnehmung und von der Automatik eingeübter Gewohnheiten frei ist (vgl. Kapitel 5). Die Intelligenz ermöglicht dem Menschen zu *handeln*, da sie den momentanen zeitlichen und räumlichen Horizont seiner Situation überschreitet. Folglich ist der Neurotiker in seinem Handeln gestört. Hat Piaget die sukzessive *Erweiterung* der menschlichen Handlungskompetenz untersucht, steht bei Freud der umgekehrte Vorgang im Vordergrund: der *Verlust* der Handlungsfähigkeit in der Neurose. Die Neurose stellt sich "dem Ich wie etwas Fremdes entgegen" (Freud 1909b, p. 91). Das neurotische Symptom ist das "Ichfremdeste, das sich in der Seele vorfindet" (Freud 1933a, p. 496). Es stammt ab vom Verdrängten, das für das Ich "inneres Ausland" (ebd.) ist, "gleichsam ein Staat im Staat" (Freud 1939, p. 525).

Freud geht es um das *Scheitern* der menschlichen Entwicklung. In seiner wissenschaftlichen Arbeit hat er sich "das Ziel gesetzt, ungewöhnliche, abnorme, pathologische Erscheinungen des Seelenlebens aufzuklären, das heisst, sie auf die hinter ihnen wirkenden psychischen Kräfte zurückzuführen und die dabei tätigen Mechanismen aufzuzeigen" (Freud 1936, p. 285). Das Gebiet, auf dem er sich sicher fühlte, war "das der Pathologie des Seelenlebens; hier machen wir unsere Beobachtungen, erwerben wir unsere Überzeugungen" (Freud 1927b, p. 281). Freud ist nicht zwei sich widersprechenden Menschenbildern verpflichtet, wie Holt (1972) glaubt, sondern er stellt die Frage, wie aus einem aktiven, vernünftigen und sozialen Menschen das schiere Gegenteil werden kann. Was ihn beschäftigt hat, ist die Passivierung und *Mechanisierung* des Menschen.

Wie Descartes geht Freud vom *Erwachsenen* aus, jedoch von einem Erwachsenen, der sich selbst fremd geworden ist. Anders als das denkende ist das neurotische Ich nicht "Herr in seinem eigenen Haus". Doch soll es diese Herrschaft wieder erlangen. Es *wird* sie wieder erlangen, wenn es an jene Stelle in seiner Vergangenheit zurückkehrt, wo es die Herrschaft verloren hat und wo der Prozess der Selbstentfremdung seinen Anfang nahm. Dieser Prozess ist selbst verschuldet (Freud 1917a, p. 136). Der Neurotiker *selbst* hat sich in der Auseinandersetzung mit den Ansprüchen der Realität geschadet. Er ist schwach, weil er seine Kräfte in einem Abwehrkampf verausgabt, dessen Sinn nicht mehr ersichtlich ist. Deshalb muss es ein Ich von Anfang an geben, ein Ich, das im Abwehrkampf schwach und durch psychoanalytische Behandlung wieder stark werden kann.

Freud hat den Menschen geschildert, wie er seiner Umwelt *ausgeliefert* ist, von ihr *betroffen* wird und an ihr *scheitert*. Die Affekte, die so sehr im Zentrum der Psychoanalyse stehen, zeigen den *pathischen* Charakter des menschlichen Daseins. Sie machen den Menschen zu einem Leidenden. Darin trifft sich die Psychoanalyse mit dem Behaviorismus, der sich ebenfalls dafür interessiert, was dem Menschen *geschieht* (vgl. Kapitel 2). Für Piaget dagegen ist der Mensch ein *Handelnder*. Er ist aktiv und expansiv, denn das Leben "zeichnet sich dadurch aus, dass es unaufhörlich über sich selbst hinausgeht" (Piaget 1967, p. 372). Als Lebewesen ist der Mensch dem Schicksal nicht ausgeliefert, sondern vermag die Anforderungen, denen er ausgesetzt ist, zu bewältigen. Es lässt sich kaum sagen, die eine Sicht des Menschen sei richtig und die andere falsch. Beide Sichtweisen haben ihr Recht. Denn der Mensch ist Handelnder *und* Leidender (Kamlah 1973, p. 34ff.). Freud und Piaget sind zwar höchst verschieden voneinander, doch ihre "psychologischen Sprachen sind eher ergänzend als gegensätzlich" (Jahoda 1977, p. 170).

Der pathische Charakter des menschlichen Daseins wird von Piaget auch nicht etwa geleugnet. Das Individuum erfährt die Widerständigkeit der Dinge als *Assimilationsresistenz*. Dabei wird es nicht nur kognitiv, sondern auch emotional erschüttert. Ungleichgewichte bedeuten, dass dem Individuum ein Teil der Wirklichkeit unverständlich und unberechenbar wird. Sein Handeln ist unterbrochen, und es steht allein vor sich selbst, ein Zustand, der *Angst* auslösen kann (Block 1982, p. 291). Die Äquilibrierung kann dann vom Bestreben dominiert sein, einen unangenehmen emotionalen Zustand zu beheben. Umgekehrt kann das Misslingen eines Akkommodationsversuchs dazu führen, dass ältere Assimilationsstrukturen reaktiviert werden, an die ein Individuum schliesslich *fixiert* bleibt (ebd., p. 291f.). Zusätzlich mag sich eine Tendenz ausbilden, Ungleichgewichte zu *vermeiden*, um unangenehme Emotionen gar nicht erst aufkommen zu lassen.

Für Piaget ist die Akkommodation genauso eine Leistung des Subjekts wie die Assimilation. Sie ist zwar der vom Objekt bestimmte Pol des Anpassungsgeschehens, doch akkommodieren tut der *Organismus*, nicht die

Umwelt (Piaget 1967, p. 9 Anm. 4, 1977a, p. 69ff.). Das Individuum kann sich daher weigern zu akkommodieren. Was anderes ist diese Weigerung als eine *Abwehr*? Auch die Abwehr ist eine Leistung des Ichs (vgl. Kapitel 3). Die Abwehr, die durch Angst ausgelöst wird, entspricht der verweigerten Akkommodation, die ihren Grund ebenfalls in der Angst hat[15]. Eine emotionale Mentalität ist notwendigerweise *egozentrisch* (Piaget 1945, p. 206). Was Freud thematisierte, die Betroffenheit des Menschen von seinen Gefühlen, steht nicht im Widerspruch zum organismischen Denken, auch wenn Piaget in seinem Bemühen um eine epistemologische Deutung der menschlichen Entwicklung die pathische Seite des Menschseins weitgehend ausgeklammert hat.

Psychoanalyse ohne Psychosynthese

Sind die *psychologischen* Sprachen von Freud und Piaget "eher ergänzend als gegensätzlich", so sind ihre *metapsychologischen* Sprachen ganz gewiss *nicht* ergänzend, sondern *gegensätzlich*. Insbesondere Freuds Metapsychologie stellt ein Hindernis dar, das eine Verbindung von genetischer Psychologie und Psychoanalyse schier unmöglich macht. Den Grund kennen wir. Er liegt im *Mechanizismus* der psychoanalytischen Metapsychologie. Der Mechanizismus führt zu einem passivistischen Verständnis des Menschen und steht damit in denkbar grösstem Gegensatz zum aktiven Menschenbild des Organismusmodells. Eine Revision der Psychoanalyse muss daher vor allem dort ansetzen, wo sie die Aktivität des Menschen erklären will. Denn nicht die Aktivität ist erklärungsbedürftig, sondern die Passivität (vgl. Kapitel 5).

Die Frage nach der Passivität des Menschen ist die *praktische* Frage der Neurosenlehre. Der Neurotiker ist passiv *geworden*. Freud versucht, die Pathogenese mit Hilfe einer Metatheorie zu erklären, die auf ganz andere Probleme zugeschnitten ist. Die Denkmittel des Cartesianismus sind nicht geeignet, den Prozess der *Passivierung* des Menschen begreiflich zu machen. Im Lichte der Mechanik erscheint der Mensch immer schon als ein Wesen, das die Passivität vorzieht ("Konstanzprinzip") und zur Aktivität *angetrieben* werden muss. Im Rahmen des Cartesianismus ergibt sich als *theoretisches* Problem, wie ein ursprünglich eshaftes, mechanisches System zu einem ichhaften, intentionalen System werden kann.

Dieses Problem ist nicht nur *theoretischer* Natur, sondern gegenüber dem *praktischen* Problem Freuds, dem Problem der Passivierung des Menschen, auch *sekundär*. Es vermochte sich nur deshalb in den Vorder-

---

[15] Piaget stimmt mit Freud überein "sur les grandes lignes du refoulement et des grands mécanismes de l'inconscient ... Je crois qu'il y a une vérité profonde dans le freudisme ..." (Piaget 1977a, p. 131, 182). Insbesondere Freuds Begriff der Verdrängung ist wichtig und hat "von Anfang an alle überzeugt" (Piaget 1945, p. 244). Piaget hatte sich selbst einer Psychoanalyse unterzogen und war während 16 Jahren Mitglied der Schweizerischen Gesellschaft für Psychoanalyse (Kesselring 1988, p. 34f.).

grund zu schieben, weil Freud sein praktisches Problem mit Mitteln angehen musste, die ihm nicht gerecht werden. Ein mechanisches System *kann* nicht zu einem intentionalen System werden. Gerade weil dies nicht möglich ist, kommt dem theoretischen Problem in Freuds Schriften ein Stellenwert zu, der das praktische Problem beinahe verdeckt. Freud wird schliesslich gezwungen, einen Zusammenhang zu *behaupten*, den er nicht nachweisen kann, nämlich den Zusammenhang zwischen Es und Ich. Was bei Descartes im Selbstbewusstsein des Erwachsenen auseinanderfällt, wird von Freud in einen *genetischen* Zusammenhang gebracht, ohne dass dieser Zusammenhang begreiflich würde.

Die mechanistische Psychologie verfolgt in gewisser Weise die Strategie Galileis und versucht die Welt so zu beschreiben, wie sie uns *nicht* erscheint. Skinner glaubt, die verborgenen Determinanten des Verhaltens in Verstärkungskontingenzen zu finden, die er durch experimentelle Arrangements *sichtbar* macht. Freud sucht nach den verborgenen Ursachen der Neurose in der frühkindlichen Erfahrung, die zu *vergegenwärtigen* er sich durch Deutung der Übertragung und der assoziativen Einfälle seiner Patienten bemüht. Beide Male ist das Verborgene zugleich das Primäre. Was sich hinter den Erscheinungen verbirgt, ist auch dasjenige, was die Erscheinungen hervorgebracht hat.

Die organismische Psychologie widersetzt sich dieser Gleichsetzung von verborgen und primär. Zwar sieht auch Piaget das psychologisch Wesentliche nicht in den Erscheinungen, sondern in der unbewusst schaffenden Aktivität des Lebewesens. Diese kann mittels sorgfältiger, klinischer Befragung und Beobachtung aufgedeckt werden. Dabei wird aber nicht zu psychischen *Elementen* vorgestossen, sondern zu dynamischen *Strukturen*, deren regulative Aktivität immer wieder Neues hervorbringt. Während sich Skinner des Verborgenen durch die analytische Zerlegung einer statischen Wirklichkeit bemächtigt, meint Piaget, das Verborgene habe *rekonstruktiv* erarbeitet zu werden, da es in einer dynamischen Wirklichkeit als emergente Qualität *entstanden* ist.

Auch diesbezüglich markiert Freud den Übergang von Skinner zu Piaget. Seine Bezeichnung der Tiefenpsychologie als *Psycho-Analyse* weist auf die galileischen Wurzeln seines Denkens. Die Psychoanalyse ist eine Zerlegung von etwas Komplexem in dessen Teile. Darin trifft sich Freud mit Skinner, der betont, die experimentelle Verhaltensanalyse sei "selbstverständlich eine *Analyse*" (Skinner 1969, p. 93). Doch über diese Gemeinsamkeit hinaus unterscheiden sich die Psychoanalyse und der Behaviorismus wesentlich. Denn die Behavioristen glauben offensichtlich, aus der Analyse ergebe sich die Möglichkeit der *Synthese* von Verhalten. Die Prinzipien der Konditionierung sollen Verhalten "planmässig produzieren" (Skinner 1972, p. 3) und die "organische Maschine" (Watson 1930, p. 267) hervorbringen lassen. Anders Freud, für den der Vergleich der Psychoanalyse mit der (chemischen) Analyse "seine Begrenzung darin (findet), dass wir es im Seelenleben mit Strebungen zu tun haben, die einem Zwang zur Vereinheitlichung und Zusammenfassung unterliegen"

(Freud 1919a, p. 243). Dieser Tendenz nach Vereinigung wegen braucht der Psychoanalyse keine Psychosynthese zu folgen, denn diese vollzieht sich "ohne unser Eingreifen" (ebd.).

Der Verzicht auf die *Psychosynthese* verweist auf den *rekonstruktiven* Rahmen, in den Freuds Denken vorgestossen ist. Er zeigt auch, inwiefern die Analyse ihre Berechtigung hat. Analyse ist Konfrontation des zur Pseudo-Maschine gewordenen Menschen mit jenem Zustand, der seine natürliche Entwicklung blockiert hat. Kann er diesen Zustand angstfrei vergegenwärtigen, vermag er sich aus eigener Kraft wieder aufzufangen. Die "grosse Einheit, die wir sein Ich heissen", fügt sich "alle die Triebregungen ein, die bisher von ihm abgespalten und abseits gebunden waren" (Freud 1919a, p. 243). Damit gesteht Freud zu, dass der Mensch unter normalen Bedingungen als *Lebewesen* - und nicht als Maschine - gross wird. Denn eine Mschine hat von sich aus keine Tendenz nach Vereinigung; diese kann nur ein lebender Organismus haben.

Nach der analytischen Zerlegung des pseudo-mechanischen Systems vertraut Freud auf die Kraft der Lebenstriebe, die vereinigen und binden wollen. Vereinigung und Bindung sind aber *definierende* Momente von Leben und brauchen keiner psychischen Instanz zugeschrieben zu werden. Als Lebenskraft entspricht der Eros der Assimilationstätigkeit des Organismus, die der Ursprung jener Prozesse ist, die das psychisch Verborgene allererst hervorbringen. Insofern die Psychoanalyse nicht an pathologischen, sondern an *normalen* Phänomenen ansetzt, wird sie unvermeidlich auf Entwicklungsprozesse verwiesen. Freuds Behauptung, die Psychoanalyse sei "von allem Anfang an auf die Verfolgung von Entwicklungsvorgängen gewiesen worden" (Freud 1913b, p. 121), ist daher nicht ohne Berechtigung, auch wenn es Freud - seiner mechanistischen Metatheorie wegen - nicht gelungen ist, eine befriedigende Entwicklungspsychologie zu formulieren.

Das Ich als epistemisches Subjekt

Freud kommt das Verdienst zu, der Psychologie den Weg gewiesen zu haben, auf dem der Cartesianismus überwunden werden kann. Den Weg *gegangen* ist dann Piaget. Piaget bringt Körper (Es) und Geist (Ich) zusammen, indem er *organismisch* denkt. Mit dem organismischen Denken ist eine Entwicklungstheorie verbunden, die Ich und Es in jenen *genetischen* Zusammenhang bringen kann, der bei Freud fehlt.

Freuds Ich und Piagets Subjekt sind funktional kaum zu unterscheiden. Das Ich repräsentiert die Realität (Freud 1923a, p. 303). Diese ist die *wissenschaftlich* erkennbare *Aussenwelt*. Denn die Wissenschaft ist "der einzige Weg, der zur Kenntnis der Realität ausser uns führen kann" (Freud 1927a, p. 165f.). Die Identität von Ich und epistemischem Subjekt ergibt sich auch aus Freuds Parallelisierung der individualgenetischen Entwicklung mit der menschheitsgeschichtlichen Abfolge von animistischer (mythologischer), religiöser und wissenschaftlicher Weltanschauung (Freud 1913a, p. 366). Der Animismus wird der Phase des (primären) Narzissmus zugeordnet, die Religion derjenigen der Objektwahl im Horizont der Familie, und die Wissenschaft "hat ihr volles Gegenstück in jenem Reifezustand des Individuums, welcher auf das Lustprinzip verzichtet ... und unter Anpassung an die Realität sein Objekt in der *Aussenwelt* sucht" (ebd., p. 378 - Hervorhebung W.H.). Es heisst auch, die Wissenschaft sei "die vollkommenste Lossagung vom Lustprinzip, die unserer psychischen Arbeit möglich ist" (Freud 1910c, p. 187). Der Antipode zum Lustprinzip, das Realitätsprinzip, ist aber dem Ich zugeordnet. Nochmals erscheint das Ich in aller Deutlichkeit als epistemisches Subjekt.

Erweist sich das Freudsche Ich dem epistemischen Subjekt Piagets dermassen ähnlich, weshalb versuchen wir dann nicht, das *theoretische* Problem Freuds mit Hilfe der genetischen Psychologie zu lösen? Und umgekehrt: Was Freud *praktisch* interessiert hat, ist genau das, was bei Piaget ungelöst geblieben ist: die Frage der *Pathologie* der Entwicklung. Piaget hat die Entwicklung des Menschen unter idealisierten Bedingungen untersucht. Dies nicht nur im normativen Sinn einer optimalen Entwicklung, sondern auch im realen Sinn von Kindern, die im Zustand der Befriedigung grundlegender organischer Bedürfnisse sind (Schur 1966, p. 55; Wolff 1960, p. 62ff.). Freud dagegen hat die menschliche Entwicklung unter restringierten Bedingungen zu Gesicht bekommen. Während der eine (Piaget) zeigt, was *idealerweise* möglich ist, verweist der andere (Freud) auf das, was unter *unglücklichen* Umständen geschehen kann. Beide Male wird nicht der Normalfall menschlicher Entwicklung thematisiert, sondern ein Ausnahmefall: der Ausnahmefall wissenschaftlicher Rationalität bei Piaget und der Ausnahmefall neurotischer Irrationalität bei Freud. Könnte nicht die Verbindung von Piaget und Freud zum Normalfall führen?

Mit dieser Frage erschliessen wir dem pädagogischen Anspruch auf integrative Theorie eine neue Perspektive. Mit der Zurückweisung des Behaviorismus ist uns von den psychologischen Theorien, die wir diskutiert haben, die integrativste Theorie verlorengegangen. Die Sympathien für die genetische Psychologie haben uns zwar eine prozessorientierte Theorie gebracht, deren Integrationskraft jedoch zu schwach ist, als dass wir in pädagogischer Hinsicht zufrieden sein könnten. Die Aussicht auf eine *Verbindung von Psychoanalyse und genetischer Psychologie* kann uns daher nur willkommen sein. Die Kritik am Cartesianismus führt zu einer Programmatik für die pädagogisch-psychologische Theoriebildung: Integration von Freud und Piaget unter Anleitung des organismischen Denkens. Wir werden die Möglichkeiten der *theoretischen* Integration im nächsten Kapitel weiter diskutieren. Für den Rest dieses Kapitels sollen die *metatheoretischen* Voraussetzungen einer solchen Integration etwas detaillierter ausgearbeitet werden. Denn Piaget und Freud lassen sich nicht einfach *aufaddieren*. Zu heterogen ist der metatheoretische Horizont ihrer Theorien.

Die Notwendigkeit einer organismischen Anthropologie

Ist der Ort der Integration wissenschaftlicher Theorien die *Metaebene* der Mythen und Modelle, und wollen wir uns von der cartesianischen Vergangenheit der Psychologie befreien, dann scheint das organismische Denken das passende Instrument zur theoretischen Integration von Psychoanalyse und genetischer Psychologie zu sein. Die Psychoanalyse bedarf einer *neuen Sprache*, um in den fruchtbaren Austausch mit der genetischen Psychologie zu treten. Diese neue Sprache muss eine *Handlungssprache* sein, denn die genetische Psychologie spricht die Sprache der Handlungspsychologie (Piaget 1945, p. 108 Anm. 1). Damit liesse sich an den Versuch *Schafers* anknüpfen, die Handlungssprache zur "Muttersprache der Psychoanalyse" zu machen (Schafer 1976, p. 277ff.). Doch Schafer geht zu weit in seinem Bemühen, der Psychoanalyse das "Modell des aktiven Menschen" (ebd., p. 46) anzuempfehlen. Nicht jeder menschlich bedeutsame Vorgang ist eine Tätigkeit. Wir *tun* nicht nur Dinge, es *geschehen* uns auch welche, und es wird uns etwas abverlangt. Eine körperliche Anforderung ist keine Handlung, auch wenn deren *Bewältigung* eine Handlung sein mag. Emotionen sind ebenfalls keine "Dinge, die Menschen tun" (ebd., p. 217), sondern Dinge die wir *erleiden*.

Schafer wendet sich gegen die mechanistische *und* gegen die organismische Denkweise (Schafer 1976, p. 30, 50) und schiesst damit über das Ziel der Erneuerung der psychoanalytischen Sprache hinaus. Es mag sein, dass es ein sinnvolles *therapeutisches* Prinzip ist, "die Aktivität in der scheinbaren Passivität festzustellen" (ebd., p. 60), das alleinige *anthropologische* Prinzip kann es nicht sein. Auch Schafers verdienstvolles Bemühen um die Revision der Freudschen Metapsychologie leidet unter der Verengung des "ärztlichen Blicks". Bezeichnenderweise flüchtet er immer wieder in die analytische Situation, um zu "beweisen", dass die Tätigkeit *alles* ist. Doch wenn es richtig sein mag, "dass die Deutungsarbeit der Psychoanalyse in Formulierungen gipfeln muss, in denen von persönlichem Tun die Rede ist" (ebd., p. 68), dann ist es *nicht* richtig, dass *jede* psychologische Analyse menschlichen Verhaltens in einer solchen Formulierung gipfeln muss. Wenn *alles* Handlung ist, dann *widerfährt* uns nichts mehr, wir machen keine *Erfahrungen* mehr, und wir vermögen uns nicht mehr zu *verändern*. Eine aktionale Sprache ist nur sinnvoll im Rahmen eines *organismischen* Verständnisses des Menschen, das Handlungen und Widerfahrnisse zu integrieren vermag.

Die blosse *Auswechslung* des mechanistischen durch das organismische Modell genügt aber auch nicht, um Freud und Piaget zusammenzubringen. Der Mensch mag zwar ein *Lebewesen* sein, doch ist er ein besonderes Lebewesen. Zu Recht betont Schafer, in jede psychologische Theorie, die wir aufstellen wollten, müsse die Diskontinuität eingebaut werden, "die uns von allen anderen Lebewesen trennt" (Schafer 1976, p. 21). Bis jetzt haben wir das Organismusmodell auf einer allgemeinen Ebene expliziert. Der Mensch steht als *beliebiges* Lebewesen vor uns, ohne humane Besonderheit. Damit scheinen wir unbemerkt in den Hafen des Behaviorismus eingelaufen zu sein. Schliesslich sind es die Behavioristen, die zwischen Tier und Mensch keine qualitativen Unterschiede zu sehen vermögen. Was wir dringend benötigen, ist daher eine *anthropologische* Deutung des Organismusmodells. Nur so wird uns die Integration von Psychoanalyse und genetischer Psychologie gelingen.

Einen ersten Wink, wie wir zu einer organismischen Anthropologie finden können, gibt uns die Forschungsmethodik. Der vielleicht erstaunlichste Unterschied zwischen Behaviorismus und Psychoanalyse liegt im völlig divergenten Gebrauch der Sinne als Erkenntnismittel. Der Behaviorismus ist eine *schauende*, die Psychoanalyse eine *hörende* Wissenschaft. Skinner folgte dem Hinweis Pawlows und arrangierte die Forschungssituation so, dass er die Phänomene, auf die es ankommt, *sehen* konnte (vgl. Kapitel 2). Freud hat sich nach anfänglichen Versuchen mit Suggestion und Hypnose von der experimentellen Manipulation der analytischen Situation distanziert und dem Analysanden nur mehr *zugehört*. Erinnern wir uns auch an das Über-Ich, das für Freud kein konditioniertes Verhalten, sondern eine *innere Stimme* ist. Es ist der Niederschlag der *sprachlichen Interaktionen* zwischen Eltern und Kind (Freud 1914c, p. 62). In der Psychoanalyse *spricht* der Mensch, während er im Behaviorismus lediglich Verbalverhalten emittiert.

Die Sprache führt uns zu den Besonderheiten des Menschen. Denn der Mensch ist das einzige Lebewesen, das spricht. In der Sprache zeigt sich die Eigenheit des menschlichen Weltverhältnisses. Jede Sprache ist eine Dreiheit von Ausdruck, Darstellung und Appell (Bühler 1927, 1934). Sie reguliert drei *Weltbezüge*: das Verhältnis des Menschen zur "Innenwelt" (Ausdruck), zur "Aussenwelt" (Darstellung) und zur "Mitwelt" (Appell). Sowohl die genetische Psychologie als auch die Psychoanalyse nehmen diese Bezüge auf. Während Piaget vor allem das Verhältnis des Menschen zur *Welt der Dinge* (Aussenwelt) untersucht hat, steht bei Freud die Beziehung zur *körperlichen* (Innenwelt) und *sozialen Welt* (Mitwelt) im Vordergrund.

Anders als die meisten Psychologen, hat Freud den Körper nicht den Physiologen überlassen (Jahoda 1977, p. 165). Der Mensch ist zwar an seinen Körper *gebunden*, doch er hat in ihm auch eine *Aufgabe*. Die Triebe stellen eine "Arbeitsanforderung" (Freud) dar, auf die das Ich reagieren muss (vgl. Kapitel 3). Sie sind ein Kennzeichen der *Innenwelt* des Individuums (Freud 1915b, p. 83). Die *Aussenwelt* ist die Welt jenseits des Körpers. Sie wird von Freud kaum differenziert, wenn er auch faktisch eine dingliche von einer sozialen Welt unterscheidet. Denn das Über-Ich ist nicht Niederschlag von dinglichen, sondern von *sozialen* Beziehungen. Wenn daher Freud schreibt, eine "Handlung des Ichs" sei dann korrekt, "wenn sie gleichzeitig den Anforderungen des Es, des Über-Ichs und der Realität genügt, also deren Ansprüche miteinander zu versöhnen weiss" (Freud 1940, p. 10), dann unterteilt auch er die menschlichen Weltbezüge in drei Bereiche. Das wird nochmals deutlich, wenn von den "drei Quellen" die Rede ist, "aus denen unser *Leiden* kommt: die Übermacht der *Natur*, die Hinfälligkeit unseres ... *Körpers* und die Unzulänglichkeit der Einrichtungen, welche die Beziehungen der Menschen zueinander in Familie, Staat und *Gesellschaft* regeln" (ebd., p. 82 - Hervorhebungen W.H.).

Innenwelten

Ein erster Schritt zur anthropologischen Artikulation des Organismusmodells liegt also in der Analyse der Weltbezüge, wie sie der Sprachlichkeit des Menschen implizit sind. Wir wollen diesen Schritt am Beispiel der Psychoanalyse noch etwas verdeutlichen.

Freud ist nicht sehr präzise, wenn er von den Wirklichkeiten spricht, in denen der Mensch lebt. Insbesondere von der "Innenwelt" ist in mehrfacher Bedeutung die Rede. Innen ist zunächst alles, was nur einmal vorhanden ist. "Das Nichtreale, bloss Vorgestellte, Subjektive, ist *nur innen*; das andere, Reale, *auch im Draussen* vorhanden" (Freud 1925e, p. 375 - Hervorhebung geändert). Das eigentlich Reale ist die Aussenwelt (Freud 1940, p. 52ff.). Diese wird vom Ich "geprüft" und innerlich "repräsentiert". Die "Innenwelt" *vertritt* die "Aussenwelt" als ihr "Abbild" (Freud 1924d, p. 334). Damit stehen wir - im Vergleich zum letzten Abschnitt - vor einer *zweiten* Innenwelt. Zur Innenwelt des *Körpers* und der *Triebe* gesellt sich die Innenwelt der *mentalen Repräsentanzen*. Die erste Innenwelt entspricht der "Welt innerhalb der Haut" Skinners, die zweite Innenwelt ist dem "Geist in der Maschine" Ryles vergleichbar. Für die zweite, mentale Innenwelt ist das Ich verantwortlich, das als *epistemisches* Wesen die Wirklichkeit prüft und *repräsentiert*.

Anders als für Piaget war für Freud die Erkenntnis nie ein Problem (im Sinne eines *theoretischen* Problems, das der wissenschaftlichen Analyse bedurft hätte). Was Freud interessierte, war das *Scheitern* der Erkenntnis im Sinne der "irrationalen" Repräsentation von Wirklichkeit. Neurosen und Psychosen sind Störungen in den Weltbezügen von Menschen (Freud 1924e, p. 357ff.). Der Neurotiker *vermeidet* ein Stück Realität, während der Psychotiker die Realität *umbaut* (ebd., p. 359). Allerdings anerkennt Freud in beiden Fällen analoge Prozesse. So ist die Neurose nicht nur Realitätsverlust, sondern auch Realitätsersatz (ebd., p. 360f.).

Die Umarbeitung der Realität in Neurose und Psychose ist eine innere und geschieht an den *Vorstellungen* (Repräsentanzen), durch welche die Realität im Seelenleben vertreten ist. Damit gibt es bereits eine *dritte* Innenwelt, denn wenn die Innenwelt als mentale Repräsentanz vom psychisch Kranken *umgebaut* wird, dann schafft er sich eine *eigene* (private) Innenwelt (Freud 1924d, p. 334f.). Diese private Innenwelt ist eine "Phantasiewelt" (Freud 1924e, p. 360f.), die von der wahren (epistemischen) Repräsentation der Aussenwelt abweicht. Die Phantasie als solche ist jedoch nicht pathologisch. Denn auch die Träume bilden einen Teil der privaten Innenwelt (vgl. Kapitel 3). Erst das "Überwuchern und Übermächtigwerden der Phantasien stellt die Bedingungen für den Verfall in Neurose und Psychose her" (Freud 1908b, p. 175).

Die Innenwelt der Phantasie ist die eigentlich *psychische* Wirklichkeit (Freud 1914b, p. 153f.)[16]. Sie steht im Gegensatz zur *faktischen* und *materiellen* Wirklichkeit (Freud 1915d, p. 57, 1917b, p. 359). Den Gegenstand der Psychologie bildet daher nicht die mentale Innenwelt - diese ist Gegenstand der *Erkenntnistheorie* -, auch nicht die materielle Innenwelt des Körpers und der Triebe - diese ist Gegenstand der *Physiologie* -, sondern die private Innenwelt der Phantasien. Das Psychische ist für Freud dasjenige, was sich - gemessen am Massstab objektiver Erkenntnis - als *abweichend* ausnimmt[17]. Die Psychologie muss nicht erklären, weshalb sich Menschen in der "praktischen Realität" (Freud) zurechtfinden, sondern weshalb sie sich (in Traum, Religion, Kunst, Witz etc.) von ihr *abwenden* und (in Neurose, Psychose etc.) an ihr *scheitern*. Das Seelische ist eine dem Realitätsprinzip entzogene "Schonung" vor der Not des Lebens (Freud 1917b, p. 362f.). Das Ausmass dieser Schonung entscheidet über Normalität und Pathologie. Eine Pathologie entsteht erst, wenn die psychische Realität zur massgebenden wird und gegenüber der faktischen überhandnimmt (Freud 1913a, p. 442, 1917b, p. 359, 1939, p. 525). Auch Freud spricht die "Sprache der Handlungspsychologie", nur fällt dies nicht auf, weil ihn die Normalität des menschlichen Daseins nicht interessiert und er nach deren Pathologie gefragt hat.

Bildet das Psychische die dritte Innenwelt, so scheint es noch eine vierte Innenwelt zu geben, denn die *Verinnerlichung*, als der Mechanismus psychischer Strukturbildung, ist ebenfalls ein Prozess *innerhalb* der repräsentationalen Welt. Wird ein Stück Aussenwelt aufgegeben und ins Ich (besser: ins Selbst) introjiziert, so wird es zu einem Teil der "Innenwelt" (Freud 1940, p. 59f.). In diesem Sinn sind das *Über-Ich* und der *Charakter* Innenwelt. Sie entstehen als Resultat der Verinnerlichung von Objektrepräsentanzen (Freud 1933a, p. 525). Doch das Über-Ich und der Charakter können mit der *psychischen* Innenwelt gleichgesetzt werden. Denn wenn wir das Über-Ich als eine pathologische Struktur betrachten (vgl. Kapitel 4), dann kann es als Resultat jenes Prozesses der Umarbeitung von Realität (nämlich der sozialen Realität der elterlichen Forderungen) verstanden werden, durch den sich Neurose und Psychose auszeichnen. Und verstehen wir das Über-Ich als Teilmoment des menschlichen Charakters, kann es - wie dieser selbst - als Niederschlag von aufge-

---

[16] "Die(...) Phantasien besitzen psychische Realität im Gegensatz zur materiellen, und wir lernen allmählich verstehen, dass in der Welt der Neurosen die psychische Realität die massgebende ist" (Freud 1917b, p. 359 - Hervorhebungen weggelassen).

[17] Darin trifft sich Freud mit Pawlow, dem das Psychische ebenfalls Abweichung ist, allerdings Abweichung vom normalen *physiologischen* Geschehen (vgl. Kapitel 2). Allgemein ergibt sich Psychisches aus einer Abweichung von einer normativ ausgezeichneten Realität (Herzog 1984b).

gebenen Objektbeziehungen begriffen werden (vgl. Kapitel 3). Es entspricht dann einer *Neuordnung* innerhalb der repräsentationalen Welt.

Freud unterscheidet also - ohne dies terminologisch klarzustellen - eine körperliche Innenwelt (Triebe), eine epistemische Innenwelt (mentale Repräsentanzen) und eine psychische Innenwelt (Über-Ich, Charakter, Träume etc.). Diesen drei Innenwelten korrespondieren zwei Prozesse der *Verinnerlichung*: eine *epistemische* Verinnerlichung und eine *psychische* Verinnerlichung (Identifizierung). Im ersten Fall wird Wirklichkeit repräsentiert, im zweiten Fall werden die Repräsentanzen der Wirklichkeit neu geordnet. Die psychische Verinnerlichung ist eine Frage der Grenzziehung innerhalb der repräsentationalen Welt. Was zunächst ein Objekt repräsentiert, wird durch Introjektion zur *Selbstrepräsentanz*. Verinnerlichung im zweiten, psychologischen Sinn bedeutet *Differenzierung* der epistemischen Innenwelt der Repräsentanzen. Das "Aussen" der psychischen Internalisierung ist selbst schon ein "Innen", nämlich ein Teil der repräsentationalen Welt.

Die epistemische Verinnerlichung wird von Freud als Abbildung begriffen. Die mentalen Repräsentanzen sind *Imagines* von Objekten der Aussenwelt. Ihre Wahrheit liegt in der "Übereinstimmung mit der realen Aussenwelt" (Freud 1933a, p. 597, 602). Die Psychoanalyse teilt die empiristische Auffassung, wonach die Erkenntnis auf einem Prozess der sinnlichen Wahrnehmung beruht. Ihre Erkenntnistheorie korrespondiert der Anthropologie eines passiven Wesens, dessen Leben sich *ereignet* und keine eigene Leistung ist. Diese Erkenntnistheorie ist unbefriedigend. Der menschliche Geist ist keinem "Wunderblock" vergleichbar, der Reize registriert und auf einer Wachstafel niederschreibt (vgl. Kapitel 5). Ich denke, dass wir Schafer zustimmen müssen, der der Psychoanalyse jede erkenntnistheoretische Kompetenz abspricht: "I doubt that the question of the possibility of knowledge is even approachable through psychoanalysis" (Schafer 1968a, p. 65). Die Psychoanalyse muss nicht nur ihrer mechanistischen Anthropologie, sondern auch ihrer dualistischen Erkenntnistheorie wegen kritisiert werden. Sie muss vom *Cartesianismus* befreit werden. Setzen wir an die Stelle des passiven Ichs das aktive Subjekt, dann ist die repräsentationale Welt nicht mehr eine blosse Spiegelung der menschlichen Weltbezüge, sondern deren konstruktive Erarbeitung. Piaget und Freud rücken einander näher.

Der Mensch als handelndes Wesen

Der Mensch ist ein *Verhältniswesen*, das in Beziehung zur körperlichen Innenwelt, zur dinglichen Aussenwelt und zur sozialen Mitwelt steht. Soviel hat uns die nochmalige Konfrontation mit Freud gezeigt. Soviel hat uns auch die Auseinandersetzung mit Skinner gezeigt (vgl. Kapitel 2). Die Grundeinheit der psychologischen Analyse ist nicht das Verhalten, sondern das *Verhältnis* von Mensch und Welt. Psychisches erklären wir nicht durch Rückgriff auf eine binnenhafte Innerlichkeit, sondern mittels der intentionalen Bezüge von Subjekt und Objekt (Mischel 1981, p. 252f., 300f., 331f.). Die Weltbezüge des Menschen stellen ihm *Ansprüche*, die er zu *bewältigen* hat. Bewältigung ist eine aktive Grösse, die sich der behavioristischen Idee der *Kontrolle* (durch die Umwelt) widersetzt.

Die "Verhältnismässigkeit" des Menschen ist keine neue Idee. In der Antike und im Mittelalter hat sich der Mensch in Beziehung zum Kosmos und zu Gott definiert. Erst die Neuzeit hat der Logik der menschlichen Selbstverständigung eine besondere Wende gegeben. Der moderne Mensch glaubte, sich in Beziehung zu sich selbst begründen zu können. Die Folge dieser "Unverhältnismässigkeit" ist das cartesianische Weltbild, von dem wir uns zu trennen versuchen.

Die Anthropologie braucht eine bessere Basis als die mentale Selbstbeziehung. Doch ein Zurück zum Kosmos oder zu Gott ist uns nicht möglich. Wir sind zu modern geworden, als dass uns die Prämoderne noch Lösungen für unsere Probleme bieten könnte. Wie also finden wir zu einer zeitgemässen, nicht-cartesianischen Anthropologie? Wir haben die *Sprache* zum Ausgangspunkt unserer anthropologischen Überlegungen gemacht. Die Sprache ist ein Humanspezifikum, das als solches nur im Vergleich des Menschen mit *anderen Lebewesen* ersichtlich wird. Im Tier-Mensch-Vergleich liegt denn auch eine Methode zur Begründung einer postcartesianischen Anthropologie. Im Lichte der Tiere vermag der Mensch seine "humane Sonderart" (Portmann) ausfindig zu machen. Darin liegt auch die partielle Wahrheit des Behaviorismus. Nur verspielt der Behaviorismus diese Wahrheit, indem er lediglich die *Gemeinsamkeiten* von Tier und Mensch gelten lässt.

Wenn wir im Tier-Mensch-Vergleich die Basis für die Begründung einer organismischen Anthropologie sehen, dann dürfen wir nicht eliminativ vorgehen und - in Umkehrung des behavioristischen Reduktionismus - ausschliesslich nach der *Differenz* des Menschen zum Tier fragen. Zwar ist etwas Wesentliches erkannt, wenn der Mensch als "zóon lógon échon" (Aristoteles) oder als "animal rationale" bestimmt wird. Doch das Menschsein besteht nicht allein im Sprache-Haben oder Vernünftig-Sein. Wenn wir lediglich das *Besondere* des Menschen anerkennen, dann fallen wir genauso zurück in ein dichotomisches Denken, wie wenn wir das menschlich Besondere missachten. Diese Kritik trifft nicht nur die klassischen Versuche, den Menschen als sprechendes oder denkendes Wesen zu definieren, sondern auch neuere Ansätze, die ihn als das "nicht festgestellte Tier" (Nietzsche), als ein "Mängelwesen" (Gehlen) oder als "nackten Affen" (Morris) begreifen. Was wir brauchen, sind nicht *Merkmale*, sondern ein *Prinzip*, das den Menschen im Vergleich zum Tier verstehen lässt.

Ein solches Prinzip hat Plessner mit der These von der *exzentrischen Positionalität* des Menschen formuliert. Die exzentrische Positionalität versucht die Sonderstellung des Menschen als *Lebewesen*, das nicht ausserhalb der Tierwelt steht, sondern dieser angehört, begreiflich zu machen (Plessner 1973, p. 189). Tiere haben gemäss Plessner eine Mitte, aus der sie leben. Beim Menschen bleibt die tierische Struktur erhalten, doch wird sie überformt von einer exzentrischen Position. Der Mensch kann aus seiner Mitte "hinaustreten" und sich "von aussen" betrachten. Das Leben scheint "in ihm gleichsam noch einmal potenziert" (Plessner 1946, p. 58). Damit ist der Mensch gegenüber dem Tier *dezentriert*[18]. Obwohl ein Teil der Natur, ist er nirgendwo "von Natur" zu Hause (Plessner 1965, p. 278).

Die Spannung zwischen Zentrizität und Exzentrizität, die "Doppelnatur des Menschen" (Plessner), ermöglicht ihm zu *handeln*. Der Mensch lebt, indem er sein Leben *führt* (Plessner 1928, p. 384). Menschliche Identität gibt es daher nur, "sofern sie von demjenigen, der mit sich als identisch angenommen werden soll, *vollzogen* wird" (ebd., p. 401 - Hervorhebung W.H.). Im Handeln vermitteln wir die Pole unserer Existenz. Wir nehmen unsere Exzentrizität gegenüber der Welt zurück und werden "handgemein" mit den Dingen. Das macht uns verwundbar (Jonas 1973, p. 52). Denn anders als im weltlosen Raum der Exzentrizität, wo es keine Überraschungen gibt, da sich alles *denken* lässt, ist der welthafte Raum des Handelns *ungewiss*. Im Handeln werden wir von der Welt *betroffen*. Die Handlung verhindert, dass wir in Geist (Exzentrizität) und Körper (Zentrizität) auseinanderbrechen[19].

Wenn Piaget die genetische Psychologie in der Sprache der Handlungspsychologie verfasst hat und wenn auch Freud diese Sprache spricht, dann zeigt Plessner, weshalb dem so sein muss. Nur als *Handelnde* machen wir jene Erfahrungen, die uns zu Entwicklung bewegen können. Im Handeln vermitteln wir unseren Körper mit unserem Geist. Eine Handlung beginnt im Raum des Geistes als Absicht und Planung und verwirklicht sich im Raum der Körper, wo sie Wirkungen hinterlässt. Dabei wird der Handelnde zum *Leidenden*, der von den Folgen seines Tuns *betroffen* wird. Allein dadurch, dass wir die Grenzen unserer Exzentrizität überschreiten, gewinnen wir ein Verhältnis zu uns selbst. In der Entfremdung des Vertrauten kehrt sich unser Bewusstsein um, und wir vermögen zu *sehen*. "Der Schmerz ist das Auge des Geistes" (Plessner 1948, p. 239). Die Nähe von Körperlichkeit (Schmerz) und Geistigkeit (Erkenntnis) ist wesentlich für das organismische Denken. Es ist jene Nähe, von der auch Piaget ausgeht. Was anderes ist eine Akkommodation als eine durch Erfahrung ausgelöste *Umkehr des Bewusstseins*?[20]

---

[18] Dies der Terminus Piagets. Die Parallelen zwischen Plessner und Piaget sind jedoch offensichtlich.

[19] Insofern auch Gehlen (1940) bei der Handlung ansetzt, ist auch seine Anthropologie ein Beitrag zur Überwindung des Cartesianismus. Gegenüber Gehlen sind jedoch eine Reihe von Vorbehalten anzubringen, die hier nicht diskutiert werden können (vgl. jedoch den letzten Abschnitt dieses Kapitels).

[20] Zum Verhältnis von Piaget zu Hegel vgl. Chapman 1988a, p. 399f., Fetz 1988, p. 156ff. und Kesselring 1981.

Der Mensch als soziales Wesen

Der Mensch als *Verhältniswesen* und der Mensch als *Handelnder* gehören im Rahmen einer organismischen Anthropologie zusammen[21]. Indem er sein Leben *vollzieht*, handelt der Mensch. Dabei wird er betroffen von den Folgen seines Handelns und *verändert* sich. Nun fehlt bei Plessner jede *genetische* Perspektive. Sein Vergleich von Mensch und Tier ist weder ontogenetisch noch phylogenetisch angelegt. Bei aller Gemeinsamkeit mit den Tieren, steht der Mensch schliesslich einfach *neben* den Tieren. Woher aber kommt seine Doppelnatur? Warum ist der Mensch zum Handelnden *geworden*?

Für Piaget liegt die Antwort in der menschlichen *Instinktentbundenheit*. Der Mensch ist weitergekommen als das Tier, weil der Instinkt auseinanderbrach (Piaget 1967, p. 375ff., 1977a, p. 42). Dieses Auseinanderbrechen war eine Art Zerfallen des Instinkts in seine Teile. Im menschlichen Verhalten öffneten sich Zwischenräume, die die Entstehung reflexiven Bewusstseins erzwangen. Das Zerbrechen des Instinkts führte zu höheren Formen der Verhaltensregulation, Formen, die als reflektierende Abstraktion körperlicher Regulationsprozesse entstanden sind.

Ähnlich sieht George Herbert Mead die spezifisch menschliche Situation in einem Zentralnervensystem gegeben, das ein Ausmass an Differenzierung aufweist, das die primitive Reiz-Reaktions-Mechanik der Reflexe durchbrechen lässt (Mead 1934, p. 301). Die Entdifferenzierung des Reflexbogens führte zur *Verzeitlichung* des Verhaltens und damit zur *Handlung*. Sobald die Reize die Reaktionen nicht mehr *erzwingen*, ist ein Freiraum geschaffen, der innerlich alternative Handlungsausgänge abwägen lässt. Aufgrund der Verzeitlichung des Verhaltens können spätere Verhaltensphasen frühere *kontrollieren*.

---

[21] Wie schwer sich die Idee der Handlung vermeiden lässt, wenn vom Menschen die Rede ist, zeigen der Behaviorismus und die Soziobiologie, die entweder aus der Umwelt oder aus den Genen Quasi-Akteure machen. Bei Skinner handelt die Umwelt gegenüber dem Organismus (vgl. Kapitel 2). Bei Wilson und Dawkins ist der Organismus ein "Mittel" für die "Absichten" der Gene: "In a Darwinist sense the organism does not live for itself. Its primary function is not even to reproduce other organisms; it reproduces genes, and it serves as their temporary carrier. ... the individual organism is only their vehicle ... the organism is only DNA's way of making more DNA" (Wilson 1975, p. 3). Das Leben begann mit Molekülen, die fähig waren, Kopien von sich herzustellen. Diese "Replikatoren" konstruierten sich Behälter für ihre Fortexistenz. "The replicators which survived were the ones which built survival machines for themselves to live in. ... Now they swarm in huge colonies, safe inside gigantic lumbering robots, sealed off from the outside world, communicating with it by tortuous indirect routes, manipulating it by remote control. They are in you and in me; they created (sic!) us, body and mind; and their preservation is the ultimate rationale for our existence. They have come a long way, those replicators. Now they go by the name of genes, and we are their survival machines" (Dawkins 1976, p. 21 - Hervorhebung weggelassen). Schafft sich im Behaviorismus die Umwelt "organische Maschinen" (Watson), konstruieren in der Soziobiologie die Gene "survival machines" (Dawkins).

Die Entkoppelung von Reiz und Reaktion macht den Menschen zum Handelnden. Mead nennt die Handlung "the unit of existence" (Mead 1938, p. 65). Der Mensch ist aber nicht nur gegenüber der dinglichen Welt Handelnder, sondern auch im Verhältnis zur sozialen Welt. Die menschliche Natur ist ein "wesentlich gesellschaftliches Phänomen" (Mead 1934, p. 181 Anm. 2a). Die Grundsituation des Menschen liegt darin, dass sich leibliche Individuen "durch Manipulation mit physischen Dingen bei ihren kooperativen Handlungen gegenseitig unterstützen oder stören" (Mead 1927, p. 221). Mead spricht vom "sozialen Akt" und meint damit die *gemeinsame* Auseinandersetzung der Menschen mit ihrer dinglichen Umwelt (Mead 1934, p. 45f.). In seinem Menschenbild sind das *instrumentelle* und das *kooperative* Handeln miteinander verwoben.

Kooperation wird ermöglicht durch die Abstimmung individuellen Verhaltens über wechselseitige Erwartungen. Auf tierischer Ebene erfolgt die Kooperation mittels *Gebärden.* Gebärden sind Anfangsphasen von Verhaltensweisen, die für andere als Reize fungieren (Mead 1934, p. 82f.; Bühler 1927, p. 34). Die *Bedeutung* einer Gebärde liegt in der Reaktion des anderen. Die Situation beim Menschen ist durch eine Art Verdoppelung der Eigenart der tierischen Kommunikation charakterisiert. Die Gebärde des einen dient nicht mehr bloss als Reiz für die Reaktion des *anderen*, sondern ist zugleich Reiz für eine implizite Reaktion des ersteren. Auf diese Weise wird die Bedeutung der Gebärde bewusst. Die Gebärde wird zum "signifikanten Symbol" (Mead 1934, p. 85f.), das für beide Kommunikationspartner eine funktional identische Bedeutung hat.

Indem wir in uns selbst dieselbe Reaktion auslösen wie im anderen, übernehmen wir dessen Haltung. "Wir lösen in der anderen Person etwas aus, was wir auch in uns selbst auslösen, so dass wir unbewusst diese Haltungen übernehmen. ... Je mehr wir in uns selbst die Reaktion auslösen, die unsere Gebärde im anderen auslöst, desto besser verstehen wir ihn" (Mead 1934, p. 108, 318f. - Übersetzung leicht geändert)[22]. Wesentlich ist die Antizipation der Reaktion des anderen. Der *Perspektivenwechsel* ermöglicht die Kontrolle des eigenen Verhaltens im Lichte der potentiellen Reaktion des anderen.

Für Mead steht die Exzentrizität im Dienste der menschlichen *Kooperation*. Das Selbstbewusstsein ermöglicht die Kontrolle eigenen und fremden Verhaltens. Dank einer "Flucht aus dem Verhalten" (Dewey) vermögen die Menschen ihr eigenes Tun *zusammen* mit der (potentiellen) Reaktion anderer zu repräsentieren. Dies gelingt ihnen in erster Linie im Bereich der *Lautgebärden*, d.h. im Bereich vokalen Verhaltens. Meads Argumentation ist derjenigen Piagets ähnlich, wenn auch Piaget die "symbolische Funktion" eher selten in eine explizite Beziehung zur sozialen Natur des Menschen bringt. Doch Piaget widerspricht Mead keineswegs.

---

[22] In der deutschen Übersetzung von "Mind, Self and Society" ist statt von "Gebärde" von "Geste" die Rede, was nachweislich falsch ist, da Mead von Wundts Begriff der "Lautgebärde" ausgegangen ist (Joas 1980, p. 16f.). Das Zitat wurde dementsprechend korrigiert.

Die Ebene der Vorstellungen (die mittels der symbolischen Funktion erschlossen wird) ist "gleichzeitig die Ebene sozialer Beziehungen" (Piaget 1937, p. 366). Ein Kind verlässt die Stufe der sensomotorischen Intelligenz, die eine nicht-repräsentationale Intelligenz ist, allein deshalb, "um mit jemand anderem zu kommunizieren" (ebd., p. 353). "Ausser diesem sozialen Bezug ist *kein anderer Grund* ersichtlich, aus dem die reine Vorstellung auf die Handlung folgen sollte" (ebd. - Hervorhebung W.H.). Die exzentrische Position wird *zum Zweck der Kommunikation* erschlossen.

Die Evolution des Menschen

Mit Mead haben wir auf die von Plessner unbeantwortet gelassene Frage nach dem *Warum* der menschlichen Doppelnatur eine Antwort gefunden. Die Exzentrizität des Menschen steht im Dienste der sozialen Verständigung. Lassen sich für diese These auch phylogenetische Argumente beibringen?

Das Charakteristikum von Symbolen liegt darin, dass sie Dinge, Ereignisse oder Handlungen, die in der sensomotorischen Welt zeitlich auseinanderliegen und bestenfalls nacheinander erfasst werden können, *gleichzeitig* festhalten lassen. Nun scheint die symbolische Kompetenz dem Menschen nicht vorbehalten zu sein, wenn er auch der einzige ist, der sie nutzt. Eine Reihe von Untersuchungen zeigt, dass Schimpansen fähig sind, auf einer quasi-konzeptuellen Ebene zu kommunizieren. Sie können Zeichen verwenden, die Objekte oder Ereignisse repräsentieren. Zwar fehlt ihnen ein *lautliches* Artikulationssystem, doch vermögen sie nonverbale Zeichen, wie diejenigen der American Sign Language (eine Taubstummensprache), zu lernen (Bischof 1985, p. 532ff.; Premack & Premack 1972; Reynolds 1980, p. 48ff.). Auch wenn die symbolischen Fähigkeiten von Schimpansen beschränkt sind, stellt sich doch die Frage, weshalb sie diese nicht natürlicherweise nutzen. Denn Schimpansen verwenden ihre repräsentationale Kompetenz *nicht* zum Zweck der sozialen Kooperation, wie dies Menschen tun.

Schimpansen sind nicht nur ihrer symbolischen Fähigkeiten wegen für den Tier-Mensch-Vergleich interessant, sondern auch weil sie in *offenen Sozialverbänden* leben. Beides scheint zusammenzugehören. Anders als Paviane, die in klar strukturierten, hierarchischen Gruppen leben, bilden Schimpansen oft wechselnde Einheiten (Reynolds 1980, p. 68ff.). Sie gehen individuierte Beziehungen ein, vorwiegend innerhalb "familiärer" Strukturen. Die Offenheit der sozialen Bindungen scheint mental kompensiert zu werden. Schimpansen müssen daher nicht ständig in Kontakt mit ihren Angehörigen stehen, weil sie diese innerlich "mit sich tragen" und dadurch *indirekt* in deren Nähe sind (Bischof 1985, p. 363).

Ein offener Sozialverband ist für die soziale Differenzierung vorteilhaft. Der Übergang von einer Sammler- zu einer Jägergesellschaft ist kaum vorstellbar, hätte der frühe Mensch in *geschlossenen* Gruppen gelebt. Denn die Trennung von den Angehörigen und die vorübergehende Bildung von Jagdgemeinschaften setzt die Fähigkeit voraus, soziale Bande *unterbrechen* zu können. Die Abwendung der Männer von ihren Frauen und Kindern zum Zweck der Jagd wäre ohne die mentale Repräsentation der familiären Bindungen dysfunktional, da sie die Rückkehr der Jäger zu ihren Angehörigen kaum erwarten liesse. Aber auch die Jagd selbst erfordert eine konzeptuelle Kompetenz, die über diejenige, die das Sammeln von Nahrung verlangt, hinausgeht.

Diese Überlegungen sind deshalb von Bedeutung, weil einiges dafür spricht, dass die Vorfahren des Menschen schimpansenartig waren, so dass bei der Entstehung des Menschen ein Prozess der Bewusstwerdung von präreflexiv gelebten sozialen Beziehungen im Spiel gewesen sein könnte (Reynolds 1980, p. 73ff., 80ff.) - ganz so, wie sich Mead die Bildung "signifikanter Symbole" vorgestellt hat. Das Zerbersten des Instinkts ermöglichte die bewusste Repräsentation sozialer Bindungen und die Indienstnahme der symbolischen Kompetenz für die soziale Verständigung. "Long before humans ever appeared there had been millions of years of natural selection for social intelligence ..." (Lancaster 1975, p. 13). Demnach ist die Intelligenz des Menschen als Anpassung an die Komplexität seines *Soziallebens* entstanden (Humphrey 1976).

Im *animistischen* Denken, das allgemein als primitiv gilt, liegt ein zusätzlicher Beleg für die ursprünglich *soziale* Intelligenz des Menschen. Wäre nämlich die Intelligenz im Dienste der materiellen Kultur entstanden (Herstellung von Geräten, Werkzeugen etc.), müsste es wahrscheinlicher sein, dass das Denken der Primitiven im *technischen* Modus erfolgt. Animistisches Denken ist jedoch "Sozialisierung" und "Belebung" der Natur, um mit ihr "sprechen" und "kommunizieren" zu können[23]. Menschen nehmen selbst in geometrischen Figuren *soziale* Tatbestände wahr, wenn sie sich bewegen (Bruner 1986, p. 18f.), während es ihnen schwerfällt, in sozialen Geschehnissen rein *natürliche* Ereignisse zu sehen[24].

Damit ist keine erschöpfende Erklärung der Genese der menschlichen Doppelnatur gefunden, doch ist plausibel gemacht, dass die symbolische Kompetenz des Menschen im Dienste des *Gemeinschaftslebens* entstanden ist. Die Evolution des Menschen ist schon früh sozial und kulturell bestimmt worden. Es ist unwahrscheinlich, dass zwischen der Entstehung der organischen, sozialen und kulturellen Merkmale des Menschen grosse zeitliche Verschiebungen bestehen, als wäre der Mensch zuerst *physisch* Mensch geworden, um dann *gesellschaftliche* Beziehungen einzugehen, die er schliesslich *kulturell* überformt hätte. Die menschliche Natur ist physisch *und* sozial *und* kulturell und in der reziproken Interaktion dieser

---

[23] Auch das kindliche Denken geht von der Idee universellen Lebens aus und macht zunächst keinen Unterschied zwischen Belebtem und Unbelebtem (Piaget 1926, p. 188).

[24] Vgl. auch Dux, der mit Nachdruck die Auffassung vertritt, die primäre Art der Weltauffassung sei "subjektivisch" (Dux 1982, p. 95, 108ff.). Auch für Bühler ist die Symbolik im Dienste des Gemeinschaftslebens aufgekommen (Bühler 1927, p. 211).

Faktoren entstanden (Geertz 1962; Gould 1977, p. 199ff.; Hallowell 1950; Lancaster 1975, p. 72ff.; Portmann 1948a).

Die Neotenie des Menschen

Wie eng das Soziale und das Physische in der Evolution des Menschen zusammenspielen, zeigt die Befreiung des menschlichen Körpers vom unmittelbaren Anpassungsdruck der Umwelt. Während die Tiere einem *Körperprinzip* unterworfen sind und sich *körperlich* anpassen müssen, um zu überleben, wird die Entwicklung des Menschen von einem *Körperausschaltungsprinzip* bestimmt (Claessens 1980, p. 62). Der menschliche Körper braucht nicht mehr - wie derjenige der Tiere - für Überlebenszwecke spezialisiert zu werden. Er ist vom evolutiven Druck freigesetzt und dem Menschen verfügbar[25]. Der Mensch gewinnt Distanz zu seinem Körper, muss damit aber auch einen Teil der Aufgabe, seinen Körper "festzustellen" (Nietzsche), selbst übernehmen.

Die Freisetzung des Körpers vom Anpassungsdruck ist dem Zusammenhalt der Menschen in überschaubaren Sozialverbänden zu danken (Claessens 1980, p. 63). Die soziale Gruppe ermöglicht eine *Insulation* gegenüber dem Druck der dinglichen Umwelt. Sie stellt eine soziale Nische dar und fungiert als "sozialer Uterus" (Portmann). Innerhalb dieses stabilisierten Raumes kann ein Prozess der "Entspezialisierung" stattfinden. Die Natur kann sich jene Vorverlegung der Geburt und jene Verzögerung der Entwicklung "leisten", die für das Verständnis der menschlichen Sonderart so wesentlich sind.

Wie Portmann (1969) gezeigt hat, kommt der Mensch im Vergleich zu ähnlich hoch entwickelten Tieren *zu früh* zur Welt. Portmann rechnet mit einer Spanne von 12 Monaten, eine Zahl, die von Gould bestätigt wird (Gould 1977, p. 369). Die "physiologische Frühgeburt" (Portmann) des Menschen ist als Teilmoment einer allgemeinen *Retardation* der menschlichen Entwicklung zu sehen. Zwar gilt dies erst ab dem zweiten Lebensjahr, denn das "extrauterine Sonderjahr" (Portmann) des Menschen verläuft gegenüber dem Wachstum der Menschenaffen beschleunigt (Portmann 1948a, p. 23). Dann aber zieht sich die Entwicklung des Menschen ausserordentlich in die Länge. Der Mensch muss sich seine Menschlichkeit in einem langen Prozess erst erwerben. "Kein anderes Säugetier wächst so langsam wie der Homo sapiens ..., keines braucht nach der Geburt so lange Zeit, um gross zu werden, und keines weist so ausgedehnte Entwicklungsperioden auf" (Montagu 1981, p. 121).

Die Verzögerung der menschlichen Entwicklung zeigt sich in verschiedenen Bereichen. Das Wachstum des Gehirns dauert extrauterin noch lan-

---

[25] Anders beispielsweise als in den hochentwickelten Sozialformen der Insekten wird die Arbeitsteilung beim Menschen nicht durch Spezialisierung im Körperbau und nicht durch angeborene Verhaltensweisen garantiert.

ge Zeit an; die Zähne bilden sich vergleichsweise spät; die sexuelle Reife wird erst mit 13/14 Jahren erreicht[26]; die Schliessung der Schädeldecke erfolgt nach dem 20. Lebensjahr etc. (Gould 1977, p. 365ff.). Es scheint, als würde sich der Mensch so langsam entwickeln, dass er stirbt, bevor er die adulten Entwicklungsphasen seiner Vorfahren erreicht. In der Verlangsamung des Entwicklungstempos liegt jedenfalls ein *humanspezifisches* Merkmal. Der Mensch verdankt einen Teil seiner Besonderheit dem langsamen Fortschreiten seines Lebensganges. "It is hard to imagine how the distinctive suite of human characters could have emerged outside the context of delayed development" (ebd., p. 400). Wiederum gehören verzögerte Entwicklung und Zugehörigkeit zu einer sozialen Gruppe zusammen. Nur ein durch und durch soziales Wesen kann es sich leisten, mangelhaft ausgestattet zur Welt zu kommen und seine Mängel während einer langen Zeit der Entwicklung sukzessive zu kompensieren.

Das verlangsamte Wachstum des Menschen ist verantwortlich für seine *Neotenie*. Neotenie meint die Bewahrung von Merkmalen der embryonalen und infantilen Entwicklungsphasen im Erwachsenenalter. Das gilt z.B. für die *Schädelform*, die sich beim Menschen - im Gegensatz zu den Anthropoiden - von der Geburt bis zum Tod kaum verändert (Montagu 1981, p. 24ff.). Auch im Falle der *Schädelflexur* behält der Mensch mehr oder weniger die ursprüngliche Stellung von Kopf und Rumpf bei, während es bei den Säugern und den meisten Wirbeltieren im Verlaufe der Entwicklung zu einer starken Veränderung kommt (ebd., p. 37ff.). Ähnliches gilt für die *Gesichtsknochen*. Während alle Primaten einen vorstehenden Kiefer entwickeln ("Prognathie"), behält der Mensch die flache Form des Gesichts ("Orthognathie") bei, die er als Säugling mit den Primatensäuglingen teilt (ebd., p. 45f.). Umgekehrt verhält es sich mit der *Stirn*, die sowohl bei Primaten- als auch bei Menschensäuglingen vorhanden ist, sich aber nur beim Menschen erhält. Schliesslich sei noch die Unbehaartheit des Menschen, die Form seiner Lippen, Hände und Füsse und die ventrale Lage der weiblichen Vagina erwähnt. Auch diesbezüglich behält der menschliche Erwachsene kindliche Merkmale bei, während sie bei den höheren Affen überformt werden.

Die Neotenie gilt aber nicht nur im Bereich von Anatomie und Morphologie, sondern auch für das menschliche *Verhalten*. Lorenz hat verschiedentlich auf den persistierenden juvenilen Charakter des menschlichen Verhaltens hingewiesen (Lorenz 1965, p. 478f., 524ff.). Montagu sieht die Neotenie im menschlichen Verhaltensbereich am deutlichsten

---

[26] Auf dieser Tatsache beruht Freuds Konzept der Latenzperiode (vgl. Kapitel 3). Die phallische Phase der frühen Kindheit verkörpert eine Sexualorganisation, wie sie wohl für die menschlichen Vorfahren im Erwachsenenzustand charakteristisch war. Deshalb ergibt sich die Vermutung, "dass der Mensch von einer Tierart abstammt, die mit 5 Jahren geschlechtsreif wurde" (Freud 1939, p. 523). Der Aufschub und der zweizeitige Ansatz des Sexuallebens scheint "aufs innigste mit der Geschichte der Menschwerdung" (ebd.) zusammenzuhängen.

"in der Bewahrung und Fortentwicklung der Spielfähigkeit, des Humors, der Lernfähigkeit, in der anhaltenden Zunahme und Ausfaltung der Wissbegierde und des Erfindungsreichtums, im bemerkenswerten Einsatz des Vorstellungsvermögens, in der Fähigkeit zum 'So-tun-als-ob' - sämtlich Merkmale, die der jugendliche Affe noch ganz deutlich zeigt, die er aber mit zunehmender Reife nicht weiterentwickelt" (Montagu 1981, p. 91).

Der Mensch bewahrt sich ein Leben lang seine Veränderbarkeit und Lernfähigkeit. Die *Edukabilität* ist sein eigentliches *Artmerkmal* (Bruner 1972; Montagu 1981, p. 93)[27].

Nicht der Erwerb *neuer* Merkmale hat zum Menschen geführt, sondern - geradezu im Gegenteil - die Bewahrung embryonaler und infantiler Merkmale. Der phylogenetische Schub vom subhumanen zum humanen Organisationsniveau ist "aus der Ontogenese heraus erfolgt" (Dux 1982, p. 64 - im Original hervorgehoben). In der Ahnenreihe des Menschen wurde schrittweise ein anthropoides Merkmal ums andere "abgeworfen", bis der Mensch als ein "zur Geschlechtsreife gelangter Primatenfötus" (Bolk) erschien. Die Neotenie hat den Menschen davor bewahrt, in eine evolutive Sackgasse zu geraten, so dass er zu jenem "Spezialisten auf Nichtspezialisiertsein" werden konnte, als den ihn Lorenz sieht (Lorenz 1965, p. 516ff.).

Ist der Mensch dadurch Mensch geworden, dass seine tierischen Vorfahren ihre kindlichen Züge bewahrten, so muss es wahr sein, dass das *Kind* der Vater des Menschen ist. Jedenfalls liegt in der Kindheit ein Kandidat, der genausogut wie jeder andere ist, "for being the observable concrete difference that sets humans apart from other animals" (Furth 1987, p. 107 - im Original hervorgehoben). Die Ontogenese schafft die Phylogenese, wie es bei Garstang heisst (Montagu 1981, p. 314). Tatsächlich steht das Prinzip der Neotenie in Opposition zum *Rekapitulationsprinzip*. Wenn auch die menschliche Neotenie nicht strapaziert werden darf, so legt sie doch eine andere Sicht der Humanentwicklung nahe als die Rekapitulationsthese, die das Erwachsenwerden in der *Überwindung* der Kindheit sieht. Im Gegensatz zur Rekapitulation meint die Neotenie, dass wir auf eine Entwicklung hin angelegt sind, bei der unsere kindlichen Merkmale nicht zurückgedrängt, sondern gefördert werden. Besteht unsere Einmaligkeit darin, "dass wir immer weiter in einem Zustand der Entwicklung verbleiben" (ebd., p. 294), dann sind wir dazu bestimmt, mit den Jahren zwar nicht jünger, wohl aber jung zu werden und jene Eigenschaften, die für ein Kind charakteristisch sind, zu bewahren[28].

---

[27] Damit findet die pädagogische Intuition der Bildsamkeit (vgl. Kapitel 1) eine anthropologische Begründung.

[28] Piaget hat versucht, dieser Idee nachzuleben: "C'est l'idéal que personellement je cherche à atteindre. C'est de rester enfant jusqu'à la fin" (Piaget 1977a, p. 170). Ähnlich formulierte Dewey: "Nicht vergleichsweise, sondern *an sich* betrachtet bedeutet Unreife eine positive Kraft oder Fähigkeit, nämlich die Kraft zu wachsen" (Dewey 1916, p. 66). Vgl. auch Schlick, der meinte: "Der Sinn des Lebens ist die Jugend. ... wer jung stirbt, wie lange er auch gelebt haben möge, dessen Leben hat Sinn gehabt" (Schlick 1927, p. 346 - erster Satz im Original hervorgehoben). Erinnern wir uns auch des Bibelspruchs:

Für die Pädagogik ergibt sich die Frage, ob nicht das *Kind* dem Menschen nähersteht als der Erwachsene. Indem es uns vorlebt: Mensch-Sein heisst Mensch-Werden, macht es aus dem Noch-Nicht eine Wesensbestimmung menschlichen Seins (Weisskopf 1988). Damit wird nicht der Verklärung des Kindes das Wort geredet, denn Kinder wachsen nicht von selbst heran. Die Neotenie ist Ausdruck des Körperausschaltungsprinzips, das nur im Zusammenhang mit der *Sozialität* des Menschen einen Sinn ergibt. Das menschliche Neugeborene ist ein "sekundärer Nesthocker" (Portmann) und als solcher auf den Halt einer edukativen Umwelt angewiesen. Der einzelne kann sich in seiner menschlichen Sonderart nur dank der Unterstützung durch andere halten.

Die soziobiologische Reduktion des Menschen

Wenn die Neotenie des Menschen in enger Beziehung zu seiner Sozialität steht, dann darf letztere nicht reduktionistisch verstanden werden. Die "Kindlichkeit" des Menschen besteht nicht darin, dass sein Verhalten als Erwachsener kindliche Situationen *imitiert*, wie Eibl-Eibesfeldt annimmt, der fast das gesamte Bindungsverhalten des Menschen aus der frühkindlichen Brutpflegesituation herleitet (Eibl-Eibesfeldt 1970, p. 150ff.). Die Mittel der Bindung sollen immer die gleichen sein und "sind ihrem Ursprunge nach im wesentlichen aus dem Repertoire der Verhaltensweisen abgeleitet, die Mutter und Kind verbinden" (ebd., p. 271). Weshalb aber sollen Liebe und Vertrauen nur im Raum der *Familie* echt sein?

Für Eibl-Eibesfeldt liegt die Natur des Menschen in den Genen. Der "vorprogrammierte Mensch" zeigt nichts von der *Doppelnatur*, von der bei Plessner die Rede ist. Denken und Sprechen scheinen im menschlichen Ethogramm zu fehlen. Damit teilt Eibl-Eibesfeldt die Perspektive der *Soziobiologie*, für die die einzig akzeptable Ebene der Erklärung menschlichen Verhaltens im Erbgut liegt. Ein kurzer Exkurs in die Soziobiologie ist gerade im Hinblick auf eine Theorie moralischen Verhaltens aufschlussreich.

Moralisches Verhalten ist für Soziobiologen mit den Mitteln des Neodarwinismus zu erklären. Als moralisch gilt ihnen insbesondere der *Altruismus*. Lebewesen warnen einander, helfen einander, stehen einander bei und opfern sich gar für einander auf. Doch dieser Altruismus ist ein reiner Erfolgsaltruismus. Es geht um Verhalten, das altruistische *Ergebnisse* zeitigt. Die Moral wird am Massstab der genetischen Fitness gemessen. "When a person (or animal) increases the fitness of another at the expense of his own fitness, he can be said to have performed an act of *altruism*" (Wilson 1975, p. 117). Dabei steht die Fitness des anderen in Beziehung zur eigenen Fitness. Erst ein Verhalten, das der Verbreitung des

---

"Wenn ihr nicht umkehrt und werdet wie die Kinder, so werdet ihr nicht ins Reich der Himmel kommen" (Matth. 18, 3).

eigenen Erbguts dient und *dabei* eigene Interessen (der Selbsterhaltung) beschneidet, gilt als altruistisch. Das ist etwa dann der Fall, wenn sich Eltern für ihre Kinder aufopfern oder wenn Geschwister füreinander einstehen. In beiden Fällen ist derjenige, dem geholfen wird, ein Träger des Erbguts, das man selbst verwaltet. Gemessen am Zweck, das eigene Erbgut zu verbreiten, macht sich Altruismus bezahlt. Die *Motivation* des altruistischen Verhaltens ist nach soziobiologischer Überzeugung *egoistisch*.

Der Altruismus ist somit ein blosses Oberflächenphänomen, hinter dem der Egoismus der Gene steht (Dawkins 1976). Fortpflanzung und Fürsorge für die Frucht der Fortpflanzung ist die *ultima ratio* der soziobiologischen Erklärung moralischen Verhaltens (Bischof 1985, p. 330f.). Konsequenterweise begrenzt sich der Altruismus auf den Kreis der *primär Vertrauten*, der unter normalen Umständen die *nächsten Verwandten* umfasst. "Der offene Horizont des 'Seid umschlungen, Millionen' kontrahiert sich im Augenmass der Soziobiologie auf den Gartenzaun des trauten Heimes" (ebd., p. 196). Die Motivation zur Hilfeleistung steigt mit der Vertrautheit des Empfängers. Umgekehrt steigt die Kompetitivität zwischen Lebewesen, je weiter entfernt sie voneinander sind. Zwischen unvertrauten Erwachsenen besteht *a priori* kein biologischer Grund, "sich gegeneinander prosozial zu verhalten" (ebd., p. 203). Das Fremde löst automatisch Angst, Flucht oder Aggression aus, oder es fasziniert als Objekt der Befriedigung von sexuellen oder Erregungsbedürfnissen.

In der Perspektive der Soziobiologie geht die Menschheit einer düsteren Zukunft entgegen. Denn eines unserer drängendsten Probleme besteht gerade darin, zu einem moralischen Bewusstsein zu finden, das über die Grenzen des "trauten Heimes" hinausreicht und nicht nur die "primär Vertrauten" einschliesst (vgl. Kapitel 1). Die Perspektive der Soziobiologie ist aber zu beschränkt, als dass sie der *menschlichen* Moralität gerecht werden könnte. Der Altruismus des "trauten Heimes" vermag die bedingungslose *Aufopferung* und *Hingabe*, zu der Menschen fähig sind, nicht zu fassen. Der Enge des Moralbegriffs korrespondiert die Enge des *Aggressionsbegriffs*. Die von Lorenz (1963) geschilderte Aggressivität im Kontext von territorialem, Geschlechtsrivalen-, Rang- und Brutpflegeverhalten erfasst nicht die *Grausamkeit* und *Brutalität*, zu der Menschen in der Lage sind. Lorenz spricht zurecht vom "sogenannten Bösen". Mit demselben Recht lässt sich im Falle des soziobiologischen Altruismus vom "sogenannten Guten" sprechen. In keinem Fall werden die *menschlichen* Dimensionen von Gut und Böse erreicht.

Die Dringlichkeit der Moral ergibt sich nicht aus der Körperlichkeit des Menschen. Die Aggression des "sogenannten Bösen" ist eine "gutartige Aggression" (Fromm 1973). Das "Tier im Menschen" mag aggressiv sein, doch *böse* ist es nicht. "Als gäbe es Tiere, die ihresgleichen das antäten, was sich Menschen an Leid zufügen" (Portmann 1943, p. 64). Bösartig kann nur die spezifisch *menschliche* Aggression sein[29]. Sie ist es dann, wenn sie vom Ich ausgeht und im wahrsten Sinn des Wortes egoistisch ist. Das Böse ist ein menschliches Reservat, "die Kehrseite unserer Selbstbefreiung" (Jettmar 1973, p. 85). Der Gegensatz, der den Menschen böse, aber auch gut werden lässt, ist nicht der Gegensatz von Natur und Kultur, Körper und Geist oder Trieb und Vernunft. Es ist ein Gegensatz *innerhalb der Vernunft*. Die *Natur* sagt wenig über die Moral des Menschen; erst seine *Doppelnatur* gibt ein adäquates Bild von seiner Bosheit und Güte.

Die Natur der Kultur

Gerade weil die "Natur" des Menschen nicht körperlich abgesichert ist, sondern sozial gestützt wird, kann das Problem der menschlichen Moralität nicht auf der genetischen Ebene angegangen werden. Die Distanzierung von seiner "alten Natur" gelingt dem Menschen nur insofern, als er ein soziales Wesen ist und sich mit anderen Menschen zusammentut. Doch die Sozialität des Menschen bedeutet nicht nur Befreiung und Distanzierung vom körperlichen Anpassungsdruck, sondern auch Einbindung in den Horizont von Gruppen. Die Angst, die der Verlust der "alten Natur" mit sich bringt, wird im Schosse der Gruppe kompensiert (Claessens 1970, p. 16). Kultur hat immer auch die Funktion der Bewältigung von Angst, eine Bewältigung, die als *Verleugnung* der menschlichen Distanziertheit auftreten kann. Die gesellschaftlichen Institutionen übernehmen die Funktion, dem Menschen jenen "natürlichen" Halt zurückzugeben, der ihm durch den Verlust seiner "ersten Natur" genommen wurde (Gehlen 1940, 1956). Mythos und Religion schaffen eine "zweite Natur", die ihn wieder einbindet in stabile Verhältnisse.

Doch die Rede von einer ersten und zweiten Natur ist irreführend. Sie verleitet zum dichotomischen Denken und zum Rückfall in den Cartesianismus. Als liesse sich die erste von der zweiten Natur scheiden. Genau dies ist nicht möglich. Die Kultur ist ein *Teil* der menschlichen Natur (Dux 1982; Jonas 1986; Portmann 1948b; Vogel 1986). Sie ist humanisierte, nicht abgeschaffte Natur (Spaemann 1989, p. 215). In der Perspektive der organismischen Anthropologie ist die Ungesichertheit ein "obligatorisches Merkmal unserer Erscheinungsform" (Portmann 1970, p. 206). Sie ist der Preis für unsere Freiheit, die nur solange sein kann, wie wir die *Mittelbarkeit* unserer Existenz nicht leugnen. Auch wenn die Kultur vom Handlungsdruck des Menschseins entlastet (Gehlen 1940, passim), darf sie nicht als *Ersatz* für die Instinktentbundenheit des Menschen verstanden werden. Denn dabei würden wir den Menschen seiner Intelli-

---

[29] Lorenz betont ausdrücklich, der Hass sei ein Verhaltensmechanismus, der von der intraspezifischen Aggression - von der sein Buch allein handelt - begrifflich scharf getrennt werden müsse (Lorenz 1963, p. 205).

genz berauben und zu dem machen, was sich die Behavioristen erträumen, zum *automatischen* Menschen.

Tatsächlich ist der Behaviorismus das hartnäckige Bemühen um die Wiedergewinnung der menschlichen *Unmittelbarkeit*. Watson und Skinner wollen aus dem menschlichen Verhalten lückenlose Reiz-Reaktions-Ketten machen, auf dass jede "Flucht aus dem Verhalten" unmöglich wird. In der behavioristischen Utopie ist der Zustand der "ersten Natur" wiederhergestellt, und der Mensch vermag - wie Rousseaus "edle Wilden" - ohne Zwiespalt mit sich selbst zu leben. Im Paradies brauchen wir nicht zu handeln, da wir automatisch gut wären und uns nicht entscheiden müssten. Doch die Sehnsucht nach dem Paradies ist die Sehnsucht des Menschen, nicht Mensch zu sein.

Das Ergebnis fällt nicht anders aus, wenn wir statt Watson und Skinner Gehlen folgen. Seine Institutionenlehre ist vom selben Holz wie der Behaviorismus. Die Institution "steht an der Stelle des fehlenden automatischen (sic!) Zusammenhanges zwischen Menschen" (Gehlen 1956, p. 157). Sie tritt in die Lücke, die der zerfallene Instinkt hinterlassen hat. Zwar wird Gehlen durch seinen Einsatz für starke Institutionen zum Gegenspieler Rousseaus. Wo dieser die (erste) Natur restaurieren will, sieht Gehlen nur das Chaos eines schäumenden Medusenhaupts. Der natürliche Mensch ist ihm ungeheuerlich (Gehlen 1961, p. 60). Deshalb sollen wir uns von den Institutionen *konsumieren* lassen (Gehlen 1956, p. 8). Und es muss heissen: "Zurück zur *Kultur*!" (Gehlen 1961, p. 60 - Hervorhebung W.H.). Doch der "Gegen-Rousseau", als den sich Gehlen sieht, will dasselbe wie Rousseau und Skinner: die Rückgewinnung der Unmittelbarkeit der menschlichen Lebensverhältnisse. Ob reduziert auf die erste oder eingepasst in die zweite Natur, der Mensch verliert sein Antlitz als Mensch, wenn er seiner *Doppelnatur* beraubt wird. Weder im Licht der reinen Kultur (Geist) noch im Dunkel der blossen Natur (Körper) vermag er zu leben, denn er ist ein Wesen, das nur im *Übergang* sein kann. Er führt sein Leben als *Handelnder*, und jeder Versuch, ihm seinen Handlungscharakter zu nehmen, führt in die Barbarei.

Die Hypostasierung der Kultur zur "zweiten Natur" ist gerade deshalb gefährlich, weil uns die Kultur leicht zum Verhängnis wird. Wollen Menschen verschiedener Kultur in Kontakt zueinander treten, wird die Bindung an die *eigene* Kultur zum Hindernis, die Menschlichkeit der anderen zu erkennen. Als "vermittelte Unmittelbarkeit" (Plessner) schafft die Kultur *Illusionen* von Direktheit, die bedrohlich werden, sobald die Auseinandersetzung mit Menschen anderer Kultur gefordert ist. Die "zweite Natur" schafft eine "Pseudo-Speziation", die die Menschen glauben lässt, sie seien der *Art* nach voneinander verschieden (Erikson 1977). Nur allzu leicht werden aus den "Andersartigen" Nicht-Menschen, Un-Menschen, Barbaren und "Bestien". Die drängende Frage unter den Bedingungen einer weltweiten Interdependenz menschlicher Verhältnisse ist daher: Wie können sich Menschen unterschiedlicher Kultur als *gleich* erkennen? Dies ist die Frage der *Humanisierung* des Menschen. Erst müssen sich Menschen gegenseitig als Menschen *anerkennen*, bevor der Begriff der *Menschheit* auftreten kann (Claessens 1970, p. 43). Das können sie nur, wenn sie ihre Kultur nicht als (zweite) Natur missverstehen.

In gewisser Weise muss die Humanisierung des Menschen gegen die Partikularität insularer Kulturen erfolgen. Die Angehörigen verschiedener Gruppen sind einander fremd, nicht weil ihr Erbgut so verschieden ist, sondern weil sie kulturell anders sind. Die Erkenntnis der *Gleichheit* der Menschen ist nur erreichbar über einen weiteren Schritt der *Distanzierung*, eine Distanzierung von der eigenen Kultur, was nichts anderes heisst als die Schaffung einer globalen Kultur. Das Problem unserer Zeit ist das Zusammenleben von Menschen im Schosse einer *Weltgesellschaft*. Wird es uns gelingen, eine Kultur zu schaffen, die die Humanisierung der Menschheit unter der Bedingung weltweiter Interdependenz möglich macht?

7 Eine Skizze der menschlichen Entwicklung

> *"If there is ever to be a universal psychological language, I see no reason why Piaget should not provide the grammar."*
>
> James Anthony

Kehren wir zurück zu unserem Versuch, die genetische Psychologie mit der Psychoanalyse zu verbinden. Wir haben mittlerweile das Organismusmodell so weit artikuliert, dass es nicht mehr nur irgendein Lebewesen beschreibt, sondern insbesondere das Lebewesen *Mensch*. Ohne diese anthropologische Verdeutlichung schien es uns nicht möglich, Freud und Piaget, diese "two giants of psychology" (Gouin-Décarie 1962, p. 213), einander anzunähern. Erinnern wir uns, dass es uns in erster Linie um eine Revision der Freudschen Metapsychologie geht, die von ihrem cartesianischen Ballast befreit werden soll. Die Schwierigkeiten der psychoanalytischen Theorie liegen im "allgemein-psychologischen System, mit dem sich die Lehre zufrieden gibt" (Piaget 1945, p. 237). Was wir wollen, ist die "Übertragung der Freudschen Lehre in genetische Kategorien" (ebd., p. 238), da der Psychoanalyse eine angemessene Entwicklungstheorie fehlt.

Freud wäre der Neuformulierung seiner Metapsychologie wohl kaum ablehnend gegenübergestanden. Er hat sie nie für unantastbar gehalten, im Gegenteil. Er sprach von ihr als von der "Hexe Metapsychologie" (Freud 1937a, p. 366). Die Metapsychologie liegt auch nicht im Zentrum der Psychoanalyse, da letztere in erster Linie eine *Forschungsmethode* sein will (Freud 1927a, p. 170). Wie Piaget, der sich für einen seiner grössten Revisionisten hielt (vgl. Kapitel 5), betonte Freud, die Psychoanalyse habe von dem Recht, ihre Meinung zu ändern, wenn sie etwas Besseres gefunden habe, "reichlich Gebrauch gemacht" (Freud 1933a, p. 574). Spekulative Ideen können in einer "auf Deutung der Empirie gebauten Wissenschaft" "ohne Schaden ersetzt und abgetragen werden" (Freud 1914c, p. 44f.). Die Metapsychologie ist daher kein Wesensbestand der Psychoanalyse.

Nun wäre es vermessen, wollten wir im Rahmen dieser Arbeit eine Totalrevision der Psychoanalyse anstreben. Es muss uns genügen, die beiden *Kernstücke* der Freudschen Theorie in ein neues Licht zu rücken, nämlich die *Trieb-* und die *Abwehrlehre*. Wenn auch Freud immer wieder betont hat, die Psychoanalyse sei eine allgemeine Psychologie, eine "Psychologie schlechtweg" (Freud 1926c, p. 343), so hat er sie ebenso unmissverständlich eine "Psychologie des Es" genannt, deren Beiträge aus der "Psychologie des Ichs" zu ergänzen sind (Freud 1924a, p. 222). Als "Psychologie des Es" ist die Psychoanalyse *Trieblehre*. Denn im Es "wirken die organischen *Triebe*" (Freud 1940, p. 53). Während langer Zeit war die Psychoanalyse *ausschliesslich* Triebtheorie, die sich mit den geistigen Höhen des Ichs nicht befassen mochte. Das hat sich geändert, und die Psychoanalyse ist noch unter Freuds Anleitung auch eine "Psychologie des Ichs" geworden. Eine der zentralen Aufgaben des Ichs ist die Verdrängung. Sie ist so wichtig, dass man "von der Verdrängung wie von einem Zentrum ausgehen und alle Stücke der psychoanalytischen Lehre mit ihr in Verbindung bringen (kann)" (Freud 1925b, p. 60). Stellen wir in Rechnung, dass die Verdrängung ein *Abwehrmechanismus* ist, dann bildet die *Abwehrlehre,* neben der Trieblehre, unbestreitbar den Kern der Psychoanalyse. Machen wir uns an die Überarbeitung der Psychoanalyse, so können wir nicht falsch liegen, wenn wir uns auf Trieb- und Abwehrlehre beschränken, denn diese bilden den Brennpunkt der psychoanalytischen Theorie.

Auf dem Hintergrund der Ausführungen im letzten Kapitel kommt den beiden Theoriestücken der Psychoanalyse ein unterschiedlicher Status zu. Als zentrales Interesse Freuds haben wir die *klinische Problematik* der *Passivierung des Menschen* in der Neurose ausgemacht. Offensichtlich entspricht die Abwehrlehre dieser Perspektive. Durch seine Abwehrtätigkeit macht sich der Neurotiker zu einem passiven Wesen. Sein Ich erfährt eine "Verrenkung und Einschränkung" (Freud 1937a, p. 361). Aus dem metatheoretischen Rüstzeug, das Freud beigezogen hat, um seine klinische Problemstellung anzugehen, ist ihm als *theoretisches Problem* die Frage nach der *Aktivierung des Menschen* zugewachsen. Offensichtlich dient die Trieblehre dazu, Freuds theoretisches Problem zu lösen, denn die Psychoanalyse nimmt an, "dass die Kräfte, welche den seelischen Apparat zur Tätigkeit treiben, in den Organen des Körpers erzeugt werden" (Freud 1926c, p. 291). Diese Kräfte aber sind die Triebe.

Damit ergibt sich die Möglichkeit, die beiden zentralen Stücke der psychoanalytischen Theorie, Trieb- und Abwehrlehre, zu *gewichten.* Von der praktischen Problemstellung her ist die Abwehrlehre von grösserer Bedeutung. Sie bringt direkter zum Ausdruck, worum es Freud geht. Demgegenüber steht die Trieblehre mit dem theoretischen Problem in Verbindung, das sich Freud mit dem Cartesianismus seines Denkens eingeheimst hat. Doch werden wir uns hüten, allzu kategorisch vorzugehen. Immerhin hat Freud ein Leben lang darum gerungen, eine angemessene Triebtheorie zu finden. Noch als 68-Jähriger meinte er, kein Bedürfnis werde in der Psychoanalyse dringender empfunden als das "nach einer tragfähigen Trieblehre, auf welcher man weiterbauen kann" (Freud 1925b, p. 84). Doch nichts dergleichen sei vorhanden. Vielleicht hat Freud mit der Trieblehre mehr im Sinn gehabt als nur eine Lösung für das theoretische Problem der Aktivierung des Menschen.

Trotzdem wollen wir davon ausgehen, dass die Trieblehre etwas leisten soll, was Freud aus dem cartesianischen Horizont seines Denkens zugewachsen ist, nämlich das Problem, die Aktivität des Menschen zu erklären, während die Abwehrlehre das gegenteilige Problem zum Gegenstand hat, die Erklärung der Passivierung des Menschen in der Neurose. Was uns in diesem Kapitel beschäftigen wird, sind zunächst die beiden Kernstücke der psychoanalytischen Theorie und ein Versuch ihrer Revision mit den Mitteln des organismischen Denkens. Daran anschliessen wird sich die Skizze einer integrativen Verknüpfung von genetischer Psychologie und Psychoanalyse. Insofern diese Verknüpfung - den Grundlagen des organismischen Denkens entsprechend - auf dem Entwicklungsbegriff aufbauen wird, wird der theoretischen Analyse dieses Begriffs ebenfalls gebührend Platz eingeräumt.

Wider den Lebenstrieb

Knüpfen wir an Freuds These an, *ursprünglich* sei nur das Es (Freud 1940, p. 23). Eine dem Ich vergleichbare Einheit sei "nicht von Anfang an im Individuum vorhanden"; das Ich müsse *entwickelt* werden (Freud 1914c, p. 44). Was aber bin "ich" am Anfang, wenn ich kein "Ich" bin? Erlebt sich das Kind tatsächlich als Es, d.h. sich selbst *fremd*, wie Freud unterstellt, wenn er das Es seiner "Ichfremdheit" wegen so nennt (Freud 1933a, p. 510)? Solange das Kind kein Ich ist, kann es sich auch nicht als ichfremd erfahren. Ein Es in diesem, vom Ich abgehobenen und entfremdeten Sinn gibt es am Anfang genausowenig wie ein Ich. Die Attribute, die dem Es zugeschrieben werden, gehören einer späteren Entwicklungsphase an, einer Phase *nach* der Differenzierung von Ich und Es. Das Es kann nur in Differenz zum Ich sein, weshalb es angemessener ist zu sagen, "dass Es und Ich *ursprünglich* eins sind" (Freud 1937a, p. 380 - Hervorhebung W.H.). Am Anfang ist nicht nur Es, sondern *auch schon Ich*, wenn auch dieses Anfangs-Ich - genausowenig wie das Anfangs-Es - nicht mittels seiner späteren Attribute identifiziert werden darf.

Ist am Anfang weder Ich noch Es, sondern das "noch undifferenzierte Ich-Es" (Freud 1940, p. 12), dann muss das Konzept des primären Narzissmus aufgegeben werden. Es ist schon bei Freud nicht konsistent entfaltet. Meint Narzissmus die Besetzung von *Selbstrepräsentanzen*, dann kann *vor* der Differenzierung in Subjekt und Objekt keine narzisstische Libido vorhanden sein, obwohl Freud genau dies mehrfach behauptet: "Wir mussten annehmen, dass *zu Beginn* der individuellen Entwicklung alle Libido ... an die eigene Person geknüpft ist, wie wir sagen, das eigene Ich besetzt" (Freud 1917a, p. 132 - Hervorhebung W.H., vgl. auch 1914c, p. 43, 1920a, p. 260f.). Mit "Ich" ist das Selbst gemeint, so dass Freud behauptet, zu Beginn befinde sich alle Libido im *Selbst*. Doch ein Selbst besteht nicht von Anfang an. Der "Fortschritt vom Narzissmus zur Objektliebe" (Freud 1917a, p. 132) ist eine Täuschung. Das Selbst ist ebenso vom Ich abgehoben wie das Objekt. Das Bewusstsein, ein Subjekt zu sein, ist selbst schon eine Objektivierung. Genau deshalb nennt Piaget den (primären) Narzissmus einen "Narzissmus ohne Narziss" (vgl. Kapitel 5). Die Möglichkeit der Besetzung der eigenen Person tritt *gleichzeitig* mit der Möglichkeit von Objektbesetzungen ein.

Freuds Konzept des primären Narzissmus liesse sich eventuell dadurch retten, dass man die Libido dem "Ich-Es" zuschreibt. Dann wäre die Libido zunächst objektlos und eine blosse *Kraft*, die den psychischen Apparat in Bewegung setzt. Freud mag genau dies vor Augen gehabt haben, als er sich dahingehend korrigierte, nicht das Ich, sondern das Es sei das "grosse Reservoir der Libido" (Freud 1923a, p. 298 Anm. 1). Damit liesse sich das ökonomische Problem lösen, doch verspürten wir dann umso stärker das *genetische* Problem, die Entstehung des Ichs aus dem Es zu erklären. Wenn alle Libido zunächst im Es ist, dann kann der Narzissmus (qua libidinöse Besetzung des Selbst) immer nur *sekundär* sein. Er ist jene Objektlibido, der sich das Ich bemächtigt, *nachdem* das Es einen Teil seiner Libido für erotische Objektbesetzungen aufgewendet hat. "Der Narzissmus des Ichs ist ... ein sekundärer, den Objekten entzogener" (Freud 1923a, p. 313). Doch woher kommt dieses Ich, das sich dem Es als Liebesobjekt aufdrängt und den Objekten Libido entzieht? Freud will ja das Ich dadurch *entstehen* lassen, dass vom Es ausgehende libidinöse Objektbesetzungen aufgegeben und durch Identifizierung introjiziert werden. Das Ich kann sich nicht der Objektlibido *bemächtigen* und gleichzeitig zum Ich *werden* (vgl. Kapitel 3). Es kann sich nicht, wie weiland der Baron von Münchhausen, am eigenen Schopf aus dem Sumpf (des Es) emporziehen.

Die Schwierigkeiten Freuds, die Entwicklung des Ichs aus dem Es verständlich zu machen, lassen sich nur ausräumen, wenn die Existenz eines Ichs *von Anfang an* postuliert wird. Zwar nicht im Sinne des Ichs der späteren Entwicklungsphasen, aber im Sinne des "Ich-Es" der *ganzen Person* (Freud 1933a, p. 538). Diese "ganze Person" bedarf keiner Triebe, um aktiv zu sein. Ihre Energie ist dadurch gegeben, dass sie *lebt*. Sie ist das *Lebewesen* des organismischen Modells. Die Notwendigkeit der Energetik in Freuds Theorie ist die Folge seines mechanistischen Ansatzes. Eine Maschine bedarf eines Antriebs, um in Fahrt zu kommen. Im selben Sinn braucht es Kräfte, die den seelischen Apparat in Tätigkeit versetzen. Von den *Trieben* stammt die "treibende Kraft, die das Fahrzeug von der Stelle bringt" (Freud 1926c, p. 292). Sie sind die "letzte Ursache jeder Aktivität" (Freud 1940, p. 11), denn sie sind selbst "immer aktiv" (Freud 1905a, p. 123 Anm.). Des weiteren hat die libidinöse Energie die Verknüpfung des psychischen Apparats mit anderen Apparaten zu leisten. Die vom Lustprinzip beherrschten Triebe "besetzen" Objekte, die ihnen die "Abfuhr" und "Entladung" der energetischen Spannung ermöglichen. Soziale Beziehungen bauen auf Triebbedürfnissen auf. Da die Energie der Triebe höchst beweglich ist, lassen sich *konstante* Beziehungen nur durch eine den Trieben auferlegte *Hemmung* erreichen (Freud 1921, p. 108, 116, 129).

Der ökonomische Gesichtspunkt ist verantwortlich dafür, dass die Psychoanalyse keine genetische Psychologie ist, denn Energie kann zwar verschoben, kanalisiert und eingedämmt werden, nie aber vermag sie *Struktur* aufzubauen. "Die verschiedenen Wege, auf denen die Libido wandelt, verhalten sich zueinander von Anfang an wie kommunizierende Röhren ..." (Freud 1905a, p. 61 Anm. 2). Die Ökonomik ist in ihrem Kern solipsistisch (Ricœur 1965, p. 494), das System, in dem die Libido fliesst, *starr*. Die einzigen Veränderungen, die es zulässt, sind Energieumsetzungen.

Der erste Schritt zur Destruktion der Freudschen Mechanik besteht darin, das Es bzw. das Ich-Es durch das *menschliche Lebewesen* zu ersetzen. Der zweite Schritt liegt in der Gleichsetzung der Energie dieses Lebewesens mit der Libido des *Eros*. Der Eros ist der "Trieb zur immer weiter strebenden Vereinigung" (Freud 1926a, p. 302). Er ist "bemüht, das Vorhandene zu immer grösseren Einheiten zusammenzufassen" (Freud 1937a, p. 386) und strebt nach der "Aufhebung der Raumgrenzen zwischen Ich und geliebtem Objekt" (Freud 1926b, p. 265). Seine Macht liegt darin, dass er "alles in der Welt zusammenhält" (Freud 1921, p. 87). Ausgestattet mit der Energie des Eros, erweist sich das Ich als Instanz der *Synthese* und *Integration*. Der "Zwang zur Synthese nimmt immer mehr zu, je kräftiger sich das Ich entwickelt" (Freud 1926b, p. 243). Die Synthese ist aber ein Charakteristikum alles Organischen, ein Merkmal von Leben überhaupt (vgl. Kapitel 6). Sie braucht keinem Dämon in einem seelischen Apparat zugeschrieben zu werden, denn sie ist mit der Tatsache, dass wir es mit einem Lebewesen zu tun haben, gegeben: *Leben ist Eros*.

Damit finden wir ein psychoanalytisches Äquivalent zu Piagets Begriff der *Assimilation*. Denn Assimilation meint ebenfalls nichts anderes als Leben. Früh schon war Piaget die Assimilation ein *definierendes* Kriterium für Leben (Chapman 1988a, p. 23). Assimilation ist die Quelle aller Organisation, die organische Grundlage des psychischen Lebens. Sie muss vom funktionellen Standpunkt aus als das "Urfaktum" schlechthin angesehen werden (Piaget 1936, p. 412). Daher erübrigt sich ein gesonderter Lebenstrieb. Eros und Assimilation bringen ganz einfach zum Ausdruck, dass wir es mit einem *Lebewesen* und nicht mit einer *Maschine* zu tun haben. Es sind identifizierende Termini. Im Rahmen des organismischen Denkens entfällt die Notwendigkeit, Aktivität zu erklären, und es entfällt die Notwendigkeit, die Verbindung eines Lebewesens mit seiner Umwelt zu erklären. Lebewesen sind immer schon aktiv und auf Objekte bezogen.

Die vorgeschlagene Revision der Freudschen Triebtheorie basiert auf den anthropologischen Vorgaben des vorangehenden Kapitels. Der Mensch ist ein *Verhältniswesen*, das intentional auf Welt bezogen ist. Wir können ihn ohne Bezugnahme auf Welt und ohne die Bedeutung, die diese für ihn hat, gar nicht verstehen. Das Subjekt ist nur dank der Welt und die Welt nur dank des Subjekts. Wir *haben* nicht Welt, wie wir einen Gegenstand besitzen, sondern wir *sind* unsere Beziehungen zur Welt. Es ist ebenso sinnlos, nach einer Erklärung dieser Bezogenheit zu fragen, wie es sinnlos ist, die Aktivität eines Lebewesens erklären zu wollen. Weshalb auch sollte ein dermassen hilfsbedürftiges Wesen wie das Menschenkind nicht *natürlicherweise* ein Verhältnis zur Umwelt haben (Bowlby 1969; Eagle 1984, p. 15ff.)? Das Kind bedarf des Zusammenhalts einer sozialen

Gruppe, um heranzuwachsen und das Potential seiner Neotenie auszuschöpfen. Menschliches Leben ist auf das Verstehen anderer *angelegt*.

Damit widersetzen wir uns einem Ursprungsdenken, das sich den Menschen lediglich *physisch* als Mensch denkt, um ihn dann sozial Mensch werden zu lassen. Wie Rousseau und Hobbes postulierte Freud einen fiktiven Naturzustand, in dem die Menschen allein auf sich bezogen lebten. Ihre Sozialität ist das Resultat eines grausigen Aktes, der sie allererst aufeinander aufmerksam werden liess. Sie haben "ihr Gewissen, das nun als vererbte Seelenmacht auftritt, am *Ödipus-Komplex* erworben" (Freud 1916, p. 253). Die Freudsche Fiktion blutrünstiger und inzestuöser Urmenschen ist genauso unwahrscheinlich wie Rousseaus Urszene solitärer, aber *friedfertiger* Menschen. Die Kultur ist ein Teil der menschlichen Natur und muss nicht gegen diese aufgebracht werden.

Sowohl Rousseau wie Freud folgen einer mechanistischen Logik, die das Elementare mit dem *Primären* gleichsetzt. Zwar räumt Freud ein, die "Feststellung des ursprünglichen Zustandes" bleibe eine "Sache der Konstruktion" (Freud 1913a, p. 389 Anm. 1), da der "Urzustand der Gesellschaft" nirgends zum "Gegenstand der Beobachtung" (ebd., p. 425) geworden sei. Doch seine Triebtheorie ist ohne die Annahme einer ursprünglich asozialen Natur des Menschen nicht denkbar. Im Lichte der Triebtheorie sind die Menschen erst sekundär - über ein grausiges Ereignis und dessen phylogenetische Niederschrift - sozial geworden. Und dasselbe spielt sich in der Ontogenese jedes einzelnen von neuem - wenn auch nur mehr in der Phantasie, d.h. *symbolisch* - ab. Demgegenüber geht das organismische Denken von der *Einheit* der menschlichen Sonderart aus. Die humanen Merkmale sind als Eigenschaften eines *Systems*, das als Ganzes zum Menschen evoluiert ist, entstanden. Was wir heute als das Elementare ausmachen, ist daher nicht mehr das Primäre. Nicht nur brauchen wir keinen Lebenstrieb, um die *Aktivität* des Lebewesens Mensch zu erklären, wir benötigen ihn auch nicht, um seine *Sozialität* zu verstehen.

Wider den Todestrieb

Wie aber steht es mit dem Todestrieb? Freud wurde durch den *Wiederholungszwang* zur "Aufspürung der Todestriebe" (Freud 1920a, p. 264) geführt. Bei seinen Behandlungen musste er erfahren, dass es Patienten gibt, die sich mit allen Mitteln gegen die Genesung wehren und durchaus an Krankheit und Leiden festhalten wollen (Freud 1937a, p. 382). Sie geben sich jede Mühe, frühere Situationen zu *wiederholen*, um an ihren gewohnten Reaktionen festzuhalten. Damit widersetzt sich der Wiederholungszwang dem Lustprinzip als Regulator des psychischen Geschehens. Trotzdem soll er Manifestation eines Triebes sein. Doch als *triebhafte* Grösse vermag der Wiederholungszwang nicht zu überzeugen. Freuds Beispiele sind in jedem Fall anders deutbar.

Der Wiederholungszwang stellt ein Stück *Schicksal* dar (Freud 1920a, p. 231f.). Es gibt Menschen, bei denen jede soziale Beziehung den gleichen Ausgang nimmt. Sie unterliegen der "ewigen Wiederkehr des Gleichen" (Nietzsche). Ebenso gibt es Menschen, die immer wieder von traumatischen Ereignissen (wie Unfällen oder Misshandlungen) träumen. Schliesslich gibt es Kinder, die in ihren Spielen Situationen wiederholen, von denen sie emotional betroffen wurden. Keines dieser Beispiele kann als Beweis für einen triebhaften Wiederholungszwang gelten.

Im Falle des Kinderspiels ist Freud selbst schwankend. "Dem Lustprinzip wird dabei nicht widersprochen ..." (Freud 1920a, p. 245). Das Spiel steht im Dienste der *Lebensbewältigung*. Was passiv erlitten wurde, soll in der Wiederholung aktiv verarbeitet werden. Im Spiel ist das Kind frei von situativen Zwängen und vermag sein Tun seinen Bedürfnissen entsprechend zu gestalten. Nichts *zwingt* das Kind, sich so oder so zu benehmen. Das gleiche gilt für die Unfallträume. Wiederum weist Freud selbst darauf hin. "Diese Träume suchen die *Reizbewältigung* unter Angstentwicklung *nachzuholen* ..." (ebd., p. 241 - Hervorhebungen W.H.). Der Träumende will das fatale Ereignis durch Wiederholung ungeschehen machen. Darin drückt sich eine Tendenz des *Ichs* aus (Schur 1966, p. 144ff.). Analoges dürfte schliesslich für das Agieren in der analytischen Situation und in menschlichen Beziehungen generell gelten. Die Wiederholung steht im Dienste der *Lebensbewältigung* und nicht im Dienste eines Todestriebes.

Damit scheint nur mehr beim *Neurotiker* wirklich klar zu sein, "dass der Zwang, die Begebenheiten seiner infantilen Lebensperiode in der Übertragung zu wiederholen, sich in *jeder* Weise über das Lustprinzip hinaussetzt" (Freud 1920a, p. 245f.). Doch müssen wir, um dies zu verstehen, einen Wiederholungszwang bemühen? Ist denn die Wiederholung des Vergangenen nicht geradezu die *Definition* der Neurose? Die Neurotiker "kommen von der Vergangenheit nicht los" (Freud 1910b, p. 59); darin liegt "einer der wichtigsten und praktisch bedeutsamsten Charaktere der Neurose" (ebd.). Eine Neurose ist aber nicht Manifestation eines Triebes, sondern Resultat eines *Konflikts*, der zur *Verdrängung* geführt hat. Diese *dynamische* Betrachtungsweise bildet den Kern der psychoanalytischen Neurosenlehre. Dann aber muss der Zwang zur Wiederholung mit den Mitteln der Verdrängungslehre begreifbar sein. Freud selbst schreibt, der Neurotiker könne "von dem in ihm Verdrängten nicht alles erinnern" und müsse statt dessen das "Verdrängte als gegenwärtiges Erlebnis ... *wiederholen*" (Freud 1920a, p. 228). Der Wiederholungszwang sei "dem unbewussten Verdrängten zuzuschreiben" (ebd., p. 230). Doch dann will er es wieder *anders herum* haben: "Das fixierende Moment an der Verdrängung ist ... der Wiederholungszwang des unbewussten Es ..." (Freud 1926b, p. 292).

Freuds Argumentation wirkt gesucht. Den Nachweis der psychischen Notwendigkeit eines triebhaften Wiederholungszwangs hat er nicht erbracht. Mit Schur ist davon auszugehen, "dass die Wiederholung als solche eine ubiquitäre biologische Erscheinung ist" (Schur 1966, p. 148). Das Leben selbst ist durch Wiederholung (Rhythmen, Zyklen, Spiralen etc.) charakterisiert. Allerdings meint Freud kaum diese *flexiblen* Formen der Wiederholung, sondern die starren und repetitiven. Doch für deren Erklärung genügt die *Abwehrlehre*. Damit stehen wir auch methodologisch besser da. Denn anders als das Konzept des Todestriebes, das Freud unumwunden als "Spekulation" bezeichnet (Freud 1920a, p. 268, 1925b, p. 84), ist die Lehre von der Verdrängung ein "Erwerb der psychoanalytischen Arbeit, auf legitime Weise als theoretischer Extrakt aus unbestimmt vielen Erfahrungen gewonnen" (Freud 1914b, p. 153). Die Abwehrtätigkeit wird ausgelöst, wenn es dem Organismus nicht mehr gelingt, sein Leben zu meistern.

Der eigentliche Gegenspieler der Lebenstriebe ist einer der Abwehrmechanismen, nämlich die *Isolierung*. "Die Isolierung ist ... Aufhebung der Kontaktmöglichkeit, Mittel, ein Ding jeder Berührung zu entziehen ..." (Freud 1926b, p. 266). Wo der Eros *Berührung* will (ebd., p. 265), da will die Isolierung *Trennung*. Darin liegt ein Kernmoment einer jeden Neurose. "Das Haupt- und Kernverbot der Neurose ist ... das der Berührung ..." (Freud 1913a, p. 319). Das Verbot geht so weit, dass es den Umfang der übertragenen Redensart "nicht in Berührung kommen" annimmt. Genau so aber wird der Todestrieb charakterisiert: als eine Kraft, die auflösen will, was der Eros zusammenhält (Freud 1930a, p. 246) und deren Hauptattribute Hass, Sadismus und Destruktivität sind (Freud 1923a, p. 307ff., 1937a, p. 386). Was bleibt dann noch für die Annahme eines Todestriebes?

So sehr Freud den Todestrieb ein spekulatives Konzept nennt, so sehr hat dieser die Funktion, eine konkrete Erfahrung verständlich zu machen, nämlich die negative Reaktion vieler Patienten auf den Heilungsversuch des Arztes. Insofern steht der Todestrieb in enger Nähe zum *Über-Ich*, das ebenfalls ein klinisches Konzept geblieben ist und die Weigerung des Patienten zur Genesung erklären soll. Freud nennt das unbewusste Strafbedürfnis den "schlimmsten Feind unserer therapeutischen Bemühung" (Freud 1933a, p. 541). Wie sehr Über-Ich und Todestrieb zusammengehören, zeigt die Äusserung, im Zustand der Melancholie sei das Über-Ich "wie eine Reinkultur des Todestriebes" (Freud 1923a, p. 319). Einmal mehr kommt der Kliniker Freud dem Theoretiker Freud in die Quere. Und einmal mehr übernimmt das Pathologische die Aufgabe, das Normale verständlich zu machen. Aber Freuds Spekulationen um den Todestrieb vermögen nicht zu überzeugen. Sie lassen sich theoretisch sparsamer begreifen, nämlich im Rahmen der *Abwehrlehre*.

Eine andere Erklärung für den Todestrieb, eine Identifizierung des Lebenstriebes mit dem Leben selbst, und wir stehen in einer veränderten Landschaft. In dieser Landschaft stossen wir auch auf Piaget. Von Freud her ist das organismische Denken durchaus erreichbar. Es bedarf keiner Vergewaltigung der Psychoanalyse, um Anschluss an die genetische Psychologie zu finden. Zurecht sieht Kaplan zwischen der Psychoanalyse und dem organismisch-entwicklungspsychologischen Ansatz eine *Familienähnlichkeit* (Kaplan 1967, p. 65).

Doch haben wir nicht zuviel gewonnen? Sind uns nicht wesentliche Aspekte der Psychoanalyse verlorengegangen? Ist mit unserer Kritik der Trieblehre nicht das Es, dieser wahrhaftige Urgrund der Freudschen Tiefenpsychologie, auf der Strecke geblieben? Wenn wir die Trieblehre revidieren, dann kommen wir nicht darum herum, das Es zu entzaubern. Seine Verdinglichung zu einer psychischen *Instanz* ist unbefriedigend (Eagle 1984; Holt 1972; Schafer 1976). Damit ist nichts gegen seine *deskriptive* Verwendung gesagt. Wenn Freud das Individuum ein "psychisches Es, unerkannt und unbewusst" (Freud 1923a, p. 292) nennt, dann spricht auch er in einer beschreibenden Sprache. Er will darauf hinweisen, dass wir in unserem Leben *gelebt* werden und sich unser Ich wesentlich *passiv* verhält. "Das unpersönliche *Es* schliesst sich unmittelbar an gewisse Ausdrucksweisen des normalen Menschen an. 'Es hat mich durchzuckt', sagt man; 'es war etwas in mir, was in diesem Augenblick stärker war als ich.' *'C'était plus fort que moi.'*" (Freud 1926c, p. 287). Das Es erscheint als *phänomenologische* Grösse, und als solche sollten wir es auch behandeln. Im wesentlichen ist es ein Etikett für Erfahrungen, die (1) unseren Körper, (2) Widerfahrnisse im allgemeinen und (3) ichfremde Erlebnisse (Gefühle der Selbstentfremdung) betreffen.

Die Erfahrung von Passivität und Fremdheit gehört wesentlich zum menschlichen Leben. Wir stehen nicht nur in einer handelnden, sondern auch in einer *leidenden* Beziehung zur Welt (vgl. Kapitel 6). Und dies gilt für *alle* unsere Weltbezüge, für die Innenwelt des Körpers genauso wie für die Aussenwelt der Dinge und Personen. Überall kann uns etwas *geschehen* oder *widerfahren*. Die ersten beiden Verwendungsweisen des Es als deskriptive Kategorie sind mit dem organismischen Denken problemlos vereinbar. Einer ausführlicheren Diskussion bedarf die dritte Verwendung, das Es als Etikett für Gefühle der *Selbstentfremdung*. Gefühle, Leidenschaften, Bedürfnisse, Erlebnisse etc. erscheinen uns normalerweise nicht als ichfremd. Selbst Triebe, falls es sie denn gibt, sind uns nicht a priori fremd (Eagle 1984, p. 142ff.)[1]. Wie also werden wir uns selbst fremd? Die Frage verweist auf die *genetische* und *pathologische* Seite des Menschseins. Wenn nämlich unter normalen Umständen Gefühle der Selbstentfremdung *nicht* auftreten, dann müssen sie *entstehen*. Tatsächlich führt uns die dritte Bedeutung des Es zurück zum praktischen Problem Freuds, nämlich zur Frage der *Pathogenese*. Beantworten können wir die Frage nur, wenn wir etwas klarer sehen, was im Rahmen des organismischen Denkens *Entwicklung* heisst.

---

[1] Anna Freud spricht von Triebregungen, die den "ihnen wesensfremden Instanzen ... missfallen", auf dass sie "feindliche Einfälle ins Ich" unternehmen (A. Freud 1936, p. 10). Die Behauptung einer ursprünglichen *Feindschaft* zwischen Es und Ich ist vielleicht die am wenigsten plausible These der Psychoanalyse. Welchen biologischen Sinn sollte eine solche Feindschaft haben? Sie entspräche einer "vorprogrammierten" Lähmung der menschlichen Aktivität.

Entwicklung als normativer Begriff

Organismen weisen eine organisationelle Geschlossenheit und eine funktionelle Offenheit auf. Offene Systeme halten sich in einem "Fliessgleichgewicht", das den physischen Wechsel ihrer Teile überdauert. Ein Fluss oder eine Flamme sind in diesem Sinne offene Systeme, die ihre Identität wahren, obwohl ihr materielles Substrat permanent wechselt. Allerdings weisen weder Fluss noch Flamme eine reflexive Differenzierung auf. Dagegen ist für *Lebewesen* charakteristisch, dass sie sich nicht nur selbst *stabilisieren*, sondern auch selbst *organisieren*. "While the ... property of self-stabilization allows the system to resist perturbations and return to some steady-state parameter, adaptive self-organization is a reorganization that alters the forces and parameters within the system when it is subjected to the action of new constants in the environment" (Sameroff 1983, p. 267). Piagets Begriff der Äquilibration entspricht dieser Idee der Selbstorganisation. Organismen sind Systeme, die ihre Struktur nicht nur bewahren, sondern *optimieren*.

Vor allem zwei Arten von Veränderung dienen dem Entwicklungsbegriff als Vorbild: die *Epigenese* (der Embryonen) und die *Phylogenese* (der Arten). Auf die Bedeutung der Evolution für Piagets Denken haben wir bereits hingewiesen (vgl. Kapitel 5). Piaget hat die kognitive Entwicklung ebenso im Lichte der Phylogenese wie in demjenigen der Epigenese gesehen. Die Intelligenzentwicklung war ihm eine "Embryologie des Geistes" (Piaget 1952, p. 26, 1967, p. 14), ein Teil der Epigenese, "welche von den ersten embryonalen Stadien zum Erwachsenen-Zustand reicht" (Piaget 1970a, p. 82). Der Grund für die starke Betonung des epigenetischen Charakters der kognitiven Entwicklung dürfte darin liegen, dass für die genetische Psychologie die *Integration* der kognitiven Funktionen (zu operativen Ganzheiten) von zentraler Bedeutung ist. Anders als die Phylogenese, bei der lediglich eine *Differenzierung* (der Arten) festgestellt werden kann, wird die Epigenese von Differenzierung *und* Integrierung bestimmt.

Die Embryologie bildet auch die Grundlage für das *orthogenetische Prinzip*, wie es Werner und Kaplan formuliert haben: "... wherever development occurs it proceeds from a state of relative globality and lack of differentiation to a state of increasing differentiation, articulation, and hierarchic integration" (Werner 1957, p. 126; Werner & Kaplan 1956, p. 866). Piaget schliesst sich dieser *Definition* von Entwicklung an (Piaget 1967, p. 72). Assimilation und Akkommodation meinen letztlich dasselbe wie Integration und Differenzierung - allerdings mit dem wesentlichen Unterschied, dass das orthogenetische Prinzip *regulativ* und *heuristisch* gemeint ist, während Assimilation und Akkommodation *funktionale* und *explikative* Prozesse darstellen. Differenzierung und Integrierung entsprechen zwei Grundmodalitäten des Lebens, die Bakan "agentisch" und "vereinigend" nennt. Differenzierung ist ein agentischer Prozess, der zu

Trennungen führt, während Integrierung ein vereinigender Prozess ist, der die Verbindung des Getrennten bewirkt (Bakan 1966, p. 152).

Die Definition von <u>Entwicklung als Differenzierung und Integrierung</u> kommt einer *Gegenstandsbestimmung* der Entwicklungspsychologie gleich. Kaplan insistiert daher auf der *Normativität* des Entwicklungsbegriffs (Kaplan 1967, p. 82ff., 1983a, 1983b). Entwicklung ist ein *idealer* Prozess, "a manner of looking at phenomena ... rather than merely a particular phenomenon in itself" (Kaplan 1967, p. 84). Die Bedeutung von Entwicklung (Integrierung und Differenzierung) ist verschieden von den Fakten der Ontogenese (Veränderung in Abhängigkeit von Zeit). Entwicklung gehört zu den metatheoretischen Begriffen des organismischen Denkens[2]. Im Rahmen des Cartesianismus kann keine Entwicklungstheorie formuliert werden (Feffer 1982). Wir können nicht feststellen, ob Entwicklung stattgefunden hat, solange wir nicht wissen, was unter Entwicklung zu verstehen ist. Wenn Entwicklung nur *Veränderung* wäre, dann gingen wir über den mechanistischen Rahmen einer behavioristischen Psychologie nicht hinaus. Dann liesse sich Entwicklungspsychologie als *Lernpsychologie* betreiben (wie bei Baer 1976).

Fraglich ist jedoch, worin die Normativität des Entwicklungsbegriffs bestehen soll. Kaplan setzt Differenzierung und Integrierung als Kriterien an, spricht aber auch von *Perfektionierung* und *Befreiung*: "... development pertains to a movement toward increasing liberation from bondage and the perfecting of human beings. ... (It) is an ideal movement toward freedom, autonomy, individuation, liberation from the various forms of bondage, external and internal" (Kaplan 1983a, p. 188f., 192). Damit werden verschiedene Kriterien für Entwicklung verwendet: *formale* (Differenzierung und Integrierung) und *inhaltliche* (Befreiung von inneren und äusseren Zwängen). Auch Piaget benutzt letztlich diese *beiden* Kriterien. Der Zielzustand, dem die Intelligenzentwicklung zusteuert, ist *inhaltlich* definiert als das "heute akzeptierte wissenschaftliche Denken" und bedeutet - wie bei Kaplan - Befreiung von raum-zeitlichen Bindungen. Daneben ist die kognitive Entwicklung auch ein *formaler* Prozess der Differenzierung von Substrukturen (Akkommodation) und ihrer Integration zu neuen Ganzheiten (Assimilation). Doch lässt sich damit schon von "Perfektionierung" sprechen?

Entwicklung im Lichte der Phylogenese

Piaget, Kaplan und Werner ebenso wie Erikson und Loevinger denken zusehr von der *Epigenese* und zuwenig von der Phylogenese her. Doch

---

[2] Kaplan nennt die Entwicklung einen Mythos (Kaplan 1983b, p. 59). Wie der Strukturbegriff (vgl. Kapitel 6), ist der Begriff der Entwicklung ein metatheoretisches Konstrukt des organismischen Denkens. Was nur konsequent ist, wenn wir an Piagets *genetischen* Strukturalismus denken.

bereits die Epigenese lässt verschiedene Entwicklungswege zu. Der Genotyp einer Art ermöglicht verschiedene Phänotypen, die das Resultat von *Transaktionen* zwischen Erbgut und Umwelt sind. Für die Gene ist bereits der Organismus Umwelt, so dass die Epigenese als eine komplexe Abfolge von Wechselwirkungen zwischen Genom, Organismus und Umwelt erscheint (Kitchener 1978; R. Lerner 1980; Lerner & Kauffman 1985, p. 321ff.; Weiss 1969). Trotzdem ist das Modell der Epigenese vergleichsweise präformistisch (Kitchener 1978).

Im Gegensatz zur Epigenese ist die *Phylogenese* nicht vorherbestimmt. Die Pfade der Evolution sind offener als jene der Embryonalentwicklung. In der Phylogenese ist auch kein *terminus ad quem* ersichtlich. Die Evolution hat kein Telos; ihr "Ziel" lässt sich allenfalls im nachhinein feststellen. Damit kann die Evolution auch kein Weg zur Perfektion sein (Sameroff 1983, p. 255). Die Phylogenese ist zwar ein *Prozess*, doch ihr regulatives Prinzip, die Anpassung, ist es nicht. Ein Tier ist seiner Umwelt entweder angepasst oder nicht. "Progress, therefore, cannot be directly related to the concept of adaptation since the paramecium and the cockroach may be better adapted to *their* environments than human beings are to *theirs*" (ebd., p. 259 - Hervorhebungen W.H.). Die Anpassung ist deshalb kein Prozess, weil die Umwelt nicht *vor* den Transaktionen zwischen Organismus und Umwelt besteht. Das Organismusmodell schliesst gerade diese cartesianische Auffassung der Evolution aus (Levins & Lewontin 1985, p. 67ff., 97ff.; vgl. auch Kapitel 5). Organismus und Umwelt stehen *immer schon* in Beziehung zueinander. Lebewesen schaffen sich ihre Umwelt im selben Mass wie sie von ihrer Umwelt "geschaffen" werden. Die Anpassung ist daher keine Frage der Gradualität; sie kann weder *besser* noch *schlechter* noch *perfekt* sein. Zwar ist die Evolution nicht ohne Tendenz. "Life moves toward incorporating more and more of its environment into itself and toward reducing the effects of external perturbations" (Sameroff 1983, p. 288). Werner spricht von der "Richtung" der Evolution, Piaget von deren "Vektion". Aber Richtung und Vektion sind nicht gleich Perfektionierung.

Der Begriff der Entwicklung sollte so offen wie möglich gehalten werden, damit er die empirische Analyse ontogenetischer Veränderungen nicht beengt. Auch wenn er eine normative, ja eine "moralische Kategorie" (Ulich 1986, p. 21) ist, sollten wir ihn nicht normativ aufblähen. Es ist verständlich, dass Piaget für *seine* Analyse der kognitiven Entwicklung eine *strenge* Norm gewählt hat. Die Tatsachenfragen, die die genetische Psychologie zu beantworten hat, ergeben sich aus der Problemstellung einer Erkenntnistheorie, die die Entstehung des "heute akzeptierten wissenschaftlichen Denkens" (Piaget 1970c, p. 24) erklären will. Aus der Norm des wissenschaftlichen Denkens folgt jedoch nicht, dass die Intelligenzentwicklung *epigenetisch* (und damit weitgehend präformistisch) verläuft. Vielleicht verläuft sie eher im Sinne der Phylogenese (mit einer Vielzahl potentieller Entwicklungspfade), wird aber im Raum der menschlichen Beziehungen in ihren Möglichkeiten begrenzt. Unter den Bedingungen einer für die Entfaltung des wissenschaftlichen Denkens optimalen Umwelt erscheint die kognitive Entwicklung als "mentale Embryologie" (Piaget).

Meine Skepsis gegenüber einem epigenetisch verengten Entwicklungsbegriff ist auch methodologisch begründet. Der Erkenntnisgewinn einer wissenschaftlichen Untersuchung ist immer relativ zu den Voraussetzungen, die bei der Problemformulierung und im Forschungsprozess gemacht werden. Im Falle der experimentellen Forschung beispielsweise wird die phänomenale Vielfalt eines Gegenstandes soweit reduziert, dass die Wirklichkeit nur noch im Rahmen der Forschungsfrage "zur Sprache" kommen kann. Experimente basieren auf einer *Realitätsverengung* und geben ausschliesslich Antworten auf die im Forschungsdesign materialisierten Hypothesen (Holzkamp 1977, p. 8ff.). Dadurch gewinnt die Forschung eine *tautologische* Struktur. Es kann nur das an Erkenntnis erzielt werden, was an Erkenntnis*möglichkeit* in das Forschungsdesign hineingelegt worden ist.

Diese "Logik der Forschung" gilt auch für andere methodische Verfahren. Die von Piaget favorisierte "Kompetenzmethode" (Broughton 1981, p. 211) ist ebenfalls darauf verwiesen, ihre Kategorien an die Äusserungen der Probanden *heranzutragen*, da nur so die Kompetenz eines Individuums - im Unterschied zur Performanz - manifest werden kann. In der klinischen Forschung kann die durch Problemstellung, Theorie und Methode vollzogene Realitätsverengung genausowenig aufgebrochen werden wie in der experimentellen Forschung. Die empirischen Analysen der genetischen Psychologie können zwar bestätigen, dass die kognitive Entwicklung einen bestimmten Verlauf nimmt, doch die Möglichkeit *anderer* Entwicklungsverläufe wird damit nicht ausgeschlossen (vgl. Kapitel 5)[3].

Zum Verständnis von Entwicklungsprozessen und für die *Definition* des Entwicklungsbegriffs ist die Berücksichtigung epigenetischer, ontogenetischer und phylogenetischer Abläufe *gleichermassen* notwendig. Während die Embryologie die Prozesse von Differenzierung und Integrierung verdeutlichen kann, gibt die Evolutionstheorie Einblick in das transaktionale Wechselverhältnis von Organismus und Umwelt. Im Lichte der Phylogenese ist die menschliche Entwicklung ökologisch und *kontextuell*. Der Kontextualismus ist daher keine Alternative zum Organismus-Modell (wie Labouvie-Vief & Chandler 1978 annehmen), sondern ein Bestandteil des organismischen Denkens (Chapman 1988b; Lerner & Kauffman 1985). "Phylogenetisch" gesehen, ist der Säugling seiner Umwelt genausogut angepasst wie der Erwachsene. Die Differenz zwischen einem Säugling und einem Erwachsenen ist keine Differenz zweier verschieden entwickelter *Individuen*, sondern eine Differenz zweier *Organismus-Umwelt-Systeme*. Mit der Veränderung der Umwelt verändert sich das Individuum und umgekehrt.

---

[3] Das ist auch der Grund, weshalb weder der Behaviorismus noch die Psychoanalyse endgültige Aussagen über den Menschen machen können. Auch die Skinner-Box ist gegenüber der operanten Verhaltensanalyse tautologisch, und das psychoanalytische Setting ist es gegenüber der psychoanalytischen Theorie.

Vielleicht kann uns das Beispiel von Mr. Chance nochmals helfen zu verstehen, worum es geht. Obwohl seine sozialen Beziehungen objektiv gesehen im Ungleichgewicht sind, da er von seinen Interaktionspartnern systematisch missverstanden wird, befindet sich Chance subjektiv gesehen keineswegs im Ungleichgewicht, da er sich verstanden fühlt. Menschen sind ihrer Umwelt angepasst, wenn ihnen andere als "Hilfs-Ich" zur Seite stehen und ihre Schwächen kompensieren. Entwicklung ist daher kein Prozess der *zunehmenden* Anpassung, sondern ein Prozess der Verschiebung von lebenserhaltenden Funktionen vom "Hilfs-Ich" (Umwelt) aufs Ich (Individuum) durch Prozesse der Internalisierung.

Wenn die Entwicklung trotzdem so dargestellt wird, als entspräche sie einem Prozess der immer *besseren* Anpassung an eine unabhängig vom Individuum bestehende Umwelt, dann ist diese Sicht *erstens* eine Sicht von aussen und *zweitens* eine normativ begründete Sicht. Von aussen gesehen ist Chance seiner Umwelt *nicht* angepasst, weil wir von einem Erwachsenen erwarten, dass er sich nicht in einem egozentrischen Wahnsystem bewegt. Damit argumentieren wir "epigenetisch". Ein wesentlicher Unterschied zwischen einer phylogenetischen und einer epigenetischen Betrachtungsweise besteht darin, dass im Falle der Epigenese ein *Endpunkt* der Entwicklung gesetzt werden kann, während dies bei phylogenetischen Abläufen nicht möglich ist (Herzog 1988b). Die Phylogenese ist nur *rekonstruierbar*, während die Epigenese auch *prognostizierbar* ist, da wir uns an *vergangenen* Epigenesen orientieren können. Der Endpunkt einer Epigenese kann als Telos gesetzt werden, um die Analyse von Entwicklungsprozessen zu leiten. Unschwer mögen sich dann auch *Stufen* - im strengen Sinne von Piagets Stufen der Intelligenzentwicklung - feststellen lassen. Doch um den Entwicklungsbegriff zu *definieren*, ist der Stufenbegriff genausowenig notwendig wie die Idee der Epigenese. Der Stufenbegriff bildet keinen notwendigen Bestandteil des organismischen Denkens (Gruber & Vonèche 1977, p. xxvif.; Kuhn 1983, p. 99ff.)[4].

Entwicklung und Zeit

Entwicklung ist ein Geschehen, das in der Zeit abläuft. Jede *Veränderung* geschieht ebenfalls in der Zeit. Veränderungen aber betreffen ausschliesslich quantitative Abläufe, während Entwicklungsprozesse qualitativen Charakter haben. Die Zeit der Entwicklung ist daher eine *gerichtete* Zeit.

---

[4] Piaget hat durchaus einen liberalen Stufenbegriff anerkannt. So betonte er, dass man im Bereich der Entwicklung von Wahrnehmung und Sprache "eine völlig andere, weit grössere Kontinuität (beobachtet) als im Bereich der logisch-mathematischen Operationen" (Piaget 1972a, p. 46). Ebenso kann man bei der moralischen Entwicklung "nicht von Gesamtstadien sprechen, die durch Autonomie oder Heteronomie charakterisiert werden, sondern nur von Phasen der Heteronomie und Autonomie" (Piaget 1932, p. 107). "The stages of intellectual operations constitute a privileged case from which we cannot generalize to other domains" (Piaget 1955, p. 814).

Wenn es Entwicklung nur im Rahmen des organismischen Denkens gibt, dann auch deshalb, weil die Zeit der Mechanik reversibel, die Zeit der Organik aber irreversibel ist. Zwar dringt mit dem zweiten thermodynamischen Hauptsatz der Zeitpfeil auch in die materielle Wirklichkeit ein, doch ist der Physik die Zeitrichtung mit dem *Abbau* von Ordnung verbunden ("Wärmetod"). Leben aber baut Ordnung *auf*. Das zeigt gerade die Entwicklung der Lebewesen. Als Prozess der Differenzierung und Integrierung ist Entwicklung *per definitionem* Aufbau von Struktur. Man ist versucht, der Zeit eine schaffende Kraft zuzumessen. Doch in Wahrheit ist es umgekehrt: das Leben schafft Zeit.

Es gäbe keine Zeit, wenn sich alles gleich bliebe. Blosse Veränderung genügt nicht, um der Zeit eine Richtung zu geben. Deshalb wird die Zeit erst im Kontext phylogenetischer und historischer Abläufe real. Die Zeit der Organismen trennt nicht ein Jetzt von einem Nicht-Jetzt, sondern unterscheidet Vergangenheit, Gegenwart und Zukunft. Mögen Entwicklungsprozesse von innen determiniert sein, von aussen erscheinen sie ungewiss. Der Mensch, dem die Struktur der Zeit bewusst werden kann, ist sich selbst gegenüber in der Situation des Phylogenetikers, der die Zukunft nur unvollkommen vorherzusehen vermag.

Sobald die Zeit als blosse *Ordnungsgrösse* behandelt wird, wie im cartesianischen Denken, verkommt die Entwicklung zum präformierten Ereignis. Wie die Entfaltung einer Schriftrolle eine blosse "Auswicklung" ist, hat die Entwicklung, verstanden als Veränderungsreihe, nichts mit der Entstehung von Neuem zu tun. Sie ist Veränderung in Abhängigkeit von Zeit - nicht mehr (Kessen 1960; Schaie 1965). Als *methodische* Grösse korrespondiert die Zeit dem Begriff der Epigenese. Im "Embryomodell" (Loevinger) lassen sich Anfang und Ende eines Entwicklungsprozesses überblicken. Im Falle der Phylogenese ist dies weit weniger möglich. Die Phylogenese ist ein *offener* Prozess, dessen Richtung oder gar Endpunkt nicht erkennbar ist. Die Zeit der Evolution ist keine Ordnungsgrösse, sondern ein Merkmal dieser selbst.

Im mechanistischen Weltbild bestimmen die gegenwärtigen Bedingungen den zukünftigen Zustand eines Systems auf unumstössliche Weise. Die Zukunft hat denselben Status wie ein entfernter *räumlicher* Zustand: Sie ist uns lediglich verborgen. Wäre unser Wissen vollkommen, so hätten wir den Überblick über die Dinge und würden die Zukunft genauso kennen wie die Vergangenheit. In einer mechanischen Welt kann unser Handeln nichts bewirken, denn alles, was wir tun, ist determiniert. Der Überblick ermöglicht eine Psychologie vom göttlichen Standpunkt (vgl. Kapitel 6). Wir haben gesehen, wie Skinner und Freud menschliches Verhalten von der Vergangenheit her erschliessen (vgl. Kapitel 3). Das Verhalten wird determiniert von Ereignissen, die bereits stattgefunden haben. Etwas *Neues* kann nicht eintreten, da die Zukunft mit der Vergangenheit übereinstimmt. Bei Skinner haben wir aber auch gesehen, wie das mechanistische Denken ins Wanken gerät, sobald die Zeit als *reale* Grösse ernst genommen wird (vgl. Kapitel 2).

Anerkennen wir die Realität der Zeit, dann akzeptieren wir die Existenz *irreversibler* Prozesse und die (relative) *Offenheit der Zukunft*. Die Zukunft ist nicht mehr unserer Unkenntnis wegen ungewiss, sondern weil zukünftige Ereignisse nicht notwendig, sondern bloss *möglich* sind (Picht 1971). Insofern gehören qualitative Zeit und menschliches *Handeln* zusammen, denn handeln lässt sich nur in einer Welt, die nicht völlig determiniert ist (Shotter 1984, p. 45). Im Handeln überführen wir die reversible Welt der Möglichkeiten in die irreversible Welt der Tatsachen. Auch damit wird deutlich, weshalb Piaget seine Theorie in der Sprache der Handlungspsychologie geschrieben hat. Denn Piaget ging es genau darum, verständlich zu machen, weshalb *Neues* entstehen kann. "Comment est-il possible d'atteindre du nouveau? C'est peut-être ça mon problème central" (Piaget 1977a, p. 39).

Dadurch, dass in der Entwicklung Neues entsteht, vermag sich das Individuum von seiner Vergangenheit zu lösen. Anders als bei Freud, wo die Vergangenheit unumstössliches Schicksal ist, kann bei Piaget das Vergangene überwunden werden. "Man muss nämlich darauf hinweisen, dass jede neue geistige Struktur, wenn sie die früheren integriert, das Individuum zum Teil von seiner Vergangenheit zu befreien und neue Aktivitäten in Gang zu setzen vermag, die auf der ... Stufe (der formalen Operationen, W.H.) grundsätzlich auf die Zukunft gerichtet sind" (Piaget & Inhelder 1966, p. 110). Entwicklung und Handlung sind affine Begriffe, die zum Ausdruck bringen, dass es *Neues* gibt in unserer Welt und nicht nur Variationen des Immergleichen. Während die Entwicklung grössere Zeiteinheiten umfasst, ist die Handlung auf kleinere Zeiträume beschränkt. Handlung ist Entwicklung im kleinen. Sie kann als Grundeinheit der entwicklungspsychologischen Theorie betrachtet werden.

Entwicklung und Handlung

Inwiefern ist die Handlung Grundeinheit der entwicklungspsychologischen Theorie? Um diese Frage zu beantworten, müssen wir uns nochmals mit dem *Handlungsbegriff* auseinandersetzen. Während eine Handlung im weltlosen Raum des Denkens entworfen wird, ist das Handeln selbst welthaft und lässt uns die Widerständigkeit der Dinge erfahren. Handlungen sind daher untrennbar von *Widerfahrnissen*. Ein reines Handeln, das nie etwas bemerken würde von der "Handfestigkeit" der Welt, gibt es nicht (Kamlah 1973, p. 34ff.; Piaget 1970a, p. 65). Wir "be-handeln" die Welt nicht nur, wir "er-leiden" sie auch. Handeln und Leiden sind ineinander verzahnte Begriffe (Taylor 1986a, p. 199).

Wer handelt, anerkennt die Handlung als seine Leistung (Kaulbach 1982, p. 84)[5]. Handlungen sind *willentlich*. Man kann zum Handeln *auf-*

---

[5] Bei Kant heisst es, der Mensch habe "das Vermögen, einen Zustand *von selbst* anzufangen" (Kant 1781, p. 488).

gefordert werden und *sich selbst* dazu auffordern. Riedel nennt die Aufforderung einen praktischen Elementarbegriff. "'Handeln' und 'Auffordern' sind Wechselbegriffe, so dass wir sagen dürfen: Ein Verhalten, zu dem aufgefordert wird, heisst im allgemeinen 'Handeln', wie umgekehrt 'Handlungen überhaupt' als Ausführung der Regel von Aufforderungen 'verstehbar' sind" (Riedel 1979, p. 36). Ähnlich meint Dux, in der Aufforderung liege die empirische Basis des Sollens. Die "auffordernde Erwartung" mache den Unterschied zwischen humanen und subhumanen Organisationsformen aus (Dux 1986, p. 127). Insofern der Handelnde sich *selbst* zum Handeln auffordert, hat das Handeln den Charakter der *Reflexivität*. Die Reflexivität der Handlung ist jedoch eine andere als diejenige des Bewusstseins. Das Bewusstsein ist weltlos, während der Handelnde immer wieder den Durchgang durch die Welt machen muss, um sich selbst zu erreichen.

Handlungen kommt ein *Wissen* um ihren hypothetischen Verlauf zu. Deshalb können sie geplant und verworfen werden. Über die Ausführung von Handlungen wird *entschieden*, wobei zur Freiheit der Entscheidung gehört, dass auch *nicht* gehandelt wird. Die Entscheidung für oder gegen eine Handlung wird *begründet*. Gründe machen Handlungen oder Unterlassungen verständlich. Das *Verstehen* einer Handlung basiert auf einer *Interpretation* (Lenk 1979), die Bezug nimmt auf das Wissen und den Willen des Handelnden. Wir verstehen eine Handlung dann, wenn wir die Intention des Handelnden mit den Möglichkeiten, die ihm zur Verwirklichung der Intention zur Verfügung stehen, in Verbindung bringen. Die Handlungsdeterminante ist "eine charakteristische Verbindung einer volitiven ... und einer kognitiven Einstellung des Handelnden; die Verbindung einer *Absicht* mit einer *Ansicht*, wie man es auch kurz ausdrücken könnte" (von Wright 1979, p. 418). Allerdings werden Handlungen mittels Intentionen nicht *erklärt*, sondern lediglich *verstanden* (vgl. Kapitel 3). Dasselbe gilt für den Willen. Der Wille ist keine Handlungsursache, sondern ein Terminus, der Handlungen *identifiziert* (Kambartel 1989, p. 97f.; Wittgenstein 1953, p. 194f.).

Das Ergebnis einer Handlung besteht in einer Veränderung der Wirklichkeit, kann aber auch in der Verhinderung einer Veränderung liegen. Handeln ist ein "wissentlich-willentliches Tun oder Lassen" (Höffe 1979, p. 617). Wie der Wille gehören Veränderung und Bewahrung zur Handlung und sind *logisch*, nicht kausal mit ihr verbunden (von Wright 1971, p. 87). Die Einheit der Handlung kommt nicht durch die *ursächliche* Verbindung ihrer Phasen zustande, sondern durch deren Subsumtion unter die gleiche Intention. "Zwischen einer Handlung und ihrem Ergebnis besteht ein *innerer* Zusammenhang ... Wenn das Ergebnis nicht zustande kommt, ist die Handlung nicht vollzogen worden" (ebd., p. 70 - Hervorhebung W.H.). Das schliesst nicht aus, dass Handlungen *scheitern*, dass z.B. das Drücken des Knopfes der Hausglocke nicht zum Klingeln führt, weil die Batterie leer ist. Dann ist es beim *Versuch* der Handlung geblieben.

Handlungen werden aus zwei Perspektiven erschlossen: der Perspektive davor und der Perspektive danach (Schütz 1932, p. 74ff.). Handlungen existieren nur in der Einheit dieser doppelten Betrachtungsweise. Eine nur geplante oder nur beabsichtigte Handlung ist keine wirkliche Handlung. Das Handeln lässt sich nicht in Absicht und Erfolg auseinanderreissen (Herzog 1988c).

In ihrer zeitlichen Gestalt können Handlungen historisch gedeutet werden (Kaulbach 1982, p. 84ff.). Sie zerfallen in verschiedene "Epochen": eine Epoche der *Planung*, eine Epoche der *Ausführung* und eine Epoche der *Analyse*. In der ersten Epoche entwirft der Handelnde einen skizzenartigen Verlauf der Handlung. Er legt sich ein Modell zurecht, das "mit der unendlichen Kompliziertheit der wirklichen Welt nicht Schritt hält" (ebd., p. 97). Die zweite Epoche, die Ausführung der Handlung, konfrontiert den Handelnden mit den Realbedingungen des menschlichen Lebens. Der Standpunkt der Planung und derjenige der Ausführung "sind zueinander inkommensurabel, weil der planende Verstand prinzipiell von vielen Bedingungen der wirklichen Handlungswelt ab-sieht, denen derjenige, der mit seiner Handlung Ernst macht, gerecht werden muss" (ebd., p. 100). Die Begrenztheit der planenden Vernunft ist *prinzipieller* Natur und ein anthropologisches Faktum. Nur ein göttlicher Verstand wäre in der Lage, *alle* Bedingungen einer konkreten Handlung zu kennen.

Das Gelingen einer Handlung bedeutet einen Gewinn an *Kompetenz*. Der Handelnde *versteht* sich nun auf ein Handeln dieser Art und fühlt sich in seinem Ich gestärkt. Die dritte Epoche der Handlung führt daher zu *Selbsterkenntnis*. Von keiner früheren Epoche aus ist dies möglich, schon gar nicht von derjenigen der Planung, aber ebensowenig von derjenigen der Ausführung aus, denn die letztere bedeutet ein Versenktsein in die Verwirklichung der Handlung, welche zugleich eine Selbstverwirklichung ist (Kaulbach 1982, p. 108). Der Mensch muss gehandelt *haben*, um sich selbst zu finden. Nur die *vollzogene* Handlung ermöglicht es ihm, sich zu erkennen. Im Denken gibt es kein Selbstbewusstsein. "In dem Masse, in dem das Ich die äussere Welt inkorporiert, hat es kein Bewusstsein von sich selbst, weil das Bewusstsein vom Ich von den Widerständen der Objekte und der anderen Personen abhängig ist" (Piaget 1945, p. 256). Das Individuum muss sein Leben *führen*, will es sich seines Selbst bewusst werden.

Das gilt nicht nur für das *Gelingen*, sondern auch für das *Scheitern* von Handlungen. Die Struktur der Handlung entspricht der Struktur der *Erfahrung*. Und darin liegt ihre entwicklungspsychologische Bedeutung. Im Handeln *erfahren* wir die Welt und werden motiviert, unsere Weltbezüge zu *verbessern*. Die Inkommensurabilität von Handlungsplanung und -ausführung, die erst im *faktischen* Handeln im vollen Ausmass bewusst werden kann, konfrontiert den Handelnden mit sich selbst. Durch die Deutung seiner Handlung verschafft er sich eine *Identität*. "Er bedient sich von dem *nach* der Handlung erreichten Stande des Denkens und Willens aus einer Perspektive, die es ihm ermöglicht, deutend Identität herzustellen"

(Kaulbach 1982, p. 103 - Hervorhebung W.H.). Die Handlungsgeschichte wird retrospektiv anders überblickt als prospektiv. Während die Handlung *vor* ihrer Ausführung hypothetisch war und nur eine *mögliche* Identität umschreiben konnte, ist sie *nach* der Ausführung faktisch und bildet die Grundlage für eine *wirkliche* Identität. Das auf sein Handeln reflektierende Ich befindet sich in der Lage des Phylogenetikers, der die Abfolge einer zeitlichen Ereignisgestalt rekonstruiert. In der Reflexion unserer Handlungen schaffen wir den biographischen Zusammenhang unserer Subjektivität.

Das Es, rekonstruiert

Nach der Klärung des Entwicklungbegriffs wenden wir uns nochmals dem Es in der Bedeutung als Etikett für *Selbstentfremdung* zu. Ein Organismus entwickelt sich durch Differenzierung und Integrierung. Er zeigt eine "unaufhaltsam fortschreitende Vereinheitlichung des Seelenlebens" (Freud 1921, p. 98), ohne dass wir dafür einen *Trieb* ansetzen müssen. Weshalb sagen wir dann nicht, *ursprünglich* sei das Ich, das sich durch Entwicklung differenziert und unter ungünstigen Bedingungen das Es als *ichfremden Selbstanteil* hervorbringt?

Psychische Struktur entsteht nach psychoanalytischer Auffassung durch Identifizierung und Verinnerlichung. Identifizierung kann aber die Entstehung des Ichs nicht erklären. Sie betrifft auch nicht das Ich, sondern das *Selbst*. Der Identifizierung (Integrierung) muss eine *Differenzierung*, d.h. eine *Erkenntnis* vorausgehen. Erst danach ist eine Verinnerlichung im psychologischen Sinn möglich (vgl. Kapitel 6)[6]. Die Identifizierung entspricht einer Verschiebung der Grenzen zwischen Selbst und Objekt. Durch Identifizierung "(nehmen) Selbstimagines Züge von Objektimagines an" (Jacobson 1964, p. 57)[7]. In diesem Sinne liegen die "Übergangsobjekte" (Winnicott) der frühen Lebensjahre an der Grenze von Selbst und Objekt und kündigen eine Grenzziehung innerhalb der "repräsentationalen Welt" an. Übergangsphänomene gibt es immer dann, wenn eine neue Stufe der Entwicklung erreicht wird und eine neue Grenzziehung im Begriff ist, sich zu etablieren (Feffer 1982, p. 30f.; Kegan 1982, p. 160ff. Tab. 7).

Damit gewinnen die Sätze Freuds, die "Ichveränderung" entspreche einer "Aufrichtung des Objekts im Ich" und der "Charakter des Ichs" sei ein "Niederschlag der aufgegebenen Objektbesetzungen" bzw. die "Geschichte

---

[6] Feffer meint etwas sarkastisch: "... if there were no *prior* ability on the part of the primitive organism to selectively organize its experience in accordance with the reality principle, there would be nothing to prevent that organism from incorporating *everything*, including the kitchen sink, along with the mother figure" (Feffer 1982, p. 136).

[7] Bei Jacobson bezieht sich das Zitat auf die Introjektion, doch Freud hat Introjektion und Identifizierung weitgehend synonym verwendet (z.B. Freud 1923a, p. 297). Eine Differenzierung der beiden Begriffe erfolgt weiter unten.

dieser Objektwahlen" (Freud 1923a, p. 297) einen neuen Sinn. Es sind Sätze über die Bildung des *Selbst* im Rahmen von Objektbeziehungen. Damit muss auch das *Über-Ich* als Teil des Selbst verstanden werden. Das Über-Ich ist von Freud theoretisch nie mit derselben Klarheit bearbeitet worden wie das Es oder das Ich. Es ist vorwiegend ein *klinisches* Konzept geblieben (vgl. Kapitel 4). Die Lehrbuchdarstellungen mit ihrer autoritativen Trennung der Psyche in Es, Ich und Über-Ich suggerieren eine Eindeutigkeit, die es in Freuds Schriften nicht gibt. Das Über-Ich wird dem Es angehängt - es ist der "Anwalt der Innenwelt, des Es" (Freud 1923a, p. 303) - oder als Auswuchs des Ichs - es ist eine "Ichveränderung" (ebd., p. 301), ein "Stück des Ichs" (ebd., p. 296, Freud 1933a, p. 525) - dargestellt, selten aber als eindeutig abgegrenzte Instanz. Dazu kommt, dass das Über-Ich im Zusammenhang mit Freuds Diskussion des *Narzissmus* auftaucht und mit der Ambiguität des Ich-Begriffs belastet ist. Tatsächlich wäre es konsequent, das Über-Ich nicht als Quasi-Ich, sondern als Teil des *Selbst* zu behandeln. Die Bildung des Über-Ichs entspricht dem Prozess der Entstehung von Selbststruktur. Es ist der Niederschlag von sozialen Beziehungen, wie das Selbst generell eine soziale Struktur ist. Durch Identifizierung mit den Eltern wird ein Bereich, der dem Selbst zunächst äusserlich ist, diesem einverleibt: "Aussenwelt" wird "Innenwelt" (Freud 1940, p. 59f.).

Soll die Verinnerlichung zur Stärkung des Ichs führen, muss die Identifizierung mit einer *Entpersönlichung* einhergehen. "Für die seelische Gesundheit kommt sehr viel darauf an, dass das Über-Ich normal ausgebildet, das heisst genügend unpersönlich geworden sei" (Freud 1926c, p. 314). Gerade beim Neurotiker ist dies nicht der Fall, dessen Über-Ich dem Ich noch genauso feindlich gegenübersteht "wie der strenge Vater dem Kind" (ebd.). Nach der Differenzierung (von Selbst und Objekt) muss eine *Integrierung* stattfinden, soll die (zunächst fremde) Struktur ichsynton werden. Kohut spricht von "umwandelnder Verinnerlichung" (Kohut 1971, p. 129ff.). Wo diese nicht erfolgt, da bleibt das Individuum ungenügend separiert. Sein Selbst ist mit Objekten verhangen, deren es bedarf, um sich "ganz" zu fühlen. Schafer unterscheidet in einem ähnlichen Sinn Introjektionen von Identifizierungen. Während die ersteren bloss zum Einschluss eines Objekts in die Grenzen des Selbst führen, entsprechen die letzteren einer Aneignung des Introjekts durch das Ich (Eagle 1984, p. 103f.; Schafer 1968a, p. 16f., 72ff.). Die fehlende oder unvollständige Identifizierung kann Entwicklungshemmungen zur Folge haben[8].

Im Lichte dieser Betrachtungsweise ist von einer Differenzierung sowohl des Selbst- als auch des Objektbereichs auszugehen. So kann der *Körper* als ein Selbstaspekt von anderen Selbstaspekten, wie beispielsweise

---

[8] Im Sinne der Unterscheidung zwischen Identifizierung und Introjektion kann das Über-Ich, das dem Ich als *äussere* Macht gegenübersteht, als ein Introjekt bezeichnet werden. Als ichfremde, strafende Instanz ist es nicht in die Selbststruktur integriert worden (Eagle 1984, p. 104). Da es nicht ichsynton ist, bildet es die Basis für eine *heteronome* Moral.

dem Über-Ich, unterschieden werden. Für die Psychoanalyse ist zweifellos dieser Bereich von besonderer Bedeutung. Sofern das Es nicht das Verdrängte meint, beinhaltet es vor allem die körperlichen Ansprüche an das Ich. Wenn wir die Triebe als aktivierende Kräfte zurückweisen, dann können wir sie als "körperliche Anforderungen an das Seelenleben" (Freud 1940, p. 11) anerkennen. Als solche werden sie in ihrem *Drang* verspürt. Freud erachtete das Drängende als eine "allgemeine Eigenschaft" der Triebe, ja als "das Wesen derselben" (Freud 1915b, p. 85). Das Körperliche widerfährt dem Individuum und fordert es zur *Stellungnahme* heraus. Auch wenn wir Abstand nehmen von der energetischen Metaphorik der Metapsychologie, können wir akzeptieren, dass der Körper erlebt werden kann, *als ob* er eine Kraft wäre, die auf das Individuum einwirkt. Dieser Kraft wird begegnet, indem ihr *Sinn* verliehen wird. "Orality, anality, or any bodily stimulus becomes a psychological event only as it acquires psychological significance" (Gill 1976, p. 96). Das Individuum muss sich zu seiner körperlichen Existenz *verhalten*, und jede Art der Gestaltung dieses Verhältnisses gibt dem Körper Sinn.

Wir ersetzen also das Es als Energiereservoir durch den Körper als Weltbereich, zu dem das Ich in einem Verhältnis steht, das es *leben* und *gestalten* muss. Der Schritt von den Trieben zum Körper mag durch Freuds Begriff der "erogenen Zonen" erleichtert werden. Denn diese stellen die eigentliche Quelle der Triebenergie dar. Auch wenn Freud den Akzent auf Mund, After und Genitalien als erogenen Zonen legt, heisst es immer wieder, "eigentlich" sei "der ganze Körper eine solche erogene Zone" (Freud 1905a, p. 90, 1940, p. 14). Beiträge zur Libido würden "von allen wichtigen funktionellen Vorgängen im Körper geliefert" (Freud 1923c, p. 220). Der Körper ist eine Realität, die sich uns aufdrängt und der wir uns zu stellen haben. "Das leibliche Leben muss auf irgendeine Weise *übernommen* werden" (Taylor 1986a, p. 212 - Hervorhebung W.H.). Die "Inkorporation" ist dann ein besonderer Vorgang der Verinnerlichung, bei dem ein Objekt ins *Körperselbst* introjiziert wird (Schafer 1968a, p. 20f.).

Die Verinnerlichung betrifft *Inhalte*. Sie ist eine Verschiebung der Grenzen innerhalb der "repräsentationalen Welt". Ob durch Internalisierung auch *Funktionen* oder *Regulationen* angeeignet werden können, wie viele Psychoanalytiker annehmen, halte ich für fraglich. Schafer definiert Internalisierung als "all those processes by which the subject transforms real or imagined *regulatory interactions* with his environment, and real or imagined characteristics of his environment, into inner regulations and characteristics" (Schafer 1968a, p. 9 - im Original ganzer Satz hervorgehoben). Andererseits heisst es, "identification does *not* create the capacity to think, to walk, to talk, to set aims, or to delay action" (ebd., p. 147 - Hervorhebung W.H.). Die Identifizierung gebe diesen Funktionen lediglich eine "neue Farbe". Diese Auffassung scheint mir die einzig vertretbare zu sein. Denn alle Erkenntnis, auch die Erkenntnis sozialer Objekte und deren "Funktionieren", ist selbst gemacht (vgl. Kapitel 5).

Die Frage nach dem Subjekt bleibt auch in der Theorie der Identifizierung unbeantwortet. Freud glaubte, die Identifizierung sei *früher* möglich als die Objektwahl (Freud 1933a, p. 501f.)[9]. Sie ist die "früheste und ursprünglichste Form der Gefühlsbindung" (Freud 1921, p. 99). Doch was kann damit gemeint sein? Die Objektwahl setzt klare Grenzen zwischen zwei Personen voraus, wie Freud selbst bemerkt (Freud 1923b, p. 240f.). Erst die Differenzierung zwischen Selbst und Objekt ermöglicht eine *Beziehung*. Und auch der Versuch, jemand anderem ähnlich zu werden, d.h. sich mit ihm zu *identifizieren*, setzt die Trennung von Subjekt und Objekt voraus (Schafer 1968a, p. 151). Sollten also Identifizierungen früher als Objektwahlen möglich sein, müsste es sich dabei um "primitive" Formen handeln. Diese "primitiven" Formen würden ohne klare Trennung von Selbst und Objekt funktionieren. Doch ist so etwas denkbar?

Was ergibt sich aus diesen Überlegungen für das Verständnis des Es im Sinne des Ichfremden? Die Selbstentfremdung ist das Ergebnis von *Abwehrmassnahmen*. Sie ist ein Moment der *dynamischen* Betrachtungsweise der Psychoanalyse. Der dynamische Gesichtspunkt braucht nicht verlorenzugehen, wenn die Triebtheorie aufgegeben wird (Eagle 1984, passim; Gill 1976, p. 87f.). Dynamik meint ein Wechselspiel von Kräften[10]. In einem solchen Wechselspiel steht aber der Mensch, wie wir ihn hier verstehen, allemal. Seine Weltbezüge sind nicht in harmonischer Übereinstimmung. Körper, Natur und Gesellschaft konfrontieren ihn mit Ansprüchen, die weder koordiniert noch immer kompatibel sind. Wir werden zwar nicht "getrieben", aber wir werden *betroffen* von uns selbst, von anderen und von den Dingen, die uns umgeben. Die "Kräfte", die uns belangen, sind die Ansprüche der verschiedenen Wirklichkeitsbereiche, zu denen wir in einem Verhältnis stehen. Diese Ansprüche mögen unterschiedlich stark und damit im Prinzip quantifizierbar sein. Doch es sind Ansprüche, die uns nicht energetisch *antreiben*, sondern epistemisch und praktisch *herausfordern*.

Die Ansprüche können *Affekte* auslösen, die nach psychoanalytischer Auffassung die eigentlichen Motive zur Verschiebung von inneren Grenzen sind. Vor allem Ängste, aber auch bedeutsame Bezugspersonen, lösen Identifizierungen aus (Schafer 1968a, p. 159). Affekte können bedrohlich

---

[9] Das ist nur konsequent, wenn Freud die Identifizierung der Introjektion annähert und mit der Funktionsweise der oralen Entwicklungsphase gleichsetzt (Freud 1913a, p. 426, 1921, p. 98ff., 1923a, p. 297). Wir werden weiter unten die Introjektion als einen elaborierten (und späten) Abwehrmechanismus ausweisen.

[10] Schafer unterscheidet zu Recht zwischen der quantitativen Perspektive des ökonomischen Gesichtspunkts, der jede qualitative Differenzierung (z.B. in Libido, Aggression, Narzissmus, neutralisierte Energie) verbietet, und der qualitativen Perspektive des dynamischen Gesichtspunkts, der es streng genommen nicht mit Kräften, sondern mit Zielen zu tun hat (Schafer 1968a, Ch. 3). Es scheint mir allerdings schwierig zu sein, im Falle der Ansprüche, denen das Individuum ausgesetzt ist, von Zielen zu sprechen, weshalb im folgenden trotzdem von Kräften die Rede ist. Schliesslich geht es bei einer dynamischen Betrachtungsweise im wesentlichen um die Analyse von *Konflikten*: "... conflict is the essential dynamic term" (Schafer 1968b, p. 50).

werden und zu *Abwehr* und *Verdrängung* führen: Das Es im Sinne der *Selbstentfremdung* ist entstanden.

Damit stehen wir am Ende unserer Revision der "Psychologie des Es". Bereits sind wir bis zur *Abwehrlehre* vorgestossen, dem zweiten Kernstück der psychoanalytischen Theorie. Das Es als das Verdrängte (Ichfremde) ist eine Leistung der Abwehrtätigkeit des Ichs. Der nächste Teil meiner Ausführungen ist der Diskussion der "Psychologie des Ichs" im Rahmen des Organismusmodells vorbehalten.

Von den Abwehrmechanismen zu den Anpassungsstrategien

Die Abwehrlehre ist nicht nur ein Kernstück der Psychoanalyse, sondern der "Grundpfeiler, auf dem das Gebäude der Psychoanalyse ruht, so recht das wesentlichste Stück derselben" (Freud 1914b, p. 152)[11]. Subjekt der Abwehr ist das Ich, dessen Ursprung wir mit Piaget im lebendigen Organismus sehen. Anlass zur Abwehr sind Gefühle der Bedrohung, insbesondere der *Angst*. Abwehrmechanismen sind somit Verhaltensweisen zur Regelung der menschlichen Weltbezüge im Falle von Bedrohung und Angst. Es sind "Notfall- und Dringlichkeitsfunktionen, die nur aktiviert werden, wenn die normale Integrationsleistung des Ich der Konfliktsituation nicht mehr Herr wird" (Moser 1964, p. 57). Damit sehen wir nochmals, inwiefern Freud die dunkle Seite der menschlichen Entwicklung thematisiert, jene Seite, um die sich Piaget wenig gekümmert hat. Es ist offensichtlich, dass das Ich die Gefahr *erkennen* muss, bevor es sich ihrer erwehren kann. Piagets epistemisches Subjekt müsste daher auch im Falle der Abwehrlehre die Unzulänglichkeiten des Freudschen Ichs ausgleichen lassen.

Die Grundidee der psychoanalytischen Abwehrlehre ist einfach. Etwas dem Individuum Unangenehmes wird "abgewiesen", "abgewehrt" oder "abgedrängt". Umgekehrt kann sich das Individuum selbst von der Realität "abwenden". Wesentlich ist die Geste der *Verneinung* (Brenner 1982, p. 91ff.; Haan 1969, p. 21f.)[12]. Das Individuum will mit dem, was ihm Angst macht, nicht in *Berührung* kommen. Durch die Abwehr wird gleichsam ein Tabu errichtet. Freud sagt von der Zwangsneurose, sie sei eine "Tabukrankheit" (Freud 1913a, p. 318). Doch die Vermeidung der Berührung - die Tabuisierung des Bedrohlichen - gilt allgemein für Neu-

---

[11] Im Original heisst es, die "Verdrängungslehre" sei der Grundpfeiler der Psychoanalyse, doch stammt das Zitat aus der Zeit vor Freuds Rückkehr zu seinem ursprünglichen Begriff der Abwehr (Freud 1926b, p. 300ff.).

[12] Womit nochmals ein Argument für die Ersetzung des Todestriebkonzepts durch die Abwehrlehre gewonnen ist. Denn Freud meint, die Verneinung gehöre dem Destruktionstrieb an (Freud 1925d, p. 376). Ist die Verneinung die Grundlage aller Abwehrmechanismen, dann müssten diese selbst Manifestationen des Todestriebes sein. Sparsamer ist jedoch die umgekehrte Auffassung, wonach die Abwehr eine Ich-Leistung ist und keiner Triebmechanik bedarf.

rosen. Die *Isolierung* ist daher ein Kernmoment eines jeden Abwehrmechanismus. Tatsächlich heisst es, der "Hauptausdruck" der Abwehrreaktionen seien die *Vermeidungen* (Freud 1939, p. 524). Sowohl in der Neurose wie in der Psychose wird ein Stück Realität *vermieden* und vom Ich *ferngehalten*. Im Falle der Verdrängung, die von Freud die "gründlichste" Methode der Abwehr genannt wird[13], werden Erinnerungsspuren "durch 'Gegenbesetzungen' *isoliert*" (Freud 1936, p. 291, 1939, p. 542 - Hervorhebung W.H.)[14].

Verneinung und Isolierung des Unerwünschten können auf vielfältige Weise zustande kommen. Freud meint, es gebe "eine ausserordentliche Fülle von Methoden ..., deren sich unser Ich bei der Erledigung seiner Abwehraufgaben bedient" (Freud 1936, p. 290f.). Sie können sich im Verhalten, in der Phantasie oder im Denken realisieren. Die Abwehrmassnahmen sind daher nicht eigentlich *Mechanismen*, sondern *Aktivitäten* (Wachtel 1977, p. 120). Es sind *Handlungen* des Individuums im Kampf um die Aufrechterhaltung seiner personalen Integrität.

Die Abwehr richtet sich insbesondere gegen die *körperlichen* Anforderungen an das Seelenleben. Gemäss Anna Freud dienen alle Abwehrmethoden "ausschliesslich dem Kampf des Ichs mit seinem Triebleben" (Freud 1936, p. 55). Doch der Mensch steht nicht nur im Verhältnis zu seinem Körper, sondern auch in Beziehung zur äusseren Natur und zur Gesellschaft. Die Psychoanalyse hat daher - gerade mit Anna Freud - auch die Auseinandersetzung des Ichs mit der *Aussenwelt* zu untersuchen begonnen. Anna Freud postuliert eine "Parallele zwischen der Abwehrtätigkeit des Ichs nach aussen und innen" (ebd., p. 137). Ja, sie geht noch einen Schritt weiter und meint, *dieselben* Mittel würden "das eine Mal nach innen, das andere Mal nach aussen hin gebraucht" (ebd., p. 85). Als Beispiel nennt sie die Identifizierung, die im Falle der Identifizierung mit den Eltern der Bewältigung von Triebansprüchen, im Falle der "Identifizierung mit dem Angreifer" dem Umgang mit angstauslösenden Objekten dient.

Historisch gesehen ist die Abwehr nach aussen keineswegs ein neuer Gedanke. Vielmehr handelt es sich dabei um das *ursprüngliche* Konzept psychischer Abwehrtätigkeit, das Freud entwickelt hatte. Freud glaubte zunächst, neurotische Störungen seien eine Folge *traumatischer* Ereignisse (Holder 1976, p. 235ff.). Er sah in der sexuellen Verführung, wie sie von seinen Patienten berichtet wurde, die eigentliche Ursache ihrer Erkrankung. Die Neurosen schienen ihm fehlverlaufene Anpassungen an *äussere* Ereignisse zu sein. Erst in einer zweiten Phase rückte für Freud die Anpassung an die *inneren* Bedrohungen ins Zentrum der Aufmerksamkeit. Die Funktion des psychischen Apparates war es nun, die *Triebe* zu beherrschen. Seine Mittel aber blieben die "Mechanismen", die ihm gegen

---

[13] Anna Freud nennt die Verdrängung den "wirksamsten" Abwehrmechanismus (Freud 1936, p. 40).

[14] Umgekehrt ist die psychoanalytische Grundregel (die "freie Assoziation") ihrem Wesen nach eine Methode zur Aufhebung von Isolierungen (Fenichel 1945, Bd. 1, p. 227) und zur Herstellung von Berührungen.

äussere Reize zur Verfügung stehen. Das Ich benimmt sich, als käme die Bedrohung von aussen, "um die Abwehrmittel des Reizschutzes gegen sie in Anwendung bringen zu können" (Freud 1920a, p. 239). Allerdings hat Freud die Idee des Traumas auch in der zweiten Version seiner Abwehrlehre nicht aufgegeben. Denn die Triebe werden nicht zuletzt aufgrund von *äusseren* Ansprüchen (insbesondere der Eltern) in die Zügel genommen.

Offensichtlich stehen die Abwehrmechanismen im Dienste der Aufrechterhaltung eines befriedigenden *Gleichgewichts* zwischen Organismus und Umwelt. Freud stellt die Psychoanalyse in den Horizont der adaptiven Perspektive. Die Neurosen haben "ihre biologische Funktion als Schutzvorrichtung" (Freud 1910d, p. 132). Ihr Sinn erhellt sich aus der Auseinandersetzung des Individuums mit seiner Lebenssituation. Nur ist das Gleichgewicht, das durch die Abwehr erreicht wird, prekärer Natur und - objektiv gesehen - gerade *nicht* adaptiv. Die Abwehrprozesse sind zwar adaptiv *gemeint*, bewirken im Ergebnis aber genau das Gegenteil. Abwehr ist daher "die allgemeine Bezeichnung für alle die Techniken ..., deren sich das Ich in seinen eventuell zur *Neurose* führenden Konflikten bedient" (Freud 1926b, p. 300f. - Hervorhebung W.H.).

Es hat nicht an Versuchen gefehlt, die Abwehrmechanismen *positiv* zu interpretieren und nach einer *konstruktiven* Erweiterung der Abwehrlehre zu suchen. Als konstruktive Form von Abwehr hat bereits Freud die *Sublimierung* postuliert (Freud 1905a, p. 140f.). In einem gewissen Sinn kann auch der *Humor* zu den konstruktiven Abwehrformen gezählt werden (Freud 1905d, 1927b; Vaillant 1977, p. 116ff.). Später ist die *Regression im Dienste des Ichs* dazugekommen (Kris 1934). Auch die *Neutralisierung* libidinöser und aggressiver Energie kann im Sinne konstruktiver Abwehr verstanden werden. Systematische Ansätze zur Erweiterung der psychoanalytischen Abwehrlehre sind aber erst später vorgelegt worden. Dabei hat sich der Begriff der Abwehr als zu eng erwiesen. Die konstruktive Seite der Abwehr wird *Bewältigung* ("Coping") genannt und als umfassender Begriff "Anpassungsstrategien" (White 1974) und "Ichprozesse" (Haan 1977) vorgeschlagen.

Damit bestehen genau genommen zwei Erweiterungen der ursprünglichen Lehre, die eine, die bereits Freud vorgenommen hat, von der Abwehr nach aussen zur Abwehr nach innen, und die andere, die erst in der nach-Freudschen Ära deutlich wird, von der Abwehr zur Bewältigung. Wir wollen beide Erweiterungen etwas näher betrachten und beginnen mit Freuds Abwehrlehre.

Der Ödipuskomplex und die Verdrängung

Das menschliche Individuum muss sich gegen Gefahren der äusseren und inneren Realität wehren. Es kämpft an zwei Fronten und "wendet die gleichen Methoden der Verteidigung gegen beide an" (Freud 1940, p. 55).

Als Kind wird es gegen die Gefahren der Aussenwelt durch die Fürsorge der Eltern geschützt, so dass die grössere Bedrohung von innen kommt. Die "Abwehr des inneren Feindes" ist denn auch "in besonderer Weise unzulänglich" (ebd.). Vielleicht auch deshalb, weil die Methoden der Abwehr immer nur äussere sein können. Das Ich schlägt gegen die *innere* Gefahr den gleichen Weg der Verteidigung ein wie gegen die *äussere* (Freud 1926b, p. 238). In erster Linie unternimmt es einen *Fluchtversuch* und zieht sich von jenem Anteil des Es zurück, der ihm bedrohlich scheint (Freud 1926c, p. 293). Doch gibt es Abwehrformen, die mehr als nur einer Flucht entsprechen und bei denen sich das Ich "weit aktiver zur Wehr setzt" (Freud 1926b, p. 286).

Eine Systematik der Abwehrmechanismen ist aus Freuds Schriften nicht zu gewinnen. Die wichtigsten von ihm selbst diskutierten Mechanismen sind von seiner Tochter Anna zusammengestellt worden (A. Freud 1936). Im Horizont des organismischen Denkens legt sich eine *genetische* Systematik nahe. Freud selbst scheint darin eine sinnvolle Betrachtungsweise gesehen zu haben. So meint er, es könne "leicht sein, dass der seelische Apparat vor der scharfen Sonderung von Ich und Es, vor der Ausbildung eines Über-Ichs *andere* Methoden der Abwehr übt als nach der Erreichung dieser Organisationsstufen" (Freud 1926b, p. 302 - Hervorhebung W.H.). Insbesondere vermutet er, "dass die Verdrängung ein Prozess ist, der eine besondere Beziehung zur Genitalorganisation der Libido hat" und "dass das Ich zu anderen Methoden der Abwehr greift, wenn es sich der Libido auf anderen Stufen der Organisation zu erwehren hat" (ebd., p. 268).

Die Stelle macht etwas Schwierigkeiten, weil mit der "Genitalorganisation der Libido" sowohl die infantile Sexualität der phallischen Phase als auch die erwachsene der Pubertät gemeint sein kann (Brenner 1972, p. 34). Freud selbst wollte den Namen der genitalen Phase der "endgültigen Sexualorganisation vorbehalten, die sich nach der Pubertät herstellt" (Freud 1933a, p. 532). Wenn wir jedoch in Rechnung stellen, dass der Ödipuskomplex - zumindest beim Mädchen - durch *Verdrängung* erledigt wird (vgl. Kapitel 3), dann scheint Freud in dem obigen Zitat die *ödipale* Situation und damit die phallische Phase vor Augen zu haben[15]. Das ist deshalb nicht unwichtig, weil die Verdrängung im *Zentrum* der psychoanalytischen Abwehrlehre steht (Goeppert 1976, p. 90; Moser 1964). Die Verdrängung schafft das Es (im Sinne des Ichfremden). Ist sie erst *nach* dem Ödipuskomplex möglich, so ist dies ein Hinweis darauf, dass Ich und Es in der *ödipalen Situation* voneinander getrennt werden.

Dass Freud tatsächlich angenommen hat, das Ich werde mit dem Untergang des Ödipuskomplexes geboren, wird durch seine Unklarheiten hinsichtlich der Entstehung des Über-Ichs verdeckt. Wenn es heisst, das Über-Ich sei der "Erbe des Ödipuskomplexes", dann heisst es auch, die

---

[15] Tatsächlich bezeichnet Freud die phallische Phase gelegentlich als genital (z.B. Freud 1905a, p. 105 Anm. 1, 1919c, p. 239).

ersten Identifizierungen (durch welche das Ich allererst entstehen soll) gebärdeten sich regelmässig als besondere Instanz im Ich, nämlich als Über-Ich (Freud 1923a, p. 298f., 315). Wohlwollend interpretiert besagen diese Äusserungen, das Über-Ich entstehe *gleichzeitig* mit dem Ich. Dann aber müsste auch das Ich - und nicht nur das Über-Ich - ein "Erbe des Ödipuskomplexes" sein. Dies ist nicht das einzige Argument, das für die Abkunft des Ichs (im engeren Sinn) vom Ödipuskomplex spricht. So steht auch die Einsetzung des Realitätsprinzips im Zusammenhang mit dem Untergang des Ödipuskomplexes. Dabei verwandelt sich das (präödipale) "Lust-Ich" in das (postödipale) "Real-Ich" (Freud 1911a, p. 23).

Freud hatte die Funktion der Realitätsprüfung zunächst dem Über-Ich (bzw. dem Ich-Ideal) zugeordnet (Freud 1921, p. 107) und erst später das Ich zum Prüfer der Aussenwelt erkoren (Freud 1923a, p. 296 Anm. 2). Auch bezeichnete er anfänglich das Über-Ich als "Kern" des Ichs, hat sich diesbezüglich aber ebenfalls korrigiert (Freud 1920a, p. 229, 1923a, p. 296 Anm. 2)[16]. Schwankend war Freud auch bezüglich der Traumzensur, die er einmal als Leistung des Über-Ichs ausgibt (Freud 1933a, p. 469), ein andermal dem Ich zuschreibt (Freud 1923a, p. 286). Über-Ich und Ich sind eng verwandte Konzepte, die auch genetisch kaum zu unterscheiden sind. Wenn das Ich die Realität zu *prüfen* hat, dann ist ihm dies - wenn wir Piaget folgen - nicht *vor* der Stufe des operationalen Denkens möglich (Furth 1987, p. 86). Realität ist für Freud die *wissenschaftlich* erkennbare *Aussenwelt* (vgl. Kapitel 6). Eine Prüfung der Realität ist von einem präoperationalen Kind nicht zu erwarten, eine Überlegung, der Gedo und Goldberg zustimmen: "The era in which behavior is typically regulated by the reality principle is not securely established until after the resolution of the Oedipus complex" (Gedo & Goldberg 1973, p. 89). Die Ich-Entwicklung im emphatischen Sinn *beginnt* erst mit dem Untergang des Ödipuskomplexes.

Wenn das Ich mit der Auflösung des Ödipuskomplexes entsteht, woher kommt es dann? Es kommt nicht aus dem Nichts, und es entsteht nicht aus dem Es, denn Freuds Erklärung für den Übergang vom Es zum Ich hält der Kritik nicht stand[17]. Wenn aber das Ich im Sinne des operationalen Subjekts Piagets die Realität erkennt, dann können wir für das präödipale Ich das präoperationale Erkenntnissubjekt Piagets einsetzen. Das präoperationale Kind ist unvernünftig. Es ist gefangen in der Welt seiner Motorik, in der Welt seiner Bedürfnisse und in der Welt seiner Sinne. Die Welt des Denkens und die Welt der Logik erschliessen sich ihm erst *nach* dem Ödipuskomplex.

Freud sah die Errichtung des Über-Ichs in phylogenetischer Hinsicht mit der Entstehung der Kultur verbunden. Die Tötung des Vaters durch

---

[16] Aber 1927 heisst es erneut, das Ich beherberge "als seinen Kern eine besondere Instanz, das Über-Ich" (Freud 1927b, p. 280).

[17] Kommt dazu, dass das Es im Sinne des Ichfremden - wie eben festgestellt - ebenfalls erst in der ödipalen Situation entsteht.

die Brüder der menschlichen Urhorde öffnete diesen die Augen und liess sie Moral, Sitte und Recht begründen (Freud 1913a, p. 424ff.). Die ersten Institutionen der Menschheit waren mit *Triebverzicht* erkauft (Freud 1939, p. 530). Da zwischen Individual- und Menschheitsgeschichte eine Parallele besteht[18], muss auch die Überwindung des individuellen Ödipuskomplexes auf Triebverzicht beruhen. Der Triebverzicht aber ist seinerseits die Bedingung der *Geistigkeit* (ebd., p. 559). Im "Reich der Geistigkeit" werden Vorstellungen, Erinnerungen und Schlussprozesse massgebend, "im Gegensatz zur niedrigeren psychischen Tätigkeit, die unmittelbare Wahrnehmungen der Sinnesorgane zum Inhalt" (ebd.) hat.

Letztlich sprechen Freud und Piaget von *derselben* Übergangsphase im menschlichen Leben. Was für Freud die Überwindung des Ödipuskomplexes ist, ist für Piaget die Entstehung des operationalen Denkens. "Das Alter von sieben Jahren ... bildet eine entscheidende Wende in der geistigen Entwicklung" (Piaget 1964, p. 183). Auch wenn Freud den Ödipuskomplex etwas früher ansetzt, braucht dies kein Widerspruch zu Piaget zu sein. Denn auch für Freud ist der "Übergang vom Lust- zum Realitätsprinzip ... einer der wichtigsten Fortschritte in der Entwicklung des Ichs" (Freud 1917b, p. 349)[19]. Piaget hat seine Altersangaben nie als verbindlich erachtet, und bei Freud ist - angesichts des retrospektiven Charakters der psychoanalytischen Daten - ebenfalls nicht mit exakten Zahlen zu rechnen. Es genügt daher, die Zeit von 5 bis 7 Jahren als eine Zeit zu bezeichnen, in der das Kind *vernünftig* wird. Die operative Reversibilität markiert die "Konstituierung des erkennenden Subjekts" (Piaget 1965, p. 139). Das Kind vollzieht gleichsam das *Cogito* und entdeckt die Wahrheiten des Rationalismus (Merleau-Ponty 1945, p. 406). Die Zertrümmerung des Ödipuskomplexes ist nicht nur ein Triumph der Generation über das Geschlecht, sondern auch ein Sieg der Vernunft über die Unvernunft.

Das präoperationale Kind hat noch kein Bewusstsein seiner selbst als *wahrnehmendes* Wesen, da es mit seinen Sinnen identisch ist (Kegan 1982, p. 28ff.). Erst das operationale Kind vermag seine Sinne zu relativieren, indem es die Wirklichkeit nicht mehr einfach "wahr-nimmt", sondern "be-denkt". Während das präoperationale Kind "alles auf derselben äusseren Ebene" (Piaget 1926, p. 134) lokalisiert, erschliesst sich dem operationalen Kind die *Tiefe* der Wirklichkeit, und es wird fähig, die Erscheinungen von den Tatsachen zu trennen. Was auf der sinnlichen Ebene bloss unterschieden wird, kann auf der operationalen Ebene verbunden werden.

---

[18] Freud glaubte an Haeckels biogenetisches Grundgesetz, d.h. an das Prinzip der Rekapitulation der Phylogenese in der Ontogenese (Freud 1905a, p. 44). Die Schwierigkeiten der Kindheit liegen darin, "dass das Kind in einer kurzen Spanne Zeit sich die Resultate einer Kulturentwicklung aneignen soll, die sich über Jahrtausende erstreckt" (Freud 1933a, p. 576). Dass hier ein Widerspruch zur Neotenie besteht, der Freud ebenfalls beipflichtet (vgl. Anmerkung 26 im Kapitel 6), sei lediglich vermerkt.

[19] Hier unterstellt Freud ein Ich schon *vor* dem Ödipuskomplex, was aber nur zeigt, dass er in seinen Äusserungen schwankend ist bzw. mit (mindestens) zwei unterschiedlichen Ich-Begriffen operiert.

Die unterschiedlichen Wahrnehmungen beim Umgiessen von Wasser aus einem niedrigen und breiten in ein hohes und schmales Gefäss, die auf der präoperationalen Stufe nur voneinander *getrennt* werden, lassen sich auf der Stufe der konkreten Operationen - dank der Reversibilität des operationalen Denkens - *integrieren*. Das "Lust-Ich" wird dezentriert, und die Objekte, einschliesslich des Selbst, werden im epistemischen Sinn objektiviert. Tatsächlich ist das Kind mit ca. 8 Jahren in der Lage, seine Gedanken und Gefühle als Momente seines Selbst zu erkennen (Damon & Hart 1982, p. 852f.; Harter 1983, p. 292ff.). Es bemerkt seine "Innerlichkeit", d.h. jene Aspekte seiner selbst, die allein ihm zugänglich sind. Indem es sich seiner Verborgenheit bewusst wird, wird es auch fähig zur Lüge.

Die Erkenntnis der psychischen Innerlichkeit schafft allererst die Voraussetzung für die *Verdrängung*. Verdrängungsprozesse sind erst im Rahmen einer intersubjektiven Welt möglich. Sind weder Subjekt und Objekt noch Objekt und Symbol voneinander differenziert, ist nicht ersichtlich, wie eine Selbst- oder Objektrepräsentanz aus dem Bewusstsein *verdrängt* werden kann. *Weshalb* sollte verdrängt werden, wenn Selbst und Objekt nicht differenziert sind? Und *was* sollte verdrängt werden, wenn Objekt und Objektrepräsentanz (Symbol) nicht unterschieden sind? Realen Objekten lässt sich höchstens ausweichen, verdrängen lassen sie sich nicht. Paradigma der Verdrängung ist daher der Untergang des Ödipuskomplexes, weil dabei das Kind zum ersten Mal *vernünftig* ist. Tatsächlich schreibt Freud, die Abscheidung des Verdrängten vollziehe sich, "während sich das Ich aus dem Es entwickelt" (Freud 1939, p. 543f.). Das Kind verdrängt, weil es seine Wünsche (nach der Mutter bzw. dem Vater) als dumm erkennt. Das Verdrängte ist Folge der Anstrengung des Kindes, mit Hilfe des operationalen Denkens eine *Ordnung* in seine symbolische Welt zu bringen (Furth 1987, p. 134f.). Die Erfahrungen der präoperationalen Zeit sind in einer "Privatsprache" repräsentiert, die phantastisch genug ist, um nun als *irrational* abgewehrt zu werden.

Freud erachtete die Symbolisierungen des präoperationalen Kindes als beschränkt auf die Konflikte im Rahmen der *psychosexuellen* Entwicklung (Lorenzer 1970b). Orale, anale und phallische Phantasien sind denn auch das "Rohmaterial" der psychoanalytischen Deutungsarbeit. Doch weshalb sollten *prinzipiell* nur körperliche Inhalte verdrängt werden? Freud trägt diesem Einwand Rechnung, wenn er die "Niederhaltung der Triebansprüche des Es" die "*schwerste* Anforderung an das Ich" (Freud 1940, p. 31 - Hervorhebung W.H.) nennt. Stellt der Körper die *schwerste* Anforderung, dann muss es auch *leichtere* Anforderungen geben. Diese stammen aus den beiden anderen Welten, zu denen der Mensch in Beziehung steht: aus der sozialen und aus der dinglichen Welt. Das Ich hat die Aufgabe, "den Ansprüchen seiner *drei* Abhängigkeiten ... zu genügen" (ebd. - Hervorhebung W.H.).

Der Ödipuskomplex als sozialer Übergang

Es ist offensichtlich, dass Freud der Entwicklung während der ödipalen Konstellation grösste Beachtung geschenkt hat. Der Ödipuskomplex stellt "mit seinen Ausläufern den *Kernkomplex* einer jeden Neurose dar" (Freud 1910b, p. 92). Das Scheitern am Ödipuskomplex bedeutet, dass dem Kind die Ausweitung seiner *sozialen Beziehungen* misslingt - sei es aufgrund einer Ich-Schwäche oder aufgrund einer überbehütenden "nutritiven Umwelt" (z.B. einer Mutter, die ihr Kind nicht freigeben will). Das Kind kann die Beziehung zum Vater nicht aufnehmen, die dazugehörigen Erfahrungen nicht machen und bleibt eingebunden in eine primitive Form sozialer Transaktionen[20].

Denken wir ein letztes Mal an Mr. Chance. Das Haus und der Garten, in denen er aufwuchs, hindern ihn an Kontakten, die über den Bereich nutritiver Beziehungen hinausgehen. Bezeichnenderweise ist er impotent, als er von der Frau, die ihn nach seiner Verstossung aus dem Haus bei sich aufgenommen hat, begehrt wird, ja er ist nicht einmal in der Lage zu verstehen, was ihm geschieht (Kosinski 1970, p. 63ff.). Die Bindung an den mütterlichen Kontext von Haus und Garten hat ihn psychisch *kastriert*. Dieser pathologische Vorgang heisst psychodynamisch gesprochen *Fixierung*, mythologisch ausgedrückt *Vatermord* und *Mutterinzest*. Die gescheiterte Loslösung von der Mutter braucht keinen manifest *sexuellen* Inhalt zu haben. Es mag bei einer "sozialen Kastration" und einer "sozialen Inzestuösität" bleiben, d.h. einer Einbindung in *primäre* soziale Beziehungsmuster. Was sich bei Freud als sexuelles Begehren darstellt, kann als Ausdruck einer Sehnsucht nach der symbiotischen Verbundenheit mit dem *Mütterlichen* verstanden werden. König Ödipus kehrte zurück zum Mutterschoss, darin liegt - psychologisch gesehen - seine Schuld (Stolze 1976, p. 619).

Der Ödipuskomplex ist Ausdruck des kindlichen Bemühens um Teilhabe an der Welt der Erwachsenen. Er markiert die Stelle, wo das Kind - denken wir an Piaget - im emphatischen Sinn *sozial* wird. Das Kind erstrebt, was Erwachsenen in interpersonalen Beziehungen möglich ist, allerdings nur "soweit ... das Vorstellungsvermögen des Kindes reicht" (Freud 1926c, p. 304). Dieses Vorstellungsvermögen reicht kaum soweit, dass es den *Koitus* mit dem gegengeschlechtlichen Elternteil vollziehen möchte (Jahoda 1977, p. 100ff.). Daher setzt das Kind für den "wirklichen Sachverhalt der Vereinigung der Geschlechter ... andere aus seinen Erfahrungen und Empfindungen abgeleitete Vorstellungen ein" (Freud 1926c, p. 304). Diese anderen Vorstellungen genügen, um Rivalität und

---

[20] Die Frage nach dem Vater und dessen Stellung gegenüber der Mutter ist eines der zentralen Themen der Märchen. "Immer geht es dabei um das Schicksal und die übergrosse Schwierigkeit der Aufrechterhaltung und Integration des väterlichen Elementes in einer Welt, die Gefahr läuft, von mütterlichen Allmachtsphantasien beherrscht und unfrei gemacht zu werden" (Stork 1983, p. 74). "Kinder brauchen Märchen" (Bettelheim 1975), um den Übergang in die Welt der familiären Beziehungen zu bewältigen.

Konflikte aufkommen zu lassen, mit allen damit verbundenen Ängsten, zu denen auch die Kastrationsangst gehören mag.

Das Denken des präoperationalen Kindes ist *konkretistisch* und *prälogisch*. Es fehlt ihm die Fähigkeit zur Negation. Negationen sind nicht "ersichtlich" und damit dem anschaulichen Denken des präoperationalen Kindes entzogen. Da sie *konstruiert* werden müssen, sind sie erst im Rahmen von *Operationen* als Kompensation von Affirmationen möglich (Fetz 1988, p. 165; Piaget 1975c, p. 23ff.). Die Ängste des Kindes sind daher genauso irrational wie seine Gedanken. Beachten wir, dass sich König Ödipus *blendete*, nachdem er sah, was er getan hatte. Er zerstörte das *Aktive* in sich, das dem *Auge* nahesteht, im Gegensatz zur Affinität des Passiven zum Ohr (vgl. Kapitel 1). Insofern auch der Phallus Aktivität verkörpert, entspricht die Blendung von König Ödipus einer symbolischen *Kastration*[21]. Die Kastrationsangst des Knaben erscheint somit als Angst vor der Zerstörung seiner Aktivität. Kastration meint "Beschneidung" von Aktivität, was sich im konkretistischen Denken des Kindes als *Wegnehmen* ausnimmt. Der moralische Realismus des präoperationalen Kindes mag das Seine dazu beitragen, um die erotische Tendenz des Ichs nach Expansion mit Kastrationsangst zu belegen[22].

Die Deutung des Ödipuskomplexes nicht bloss als kognitiver und emotionaler, sondern auch als *sozialer* Übergang im Leben des Kindes findet Unterstützung bei Piaget. Sozial wird das Kind mit dem Eintritt ins operationale Denken. Denn erst jetzt vermag es, sich von seinem Standpunkt zum Standpunkt anderer zu bewegen, ohne sich dabei zu verlieren (vgl. Kapitel 5). Erst die *Reversibilität* des Denkens macht das Kind im emphatischen Sinn sozial. Das zeigt insbesondere die moralische Entwicklung. Der Schritt zum operationalen Denken geht mit dem Aufkommen der *gegenseitigen* Achtung und der *Zusammenarbeit* einher (vgl. Kapitel 5). Indem sich das Kind anderen gleichstellt, wird es fähig, seine Moral zu autonomisieren. Auch gegenüber den Eltern vermag es sich im Prinzip auf gleichen Fuss zu stellen. Mit sieben oder acht Jahren gerät es in eine Krise, da es sein bisheriges Elternbild als *Idealisierung* erkennt (Piaget 1926, 298ff.). Bei Freud heisst es, die Eltern seien "zunächst die einzige Autorität und die Quelle alles Glaubens" (Freud 1909a, p. 223). Doch die Kinder würden bald beginnen, "in die reale Welt draussen (sic!) zu schauen" (Freud 1914c, p. 239) und fänden, dass die Eltern nicht mehr die Mächtigsten, Weisesten und Reichsten seien.

Die einseitige Abhängigkeit von den Eltern lockert sich dank der Überwindung des anschaulichen Denkens. Das operationale Kind kann gleichsam seine Wahrnehmungen wahrnehmen und dadurch *relativieren*. Es ist

---

[21] Freud meint, "dass die Angst um die Augen, die Angst zu erblinden, häufig genug ein Ersatz für die Kastrationsangst ist" (Freud 1919b, p. 254). Bei Jones heisst es, das Auge sei "eines der gebräuchlichsten phallischen Symbole" (Jones 1916, p. 253).

[22] Auch der Penisneid des Mädchens kann in diesem Licht gesehen werden. Er ist der Neid des Mädchens auf die - in unserer Kultur - dem Knaben zugestandene grössere Aktivität (Bakan 1966, p. 195), Neid, der sich ebenfalls an dem entzündet, was *sichtbar* ist.

nicht mehr seine Wahrnehmungen, sondern *hat* sie nun und vermag sie zu *prüfen* (Kegan 1982, p. 56f.). Es gewinnt Zugang zu anderen Perspektiven und kann seinen Standpunkt *dezentrieren*. "An dem Tag, da es sich bewusst wird, dass seine Eltern nicht allwissend sind, entdeckt es gleichzeitig seine Subjektivität" (Piaget 1926, p. 112). Die Entdeckung des Selbst geht einher mit der Entdeckung der sozialen Welt. Die Wirklichkeit wird zur *gemeinsamen* Wirklichkeit, die mit anderen geteilt werden kann. Erst auf dem Hintergrund einer öffentlichen Welt gibt es eine private Welt. Deshalb muss das Kind das Cogito vollziehen, d.h. *epistemisches Subjekt* werden, um seine Innerlichkeit zu erschliessen.

In moralpsychologischer Hinsicht scheint diese Argumentation zu einem Widerspruch zwischen Freud und Piaget zu führen. Denn für Piaget ermöglicht der Schritt zum operationalen Denken eine *autonome* Moral, während bei Freud der Ödipuskomplex in die *heteronome* Moral des Über-Ichs mündet. Doch der Widerspruch lässt sich ausräumen, wenn wir nochmals die Vermutung aufgreifen, das Freudsche Über-Ich umschreibe keine "Physiologie", sondern eine "Pathologie" des Gewissens (vgl. Kapitel 4). Während Piaget den normalen Verlauf der Entwicklung darstellt, steht bei Freud deren Abweichung im Vordergrund. Auch wenn Freud mit dem Über-Ich mehr im Sinn gehabt haben mag, kann man doch sagen, das Über-Ich sei ein Symptom der *Blockierung* der moralischen Entwicklung. Das Über-Ich beobachtet, lenkt und *bedroht* das Ich, *genauso* wie früher die Eltern (Freud 1933a, p. 501). Eine autonome Moral kann daher nur vom Ich ausgehen. Sie muss - wie Piaget gezeigt hat - in der Subjektivität des Individuums verankert sein. Sie kann nur die *eigene* Stimme sein, keine fremde, mag sie noch so sehr von innen rufen.

Primitive Abwehrprozesse

Wenn die Verdrängung, durch die das Unbewusste allererst entsteht, in die ödipale Entwicklungsphase gehört, ist dann das präödipale Kind zur Abwehr unfähig? Das kann allein schon deshalb nicht sein, weil wir das Ich mit dem operationalen Subjekt Piagets gleichgesetzt haben, und uns damit das *präoperationale Subjekt* als eine frühe Instanz der Abwehr zur Verfügung steht. Es kann auch nicht übersehen werden, dass Freud an vielen Stellen ein Ich schon *vor* dem Ödipuskomplex ansetzt. Es ist dann die Rede von "vorzeitigen Traumen, deren ein unreifes Ich nicht Herr werden konnte" (Freud 1937a, p. 361). Das Ich scheint gar bei der Geburt vorhanden zu sein, wie könnte sonst von "ursprünglichen, mitgeborenen Ichverschiedenheiten" (ebd., p. 380) die Rede sein? Doch Freud hat die Widersprüche zwischen seiner Ansicht, ursprünglich sei allein das Es, und den gelegentlichen Hinweisen auf ein ursprüngliches Ich nicht ausgeräumt.

Wenn wir das ursprüngliche Ich mit dem organismischen Subjekt gleichsetzen, dann kann während der *sensomotorischen* Phase nicht wirklich mit Abwehrprozessen gerechnet werden, da eine Subjekt-Objekt-Differenzierung erst im Entstehen begriffen ist[23]. Doch mit dem Beginn der präoperationalen Phase sollte das Kind zu *primitiven* Formen der Abwehr fähig sein.

Welche Abwehrprozesse stehen dem präoperationalen Kind zur Verfügung? Erinnern wir uns, dass Abwehrmechanismen *verneinend* sind. Verneinungen sind in der frühen Kindheit als praktische Negationen möglich (Kesselring 1981, p. 251f.), die sich - zu Abwehrzwecken verwendet - als *Ungeschehenmachen* äussern (Liebsch 1986, p. 237f.). Beim Ungeschehenmachen handelt es sich um eine Art negative Magie (Freud 1926b, p. 263), wobei eine Handlung durch eine nachfolgende ausgelöscht wird. Die Nähe zu Zauberhandlungen entspricht dem "Märchenalter" (Remplein) des präoperationalen Kindes, ebenfalls die Tatsache, dass das Ungeschehenmachen eine "motorische Technik der Abwehr" (ebd., p. 264) ist und durch *Tätigkeit* realisiert wird. Überhaupt wurzelt das Ungeschehenmachen in der "animistischen Einstellung zur Umwelt" (ebd., p. 263).

Schon das Ungeschehenmachen kann eine Form von *Verleugnung* genannt werden. Die eigentliche Verleugnung ist jedoch gravierender, was die Verzerrung der Wirklichkeit anbelangt, wenn auch bei Kindern die Leugnung einer unangenehmen Wahrheit ein durchaus normaler Vorgang ist[24]. Anna Freud zeigt am Beispiel des "kleinen Hans", wie dieser die äussere Realität mit Hilfe seiner Phantasie nach seinen Wünschen und für seinen Gebrauch umgestaltet (Freud 1936, p. 56ff.). Die Methode ist einfach.

"Das Ich des Kindes sträubt sich dagegen, ein Stück unliebsamer Wirklichkeit zur Kenntnis zu nehmen. So wendet es sich erst einmal von der Realität ab, verleugnet sie und ersetzt das Unerwünschte bei sich durch die Vorstellung vom umgekehrten Sachverhalt. ... So wie beim neurotischen Konflikt die Wahrnehmung des verpönten Triebreizes durch Verdrängung abgewehrt wird, so weigert sich das kindliche Ich mit Hilfe der Verleugnung, den peinlichen Eindruck aus der Aussenwelt zur Kenntnis zu nehmen" (ebd., p. 63, 70f.).

Insofern besteht zwischen Verleugnung und Verdrängung eine Entsprechung. Was die Verdrängung nach innen leistet, erbringt die Verleugnung nach aussen. Wobei wir in Erinnerung rufen, dass eine Innerlichkeit im psychologischen Sinn vor dem Eintritt ins operationale Alter gar nicht besteht. Liegt alles offen zutage, gibt es nichts zu verdrängen.

Die Verleugnung kann auf präoperationalem Niveau als (kognitive) *Zentrierung* interpretiert werden. Das Kind vermag zwei Dinge, die es wahrnimmt, nicht im Zusammenhang zu erkennen, d.h. nicht in eine reversible Gesamtstruktur einzuordnen. Es fehlt ihm die Fähigkeit, die beiden Wahrnehmungen zu koordinieren und innerlich (operational) zu ver-

---

[23] Auch Spitz ist der Ansicht, die Abwehrmechanismen würden sich "gewöhnlich nach dem ersten Lebensjahr entwickeln" (Spitz 1976, p. 52).

[24] Denken wir daran, dass präoperationale Kinder nicht wirklich lügen können (vgl. Kapitel 5).

binden. Folglich beachtet es nur das eine Phänomen und *verleugnet* das andere. Präoperationale Kinder unterliegen dem Sog des Gegebenen, dem sie erst entfliehen können, wenn sie einen symbolischen Raum konstruiert haben, in dem sich das Aktuelle mit dem Virtuellen kompensieren lässt. Dabei handelt es sich um einen Mangel an Kompetenz, nicht um eine zum Zweck des Selbstschutzes eingesetzte Abwehr. Die Verleugnung kann daher nur mit Vorbehalt als primitiver Abwehrmechanismus bezeichnet werden.

Eine Verneinung liegt auch der *Spaltung* zugrunde, bei der gegenüber ein und demselben Objekt zwei verschiedene Einstellungen bestehen, die sich nicht beeinflussen und das "ganze Leben hindurch" andauern können (Freud 1940, p. 58). Im Vergleich zur Verdrängung ist die Spaltung deshalb ein primitiver Mechanismus, weil die erstere ein kohärentes Selbst voraussetzt, von dem Strukturen abgetrennt werden, während die letztere ein gering oder gar nicht integriertes Selbst betrifft, dessen Teile voneinander isoliert werden. Daraus können pathologische Zustände entstehen, die nicht konfliktuös, sondern *defektuös* sind. Menschen mit einer solchen "Grundstörung" (Balint) wechseln in ihrer Persönlichkeit von einer Seite zur anderen und *verleugnen* die jeweilige andere Seite. Sie leben mit einem inneren Widerspruch, der ihnen bewusst sein kann, der sie aber nicht *betroffen* macht (Kohut 1971, p. 205ff., 1977, p. 216ff.). Insofern die erfolgreiche Verdrängung zum Unbewussten führt und damit *per definitionem* zum Vergessen, sind ihre Folgen weit weniger gravierend als diejenigen der Spaltung, die die Persönlichkeitsintegration eines Menschen dramatisch gefährden kann (Kernberg 1976).

Die Spaltung zeigt eine gewisse Nähe zur *Isolierung* (im engeren Sinn[25]). Auch die Isolierung bezieht sich - wie das Ungeschehenmachen - zunächst auf die motorische Sphäre. Sie besteht darin, "dass nach einem unliebsamen Ereignis, ebenso nach einer im Sinne der Neurose bedeutsamen eigenen Tätigkeit, eine Pause eingeschoben wird, in der sich nichts mehr ereignen darf, keine Wahrnehmung gemacht und keine Aktion ausgeführt wird" (Freud 1926b, p. 264). Dadurch geht ein Erlebnis nicht vergessen (es wird nicht verdrängt), doch wird es aus dem Kontext gelöst. Die Isolierung ist eine Art Verweigerung der Berührung von Gedanke und Situation. Wird ein Gedanke nicht nur vom Kontext, zu dem er gehört, getrennt, sondern zusätzlich an eine andere Vorstellung geheftet, handelt es sich um eine *Verschiebung* ("den Sack statt den Esel schlagen"). Verschiebungen mögen auf präoperationalem Niveau *passiv* zustande kommen, *aktiv* sind sie erst auf operationalem Niveau möglich (Liebsch 1986, p. 240ff.)[26].

---

[25] Eine zweite Form der Isolierung wird unter den elaborierten Abwehrprozessen diskutiert.

[26] Die Verdrängung fügt sich insofern in diese Reihe ein, als bei ihr der eine Teil der voneinander isolierten Vorstellungen oder Gefühle *vergessen* geht (Fenichel 1945, Bd. 1, p. 224).

Bei den Abwehrmechanismen geht es in jedem Fall um die Zurückweisung von *Differenzierungen* im Handeln oder im Denken eines Menschen. Im Falle der Isolierung spricht Freud explizit von einem Mittel zur "Aufhebung der Kontaktmöglichkeit" (Freud 1926b, p. 266). Analoges gilt für die Spaltung, bei der Teile des Selbst voneinander getrennt werden. Bei der Verleugnung und beim Ungeschehenmachen werden Differenzierungen nicht akzeptiert, die durch die Entwicklung des Kindes zustande gekommen sind. Vom Verdrängten schliesslich heisst es, es sei vom Ich abgespalten (Freud 1923a, p. 287). Abwehr ist Beharren auf Assimilation in Situationen, in denen eine *Differenzierung* (Akkommodation) notwendig wäre. Während die Akkommodation zu progressiver Veränderung führt, ist die Assimilation konservativ, was Piaget schon früh deutlich gemacht hat: "L'assimilation est ... un facteur de conservation, et rien que cela" (Piaget 1918, p. 378). Die Akkommodationsverweigerung ist Verweigerung der Anpassung des Lebewesens an eine neue Situation. Das entspricht der Definition von *Dummheit*[27]. Insofern Intelligenz Anpassung an neue Gegebenheiten bedeutet, ist Abwehr ein Zeichen von mangelnder Intelligenz.

In allen Fällen von Abwehr handelt es sich um Formen der Zurückweisung von *Beziehungen*, die sich als Folge von Differenzierungen eingestellt haben. Im Falle der primitiven Abwehrmechanismen erfolgt die Zurückweisung auf der konkreten Ebene von Handlungen, Wahrnehmungen und Vorstellungen und betrifft globale Subjekt-Objekt-Verhältnisse. Das präoperationale Kind kann noch nicht eindeutig zwischen sich, seinen Handlungen und den Objekten der Handlungen unterscheiden (Piaget 1954, p. 10). Seine Abwehr betrifft daher die Objektbeziehung *insgesamt*. Erst auf der operationalen Stufe lösen sich die Denkprozesse von den Handlungen, was eine Objektivierung des Handelns und seiner Gegenstände möglich macht. Handlungen werden nun zum Inhalt von Metahandlungen (Operationen), während sie vorher mit dem Ich verwoben waren.

Projektion und Introjektion

Als primitive Formen der Abwehr gelten oft auch *Projektion* und *Introjektion* (Fenichel 1945, Bd. 1, p. 209ff.). Eine Projektion ist eine "Veräusserlichung eines inneren Vorganges" (Freud 1917d, p. 180), eine Introjektion die Verinnerlichung von etwas Äusserem. Etwas, das zu uns selbst gehört (z.B. ein feindliches Gefühl), wird abgewehrt, indem es in andere projiziert wird. Die Grenze zwischen Subjekt und Objekt wird neu gezogen, auf dass das moralische Selbst untadelig dasteht. Projektion und

---

[27] Jedenfalls der einen der beiden von Hofstätter unterschiedenen Formen von Dummheit: Dummheit als Neigung, in der Welt ein *Zuviel* an Ordnung wahrzunehmen (Hofstätter 1966, p. 242ff.).

Introjektion beruhen auf *Verschiebungen* (Freud 1913a, p. 351, 360) und können allein schon deshalb nicht primitiv sein. Wo diese Abwehrformen auftreten, ist mit einer deutlichen Verzerrung der Wahrnehmung, d.h. mit einer gravierenden Beeinträchtigung der *Realitätsprüfung* zu rechnen (Brenner 1972, p. 91; Munroe 1955, p. 259). Auch deshalb kann es sich nicht um primitive Abwehrprozesse handeln. Denn bei präoperationalen Kindern ist die Realitätsprüfung - das Ich im emphatischen Sinn - noch nicht etabliert.

Bezeichnenderweise werden Projektion und Introjektion bei Kindern der *Verleugnung* angenähert. So heisst es bei Brenner, das "ganz kleine Kind" schreibe "ganz natürlich anderen - Personen, Tieren oder sogar unbelebten Objekten - die Gefühle und Reaktionen zu, die es selbst erlebt" (Brenner 1972, p. 91). Das aber entspricht dem, was bei Piaget *Egozentrismus* heisst: eine noch fehlende oder unsichere Trennung von Subjekt und Objekt. Der "radikal egozentrische Zustand" ist "ein Zustand der Projektion (sic!) der inneren Eindrücke auf die Formen, die von der äusseren Welt geliefert werden" (Piaget 1945, p. 255). Projektion und Introjektion sind auf präoperationalem Niveau *epistemische* Kategorien, welche die mangelnde Kompetenz des Kindes zur eindeutigen Differenzierung von Subjekt und Objekt betreffen. Es geht nicht um die (fehlerhafte) *Verschiebung* innerer Grenzen, sondern um die (noch unvollständige) *Errichtung* solcher Grenzen. Wenn die Begriffe Projektion und Introjektion zur Beschreibung *psychischer* Prozesse verwendet werden, dann kann es sich dabei nicht um primitive Abwehrmechanismen handeln[28].

Freud hatte in der Projektion die Grundlage *aller* Abwehrprozesse gesehen, da erst die Projektion (eines inneren Reizes nach aussen) die Voraussetzung schafft, um die Methoden der (äusseren) Reizabwehr (gegen die inneren Reize) einzusetzen (vgl. Kapitel 3). Doch diese Argumentation ist ein Ergebnis von Freuds Cartesianismus. Das in seinem Gehäuse eingeschlossenes Ich ist dazu *gezwungen*, die Bilder der Aussenwelt, die es empfängt, dorthin zurückzuprojizieren, wo sie herkommen. So glaubte Freud, *jede* Wahrnehmung basiere auf einer Projektion; die Projektion als Abwehrmechanismus sei lediglich eine besondere Form der allgemeinen Projektion (Freud 1913a, p. 354f.). Sie basiert auf einer *fehlerhaften* Projektion; das Wahrgenommene wird gleichsam auf die falsche Leinwand geworfen. Die Verdrängung kann gerade deshalb eine *Flucht* genannt werden, weil sie auf der Verschiebung innerer Erlebnisse nach *aussen* beruht, so dass sich das Ich benehmen kann, *als ob* es von äusseren Reizen bedroht wäre.

---

[28] Wofür indirekt auch die Untersuchung von Chandler, Paget und Koch (1978) spricht, bei der Projektion und Introjektion erst von Kindern des formal-operationalen Niveaus verstanden wurden (vgl. auch Whiteman 1967). Im übrigen scheint die Zuordnung von Projektion und Introjektion zu den "primitiven" Abwehrmechanismen aus deren Herleitung aus den *physischen* Aktivitäten der Nahrungsaufnahme und Darmentleerung zu stammen. Eine blosse Analogie reicht aber nicht aus, um die Existenz *mentaler* Prozesse zu begründen.

Das menschliche Subjekt ist aber kein Projektionsapparat. Die Idee der Projektion rührt von einer "unstatthaften und ontologischen Verwendung der Begriffe 'innen' und 'aussen' her" (Piaget 1926, p. 196). Als *erkenntnistheoretischer* Begriff hat die Projektion durch die Dialektik von Assimilation und Akkommodation ersetzt zu werden. Wenn wir den Cartesianismus aufgeben, dann verliert die Projektion ihre Bedeutung als Grundlage *aller* Abwehrmechanismen. Projektion und Introjektion können als *elaborierte* Abwehrprozesse verstanden werden.

Elaborierte Abwehrprozesse

Die Minimalbedingung für einen Abwehrprozess ist eine *Verneinung*, weshalb sich die *Verleugnung* (nach aussen) und die *Verdrängung* (nach innen) als Kernprozesse der Abwehr begreifen lassen. Sind sie erfolgreich, haben sie *Etwas* zu *Nichts* gemacht. Eine äussere oder innere Wahrnehmung ist in den Nullzustand zurückversetzt worden. Wo Verleugnungen nicht möglich sind, ist mit *Spaltungen* zu rechnen. Körperliche Ansprüche lassen sich nicht verleugnen, und solange sie nicht verdrängt werden können, kann ihnen auch nicht durch (projektive) Flucht ausgewichen werden. Spaltung und Isolierung (im engeren Sinn) sind bereits komplexere Formen der Verneinung, die darin bestehen, Erlebnisse oder Verhaltensweisen zu annullieren, indem sie voneinander *getrennt* werden. Das Ungeschehenmachen ist eine nochmals komplexere Form der Abwehr, da dabei nicht nur getrennt, sondern auch eine Gegenaktion ausgeführt wird. Es handelt sich um eine Negation durch *Inversion*. Der Nullzustand soll durch die magische Umkehr der Handlung zurückgewonnen werden.

Die *elaborierten* Abwehrformen beruhen darauf, dass einerseits die Verneinung nicht mehr ganze Handlungen, sondern *Handlungselemente* betrifft, und andererseits *Umgestaltungen* an den Handlungselementen vorgenommen werden, so dass die Gegenstände der Abwehr *entstellt* erscheinen. Die Entstellungen beruhen auf *Auslassungen* und *Verschiebungen* entlang den Polaritäten Subjekt vs. Objekt, Lust vs. Unlust und Aktivität vs. Passivität (Freud 1915b, p. 96ff.)[29]. Wie in Fällen der Textentstellung kann damit gerechnet werden, "das Unterdrückte und Verleugnete doch irgendwo versteckt zu finden, wenn auch abgeändert und aus

---

[29] Die Verschiebung scheint daher nicht nur eine bestimmte Abwehrform zu sein, sondern die Grundstruktur der elaborierten Abwehrprozesse (während die Spaltung als Grundstruktur der primitiven Abwehrprozesse zu betrachten ist). Das wäre nur konsequent, liessen sich doch dadurch das Ich der Traumarbeit und das Ich der Abwehr als identisch ausweisen. Dann könnte auch die *Verdichtung* als eine Grundstruktur der Abwehr verstanden werden. Insofern Symptome Kompromisse zwischen Triebbedürfnissen und Abwehrformen bilden, gäbe auch dies Sinn. Davon abgesehen, sieht Munroe im *Kompromiss* eine milde Form der Abwehr (Munroe 1955, p.259). Auch Brenner erwähnt die Verdichtung als Abwehrmechanismus (Brenner 1982, p. 87).

dem Zusammenhang gerissen" (Freud 1939, p. 493). Verschiebung kann durch Umkehr der Richtung (Reziprozität) oder durch Verlagerung entlang einer assoziativen Reihe (Ähnlichkeit) erfolgen (Holland 1973, p. 248f.). Während die primitiven Abwehrformen Differenzierungen zurückweisen, indem diese geleugnet oder gespalten werden, erledigen die elaborierten Abwehrmechanismen ihre Aufgabe vorwiegend durch deren Verhüllung.

Als elaborierte Abwehrprozesse werden im allgemeinen die Verkehrung ins Gegenteil (Reaktionsbildung, Wendung gegen die eigene Person und Konversion), die Isolierung (im weiteren Sinn), Projektion, Introjektion, Intellektualisierung, Affektualisierung und Rationalisierung genannt. Die elaborierten Abwehrformen lassen sich *handlungstheoretisch* analysieren (Chandler, Paget & Koch 1978; Döbert & Nunner-Winkler 1980, p. 277ff.; Suppes & Warren 1975). Die Verschiebungen betreffen die Inhalte, Objekte und Subjekte von Handlungen und die damit verbundenen Gefühle. Wird am *Inhalt* der Handlung angesetzt, kann dieser in sein Gegenteil verkehrt werden (Reaktionsbildung), oder er kann intellektualisiert, rationalisiert oder affektualisiert werden. Wird am *Subjekt* angesetzt, kann dieses durch ein anderes ersetzt werden (Projektion, Introjektion). Wird am *Objekt* angesetzt, kann das Ziel der Handlung verschoben werden (Wendung gegen die eigene Person, Verschiebung im emphatischen Sinn).

Bei der *Reaktionsbildung* wird eine Verhaltenstendenz durch ihr Gegenteil ersetzt. Ehrgeiz wird zu Anspruchslosigkeit, Arroganz zu Bescheidenheit, Hass zu Liebe, Aggression zu Friedfertigkeit. Die gelungene Reaktionsbildung ist "eine der wichtigsten Massnahmen des Ichs für einen dauernden Schutz gegen das Es hin" (A. Freud 1936, p. 11). In gewisser Weise basiert auch die *Kompensation* (Adler) auf einer Reaktionsbildung. Denn im Versuch, eine empfundene (organische) Minderwertigkeit zu überwinden, reagiert das Individuum mit einer gegensätzlichen Tendenz (der Stotterer wird zum Schriftsteller). Auch bei der *Wendung gegen die eigene Person* findet eine Verwandlung ins Gegenteil statt. Doch im Unterschied zu Reaktionsbildung und Kompensation wird dabei eine auf ein Objekt gerichtete Tendenz, z.B. der Wunsch, dem anderen etwas anzutun, auf das Subjekt verschoben. Der Hass auf andere wird zu Selbsthass, das Böse, das dem anderen gilt, dem Selbst zugefügt.

Reaktionsbildung und Wendung gegen die eigene Person können sich mit Verdrängungen verbinden. Das gilt auch für die *Isolierung* (im weiteren Sinn), bei der ein Affekt verdrängt wird, während die zum Affekt gehörende Vorstellung bewusst bleibt. Die Isolierung ist charakteristisch für Zwangsvorstellungen, die immer wieder auftauchen, aber ohne Emotionen. Auch Erinnerungen an schreckliche Ereignisse mögen wiederholt "aufstossen", ohne die ursprünglich damit verbundenen Gefühle von Entsetzen, Angst oder Schuld.

Ähnlich funktionieren die Intellektualisierung und die Rationalisierung. Bei der *Intellektualisierung* wird der Akzent auf die kognitive Seite eines

Vorgangs gelegt, um dessen emotionale Seite zu meiden. Das Umgekehrte geschieht bei der *Affektualisierung*. Es erfolgt eine Emotionalisierung und Dramatisierung eines Vorgangs, wodurch die klare Einsicht beeinträchtigt wird (Mentzos 1983, p. 66). Bei der *Rationalisierung* werden unvernünftige Verhaltensweisen durch Scheinargumente beschönigt (Jones 1908). Intellektualisierung, Affektualisierung und Rationalisierung lassen sich insofern von der Isolierung unterscheiden, als bei der letzteren der eine Teil der gespaltenen Wahrnehmung verdrängt wird, während bei den ersteren lediglich eine *Überdeckung* der einen durch die andere Seite erfolgt.

Einer gesonderten Diskussion bedarf die *Regression*, die von Freud ebenfalls als Abwehrmechanismus behandelt wird. Freud unterscheidet mehrere Arten von Regression, wobei als Abwehrmechanismus in erster Linie die *Es-Regression* von Bedeutung ist. Sie entspricht einer Rückwärtsbewegung der Libido auf der Zeitachse der Triebentwicklung. Gelingt es dem Ich, einen unliebsamen Trieb zur Regression zu bringen, so hat es ihn "energischer beeinträchtigt, als durch die Verdrängung möglich wäre" (Freud 1926b, p. 250).

Die Regression - im wörtlichen Sinn eine Rückkehr zu früheren Entwicklungsstufen - ist ein wenig überzeugendes Konzept. Sie basiert auf der Vorstellung von Entwicklung als quantitativer *Veränderung*. Was sich einmal nach vorn bewegt hat, kann sich ein andermal zurückbewegen. Freud begreift die menschliche Entwicklung nicht transformationell (Turiel 1983, p. 113f.). Dagegen meint Entwicklung im Rahmen des Organismusmodells *qualitative* Veränderung, so dass eine Rückkehr zu früheren Stufen des Organismus-Umwelt-Verhältnisses ausgeschlossen ist (vgl. Kapitel 6). Es ist auch phänomenal nicht überzeugend, das Abwehrverhalten eines Erwachsenen mit demjenigen eines Kindes gleichzusetzen. In jedem Fall ist das Benehmen Erwachsener *anders* als dasjenige von Kindern - wie "primitiv" es auch anmuten mag (Willick 1985, p. 183f.). Man kann sich einen früheren Zustand *phantasieren* und versuchen, die Phantasie in Wirklichkeit umzusetzen, aber kann man zu einer früheren Lebensphase zurückkehren? Wir können sagen, ein Erwachsener benehme sich kindisch oder kindlich, aber kann er auf den Zustand und die Funktionsweise eines Kindes regredieren?

Freuds Begriff der Regression ist das Gegenstück zu seiner adultomorphen Sicht der kindlichen Entwicklung. Werden auf der einen Seite Konzepte, die aus der analytischen Situation bei *Erwachsenen* stammen, zur Charakterisierung von *kindlichem* Verhalten verwendet (z.B. "Autismus" oder "Narzissmus"), so wird auf der anderen Seite der Begriff der Regression dazu verwendet, um das Verhalten von *Erwachsenen* mit Kategorien, die für *kindliche* Entwicklungsstufen typisch sind, zu beschreiben. Als ob die Entwicklung eines Lebewesens mit derselben Leichtigkeit in der einen wie in der anderen Richtung verlaufen könnte.

In organismischer Perspektive sind Regressionen undenkbar (Bearison 1974). Lebewesen, deren Funktionsweise aus irgendeinem Grund zusammenbricht, gehen keinen Weg *zurück*, sondern versuchen, mit den *aktuell* verfügbaren Mitteln zu überleben. Dabei können sie in einen Zustand geraten, der gewisse Ähnlichkeiten mit früheren Entwicklungsphasen aufweist. Von einem Erwachsenen, der an einer Aphasie leidet, sagen wir jedoch nicht, er sei sprachlich auf die Stufe eines Säuglings regrediert. Ebensowenig sagen wir von einem Säugling, er befinde sich in einem "normalen aphasischen" Zustand (Peterfreund 1978, p. 439). Weshalb sollten wir dann in weniger offensichtlichen Fällen dergleichen tun? Die Regression ist als theoretischer Terminus gänzlich aufzugeben. Sie kann auch nicht länger als Abwehrmechanismus gelten[30].

Generische Ich-Prozesse

Insofern die Abwehr eine Leistung des organismischen Subjekts ist, entsprechen die Abwehrmechanismen nicht *spezifischen* Funktionen, sondern beruhen auf *allgemeinen* (generischen) Prozessen, die je nach dem destruktiv oder konstruktiv eingesetzt werden. In diesem Sinn betrachtet Brenner das Konzept der Abwehrmechanismen als irreführend. Das Ich kann "alle Prozesse der normalen Ichbildung und Ichfunktion zu Abwehrzwecken benützen" (Brenner 1972, p. 81). Keiner der Ich-Prozesse hat eine ausschliesslich abwehrende Funktion. "Es gibt keine spezifischen Ichfunktionen, die zur Abwehr und nur zur Abwehr benutzt werden" (Brenner 1982, p. 90). Diese Auffassung stösst zunehmend auf Zustimmung (Gedo & Goldberg 1973, p. 94ff.; Lampl-de Groot 1957; Lichtenberg & Slap 1972; Wallerstein 1985).

Bereits Freud hatte auf Entsprechungen zwischen Abwehrmechanismen und normalen Ich-Prozessen aufmerksam gemacht, wie er überhaupt zweifelte, ob das Ich während seiner Entwicklung auf Abwehrmechanismen verzichten kann (Freud 1937a, p. 377). So sah er in der *Verurteilung* den intellektuellen Ersatz für die *Verdrängung* (Freud 1910b, p. 99, 1915c, p. 107, 1925e, p. 374), in der *Konzentration* das normale Gegenstück zur *Isolierung* (Freud 1926b, p. 264) und in der *Einfühlung* die Parallele zu *Projektion* und *Introjektion* (Freud 1921, p. 100ff., 1922, p. 222). Von der Projektion heisst es auch, sie sei nicht ausschliesslich für die Abwehr geschaffen und "im normalen wie im krankhaften Seelenleben" ein häufiger Abwehrvorgang (Freud 1913a, p. 351, 354).

Ähnliches gilt für die Verdrängung, die Freud nicht ausschliesslich für pathologisch erachtet hat. Die Neurose ist geradezu das Resultat des *Misslingens* der Verdrängung (Freud 1905d, p. 217, 1924e, p. 357, 360). Wird die Verdrängung "gezielt" aufgehoben, wie im Traum oder im Witz, hat sie nichts Krankhaftes an sich. Eine Verdrängungsneigung liegt auch dem Zweifel zugrunde (Freud 1913a, p. 373). Trotzdem bleibt un-

---

[30] Ein Ersatz für die Regression könnte die Transgression sein, wie sie weiter unten diskutiert wird.

klar, inwiefern Freud die Verdrängung nicht doch für einen *pathologischen* Vorgang gehalten hat. Es heisst zwar, die Analyse mache den Erfolg der Verdrängung nicht rückgängig. Doch sie "ersetzt den Prozess der Verdrängung, der ein automatischer (sic!) und exzessiver ist, durch die mass- und zielvolle *Bewältigung* mit Hilfe der höchsten seelischen Instanzen, mit einem Worte: *sie ersetzt die Verdrängung durch die Verurteilung*" (Freud 1909b, p. 120 - erste Hervorhebung W.H.). Die Verurteilung ist das "Nein" des operationalen Denkens, das bewältigende Gegenstück zur abwehrenden Verdrängung.

Eine *systematische* Ausarbeitung der Entsprechungen zwischen Abwehr und Bewältigung haben Kroeber und Haan vorgelegt. Kroeber bezeichnet die Ich-Prozesse als "general mechanisms which may take on either defensive or coping functions" (Kroeber 1963, p. 183). Individuen sind mit einer generischen Kompetenz ausgestattet, die je nach dem defensiv oder bewältigend eingesetzt wird. Haan versteht das Ich als eine Organisation von Prozessen im Dienste der *Lebensbewältigung*. "... the ego processes are seen as strategies of problem resolution with respect to the self, to others, and to the world and its essential social logic and immutable physical structure" (Haan 1977, p. 48). Die Regulation der Ich-Prozesse steht unter dem Imperativ der Selbsterhaltung. Entwicklung ist qualitative Veränderung im Rahmen einer sich gleich bleibenden organismischen Identität.

Haan wendet sich gegen den "mechanical man" und nimmt Partei für eine "organic view of man" (Haan 1969, p. 16, 1977, p. 43). Wie Piaget setzt sie das Ich mit dem Prozess des Lebens gleich. "The organizational work of ego processes ... appears as the nature of life itself once it is underway" (Haan 1977, p. 48). Insofern sind die Ich-Prozesse *protopsychische* Phänomene, die psychische Differenzierung allererst ermöglichen.

Der Prozess des Lebens kann auf Hindernisse stossen, die vom Organismus eine Neuanpassung verlangen. Die Ich-Prozesse stehen für solche Strategien der Neuanpassung. Gemessen am Ziel der organismischen Reintegration lassen sich drei Modi unterscheiden, die von einer generischen Form ableitbar sind und zunehmend inadäquaten Formen der Anpassung entsprechen: Bewältigung, Abwehr und Fragmentierung (Haan 1977, p. 48ff.). Im *Bewältigungsmodus* bilden Assimilation und Akkommodation ein Gleichgewicht. Im *Abwehrmodus* sind sie im Ungleichgewicht. Abwehr ist Assimilation, wo akkommodiert werden müsste. Im *Fragmentierungsmodus* fallen Assimilation und Akkommodation auseinander. Die Fragmentierung umfasst pathologische Formen der Anpassung.

Die drei Modi der Ich-Prozesse bilden eine utilitäre Hierarchie. "The person will cope if he can, defend if he must, and fragment if he is forced, but whichever mode he uses, it is still in the service of his attempt to maintain organization" (Haan 1977, p. 42). Das "Umkippen" der Ich-Prozesse vom einen in den anderen Modus ist abhängig von der Selbstwahrnehmung des Individuums. Anlass für Abwehr und Fragmentierung ist ein bedrohtes Selbst.

Ein Schema optimaler Entwicklung

Haans Analyse der Ich-Prozesse basiert auf der normativen Auszeichnung des *Bewältigungsmodus* und nimmt Partei für den "coping man" (Haan 1969, p. 19; Herzog 1991b). Gleichzeitig plädiert sie für ein konstruktivistisches Verständnis des Menschen. "The conceptualization of processes leads to an *organic* view of man as using his past, engaged in his enterprises, and anticipating his future. In other words, the person does not reproduce his past in exact replica, but instead *constructs* both his past and his future in terms of his present" (Haan 1977, p. 43 - Hervorhebungen W.H.). Als "coping man" steht der Mensch in einem flexiblen Verhältnis zur Zeit. Er wird von seiner Vergangenheit nicht *konsumiert*, sondern kann sich in seinen Zeitbezügen relativ frei bewegen. Ein idealer Mensch ist daher einer, der bewältigt. Da die Bewältigung den Erfolg jedoch nicht garantiert, ist der ideale Mensch kein "winner, but merely an accurate, authentic negotiator with himself, others, and life" (ebd., p. 4). Haan plädiert für das *Realitätsprinzip*. "Coping is based on the weak assumption that it is better to be accurate and therefore socially reasonable than not ..." (ebd., p. 82).

Abwehrprozesse können die Kompetenz eines Individuums beeinträchtigen und seine Entwicklung behindern (Haan 1977, p. 103f.). Durch Abwehr und Fragmentierung werden die Ich-Strukturen nicht *zerstört*, aber inadäquat eingesetzt und in ihrer Funktion abgelenkt. Das Auseinanderfallen von Struktur und Funktion bedeutet, dass ein Individuum zeitweilig oder permanent nicht es selbst ist. Sein Verhalten entspricht nicht seinen Möglichkeiten, so dass ihm ein Teil seiner selbst *fremd* erscheint - ein für neurotische Zustände charakteristisches Gefühl. Menschen sind daher eher sie selbst, wenn sie bewältigen als wenn sie abwehren oder fragmentieren. Dies geradezu *per definitionem*, denn Abwehr bedeutet Verleugnung oder Abspaltung eines Selbstanteils und damit Selbstentfremdung und *Selbsttäuschung* (Hilgard 1949, p. 376). Noam (1988) spricht von Einkapselung. Aspekte des Selbst werden nicht akkommodiert und bleiben nicht-akkommodiert, während sich andere Aspekte weiterentwickeln. Freud nannte dies *Fixierung* und *Entwicklungshemmung* (Freud 1911b, p. 290).

Entwicklung ist nur möglich, wenn Abwehr ausbleibt. Bewältigung und Entwicklung sind daher korrelative Begriffe. "... coping involves the dialectic of conserving the self within a framework of change" (Haan 1977, p. 154). Eine stützende Umwelt kann helfen, den Entwicklungsstress soweit in Grenzen zu halten, dass er nicht bedrohlich wird. So wird das Neugeborene von seinen Bezugspersonen vor zuviel Ungewohntem bewahrt, indem sie jene Akkommodationen vollziehen, zu denen es selbst noch nicht in der Lage ist. Familien, die sich auf die sich verändernde Situation ihres Kindes einstellen können, indem sie sich selbst verändern, helfen dem Kind bei der Bewältigung seiner Entwicklungsaufgaben. Familien, die von den Veränderungen des Kindes irritiert werden und an überkommenen Interaktionsmustern festhalten, erhöhen seinen Entwicklungsstress, was zum *Scheitern* des anstehenden Entwicklungsschrittes führen kann (ebd., p. 184f., 206ff.). Eltern müssen fähig sein, im Verhältnis zu ihren Kindern neue Beziehungsformen einzugehen.

Das Scheitern eines Entwicklungsschritts ist immer auch ein Scheitern der *Sozialität* des Menschen. Im Bewältigungsmodus sind die Menschen aufeinander bezogen. Durch Abwehr und Fragmentierung zerstören sie ihre Bezogenheit. Sie ermöglichen sich einen privaten Triumph zum Preis einer sozialen Niederlage. Sie ziehen sich zurück, um ihre Integrität zu retten und verlieren dabei den Kontakt zu anderen. "... both defensiveness and fragmentation are, in some degree, retreats from commitment to intersubjectivity" (Haan 1977, p. 63). Sie führen in die Irrationalität und in eine mechanische Existenzform[31]. Haans Urteil deckt sich mit demjenigen Freuds, der betonte, die Psychoanalyse habe den "asozialen Charakter der Neurosen überhaupt erkannt, welche ganz allgemein dahin streben, das Individuum aus der Gesellschaft zu drängen und ihm das Klosterasyl früherer Zeiten durch die Krankheitsisolierung zu ersetzen" (Freud 1913b, p. 127). Die Neurosen "suchen mit privaten Mitteln zu leisten, was in der Gesellschaft durch kollektive Arbeit entstand" (Freud 1913a, p. 363).

Insofern Neurosen asozial machen, muss die Stärkung der sozialen Strebungen eines Menschen zu seiner psychischen Gesundheit beitragen. Wenn dies bei Freud eine eher verborgene Überzeugung ist, dann wird sie von Harry Stack Sullivan ausdrücklich vertreten: "... one achieves mental health to the extent that one becomes aware of one's inter-personal relations" (Sullivan 1940, p. 102). Rationalität, Bewältigung und Sozialität bilden ein Geflecht normativer Kategorien, die ein Konzept *optimaler Entwicklung* umschreiben.

Damit treffen wir nochmals auf die Spuren von Eros und Todestrieb. Denn wenn das "Überwiegen der sexuellen Triebanteile gegen die sozialen das für die Neurose charakteristische Moment" (Freud 1913a, p. 362 - im Original hervorgehoben) ist, dann kann die Objektlosigkeit nicht primär sein. Die Neurose *führt* in die Asozialität, indem sie die erotischen Tendenzen eines Menschen ablenkt. Der Versuch, die menschliche Entwicklung mit einer "normalen autistischen" (Mahler), einer "autoerotischen" (Freud) oder einer "(primär) narzisstischen Phase" *beginnen* zu lassen, ist angesichts der Abwehrlehre wenig überzeugend. Autismus, Autoerotik und Narzissmus sind *sekundäre* Bildungen, "Überbleibsel einer missglückten Objektliebe" (Balint 1965, p. 55). Freuds *klinisches Interesse* zeigt deutlicher als seine Metapsychologie, worum es ihm geht und wie er - unbeeinflusst vom cartesianischen Bezugsrahmen - denkt. Die Asozialität des Menschen ist nicht ursprünglich, sondern das Resultat einer perennierenden Abwehrtätigkeit. Im Modus der *Bewältigung* ist das menschliche Individuum ein erotisches Wesen, das nach Verbindung und Vereinigung

---

[31] Insofern Abwehrhandlungen die Mechanisierung des Menschen zur Folge haben, mag der Ausdruck "Abwehr*mechanismen*" berechtigt sein.

strebt. Im Modus der Abwehr ist es "morbid" und schützt sich vor dem gefürchteten Ansturm der anderen durch Verneinung und Verleugnung seiner Bezogenheit.

Anders als Freud bemühen wir weder für die erotischen noch für die morbiden Tendenzen des Menschen einen Trieb. Warum sollte es nicht genügen, ganz einfach von der Sozialität des Menschen *auszugehen* und diese als ein Faktum der *conditio humana* anzuerkennen? Der Mensch ist kein solipsistisches Bündel von Trieben, sondern ein soziales Wesen, das auf andere bezogen ist. Erweckt Freud den gegenteiligen Eindruck, dann deshalb, weil ihn sein klinisches Interesse die normale Entwicklung des Menschen übersehen liess und weil ihn das metatheoretische Rüstzeug, das er zur Ausarbeitung seiner Theorie beizog, zu einem verzerrten Bild des Menschen führte. Im Lichte des mechanistischen Denkens erscheint der Mensch als asozialer Egoist, der nur unter Zwang für andere zu interessieren ist. Versuchen wir demgegenüber - wie wir es in diesem Kapitel getan haben -, die Psychoanalyse mit Hilfe des organismischen Denkens zu erneuern, so stossen wir auf dem Terrain der Psychoanalyse selbst auf ein hoffnungsvolleres Menschenbild. Im Horizont einer revidierten Triebtheorie und einer neu interpretierten Abwehrlehre erscheint der Mensch als "soziales Tier" (Aronson), dessen Asozialität die Folge einer fehlverlaufenen Entwicklung ist. Die Beziehungslosigkeit des Menschen ist nicht primär, sondern die Folge misslicher Umstände.

Das Verständnis des Menschen als soziales Wesen, das der genetischen Psychologie Piagets und der (revidierten) Psychoanalyse Freuds gleichermassen zugrunde liegt, stimmt für die *moralische Erziehung* optimistisch. Wenn der Mensch seiner Natur nach auf andere bezogen ist, dann braucht er nicht sozial *gemacht* zu werden. Seine moralische Subjektivität braucht nicht *hergestellt* zu werden. Das Herbartsche Problem scheint auch das Ergebnis einer Anthropologie zu sein, die dem Menschen zuwenig zutraut und das Gute ganz in die Hände der Erziehung legen will.

Zum Schluss der Rekonstruktion zweier zentraler Freudscher Theoriestücke wollen wir unsere Überlegungen für die Skizze einer *integrativen Theorie der menschlichen Entwicklung* fruchtbar machen. Eine solche Skizze muss notgedrungen allgemein ausfallen. Auch wird sie nur formal sein können. Da unser Entwicklungsbegriff transaktional ist, lässt er keine inhaltlichen Festschreibungen von Entwicklungsstufen zu. Was uns allein möglich ist, sind einige Hinweise auf ein integratives Verständis der menschlichen Entwicklung. Zur Sprache kommen die Entwicklung des Ichs, die Entwicklung seiner Weltbezüge und die Pathologie der Entwicklung.

Die Ich-Entwicklung

Die menschliche Entwicklung ist nicht das Ergebnis des Zusammenspiels zweier Triebe, heissen diese nun Lebenstrieb und Todestrieb, wie bei

Freud, oder konstruktive und restriktive Assimilation, wie bei Furth (1987, p. 80). Was die Menschen "antreibt", ist ihre *Verhältnismässigkeit*. Sie entwickeln sich, weil sie auf andere, auf anderes und auf sich selbst *bezogen* sind. Und sie entwickeln sich solange, wie sie ihre Bezogenheit anerkennen. Menschen müssen Widerstände und Widersprüche erfahren, um sich zu verändern. Ertragen sie die Welt nicht, in der sie leben, verlieren sie ihre Bildsamkeit.

Entwicklung beruht auf Differenzierung. Jede Differenzierung entspricht einer Relationierung von Subjekt und Objekt. Die Stufen der menschlichen Entwicklung sind *Beziehungsformen*. Was zunächst eine Einheit ist, wird schliesslich zur vernetzten Vielheit. Die grundlegende Frage der Entwicklungspsychologie ist daher: "Bis zu welchem Grad löst sich der Organismus aus der Welt heraus (um Beziehungen mit ihr einzugehen)?" (Kegan 1982, p. 71). Entwicklungsschritte sind Schritte der Trennung und Objektivierung des Getrennten zu einem Gegenüber.

Entwicklung ist die Folge der expansiven (erotischen) Tendenz des Lebewesens und der Widerfahrnisse, die ihm infolge der Unvollkommenheiten seiner Handlungen zustossen. Der Organismus macht - jedenfalls anfänglich - Erfahrungen, nicht weil er sie machen *will*, sondern "weil sie ihm aufgezwungen werden" (Dux 1982, p. 83). Als Lebewesen will das Individuum die *Integration*. Insofern es sein Leben führen muss, zwingen es die Widerstände der Objekte zur *Differenzierung*. Diese formalen Charakteristika eines jeden Entwicklungsprozesses lassen sich mit den Prinzipien von Assimilation und Akkommodation verbinden. Die Assimilation ist letzlich mit dem Leben identisch und entspricht der Tendenz des Organismus nach Integration. Die Akkommodation ist Differenzierung der Assimilationsstrukturen, ausgelöst durch die Widerständigkeit der Welt. "C'est le milieu qui est facteur de variation, non l'être vivant, ni rien de ce qui est en lui" (Piaget 1918, p. 378). Die Akkommodation ist zwar ebenfalls eine Leistung des Organismus, doch wird sie ihm *aufgenötigt*, als Folge seiner expansiven Tendenz und der daraus entstehenden Ungleichgewichte der Assimilationsschemata.

Die Sequenz der Entwicklung entspricht einer Abfolge von Expansion - Störung - Kompensation - Rekonstruktion - Konservierung - Expansion etc. (Furth 1987, p. 78). Lebewesen sind insofern konservativ, als sie ihre Assimilationsschemata nur unter Druck differenzieren. "... through the course of evolution, individuals have been programmed to follow the adaptive imperative: 'Assimilate if you can; accommodate if you must!'" (Block 1982, p. 286). Differenzierung ist daher nicht selbstverständlich. Und - da Differenzierung zu Entwicklung führt - ist auch Entwicklung nicht selbstverständlich. Doch Entwicklung ist solange zu erwarten, wie die Lebendigkeit eines Individuums nicht abstumpft und seine Verhältnismässigkeit erhalten bleibt.

Insofern jede Differenzierung einer Relationierung von Subjekt und Objekt entspricht, ermöglicht jeder Entwicklungsschritt sowohl eine neue epistemische als auch eine neue *praktische* Beziehung zur Welt. Das präoperationale Kind, das sich von seiner sensomotorischen Funktionsweise dezentriert hat, vermag seinen Körper nicht nur zu *erkennen*, sondern auch zu *beherrschen*. Dezentrierung ermöglicht "Bemeisterung" (Piaget 1954, p. 63). Die praktische Kompetenz lässt sich den generischen *Ich-Prozessen* gleichsetzen, die als Strategien der Lebensbewältigung fungieren. Sie entsprechen der Fähigkeit des Individuums zur effektiven Auseinandersetzung mit der Welt (White 1959).

Jeder Zugewinn an Kompetenz führt zu einer *Stärkung des Ichs*. Damit führt jede Differenzierung zu einer Dominanz des Agentischen (Bakan 1966). Vermehrte Aktivität bedeutet vermehrte Assimilationstätigkeit, d.h. vermehrtes "Einverleiben" von Welt. In epistemologischer Hinsicht ist das Agentische *egozentrisch*. Eine neue Entwicklungsphase beginnt daher nicht nur mit einer erhöhten Aktivität, sondern auch mit einer verstärkten egozentrischen Assimilation. Sie "findet erst später ihr Gleichgewicht durch das Hinzutreten der Akkommodation an das Reale" (Piaget 1964, p. 205; vgl. auch Piaget 1945, p. 306). Die Dezentrierung führt zur Anerkennung der Verbundenheit mit dem, wovon sich das Individuum getrennt hat.

Dialektik des Ichs

Die menschliche Entwicklung entspricht einer dialektischen Bewegung von Differenzierung und Integrierung, Trennung und Verbindung, Zentrierung und Dezentrierung. Was ein Individuum auf einer Stufe *ist*, das *hat* es auf der nächstfolgenden (Kegan 1982). Es tritt aus der "Gefangenschaft" im Funktionieren der tieferen Stufe hinaus und gewinnt ein Stück Freiheit über sich und seine Umwelt. Jede Entwicklungsstufe *definiert* den Menschen als ein bestimmtes Ich, das in seiner Funktionsweise festgelegt ist. Das Ich entspricht einer *Figur*, die sich von einem *Grund* abhebt, d.h. aus der Organisationsweise einer bestimmten Entwicklungsstufe herauslöst. Es ist aber seinerseits erneut Grund, insofern es nach wie vor als eine bestimmte Verhaltensorganisation fungiert. Damit ist es Basis für eine weitere Differenzierung in Figur und Grund, die zu einer neuen Stufe des Ichs führt. Die höheren Stufen der Entwicklung ermöglichen die Kontextualisierung der tieferen Stufen, die dadurch dem Ich verfügbar werden (Piaget 1968, p. 35, 1975c, p. 65; Turiel 1974).

Die Zunahme an Kompetenz zeigt sich anschaulich anhand der *Spiele* von Kindern. Im Spiel ist die Welt blosse "Nahrung" für die Assimilationsstrukturen des Individuums (Piaget 1945, p. 207). Das Kind spielt mit dem, was es *hat*: mit seinem Körper, seinen Vorstellungen und seinen Gedanken. Und es spielt als das, was es *ist*: als symbolisches Ich, als denkendes Ich und als logisches Ich. Im Spiel wird thematisch, worüber das Kind verfügen kann und worin es zuvor "gefangen" war. Wird eine neue Fähigkeit erworben, ist sie "Gegenstand einer funktionellen Assimilation oder einer Übung 'à vide', die begleitet ist von einer Freude, Ursache zu sein, oder von einem Gefühl der Leistungsfähigkeit" (ebd., p. 151). So spielt das Kind entsprechend seiner körperlichen, seiner symbolischen, seiner denkerischen und seiner logischen Kompetenz. Dabei findet je eine andere Stufe der Wirklichkeit sein Interesse. Die Interessen brauchen nicht verlorenzugehen. Könnte es daher sein, dass die Ich-Strukturen der verschiedenen Entwicklungsstufen nicht einfach ineinander übergehen, sondern erhalten bleiben und eine je spezifische Weiterentwicklung erfahren?

Was die *Motorik* anbelangt, so ist offensichtlich, dass wir uns von ihr nicht absolut dezentrieren können. Insofern wir unsere Körper *sind*, ist uns ein blosses *Haben* von Körper verwehrt. Sobald wir handeln, agieren wir zentrisch und damit körperlich. Die Verinnerlichung der sensomotorischen Handlungsstrukturen zu Operationen bedeutet daher kein Ende der Motorik. Reduziert auf die Funktionsweise des Geistes würden wir den Kontakt zur Wirklichkeit verlieren. Die Entwicklung des Menschen setzt auf allen Stufen *konkrete* Handlungen voraus, ohne die die Widerständigkeit der Welt nicht erfahren würde. Der *körperliche* Kontakt mit der Wirklichkeit ist unabdingbar, wollen wir das Gefühl der Realität nicht verlieren.

Die *Berührung* scheint nicht nur in der frühkindlichen Entwicklung (Montagu 1971), sondern auch später das wesentliche Kriterium für unser Realitätsgefühl zu sein (Gebauer 1984; Werner 1957, p. 129f.). Das Tasten schafft eine Bekanntschaft mit der Welt, die unbezweifelbar ist. Das gilt auch für die eigene Existenz. Das Selbstgefühl ist in erster Linie ein Gefühl der Realität unseres *Körpers* (Allport 1955, p. 44ff.)[32]. Schizophrene scheinen deshalb an Selbstentfremdung zu leiden, weil sie in einer Art cartesianischen Zweifels den Bezug zu ihrem Körper verloren haben (Bruch 1962; Freeman, Cameron & McGhie 1958, p. 69ff.; Laing 1960)[33]. Wir erkennen uns über die Widerstände, die unserem Handeln erwachsen. Unser sensomotorisches Ich muss daher auch dann intakt sein, wenn wir längst zu *Denkern* geworden sind.

Ähnliches gilt für unsere *Vorstellungen*. Vorstellungen ermöglichen die bildhafte Repräsentation ("Vergegenwärtigung") von Wirklichkeit, wobei mit "Bilder" keine Abbilder, sondern selektive Analoga von Gegenständen gemeint sind (Gombrich 1960; Goodman 1976). Auch als Erwachsene, die wir längst schon *logisch* denken können, ist uns das Denken in Anschauungen ein wichtiges Hilfsmittel, um unser Leben zu führen. Und wenn wir

---

[32] Die Auflösung des Körperbildes spielt eine zentrale Rolle in den mystischen Praktiken Indiens (Kakar 1982, p. 240ff.). Die Entstrukturierung des Körpers soll die Zerstörung der Identität einleiten, die uns nach indischer Auffassung daran hindert, die wahre Beschaffenheit der Welt zu erkennen.

[33] Denken wir an unser Verständnis der Abwehr als Tabuisierung von Beziehung und Auflösung von Berührung.

Piagets *terminus ad quem*, das wissenschaftliche Denken, relativieren[34], dann werden andere Formen kultureller Tätigkeit, wie Kunst, Musik, Literatur, Religion etc., sichtbar, die stärker am Vorstellungsvermögen als an der Logik orientiert sind (Bruner 1962, 1986; Chandler 1975; Herzog 1991c; Werner 1957, p. 137f.). Aber selbst die Wissenschaft lässt sich mit den Mitteln der formalen Logik *allein* nicht begreifen (Chapman 1988a, p. 376f.; Johnson 1987). In psychologischer Hinsicht schliesslich sind die "mentalen Bilder" geradezu obligatorisch, denn als individuelle Symbole ermöglichen sie uns, *persönliche* Erfahrungen wiederzugeben. Dadurch spielen sie "eine *unersetzbare* Rolle neben dem System der kollektiven Zeichen" (Piaget 1945, p. 96 - Hervorhebung W.H.).

Das Individuum zeigt sich als ein horizontal differenziertes Wesen, das über verschiedene Kompetenzen zur Lebensbewältigung verfügt. Der Erwachsene kann sein Wissen in unterschiedlichen Medien repräsentieren, die ihren je eigenen Entwicklungsgang haben (Langer 1970, p. 748f.; Werner & Kaplan 1956, p. 871). Das sensomotorische und das symbolische Ich verschwinden nicht einfach, sondern entwickeln sich weiter, parallel zueinander und parallel zum operationalen Ich (Langer & Sugarman 1978, p. 575). Ich schliesse mich einer Formulierung von Loewald an: "Vielleicht ist das sogenannte voll entwickelte, reife Ich dadurch gekennzeichnet, dass es nicht auf der vermutlich höchsten oder spätesten Stufe der Entwicklung fixiert ist und die anderen Ebenen hinter sich gelassen hat. Es könnte sein, dass das reife Ich die Realität so integriert, dass frühere und tiefere Stufen der Integration von Ich und Realität als dynamische Quellen für die höheren Organisationsstufen erhalten bleiben" (Loewald 1951, p. 786).

In dieser Perspektive lässt sich auch der Begriff der *Regression* rekonstruieren. Wenn Regressionen durch eine *Entdifferenzierung* des Ichs eingeleitet werden (Turiel 1974, p. 16, 1977, 1983, p. 114), dann kann dies so verstanden werden, dass die horizontale Differenzierung des Individuums zusammenbricht. Die Folge ist, dass einfachere kognitive Funktionsweisen (Sensomotorik, Symbolik) überhandnehmen. Was den Eindruck einer (zeitlichen) *Regression* macht, entspricht in Wahrheit einer (räumlichen) *Transgression* auf "primitivere", d.h. früher entwickelte Kompetenzen des Individuums.

Die Entwicklung der Weltbezüge

Die Ich-Entwicklung ist eine *strukturelle* Entwicklung. Das Ich verändert seine Funktionsweise infolge von Ungleichgewichten in der Beziehung zu Objekten. Diese werden durch die Ich-Veränderung ihrerseits verändert.

---

[34] Bezeichnenderweise sagt Piaget von sich: "... je ne suis absolument pas visuel. ... Non, je suis auditif et moteur, je me rappelle très bien un air de musique entendu à des années de distance, mais visuel, rien" (Piaget 1977a, p. 19, p. 183f.).

"Development ... must be regarded as a *codevelopment* of the organism and its environment ..." (Lewontin, Rose & Kamin 1984, p. 275 - Hervorhebung W.H.). Genauso wie sich das Ich differenziert, ohne total reintegriert zu werden, gibt es im Verhältnis zu den Objekten Differenzierungen ohne Integration. Die Gliederung der Welt in Körper, Natur und Gesellschaft schafft Erkenntnis- und Praxisbereiche, die voneinander getrennt *bleiben* und eine je eigene Entwicklung durchlaufen.

Das organismische Denken impliziert keineswegs die Existenz von *Gesamtstrukturen* oder *Gesamtstadien* der Entwicklung. Es gibt Bereiche, wie die moralische Entwicklung, in denen sich - gemäss Piaget - nicht einmal *Stufen* ausmachen lassen (vgl. Kapitel 5). Piagets Konzept der "structures d'ensembles" ist weitgehend ein Implikat der Problemstellung, die er der *genetischen Epistemologie* gegeben hat. Die *Psychologie* Piagets ist nicht so zu verstehen, als würde er bereichsübergreifende Strukturen postulieren, mittels derer sich *Individuen* klassifizieren lassen. Von Anfang an hat Piaget den Stufenbegriff deskriptiv verwendet (Chapman 1988a, p. 35, 50, 340ff.; Piaget 1926, p. 229f.). Er vergleicht die Stufen der kognitiven Entwicklung mit zoologischen und botanischen Klassifikationen. Wie ein Biologe in der Vielfalt der Arten eine Ordnung anstrebt, sucht Piaget nach einer Taxonomie der Formen des Denkens. Ein "präoperationales" und ein "operationales" Kind sind nicht *individuelle* Kinder, sondern Gattungen des Denkens, die bei einem bestimmten Individuum vorgefunden werden.

Piaget hat nie behauptet, ein konkretes Individuum sei in *allen* oder nur in den *meisten* seiner Verhaltensbereiche auf derselben Stufe. "In psychology, who speaks of general stages invokes a postulate that seems to me unproven: the unity of the personality of the child. ... I have nowhere seen structural unity, at any stage of development of the child" (Piaget 1955, p. 817f.). Die menschliche Entwicklung wird weder von allumfassenden Gesamtstrukturen noch von parzellierten Teilstrukturen beherrscht (Turiel 1975, p. 36, 1983, p. 21, 1989). Insofern die Menschen ihre Weltbezüge differenzieren und voneinander *getrennt* halten, ist mit einer überschaubaren Zahl *bereichsspezifischer* Entwicklungsgänge zu rechnen. Unser Wissen ist in *Domänen* gegliedert, die ihre eigene Dynamik haben. Die Ich-Entwicklung ist daher auch eine Funktion der Spannungen und Asynchronizitäten zwischen den verschiedenen Weltverhältnissen eines Menschen (Riegel 1976, p. 695ff.; Turiel & Davidson 1986).

Ist die Entwicklung unserer Weltbezüge nicht integrierend, so bestehen doch *Beziehungen* zwischen den Weltbereichen, die als *Analogien* begriffen werden können. Analogien ermöglichen ein Zusammendenken von etwas, das "an sich" getrennt ist. Auf der Erkenntnis von Analogien beruht die menschliche *Kreativität*. Die Fruchtbarkeit unserer Denkprozesse "hängt von der unbegrenzten Fähigkeit ab, die wir haben, neue Beziehungen herzustellen" (Piaget 1924, p. 198). Kreativität ist die Fähigkeit, Grenzen zu überschreiten und eine Welt im Lichte einer anderen zu sehen. So lässt sich die Natur im Lichte der Gesellschaft oder die Gesellschaft im Lichte der Natur sehen. Das eine führt zum Animismus, das andere zum Naturalismus. So lässt sich auch das Natürliche im Lichte des Künstlichen begreifen, wie zu Beginn der wissenschaftlichen Revolution im 17. Jahrhundert, als der Kosmos im Lichte der *Mechanik* gesehen wurde. Insofern die Kreativität auf der Verbindung von Getrenntem basiert, ist sie eine *integrative* Leistung. Wohl deshalb gilt sie als "schöpferisch". Kreative Menschen empfinden wir als *erotische* Wesen, die durch die Vereinigung des Unvereinten dem Tod entgegentreten[35].

Das Selbst als Metawelt

Die Weltbezüge eines Menschen stehen in Verbindung mit der Dynamik seines *Selbst*. Das Selbst ist eine Metastruktur, die unsere verschiedenen Weltverhältnisse reguliert. Während das Ich eine *epistemische* und *praktische* Instanz ist, ist das Selbst *psychischer* Natur. Das Psychische ist die besondere Art des Verhältnisses eines Individuums zur Wirklichkeit. Diese besondere Art ist nicht seine "Privatsache", sondern eine "öffentliche" Angelegenheit: Funktion der Resonanz seines individuellen Verhaltens in der sozialen Welt.

Das Selbst beinhaltet alles, was ein Individuum sich zugehörig empfindet. Es besteht im wesentlichen aus den Identifizierungen eines Menschen mit seinen Weltbezügen. So besteht das *geschlechtliche* Selbst aus der Identifizierung des Menschen mit seinem biologischen Geschlecht, eine Identifizierung, die stark oder schwach sein kann oder fehlen mag (Frieze et al. 1978, p. 128f.). Das Selbst ist wesentlich für die Regulation der menschlichen Weltbezüge. Es entspricht dem Gefühl der persönlichen Integrität, ein Gefühl, das nicht bedroht sein darf, sofern gehandelt werden soll. Das Selbst ist jedoch nicht *per se* eine regulative Struktur, sondern nur insofern es mit Inhalt gefüllt ist: "So bin ich." "So bin ich nicht." "So möchte ich sein." Etc. Solche Selbstwahrnehmungen erlangen normative Kraft. Fühlt sich ein Individuum in seinem Selbst bedroht, so schalten seine Ich-Prozesse auf Abwehr. Wie wir gesehen haben, unterliegen die Abwehrprozesse der regulativen Dynamik des Selbst.

Das Selbst wird im Verhalten nicht nur ausgedrückt, sondern auch *gestützt*. In der prozessualen Sicht des organismischen Denkens rücken nicht nur Freud und Piaget zusammen, auch Skinner kommt zu seinem Recht. Das Psychische ist kein dinglicher Ort, sondern ein lebendiger Prozess. Das gilt auch für das *verdrängte Selbst*. Genauso wie das Gedächtnis ein konstruktives und rekonstruktives Organ ist (Piaget & Inhelder 1968), ist das Unbewusste konstruktivistisch zu begreifen. Das Unbewusste kann nicht anders erkannt werden als über die Auslassungen und Verzerrungen im sprachlichen und nicht-sprachlichen Verhalten eines Menschen (vgl.

---

[35] Wenn wir Bakan glauben können, dann leben Heilige, Künstler und Frauen - alles auf ihre Art produktive Menschen - länger (Bakan 1966, p. 124ff.).

Kapitel 3). Also muss es auf der Ebene des Verhaltens repräsentiert sein und durch Verhaltensweisen aufrechterhalten werden. Die Einkapselungen einer nicht-akkommodierten Selbststruktur bilden kein archäologisches Substrat, vielmehr sind sie ein lebendiger Teil des inneren und äusseren Lebens eines Menschen (Noam 1988, p. 12).

Ein Individuum perpetuiert seine Probleme durch seine *gegenwärtige* Lebensweise, auch wenn die Probleme in der *Vergangenheit* entstanden sein mögen. In der organismischen Perspektive verschwindet die Vergangenheit als *determinierende* Kraft. Das Verhalten eines Lebewesens ist durchwegs eine Funktion seiner Gegenwart. Allerdings können in dieser Gegenwart eine konstruierte Vergangenheit und eine konstruierte Zukunft verhaltenswirksam sein. Dabei handelt es sich aber nicht um "eingefrorene" und vom Verhalten isolierte Zeitquanten, sondern um lebendige Zeitbezüge. Die Auflösung eines psychischen Problems muss daher nicht notwendigerweise an der Vergangenheit ansetzen. Sie kann zuerst oder überhaupt das gegenwärtige Verhalten fokussieren.

Damit kann dem Modell des "Kältesteppenmammuts" und Freuds archäologischer Metaphorik ausgewichen werden (vgl. Kapitel 3). Ein neurotisches Verhaltensmuster ist "nicht in der Vergangenheit durch eine innerseelische Strukturierung eingeschlossen worden, sondern wird im Laufe des Lebens ständig wiederholt, und zwar so, dass es über Jahre hin konsistent bleibt" (Wachtel 1977, p. 81). Wir haben dies am Beispiel der *Depression* nachgewiesen (vgl. Kapitel 2). Die innerseelischen Kräfte und Energien der Psychoanalyse werden zu Verhaltensprozessen, die öffentlich ablaufen und Unterstützung durch andere erfahren. Es sind Verhaltenszyklen, durch die auch das unbewusste und eingekapselte (verdrängte) Selbst aufrechterhalten wird.

Neben dem Selbst stehen als psychologische Grössen die Ich-Stärke und die Identität. *Ich-Stärke* meint das Ausmass, in dem ein Individuum die Differenziertheit seines Selbst zu integrieren vermag (Noam 1988). Die Integration betrifft die *Identität* des Individuums. Sie ist eine Ich-Leistung und basiert auf den Identifizierungen des Individuums mit seinen Weltbezügen. Identität ist das Wissen und das Gefühl, mit sich in Übereinstimmung zu sein, d.h. ein kohärentes und kontinuierliches Selbst zu haben, das auch von anderen anerkannt wird (Erikson 1959, p. 18, 107). "Das Kernproblem der Identität besteht ... in der Fähigkeit des Ichs, angesichts des wechselnden Schicksals Gleichheit und Kontinuität aufrechtzuerhalten" (Erikson 1964, p. 82). Ich-Stärke und Identität sind korrelative Begriffe. Ein hoch integriertes Selbst impliziert ein starkes Ich. Andererseits brauchen Differenzierung und Integrierung des Selbst nicht parallel zu gehen. Ein hoch differenziertes (komplexes) Selbst kann schwach integriert sein und umgekehrt. Komplexität des Selbst und Ich-Stärke sind von unterschiedlicher psychologischer Bedeutung. Die Ich-Entwicklung ist daher keine Garantie für psychische Gesundheit.

Eine weitere psychologische Kategorie bildet das *Temperament*. Auch das Temperament ist eine gegenüber den Weltverhältnissen des Individuums übergeordnete Kategorie. Es entspricht der *Dynamik* dieser Verhältnisse. Berufen wir uns auf die Typologie von Hippokrates, dann ist ein cholerisches Temperament schnell und agitiert, ein melancholisches langsam und gehemmt, ein phlegmatisches ruhig, träge und ausgeglichen und ein sanguinisches lebhaft und labil. Alle diese Attribute charakterisieren nicht die *Art* der Weltverhältnisse eines Menschen, sondern die *Dynamik* seines Verhaltens in diesen Verhältnissen.

Auch der *Charakter* ist eine psychologische Grösse. Im Unterschied zum Temperament, das kein entwicklungsbezogener Begriff ist, umschreibt der Charakter die *Fixierung* eines Individuums an eine bestimmte Entwicklungsstufe. Charakter im psychoanalytischen Sinn meint das Resultat der *Blockierung* der psychosexuellen Entwicklung. Zwar hat Freud auch im Niederschlag aufgegebener Objektbesetzungen ein Moment des Charakters gesehen (Freud 1923a, p. 296ff.), doch ist die Fixierung das zentrale Moment der Charakterbildung (Freud 1905a, p. 141). Das "Charakteristische" eines Menschen besteht im Überdauern von Haltungen und Reaktionsweisen, die für eine bestimmte Phase seiner Entwicklung typisch sind. Der Charakter entspricht in gewisser Weise dem eingekapselten und von der Weiterentwicklung ausgeschlossenen Selbst.

Diese Grundidee der Charakterlehre wird nicht in Frage gestellt, wenn Reich (1933) die *Abwehrstruktur* in den Vordergrund der Betrachtung rückt. Bereits Freud sah in der Fixierung von Abwehrmechanismen "regelmässige Reaktionsweisen des Charakters, die durchs ganze Leben wiederholt werden, sooft eine der ursprünglichen Situation ähnliche wiederkehrt" (Freud 1937a, p. 377). Für Reich bedeutet der Charakter eine Art Frontstellung des Individuums gegenüber Reizen, die ihm gefährlich scheinen. Im besonderen beachtet Reich die Verhärtung der Abwehrstruktur in der *Körperhaltung* und physischen Konstellation eines Menschen. Körperliche Haltungen wie Steifheit und Starre, stereotypes Lachen, höhnisches, ironisches oder hochmütiges Benehmen sind Rückstände von Abwehrvorgängen, die sich von der Auseinandersetzung mit bedrohlichen Reizen gelöst haben und zum "Charakterpanzer" geworden sind. Die Perspektiven von Freud und Reich schliessen sich nicht aus und lassen sich dahingehend zusammenfassen, dass der Charakter in der besonderen Art und Weise der Anpassung eines Menschen an seine Wirklichkeitsverhältnisse besteht.

Die "Art und Weise" (Charakter) und das "Tempo" (Temperament), wie sich ein Individuum mit der Wirklichkeit auseinandersetzt, verweisen uns nochmals darauf, dass der Mensch seine Weltbezüge *leben* muss. Der Mensch ist keine in sich verharrende Substanz, sondern ein sich ständig überschreitender Prozess. Die Transzendierung seiner selbst vollzieht er im *Handeln*. Das Ich gewinnt dadurch eine prekäre Struktur, denn das Handeln ist immer vom Scheitern bedroht. Der Mensch hat keine Garantie für die Resultate seines Tuns. Was er macht, ist daher immer in Gefahr, von Ereignissen in Frage gestellt zu werden, die seine Pläne durchkreuzen und ihm die Früchte seines Tuns vergällen. Das Handeln kann zur *Belastung* werden und das Ich mit sich selbst in Konflikt bringen.

Pathologie der Entwicklung

Differenzierung bedeutet nicht nur Stärkung des Ichs, sondern auch Angst vor Trennung. Den verschiedenen Schritten der Ich-Entwicklung entsprechen verschiedene Formen der Angst (Freud 1933a, p. 523; Gedo & Goldberg 1973, p. 78ff.). Die Angst kann zur "regressiven Verlockung" (Fairbairn) werden und den Prozess des Erwachsenwerdens verhindern. Doch die Angst ist nicht der einzige Anlass für Entwicklungshemmungen. Die Last des Handelns birgt eine *doppelte* Gefahr. Während das verängstigte Ich zu schwach ist, um die offene Struktur der Handlung zu *ertragen*, ist das von sich selbst eingenommene Ich zu stark, um die Offenheit der Handlungsstruktur zu *bemerken*. In beiden Fällen entzieht sich das Ich der Ungewissheit des (zukünftigen) Neuen. In der Innerlichkeit der Phantasie und in der Äusserlichkeit der Aktion verweigert es sich der Erfahrung. Die Struktur der Handlung bricht auf und die Bezogenheit des Subjekts fällt auseinander.

Ideologisch entspricht die Flucht nach innen dem *Zynismus* des Nichts-Tuns und die Flucht nach aussen dem *Fanatismus* des Alles-Tuns. Der *Zyniker* bejaht die Welt, ohne nach ihrem Sinn zu fragen (Spaemann 1984, p. 893). Er leugnet die Bedeutung des Handelns, denn in einer belanglosen Welt ist nichts von Wichtigkeit. Der *Fanatiker* dagegen leugnet die Realität des Schicksals und steht unter dem Zwang, die Welt unter allen Umständen sinnvoll zu machen. Der Fanatismus liegt dem *Idealismus* nahe. Denn der Anspruch auf die lückenlose Sinnhaftigkeit der Welt führt zur Idee ihrer Unterwerfung. Eine vollständige Herrschaft ist aber nur im exzentrischen Raum des *Denkens* möglich, so dass eine beherrschbare Welt eine *geistige* Welt sein muss. Denken können wir alles, tun oft wenig.

Epistemologisch ist der Zynismus skeptisch und der Fanatismus dogmatisch. Der *Skeptizismus* zweifelt an der Möglichkeit von Sinn und flüchtet sich in scholastische Haarspaltereien, um zu "beweisen", dass dem Menschen die Wahrheit verwehrt ist. Der *Dogmatismus* leugnet die Ambivalenz des Sinnes und schafft Eindeutigkeiten, wo keine sind. Er kreiert ein System von Absolutheiten, das vielleicht theoretisch stimmt, praktisch aber scheitern muss.

Die Syndrome des "reinen Denkens" und des "reinen Tuns" bilden eine stabile Abwehrfront gegen die "Dualität der menschlichen Existenz" (Bakan 1966). Es sind komplexe Abwehrsysteme, die eine bereits fortgeschrittene Ich-Entwicklung voraussetzen (Chandler 1975, 1987). Das normative Alter für Ideologien ist denn auch die Adoleszenz (Erikson 1964, p. 197). Jugendliche sind in Gefahr, den Handlungssinn zu verlieren und zwischen hohen Ansprüchen (Idealismus, Fanatismus, Dogmatismus) und

Apathie (Zynismus, Skeptizismus) hin- und hergerissen zu werden. In beiden Fällen verlieren sie den Kontakt zur Wirklichkeit, was nochmals zeigt, dass der Abwehr die Leugnung der Bezogenheit des Menschseins zugrunde liegt.

Die beiden Abwehrkomplexe entsprechen der doppelten Gebrochenheit des menschlichen Handelns, das an zwei Stellen auseinanderbrechen kann: beim Übergang von der Handlungsplanung zur Handlungsausführung und beim Übergang von der Handlungsausführung zur Handlungsreflexion. Es sind dies die beiden Stellen, an denen das bewältigende Ich zum *abwehrenden* Ich werden kann. Abwehr ist Blockierung von Entwicklung, entweder durch Verleugnung von Aktivität oder durch Verleugnung von Reflexion. Wer nur denkt und wer nur handelt, der verweigert sich der Welt und verschliesst sich der Erfahrung. Der Fanatiker erfährt die Gegen-Ständigkeit der Welt genausowenig wie der Zyniker. Sowohl in der Flucht nach innen wie in der Flucht nach aussen vermeiden wir, dass uns etwas *geschieht*. Wir verschanzen uns in der "empty fortress" (Bettelheim) unseres Selbst und widersetzen uns der Bewegtheit des Lebens. Abwehr führt zur Abtötung von Lebendigkeit und zur Verdinglichung von Realität. Indem es abwehrt, verliert das Individuum den Sinn für das Gute und wird *böse*.

Selbstverwirklichung?

Die Spannung zwischen Trennung und Vereinigung wurzelt in der Bewegtheit des Lebens. Das menschliche Sein ist dual strukturiert. Seine Tendenz geht nach Einbeziehung und Integrierung, die Not des Lebens zwingt es zur Ausgrenzung und Differenzierung. Wir dürfen nicht die *gesamte* Dynamik des Lebens in den Menschen hineinlegen. Damit würden wir in das dualistisch-mechanistische Denkschema zurückfallen. Genau dies war der Fehler Freuds. Sein Denken war von einer Biologie geprägt, "die keinen Sinn für die Dynamik hatte, die *zwischen* einem Organismus und seiner Umwelt besteht" (Modell 1981, p. 228 - Hervorhebung W.H.). Die Dynamik des menschlichen Lebens liegt in den *Beziehungen* des Menschen. "Selbstaktualisierung" und "Selbstverwirklichung" sind daher als motivationale Grössen naiv[36].

Ein Blick in die Kulturgeschichte zeigt, wie sehr die Menschen danach streben, von ihren irdischen Getrenntheiten *loszukommen*. Alle Religionen postulieren die Möglichkeit der Verbindung ("re-ligio") des Menschen mit einem höheren Wesen oder Sein. Die christlichen Mystiker erstreben in der "unio mystica" die Vereinigung mit Gott. Das Endziel der

---

[36] Dass die Bedrohung des Selbst ein starkes Motiv für regulative Prozesse der *Selbsterhaltung* ist, wird davon nicht betroffen. Die Bewahrung des Selbst ist zweifellos ein wichtiges Motiv menschlichen Verhaltens, nicht aber die "Selbstverwirklichung" (Munroe 1955, p. 607f.).

östlichen Weisheitslehren liegt in der Auflösung der Separierung von Subjekt und Objekt. Im Zustand des *moksa*, wie er in den Upanischaden beschrieben wird, besteht eine fundamentale Einheit von Mensch und Kosmos (Danto 1972, p. 95ff.; Kakar 1974). Der Buddha ist der "Erhabene", weil er die allem Leben eigentümliche Zentralität und Perspektivität überwunden hat (Spaemann 1989, p. 239). In der Antike ermöglichte die "betrachtende Tätigkeit" (Aristoteles) die Partizipation am Göttlichen. Platon war vielleicht der erste, der das "menschliche Dilemma" anschaulich zur Darstellung brachte: Überall im Leben ist Fragmentierung, Teilung, Separierung - Vielheit, und überall im Leben ist ein Streben nach Ganzheit, Vereinigung, Identität - Einheit. Deshalb ist es die Erwartung der Menschen, dem Einen, nämlich Gott so ähnlich wie möglich zu werden (Platon 1958, p. 142)[37].

Der grösste Teil der Menschheitsgeschichte ist gezeichnet von dem gnostischen Gefühl, nicht in diese Welt zu gehören. Es gibt kaum Religionen, die die *irdische* Ewigkeit anstreben. Juden wie Christen, Moslems wie Hindus erachten das Leben auf Erden als mühselig und qualvoll. Die Erlösung vom "Diesseits" zugunsten eines "Jenseits" setzt ein Streben frei, das das Selbst nicht *verwirklichen*, sondern *überwinden* will. Bezeichnenderweise wird das ewige Leben oft als intensive *geistige* Tätigkeit vorgestellt, eine Tätigkeit, die in ihrer Exzentrizität weltenthoben ist und das Selbst, das immer welthaft ist, *vergessen* lässt (Williams 1973, p. 156). Das Verlangen der Menschen geht danach, nicht Mensch zu sein[38].

Die Individuierung ist nicht frei gewählt, sondern eine *gesellschaftliche* Notwendigkeit. Sie ergibt sich aus dem Zwang, in komplexen menschlichen Verhältnissen leben zu müssen. Sich selbst zu sein, wird von einer Gesellschaft, die über organische Solidarität zusammengehalten wird, gefordert (vgl. Kapitel 4). Anders als die Selbsterhaltung ist die Selbstverwirklichung keine biologische Notwendigkeit. Die Schwierigkeiten des Zusammenlebens nötigen die Menschen zu einem Mass an Individuierung und Autonomie, das ihr Streben nach Integration und Verbundenheit zu hintertreiben droht. Dies schafft ein anderes Unbehagen in der Kultur als jenes, von dem bei Freud (1930a) die Rede ist.

Dem Streben nach Integration erwächst aus drei Bereichen Widerstand: vom Körper, von der äusseren Natur und von der Gesellschaft. Nur ein Mensch, der diese drei Welten miteinander zu vermitteln vermöchte und dabei in seinem Ich erstarkte, dürfte darauf hoffen, den Eingang ins Paradies (wieder) zu finden. Die Integration seiner Weltverhältnisse würde das Individuum identisch machen mit dem Kosmos, womit es alle Differenzierungen überwunden hätte und *göttlich* geworden wäre. Es ist kaum zu erwarten, dass den Menschen diese totale Reintegration ihres Selbst je

---

[37] Freud war sich der platonischen Wurzeln seiner zweiten Triebtheorie bewusst, wenn er meinte, Platons Eros zeige eine "vollkommene Deckung" mit der Libido der Psychoanalyse (Freud 1921, p. 86).

[38] Vgl. ein letztes Mal den Behaviorismus, der eine säkularisierte und psychologisierte Version dieses Verlangens zum Ausdruck bringt.

gelingen wird. Wahrscheinlicher ist, dass in jedem menschlichen Leben die Komplexität schliesslich zu gross wird, als dass sie noch bewältigt werden kann. Abwehr ist letztlich unvermeidlich. Nimmt aber die Abwehr überhand, weicht das Leben dem Tod.

Seelische Gesundheit und Bildung

Seelische Gesundheit kann nicht als *Selbstintegration* definiert werden. Was zur Diskussion steht, ist ein integratives, kein integriertes Selbst (Hilgard 1949, p. 380). Eriksons Charakterisierung der letzten Phase seines epigenetischen Schemas als Krise zwischen Integrität und Verzweiflung ist daher allzu idealistisch ausgefallen[39]. Zwar mag die *Weisheit* als Frucht der geglückten Krise des Alters etwas von der Integration der verschiedenen Weltbezüge eines Individuums beinhalten, doch Erikson selbst will die Integrität moderat verstanden wissen: "What is demanded ... could be simply called 'integrality', a *tendency* to keep things together" (Erikson 1982, p. 65 - Hervorhebung W.H.). Damit muss auch das klassische Ideal der Bildung des "ganzen Menschen in allen seinen Kräften und allen seinen Äusserungen", von dem Wilhelm von Humboldt (1797, p. 61) träumte, relativiert werden. Der Anspruch auf Vollkommenheit und Harmonie, die Idee der *totalen* Persönlichkeit, ist zu hoch gegriffen - es sei denn, die Erziehung habe die Vergöttlichung des Menschen zum Ziel (Passmore 1970). Utopien aber werden zu Ideologien, wenn zu ihrer Verwirklichung keine Aussicht besteht.

Vergessen wir nicht, dass jeder Entwicklungsschritt dem Menschen nicht nur eine neue Freiheit, sondern auch eine neue *Abhängigkeit* bringt. Der Mensch scheint immer nur in einer Blickrichtung frei zu sein, in der anderen ist er determiniert. Während er in seiner Freiheit ein *sehender* Mensch ist, der seine Welt souverän zu *überblicken* vermag, ist er in seiner Unfreiheit ein *hörender* Mensch, der auf den Rat und die Zuwendung anderer angewiesen ist. Was wir erreichen können, ist daher bestenfalls eine "reife Abhängigkeit" (Fairbairn 1952, passim) oder eine "dependent independence" (Winegar, Renninger & Valsiner 1989).

Der menschliche Säugling beginnt mit einer fast völligen Abhängigkeit von seinen Pflegepersonen. Der Druck der Differenzierung wird ihm dosiert zugeführt, da ihn seine Betreuer vor zuviel Welt schützen wollen. Sie fungieren als sein "Hilfs-Ich". Dabei anerkennt das Kind seine Abhängigkeit und unterwirft sich seinen Beschützern aus freien Stücken (Bowlby 1969; Dickstein 1979, p. 42ff.; Minton, Kagan & Levine 1971; Parpal & Maccoby 1985; Stayton, Hogan & Ainsworth 1971). Was für die frühe Kindheit gilt, trifft auch auf spätere Entwicklungsphasen zu. Auch als "denkendes Ich" bleibt der einzelne auf andere angewiesen, die ihm hel-

---

[39] Auch Loevinger postuliert als letzte Stufe der Ich-Entwicklung eine integrierte Persönlichkeit (Loevinger 1966, p. 155ff.).

fend zur Seite stehen. Über die gesamte Lebensspanne hinweg gibt es "soziale Konvois" (Kahn & Antonucci 1980), die uns in schwierigen Situationen begleiten.

Entwicklung ist ein Prozess der konstruktiven Aneignung von Funktionen des "Hilfs-Ichs", um freier zu werden und den Schritt zur nächsten Entwicklungsstufe zu vollziehen. Entwicklung ist daher immer auch Opposition gegen ein Zuviel an Hilfe, die als "Bemutterung" empfunden wird. Der Negativismus des zweijährigen Kindes bricht immer dann wieder aus, wenn das Individuum eine neue Form von Exzentrizität erreicht hat und über eine neue Form von Freiheit verfügt.

Die invariante Aufgabe der menschlichen Entwicklung ist die Bewältigung unserer Weltbezüge. Diese *müssen* bewältigt werden, weil sie uns als Lebewesen definieren. Das Ausmass, in dem sie sich aufdrängen, wird partiell von der sozialen Umwelt reguliert. Ein Kind wird den Anforderungen seiner Welt nicht ausgeliefert. Das ist die Grundidee der *Erziehung*. Auch der Erzieher ist dem Kind ein "Hilfs-Ich", indem er stellvertretend für seinen Schützling entscheidet und sich in dem Masse zurücknimmt, wie dieser in seinem Ich erstarkt (Herzog 1991a)[40].

---

[40] Über die Herkunft des in diesem Kapitel erstmals gebrauchten Begriffs "Hilfs-Ich" vermochte ich keine Klarheit zu gewinnen. Khan (1974) verwendet den Ausdruck und verweist auf eine Arbeit von Paula Heimann (1950), wo er aber nicht zu finden ist.

8 Zur Psychologie des moralischen Subjekts

> *"A move toward separation and rights leaves a problem of relationship and care, whereas a move toward connection and responsibility leaves a problem of personal integrity and choice."*
>
> Carol Gilligan

Der Mensch ist ein soziales Wesen. Unsere Diskussion psychologischer Theorien hat uns bis zu dem Punkt geführt, an dem die Sozialität als ein *immanentes* Merkmal menschlichen Daseins erscheint. Menschen sind aufeinander bezogen und aneinander interessiert. Die Beachtung des anderen muss ihnen nicht aufgezwungen werden. Ist der Mensch aber auch ein *moralisches* Wesen? Ist er bereit, anderen zu helfen, wenn diese in Not sind? Und ist er bereit, mit anderen zu teilen, wenn sie der Unterstützung bedürfen?

Wir wollen in diesem Kapitel der Frage nachgehen, inwiefern die Moralität den Menschen genauso "wesentlich" ist wie ihre Sozialität. Dabei orientieren wir uns am Entwicklungsgedanken, wie er im letzten Kapitel ausgearbeitet worden ist. Im Lichte der Handlung - als der Grundeinheit der entwicklungspsychologischen Analyse - wird sich die menschliche Entwicklung in ihrer moralischen Bedeutung zu erkennen geben. Ich werde so vorgehen, dass ich zunächst die Besonderheiten des moralischen Handelns und die Wurzeln der moralischen Prinzipien im Handeln blosslege, um dann anhand ausgewählter Untersuchungen zu zeigen, wie die Skizze der *menschlichen Entwicklung*, die wir im letzten Kapitel vorgelegt haben, zu einem Aufriss der *moralischen Entwicklung* erweitert werden kann.

Moralisches Handeln

In gewisser Hinsicht ist das moralische Handeln ein Handeln wie jedes andere. Auch moralische Handlungen haben eine zeitliche Struktur; auch im moralischen Handeln bestehen zwischen den Handlungsphasen Inkommensurabilitäten. Trotzdem sind moralische Handlungen nicht mit instrumentellen oder epistemischen Handlungen gleichzusetzen. Tatsächlich unterscheidet Aristoteles diese drei Arten von Handlungen: Praxis (Moral), Poiesis (Technik) und Theorie (Wissenschaft). Auch wenn wir Aristoteles nicht in jeder Hinsicht folgen können, gibt uns seine Handlungstypologie eine erste Charakterisierung *moralischer* Handlungen.

Was den Unterschied von praktischen und poietischen Handlungen anbelangt (Aristoteles 1972, p. 182ff.), so ist die Praxis ein Handeln, das seine Ziele in sich selbst hat (z.B. die Wahrheitsfindung bei einem Gerichtsprozess), während die Ziele der Poiesis ausserhalb ihrer selbst liegen (z.B. in der Herstellung eines Kunstwerks). Die Verwirklichung praktischer Ziele fällt mit dem Handlungsvollzug zusammen, während poietische Ziele zu *gegenständlichen* Resultaten führen, die vom Produktionsprozess ablösbar sind. Neben das praktische und das poietische stellt Aristoteles das *betrachtende* Handeln (ebd., p. 300). Es ist die der *Theorie* eigentümliche Tätigkeit. Theorien führen zu *Wissen*. Wissen ist das, "was ... sich nicht anders verhalten kann, als es tut" (ebd., p. 184). Der Gegenstand des Wissens besteht aufgrund von *Notwendigkeit* und ist unvergänglich. Die praktische und die poietische Tätigkeit dagegen vollziehen sich im unbestimmten Raum der Zeit. "Was sich so und anders verhalten kann, ist teils Gegenstand des Hervorbringens (der Poiesis, W.H.), teils Gegenstand des Handelns (der Praxis, W.H.)" (ebd.).

Praktisches Handeln ist für Aristoteles mit *moralischem* Handeln identisch. Das Streben des moralisch Handelnden erfüllt sich im Handeln selbst. "Denn das gute Handeln ist selbst ein Ziel" (Aristoteles 1972, p. 186). Damit teilt Aristoteles weder den Standpunkt der Behavioristen noch denjenigen der Soziobiologen, die beide keinen Bedarf für eine spezifische Theorie *moralischen* Verhaltens haben. Für die Soziobiologen liegt der Zweck des "altruistischen" Verhaltens nicht in diesem selbst, sondern in der (egoistischen) Verbreitung der eigenen Gene. Moralisches Verhalten ist *instrumentell* für ausser-moralische Zwecke. Obwohl Aristoteles diesem Reduktionismus widersteht, ist sein Verständnis moralischen Handelns in anderer Hinsicht ungewohnt. Er bezeichnet nämlich auch Verhaltensweisen wie sehen, denken, lesen, üben, laufen etc. als praktische Handlungen. Ein Musikinstrument übt man, um es spielen zu lernen, und Sport treibt man, um körperlich fit zu sein.

Wenn auch nicht bis aufs letzte klar ist, wie Aristoteles diese Beispiele *selbstbezogenen* Handelns verstehen will, scheint er sie doch dem moralischen Handeln zuzuordnen. Dafür spricht, dass sich für die Antike der Bereich der Moral vom Bereich des guten Lebens nicht trennen lässt (vgl. Kapitel 4). "Der schlechthin Wohlberatene ist der, der durch Nachdenken das höchste dem Menschen durch Handeln erreichbare Gut zu treffen weiss" (Aristoteles 1972, p. 189). Dieses höchste Gut aber ist ein *gelingendes Leben*. Das letzte Ziel des praktischen Handelns liegt in der Beförderung der Glückseligkeit. Praxis ist "Lebenspraxis", deren gemeinsamer Fluchtpunkt ein glückendes Leben ist (Bubner 1982, p. 72).

Mit der engen Verbindung von Moral und gutem Leben thematisiert Aristoteles die Innenseite des Handelns, dessen *bildende* Seite. Sowohl das moralische wie das betrachtende Handeln sind formativ, insofern sie den Handelnden selbst verändern. Der Praxis ist ihr Zweck deshalb immanent, weil sie mit dem *Selbst* des Menschen verbunden ist. Im Handeln wird der Mensch moralisches Subjekt. Er wird gerecht durch gerechtes, besonnen durch besonnenes und tapfer durch tapferes Handeln (Aristoteles 1972, p. 81f.). Aristoteles' Handlungstheorie beinhaltet im Kern eine *Bildungstheorie* (Gadamer 1963, p. 186). Nur wer tatsächlich *handelt*, kann in seiner Moralität erstarken.

Das moralische Selbst

Aristoteles' Verständnis moralischen Handelns steht nicht nur in Übereinstimmung mit unserer Skizze der menschlichen Entwicklung (vgl. Kapitel 7)[1], es zeigt auch bedeutsame Berührungspunkte mit G. H. Meads Analyse des moralischen Selbst.

Auch Mead verlegt den Wert moralischer Handlungen in diese selbst (Mead 1908, p. 360). Die Ethik ist von *ätherischem* Charakter und betrifft die Handlung *als ganze*. Das hat zur Folge, dass der Handelnde im Falle von moralischen Konflikten weit stärker betroffen wird, als wenn es lediglich darum geht, eine instrumentelle Handlungsblockierung zu beheben. Moralische Konflikte lösen eine *Selbstkrise* aus (Broyer 1973). Mead glaubt, dass sich moralische Zerwürfnisse mit Hilfe derselben Methoden lösen lassen, wie sie für wissenschaftliche Probleme zur Verfügung stehen. "The moral question is not one of setting up a right value over against a wrong value; it is a question of finding the possibility of acting so as to take into account as far as possible all the values involved" (Mead 1938, p. 465). Die Lösung moralischer Konflikte ist eine Frage der Kommunikation und des reflexiven Denkens (Broyer 1973, p. 181; Mead 1934, p. 436f.).

Aristoteles und Mead geben uns das Rüstzeug zur Formulierung einer Theorie der moralischen Entwicklung, in deren Fokus das *Selbst* liegt. Das Selbst bildet den Kern der menschlichen Entwicklung, nicht nur kognitiv, sondern auch emotional. Ohne *Selbstachtung* "scheint nichts der Mühe wert, oder wenn etwas als wertvoll erscheint, dann fehlt der Wille, sich dafür einzusetzen" (Rawls 1971, p. 479). Die Selbstachtung beruht auf der Achtung durch andere. Umgekehrt ist die Achtung durch andere zurückgebunden an eine affektive Selbstbeziehung. Bei Rawls heisst es: "... je mehr jemand sein eigenes Leben als lebenswert empfindet, desto eher wird er sich auch über die Errungenschaften anderer freuen" (ebd., p. 480). Wer sich selbst traut, der ist auch fähig, anderen zu trauen.

Tugendhat weist darauf hin, dass Kants zweite Formulierung des kategorischen Imperativs - "Handle so, dass du die Menschheit, sowohl in deiner Person, als in der Person eines jeden andern, jederzeit zugleich als Zweck, niemals bloss als Mittel brauchest" (Kant 1785, p. 61) - die Dialektik von Selbst- und Fremdbeziehung mitenthält. Das moralische Gebot

---

[1] Was teilweise damit zusammenhängen mag, dass sich sowohl bei Freud wie bei Piaget aristotelische Wurzeln finden lassen (Fetz 1979, 1988, p. 175ff., 192ff., 257ff.; Kaplan 1967; Kraiker 1980; Ramzy 1956).

bezieht sich zugleich auf die Art und Weise, wie ich mich zu *mir* verhalte und wie ich mich zu *anderen* verhalte (Tugendhat 1984, p. 173). Beide Male geht es um ein Verhalten zu einer Person *um ihrer selbst willen* und nicht eines bestimmten Zweckes wegen. Die Moral ist nicht nur eine Frage der Beziehung zu anderen, sondern auch eine Frage der Beziehung zu uns selbst. "Die moralische Begründungsfrage erfolgt immer schon unter der Voraussetzung, dass einer Person an Liebe, Freundschaft und der von diesen vorausgesetzten Schätzung gelegen ist und dass sie auch selbst fähig ist, Personen einfachhin zu schätzen" (ebd., p. 155). Wer nicht unter dieser Voraussetzung lebt, der ist für moralische Argumente unzugänglich.

Der Moral haftet ein Anstrich blosser *Faktizität* an, nicht nur in dem Sinne, dass sie der Auslegung im Rahmen eines Weltbildes bedarf (vgl. Kapitel 4), sondern auch im Sinne der Tatsache, "dass wir nicht ausserhalb von Strukturen wechselseitiger Anerkennung wir selbst werden und leben können" (Wellmer 1986, p. 140). Die Wirksamkeit moralischer Argumente ist nicht von ihrer Überzeugungskraft allein abhängig, sondern an Voraussetzungen *psychologischer* Natur gebunden, die das *Selbst* und die *Selbstbeziehung* betreffen. Nur wo die Einsicht in die Reziprozität menschlicher Beziehungen geweckt worden ist, darf damit gerechnet werden, dass die moralische Sensitivität eines Menschen entwickelt werden kann (Herzog 1991a). Der "lack of moral sense" ist jedenfalls nicht allein ein *kognitives* Defizit. "In ihm kommt vielmehr zum Ausdruck, dass die *Einübung in Verhältnisse wechselseitiger Anerkennung* misslungen ist" (ebd., p. 142 - Hervorhebung W.H.).

Die Selbstbeziehung eines Menschen ist also zurückgebunden an seine Objektbeziehungen. Wer als Kind keine *Liebe* erfahren hat, der dürfte kaum in der Lage sein, sich selbst zu lieben (Erikson 1964, p. 203ff.). Liebe ist *bedingungslos*. Ein Kind wird geliebt, weil es *ist*, nicht weil es auf eine bestimmte Art und Weise ist. Später sind es *Freundschaften*, die eine ähnliche Rolle spielen (vgl. Kapitel 9). Liebe und Freundschaft sind Bedingungen der Entwicklung einer positiven Selbstbeziehung, ohne die das moralische Empfinden eines Menschen nicht gestärkt werden kann.

Lesen wir das Gebot der *Nächstenliebe* genau, dann heisst es auch hier, dass die Liebe zum Nächsten zurückgebunden ist an die Liebe zu uns selbst. Der Nächste soll soweit geliebt werden, wie wir uns selbst zu lieben vermögen. Die Goldene Regel bringt diese Einsicht auf einen allgemeinen Nenner. Sie "empfiehlt, dass man einem anderen nur das antut (oder nicht antut), wovon man wünscht, dass es einem angetan würde (oder nicht angetan würde)" (Erikson 1964, p. 193)[2]. Die moralische Entwicklung ist eingespannt in die Dialektik von Selbst- und Fremdbeziehung.

---

[2] Vgl. die Präzisierung der "Goldenen Regel" im Kapitel 4.

Das moralische Handeln und die Ethik

Aristoteles' Handlungstypologie entstand im Horizont des antiken Weltbildes, was sie nur beschränkt brauchbar macht für eine moderne Analyse moralischen Handelns. Gut im Sinne der Antike ist ein Seiendes, das seinen Zweck in der Ordnung des Kosmos erfüllt (Schulz 1972, p. 728). Da die kosmische Ordnung das Soziale mitumfasst, vermag das Gute auch die Beziehungen der Menschen untereinander zu regeln. Was damit nicht zur Sprache kommt, ist der Bereich der Intersubjektivität in seiner *Eigenbedeutung*. Aristoteles' Handlungstypologie gibt keine Auskunft darüber, ob ein Handeln individueller oder sozialer Natur ist. Die griechische Polis verkörperte die vollendete menschliche Gemeinschaft, eine Gemeinschaft, in welcher der Mensch seine *naturgemässe* Bestimmung und seinen *natürlichen* Endzweck erreicht (Böhler 1980, p. 130). Die Polis ist gut, weil sie dem Zweck der teleologisch angelegten Natur entspricht. Eine eigenständige Thematisierung des *sozialen Handelns* erübrigt sich, da es sich in seiner moralischen Qualität von anderem Handeln nicht unterscheidet.

Wir teilen diese Auffassung nicht mehr (vgl. Kapitel 4). Die Unterscheidung von Natur und Gesellschaft ist für das *neuzeitliche* Verständnis moralischen Handelns wesentlich. Bezugspunkt der Moral ist uns nicht mehr die objektive Ordnung des Seins, sondern der Bereich zwischenmenschlicher Beziehungen (Kohlberg 1976, p. 40). Steht das Allgemeine *über* dem Individuellen, wie in der griechischen Antike, brauchen die Ansprüche der Individuen nicht *aneinander* gemessen oder *gegeneinander* abgewogen zu werden; vielmehr lassen sie sich am Massstab des Allgemeinen prüfen. Mit der Individualisierung von Mensch und Gesellschaft in der Neuzeit kann der Bezugspunkt moralischen Fragens nicht mehr die mangelnde Fähigkeit (Antike) oder der fehlende Wille (Christentum) des einzelnen, sich einer *vorgegebenen* Ordnung einzufügen, sein. Der Bezugspunkt ist nun die Frage, wie eine vernünftige Ordnung im menschlichen Zusammenleben errichtet und gewährleistet werden kann. Die moderne Frage der Moral setzt voraus, dass sich die Menschen selbst verantwortlich fühlen für ihre gesellschaftlichen Beziehungen.

Was aber sind die moralischen Prinzipien, wenn sie nicht mehr der Ordnung der Dinge entnommen werden können? Moralische Forderungen müssen der *conditio humana* angemessen sein. Sie verlangen *anthropologische* Überlegungen. "All moral doctrines, all practical suggestions about how we ought to live, depend on some belief about what human nature is like" (Midgley 1978, p. 166)[3]. Und umgekehrt: "When anyone attempts to describe what man is, he is involved with saying what man ought to be" (Bakan 1967, p. 128). Den Kern der von uns erarbeiteten organismischen Anthropologie bildet die Kategorie der *Handlung* (vgl. Kapitel 6). Es legt

---

[3] Oder, wie sich Charles Taylor ausdrückt: "... unsere Überlegungen über die Zwecke, die wir anerkennen *sollen*, gehen untrennbar mit Betrachtungen darüber einher, was wir als Menschen *sind*" (Taylor 1986b, p. 49).

sich daher nahe, die moralischen Grundprinzipien aus der Struktur der Handlung herzuleiten. Da wir selbst zum Massstab von gut und böse geworden sind, müssen wir die "Interpretation des moralischen Bewusstseins innerhalb der Handlung finden" (Mead 1908, p. 366). Bevor wir dies im Positiven tun wollen, sei im Negativen aufgezeigt, inwiefern die dominierenden Ethiken der Neuzeit, der Utilitarismus und der Kantianismus, gerade *nicht* vom Handeln her argumentieren. Der Fehler dieser Ethiken liegt darin, dass sie an *Teilmomenten* der Handlung ansetzen, entweder an der Handlungsabsicht oder am Handlungserfolg.

Kritik von Utilitarismus und Kantianismus

Für den Utilitarismus zählen allein die *Ergebnisse* von Handlungen. Gut ist jenes Handeln, das aufs Ganze gesehen am meisten zur Mehrung des menschlichen Glücks beiträgt (Williams 1972, p. 95ff.). Das Handeln hat *als solches* keinen Wert und wird allein anhand seiner Konsequenzen beurteilt. Über seine *Absichten* wird nichts gesagt. Die Vermehrung der menschlichen Wohlfahrt kann auch im Falle egoistischer Motive eintreten[4].

Obwohl zwischen Utilitarismus und Egoismus keine zwingende Verbindung besteht, gehen die beiden leicht zusammen. Denn die utilitaristische Ethik ist eine psychologisch schwer verständliche Ethik. Sich lediglich auf *Resultate* einzustellen, ist angesichts der Ungewissheit und Offenheit menschlicher Handlungen eine schwierige Forderung[5]. Nichts liegt daher näher, als den Utilitarismus motivational mit dem Egoismus zu verbinden, um ihm wenigstens etwas an Plausibilität zu geben. Das Ziel, zur Mehrung des Glücks *anderer* beizutragen, wird begreiflich durch das Motiv, das *eigene* Glück zu erhöhen.

Der Egoismus liegt aber nicht nur dem Utilitarismus nahe. *Jede* Ethik, die ihre Grundbegriffe aus *Teilmomenten* der Handlung herleitet, ist in Gefahr, zum blossen Egoismus zu verkommen. Sie wird zynisch oder fanatisch[6]. Wer die Epochen seiner Handlungsgeschichten nicht miteinander vermitteln und in seinem Selbst integrieren kann, der zerstört seine Verhältnismässigkeit. Er verliert die humane Grundlage seiner Moral und wird *böse*. Eine Ethik, die die menschliche Sonderart verkennt, kolportiert unwillentlich das Böse.

---

[4] Wie im Falle des soziobiologischen Verständnisses von Altruismus (vgl. Kapitel 6).

[5] Zurecht nennt Spaemann den Utilitarismus "demoralisierend" (Spaemann 1989, p. 167). Er prätendiert den Gottesstandpunkt, der die Welt und die Folgen des Handelns zu überblicken vermag, und überfordert damit den Menschen.

[6] Dahinter verbirgt sich ein weiteres Mal das cartesianische Denken, das die Struktur des menschlichen Handelns systematisch verkennt (Taylor 1985, Bd. 2, p. 230f.). Vgl. auch Hegel: "Der Grundsatz: bei den Handlungen die Konsequenzen verachten, und der andere: die Handlungen aus den Folgen beurteilen und sie zum Massstabe dessen, was recht und gut sei, zu machen - ist beides gleich abstrakter Verstand" (Hegel 1821, p. 218).

Kant kann von dieser Kritik nicht ausgenommen werden. Während die Utilitaristen die Ethik zu einer Frage des *Handlungserfolgs* machen, reduziert sie Kant auf eine Frage der *Handlungsgesinnung*. Das "Wesentlich-Gute" einer Handlung "besteht in der Gesinnung, der Erfolg mag sein, welcher er wolle" (Kant 1785, p. 45). Ist der Utilitarismus tendenziell zynisch, muss der Kantianismus als fanatisch bezeichnet werden. Sowohl die Vermehrung des menschlichen Glücks als auch die Unterwerfung unter den kategorischen Imperativ sind dem konkreten Handeln gegenüber *äusserlich*. Beide Positionen sind egoistisch, da sie annehmen, unsere Neigungen seien auf die Lust gerichtet, die sich aus der Befriedigung unserer Bedürfnisse ergebe[7].

Man kann es auch so ausdrücken. Kant und die Utilitaristen sehen das hauptsächliche Motiv menschlichen Verhaltens in der Sehnsucht nach dem Paradies. Die Sehnsucht nach dem Paradies entspricht dem Wunsch nach der Bedürfnislosigkeit. Es ist die Sehnsucht des Lustprinzips, das die *Zeit* überwinden will - "... alle Lust will - Ewigkeit" (Nietzsche 1883/85, p. 402 - im Original hervorgehoben). Die Erwartung geht nach der Aufhebung der Transzendenz eines zeitstiftenden und sich selbst zeitigenden Wesens (Spaemann 1989, p. 55). "Leben im Augenblick" ist nicht nur die Devise des cartesianischen, sondern auch diejenige des hedonistischen Subjekts. Insofern Kant und die Utilitaristen dem Menschen ein hedonistisches Streben unterstellen, rechnen sie mit seinem Verlangen, nicht Mensch zu sein.

Kant vermochte sich das Böse nur als "Gebrechlichkeit der menschlichen Natur" (Kant 1793, p. 676) vorzustellen. Diese verdirbt den "Grund aller Maximen" dadurch, dass sie den aus der Sinnlichkeit des Menschen entspringenden *Neigungen* folgt (ebd., p. 684ff.). Die Vernunft wird mit der Aufgabe betraut, die menschliche Natur zu zügeln. Nähme sie nicht die "Zügel der Regierung" in ihre Hände, so würden die Gefühle und Neigungen "über den Menschen den Meister spielen" (Kant 1797, p. 540). Zwar sieht Kant in der Vernunft auch ein Instrument der moralischen *Problemlösung*, doch geht die Vernunft mit einer egoistischen Anthropologie zusammen und hat einer rigiden Pflichtethik zu dienen. Die Freiheit der Vernunft ist gleichbedeutend mit der Unabhängigkeit des Willens von der "Nötigung durch Antriebe der Sinnlichkeit" (Kant 1781, p. 489). Sie grenzt sich geradezu definitorisch von der Naturkausalität der Begierden und Triebe ab. Nur insofern sich der Mensch von seiner Natur distanzieren kann, ist er zur Moral fähig. "Praktisch gut ist ..., was vermittelst der Vorstellungen der Vernunft, mithin nicht aus subjektiven Ursachen, sondern objektiv, d.i. aus Gründen, die für jedes vernünftige Wesen, als ein solches, gültig sind, den Willen bestimmt" (Kant 1785, p. 42).

Kants Ethik verbindet die Instanz der moralischen *Konfliktlösung*, die Vernunft, nicht nur mit der egoistischen Natur des Menschen, die sie in

---

[7] Auch für Schopenhauer ist Kants Moralphilosophie letztlich im Egoismus begründet (Schopenhauer 1841, p. 53ff.).

Schach halten soll, sondern auch mit der *Person* des im Konflikt stehenden Individuums. Der Handelnde *selbst* soll (autonom) über die Moralität seines Tuns entscheiden. Damit vermengt der kategorische Imperativ ein *Kriterium* der Moral, nämlich die Universalisierbarkeit, mit einer *Instanz*, die diese Universalisierbarkeit zu leisten und zu prüfen hat. Das könnte nur dann funktionieren, wenn immer schon klar wäre, was in einer konkreten Situation zu tun wäre, wenn also moralische Prinzipien *ausnahmslos* gälten.

Es könnte auch nur dann funktionieren, wenn wir in jedem Fall *unzweifelhaft wüssten*, dass wir auf dem Standpunkt der Moral stehen. Wie aber können wir das wissen? Unparteilichkeit, Unpersönlichkeit, Universalisierbarkeit etc. sind als Kriterien des Moralischen dermassen starke Forderungen, dass der einzelne schwerlich in der Lage ist, im konkreten Fall zu erkennen, ob seine Entscheidung diese Bedingungen tatsächlich erfüllt. Dem Menschen kommt nie die souveräne Autonomie zu, die ihn darauf verzichten liesse, auf den Rat anderer zu *hören*. Ohne die anderen, welche dem einzelnen helfen, das Ideal der Unparteilichkeit zu erreichen, muss der kategorische Imperativ eine leere Formel bleiben.

Eine Ethik der Erhabenheit

Kant versuchte, die Probleme seiner Ethik dadurch zu lösen, dass er aus den moralischen Forderungen Analogien zu *Naturgesetzen* machte. Das Kantische Subjekt ist der *sehende* Mensch, dem das Gute unverstellt vor Augen liegt. Wie das Wahre, wird das Gute von einem archimedischen Punkt aus erschlossen, der jenseits der Inkommensurabilitäten des menschlichen Handelns liegt und eine Begründung der Moral *sub specie aeternitatis* ermöglicht. Das "Reich der Zwecke" (Kant) liegt im weltlosen Raum der Gedanken, denen das Gute - befreit von den Kontingenzen der Zeit - unmittelbar gegeben ist. Im Revier der Absichten spielt der *Erfolg* keine Rolle. Noch die Idee der idealen Verständigung, wie sie den Diskursethiken von Apel und Habermas zugrunde liegt, zehrt vom Ideal der Endgültigkeit ("Letztbegründung") des Moralischen (Wellmer 1986).

Es ist *nicht* so, dass moralische Gesetze ohne Ausnahme gelten. Jede moralische Handlung nimmt Rücksicht auf besondere Umstände, und keine kann an sich richtig sein. Die Grenzen der Moral können nicht *a priori* gezogen werden (Taylor 1985, Bd. 2, p. 233, 238). Das gilt selbst im Falle der *vollkommenen* Pflichten (z.B. dem Verbot zu töten oder zu lügen). Denn unter Umständen anerkennen wir auch in solchen Fällen Ausnahmen (z.B. im Falle von Notwehr oder Notlüge)[8]. Um so mehr bedür-

---

[8] Zur Unterscheidung von vollkommenen (negativen) und unvollkommenen (positiven) Pflichten vgl. Kant 1785, p. 52ff. und Kant 1797, p. 551f.. Kant glaubte nicht nur, Pflichten seien *ausnahmslos* gültig, sondern auch, sie könnten nicht miteinander kollidieren ("obligationes non colliduntur") (Kant 1797, p. 330). Doch dem ist allein schon

fen die *unvollkommenen* Pflichten der kontextuellen Auslegung. Unvollkommene Pflichten (z.B. das Gebot, wohlwollend, hilfsbereit, fürsorglich zu sein) müssen *in jedem Fall* interpretiert werden. Einem Gebot lässt sich nicht blindlings folgen, denn oft ist unklar, ob es überhaupt anzuwenden ist oder nicht.

Anders als technische, folgen moralische Handlungen nicht der Logik von Gesetz und Fall (Buck 1981, p. 96ff.). Die Welt des Handelns (der Praxis im Sinne von Aristoteles) ist eine *zeitliche* Welt, die keine apodiktischen Aussagen zulässt. Trotz Ähnlichkeit wiederholen sich Handlungssituationen nicht so, dass es absolut verbindliche Regeln oder Grundsätze geben könnte, die lediglich *angewandt* werden müssten (Pleines 1985, p. 204). Aristoteles hat dies deutlich gesehen. Das moralische *Selbst* hat nicht zuletzt die Funktion, eine Stabilität in der Verbindung zwischen abstrakten Prinzipien und konkreten Situationen zu gewährleisten. Deshalb soll es in der ethischen Praxis auch darum gehen, die moralische *Urteilskraft* zu stärken. Die Klugheit ("phronesis") ist eine *Charakterhaltung*, die es dem einzelnen ermöglicht, situativ das Rechte zu tun.

Gerade weil das Allgemeine mit dem Besonderen vermittelt werden muss, ist eine *kommunikative* Vernunft gefordert, die *argumentierend* festlegt, was im einzelnen zu tun ist. Ohne Zweifel ist jeder Verstoss gegen ein Prinzip verwerflich, wenn keine Gründe vorliegen, die ihn rechtfertigen. Keine Rechtfertigungen zuzulassen, würde aber bedeuten, den komplexen Charakter der Situationen, in denen Menschen handeln, zu verkennen (Patzig 1978, p. 166).

Der Rigorismus der Kantischen Ethik ist eine Folge der *egoistischen Anthropologie*, die ihr unterliegt, und diese ist das Resultat der Verkennung der menschlichen Verhältnismässigkeit und ihrer Handlungsstruktur. Kant verquickt die Frage nach der Lösung moralischer Konflikte mit derjenigen nach der Überwindung des Bösen (Böhler 1980, p. 140). Moralisch gut soll ein Handeln nur dann sein, wenn es aus reiner *Pflicht* erfolgt und von jeder partikularen Neigung frei ist. Die Angst vor dem "Niederen" im Menschen führt zu einer Ethik, die dem Menschen eine Instanz einpflanzt, die die Sphäre der Triebe in Schach halten soll. Die Vernunft wird gegen den Körper aufgebracht, in dem das Böse vermutet wird. Moral ist Selbstzwang, der uns die "Erhabenheit unserer ... übersinnlichen Existenz spüren lässt" (Kant 1788, p. 211). Die anthropologische Überzeugung von der egoistischen Natur des Menschen[9] vermengt sich mit der soziologischen Perspektive auf die moderne Gesellschaft. Die Moral soll *erstens* eine Methode zur Lösung interpersonaler Konflikte sein, *zweitens* eine Instanz der monologischen Konfliktlösung und *drittens*

---

deshalb nicht so, weil Ausnahmen von Pflichten genauso verallgemeinerungsfähig sind wie diese selbst (Patzig 1978, p. 165f.).

[9] "Von dem Tage an, da der Mensch anfängt durch Ich zu sprechen, bringt er sein geliebtes Selbst, wo er nur darf, zum Vorschein, und der Egoism schreitet unaufhaltsam fort ..." (Kant 1798, p. 408).

ein Organ der Selbstkontrolle und Unterdrückung des Bösen im Menschen.

Die Begründung der moralischen Prinzipien in der Handlung

Zweifellos kann der Mensch böse sein. Doch wurzelt das Böse nicht in einer blinden Natur. Böse ist die rationalisierte Aggression, die keiner triebhaften Unterstützung bedarf, sondern jederzeit aktivierbar ist. Nicht das "Animalische" im Menschen verkörpert das Böse, sondern seine pervertierte "Ichhaftigkeit" (Schulz 1972, p. 771). Böse ist aber nicht das Ich *als solches*, sondern sein Rückzug aus der Verhältnismässigkeit der menschlichen Existenz. Das Menschsein muss *gelebt* werden. Menschliches Leben bedeutet Handeln, und Handeln ist unvermeidlich mit Scheitern verbunden. Im Scheitern liegt die Anlage zum Bösen. Im Scheitern stossen wir auf unsere Grenzen, die wir *anerkennen* oder *leugnen* können. Das Scheitern und die Abwehr des Scheiterns führen zum Egoismus der reinen Tätigkeit oder des reinen Denkens (vgl. Kapitel 7). Wo der Mensch nur noch tätig ist oder wo er nur mehr denkt, da wird er böse. Das Böse wurzelt in der riskanten Freiheit der menschlichen Existenz.

Bakan hat daraus einen moralischen Imperativ hergeleitet. "The moral imperative is to try to mitigate agency with communion" (Bakan 1966, p. 14). Die Pflicht gegenüber sich selbst beinhaltet keine Aufforderung zur Unterdrückung der menschlichen Natur, denn natürlicherweise ist der Mensch keineswegs egoistisch. Bakan formuliert eine *entwicklungsbezogene* Moral, die in Rechnung stellt, dass der Mensch im *Werden* ist. Insofern die Handlung im Zentrum der menschlichen Entwicklung steht (vgl. Kapitel 7), ist die Entwicklung des Menschen zutiefst von moralischer Bedeutung. Sie beinhaltet sowohl die Anlage zum Guten (Verbindung) als auch die Anlage zum Bösen (Trennung).

Das Verbindende *kann* zum Guten und das Trennende *kann* zum Bösen führen. Aber das Gute ist nicht identisch mit Verbindung, genausowenig wie das Böse identisch ist mit Trennung. Denn Entwicklung ist ohne Differenzierung nicht möglich, und nicht jede Integrierung führt zu einem Fortschritt der Entwicklung. Differenzierung und Integrierung bilden die psychologische Basis für zwei Prinzipien des *Guten*, und sie ermöglichen zwei Arten des *Bösen*. Die beiden Moralprinzipien sind die Gerechtigkeit und das Wohlwollen. Das *Wohlwollen* (die Wohltätigkeit) ist ein verbindendes Prinzip, das aus der Tendenz nach Integrierung folgt, die *Gerechtigkeit* ein trennendes Prinzip, das sich aus dem Zwang zur Differenzierung ergibt. Beide Prinzipien sind Teil des moralischen Standpunkts (vgl. Kapitel 4).

Die Gerechtigkeit betrifft den einzelnen als *Individuum*. Sie begründet eine Ethik der Abgrenzung und *Autonomie* (Puka 1986, p. 251). Umgekehrt betont die Wohltätigkeit die *Heteronomie* des Menschen. Im Wohlwollen sind die Menschen aufeinander bezogen. Das Wohlwollen ist weniger exakt zu definieren als die Gerechtigkeit. Gouldner nennt die Wohltätigkeit "eine recht diffuse Norm, die eine Reihe konkreter normativer Orientierungen beinhaltet wie beispielsweise 'Altruismus', 'Nächstenliebe' oder 'Gastfreundschaft'" (Gouldner 1984, p. 125f.)[10]. Die *Verantwortung* lässt sich dieser Reihe anfügen.

Wie das Wohlwollen begründet die Verantwortung ein nicht-reziprokes Verhältnis, in dem das Schicksal anderer in meinen Händen liegt (Jonas 1979, p. 176ff.). In der Verantwortung ist der Mensch *Hörender*. Er lässt sich ansprechen und antwortet auf die Bedürftigkeit eines anderen. "Verantwortlich sein heisst zum Antworten bereit sein" (Fromm 1947, p. 84). Weil er in Verhältnissen lebt, ist der Mensch ein verantwortliches Wesen.

Gouldner sieht in der Gerechtigkeit eine notwendige, aber nicht hinreichende Bedingung für die Stabilität einer Gesellschaft (Gouldner 1984, p. 121f.). Die Reziprozität menschlicher Verhältnisse genügt nicht, um die soziale Welt zusammenzuhalten. Es braucht die *Wohltätigkeit* als zusätzliche Bedingung. Die Wohltätigkeit fungiert zwischen Ungleichen. Deshalb mag sie in einer Gesellschaft, die das Prinzip der *Gleichheit* zu ihrem Ideal erhoben hat, nicht gern gesehen sein und theoretisch missachtet werden. Doch ohne Solidarität zwischen Menschen mit ungleichem Schicksal kann keine Gesellschaft funktionieren.

Für die Erziehung ergibt sich die Aufgabe, die nachfolgende Generation zur *Kooperation* zu befähigen (Bertram 1979, 1986, p. 19; Lickona 1980). Wie die Verantwortung folgt die Kooperation aus dem Prinzip des Wohlwollens, das zwar im Menschen natürlicherweise vorhanden ist, aber der Formung bedarf, um unter den Bedingungen einer komplexen Gesellschaften wirksam zu sein. Genau deshalb ist die moderne Erziehung in erster Linie *moralische Erziehung* (vgl. Kapitel 1). Sie soll zur Integration der Gesellschaft über die Bildung der Individuen beitragen. Die Erziehung im emphatischen Sinn ist orientiert an Autonomie und Kooperation der Menschen. Die Idee der Bildung als Ziel pädagogischen Handelns meint die Beförderung einer individuellen Autonomie, die nicht eskapistisch oder egoistisch, sondern verantwortungsvoll sein soll.

Der Mensch braucht nicht moralisch *gemacht* zu werden. Als Verhältniswesen, das seine Verhältnismässigkeit handelnd leben muss, ist er darauf angelegt, das Moralische in seinen Weltbezügen zu erfahren. Niemand ist für sich allein. "Jeder ist konstitutionell darauf angelegt, mit anderen zusammenzuleben, affektiv angebunden zu sein und kommunikativ mit ihm zu verkehren" (Dux 1986, p. 128). Doch gehen wir damit nicht zu weit? Ist die Ansicht, Menschen seien aufeinander bezogen und aneinander interessiert, nicht das empirisch anfechtbare Resultat unseres metatheoretischen Versuchs einer integrativen psychologischen Theorie? Kann

---

[10] Die "Diffusität" der Wohltätigkeit hängt mit ihrer Positivität zusammen. Anders als die Gerechtigkeit, die ein negatives Prinzip ist, das Abgrenzung beinhaltet, verlangt die Wohltätigkeit Zuwendung, was prinzipiell schwerer zu umschreiben ist, da es von den konkreten Umständen abhängt, welche Art und welches Mass von Zuwendung gefordert sind.

es genügen, auf "graue Theorie" zu bauen, wenn es darum gehen muss, eine tragfähige Basis für die moralische Erziehung zu finden? Die Skepsis mag berechtigt sein, doch lässt sie sich entkräften. Was wir uns in einer langen theoretischen Auseinandersetzung erarbeitet haben, steht nicht in der dünnen Luft barer Spekulation, sondern kann *empirisch* untermauert werden.

Die Erfahrung des Moralischen im Mitleid

Für eine ursprüngliche Motivation zu moralischem Verhalten sprechen nicht nur unsere theoretischen Analysen, sondern auch eine Reihe von empirischen Untersuchungen zu Empathie, Sympathie und Hilfsbereitschaft des Menschen. Offensichtlich steht die Empathie in positiver Beziehung zu altruistischem Verhalten (Batson 1990; Eisenberg & Miller 1987; Eisenberg & Strayer 1987; Hoffman 1981)[11]. Am eindringlichsten ist das Verhältnis von Empathie und Moral von Hoffman untersucht worden, weshalb wir uns zunächst seinen Arbeiten zuwenden.

Hoffman steht in der Tradition der behavioristischen Psychologie, die er in einer kognitivistisch geläuterten Version vertritt. Im Zentrum seiner Theorie steht die *Affektivität*. Die affektive Reaktion eines Menschen auf das wahrgenommene Leid eines anderen fungiert als *Motiv* moralischen Verhaltens. Dieses Motiv wird "Empathie" genannt und als stellvertretende, mitfühlende Reaktion gegenüber einer anderen Person definiert. "When one witnesses someone in distress, one may respond empathically, that is, with affect more appropriate to the other's situations than to one's own" (Hoffman 1987, p. 74). Die Empathie ist eine grossenteils unwillkürliche Reaktion, die zur Hilfeleistung drängt (Hoffman 1975a, p. 617, 1978, p. 235, 1987, p. 49). Je stärker das wahrgenommene Leid, desto stärker die Tendenz, dem Leidenden beizustehen.

Es gibt eine Art *Zwang*, sich mit dem Leid eines anderen zu solidarisieren (Hoffman 1978, p. 244). Das heisst nicht, dass dem Zwang nicht ausgewichen werden kann. Auch gibt es Situationen, in denen es natürlich ist, sich der empathischen Reaktion zu entziehen, etwa im Umgang mit Kranken, denen nicht mehr geholfen werden kann. Hoffman berichtet von Schwesternschülerinnen, die stark empathisch auf Patienten reagierten und starkes Mitgefühl entwickelten, den Kontakt mit Schwerkranken aber zu meiden suchten (ebd., p. 245). Offenbar kann das Mitleid bedrohlich werden, wenn keine Möglichkeit besteht, dem anderen beizustehen. Hoffman glaubt daher, das empathische Mitleid sei ein *aversiver* Gefühlszustand, so dass sowohl Variationen der Toleranzschwelle als auch Abwehrmechanismen gegenüber Empathie zu erwarten seien. Menschen unterscheiden sich im Ausmass an Mitleid, das sie ertragen, bevor sie zu Stra-

---

[11] Bandura schliesst aufgrund einer Reihe von experimentellen Befunden, "dass Leidensäusserungen aggressionshemmend wirken" (Bandura 1973, p. 221).

tegien fliehen, die den aversiven Zustand beenden oder auf ein erträgliches Mass reduzieren. Abwehrprozesse können zur adäquaten Bewältigung von moralischen Situationen durchaus notwendig sein (Haan, Aerts & Cooper 1985, p. 181ff.).

Abwehrmechanismen beruhen auf kognitiven Prozessen. Hoffman bringt die affektive Reaktion der Empathie mit der *kognitiven Entwicklung* in Verbindung. Kognitive Prozesse ermöglichen den sozialen Perspektivenwechsel und damit die Transformation der Empathie in Sympathie (Hoffman 1979a, p. 256). Je besser der andere in seiner Bedürftigkeit wahrgenommen wird, desto besser kann ihm geholfen werden. Hoffman unterscheidet vier Phasen der Fremdwahrnehmung, die er in Verbindung bringt mit der empathischen Reaktion: (1) Während des ersten Lebensjahres eine "Fusion" bzw. Nichtdifferenzierung von Selbst und anderen; (2) mit etwa 12 Monaten "Personpermanenz" und ein Bewusstsein des anderen als getrennte *physische* Entität; (3) bald danach ein rudimentärer Sinn, dass andere von einem selbst unabhängige *innere* Zustände haben; (4) schliesslich - in der späten Kindheit - die Erkenntnis, dass andere eine personale Identität und persönliche Lebenserfahrungen haben, die über die unmittelbare Situation hinausreichen (Hoffman 1975a, p. 613, 1979b, p. 962, 1984, p. 285f., 1987, p. 51f.). Erläutern wir die vier Stufen etwas ausführlicher.

(1) Während des ersten Lebensjahres wird von anderen eine globale Leidensreaktion ausgelöst, die "wahrscheinlich eine Mischung aus unangenehmen Gefühlen und Reizen ist, die dem Körper des Kleinkindes selbst ..., dem nur verschwommen wahrgenommenen Gegenüber oder der Situation entstammen" (Hoffman 1979a, p. 256). Da der Säugling nicht zwischen sich und anderen differenzieren kann, dürfte es ihm oft unklar sein, wer überhaupt das wahrgenommene Leid erfährt, und er mag sich so verhalten, als ob das Leid des anderen ihm selbst widerfahre.

(2) Mit etwa einem Jahr kann das Kind zwischen sich und anderen differenzieren. Diese Differenzierung ermöglicht ihm, seine eigene Reaktion von dem zu unterscheiden, was es bei anderen wahrnimmt.
"Zum ersten Mal ist das Kind ... zu empathischem Leiden in dem Bewusstsein fähig, dass nicht es selbst, sondern der andere leidet. Das Kind kann aber immer noch nicht zwischen den eigenen inneren Befindlichkeiten und denen des anderen unterscheiden und muss deshalb annehmen, sie seien gleich. Deutlich wird dies in seinen Bemühungen zu helfen, indem es dem anderen das gibt, was es selbst am meisten tröstet" (Hoffman 1979a, p. 257).

Die Fähigkeit, zwischen Selbst und anderen zu unterscheiden, führt zu einer Differenzierung von Empathie und *Sympathie*. Die Empathie entspricht der Betroffenheit vom Leid des anderen, die Sympathie ermöglicht die *Zuwendung* zum anderen. Das Kind reagiert nicht mehr mit demselben leidenden Ausdruck wie das Opfer (z.B. indem es selbst weint), sondern kann seine emotionale Reaktion transformieren in Zuwendung und Hilfeleistung (Radke-Yarrow, Zahn-Waxler & Chapman 1983, p.

481). Zwar empfindet es nach wie vor das Leid des anderen, doch kann es sein Mitgefühl zum Anlass nehmen, den Schmerz des anderen zu lindern.

(3) Mit 2/3 Jahren wird dem Kind klar, dass die Gefühle und Gedanken anderer anders sein können als die eigenen. "Deshalb wird es vorsichtiger und zurückhaltender in seinen Schlussfolgerungen, und es wird über die eigenen Reaktionen hinaus aufmerksamer und offener für zusätzliche, die Gefühle der anderen betreffende Signale" (Hoffman 1979a, p. 257). Mit etwa vier Jahren können die meisten Kinder Gefühle des Glücks oder der Trauer bei anderen erkennen. Mit der wachsenden Fähigkeit zum sozialen Perspektivenwechsel sind sie in der Lage, auch komplexe und vermischte Emotionen zu erkennen und können durch die gedankliche Übernahme der Perspektive eines anderen empathisch erregt werden. Jedenfalls erkennen Kinder nun andere Menschen in ihren Gefühlen und Gedanken, d.h. als *Personen* mit inneren Zuständen (Hoffman 1975a, p. 616).

(4) Die vierte Phase wird in der späten Kindheit oder frühen Adoleszenz erreicht (Hoffman 1979a, p. 257). Das Kind und der Jugendliche erkennen sich selbst und andere als Personen mit *Kontinuität*, d.h. mit einer über einzelne Situationen hinausreichenden *Identität* (Hoffman 1975a, p. 616). Damit wird ihnen verständlich, dass andere Menschen Freude und Schmerz nicht nur in spezifischen Situationen, sondern auch im Kontext ihrer Lebensgeschichte empfinden. Wenn sie auch weiterhin auf das *situative* Leid des anderen reagieren, wird ihre Betroffenheit doch durch das Wissen verstärkt, dass dieses Leid einen *chronischen* Zustand repräsentieren kann. Der Jugendliche kann nicht nur auf das konkrete Schicksal eines Menschen reagieren, sondern auch auf dessen vermutete allgemeine Befindlichkeit. Wenn seine Vorstellungen hinter dem zurückbleiben, was er als Minimum an Lebensqualität ansieht, dann "kann eine empathische Reaktion selbst dann erfolgen, wenn der aktuelle Zustand des anderen dem Augenschein nach dagegen spricht" (Hoffman 1979a, p. 257). Gedankliche Repräsentationen können konträre situative oder mimische Reize überlagern. Jugendliche können die *Lebenslage* anderer Menschen reflektieren und *darauf* empathisch reagieren.

Moralischer Konflikt

Wie erwähnt, postuliert Hoffman mit dem Übergang von der ersten zur zweiten Phase eine Differenzierung zwischen Empathie und Sympathie, wobei Empathie eine Art Verdoppelung der Leidensreaktion des anderen meint und Sympathie eine davon getrennte Tendenz, dem anderen zu helfen und sein Leiden zu beenden. Die Anzeichen der Verwandlung von empathischem in sympathisches Mitleid treten auf, sobald sich das Kind seiner getrennten Existenz von anderen bewusst wird. Interessant an Hoffmans Theorie ist nicht nur deren motivationale Orientierung, sondern auch der Versuch, die emotionale und die kognitive Seite der Moralität zu integrieren. Die Erfahrung der Empathie wird abhängig gemacht vom kognitiven Niveau der Entwicklung (Hoffman 1984, p. 285). Der Altruismus verwandelt sich mit Hilfe der Kompetenz zum sozialen Perspektivenwechsel in höhere Formen der Moral.

Allerdings sollte man sich keinen Illusionen hingeben. Die Empathie mag zwar in enger Beziehung zu altruistischem Verhalten stehen, doch die Fähigkeit zum sozialen Perspektivenwechsel ist auch die Basis, um anderen Böses anzutun. Kinder sind in dem Masse, wie sie andere verstehen können, auch zu deren Verärgerung und Verletzung fähig (Dunn 1987; Dunn & Munn 1985; Yarrow et al. 1976, p. 121ff.). Es scheint auch, dass Kinder schon bald in der Lage sind, die Notlage anderer strategisch auszunutzen (Krappmann & Oswald 1988). Gerade die rein kognitive Fähigkeit des Perspektivenwechsels zeigt die Zweischneidigkeit der menschlichen Vernunft. Wer sich die Situation eines anderen genau vorstellen kann, der kann ihm nicht nur helfen, sondern ihn auch ausbeuten und erniedrigen. Was Tiere nicht können und wozu erst Menschen fähig sind, nämlich den Standpunkt des anderen einzunehmen, ermöglicht sowohl eine neue Qualität des Guten als auch eine neue Qualität des Bösen. Die Vernunft ist kein Instrument der Moral *allein*; sie ist auch ein Instrument der Unmoral.

Im Lichte der Empathiefähigkeit erweist sich die moralische Entwicklung nicht als eine Entwicklung in Richtung *mehr* Moralität. Das Mitgefühl mit anderen ist schon bei kleinen Kindern vorhanden (Thompson 1987; Yarrow et al. 1976). Es ist eine Art Alles-oder-Nichts-Phänomen. Was sich im Laufe der Entwicklung ändert, ist nicht die empathische Reaktion, sondern deren *Anwendungsbereich*. Die Fähigkeit, andere Menschen differenzierter wahrzunehmen, erweitert den Bereich der Hilfeleistung. Die moralische Entwicklung ist eine Frage der Steigerung der moralischen Sensibilität - im Sinne einer *Ausweitung* der sozialen und im Sinne einer *Vertiefung* der psychologischen Perspektive.

Empathie und Sympathie sind *Motive* moralischen Verhaltens. Aus einem Motiv braucht nicht zwangsläufig ein Verhalten zu folgen. Hoffman verweist ausdrücklich auf mögliche Konflikte zwischen egoistischen und altruistischen Motiven. Das empathische Mitleid mag zwar in einer spezifischen Situation aktiviert werden, doch braucht daraus keine Hilfeleistung zu folgen. Und zwar deshalb nicht, weil ein anderes, mit der Empathie konkurrierendes Motiv stärker ist, z.B. das Motiv, in Ruhe gelassen zu werden. Allerdings dürfte unter diesen Umständen ein innerer Konflikt entstehen. Das Motiv, Hilfe zu leisten konfligiert mit dem Motiv, allein zu sein. Und dieser Konflikt muss *bewältigt* werden. Gelingt die Bewältigung und damit die Entlastung von dem inneren Konflikt, wird das Individuum seine Ruhe finden, falls nicht, dürfte es von *Schuldgefühlen* gequält werden.

Das *Bystander*-Verhalten lässt sich in diesem Sinne deuten. Als "Bystander" werden Personen bezeichnet, die in moralisch relevanten Situationen herumstehen, selbst nichts tun, aber zuschauen, wie *andere* helfen. Doch Bystander *helfen* im allgemeinen, wenn sie *allein* auf einen Hilfebedürftigen stossen oder wenn sie die Anwesenden *kennen* (Bierhoff 1983, p. 467ff.; Latané & Darley 1970; Hoffman 1981, p. 125f.). Es scheint, dass Menschen in Situationen, in denen sie *nicht allein* mit einem Hilfebedürftigen sind oder sich fremd fühlen, Motiven ausgeliefert sind, die in Konflikt geraten mit ihrer Hilfsbereitschaft (z.B. Leistungsangst oder Angst, etwas falsch zu machen). Moralisches Verhalten ist immer eine Frage der Person in ihrer *Ganzheit* (Hogan, Johnson & Emler 1978). Wie sich der einzelne sieht und fühlt, entscheidet letztlich darüber, ob er in einer konkreten Situation handelt oder nicht.

Die Konstruktion des Moralischen

Empathie und Sympathie werden durch das *Leiden* und den *Schmerz* anderer ausgelöst. Es sind Reaktionen auf die physische oder psychische Verletzung der Integrität eines Lebewesens. Es scheint als habe die Missachtung von Leben eine natürliche moralische Autorität. Wir erschliessen uns den Bereich der Moral über die Wahrnehmung von Elend und Erniedrigung. Wir vermögen moralisch zu empfinden, lange bevor wir in der Lage sind, unser moralisches Empfinden zu *begründen*. Nach moralischen Prinzipien wird gelebt, bevor sie *verstanden* werden.

Über die kausale Abhängigkeit von moralischer Rechtfertigung und moralischer Empfindung lässt sich schwer Endgültiges sagen. Es spricht aber einiges dafür, dass Emotionen in der moralischen Entwicklung eine Schrittmacherfunktion zukommt, denn es sind Emotionen, die die Aufmerksamkeit des Kindes steuern und seine Erfahrungen strukturieren. Was das Kind *betroffen* macht, ist auch dasjenige, worüber es *nachdenkt* (Arsenio & Ford 1985; Dunn 1987, p. 102f.; Packer 1985; Weinreich-Haste 1986, p. 400ff.). Für eine organismische Theorie besteht kein Widerspruch zwischen der emotionalen und der kognitiven Seite der Moralität. Emotionen, wie Empathie und Sympathie, sind *per definitionem pathische* Phänomene, die dem Individuum zustossen, während Kognitionen selbst gemacht sind, da sie aus dem Handeln erwachsen, als Reaktion auf die emotionale Betroffenheit. Das Individuum konstituiert sich als moralisches Subjekt in seinen Transaktionen mit der sozialen Welt. Dafür sprechen auch die Untersuchungen von Turiel.

Turiel glaubt, das moralische Wissen der Kinder leite sich direkt aus ihren sozialen Beziehungen her. Es basiert auf Erfahrungen bezüglich der Verletzung von Personen und ihren Ansprüchen. Die Moral ist den menschlichen Beziehungen *inhärent*. "An individual's perception of an act such as the taking of a life as a transgression is not contingent on the presence of a rule, but rather stems from factors intrinsic to the event (e.g., from the perception of the consequences to the victim)" (Turiel 1983, p. 35). Die Erfahrung, dass eine soziale Handlung einen anderen Menschen verletzt oder tötet, führt *unmittelbar* zur Identifizierung der Handlung als böse. In gewisser Weise lassen sich moralische Handlungen mit instrumentellen Handlungen vergleichen. Falsch ausgeführte Tätigkeiten, wie ein schief aufgehängtes Bild oder eine versalzene Suppe, haben intrinsische Konsequenzen, die unmittelbar erlitten werden. Auf ähnliche Weise führen moralische Handlungen zu direkten Erfahrungen. Ein Kind, das ein anderes schlägt, das daraufhin zu weinen beginnt, braucht keine Belehrung, um zu erkennen, dass es etwas falsch gemacht hat (ebd., p. 43). Der Handlung selbst bzw. ihren Konsequenzen kommt moralische Autorität zu.

Bereits dreijährige Kinder finden Verhaltensweisen wie andere schlagen, mit Wasser bespritzen oder anrempeln falsch, unabhängig davon, ob diese Verhaltensweisen verboten sind oder nicht (Smetana 1981, p. 1335). Selbst wenn das Schlagen erlaubt wäre, finden dies Kinder verschiedenen Alters falsch. Ihre Begründung liegt im *Schmerz*, den die Schläge verursachen ("It hurts other people, hurting is not good") (Turiel 1983, p. 63). Kinder scheinen am deutlichsten das *Wohlergehen* als Kriterium des Moralischen zu verwenden. Bereits für Kindergartenkinder ist die Zerstörung von Gütern weniger schlimm als die physische Verletzung von Personen, wobei sie ihre Ansicht damit begründen, dass die Verletzung "mehr weh tut" (Berg-Cross 1975; Elkind & Dabek 1977; Turiel 1983, p. 68, 157).

Im Gegensatz zu Konventionen, deren Verletzung nur deshalb Konsequenzen hat, weil sie mit *Sanktionen* verbunden sind, haben moralische Handlungen intrinsische Folgen. Interessanterweise stimmen Kinder und Erwachsene hinsichtlich der *Kriterien*, die sie zur Identifikation moralischer Überschreitungen verwenden, weitgehend überein. Was sich entwickelt, ist nicht die Fähigkeit, den Bereich der Moral zu *identifizieren*, sondern die Argumente, die zur *Begründung* moralischer Entscheidungen verwendet werden (Turiel 1983, p. 63ff.). Das Moralische ist *kategorisch*[12]. Anders als Konventionen und Rechtsnormen werden moralische Prinzipien nicht in Kraft gesetzt (Wellmer 1986, p. 114f.). Sie unterstehen auch keiner Validierung durch Konsens (Turiel 1983, p. 36). Das Töten eines Menschen ist nicht deshalb verwerflich, weil es eine soziale Übereinkunft verletzt, sondern weil es die Integrität menschlichen Lebens zerstört. Genauso wie die Logik durch reflektierende Abstraktion von Handlungsstrukturen *konstruiert* wird, ist die Moral selbst gemacht, "abstrahiert" von den Erfahrungen eines Individuums in sozialen Transaktionen. Erinnern wir uns an Piagets Bemerkung, auf geistigem und moralischem Gebiet besitze man nur das wirklich, was man *selbst erobert* habe (vgl. Kapitel 5).

Wie sehr Kinder schon früh und aus eigener Kraft zu moralischem Empfinden fähig sind, zeigt auch eine Untersuchung von Anna Freud und Sophie Dann. Es handelt sich um eine Feldstudie an sechs Kindern, deren Eltern zu Opfern des Naziregimes wurden. Die Kinder wuchsen bis zur

---

[12] Was nicht heisst, dass es keine berechtigten Ausnahmen von moralischen Forderungen gibt (vgl. oben).

Befreiung durch die Russen gemeinsam im Konzentrationslager Theresienstadt auf. Danach wurden sie während eines Jahres in einem englischen Kinderheim betreut. Die Studie basiert auf der Beobachtung der Kinder während dieses einjährigen Aufenthalts in *Bulldogs Bank* (Freud & Dann 1951). Die Kinder waren damals zwischen 3 und 4 Jahre alt. Während sie Erwachsenen gegenüber gleichgültig und feindselig waren, zeigten sie *untereinander* Hilfsbereitschaft und enge freundschaftliche Beziehungen. "Es war offensichtlich, dass sie sich sehr umeinander kümmerten und um niemanden und nichts sonst" (ebd., p. 1166). Sie waren beinahe unfähig, sich voneinader zu trennen, achteten sorgsam aufeinander und teilten miteinander. Eifersucht und Rivalität fehlten nahezu völlig.

In Theresienstadt lebten die Kinder in engsten räumlichen Verhältnissen, ohne Spielsachen, ohne Gelegenheit zu freier Bewegung und ohne Kontakt zum Leben ausserhalb des Lagers. "Sie hatten nicht das Leben gewöhnlicher Leute geteilt oder beobachtet, und da sie zu den Menschen, die sie versorgten, keine starken emotionalen Bindungen hatten, fehlte ihnen der normale Anreiz, Erwachsene nachzuahmen und sich mit ihnen zu identifizieren" (Freud & Dann 1951, p. 1205). Trotz des Fehlens einer Elternbeziehung, trotz stark reduzierter Bedürfnisbefriedigung und trotz einer Umwelt, die alles andere als erziehlich war, entwickelten die Kinder eine hohe Sensibilität füreinander. Sie waren weder verwahrlost noch psychotisch (ebd., p. 1227). Ihre Gefühle füreinander waren *spontan* und nicht - wie es eine psychoanalytische Interpretation nahelegen würde - Reaktionsbildungen auf eine ursprüngliche Feindseligkeit.

Wenn das Moralische selbst gemacht ist, dann hat es nichts mit personaler oder sozialer *Autorität* zu tun. Die von Freud und Dann untersuchten Kinder waren nicht *wegen*, sondern *trotz* der menschenverachtenden Autorität Erwachsener moralisch geworden. Das bestätigt auch eine Studie von Nucci und Junker (Nucci 1982, p. 101ff.). Die Autoren fragten gläubige Katholiken, ob der Papst - in Abstimmung mit den Bischöfen und Kardinälen - berechtigt wäre, bestimmte *moralische* Verpflichtungen, wie das Verbot zu stehlen, zu töten, jemanden zu erpressen oder zu verleumden, ausser Kraft zu setzen. Die Antworten waren eindeutig. Durchschnittlich 95% der Befragten waren der Meinung, dass der Papst dazu *kein Recht* hätte. Anders fielen die Antworten aus, wenn danach gefragt wurde, ob der Papst *kirchliche* Regeln ändern und etwa den sonntäglichen Messebesuch für freiwillig erklären, die Ordination von Frauen zulassen oder den vorehelichen Geschlechtsverkehr gestatten dürfte. Hier meinten lediglich durchschnittlich 37% der befragten Katholiken, der Papst wäre dazu nicht berechtigt. Die Ergebnisse zeigen, dass gläubige Katholiken dem Papst und anderen kirchlichen Autoritäten zwar das Recht einräumen, die Standards für gutes *katholisches* Benehmen festzulegen, sich aber dagegen verwehren, dass die Kirche über strikt *moralische* Fragen entscheidet.

Die Autorität für moralische Normen liegt weder im Charisma einer Person noch im Prestige einer Institution. Sie basiert auf den Erfahrungen von Individuen mit sozialen Handlungen und ihren Folgen. Tatsächlich widersetzen sich Kinder schon früh der Autorität Erwachsener, falls diese *unmoralische* Forderungen stellen (Laupa & Turiel 1986; Tisak 1986; Turiel 1983, p. 146). Wie die von Nucci und Junker befragten Katholiken dem Papst das Recht auf die Änderung moralischer Normen strittig machten, lehnen es Kinder ab, Erwachsenen in moralischer Hinsicht eine unbeschränkte Autorität einzuräumen.

Und wie steht es dann mit Piagets Analyse der moralischen Entwicklung? Für Piaget ist die heteronome Moral eine Folge des egozentrischen Denkens, das Kinder dazu verführt, ihren Eltern eine *Autorität* zuzuschreiben, der sie sich bedingungslos unterwerfen. Doch Piaget scheint die Bereiche von Moral und Konvention vermengt zu haben (Turiel 1980, p. 181 Anm.1). Was er untersucht hat, nämlich das Verhalten und Bewusstsein von Kindern gegenüber *Spielregeln*, ist gerade nicht kategorisch und betrifft nicht den Bereich der Moral.

Kinder vermögen schon früh verschiedene Arten von Regeln zu unterscheiden (Much & Shweder 1978; Turiel 1983, p. 97ff.). Piagets Gleichsetzung *moralischer* Regeln mit Spielregeln ist daher problematisch. Seine Untersuchung der "Moral des Zwanges" betrifft die *Sittlichkeit* und nicht die Moralität von Kindern. Tatsächlich spielt die Autorität im Falle von *konventionellen* und *rechtlichen* Normen eine wesentliche Rolle. Konventionen betreffen Verhaltensregulative in sozialen Kontexten wie Schule, Freizeit, Arbeit etc. Insofern *konstituieren* Konventionen soziale Wirklichkeit. Dagegen gelten moralische Normen in einer bereits konstituierten Wirklichkeit. Sie betreffen Fragen des richtigen Handelns "in einer mir *vorgegebenen* Welt" (Wellmer 1986, p. 117).

Konventionen sind "Spielregeln", die soziale Beziehungen *schaffen*. Ausserhalb solcher Beziehungen sind sie ohne Bedeutung. Sie sind kontextuell *relativ* und gelten für den Kreis der Betroffenen. So kann die Mitgliedschaft in einer Gruppe die Beachtung von bestimmten Begrüssungsriten oder Kleidungsvorschriften bedingen. Moralische Forderungen dagegen sind *absolut* und gelten für jedermann. Kinder sind nicht nur fähig, den moralischen Standpunkt bereits im Alter von etwa drei Jahren einzunehmen, sie können auch früh schon zwischen Moral und Konvention unterscheiden. Bereits Zwei- und Dreijährige sehen in moralischen Übertretungen schlimmere Verfehlungen als in der Missachtung von Konventionen oder "prudentiellen" Regeln (Nucci 1981; Nucci & Turiel 1978; Smetana 1981, 1984, 1989; Tisak & Turiel 1984; Turiel 1983, p. 97ff.). Auch die Unterscheidung von Moral und Konvention ist nicht altersabhängig. Was sich entwickelt, ist die Struktur des Denkens *innerhalb* der beiden Domänen (Turiel 1983, p. 52f., 1989, p. 95).

Turiels Analysen stehen in Übereinstimmung mit Hoffmans These von der natürlichen Empathie des Menschen. Offensichtlich verkörpert das *Leiden* eine moralische Autorität, der nur mittels massiver Abwehrmassnahmen ausgewichen werden kann. Im Mitleid relativiert sich die Absolutheit des Ichs. Zumindest entwicklungspsychologisch scheint es nicht notwendig zu sein, die Überwindung des Egoismus mit dem "Sein zum Tode" (Heidegger) in Verbindung zu bringen.

Werner Marx, ein Schüler Heideggers, hat seine "nicht-metaphysische Ethik" auf die *Sterblichkeit* des Menschen gegründet. Wenn es auf Erden ein Mass gebe, dann liege es im Tod, der in bezug auf den Menschen "mass-gebend" sei (Marx 1983, p. 95). Der Tod belangt uns und lässt uns unsere Relativität erfahren. Er "ent-setzt" die Sterblichen aus ihren Gewohnheiten und vertrauten Beziehungen, wirft sie auf sich selbst zurück und lässt sie ihres Selbst bewusst werden. "Dieses Bewusstsein meiner als eines einsamen Selbst in äusserster Hilflosigkeit ist ... das Element, in dem die Gleichgültigkeit gegenüber den anderen als bloss Vorhandenen vergeht und sich langsam und zunehmend mehr in eine Beziehung verwandelt, die sie zu 'Mitmenschen' werden lässt" (ebd., p. 56). Das "Ent-setzen" des Todes lässt uns die *Liebe*, das *Mitleid* und die *gegenseitige Anerkennung* als Mass unseres Menschseins erfahren.

So sehr diese Überlegungen mit der Idee einer von der Empathie angeregten Moralität übereinstimmen, so sehr sind sie vom Standpunkt des philosophierenden *Erwachsenen* aus formuliert. Das *Kind* scheint das Mass des Menschlichen viel einfacher im *Leiden* zu finden. Der Tod ist ihm noch unbegreiflich (Speece & Brent 1984; Stambrook & Parker 1987). Sein "Ent-setzen" ist der *Schmerz*, von dem es betroffen wird. Nicht erst der Erwachsene, sondern bereits das Kind wird von der Autorität der moralischen Erfahrung belangt. "Das Kind braucht nicht zu lernen, dass es böse ist, anderen wehzutun - diese Einsicht kommt mit seiner Entwicklung von selbst" (Kagan 1984, p. 185). Auch in moralischer Hinsicht gilt das Prinzip der *Neotenie*. Der Mensch soll zwar erwachsen werden, aber jung bleiben (vgl. Kapitel 6). Moralische Entwicklung ist nicht Überwindung früherer Erfahrungsformen, sondern deren Bewahrung und qualitative Transformation.

Vom Mitleid zur Gerechtigkeit

Die Empathie vermag den Bereich der Moral zu *erschliessen*, ausfüllen kann sie ihn nicht. Aus der Empathie wächst die Moral des *Wohlwollens* und der *Fürsorge*. Diese ist eine konfliktfreie Moral, die aktiv das Gute sucht. Menschen sind aber keine konfliktfreien Wesen. Ihre Lebendigkeit bringt sie unvermeidlich in Konflikt mit ihrer Umwelt (vgl. Kapitel 7). Eine bloss empathische Moral genügt daher nicht, um moralisch zu handeln. Konflikte verlangen nach einer *reaktiven* Moral. Sie verlangen nach *Gerechtigkeit*.

Die Gerechtigkeit ist ein schwierigeres Prinzip als das Wohlwollen, da sie die *Trennung* von anderen voraussetzt, während das Wohlwollen auf *Verbundenheit* beruht. Der Begriff der Gerechtigkeit taucht erstmals angesichts des Unrechts auf, das Kinder durch ältere Kinder erfahren (Hogan, Johnson & Emler 1978, p. 10). Kinder mögen zwar früh schon fähig sein, den Bereich des Moralischen zu identifizieren, doch im Falle von Konflikten sind sie lange nicht in der Lage, gemeinsame Lösungen zu finden (Miller 1986, p. 100, 182). Tatsächlich scheinen sie erst mit ca. 6 Jahren die Idee der Gerechtigkeit überhaupt zu verstehen (Damon 1977, p. 113ff.; Davidson, Turiel & Black 1983; Piaget 1932, p. 372ff.; Turiel 1983, p. 68f.). Das ist plausibel, wenn wir daran denken, dass das reflexive Ich erst mit dem Eintritt des Kindes in die Phase des konkret-operationalen Denkens auftaucht. Erst jetzt werden die Kinder im emphatischen Sinn sozial und sind in der Lage, sich *kognitiv* voneinander abzugrenzen.

Das heisst nicht, dass Vorformen der Gerechtigkeit nicht schon früher auftreten. Da der Gerechtigkeit die Idee der *Verteilung* (nach Gleichheit, nach Leistung oder nach Bedürftigkeit) zugrunde liegt (vgl. Kapitel 4), bildet das *Teilen* (z.B. von Spielsachen oder Süssigkeiten) eine bedeutsame Vorform der Gerechtigkeit. Damon meint, es gäbe kein besseres Beispiel für die kindliche Moral als das Teilen. "A child's sharing is an exercise in distributive justice, admittedly on a very small scale" (Damon 1988, p. 31). Kinder beginnen zu teilen, sobald sie zu reziproken Beziehungen fähig sind, d.h. bereits am Ende des ersten Lebensjahres (Hay 1979; Radke-Yarrow, Zahn-Waxler & Chapman 1983, p. 479ff.; Rheingold, Hay & West 1976). Dieses Teilen hat allerdings noch kaum moralische Qualität, da es in den meisten Fällen aus unempathischen Gründen, wie Freude an der Aktivität, Gehorsam gegenüber den Eltern oder Imitation anderer, erfolgt. Das Gefühl der *Verpflichtung* zu teilen entsteht mit ca. 4 Jahren (Damon 1988, p. 35ff.; Haan, Aerts & Cooper 1985, Ch. 14). Vierjährige rechtfertigen ihr Verhalten mit dem Hinweis auf den Zustand des anderen: "Er ist traurig, wenn er weniger hat", "Es macht sie glücklich, wenn ich ihr etwas gebe" etc.

Auffallend ist, dass bei den Gründen, die Kinder für das Teilen anführen, der *Gehorsam* gegenüber Erwachsenen praktisch fehlt (Damon 1988, p. 42; Eisenberg-Berg 1979; Eisenberg-Berg & Neal 1979)[13]. Auch die Idee der Gerechtigkeit scheint intuitiv erkannt und spontan elaboriert zu werden, wobei die beim Teilen entstehenden *Konflikte* einen wesentlichen Anlass für das entstehende Gerechtigkeitsbewusstsein bilden. Konflikte *trennen* die Menschen und lassen sie Erfahrungen machen, die sie mit sich selbst konfrontieren. Aus diesen Erfahrungen bildet sich auf der praktischen Ebene die Goldene Regel. In der Goldenen Regel gehen Trennung und Verbindung - Gerechtigkeit und Wohlwollen - ein Gleichgewicht ein, das unter dem regulativen Prinzip der *gegenseitigen Anerkennung* steht.

Die Entfaltung der Gerechtigkeitsidee erfordert eine elaborierte Form des sozialen Perspektivenwechsels, d.h. die Fähigkeit, sich kognitiv in die Lage anderer zu versetzen. Im vollen Sinn des Wortes sind dazu erst kon-

---

[13] Kinder scheinen sich diesbezüglich eher über Verbote von Erwachsenen *hinwegsetzen* zu müssen als dass sie deren Gebote einzuhalten hätten (Laum 1966).

kret-operationale Kinder fähig (vgl. Kapitel 5). Während die verbindende Moral der Wohltätigkeit schon früh verstanden wird, ist die trennende Moral der Gerechtigkeit an den Prozess der *Individuierung* gebunden und tritt später auf.

Autonomie und Heteronomie in der moralischen Entwicklung

Kommen wir nochmals auf die Frage nach dem Ursprung der kindlichen Moral zu sprechen. Piaget sieht im Respekt gegenüber den Eltern die Wurzeln der Moral, während Turiel und Damon der kindlichen Moral eine autochthone Wurzel zumessen. Kinder erachten elterliche Gebote, die die *Verletzung* eines Menschen zur Folge haben, als illegitim. Eltern können einem nicht befehlen, etwas zu tun, was einem selbst oder einem anderen *schadet* (Damon 1977, p. 212). Offensichtlich sind Kinder in der Lage, die Autorität ihrer Eltern zu relativieren, und dies weitgehend unabhängig von ihrem Alter (Laupa & Turiel 1986; Smetana 1988; Tisak 1986). Darin liegt ein starkes Argument für die frühe moralische *Autonomie* der Kinder, die sich den Standpunkt der Moral *selbst* erarbeiten. Piagets Konzept der präoperationalen Heteronomie scheint damit widerlegt zu sein.

Doch unser Versuch der integrativen Theoretisierung der menschlichen Entwicklung zeigt, dass sich die beiden Perspektiven von Autonomie und Heteronomie nicht zu widersprechen brauchen. Autonomie und Heteronomie sind *relative* Begriffe, und dies auf *jeder* Stufe der menschlichen Entwicklung (vgl. Kapitel 7). Kein Mensch ist schlechthin autonom oder heteronom. Und dies scheint auch die Meinung Piagets zu sein, der deutlich macht, dass die autonome und die heteronome Moral *keine Stufen* der Entwicklung bilden, sondern *Phasen*, die sich überschneiden. Die autonome und die heteronome Moral sind zwei *Typen* der Moral, die "auf Bildungsprozesse zurück(gehen), die im grossen und ganzen aufeinander folgen, ohne indessen eigentliche Stadien zu bilden" (Piaget 1932, p. 236). Selbst eine echte Autoritätsmoral ist gemäss Piaget erst mit ca. 6 Jahren feststellbar, eine Beobachtung, die von Damon bestätigt wird (Damon 1977, p. 216f.; Piaget 1932, p. 70). Damit rückt die heteronome Moral in die Nähe des Über-Ichs, das sich ebenfalls etwa um diese Zeit bildet.

Das gibt uns die Möglichkeit, die Untersuchungen von Damon und Turiel unter dem Aspekt der *relativen* Autonomie des Kindes zu interpretieren. Die moralische Autonomie des präoperationalen Kindes liegt im Rahmen seiner Ich-Kompetenz. Turiels Unterscheidung von Moralität und Konventionalität könnte in Wahrheit eine Unterscheidung der kindlichen *Kompetenz* sein. Der moralische Bereich umfasst das, was ein Kind *von sich aus* versteht, während der konventionelle Bereich dem Kind schwer zugängliche Regulative des menschlichen Zusammenlebens beinhaltet. Konventionen liegen auf der institutionellen Ebene und betreffen Vorschriften hinsichtlich Kleidung, Etikette, Anrede etc. Es sind Erwartungen an *Rollenträger*, nicht an Menschen als solche (Turiel 1989, p. 94). Es scheint, dass präoperationale Kinder den moralischen Bereich aufgrund von Erfahrungen mit *konkreten* Menschen in *konkreten* Beziehungen zu erschliessen vermögen, während ihnen Konventionen nicht zugänglich sind, da sie die abstrakte Ebene von Rollen und Institutionen betreffen. Die Verletzung eines Menschen ist in ihrem normativen Gehalt leichter zu erkennen als das Verbot, Erwachsene zu duzen oder das Gebot, geschlechtsadäquat gekleidet zu sein. Die *Autorität* der Eltern ergibt sich aus ihrer Funktion, den Kindern beizustehen, wenn diese in ihren Weltbezügen nicht zurechtkommen. Sie wird in dem Masse in Frage gestellt, wie die Kinder selbständig werden und die Legitimität moralischer *und* konventioneller Forderungen selbst beurteilen können. Diese Relativierung der Erwachsenen scheint im moralischen Bereich früher möglich zu sein als im konventionellen, da Konventionen schwerer zu verstehen sind.

So gesehen betrifft die Unterscheidung von Moral und Konvention eher die *Kompetenz* von Kindern als eine Differenz ihrer Weltbezüge. Turiel konfundiert die qualitative Dimension der *Heterogenität* sozialer Kontexte mit der quantitativen Dimension ihrer *Abstraktheit*. In einfachen Kontexten sind Kinder zu autonomen Urteilen fähig (was bei Turiel mit dem Bereich der Moral zusammenfällt), während sie in komplexen Kontexten auf die Unterstützung anderer angewiesen sind (was bei Turiel mit dem Bereich der Konvention zusammenfällt). Damit deckt sich die Dichotomie Autonomie vs. Heteronomie mit der Unterscheidung von Moral und Konvention, was faktisch nicht der Fall sein muss. Es gibt *komplexe moralische Situationen*, die Kindern nicht zugänglich sind, wo sie in ihrem Urteil *heteronom* sind und sich der Autorität Erwachsener unterwerfen. Und es gibt *einfache Konventionen*, die bereits von Kindern verstanden werden (Edwards 1987; Much & Shweder 1978).

Es ist anzunehmen, dass gerade die *Gerechtigkeit*, die schwerer zu verstehen ist als das Wohlwollen, von Kindern anfänglich heteronom, d.h. mit Unterstützung von Erwachsenen erschlossen wird. Dies genau ist das Ergebnis von Piagets Untersuchung zur Entwicklung der kindlichen Gerechtigkeit, das von Damon (1977) im Prinzip bestätigt wird[14]. Die Lösung zwischenmenschlicher Konflikte gelingt präoperationalen Kindern schwerer als Erwachsenen. Sie können ihre Beziehungen noch nicht zugunsten der exzentrischen Position transzendieren und von aussen betrachten (Selman 1980; Selman, Lavin & Brion-Meisels 1982). Daher sind sie bei der Bewältigung ihrer sozialen Konflikte stärker auf die Hilfe von Erwachsenen angewiesen als im Falle anderer Probleme. Insofern *anerkennen* Kinder die (moralische) Autorität ihrer Eltern.

Die Anerkennung der elterlichen Autorität kommt besonders deutlich in den Untersuchungen von Selman zum Ausdruck. Selman beschreibt die

---

[14] Auch zwei Untersuchungen von Nucci zeigen, dass sich Kinder bei moralischen Konflikten, die sie nicht selbst zu bewältigen vermögen, an Erwachsene wenden (Nucci & Nucci 1982; Nucci & Turiel 1978).

frühen Stufen der Eltern-Kind-Beziehung vorwiegend in Termini der *heteronomen* Orientierung des Kindes. Kinder anerkennen die Autorität ihrer Eltern zunächst (Stufe 0) aufgrund äusserer Merkmale, wie Grösse und Kraft. Auch die Bedeutung der Eltern für das Kind liegt im physischen Bereich (z.B. Essenszubereitung). Selman spricht von einem *Herr-Knecht-Verhältnis*. Kinder auf dieser Stufe unterscheiden nicht eindeutig zwischen Erwachsenen und Eltern (Selman 1980, p. 169f.). Auf der nächsten Stufe (Stufe 1) wird die Eltern-Kind-Beziehung als *Beschützer-Helfer-Verhältnis* wahrgenommen. Das Kind identifiziert sich mit den Ansichten der Eltern und anerkennt deren "Weisheit". Es ist der Meinung, dass Eltern Kinder haben, weil diese ihnen nützlich sind ("Eltern wollen Kinder, damit sie Hausarbeiten erledigen"). Die Zuneigung zwischen Eltern und Kindern ist einseitig. "Eltern zeigen Kindern ihre Liebe, indem sie sich bewusst um sie kümmern; Kinder hingegen drücken ihre Liebe aus, indem sie Gehorsam zeigen ('tun, was ihnen gesagt wird') ..." (ebd., p. 170).

Auf der dritten Stufe (Stufe 2) erscheint die Eltern-Kind-Beziehung als ein *Berater-Klient-Verhältnis*. Während auf der vorangehenden Stufe die Wichtigkeit der elterlichen Fürsorge in der Befriedigung der *körperlichen* Bedürfnisse liegt, wird auf dieser Stufe das Bedürfnis des Kindes nach elterlicher *Anleitung* betont, und zwar nicht als autoritäre Massregelung, sondern als Richtschnur für die Entscheidungen des Kindes (Selman 1980, p. 171). Doch erst auf der vierten Stufe (Stufe 3) verändert sich die Eltern-Kind-Beziehung zu einem egalitären *Toleranz-Respekt-Verhältnis*. Das Kind erkennt die *Reziprozität* sozialer Beziehungen und vermag sich im Prinzip mit den Eltern auf gleichen Fuss zu stellen. Trotzdem wird angenommen, dass Eltern den Kindern bei Problemen beistehen. Kinder brauchen Eltern, um jemanden zu haben, der ihnen in *schwierigen Situationen* hilft. Ideale Eltern zeigen Toleranz, und ideale Kinder sind den Bedürfnissen der Eltern gegenüber sensibel (ebd., p. 172f.).

Während für Damon und Turiel Kinder schon in den ersten Lebensjahren *autonom* sind, steht bei Selman und Piaget deren *Heteronomie* im Vordergrund, eine Heteronomie, die von den Kindern anerkannt wird. Doch die beiden Perspektiven schliessen sich nicht aus. Kinder (wie Erwachsene) sind autonom *und* heteronom. Und das Ausmass, in dem sie auf andere angewiesen sind, um sich in ihren Weltbezügen zurechtzufinden, kann je nach Weltbezug verschieden sein.

Zwar ist die Unterordnung eines Kindes unter die Autorität von Erwachsenen nicht der Ursprung der Moral. Doch die Autorität Erwachsener kann sehr wohl einen *Beitrag* zur kindlichen Moralität leisten. Bezeichnenderweise schreibt Damon, das moralische Wissen einer Person entstehe "aus den ersten Reflexionen über alltägliche Gerechtigkeitsprobleme und nicht allein (sic!) aus den frühen Erfahrungen des Kindes mit den Zwängen der Erwachsenenwelt" (Damon 1977, p. 202f.). Die selbsterfahrene und die übernommene Moral entsprechen sich im Verhältnis von Autonomie und Heteronomie der menschlichen Entwicklung. Menschen sind immer sehend und hörend zugleich. In Ihrer Autonomie vermögen sie die moralische Relevanz einer Situation zu "erblicken", in ihrer Heteronomie müssen sie sich sagen lassen, was sich "gehört". Diese "Hörigkeit" ist nicht mit Unterwürfigkeit oder blindem Gehorsam gleichzusetzen, denn es ist eine objektive Hörigkeit, die aus der relativen Unmündigkeit eines Menschen folgt. Deshalb anerkennen Kinder die Autorität Erwachsener in dem Masse, wie sie über zuwenig Ichstärke verfügen, um selbst urteilen zu können. Auch Gleichaltrige werden als Autoritätspersonen anerkannt, wenn sie dem Kind als moralisches "Hilfs-Ich" zur Seite stehen (Damon 1977, Kap. V; Laupa & Turiel 1986; Tisak 1986).

Damit lässt sich eine allgemeine Schlussfolgerung ziehen. Insofern Menschen Verhältniswesen sind, die in Beziehung zu ihrer Umwelt leben und sich in ihren Weltbezügen entwickeln, hat die Struktur jeder Entwicklungsstufe den Charakter der *Komplementarität*. Zwischen Autonomie ("Ich") und Heteronomie ("Hilfs-Ich") besteht immer ein Verhältnis der Entsprechung. Auf jeder Stufe der menschlichen Entwicklung gibt es daher zwei Wege der moralischen Problemlösung: die monologische und autonome und die dialogische und heteronome. Ich kann mir *hypothetisch* die Situation eines anderen vergegenwärtigen, indem ich mich virtuell an seine Stelle setze, oder ich kann *faktisch* mit dem anderen in einen Diskurs treten und mir seinen Standpunkt erklären lassen. Die beiden Methoden schliessen sich nicht aus. Monologik und Dialogik sind gleichermassen angemessene Methoden der moralischen Problemlösung und Entscheidungsfindung[15].

Moralische Selbstentlastung

Wie sehr Menschen zu moralischem Verhalten disponiert sind, zeigt auch die starke Tendenz, die sie verspüren, ihr Verhalten zu *rechtfertigen*. Sie verteidigen sich, um nicht als böse zu gelten. Wie verzerrt auch immer ihre Wahrnehmung sein mag, am Schluss wollen sie in moralischer Hinsicht *gut* dastehen. "Jeder verlangt um jeden Preis unschuldig zu sein, selbst wenn dafür Himmel und Erde angeklagt werden müssten" (Camus 1956, p. 86f.). Mit der Ausnahme von Psychopathen sind Menschen nicht in der Lage, sich unmoralischem Verhalten schlicht hinzugeben. Da sie *wissen*, was das Gute ist, wollen sie sich vom Bösen, das sie trotzdem tun, entlasten. Kagan spricht von einem *Bedürfnis* des Menschen, "sich als moralisch wertvoll zu empfinden" (Kagan 1984, p. 206). Menschen wollen sich vor moralischer Selbstentwertung schützen.

---

[15] Dies gegen Kant, der eine monologische Theorie der moralischen Konfliktlösung begründet hat (vgl. oben). Dies auch gegen Habermas (1983), der die Dialogik (den Diskurs) nicht als Methode der moralischen Konfliktlösung, sondern als Instrument zur Herleitung moralischer Prinzipien versteht.

Insofern sie gut sein wollen, scheint die Menschen das Böse zu irritieren, also leugnen sie es. Das Niedrigste wird im Gewand des Höchsten präsentiert (Erikson 1964, p. 196). Im Lichte "höherer" Interessen erscheint es als gut. "Es gibt ... kaum eine Grausamkeit oder Gleichgültigkeit gegen andere oder sich selbst, die nicht als Gebot des Gewissens rationalisiert wurde ..." (Fromm 1947, p. 113). Eichmann empfand Übelkeit nach dem Besuch eines Konzentrationslagers (Arendt 1963, p. 121f.), doch er vermochte sein moralisches Empfinden so weit zu verdrehen, dass ihm die Vernichtung von Menschen zur Tugend wurde. Tatsächlich hatte er nicht wegen seiner Greueltaten ein schlechtes Gewissen, sondern weil er einer halbjüdischen Kusine und einem jüdischen Paar zur Flucht verholfen und dabei die Ordern seiner Oberen missachtet hatte (ebd., p. 175)[16]. Die Menschen täuschen sich über sich selbst und werden gerade dadurch zu allem fähig. "Gibt es eine Schandtat, die nicht schon einmal mit gutem Gewissen begangen worden wäre?" (Horkheimer 1933, p. 171).

Es gibt eine Menge von Strategien, um sich ein moralisch intaktes Selbst zu bewahren. Die brutalste ist wohl die, Menschen in ihrer Humanität zu degradieren. Der andere wird als Unmensch, als Bestie, als Dreck, als zweit- und drittrangig bezeichnet und aus der Gemeinschaft der Menschen ausgeschlossen. Er ist nicht wie wir, also kann er vernichtet werden. Im Krieg ist dies gängige Strategie, um das Töten des Feindes zu erleichtern. Gerade die Kriegspropaganda zeigt, "wie stark die Menschen an sich (sic!) zum friedlichen Kontakt neigen" (Eibl-Eibesfeldt 1970, p. 119).

Die Strategien zur moralischen Selbstentlastung basieren im wesentlichen auf Entschuldigungen und Rechtfertigungen (Austin 1956). Es sind Strategien zur Wiederherstellung eines gestörten sozialen Gleichgewichts. *Entschuldigungen* sind sozial akzeptierte Gründe, die es uns erlauben, das Gesicht zu wahren, wenn unser Benehmen in Frage gestellt wird (Scott & Lyman 1968, p. 47ff.). Scott und Lyman unterscheiden vier Arten von Entschuldigungen: (1) Wir berufen uns auf Zufälle, die unser Handeln durchkreuzt und unsere Absichten zunichte gemacht haben. Was gut gemeint war, hatte ungewollt Böses zur Folge. (2) Wir fechten unsere Zurechnungsfähigkeit an, indem wir plausibel machen, dass unsere Entscheidung nicht frei war oder unser Wissen nicht ausreichte. Was wir taten, geschah nicht mit (voller) Absicht. (3) Wir appellieren an Triebe oder körperliche Unzulänglichkeiten, die uns überwältigt oder behindert und unser Bewusstsein getrübt haben. Wir waren unserer selbst nicht Herr.

---

[16] Ein anderes Beispiel für Eichmanns externalisierte Pflichtmoral gibt Grunberger: "Als Eichmann der Aufzählung der ihm vorgeworfenen ungeheuren Verbrechen beiwohnte, war er unbewegt. Dies waren für ihn leere Worte ohne jeglichen Inhalt. Erst als der Präsident des Gerichtes ihn mahnte, sich bei der Anrede zu erheben, brachte er verwirrt Entschuldigungen hervor, stotterte und errötete vor Beschämung" (Grunberger 1962, p. 258).

(4) Wir suchen einen Sündenbock, auf den wir die Verantwortung abschieben können. Nicht wir, sondern ein anderer trägt die Schuld.

Auch *Rechtfertigungen* sind Strategien, um Handlungen zu neutralisieren, deren soziale Angemessenheit in Frage gestellt wird (Scott & Lyman 1968, p. 51). Anders als Entschuldigungen, die anerkennen, dass eine Handlung einen negativen Ausgang genommen hat, bestreiten Rechtfertigungen die negativen Folgen einer Handlung (Austin 1956, p. 9). Im Falle der Rechtfertigungen lassen sich ebenfalls vier Strategien ausmachen (Scott & Lyman 1968, p. 51): (1) Wir leugnen, dass durch die Handlung jemand oder etwas zu Schaden gekommen ist. (2) Wir leugnen die Unschuld des Opfers und machen plausibel, dass es den Schaden verdient hat. (3) Wir verurteilen unsere Kritiker, indem wir darauf hinweisen, dass andere dasselbe oder schlimmeres tun, ohne verurteilt zu werden. (4) Wir berufen uns auf Verpflichtungen und betonen, dass die Handlung aus Loyalität zu jemandem, dem wir etwas schuldig waren, erfolgt ist.

Selbstverständlich brauchen diese Strategien *nicht abwehrend* zu sein, sondern können den tatsächlichen Verhältnissen entsprechen. Es sind generische Strategien, die sowohl im Sinne der *Bewältigung* missglückter Handlungen als auch im Sinne der *Abwehr* von Verantwortung eingesetzt werden können. Damit sehen wir nochmals, dass Abwehrmechanismen keine *spezifischen* Prozesse sind, sondern dem Repertoire der allgemeinen Ich-Funktionen eines Individuums entstammen (vgl. Kapitel 7). Die Struktur der von Scott und Lyman diskutierten Strategien entspricht jedoch eindeutig der Struktur von Abwehrprozessen. Ihre Grundlage ist im wesentlichen die *Verneinung*, die *Verschiebung* und die *Spaltung*. Es ist daher ein leichtes, sich in Situationen zu "rechtfertigen" oder zu "entschuldigen", die eine Form der (konstruktiven) Bewältigung (z.B. eine Wiedergutmachung) erforderlich machen würden.

Wie leicht Bewältigung in Abwehr umkippen kann, zeigt Bandura, der drei Gruppen von "Mechanismen der moralischen Selbstentlastung" unterscheidet (vgl. Abbildung 4, S. 356), die mühelos mit den Strategien von Scott und Lyman in Verbindung gebracht werden können. Bandura erläutert seine Mechanismen folgendermassen:

(1) Das moralisch missglückte Verhalten wird *umdefiniert* und als legitim dargestellt. Dem schuldhaften Verhalten wird der Anschein der Rechtschaffenheit verliehen. Ein geradezu perverses Beispiel dieser Methode gibt Himmler, der anlässlich einer Rede auf einer SS-Gruppenführertagung sagte: "Von euch werden die meisten wissen, was es heisst, wenn 100 Leichen beisammen liegen, wenn 500 da liegen oder wenn 1000 da liegen. Dies durchgehalten zu haben und dabei - abgesehen von Ausnahmen menschlicher Schwächen - *anständig* geblieben zu sein, das hat uns hart gemacht" (Himmler 1943, p. 114 - Hervorhebung W.H.). Das Morden wird zur Sache des Anstands, das Töten zur Frage der Moral! Als hätte er dieses Beispiel vor Augen gehabt, schreibt Bandura: "Durch rabulistische Gedankenführung lässt sich aus bösartigem Verhalten wohl-

meinendes machen. ... Was eben noch moralisch untragbar war, wird ... zu einer Quelle der Selbstachtung" (Bandura 1977, p. 159f.).

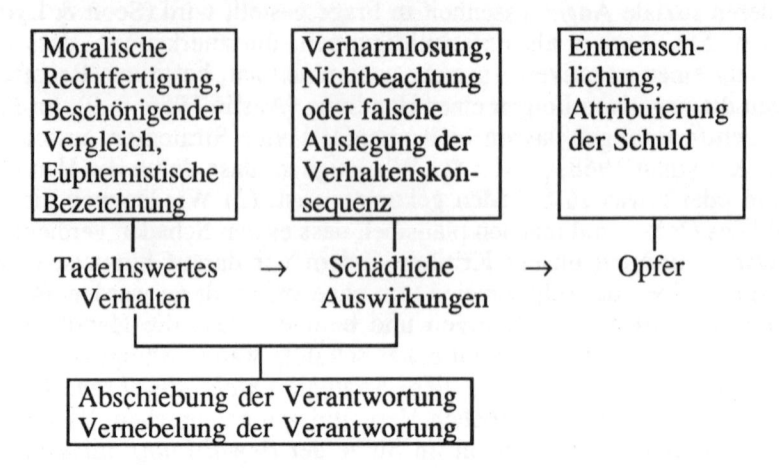

```
┌─────────────────┐   ┌─────────────────┐   ┌─────────────────┐
│ Moralische      │   │ Verharmlosung,  │   │ Entmensch-      │
│ Rechtfertigung, │   │ Nichtbeachtung  │   │ lichung,        │
│ Beschönigender  │   │ oder falsche    │   │ Attribuierung   │
│ Vergleich,      │   │ Auslegung der   │   │ der Schuld      │
│ Euphemistische  │   │ Verhaltenskon-  │   │                 │
│ Bezeichnung     │   │ sequenz         │   │                 │
└────────┬────────┘   └────────┬────────┘   └────────┬────────┘
         │                     │                     │
   Tadelnswertes   →     Schädliche        →      Opfer
   Verhalten             Auswirkungen
         │                     │
         └──────────┬──────────┘
         ┌──────────┴────────────────────┐
         │ Abschiebung der Verantwortung │
         │ Vernebelung der Verantwortung │
         └───────────────────────────────┘
```

<u>Abbildung 4</u>: Mechanismen der moralischen Selbstentlastung (aus: Bandura 1977)

(2) Die Auswirkungen des Verhaltens werden verharmlost. Moralische Selbstentwertung lässt sich vermeiden, wenn man sich ein falsches Bild von den Konsequenzen seines Handelns macht. "Wenn sich Menschen um des persönlichen Nutzens willen oder aus anderen Gründen für Handlungsweisen entscheiden, die sie missbilligen, neigen sie dazu, den Schaden zu verharmlosen, den sie verursachen" (Bandura 1977, p. 160). Solange sie sich um die Auswirkungen ihres Tuns nicht kümmern, brauchen sie kein schlechtes Gewissen zu haben. Auch dazu können die Nazigreuel als Beispiel dienen, denn noch immer wird versucht, das Ausmass der Vernichtung in den Konzentrationslagern zu leugnen ("Auschwitzlüge").

(3) Eine andere Methode, sich vor moralischer Kritik zu schützen, besteht darin, die Verantwortung für das eigene Verhalten abzuschieben. Menschen können sich auf eine Weise verhalten, die sie normalerweise ablehnen, wenn eine gesetzliche Autorität ihr Treiben sanktioniert und die Verantwortung für die Konsequenzen übernimmt. Böses wird aus dem Gefühl der Pflicht getan. Eichmann gibt ein Beispiel dieser Art von Pseudorechtfertigung. Das Hauptargument zu seiner Verteidigung während des gesamten Prozesses in Jerusalem war das Argument der Pflicht (Arendt 1963, p. 173, 184f.).

(4) Eine weitere Strategie der moralischen Selbstentlastung besteht darin, das Opfer zu dehumanisieren oder als selber verantwortlich für sein Schicksal darzustellen. Die Stärke der moralischen Selbstbewertung kann durch das Bild, das sich Menschen vom Opfer ihrer Handlungen machen, kontrolliert werden. Die Misshandlung von Menschen, die nicht als Menschen angesehen werden, ruft weniger Missbilligung wach, als wenn dem

Opfer Menschenwürde zugestanden wird. "Werden Menschen als minderwertige Geschöpfe wahrgenommen, werden sie für gefühllos gehalten: sie brauchen eine grobe Behandlung, damit sie überhaupt reagieren" (Bandura 1977, p. 160). Die Entmenschlichung des Opfers ermöglicht es, grausam zu sein, ohne moralische Skrupel zu haben. Erneut gibt die Nazizeit grausige Beispiele für diese Strategie.

Schliesslich ist die Beschuldigung des Opfers eine wirksame Methode, um von der eigenen Verantwortung abzulenken. Aggressive oder gewaltsame Interaktionen beruhen in der Regel auf einer Reihe von reziprok eskalierenden Handlungen, an denen das Opfer meist irgendeine Form von Mitschuld trägt. "Aus der Ursachenkette lässt sich ... irgendein Abwehrakt des Gegners auswählen und zum ursprünglichen Anlass erklären. Man macht den Opfern den Vorwurf, sie hätten sich ihr Schicksal selbst zuzuschreiben, oder es werden aussergewöhnliche Umstände angeführt, die unverantwortliches Verhalten rechtfertigen sollen" (Bandura 1977, p. 161). Schreibt man anderen die Schuld zu, wird das eigene Handeln entschuldbar. Diese Haltung kann unterstützt werden durch den weit verbreiteten Glauben an eine gerechte Welt ("just world hypothesis"). Damit ist die Überzeugung gemeint, dass wir in einer Welt leben, in der das Gute belohnt und das Böse bestraft wird (M. Lerner 1980). Folglich sind die vom Schicksal weniger Begünstigten selber schuld an ihrer Lage. Sie haben es verdient, wenn sie so sind, wie sie sind, nämlich arm, krank, invalid oder arbeitslos. Der ideologische Hintergrund dieser Abwehrstrategie ist der Zynismus (vgl. Kapitel 7).

Das Böse im Menschen ist keine Frage einer bestialischen Natur. Eher ist es die Folge banaler Umstände, die nichts mit perversen oder monströsen Neigungen zu tun haben (Arendt 1963). Das Böse ist eine Perversion unserer Ichhaftigkeit. "Die meisten Unmenschlichkeiten sind auf Selbstentlastungsprozesse zurückzuführen und nicht auf Charakterfehler" (Bandura 1977, p. 161). Das in seinem Selbst bedrohte Individuum wehrt ab und zerstört seine moralische Empfindsamkeit. Wer sich der Betroffenheit von den Folgen seines Handelns entzieht, der hat keinen Anlass, sich in moralischer Hinsicht zu bessern. Tatsächlich ist die Betroffenheit von moralischen Situationen ein wesentlicher Faktor, der zur Mobilisierung von Ich-Prozessen beiträgt (Haan, Aerts & Cooper 1985; Villenave-Cremer & Eckensberger 1986). Das Ich vermittelt sowohl im Guten wie im Schlechten zwischen moralischem Gefühl und moralischem Handeln. Dass es aber ein so starkes Bedürfnis gibt, sich im Falle moralischer Übertretungen zu entlasten, verweist auf die tief verwurzelte Tendenz des Menschen, moralisch gut zu sein. Das Problem moralischen Handelns ist eher eine Frage der Befolgung dessen, was wir längst schon wissen, als eine Frage des Erwerbs des Wissens um das Gute.

Moralische Empörung

Das Pendant zur moralischen Selbstentlastung ist die *moralische Empörung*. Auch die moralische Empörung scheint ein spontanes Bedürfnis des Menschen zu sein, das auf verschiedene Weise *unterdrückt* werden muss, um unwirksam zu werden (Moore 1978). Hoffman erwähnt als anekdotisches Beispiel einen anderthalbjährigen Knaben, der einen Arzt attackierte, als dieser einem anderen Kind eine Injektion verabreichte (Hoffman 1981, p. 55). Der Knabe vermochte nicht zu sehen, dass der Schmerz, den ein Arzt zufügt, im Dienste der Lebenserhaltung steht und deshalb moralisch gerechtfertigt ist. Das Beispiel zeigt, wie sehr eigenes und fremdes Leid *Empörung* auslöst. Das Ausmass, in dem Menschen ihr Tun rechtfertigen, verweist nicht nur auf das grosse Bedürfnis nach moralischer Selbstentlastung, sondern auch auf das enorme Potential zu moralischer Empörung. Menschen sind nur dann in der Lage, Schmerzen, Schicksalsschläge, Misshandlungen etc. zu ertragen, *ohne* sich dagegen aufzulehnen, wenn sie ihre Situation für rechtens halten.

Soziale Ungleichheit beispielsweise ist solange *kein* Anlass zur Auflehnung, wie sie den Unterdrückten gerechtfertigt scheint. Empörung ist sogar eher dann zu erwarten, wenn die akzeptierte Ordnung *nicht* eingehalten wird und die Schranken zwischen den Klassen unversehens geöffnet werden. Minderheiten oder Randgruppen können protestieren, wenn sie unerwartet *besser* behandelt werden. Viele Unberührbare im indischen Kastenwesen sind auf ihren niederen Status eher stolz, als dass sie ihn hassen würden (Moore 1978, p. 81). In den Konzentrationslagern der Nazis gab es nicht wenige Insassen, die Mitgefangene, die sich zu widersetzen versuchten, bestraften (Bettelheim 1943, p. 88ff.). Nicht selten halten Opfer von Naturkatastrophen, Krankheiten, Unfällen, Vergewaltigungen, Misshandlungen oder Arbeitslosigkeit ihr Schicksal für selbst verschuldet (Montada 1988). Es scheint, als überfalle das Leiden die Menschen "mit einer derart mächtigen Aura moralischer Autorität, dass sie auf ihren Schmerz stolz sind und sich an ihrer Qual erfreuen" (Moore 1978, p. 81). Auch als Opfer wollen die Menschen nicht im Lichte des Bösen dastehen. "Was für die Menschen unvermeidlich ist oder ihnen doch so erscheint, muss irgendwie auch gerecht sein" (ebd., p. 99).

Die moralische Empörung mag ein natürliches Gefühl des Menschen sein, doch was als moralisch *verwerflich* gilt, ist es nicht. "Es gibt keine Garantie, dass Ausbeutung oder einfach schlichtes menschliches Elend irgendwie ihr eigenes Gegengift absondern ..." (Moore 1978, p. 603). Menschen können ihr Leid als unvermeidlich oder verdient ansehen. Akzeptieren sie eine höhere Autorität, so sind sie bereit, die Ungerechtigkeit, die sie in deren Namen erfahren, auf sich zu nehmen. Sie können ihr Leid bewusst *wählen* und sich selbst erniedrigen. Insofern ein Unberührbarer die Autorität der hinduistischen Priester anerkennt, fügt er sich in sein Schicksal. Schliesslich steht er in einem Zyklus von Tod und Wiedergeburt, der dem einzelnen genaue Regeln auferlegt, um sein Karma zu beeinflussen. Das *Selbstverständnis* der Menschen bestimmt, was sie für moralisch gerechtfertigt halten und was nicht (vgl. Kapitel 4).

Menschen können im Menschsein ein graduelles Phänomen sehen - nicht nur zum Zweck der Selbsterhöhung, sondern auch zum Zweck der Selbsterniedrigung. "In vielen Gesellschaften mit Klassen- oder Kastensystemen existieren kodifizierte Strafsysteme, die jeder einzelnen Kaste oder Klasse entsprechen, weil von jeder angenommen wird, dass sie unterschiedliche Grade oder Formen von Menschsein repräsentiert. Je weniger 'menschlich' das Opfer, desto grausamer und qualvoller ist im allgemeinen die als gerechtfertigt geltende Strafe" (Moore 1978, p. 54). Wie sich die Menschen sehen, bestimmt, was ihnen als moralisch gilt. Doch das Leid, das sie auf sich nehmen, muss *gerechtfertigt* sein. Menschen wird aufgrund von Merkmalen wie Rasse, Hautfarbe, Religion, Nationalität, Geschlecht oder Alter die Zugehörigkeit zur Menschheit abgesprochen. Die daraus folgende Ungerechtigkeit führt solange nicht zu moralischer Empörung, wie die Degradierten die Legitimität ihrer Situation anerkennen. Menschen, die sich in Relation zu anderen als *minderwertig* verstehen, sind bereit, damit verbundene Erniedrigungen zu erdulden.

Die Moral ist verbunden mit Überzeugungen hinsichtlich der Beschaffenheit der Welt. Die moralische Empörung wird gedämpft im Rahmen eines Weltbildes, das dem Bösen einen *Sinn* gibt. Selbst das Töten wird akzeptabel, wenn es im Namen eines "höheren" Interesses geschieht. Das Problem der moralischen Erziehung besteht nicht darin, dass Menschen nicht moralisch sind, sondern dass man sie leicht dazu bringen kann, von ihrer Moral Ausnahmen zu machen. Diese Ausnahmen werden mit politischen, religiösen oder ideologischen Argumenten gerechtfertigt. Sie beruhen auf einer bestimmten Interpretation unserer Stellung in der Welt. Das Problem des moralischen Verhaltens ist ein Problem der *Anwendung* der intuitiv erkannten moralischen Prinzipien, eine Anwendung, die von Wissens- und Glaubensüberzeugungen beeinflusst wird.

Wie sehr es in moralischen Dingen um Fragen der Anwendung geht, zeigt das Beispiel des *Vegetarismus*. Wenn wir die Achtung vor dem Leben als den höchsten moralischen Wert anerkennen und wenn wir dies durch ein Bekenntnis zur Goldenen Regel bezeugen, dann kann unser moralisches Verhalten von der *faktischen* Frage abhängen, was wir unter "Leben" verstehen. Der Vegetarismus, wie er aus dem hinduistischen Prinzip des *ahimsa* (Gewaltlosigkeit) folgt, basiert auf einer umfassenden Interpretation des Begriffs Leben und betrifft Menschen, Tiere und Pflanzen gleichermassen. Er verlangt, dass *jede* Art von Leben bewahrt wird. Wird Leben trotzdem zerstört, dann soll dies die niederen Formen betreffen (Vasudev 1986, p. 169). Ein dem Vegetarismus vergleichbares Problem stellt die Frage des *Schwangerschaftsabbruchs* dar. Auch hier geht es um ein *faktisches* Problem, nämlich um die Frage, wann wir den *Beginn* von Leben ansetzen (Turiel & Smetana 1984, p. 131ff.).

Wir können moralisches Verhalten nicht verstehen, wenn wir *allein* auf moralische Prinzipien Bezug nehmen (Shweder, Mahapatra & Miller

1987, p. 71). Prinzipien bedürfen der Auslegung, um wirksam zu werden, und diese erfolgt im Rahmen eines *Weltbildes*. Weltbilder haben die Funktion, die Wirklichkeitsverhältnisse eines Menschen zu regulieren und die *Angst* zu bannen, die wir - als "nicht festgestelltes Tier" (Nietzsche) - vor den Welten haben, in denen wir leben. Damit wird moralisches Verhalten immer auch *kulturell* bestimmt. Wenn Nunner-Winkler (1987) meint, aus dem Respekt vor der Würde des Menschen folge, dass wir pünktlich sein müssen, wenn wir uns mit jemandem verabreden, denn andernfalls würden wir der betreffenden Person Zeit "stehlen", dann setzt sie voraus, dass die Zeit etwas Kostbares ist. Sie trifft eine *faktische* Annahme, die für viele westliche Menschen gültig sein mag, nicht aber für Menschen in "zeitlosen" Kulturen. Die *Auslegung* und *Anwendung* moralischer Prinzipien ist auf Wissens- und Glaubensüberzeugungen bezogen und insofern kulturell relativ. Das heisst nicht, dass die *Prinzipien* relativ sind (Turiel 1989, p. 105ff.; Turiel, Killen & Helwig 1987, p. 206ff.).

Für die Behauptung, das Kernproblem der Moral bestehe vor allem in der *Anwendung* der intuitiv erfassten moralischen Prinzipien, spricht auch, dass die grundlegenden Tugenden spätestens seit der Antike bekannt sind. Frühe Beispiele für die Goldene Regel finden sich auch in aussereuropäischen Kulturen, wie Indien und China. Das Problem liegt nicht im *Wissen* um die moralischen Prinzipien, sondern in deren Anwendung und Generalisierung. Die wirklichen Probleme der Moral beginnen mit der *Vermittlung* des Allgemeinen mit dem Besonderen (Wellmer 1986, p. 123). Dabei spielen Situationsdeutungen und das Selbstverständnis der Betroffenen eine wesentliche Rolle. Im allgemeinen lösen sich moralische Kontroversen auf, sobald "wir uns über Situationsdeutungen und Selbstverständnisse geeinigt haben" (ebd., p. 125).

Moralische Kontroversen betreffen weniger unsere Überzeugungen hinsichtlich des moralisch Geforderten als unsere Auffassungen vom Wesen der Welt. So anerkannten die Griechen die *Gerechtigkeit* als moralisches Prinzip, doch begrenzten sie dessen Gültigkeit auf die männlichen Bürger der Polis. Die Gleichheit der Menschen betraf nicht die Sklaven, nicht die Frauen und nicht die Kinder. Erst im Kontakt mit der christlichen Vorstellung von der Gleichheit aller Menschen vor *Gott* entstand ein Druck in Richtung *Universalisierung* der moralischen Prinzipien, was schliesslich zur Proklamation der Menschenrechte und deren politischer Durchsetzung führte[17]. Wir wissen, wie lange dieser Prozess gedauert hat, und wir wissen, dass er noch immer nicht abgeschlossen ist.

Auch hier können wir nicht sagen, ein Weltbild, das ein moralisches Prinzip interpretiert, stehe im Dienste der *Abwehr* moralischer Empfindungen, obwohl dies natürlich - wie im Falle von Entschuldigungen und Rechtfertigungen - der Fall sein kann. Ein und dasselbe moralische Prinzip muss andere Folgen haben im Rahmen einer göttlichen Seinsordnung

---

[17] Damit sage ich nicht, das Christentum sei allein verantwortlich für die Proklamierung der Menschenrechte.

und im Rahmen einer säkularisierten Welt, deren Gestaltung den Menschen überlassen ist. Ob jedoch das eine Weltbild wahr und das andere falsch ist, vermögen wir nicht zu sagen. Unser Wissen ist nicht ausreichend, um zwischen *Weltbildern* zu entscheiden. Da wir dies nicht können, sind wir zur *Toleranz* aufgerufen. Der "zwanglose Zwang des besseren Argumentes" (Habermas) kann nur wirken, wenn sich die Vertreter verschiedener Weltbilder achten und ihre Plädoyers von gleich zu gleich austauschen.

Der tragische Mensch

Menschen können von Leid und Unrecht heimgesucht werden, ohne dass ihnen ein Weltbild ihr Schicksal verständlich macht. Oft kann das Böse, das uns oder anderen geschieht, nicht gerechtfertigt werden, weder individuell noch kollektiv. Die Menschen sind auch bereit, ein gewisses Mass an Schmerz und Leid zu ertragen. Erst was darüber hinausgeht, empfinden sie als unverdient und nehmen es zum Anlass der Empörung. Dabei ist die Grenze zwischen legitimer und illegitimer Empörung oft nicht leicht zu ziehen. Unter Berufung auf ihr Schicksal fühlen sich Menschen berechtigt, an ihrer Moralität Abstriche zu machen und auf Kosten anderer "wiedergutzumachen", was ihnen geschehen ist. So hat Freud einen Charaktertyp geschildert, der sich als *Ausnahme* versteht und sein egoistisches Benehmen damit legitimiert, dass er etwas Besonderes ist. Er knüpft an Erlebnissen aus den ersten Kinderjahren an, an denen er sich unschuldig wähnt und die er als Benachteiligung empfunden hat (Freud 1916, p. 233). Die Ungleichheit der Lebenserfahrung benutzt er, um sich ein Recht auszunehmen, das er anderen nicht zugesteht. Er fühlt sich berechtigt, Böses zu tun.

Es scheint ein ähnlicher Mechanismus im Spiel zu sein, wenn Schmerzen und aversive Reize zu aggressivem Verhalten führen (Berkowitz 1983). Der erlittene Schmerz löst eine moralische Empörung aus, die im eigenen Leid einen Zustand sieht, der unverdient ist und nach *Vergeltung* ruft. In der Schädigung anderer wird die Tilgung des eigenen Schadens erwartet. So bekommt das Böse, das man tut, den Nimbus des *Guten*. Auch Depressive scheinen so zu denken. Sie rechtfertigen den Anspruch auf mehr Zuwendung mit dem erhöhten Leid, das ihnen auferlegt ist (vgl. Kapitel 2). Den Verlust, den sie erlitten haben, empfinden sie als Ungerechtigkeit (Rado 1927, p. 48f.). Das Böse bekommt dadurch eine Eigendynamik, denn der Schmerz, den es auslöst, wird seinerseits als ungerecht empfunden, was dessen erneute Retaliation rechtfertigt. Der Grund für diese Eskalation liegt in der fehlenden Bereitschaft, sich mit der Partikularität des persönlichen Lebensschicksals abzufinden.

Die Schwierigkeit, dem Teufelskreis der Gewalt zu entkommen, liegt darin, dass es *berechtigte* Aggressionen gibt. Die moralische Empörung ist grundsätzlich legitim, die "gutartige Aggression" (Fromm), die sie auslöst, ebenfalls. Wer tatsächlich durch das Verschulden anderer benachteiligt oder verletzt worden ist, dem gestehen wir das Recht auf Wiedergutmachung zu. So hängt letztlich alles davon ab, ob wir in der Lage sind, zwischen gerechtfertigter und nicht-gerechtfertigter Aggression zu unterscheiden. Paradoxerweise sind es dieselben Mechanismen, die eine berechtigte Empörung verhindern und eine unberechtigte Aggression möglich machen. In beiden Fällen gilt es abzuschätzen, ob das eigene Leid verschuldet ist oder nicht. Deshalb ist es so wichtig, dass Menschen nicht nur fähig sind, ihre Lebensumstände akkurat zu deuten, sondern auch das, was ihnen unverschuldet zustösst, als Teil ihres Schicksals hinzunehmen.

Die Erklärung des Bösen, das einem geschieht, mag im Horizont einer religiösen Weltdeutung einfacher sein als im Rahmen eines säkularisierten Weltbildes. Das Problem der Theodizee zeigt allerdings, wie schwer es selbst Theologen fällt, das Böse zu begreifen. Ob religiös oder nicht, wir müssen anerkennen, dass es Dinge gibt, die nicht in unseren Händen liegen, Dinge, die uns *widerfahren* und die wir hinnehmen müssen, wollen wir nicht ungewollt zu Komplizen des Bösen werden. Der rigide Gerechtigkeitssinn befördert in seinem Fanatismus die Unmoral[18]. Deshalb gehört die Erziehung zur *Gelassenheit* auch zur moralischen Erziehung. Wir müssen lernen, gegenüber dem, was nicht in unserer Macht liegt, gleichmütig zu sein[19].

Die moralische Erziehung muss ihren Blick offenhalten für das *Tragische*. Der tragische Held wird unverschuldet zum Leidenden. Er verstrickt sich in den Folgen von Handlungen, die er verursacht, aber nicht beabsichtigt hat. Er muss lernen, mit seinem Schicksal zurechtzukommen. Freud hat *Ödipus* nicht zufällig gewählt, um den Kernkonflikt des menschlichen Aufwachsens zu bezeichnen. Die Psychoanalyse thematisiert den *tragischen Menschen*, der sich - im Bemühen um Freiheit und Autonomie - in eine Situation hineinmanövriert, die ihn unfrei und neurotisch macht[20]. Die psychoanalytische Therapie ist der Versuch, den Leidenden mit seinem Schicksal zu versöhnen, indem sie ihm deutlich macht, dass er die Verantwortung für sein Leben auch im Negativen zu übernehmen hat. Das unverschuldete Leid gibt keine Berechtigung, moralisch eingeklagt zu werden.

---

[18] Wo die Gerechtigkeit überhandnimmt und das Wohlwollen unterdrückt wird, da verkommt das Grundprinzip der Moral, die gegenseitige Anerkennung, zum unerbittlichen Verlangen nach Wiedergutmachung. Literarische Beispiele geben der biblische Jona und Michael Kohlhaas. Ein blinder Gerechtigkeitswahn ist auch charakteristisch für narzisstische Störungen (Kohut 1973).

[19] Gleichmütig, nicht gleichgültig! Worum es geht, bringt das folgende Gebet der Anonymen Alkoholiker prägnant zum Ausdruck: "Gott schenke uns die Gelassenheit, die Dinge hinzunehmen, die wir nicht ändern können, den Mut, das Veränderbare zu verändern und die Weisheit, den Unterschied zu erkennen" (zit. nach Bateson 1972, p. 432).

[20] Nebst Ödipus hat Freud auch Hamlet und die Brüder Karamasoff zur Illustration der tragischen Bedeutung der menschlichen Entwicklung beigezogen (Freud 1900, p. 265ff, 1917b, p. 330, 1928).

Die Unterdrückung des moralischen Empfindens

Wir haben nun auf verschiedene Weise zu verdeutlichen versucht, dass die Moralität eine ursprüngliche Tendenz des Menschen ist, die jedoch Probleme der Auslegung und Durchsetzung stellt. Die Anwendung moralischer Prinzipien ist abhängig von faktischen Überzeugungen hinsichtlich der Beschaffenheit der Welt und des Menschen. Diese faktischen Überzeugungen können in den Dienst von Abwehrprozessen genommen und zur Pseudorechtfertigung unmoralischer Handlungen missbraucht werden. In dieser Perspektive lassen sich die Experimente deuten, die Stanley Milgram zur *Gehorsamsbereitschaft* durchgeführt hat (Milgram 1974). Bei diesen Experimenten ging es um die Simulierung einer Lernsituation, in der die Versuchspersonen die Rolle des Lehrers zu übernehmen hatten und ein Eingeweihter des Versuchsleiters den Schüler spielte. Der "Schüler" hatte eine Reihe von Wortpaaren auswendig zu lernen und sollte vom "Lehrer" bei jeder falschen Antwort mittels Elektroschocks, deren Intensität von Lernschritt zu Lernschritt erhöht wurde, bestraft werden. Die Bestrafung war fiktiv und die Reaktion des Schülers (Protest, Schreien, Poltern an die Wand etc.) simuliert, was den Versuchspersonen jedoch verborgen blieb.

In unserem Zusammenhang sind vor allem zwei Ergebnisse dieser Untersuchungen von Bedeutung. *Erstens* stand die Gehorsamsbereitschaft der Versuchspersonen in direkter Beziehung zur *Autorität* des Versuchsleiters. War der Versuchsleiter ein Psychologe, ausgestattet mit den Insignien wissenschaftlicher Kompetenz, gehorchten rund 70% der Versuchspersonen seinen Instruktionen und gingen bis zu den höchsten, als "gefährlich" und mit "XXX" bezeichneten Intensitäten der Elektroschocks. War der Versuchsleiter ein "gewöhnlicher Mensch", zeigte sich eine drastische Abnahme der Gefügigkeit (Milgram 1974, p. 113f.). *Zweitens* verminderte sich die Gehorsamsbereitschaft in direkter Abhängigkeit von der *Nähe* der Versuchsperson zum "Opfer". War das "Opfer" unsichtbar und nur akustisch wahrnehmbar, gehorchten rund 65% der Versuchspersonen, war es physisch anwesend und musste die Versuchsperson dessen Hand auf die Schockplatte drücken, waren es nur noch 30%, die gehorchten (ebd., p. 48ff.). Entsprechend geringer war die Bereitschaft, die maximale Schockintensität zu erteilen.

Die Ergebnisse lassen sich dahingehend deuten, dass der direkte Kontakt mit dem "Opfer" die Versuchspersonen daran hinderte, ihre Empathiefähigkeit zu unterdrücken. Ist die Empathie ein natürliches Gefühl, dann ist ihm nicht ohne weiteres auszuweichen, wenn das Leiden und der Schmerz eines anderen Menschen direkt wahrgenommen werden. Tatsächlich zeigten die meisten Versuchspersonen Zeichen eines intensiven inneren Konflikts, vor allem wenn sich das "Opfer" zur Wehr setzte und stöhnte oder schrie. Sie schwitzten, zitterten, bissen sich auf die Unterlippe, seufzten, verkrampften sich, appellierten an den Versuchsleiter und waren erleichtert, als das Experiment zu Ende war. Diejenigen, die bis zur höchsten Dosierung gingen, bedienten sich verschiedener *Abwehrmechanismen*, um ihr moralisches Gefühl zu unterdrücken. Einige versuchten, der Situation zu *entfliehen*, indem sie den sensorischen Kontakt mit dem "Opfer" vermieden. Sie wandten sich physisch ab, um das "Opfer" nicht sehen zu müssen, sprachen bewusst laut, um seine Proteste zu übertönen, oder beschränkten ihre Aufmerksamkeit auf die mechanischen Anforderungen des Experiments (Milgram 1974, p. 184). Andere *verleugneten* die moralische Relevanz der Situation. Sie bestritten etwa, dass die Schocks schmerzhaft oder gefährlich waren oder dass das "Opfer" Schmerzen empfand.

Am häufigsten war die Leugnung der Verantwortung für das eigene Handeln. Viele der Versuchspersonen insistierten auf der Verantwortung des Versuchsleiters und waren bereit, in der Verabreichung der Schocks weiterzufahren, wenn dieser die Verantwortung übernahm. Die Verantwortung wurde *abgeschoben*, wodurch das eigene Handeln wie fremdgesteuert erschien (Milgram 1974, p. 170f.). Auch dem "Opfer" wurde die Verantwortung zugeschoben. Es wurde ihm vorgeworfen, sich freiwillig am Experiment beteiligt zu haben oder sich dumm und widerspenstig benommen zu haben. "Er war so dumm und widerspenstig, dass er die Schocks verdiente", lautete häufig der Kommentar der Versuchspersonen. "Sobald sie Handlungen gegen das Opfer begangen hatten, fanden sie es nötig, in ihm ein unwürdiges Individuum zu sehen, dessen intellektuelle und charakterliche Mängel die Bestrafung unvermeidlich machten" (ebd., p. 27). Das "Opfer" wurde entwertet, diskriminiert und in seiner Menschlichkeit verleugnet. War es eine unwerte Person, brauchte man sich keine Gewissensbisse zu machen, wenn man es bestrafte. Sobald wir uns besser fühlen als andere, haben wir den ersten Schritt zur Unmoral getan.

Manche Versuchspersonen versuchten, der Autorität des Versuchsleiters zu entkommen, indem sie gewisse Freiheiten der experimentellen Situation ausnutzten und zum Beispiel den Schockgenerator so kurz wie möglich aktivierten (Milgram 1974, p. 185). Andere wurden dabei ertappt, dass sie versuchten, dem "Opfer" die richtigen Antworten durch Betonung der Silben beim Vorsagen zu signalisieren. Bei einer Variante der experimentellen Situation, bei der der Versuchsleiter die Instruktionen per Telephon gab, mogelten mehrere Versuchspersonen, indem sie dem "Opfer" niedrigere Schocks erteilten als vom Versuchsplan gefordert und dies gegenüber dem Versuchsleiter verheimlichten (ebd., p. 80)[21]. Handelt es sich in den ersten beiden Fällen um Methoden der *Verneinung*, so in diesem Fall um eine *Verschiebung*. Die Versuchsperson suchte einen "banalen Ausweg ohne reale Folgen" (ebd., p. 186). Sie war unfähig, ge-

---

[21] Nicht nur mogelten die Versuchspersonen in dieser Situation, die Gehorsamsbereitschaft nahm generell drastisch ab, wenn der Versuchsleiter nicht im Labor anwesend war (Milgram 1974, p. 80).

mäss ihren menschlichen Empfindungen zu handeln, doch was sie tat, half ihr, das Selbstverständnis eines guten Menschen zu bewahren.

Offensichtlich gerieten die Versuchspersonen in einen Konflikt zwischen ihrer Tendenz, einen anderen Menschen nicht zu verletzen und ihrer Bereitschaft, einer Autoritätsperson zu gehorchen. Es ging um einen "Konflikt zwischen Gewissen und Autorität" (Milgram 1974, p. 207). Wie wir im Zusammenhang mit unserer Diskussion der Untersuchungen von Turiel sahen, schafft die Autorität *konventionelle* Verpflichtungen. Insofern kann der Konflikt zwischen Gewissen und Autorität als ein Zwiespalt zwischen Moral und Konvention gedeutet werden (Turiel 1983, p. 203ff.; Turiel & Smetana 1984). Die Experimente sprechen nicht gegen die Moralität der Versuchspersonen, sondern zeigen, dass das konkrete menschliche Verhalten von vielfältigen Einflüssen bestimmt wird. Menschliche Situationen sind selten *eindeutig*. Sie verlangen die Koordination verschiedener Urteilstypen. Und oft müssen Menschen entscheiden, ob eine bestimmte Situation moralisch relevant ist oder nicht. Wir können unseren moralischen Prinzipien nicht *blindlings* folgen, sondern müssen sie mit ausser-moralischen Überlegungen *abwägen*.

Der barmherzige Samariter

Unterlassene Hilfeleistungen brauchen nicht auf ein moralisches *Manko* zurückzugehen, sondern können das Resultat eines *Konflikts* zwischen verschiedenen Handlungstendenzen sein. Auch das Verhalten von "Bystander" ist - wie bereits angedeutet - in diesem Licht zu sehen. In einem von Darley und Batson durchgeführten Experiment hatten Theologiestudenten entweder über ihren Beruf oder über das Gleichnis vom barmherzigen Samariter zu referieren. Das Experiment war so angelegt, dass die Teilnehmer in einem Gebäude der Universität über ihre Aufgabe instruiert wurden und dann - mit dem Hinweis auf einen räumlichen Engpass - darum gebeten wurden, ihr Referat an einem anderen Ort zu halten.

Die Versuchspersonen wurden unter drei verschiedenen Bedingungen losgeschickt: *verspätet* (die Versuchsperson muss sich beeilen; der Experimentator wartet schon), *knappe Zeit* (die Versuchsperson soll unverzüglich losgehen; der Experimentator wird bereit sein, bis sie eintrifft) und *genügend Zeit* (die Versuchsperson kann bereits gehen; der Experimentator wird aber noch nicht parat sein). Das kritische Ereignis bildete eine "hilfsbedürftige" Person, die die Versuchsleiter am Weg von dem einen zum anderen Gebäude plaziert hatten. Sobald ein Versuchsteilnehmer die "hilfsbedürftige" Person (ein Eingeweihter des Versuchsleiters) passierte, stöhnte diese und hustete zweimal. Untersucht wurde, ob die Person am Wegrand von den Versuchspersonen beachtet wurde und inwiefern sie sich um eine Hilfeleistung bemühten.

Das Ergebnis war eindeutig. Unter Zeitdruck wurde weniger geholfen als bei verfügbarer Zeit, und das Thema des Referats hatte keinen Einfluss auf das Hilfeverhalten. Dieses zweite Ergebnis ist deshalb verblüffend, weil das Gleichnis vom barmherzigen Samariter nicht nur das Vorbild christlicher Nächstenliebe schlechthin ist, sondern auch, weil das experimentelle Design das Gleichnis *in Szene* setzte, die Theologiestudenten also die Situation *real* erlebten, über die sie zu referieren hatten. Doch der *Gedanke* an die Nächstenliebe war nicht nur ohne Einfluss auf das Verhalten, mehrmals stolperten die gehetzten Versuchspersonen wortwörtlich über die am Wegrand liegende Person, ohne dass sie dadurch in ihrer Haltung beeinflusst worden wären (Darley & Batson 1973, p. 107). In der Nachbefragung wurde die nicht-geleistete Hilfe unter anderem damit begründet, dass der Experimentator, dem die Versuchspersonen helfen (sic!) wollten, auf sie gewartet habe und auf ihr Eintreffen angewiesen war.

Offensichtlich befanden sich die Versuchspersonen in einem Konflikt zwischen der Tendenz, einer hilfsbedürftigen Person beizustehen und der Tendenz, ihre Hilfe für den Experimentator weiterzuführen. "And this is often true of people in a hurry; they hurry because somebody depends on their being somewhere. Conflict, rather than callousness, can explain their failure to stop" (Darley & Batson 1973, p. 108). Ähnlich Milgrams Versuchspersonen fühlten sich die Theologiestudenten in Darley und Batsons Experiment dem Versuchsleiter gegenüber *verpflichtet* und durch das zeitliche Arrangement gebunden. Die Zuwendung zur hilfsbedürftigen Person wäre einem Vertrags- oder Vertrauensbruch gleichgekommen, so dass sie - wie der Priester und der Levit im Gleichnis vom barmherzigen Samariter - den Bedürftigen zwar *sahen*, aber an ihm *vorübergingen* (Lk 10, 30ff.).

Können wir sagen, die Versuchspersonen in den Experimenten von Milgram und Darley handelten unmoralisch? Offensichtlich standen sie in einem *Konflikt* zwischen verschiedenen, gleichermassen *berechtigten* Ansprüchen an ihr Verhalten. Wie auch immer sie entschieden hätten, sie wären *schuldig* geworden - entweder dem Experimentator gegenüber, dem sie das Experiment vermasselt hätten, oder dem "Opfer" gegenüber, dem sie die Hilfe verweigerten. Menschen brauchen nicht aus niedrigen Beweggründen böse zu sein. Sie können ganz einfach dabei scheitern, die Komplexität ihrer Lebensverhältnisse zu bewältigen. "Susceptibility to social influence rather than alienation from social values may be the major deterrent to altruism. Too much concern for other bystanders rather than too little for the victim may be the key to the unresponsive bystander" (Latané & Darley 1970, p. 126f.). Wir können nicht erwarten, zwischen moralischem Bewusstsein und moralischem Verhalten eine *eindeutige* Beziehung vorzufinden. In vielen Situationen, die eine moralische Entscheidung verlangen, stehen auch andere Überlegungen an, so dass die Frage des moralischen Verhaltens eine Frage der *Komplexität der situativen Entscheidungsstruktur* und nicht einer einzigen Entscheidungskomponente ist.

Wenn wir nicht eine heroische Moral zum Normalfall machen wollen, dann kann es nicht genügen, moralische Urteile mit moralischem Verhalten in Verbindung zu bringen. Auch wenn jemand fähig sein sollte, moralisch hochstehend zu argumentieren, dürfte er sich in einer Situation, in der sein Leben auf dem Spiel steht, moralisch "minderwertig" benehmen, ohne dass wir ihm deswegen einen Vorwurf machen können. Cortez liess auf seinem Feldzug gegen die Azteken die Schiffe verbrennen, nachdem seine Männer an Land gegangen waren und verunmöglichte ihnen damit die Flucht aufs offene Meer (Diaz del Castillo 1632). Die Männer standen vor der Alternative, zu desertieren und dabei mit höchster Wahrscheinlichkeit von den Azteken umgebracht zu werden oder zu kämpfen und dabei mit einer gewissen Wahrscheinlichkeit zu überleben. Wer wollte die Entscheidung zugunsten der etwas höheren Überlebenschance als moralisch verwerflich bezeichnen? Es gibt legitime *persönliche* Interessen und legitime *Konventionen*, die in Konflikt mit legitimen *moralischen* Forderungen geraten können. Daraus folgt, dass nicht nur Inkonsistenzen zwischen moralischem Urteil und moralischem Handeln erklärungsbedürftig sind, sondern auch Konsistenzen (Straughan 1986, p. 151f.; Turiel 1983, p. 196f.; Turiel & Smetana 1984, p. 129ff.).

Auch das Abwägen moralischer gegen nicht-moralische Ansprüche ist etwas anderes als die *Abwehr* moralischer Forderungen. Wer gute Gründe hat, einen moralischen Anspruch zurückzuweisen, dem gestehen wir Rechtschaffenheit zu, während derjenige, der moralische Ansprüche *tel quel* abwehrt *per definitionem* irrational handelt. Doch die Grenze zwischen Bewältigung und Abwehr ist nicht leicht zu ziehen. Abwehrprozesse werden im Falle von Gefühlen der Bedrohung mobilisiert (vgl. Kapitel 7). Bedroht fühlten sich auch die Soldaten von Cortez, die sich zum Töten entschieden, da sie darin ihre einzige Überlebenschance sahen. In der *Innenperspektive* des Handelnden ist nicht zu entscheiden, was als Abwehr- und was als Bewältigungsversuch zählt. Alle Modi der Ich-Prozesse stehen im Dienste der Aufrechterhaltung der personalen Integrität eines Menschen. Die Integrität wird durch Stress herausgefordert. Bei zuviel Stress verlieren Menschen ihren Halt; ihr Handeln fällt hinter ihre Kompetenz zurück. Sie verteidigen ihr Selbst und wehren die moralische Relevanz einer Situation ab. Das Böse kann die Folge einer Situation sein, die das Fassungsvermögen eines Menschen übersteigt. Das gilt insbesondere für Kinder, denen meist nicht die moralische Empfindsamkeit fehlt, die aber leicht von der Komplexität einer Situation überfordert werden (Haan, Aerts & Cooper 1985, p. 280). Die Frage aber, ob jemand *tatsächlich* bedroht ist oder ob er nur das *Gefühl* hat, bedroht zu sein, ist von aussen gestellt. In der Innenperspektive des Handelnden machen Abwehr und Bewältigung keinen Unterschied.

Begrenzte Moral

Die Moral macht nicht das Ganze des menschlichen Lebens aus. Je nach dem Anteil des moralischen am globalen Selbst, spielt das moralische

Verhalten eine grössere oder geringere Rolle für unser Identitätsgefühl. Gemäss Nisan (1986a) gehen einer moralischen Handlung ein moralisches Urteil und eine moralische Entscheidung voraus. Das moralische *Urteil* ist unpersönlich und unabhängig von Eigeninteressen. Es ist, wie wir oben sagten, *kategorisch*. Neben dem unpersönlichen Standpunkt der Moral gibt es den persönlichen Standpunkt des einzelnen und - wir können ergänzen - den konventionellen einer sozialen Gemeinschaft. Die moralische *Entscheidung* basiert auf dem Abwägen der verschiedenen Standpunkte.

Wenn sich die Standpunkte nicht miteinander vereinbaren lassen, dann entsteht ein moralischer *Konflikt*. Ein moralischer Konflikt entspricht dem Kampf zwischen dem egoistischen Verlangen eines Individuums, seine persönlichen Bedürfnisse zu befriedigen und seiner Bereitschaft, auf andere Rücksicht zu nehmen (Nisan 1986a, p. 349). Unerfüllte Bedürfnisse wirken als Barrieren moralischen Handelns (Simpson 1976). Doch nehmen wir nicht - wie Kant - an, die menschlichen Motive seien ausschliesslich egoistisch und hätten durch eine gegen die innere Natur vorgehende Vernunft in die Pflicht genommen zu werden. Wir gehen einfach davon aus, dass die Erfüllung persönlicher Bedürfnisse die narzisstische Beschäftigung des einzelnen mit sich selbst reduziert und ihn empfänglich macht für die Bedürftigkeit anderer. Tatsächlich ist der Zusammenhang zwischen positivem Selbstgefühl und prosozialem Verhalten empirisch gut bestätigt (Barnett 1987, p. 156f.; Bierhoff 1983, p. 449f.; Hoffman 1977, p. 307; Staub 1984, p. 253ff.).

Macht die Moral nicht das Ganze unseres Selbst aus, so reduzieren sich die Erwartungen an das moralische Verhalten. Wir können nicht erwarten, dass Menschen unter allen Umständen moralisch sind. Ein Individuum zieht eine "moralische Bilanz", bevor es sich entscheidet (Nisan 1986a). Es evaluiert seine Handlungen über eine gewisse Spanne seiner Lebenszeit hinweg und erlaubt sich bei positiver Bilanz eventuell, unmoralisch zu sein. Nisan spricht von einer *begrenzten Moral*. "Nach dem Konzept der begrenzten Moralität strebt das Individuum nicht nach einem perfekten Verhalten in Übereinstimmung mit dem moralischen Ideal, sondern akzeptiert eine bestimmte Distanz zu dem Ideal" (Nisan 1986b, p. 198). Menschen bemühen sich um Tugendhaftigkeit und Ehrlichkeit, doch sie streben nicht danach, *vollkommen* zu sein. Sie erlauben sich Ausnahmen von ihren Idealen und gestehen sich kleine Verfehlungen zu[22].

In pädagogischer Hinsicht folgt aus diesen Überlegungen die Legitimität persönlicher Bedürfnisse gerade unter dem Gesichtspunkt der moralischen Erziehung. Der persönliche Standpunkt kann aus dem Prozess der Erziehung nicht ausgeschlossen werden, sondern hat ein legitimes Recht auf pädagogische Anerkennung. Damit wird das Geschäft der Erziehung nicht leichter, im Gegenteil. Doch die moralische Erziehung darf nicht auf die

---

[22] In vielen Gesellschaften bestehen institutionalisierte Gelegenheiten zur "Unmoral" (Fastnacht, Fasching oder Karneval), bei denen die alltägliche Welt "verkehrt" wird (Scribner 1978).

Moral fixiert werden. Der Fehler der meisten moralischen Erziehungsprogramme liegt darin, dass sie *moralische* Erziehung betreiben, während es darum gehen müsste zu *erziehen* und das Moralische zu beachten. Jedenfalls sprechen unsere Überlegungen nicht dafür, die Moral ins *Zentrum* der moralischen Erziehung zu stellen. In ihrem Zentrum sollte das *Selbst* des Edukanden stehen. Nur so kann die Dynamik des moralischen Verhaltens erfasst und pädagogisch beeinflusst werden.

9 Psychologie der moralischen Erziehung

> *"Die Pädagogik ist indessen weit davon entfernt, die einfache Anwendung des psychologischen Wissens zu sein."*
>
> Jean Piaget

In den letzten Kapiteln haben wir, auf dem Hintergrund des organismischen Denkens, ein Bild des Menschen entworfen, das die Ansätze von Freud und Piaget verbinden lässt. Damit sind wir, wenigstens umrisshaft, zu einer psychologischen Theorie vorgestossen, die das Herbartsche Problem lösen lässt. Dieses entsteht auf dem Hintergrund eines Denkens, das von der Erkenntnis zuviel verlangt. Die Wissenschaft soll sich ihres Gegenstandes vollumfänglich versichern, ihre Theorien sollen einen Gegenstand lückenlos erklären. Unser Wissen ist nur dann genügend, wenn wir den *Überblick* über ein Gebiet haben. Das geheime Ideal ist der Gottesgesichtspunkt, denn dieser liesse nicht nur vollkommene Erklärungen zu, er ermöglichte auch die Synthetisierung des Menschen. Wir haben das Denken, das diese Ansprüche stellt, cartesianisch genannt. Es liegt dem Behaviorismus zugrunde, und es lässt sich leicht in der Psychoanalyse aufspüren. Das cartesianische Denken ist verantwortlich für das Herbartsche Problem.

Der Cartesianismus ist das Ergebnis eines dualistischen und mechanistischen Weltbildes. Mit der neuzeitlichen Wende des erkenntnistheoretischen Problems rückt das epistemische Subjekt in eine radikale Gegenstellung zum Objekt und erscheint - in kognitiver Hinsicht - als dessen Schöpfer (vgl. Kapitel 1). Der Dualismus von Subjekt und Objekt verbindet sich mit dem Modell der Maschine als "Ideal der Naturordnung" (Toulmin) zu einem mechanistischen Objektverständnis. Aus einer wissenschaftlichen Erklärung wird eine Anleitung zur Herstellung eines Apparates. Dringt das cartesianische Denken in die Pädagogik ein und versucht die Erziehungswissenschaft mit seiner Hilfe die pädagogische Intuition theoretisch begreifbar zu machen, entsteht das Herbartsche Problem: "Wie lässt sich menschliche Subjektivität durch erzieherisches Handeln *herstellen*?" Das Problem ist unlösbar, denn die Idee der Subjektivität widerspricht der Vorstellung einer mechanischen Konstruktion. Menschliche Subjektivität *kann* nicht mechanisch hervorgebracht werden. Herbart hatte dies deutlich gesehen. An eine *automatische* Güte - wie die Behavioristen - vermochte er nicht zu glauben. Der Edukand muss fühlen, dass er *selbst* es ist, der sich den Gesetzen der Moral unterwirft. "Nur so kann er sittlich gut sein; sonst wäre es ein anderer, der durch ihn, wie durch eine Maschine (sic!), handelte" (Herbart 1797, p. 46).

Die Erziehung wird vom cartesianischen Denken systematisch falsch begriffen. Dessen wollen wir uns nochmals versichern, um dann die Umrisse eines organismisch begründeten Erziehungsbegriffs zu skizzieren. Daran anschliessen wird sich eine Auseinandersetzung mit Kohlbergs Theorie der Entwicklung des moralischen Urteils, einer Theorie, die in ihren pädagogischen Versprechungen geradezu verführerisch ist. Wir werden sehen, dass Kohlberg dem metatheoretischen Rahmen, den wir uns erarbeitet haben, nicht gerecht wird. Das wird uns nochmals Gelegenheit geben, die Bedeutung des *Selbst* für die moralische Erziehung zu betonen. Das Kapitel endet mit den Umrissen einer psychologisch begründeten Erziehungstheorie.

Revision des cartesianischen Subjektbegriffs

Das Herbartsche Problem ist unlösbar im Rahmen des cartesianischen Denkens. Gegenüber einer Subjektivität, die sich vollständig zu wissen vermag, ohne ihre Grenzen jemals zu überschreiten, kann die Erziehung nichts tun, ausser zu hoffen, der Edukand werde *irgendwie* in seiner Moralität erstarken. Umgekehrt zerstört eine technologische Erziehung, die den Edukanden zum Objekt einer mechanischen Herstellung macht, die Grundlagen der moralischen Entscheidungsfreiheit.

Im Cartesianismus erscheint der Mensch entweder als "mentalistic mirage" oder als "mechanistic monster" (Riegel 1976, p. 696). Ein "mystery-mastery complex" (Bakan 1965) verwirrt unser Denken und hindert uns, die pädagogische Intuition angemessen zu erschliessen. Eine Lösung des Herbartschen Problems ist nur möglich durch Abkehr von den cartesianischen Prämissen unseres Denkens. Diese Abkehr erhoffen wir uns vom organismischen Denken, das einerseits die Revision des cartesianischen Subjektbegriffs und andererseits die Zurückweisung des mechanistischen Erziehungsverständnisses ermöglicht.

Der erste Schritt zur Lösung des Herbartschen Problems liegt im Begriff der *genetischen Subjektivität*. Im Lichte des Organismusmodells erscheint der Mensch als ein Lebewesen, das sich *entwickelt*. Wir haben unser Subjektverständnis in der Auseinandersetzung mit Piaget und in unserem Versuch, die genetische Psychologie mit der Psychoanalysee zu verbinden, erarbeitet (vgl. insbes. Kapitel 7). Dabei ist uns der Mensch als ein *Beziehungswesen* begegnet, das seine Verhältnismässigkeit nur unter Bedrohung aufgibt.

Mit der anthropologischen Interpretation des Organismusmodells (vgl. Kapitel 6) wandten wir uns gegen das Selbstverständnis des modernen Menschen. War die mittelalterliche Auffassung des Menschen fremdreferentiell, auf Gott und Gottes Wort bezogen, ist das "Credo" des modernen Menschen die *Selbstreferentialität* (vgl. Kapitel 4). Von Marx und Nietzsche bis zu Freud und Foucault ist das Selbstverständnis des modernen Menschen immer wieder *destruiert* worden, ohne dass an seine Stelle eine konstruktive Alternative gesetzt worden wäre. Das Ich wurde entthront, mit dem Ergebnis, dass ein Denken nur noch "in der Leere des verschwundenen Menschen" (Foucault 1966, p. 412) möglich schien. Falsch ist aber nicht die Idee des *Menschen*, falsch ist vielmehr sein solipsistisches Selbstverständnis. Der Mensch ist ein *Beziehungswesen*, das sich in seiner leib-seelischen Ganzheit zur Welt, zu anderen und zu sich selbst verhält. Erst der Cartesianismus hat aus dem Menschen jene "empirisch-transzendentale Dublette" (Foucault) gemacht, die in geistiger Weltenthobenheit und körperlicher Welthaftigkeit *zugleich* existieren soll. Was wir also für die Theorie der moralischen Erziehung brauchen, ist ein besseres Verständnis des Menschen.

Der Mensch ist ein Verhältniswesen, dessen Selbstreferenz nicht auf einer inneren Spiegelung, sondern auf *gelebten* Beziehungen beruht. In diesem relationalen Verständnis des Menschen wurzeln sowohl das Wohlwollen wie die Gerechtigkeit als moralische Prinzipien (vgl. Kapitel 8). Die Moral gründet im gebrochenen Verhältnis, in dem der Mensch zu sich, zu den Dingen und zu anderen steht. Dabei kommt ihm eine natürliche Bereitschaft für das Gute zu. Allerdings mag er das Gute wollen, garantiert ist es ihm nicht. Deshalb bedarf er der *Erziehung*. Moralische Erziehung ist kein Versuch, den Menschen gut zu *machen*, sondern ein Bemühen, die Perversion des Guten zu verhindern. Kinder sind früh in der Lage, anderen beizustehen und ihnen zu geben, was ihnen fehlt. Der moralische Standpunkt beschränkt sich gerade in der Kindheit nicht auf das Prinzip der Gerechtigkeit. Die Moral wurzelt in der Verfassung eines auf Verbindung *und* Trennung angelegten Lebewesens.

Kritik des mechanistischen Erziehungsbegriffs

Besteht der erste Schritt zur Lösung des Herbartschen Problems in der Revision des cartesianischen Subjektbegriffs, wie wir dies insbesondere im Kapitel 7 dargelegt haben, so liegt der zweite Schritt in der Destruktion des kausalistischen Erziehungsverständnisses. Zwar hat die Erziehung die Formung der Subjektivität des Edukanden im Auge, doch ist sie keine Determinierung von Subjektivität. Der Mensch ist sich selbst Ursache. Zwischen Erzieher und Edukand besteht daher kein Kausalverhältnis - weder in der einen noch in der anderen Richtung. Die Erziehung kann nur Anlass für Veränderungen sein. Sie löst Entwicklung aus und lenkt sie. Sie hat aber keine Verfügungsgewalt über ihre Wirkungen. Auch die moralische Erziehung kann nicht mit *Gewissheit* errreichen, was sie will.

Die Erziehung ist Auslösung und Lenkung von Entwicklung, weil die Entwicklung kein prädeterminierter Prozess ist (vgl. Kapitel 7). Es wäre falsch, dem Äquilibrationskonzept eine teleologische Orientierung zuzuschreiben, als wüsste das organismische Subjekt um den Endpunkt seiner Entwicklung (Chapman 1988b, p. 94). Entwicklung erfolgt in der *Auseinandersetzung* von Individuum und Umwelt. Der Verlauf der Entwicklung kann daher nicht vorweggenommen werden. Die *Erziehung*, nicht die Entwicklung ist zielorientiert. *Sie* bemüht sich, den Entwicklungsprozess in eine bestimmte Richtung zu lenken. Vereinfacht gesagt, kommt der Drang nach Entwicklung von innen (vom Individuum), die Richtung der Entwicklung von aussen (von der Umwelt). Wobei sich das Individuum im Masse der Ausformung seiner Exzentrizität die Aussenperspektive zu eigen machen und seiner Entwicklung *selbst* eine Richtung geben kann[1].

Wenn die menschliche Entwicklung unter der Zielsetzung der Erziehung steht, dann lässt sich die *moralische Erziehung* als Förderung von moralischer Entwicklung verstehen. Weder muss die Entwicklung gemacht werden, noch ist die Erziehung ein Herstellungsprozess. Erziehung ist Beeinflussung von Subjektivität, die sich autopoietisch organisiert. Da die moralische Entwicklung ein Teilaspekt der menschlichen Entwicklung ist, kann die moralische Erziehung mit der ursprünglich vorhandenen Tendenz des Menschen zur Moralität rechnen. Der Mensch muss nicht moralisch *gemacht* werden. Dies widerspricht sowohl der behavioristischen als auch der psychoanalytischen Auffassung, die beide ein egoistisches Individuum postulieren[2], das erst über Sozialisationsprozesse moralisch wird. Die Erziehung soll die Unterdrückung einer asozialen Natur und den Aufbau moralischer Tugenden bezwecken. Doch die Menschen müssen zur Moral nicht gezwungen werden (vgl. Kapitel 8). Die Frage ist nicht, weshalb sie gut sind, sondern weshalb sie böse werden.

Die Prinzipien der Moral wurzeln im *Handeln* und werden in dem Masse erkannt, wie wir unser Leben führen. Im Handeln liegt auch der Motor der menschlichen Entwicklung, so dass unsere Moralität bestimmt wird von der Art und Weise, wie wir uns entwickeln. Gefährdet wird die Moral durch eine Entwicklung, die der Komplexität der menschlichen Weltbezüge nicht gewachsen ist. Scheitert unsere Anpassung an die Wirklichkeit, so werden wir anfällig für Ideologien, die unsere Moralität pervertieren. Die Bedrohung des Selbst führt zur Abwehr moralischer Ansprüche und zum Rückzug ins Ich. Deshalb ist das *Selbst*, durch das wir unsere Weltbezüge koordinieren (vgl. Kapitel 7), die eigentliche moralische Instanz. Im Selbst entscheidet sich letztlich, ob wir uns moralisch ansprechen lassen oder nicht und ob wir moralisch handeln oder nicht.

Sowohl die Abkoppelung des Ichs von der Struktur der Handlung als auch die Abspaltung von Selbstanteilen führen zur Immunisierung gegenüber Erfahrungen und zur Blockierung von Entwicklung. Die Dynamik von Trennung und Verbindung wird stillgestellt und der Prozess der Veränderung lahmgelegt. Die Aufgabe der Erziehung liegt daher nicht in der Indoktrination moralischer Gesinnung, sondern in der Verhinderung

---

[1] Daraus entsteht die Idee der Selbsterziehung. Allerdings bemerkt Brezinka zu Recht, dass es sich dabei um einen problematischen Begriff handelt, denn Erziehung meint ein *zwischenmenschliches* Geschehen, das bestenfalls im übertragenen Sinn auf eine intrapersonale Beziehung angewandt werden kann (Brezinka 1981, p. 79).

[2] Das gilt für Skinner nur beschränkt (vgl. Kapitel 2).

von Entwicklungshemmungen. Ihr Anspruch ist die Förderung und Lenkung von Entwicklungsprozessen, ihr Ziel, dem Menschen beim Prozess der Erweiterung und Vertiefung des moralischen Standpunkts beizustehen.

Die Gefahren der moralischen Entwicklung liegen in der Komplexität der menschlichen Sozialbeziehungen[3]. Wenn Kinder natürlicherweise moralisch sind, und dies sowohl im Bereich der Wohltätigkeit wie im Bereich der Gerechtigkeit, dann besteht das zentrale Problem der moralischen Erziehung darin, Kindern dabei zu helfen, ihre spontane Moralität zu bewahren und entsprechend der zunehmenden Komplexität ihrer Weltbezüge zu transformieren. Die moralische Erziehung soll den Kindern bei der Ausweitung und Vertiefung des moralischen Standpunkts beistehen. Moralische Erziehung ist Anleitung zur Universalisierung des moralischen Standpunkts - zugunsten der globalen Perspektive der Menschheit (Tugendhat 1984, p. 102ff.). Gegen diese Universalisierung regen sich Widerstände, da jeder Dezentrierung ein Stück liebgewonnene Partikularität geopfert werden muss.

Die Menschen scheinen von zwei Tendenzen bewegt zu werden, die vermutlich dieselbe Wurzel haben: die Tendenz, anderen beizustehen und mit Abscheu auf die Verletzung der menschlichen Integrität zu reagieren und die Tendenz, in einem moralisch guten Licht dastehen zu wollen und unmoralisches Verhalten abzuwehren. Die beiden Tendenzen können sich in die Quere kommen und die moralische Sensibilität trüben. Die Tendenz, moralisch gut zu sein, kann verhindern, das Böse, das man tut, als selbstverschuldet anzuerkennen. Das Böse wird als Bedrohung des Selbst erlebt und abgewehrt. Was wir nicht ertragen, projizieren wir in andere oder in die Figur des Satans (Bakan 1966, 1967, Ch. 15; Murray 1962). Dadurch schaffen wir Illusionen über das Ausmass unserer Güte, Illusionen, die uns erst wirklich böse machen. Denn dadurch, dass wir das Böse abwehren, entgleitet es unserer Kontrolle. Es wird unverständlich und *fremd*. Wer seine Unmoral nicht ertragen kann, verschliesst sich der Erfahrung und sabotiert seine moralische Entwicklung. Hier liegt der neuralgische Punkt der moralischen Erziehung. Will die Erziehung Förderung von Entwicklung sein, muss sie auch dafür sorgen, dass wir das Böse, das wir unweigerlich tun, nicht abwehren, sondern als Teil unserer selbst anerkennen.

Das Böse ist eine Anlage nicht unserer Gene oder unseres Verhaltens, sondern der aktionalen Struktur der "humanen Sonderart" (Portmann). Der Mensch, der ein Lebewesen ist, das die Unmittelbarkeit seiner Weltbezüge verloren hat und sein Leben *führen* muss, kann an der Struktur seiner Handlungen scheitern. Seine Verhältnismässigkeit bricht auf und

---

[3] Eine Reihe von Untersuchungen zeigt eine stärkere Kompetitivität von Kindern aus städtischen im Vergleich zu Kindern aus ländlichen Verhältnissen (Damon 1988, p. 69; Madsen 1971). In dörflicher Umgebung sind Kinder im allgemeinen in die sozialen Verflechtungen der Gemeinschaft eingebunden, während sie in städtischen Gegenden oft zu blossen Zuschauern von Verhältnissen, die für sie schwer durchschaubar sind, werden.

zerfällt in einen gedankenlosen Fanatismus und einen tatenlosen Zynismus. Fanatisch und zynisch lässt er sich nichts mehr sagen und verliert seine moralische Sensitivität[4].

Damit lösen wir das Herbartsche Problem durch die *Genetisierung* des Subjekts einerseits und die *Entmechanisierung* der Erziehung andererseits. Die Subjektivität des Menschen ist nicht Substanz, sondern *Prozess*. Sie bildet sich in einer unauflöslichen Dialektik zwischen Individuum und Umwelt. Die Erziehung braucht nicht als *Kausalverhältnis* begriffen zu werden. Sie muss den Menschen nicht moralisch *machen*, sondern hat dafür zu sorgen, dass er sein moralisches Potential im Prozess der Bildung seiner Subjektivität bewahren und erweitern kann. Was moralische Erziehung ist, wenn sie kein Herstellungsprozess ist, wollen wir nun in der Auseinandersetzung mit Kohlberg verdeutlichen. Wir werden vor allem zwei Schwächen seines Ansatzes kritisieren, seinen Cartesianismus und das Fehlen einer psychologischen Erklärung der Entwicklung.

Der Standpunkt der Gerechtigkeit

Einige Formulierungen Kohlbergs stehen in Übereinstimmung mit den Postulaten des organismischen Denkens. So beispielsweise sein Verständnis der Entwicklung als Abfolge von qualitativ verschiedenen Handlungsstrukturen (Kohlberg 1969, p. 8f.) oder seine Ablehnung maturationistischer und environmentalistischer Erklärungen der Entwicklung (Kohlberg 1976, p. 48ff.). Konsistent mit dem organismischen Modell ist auch die Forderung nach der begrifflichen Analyse des Forschungsgegenstandes (Kohlberg 1971a, 1981, p. xxxi). Analog zur Theoriebildung im Bereich der epistemischen Kompetenz (vgl. Kapitel 5) muss im Bereich der moralischen Entwicklung ein *Zielzustand* begründet werden. Daraus folgt, dass auch die Theorie der moralischen Entwicklung nicht wertneutral sein kann. Kohlberg war sich dieser Tatsache nicht immer bewusst, doch in einer seiner letzten Arbeiten heisst es unmissverständlich: "Not only are the moral judgments we score normative judgments, but our theory, upon which our scoring system is based, is *itself normative in nature*" (Kohlberg, Levine & Hewer 1983, p. 13f. - Hervorhebung W.H.).

Gelegentlich akzeptiert Kohlberg auch die *Äquilibration* als Erklärungsfaktor der menschlichen Entwicklung (Kohlberg 1971a, p. 193ff.). Doch gerade das Beispiel der Äquilibration zeigt die gegenüber Piaget verschobene Akzentsetzung. Kohlberg sieht in der "Doktrin der kognitiven Stufen", von der er sich *methodisch* leiten lässt, das *Kernstück* von

---

[4] Aus der Ausdifferenzierung seiner Weltbezüge folgt, dass der Mensch nicht nur anderen, sondern auch sich selbst und seiner Umwelt gegenüber böse werden kann. Die Moral betrifft daher nicht nur das Verhältnis zu anderen, sondern auch das Verhältnis zu den Dingen und zu uns selbst. Für einen neueren Versuch, die Ethik als Lebenskunst und Selbstpraxis zu begründen vgl. Schmid 1991.

Piagets Theorie (Kohlberg 1969, p. 7, 17; Kohlberg & Mayer 1972, p. 457). Piaget wird als *Strukturalist* verstanden und von funktionalistischen Ansprüchen gereinigt (Kohlberg 1968a, 1973a, 1973b). Darüber hinaus missversteht Kohlberg Piagets Strukturalismus. Denn für Kohlberg impliziert der Begriff der *structures d'ensembles* die *Konsistenz* des Verhaltens über verschiedene Bereiche hinweg, unabhängig von der kontextuellen Variabilität (Kohlberg 1969, p. 82). Piaget aber hat den Stufenbegriff nie in diesem Sinn verwendet (vgl. Kapitel 7).

Kohlberg will die Entwicklung moralischer *Urteilsstrukturen* erklären. Mit moralischem *Verhalten* hat seine Theorie wenig zu tun (Herzog 1982). Dabei sieht Kohlberg die Moral für Situationen geschaffen, in denen die Interessen und Ansprüche von Personen kollidieren (Kohlberg 1976, p. 40; Kohlberg, Levine & Hewer 1983, p. 9). Die Dilemmata, mittels derer er die moralische Urteilsfähigkeit seiner Probanden untersucht hat, bestehen aus Situationen, "in which acts of obedience to legal-social rules or to the commands of authority (conflict, W.H.) with the human needs or welfare of other individuals" (Kohlberg 1982a, p. 294). Es sind Situationen, "in which the subject is required to make a choice between individuals' conflicting claims of rights or duties" (Kohlberg 1982b, p. 515). Ein Beispiel eines solchen Dilemmas findet sich in Tabelle 2. Kohlberg sind moralische Konflikte ausdrücklich *interpersonale* Konflikte, keine Konflikte zwischen "höheren" und "tieferen" Seeleninstanzen. "The conception that difficult moral choices are difficult because of the conflict between the flesh and the spirit, the id and the superego, is misleading. If we attend to literature and history instead of textbook personality psychology, it appears that real moral crises arise when situations are socially ambiguous, when the usual moral expectations break down" (Kohlberg 1971a, p. 231).

Die Lösung der interpersonalen Konflikte erfolgt mit Prinzipien der *Gerechtigkeit*. Die Lösung "is one in which each is 'given his due' according to some principle of justice that can be recognized as fair by all the conflicting parties involved" (Kohlberg 1973a, p. 633). Die Gerechtigkeit ist *das* moralische Prinzip: "... virtue is not many, but one, and its name is *justice*" (Kohlberg 1981, p. 39). Die Gerechtigkeit schafft einen *Ausgleich* zwischen den Ansprüchen von Personen und ermöglicht die Aufrechterhaltung des sozialen Gleichgewichts. Gerechtigkeit ist *Verteilungsgerechtigkeit*[5]. Sie gibt jedem das Seine. Was aber ist jedem das Seine? Zumindest drei Antworten sind denkbar (vgl. Kapitel 4): Jeder bekommt, wonach er bedarf (Bedürfnisprinzip). Jeder bekommt soviel wie jeder andere auch (Gleichheitsprinzip). Und jeder bekommt entsprechend seiner Leistung (Leistungsprinzip).

---

[5] Allerdings unterscheidet Kohlberg auch andere Formen der Gerechtigkeit, z.B. die korrektive Gerechtigkeit.

Irgendwo in Europa stand eine krebskranke Frau kurz vor dem Tode. Es gab ein Medikament, das sie hätte retten können, eine Radiumverbindung, die ein Apotheker in jener Stadt vor kurzem entdeckt hatte. Der Apotheker verlangte dafür 2'000 Dollar, das Zehnfache dessen, was ihn die Herstellung des Medikaments kostete. Der Mann der kranken Frau, Heinz, bat alle seine Bekannten, ihm Geld zu borgen, aber er konnte nur etwa die Hälfte des Preises zusammenbringen. Er sagte dem Apotheker, dass seine Frau im Sterben liege, und bat ihn, ihm das Medikament billiger zu verkaufen oder ihn später bezahlen zu lassen. Aber der Apotheker sagte "Nein". In seiner Verzweiflung brach der Ehemann in die Apotheke ein und stahl das Medikament für seine Frau. Sollte er das tun? Warum?

<u>Tabelle 2</u>: Das "Heinz-Dilemma" (aus: Kohlberg 1969)

Die drei Formen der Gerechtigkeit schliessen sich nicht aus. Tatsächlich bilden sie im Verlaufe der Entwicklung ein vernetztes Ganzes (Damon 1977, p. 105ff.; Piaget 1932, p. 338f., 356ff.). Zunächst wird das Gleichheitsprinzip erkannt. Dann taucht das Prinzip des Verdiensts und der Leistung auf. Schliesslich findet auch das Bedürfnisprinzip (die "Billigkeit") Beachtung. Dieser Sequenz unterliegt die zunehmende Fähigkeit des Kindes, andere Menschen und soziale Beziehungen in ihrer Komplexität wahrzunehmen. Das Gleichheitsprinzip basiert auf einer "oberflächlichen" Gleichstellung der Menschen, unabhängig von ihrer persönlichen Besonderheit, während das Leistungsprinzip den Beitrag jedes einzelnen zu einer gemeinsamen Tätigkeit in Rechnung stellt. Das Bedürfnisprinzip schliesslich anerkennt die Ungleichheit der Menschen und deren je besondere Benachteiligung durch unverschuldete Umstände. Kinder sind in zunehmendem Mass fähig, die *verschiedenen* Prinzipien der Gerechtigkeit zu koordinieren. Der moralische Konflikt verschiebt sich von der blossen Konfrontation der Ansprüche zweier Personen zu einer Konfrontation, deren Lösung im Lichte heterogener Prinzipien gesehen wird, die ihrerseits in Konflikt zueinander stehen können.

Wie wir bei Piaget gesehen haben, ist die *Gleichheit* ein Gedanke, der in seiner reflexiven Form relativ spät auftaucht. Erst mit dem Eintritt in die Phase des operationalen Denkens vermögen sich Kinder auf gleichen Fuss mit anderen zu stellen und die Reziprozität sozialer Beziehungen zu begreifen. Vorher ist ihr Gerechtigkeitsdenken vermengt mit Wünschen und Bedürfnissen (Damon 1977, p. 109ff.). Die Gleichheit ist nicht nur entwicklungspsychologisch, sondern auch *historisch* ein später Gedanke, jedenfalls im Sinne seiner Anwendung auf *alle* Menschen. Prämoderne Gesellschaften anerkennen Ungleichheit (Ungleichwertigkeit) auch bei Erwachsenen. Zugeschriebene Attribute wie familiäre Herkunft, Geschlecht oder Rasse genügen, um eine soziale Hierarchie zu begründen und Menschen ungleich zu behandeln. Dementsprechend gestaltet sich das Prinzip der *Gerechtigkeit*. Die objektive Ungleichheit der Menschen verpflichtet die Reichen, von ihren Gütern abzugeben und durch *Almosen* zum sozialen Ausgleich beizutragen (Mollat 1978). Umgekehrt suchen die Armen, wie es im europäischen Mittelalter der Fall war, Schutz vor der Gerechtigkeit, indem sie um Barmherzigkeit anhalten (Horkheimer 1947, p. 166). Das Prinzip der Gerechtigkeit wird relativiert durch dasjenige der *Wohltätigkeit*.

Unter prämodernen Bedingungen ist die Gerechtigkeit gleichsam naturwüchsig mit dem Wohlwollen verbunden. Die strukturelle Ungerechtigkeit der hierarchischen Gesellschaft wird durch individuelle Barmherzigkeit kompensiert. Es mag hier der Grund liegen, weshalb die neuzeitliche Verankerung der Gerechtigkeit im *Gleichheitsprinzip* zum Gedanken führt, moderne Gesellschaften bedürften der Moral des Wohlwollens *nicht* und könnten allein von der Gerechtigkeit her organisiert werden. Bei Kohlberg jedenfalls scheint genau diese Überlegung die Gerechtigkeit zu *dem* moralischen Prinzip gemacht zu haben. Aber nur in egalitären Gesellschaften macht es einen Sinn, unparteiisch, unbefangen und unvoreingenommen zu sein. Dies sind gemäss Kohlberg die wesentlichen Attribute des moralischen Standpunkts. Wer auf dem Standpunkt der Moral steht, der soll von sich absehen und sich wie irgend jemanden behandeln. Letztlich befindet er sich ausserhalb konkreter sozialer Beziehungen. Er steht auf dem Standpunkt eines Menschen an sich. Auf diesem Standpunkt soll unter dem "Schleier des Nichtwissens" (Rawls) argumentiert werden. Eine moralische Forderung ist dann gerechtfertigt, wenn sie unter *gleichen* Bedingungen *gleich* angewandt wird und *gleiche* Folgen hat. Die *Gleichheit* ist die Grundlage der moralischen Entscheidung[6].

Kohlberg nennt seine Theorie eine rationale Rekonstruktion der Ontogenese der Stufen des Gerechtigkeitsdenkens (Kohlberg, Levine & Hewer 1983, p. vii). Folglich müssten die Stufen der moralischen Entwicklung verschiedenen Strategien der gerechten Lösung zwischenmenschlicher Konflikte entsprechen. Doch in Wahrheit ist die moralische Entwicklung ein Prozess der sukzessiven *Annäherung* an den Standpunkt der Gerechtigkeit. Zum moralischen Standpunkt wird *vorgestossen*: "... the development of moral reasoning is ... a movement toward constructing the formal characteristics of a moral point of view" (ebd., p. 83). Jede höhere Stufe kommt dem Standpunkt der Gerechtigkeit näher.

Damit erweist sich die moralische Entwicklung in einem sehr genauen Sinn als Analogon zur epistemischen Entwicklung. Beide Male führt die Ontogenese zu einem *normativ* ausgezeichneten *Endzustand*: zum Standpunkt der Erkenntnis (Piaget) bzw. zum Standpunkt der Moral (Kohlberg). Und in beiden Fällen zeigt sich die Theorie als eine Dynamisierung Kants: eine Dynamisierung der "Kritik der reinen Vernunft" (Piaget) und eine Dynamisierung der "Kritik der praktischen Vernunft" (Kohlberg).

---

[6] Es "wird allgemein anerkannt, dass Gerechtigkeitsvorstellungen und -gefühle ('jedem das seine') auf Vorstellungen der Reziprozität und Gleichheit beruhen" (Kohlberg 1969, p. 58). "There is only one principled basis for resolving claims: justice or equality" (Kohlberg 1981, p. 39). Symbol der Gerechtigkeit ist Justitia mit verbundenen Augen.

Wie Piaget verweist Kohlberg auf die Kantischen Bezüge seiner Theorie (Kohlberg 1973a, p. 632, 1981, p. 192). Kohlberg geht jedoch weit über das hinaus, was Piaget im Bereich der moralischen Entwicklung vorgelegt hat. Während letzterer in der moralischen Entwicklung eine Abfolge zweier locker assoziierter *Typen* der Moral sieht (vgl. Kapitel 5), genügt sie gemäss Kohlberg den strengen Kriterien von *Stufen* der Entwicklung (Kohlberg 1969, p. 17f.). Im einzelnen unterscheidet Kohlberg die folgenden Stufen (vgl. Tabelle 3).

Ebene I: Präkonventionell (prämoralisch).
Der moralische Wert liegt in externen, quasi-physischen Ereignissen, schlechten Handlungen oder quasi-physischen Bedürfnissen, nicht in Personen oder Standards.

Stufe 1: Orientierung an Strafe und Gehorsam. Unterwerfung unter höhere Macht oder höheres Prestige. Vermeidung von Unannehmlichkeiten. Objektive Verantwortlichkeit.
Stufe 2: Orientierung an instrumentellem Relativismus. Naiv-egoistische Haltung. Richtig sind jene Handlungen, die die eigenen Bedürfnisse und gelegentlich diejenigen anderer befriedigen. Bewusstsein der Wertrelativität in Abhängigkeit von individuellen Bedürfnissen und Perspektiven. Naiver Egalitarismus und berechnende Tauschmentalität.

Ebene II: Konventionell.
Der moralische Wert liegt im Spielen guter oder richtiger Rollen, in der Aufrechterhaltung der konventionellen Ordnung und in der Erfüllung von Erwartungen anderer.

Stufe 3: Orientierung an interpersonaler Übereinstimmung. Ideal des "guten Jungen" oder "braven Mädchens". Orientierung an Zustimmung anderer und Bemühen, anderen zu gefallen und zu helfen. Konformität mit stereotypen Vorstellungen von Mehrheit und "natürlichem" Benehmen. Verhalten wird nach Intentionen beurteilt.
Stufe 4: Orientierung an Gesetz und Ordnung. Pflichterfüllung und Respektbezeugung vor Autoritäten. Aufrechterhaltung der gegebenen sozialen Ordnung um ihrer selbst willen. Anerkennung der rechtmässigen Erwartungen anderer.

(Tabelle 3: Fortsetzung nächste Seite)

Ebene III: Postkonventionell (prinzipiell).
Der moralische Wert liegt in Übereinstimmung mit geteilten oder teilbaren Standards, Rechten und Pflichten.

Stufe 5: Legalistische Vertragsorientierung. Anerkennung eines Moments von Willkür oder Setzung bei Regeln oder Erwartungen im Interesse der Übereinstimmung. Pflicht wird im Rahmen von Verträgen begriffen. Vermeidung der Verletzung des Willens oder der Rechte anderer, von Mehrheitsbeschlüssen und allgemeiner Wohlfahrt.

Stufe 6: Orientierung an universellen ethischen Prinzipien. Orientierung nicht allein an tatsächlich geltenden sozialen Regeln, sondern an selbstgewählten abstrakten Prinzipien, die den Anspruch logischer Universalität und Konsistenz erfüllen. Orientierung am Gewissen als Handlungsdirektive und an gegenseitigem Respekt und Vertrauen. Anerkennung der Menschenwürde auch jenseits der Legalität.

Tabelle 3: Klassifikation der moralischen Urteile nach Ebenen und Stufen[7]

Wider die Gradualisierung der Moral

Nachdem wir Kohlbergs Ansatz vorgestellt haben, wollen wir nun zu seiner Kritik übergehen. Dabei bedienen wir uns des organismischen Denkens und der Analyse des moralischen Subjekts, wie wir sie in den letzten Kapiteln vorgelegt haben.

Für Kohlberg ist ein moralisches Urteil dann korrekt, wenn es gewisse formale Kriterien erfüllt, vor allem das Kriterium der Verallgemeinerungsfähigkeit. Kohlberg definiert den moralischen Standpunkt jedoch unterschiedlich. Als die beiden hauptsächlichen "Gerechtigkeitsoperationen" nennt er die *Gleichheit* und die *Reziprozität* (Kohlberg, Levine & Hewer 1983, p. 95). Die Gleichheit führt zur Universalisierbarkeit als Beurteilungskriterium: "What if everyone did it ...?" (Kohlberg 1973a, p. 642). Die Reziprozität führt zur Reversibilität als Beurteilungkriterium:

---

[7] Die Tabelle beruht auf Kohlberg 1969, p. 60f. Tab. 2, 1976, p. 34f. Tab. 2.1, 1982a, p. 282 Tab. 1 und Kohlberg & Turiel 1971, p. 18f. Tab. 1.

"Put yourself in the other guy's shoes when you decide" (ebd.). Die beiden Kriterien sind nicht gleich stark. Die Reziprozität lässt sich eng, innerhalb *konkreter* Beziehungen zu *konkreten* anderen auslegen, die Universalität ist schlechthin allgemein und *abstrakt*. Das ist deshalb wichtig, weil Kinder das Prinzip der Reziprozität schon früh erkennen (Herzog 1991a), nicht aber dasjenige der Universalität. Je nachdem, welchem Kriterium der Vorzug gegeben wird, stehen schon Kinder auf dem Standpunkt der Moral, oder der moralische Standpunkt ist erst Erwachsenen zugänglich.

Kohlberg ist nicht klar genug, wenn es darum geht, das *entscheidende* Kriterium des moralischen Standpunkts auszumachen. Wenn jedoch zum moralischen Standpunkt *vorgestossen* wird, dann scheint das Kriterium der Universalisierbarkeit ausschlaggebend zu sein. Ein moralisches Urteil ist universalisierbar, wenn es einen Standpunkt umschreibt, "which *any* human being could or should adopt in reaction to the dilemma" (Kohlberg, Levine & Hewer 1983, p. 17 - Hervorhebung W.H.). Für diese Auslegung spricht auch Kohlbergs Orientierung an Rawls (1971) Konzept des "Schleiers des Nichtwissens". Damit schrumpft der Bereich der Moral auf *universalisierbare* Urteile zusammen: "... if one makes a moral judgment at all one at least thinks one is making a universalizable statement" (Kohlberg, Levine & Hewer 1983, p. 72). Folglich kann allein die *postkonventionelle* Moral wirklich moralisch sein.

Aus unserer Analyse im letzten Kapitel folgt, dass der moralische Standpunkt bereits *Kindern* zugänglich ist. Es gibt daher keinen Sinn, die Gerechtigkeit als *Ziel* der moralischen Entwicklung anzusetzen. Sowohl Kindern als auch einer Vielzahl von Erwachsenen würde damit jede Art von Moral abgesprochen. Dazu kommt, dass der moralische Standpunkt als Zielzustand der moralischen Entwicklung eine *Gradualität* der Moralität unterstellt und die moralische Entwicklung zu einer *quantitativen* Angelegenheit macht. Die drei Niveaus der moralischen Entwicklung entsprechen einer Abfolge von "nicht-moralisch" (präkonventionell) über "halb-moralisch" (konventionell) zu "ganz-moralisch" (postkonventionell). Explizit schreibt Kohlberg, "a higher stage is a more adequate or *morally better* stage" (Kohlberg 1987, p. 292 - Hervorhebung W.H.), und "*only principled-stage thinking is fully moral*" (Kohlberg 1971b, p. 56 - Hervorhebung W.H.). So gesehen, ist es absolut notwendig, dass jemand eine postkonventionelle Stufe erreicht, denn erst dadurch kann er wirklich *moralisch* werden.

Doch entweder *ist* man moralisch, auf welcher Stufe auch immer, oder man ist es *nicht* (Döbert 1987, p. 496). Eine Gradualität in moralischen Angelegenheiten gibt es nicht und *darf* es nicht geben in einer Entwicklungstheorie, deren Stufen *qualitativ* voneinander verschieden sind. Bereits *Kinder* sind moralisch, wenn auch ihre Moral nicht *universell* ist. Im Rahmen einer entwicklungspsychologischen Theorie muss daher der moralische Standpunkt anders definiert werden als mittels des Kriteriums der Universalisierbarkeit. Im wesentlichen ist das Moralische *unpersönlich*, *obligatorisch* und *kategorisch* (vgl. Kapitel 8). Moralische Normen gelten unabhängig von subjektiven Vorlieben oder Bedürfnissen; sie erheischen Respekt und Anerkennung (Blasi 1986a, p. 79ff.; Durkheim 1902; Piaget 1932, passim; Tugendhat 1984, p. 156ff., 1986, p. 32ff.). Die Moral, die daraus folgt, mag partikular sein, doch Menschen können auch dann moralisch sein, wenn sie in ihren Entscheidungen nicht die ganze Menschheit vor Augen haben. Die Universalisierung ist kein *definierendes* Moment des moralischen Standpunkts, sondern ein Aspekt der moralischen *Entwicklung* und ein Ziel der moralischen *Erziehung*.

Soziomoralische Perspektiven

Kohlbergs Bestimmung des moralischen Standpunkts hat zur Folge, dass sein Entwicklungsschema nur begrenzt eine Abfolge *moralischer* Stufen umreisst. Was die *präkonventionelle* Moral anbelangt, so ist diese *hedonistisch* und ohne Bezug auf das Leiden oder die Bedürftigkeit anderer. Das "moralische" Urteil wird von *persönlichen* Interessen motiviert und ist nicht kategorisch. Es hat keinen eigenen Wert, sondern ist - ganz im Sinne der konditionierten Angstreaktion Eysencks - an der Vermeidung von Strafe und an der Aussicht auf Vergünstigung orientiert. Eines der Beispiele von Kohlberg für die Stufe-2-Moral könnte von Eysenck stammen. Es handelt sich um eine Äusserung von Kohlbergs 7-jährigem Sohn: "'You know, the reason people don't steal is because they're afraid of the police. If there were no police around, everyone would steal'" (Kohlberg 1987, p. 22). Das moralische Handeln bildet keinen eigenen Handlungstyp, sondern wird auf *instrumentelles* Handeln reduziert. Damit kann auf Kohlbergs erstem Niveau nicht wirklich von *moralischer* Entwicklung gesprochen werden.

Gelegentlich bringt Kohlberg seine beiden präkonventionellen Stufen mit den Moraltypen Piagets in Verbindung (Kohlberg 1969, p. 62 Tab. 3, 1975, p. 670 Anm., 1980, p. 21 Anm., 1982a, p. 306f. Tab. 5). Doch Piagets *autonome* Moral setzt die Reziprozität sozialer Beziehungen voraus und nicht den egoistischen Instrumentalismus, wie er für Kohlbergs Stufe 2 bestimmend ist. Noch weniger überzeugend ist die Zuordnung von Stufe 1 zu Piagets Phase der *heteronomen* Moral. Bei Piaget steht auf dieser Stufe nicht die *Angst vor Strafe* im Vordergrund, sondern der *Egozentrismus* des kindlichen *Denkens*, d.h. die mangelnde Fähigkeit, sich in die Perspektive eines anderen zu versetzen. Nicht Angst, sondern fehlende Kompetenz zwingt das Kind zur heteronomen Moral.

Weder die erste noch die zweite Stufe von Kohlbergs Schema sind *moralische* Stufen. Das wird nochmals deutlich, wenn wir die sozialen Perspektiven in Rechnung stellen, die den drei Niveaus der moralischen Entwicklung zugrunde liegen sollen (Kohlberg 1976, p. 33ff., 1987, p. 283ff.). Die soziale bzw. soziomoralische Perspektive bezeichnet den Gesichtspunkt, unter dem ein Individuum soziale Fakten und Werte betrachtet. Auf dem *präkonventionellen* Niveau ist die soziale Perspektive diejenige des vereinzelten Individuums, das seine Interessen gegenüber den Interessen anderer abwägt (Colby & Kohlberg 1978, p. 359). Es gehorcht, um Strafe zu vermeiden und nicht zu Schaden zu kommen. Sein Verhalten wird gesteuert durch das, was es *für sich selbst* erwartet (Lickona 1979, p. 512). Es fehlt ihm jegliche Anteilnahme an der Regelung sozialer *Verhältnisse*. Das präkonventionelle Individuum "is one for whom rules and social expectations are something *external to the self*" (Kohlberg 1987, p. 283 - Hervorhebung W.H.). Von einem *moralischen* Selbst kann nicht die Rede sein.

Bei der Schilderung des präkonventionellen Niveaus verschreibt sich Kohlberg einem Menschenbild, das für den *Behaviorismus*, aber nicht für die genetische Psychologie charakteristisch ist. Piagets Verständnis des Menschen ist auf allen Stufen der Entwicklung sozial (Mays 1979, 1983). Sein Konzept des Egozentrismus hat keinen Beigeschmack von Egoismus (vgl. Kapitel 5). Eysenck dagegen geht sehr wohl von einem *egoistischen* Menschen aus (vgl. Kapitel 2). Damit erweist sich Kohlbergs Entwicklungsschema bereits an dieser Stelle als ein *patchwork*, in das metatheoretisch heterogene Theorieansätze eingehen.

Auf dem *konventionellen* Niveau verhält sich das Individuum loyal und zeigt Interesse am Wohlergehen anderer. Dadurch wird der persönliche Standpunkt relativiert zugunsten der *gemeinsamen* Aushandlung von Normen. Die Perspektive ist nicht mehr diejenige des egoistischen Individuums, sondern der konkreten *Gruppe* oder Gesellschaft (Colby & Kohlberg 1978, p. 358). Wird ein Gesetz befolgt, dann nicht aus Eigennutz oder um Strafe zu vermeiden, sondern zum Wohl der Gemeinschaft. Der einzelne anerkennt gesellschaftliche Regeln, Erwartungen und Konventionen, "just because they are society's rules, expectations, or conventions" (Kohlberg 1987, p. 283). Er versteht sich als Gruppenmitglied und ist bereit, zugunsten der Gruppe auf eigene Ansprüche zu verzichten. Insofern das konventionelle Subjekt auf die Würde, den Wert und die Rechte anderer Rücksicht nimmt, ist es ein *moralisches Subjekt*.

Auf dem *postkonventionellen* Niveau gleicht die soziale Perspektive derjenigen des präkonventionellen Individuums. Die Haltung ist wieder die Haltung des solitären einzelnen. Doch dessen Gesichtspunkt ist nicht mehr partikular, sondern *universell*, "derjenige eines *jeden* vernünftigen moralischen Individuums" (Colby & Kohlberg 1978, p. 359 - Hervorhebung W.H.). Gemessen am Kriterium der Universalisierbarkeit wird die Schwelle der Moral *erst jetzt* überschritten. Das postkonventionelle Subjekt misst die Normen einer konkreten Gruppe an einem Massstab, der jenseits gesellschaftlicher Schranken liegt. Seine Perspektive ist der Gesellschaft *vorgeordnet*; "sie ist die Perspektive eines Menschen, der ein moralisches Engagement eingegangen ist oder der sich jenen Standards verpflichtet fühlt, denen eine gute oder gerechte Gesellschaft genügen muss" (ebd.). Während das präkonventionelle Individuum *vor* der Gesellschaft steht, weil es soziale Beziehungen und die Ordnung des sozialen

Zusammenlebens *noch nicht* beachtet, steht das postkonventionelle Individuum *vor* der Gesellschaft, weil es sich von konkreten sozialen Gruppen distanziert und *partikulare* Normen *nicht mehr* beachtet. Damit entspricht die postkonventionelle Moral dem Anspruch des modernen Menschen, seine sozialen Verhältnisse *selbst* zu gestalten (vgl. Kapitel 4).

Der vorgesellschaftliche Standpunkt der postkonventionellen Moral ist nicht der Standpunkt des solipsistischen Individuums, auch wenn Kohlberg oft so verstanden wird (z.B. von Reid & Yanarella 1977; Sampson 1977, p. 776). Zwar ist das postkonventionelle Subjekt ohne Beziehung zu einer *konkreten* Gesellschaft, aber es ist keinesfalls beziehungslos. Seine Bezogenheit betrifft die universelle *Menschheit* und entspricht dem universalen Selbst bei G.H. Mead (vgl. unten). In seinen späten Arbeiten macht dies Kohlberg dadurch deutlich, dass er die sechste Stufe nicht nur als Stufe der Gerechtigkeit, sondern darüber hinaus als Stufe der *gegenseitigen Anerkennung* deutet. In der gegenseitigen Anerkennung, wie sie auch von Piaget, einer Reihe weiterer Autoren und uns selbst als Kern der Moral angesetzt wird, ist das Prinzip des Wohlwollens und damit die *Bezogenheit* auf andere mitenthalten (Kohlberg 1987, p. 293; Kohlberg, Boyd & Levine 1986). Offensichtlich entspricht das Menschenbild der postkonventionellen Moral eher dem organismischen Denken als dasjenige der präkonventionellen Moral.

Zur Soziologie der moralischen Entwicklung

Inwiefern ist Kohlbergs Schema ein Schema der *moralischen Entwicklung*? Wenn das Moralische unpersönlich ist, dann handelt es sich bei der konkret-individuellen Perspektive der präkonventionellen Ebene nicht um eine *moralische* Orientierung. Auf Stufe 1 beachtet das Individuum moralische Regeln, weil sie ihm vorgeschrieben werden und weil es Strafe vermeiden will. Auf Stufe 2 werden die Ansprüche anderer in Rechnung gestellt, um eigene Ansprüche besser einlösen zu können ("Eine Hand wäscht die andere"). Auf Stufe 3 finden erstmals *überpersönliche* Werte Anerkennung. Allerdings ist Stufe 3 beschränkt auf überblickbare soziale Verhältnisse. Man ist lieb zu *seinesgleichen*, d.h. zu jenen, die man persönlich kennt (Kohlberg 1987, p. 290f.). Stufe 3 entspricht der Moral des "trauten Heimes" der Soziobiologie (vgl. Kapitel 6). Es ist deshalb missverständlich, wenn Kohlberg dem konventionellen Niveau *generell* die Perspektive des Mitglieds der *Gesellschaft* zuordnet (Colby & Kohlberg 1978, p. 358). Denn die gesellschaftliche Perspektive gilt erst für Stufe 4. Erst hier werden *anonyme* soziale Beziehungen relevant. Die gesellschaftliche Perspektive wird dann von der postkonventionellen Moral erneut relativiert, diesmal zugunsten abstrakter Prinzipien.

Insofern die postkonventionelle Moral jenseits konkreter Gesellschaften angesiedelt ist, stellt sich die Frage, ob dabei eine Differenzierung in zwei unterschiedliche Stufen sinnvoll ist (Küng 1986). Sind jenseits der Gesellschaft zwei Formen der Moral möglich, zwei Formen, die sich erst noch entwicklungspsychologisch unterscheiden lassen? Es dürfte plausibler sein, den Bereich der Postkonventionalität *psychologisch* als Einheit zu betrachten, wenn auch *philosophisch* unterschiedlich interpretierbar. Solche unterschiedlichen Interpretationen der postkonventionellen Moral wären der Utilitarismus, der Kantianismus und die Diskursethik (Habermas 1986). Diese *philosophischen* Positionen sind aber weder strukturell noch funktionell hierarchisierbar - etwa im Sinne einer Abfolge von Utilitarismus (Stufe 5), Kantianismus (Stufe 6) und Diskursethik (Stufe 7)[8]. Vielmehr sind es alternative Theoretisierungen der Intuition der moralischen Postkonventionalität[9]. Gibt man die Differenzierung zweier postkonventioneller Stufen auf, schrumpft Kohlbergs Schema auf eine einfache, wenn nicht triviale Abfolge eines *amoralischen Egoismus* (präkonventionelles Niveau), einer *gruppen- und gesellschaftsorientierten Moral* (konventionelles Niveau) und eines *moralischen Universalismus* (postkonventionelles Niveau) zusammen.

Damit gibt Kohlbergs Entwicklungsschema eine *soziologische* Grundlage zu erkennen. Das Soziale im emphatischen Sinn spielt auf den Stufen 1 und 2 keine Rolle. Es ist erstmals auf Stufe 3 präsent und erfährt dann eine sukzessive Ausweitung, bis es die universelle *Menschheit* umfasst. Diese soziologische Perspektive lässt erklären, weshalb postkonventionelle Moralvorstellungen eher selten und vorwiegend in industrialisierten und urbanisierten Gesellschaften gefunden werden (Snarey 1985). Sie werden *selten* gefunden, weil nur wenige Menschen über den Horizont ihrer Primärgruppen hinauswachsen. Und sie werden vorwiegend in *industrialisierten* und *urbanisierten Gesellschaften* gefunden, weil die Mitglieder komplexer Gesellschaften am ehesten genötigt sind, die Grenzen des "trauten Heimes" zu transzendieren und ihr moralisches Bewusstsein zu universalisieren.

Im Lichte dieser Überlegungen hat die postkonventionelle Moral nichts mit einer besonderen *Art* von Moral zu tun, wie Kohlberg suggeriert, wenn er von einem besonderen "Niveau" der Entwicklung spricht. Vielmehr ist (auch) die postkonventionelle Moral abhängig von der sozialen Perspektive des Individuums. Ein konventionelles und ein postkonventionelles Subjekt unterscheiden sich bezüglich des sozialen *Raumes*, innerhalb dessen sie argumentieren. Stufe 3 ist beschränkt auf konkrete zwischenmenschliche Beziehungen, Stufe 4 auf konkrete gesellschaftliche Beziehungen, Stufe 5 auf gesellschaftliche Ordnungsvorstellungen und Stufe 6

---

[8] Habermas hat zunächst so etwas angenommen (Habermas 1976, p. 82ff.), ist aber mittlerweile davon abgerückt (Habermas 1986).

[9] In philosophischer Hinsicht stellt sich die Frage, welche Position die Idee der Postkonventionalität am besten auf den Begriff bringt. Wie wir gesehen haben, sind sowohl der Utilitarismus wie der Kantianismus *cartesianisch* inspirierte Theorien, die vom vereinzelten Individuum ausgehen, das sich seine moralischen Überzeugungen *weltlos* erarbeitet (vgl. Kapitel 8). Damit ist nicht gesagt, dass die Diskursethik die postkonventionelle Moral besser zu fassen vermag.

auf die universale Menschheit. Bereits auf Stufe 3 wird erkannt, was für die höchste Stufe charakteristisch ist, nur ist der *Anwendungsbereich* enger als auf Stufe 6. Der Entwicklungsgang von Stufe 3 zu Stufe 6 entspricht der Ausweitung des moralischen Standpunkts "von der Familie zur Menschheit" (vgl. Kapitel 4). Kohlberg vernebelt diese Tatsache, wenn er eine "konventionelle" von einer "postkonventionellen" Moral unterscheidet.

Wie trivial ist Kohlbergs Entwicklungsschema?

Unsere Interpretation hat eine eigenartige Konsequenz. Sie zeigt nämlich, dass Kinder in Kohlbergs Entwicklungsschema erst *spät* moralisch werden. Sind die ersten beiden Entwicklungsstufen *prämoralisch* - wie von Kohlberg selbst gelegentlich so bezeichnet (Kohlberg 1966, p. 7, 1968b, p. 489) -, dann werden die Hallen der Moral erst gegen Ende der Kindheit betreten. Insofern die konventionelle Moral formal-operationales Denken voraussetzt (Kohlberg 1973b, p. 387 Tab. 1, 1987, p. 310; Kohlberg & Gilligan 1971, p. 1072 Tab. 2; Walker 1986, p. 119), findet der Übergang von Stufe 2 zu Stufe 3 mit ca. 12 Jahren statt. Werden Kinder erst in der frühen Adoleszenz zu moralischen Subjekten?

Auch wenn wir nochmals auf Piaget zurückblenden, entsteht eine eigenartige Situation. Bei Piaget findet der Übergang von der heteronomen zur autonomen Moral im Alter von ca. 7 Jahren statt, während bei Kohlberg ein Kind dieses Alters allererst die erste Stufe *seines* Entwicklungsschemas betritt, eine Stufe, die alles andere als autonom ist. Was gemäss Piaget den Schritt von der heteronomen zur autonomen Moral möglich macht, nämlich der soziale Perspektivenwechsel, sieht Kohlberg erst mit dem Übergang von der präkonventionellen zur konventionellen Moral gegeben. "The core of Stage 3 is the ability to put yourself in the other person's place and see things from the other's point of view" (Kohlberg 1987, p. 22). Kohlberg findet daher die Goldene Regel erst auf Stufe 3 seines Entwicklungsschemas (ebd., p. 293).

Die moralische Entwicklung erscheint bei Kohlberg eigenartig *verspätet*. Ich glaube, dass die Verspätung das Ergebnis des heimlichen Rekapitulationismus in seiner Theorie ist. Kohlberg gliedert die moralische Entwicklung in Parallele zu *moralphilosophischen* Theorien und sieht in der Ontogenese eine Abfolge von Egoismus-Sittlichkeit-Moralität[10]. Das Kind wird erst spät moralisch, weil es zunächst die Vorstufen der Moral rekapituliert, den (amoralischen) Egoismus und die (konventionelle) Sittlichkeit. Kohlberg erweist sich - wohl ungewollt - als ein Vertreter der Freudschen Urhorden-Theorie, die die Menschheitsgeschichte in einem

---

[10] Zum Rekapitulationismus gesellt sich ein "milder Sozialevolutionismus" (Kohlberg 1971a, p. 178) - oder auch ein starker: "Not only are the moral stages culturally universal, but they also correspond to a progression in cultural history" (Kohlberg 1981, p. 378).

kruden Egoismus beginnen lässt und im Moralischen eine Reaktionsbildung auf eine asoziale Natur sieht (vgl. Kapitel 3).

Der Rekapitulationismus ist jedoch eine fragwürdige These (vgl. Kapitel 6). Wir haben ihm das Prinzip der Neotenie gegenübergestellt. Der Mensch ist nicht stückweise Mensch geworden. Wir müssen von der Einheit der humanen Merkmale ausgehen, die als Glieder eines *Systems* funktionell zusammenhängen (Portmann 1948a, p. 32). Die soziale Natur des Menschen ist genauso primär wie seine physische Natur. Diese ganzheitliche Perspektive gilt auch für die Umstände des menschlichen Aufwachsens. Kinder wachsen unter den Bedingungen einer komplexen Gesellschaft *von Anfang an* anders auf als unter den Bedingungen einer einfachen Gesellschaft. Sie lernen nicht *zuerst* konventionelles und *dann* moralisches Verhalten. Insofern das Moralische leichter zu verstehen ist als das Konventionelle, müssten sie - wenn schon - eher zuerst moralisch und dann konventionell werden (vgl. Kapitel 8). Somit ist es auch *empirisch* nicht überzeugend, Kindern jegliche Moralität (im strikten, Kohlbergschen Sinn) abzusprechen. Kohlberg hat ganz einfach nicht recht, wenn er die ersten beiden Stufen der moralischen Entwicklung für prämoralisch hält (Döbert 1987, p. 497). Das Kind konstruiert den Bereich der Moral aufgrund von Erfahrungen in sozialen Beziehungen. Und es akzeptiert seine Eltern als moralische Autoritäten nicht aus Angst, sondern aufgrund des Egozentrismus seines Denkens. Das Problem der moralischen Entwicklung besteht nicht im Erwerb des moralischen Standpunkts, sondern in dessen *Anwendung* und *Ausweitung*. Ziel der moralischen Entwicklung und Ziel der moralischen *Erziehung* kann nicht der Standpunkt der Moral sein, sondern dessen Verallgemeinerung auf immer ausgedehntere soziale Bereiche.

Die Verspätung in Kohlbergs Entwicklungsschema ist auch eine Folge der speziellen Fragestellung, die er sich vorgelegt hat. Kohlberg fragt nicht nach der Moral seiner Versuchspersonen, sondern nach ihrer Fähigkeit, moralische *Konflikte* zu lösen. Und er fragt nicht nach irgendwelchen Konflikten, sondern nach *aporetischen* Konflikten. Wie wir bereits gesehen haben, konfligieren in den Geschichten, die Kohlberg verwendet, um die moralische Urteilsstruktur seiner Probanden zu erheben, nicht bloss heterogene Ansprüche, sondern auch heterogene *Prinzipien* der Konfliktlösung. Im Heinz-Dilemma hat die kranke Frau einen Anspruch auf Leben, der Apotheker einen Anspruch auf Verdienst. Beides sind zugleich mögliche Kriterien der Gerechtigkeit: die Bedürftigkeit der Frau und die Leistung des Apothekers, der das Medikament entwickelt hat. Dazu kommt, dass bei moralischen Dilemmata *keine eindeutigen Lösungen* möglich sind - weshalb wären es sonst Dilemmata? Wie immer Heinz sich entscheidet, er wird *schuldig*. Das Recht des Apothekers auf Verdienst wird durch das Recht der Frau auf Leben nicht aufgehoben und umgekehrt. In jedem Fall führt die Entscheidung nicht zur Entlastung des Gewissens. Kohlberg untersucht nicht die Genese der moralischen Denkstrukturen, sondern die Geschichte ihrer *Anwendung* in komplexen Situationen (Döbert 1986, p. 122f.). Dass Kinder dabei Mühe haben und länger heteronom bleiben als bei der *Erfahrung* des Moralischen, darf nicht erstaunen.

Schliesslich haben Kohlbergs Geschichten etwas Irreales an sich. Zweifellos entsprechen sie nicht der kindlichen Alltagswelt (Damon 1977, p. 61). Sie beinhalten Probleme, mit denen selbst Erwachsene kaum je konfrontiert werden. Das heisst nicht, dass die Probleme nicht existieren oder irrelevant sind. Es handelt sich jedoch um schwierige Probleme, was allein schon die Tatsache zeigt, dass sie trotz einer langen Zeit ethischer Reflexion *keine eindeutigen Lösungen* haben. Moralphilosophen scheinen Kohlbergs Dilemmata mindestens so kontrovers zu beantworten wie seine gewöhnlichen Versuchspersonen. Dass Kinder erst spät in Kohlbergs Schema einsteigen, wird daher erneut nicht erstaunen. Auf keinen Fall lässt sich daraus schliessen, sie seien vorher unmoralisch oder prämoralisch.

Was entwickelt sich in der moralischen Entwicklung sensu Kohlberg? In soziologischer Perspektive ist die präkonventionelle Moral uninteressant. Keine Gesellschaft akzeptiert einen reinen Egoismus. Dementsprechend gibt es auch kaum Hinweise darauf, dass Menschen auf den Stufen 1 oder 2 hängenbleiben. Die meisten entwickeln sich weiter, zumindest bis zu Stufe 3 (Snarey 1985, p. 219ff.). Doch auch dieser Übergang ist trivial[11]. Denn Menschen werden genau dadurch *sozialisiert*, dass ihnen die Normen und Werte von Gruppen und Gemeinschaften wichtig werden. "In all cultures that socialize children in a primary group, Kohlberg's stages one, two, and three, therefore, will probably emerge and in that order" (Baumrind 1978, p. 69). Die Frage ist daher nicht, ob vom präkonventionellen zum konventionellen Niveau überhaupt Entwicklung stattfindet (Höffe 1986, p. 59). Die Frage ist vielmehr, ob die moralische Entwicklung *weiter* geht und *wie weit* sie geht.

Kritisch scheint der Übergang von Stufe 3 zu Stufe 4 zu sein. Verschiedene Studien zeigen, dass in einfachen und geschlossenen Gesellschaften bereits eine Stufe-4-Moral selten zu finden ist (Bergling 1981, p. 63f.; Eckensberger & Reinshagen 1980, p. 102ff.; Edwards 1975; Snarey 1985). Und die postkonventionelle Moral ist offensichtlich an die Voraussetzung moderner, pluralistischer Gesellschaften gebunden. Damit liesse sich Kohlbergs Entwicklungsschema *funktionalistisch* interpretieren. Die moralische Entwicklung würde verständlich in Abhängigkeit von der Komplexität menschlicher Beziehungen. Doch eine funktionalistische Erklärung will Kohlberg deshalb nicht akzeptieren, weil die postkonventionelle Moral - jedenfalls auf Stufe 6 - geradezu als *Widerstand* gegen eine spezifische gesellschaftliche Umwelt verstanden wird. Es handelt sich um

---

[11] Trotz der Bemerkung Kohlbergs, "the development from stage 2 to stage 3 is perhaps the single most important transition in the entire sequence of moral stages" (Power, Higgins & Kohlberg 1989, p. 29).

eine Moral der bedingungslosen *Nicht-Anpassung*, wie Kohlbergs Beispiele Sokrates, Martin Luther King und Mahatma Gandhi zeigen.

Kohlberg und das Selbst

Kohlberg beharrt auf einem reinen Strukturalismus. Er vergleicht seine Stufen mit denjenigen Eriksons und Loevingers, kann sich aber nicht dazu entschliessen, seine strukturalistische Konzeption mittels funktionalistischer Elemente aufzuweichen (Kohlberg 1973b, p. 399ff.; Kohlberg & Gilligan 1971). Statt dessen spekuliert er um eine *siebte Stufe*, auf der Antworten auf Fragen wie "Weshalb moralisch sein?" oder "Weshalb gerecht sein in einer ungerechten Welt?" gefunden werden. Diese Fragen umschreiben eine Art metaethischer Reflexion, deren Thematik der *Sinn* moralischen Handelns ist. Der Sinn der Moral scheint sich aber nur auf dem Hintergrund eines *Lebenssinnes* einzustellen. Denn die Antwort auf die Frage "Warum moralisch sein?" impliziert Antworten auf die Fragen "Warum lebt man?" und "Wie soll man sich dem Tod gegenüber verhalten?", "so dass die höchste moralische Reife eine durchdachte Lösung der Frage nach dem *Sinn des Lebens* erfordert" (Kohlberg 1973b, p. 405 - Hervorhebung W.H.). Die Suche nach dem Sinn des Lebens ist jedoch mit Hilfe *logischer* Argumente allein nicht realisierbar (vgl. Kapitel 5). Sie setzt ein *Selbst* voraus, in das auch die Bedürftigkeit und Partikularität des einzelnen eingehen. Eine Antwort auf die Frage "Warum moralisch sein?" kann nur im Kontext einer Antwort auf die Frage nach dem *guten Leben* erwartet werden.

Das Selbst würde zurückbringen, was der strukturalistische Ansatz aus der Theorie verwiesen hat: die *Lebensgeschichte* des Individuums. Doch in diese Richtung will Kohlberg nicht gehen. Wie aber soll man sich einen Menschen vorstellen, der zwar moralisch *handelt*, seinem Leben aber *keinen Sinn* abzugewinnen vermag? Ist ein Individuum, das an sich selbst zweifelt, in der Lage, das zu erbringen, was Kohlberg als Merkmal einer prinzipiellen Moralität sieht, nämlich "a sacrifice of the rational ego" (Kohlberg 1971a, p. 232)? Bin ich bereit, ein *Opfer* zu bringen oder gar *mich selbst* zu opfern, wenn ich dahinter keinen Sinn erkenne? Weder die moralische *Entwicklung* noch das moralische *Handeln* sind psychologisch ohne Selbsttheorie begreifbar (Herzog 1982, 1988d).

Die Erklärung, weshalb Kohlberg das Selbst nicht akzeptieren will, gibt sein Anliegen, den Bereich der Moral *rein* herauszuarbeiten. Das Gute soll keine "sachfremde" Motivation kennen. Die moralische Entwicklung soll einer *logischen* Sequenz folgen, in der *psychologische* Konzepte keine Rolle spielen. Folglich finden affektive und persönliche Erfahrungen nicht Eingang in die Theorie. Wenn moralisches Handeln *selbstlos* ist, dann - so scheint Kohlberg zu überlegen - kann eine *Selbsttheorie* moralisches Handeln nicht erklären. Kohlberg sucht nach dem uneigennützigen Subjekt und glaubt, es dadurch zu finden, dass er dem einzelnen keinerlei Partikularität zugesteht. Dieses Subjekt, wenn es wirklich *moralisch* geworden ist, soll zu der Leistung imstande sein, sich selbst wie irgend jemanden zu behandeln. Wie östliche Weisheitslehren fordert die Ethik der Stufe 6 die "Tötung" des Selbst. Das geht so weit, dass Menschen auf Stufe 6 nicht nur zum psychischen Tod (ihres Selbst), sondern auch zum physischen Tod (ihrer selbst) bereit sind. "Stage 6 people go to their deaths willingly in the service of their principles" (Kohlberg 1981, p. 387). Diese Hymne auf Kant und Sokrates vermag *psychologisch* nicht zu überzeugen. Der Kantianismus ist ein schlechter Ratgeber für eine Theorie der moralischen Entwicklung und Erziehung.

Das missverstandene Handeln

Der Anspruch auf eine Theorie der *reinen* Moral hat erneut die unliebsame Konsequenz, dass der moralische Standpunkt erst der Stufe 6 zugesprochen werden kann. Ein moralisch hochstehendes Verhalten setzt eine hohe moralische Kompetenz voraus (Kohlberg 1976, p. 32). Wirklich moralisch können erst Stufe-6-Individuen sein. Des weiteren soll eine hohe Stufe der Moral *per se* eine stärkere Beziehung zu moralischem Handeln aufweisen. Da postkonventionelle Subjekte an Prinzipien gebunden sind, sollen sie sich konsistenter verhalten als konventionelle oder präkonventionelle, die stärker von situativen Faktoren und Bedürfnissen beeinflusst werden. Das Verhalten eines Jugendlichen, der ungeachtet zahlreicher Versuchungen *keine* Betrügereien begeht, oder dasjenige eines Probanden in einem Milgram-Experiment, der sich *weigert*, schmerzliche Schocks zu verabreichen, soll damit zu erklären sein, dass beide Individuen auf postkonventionellem Niveau stehen und damit *zwingende* innere Schranken gegenüber unmoralischem Handeln errichtet haben (Kohlberg 1969, p. 94ff., 1971a, p. 226ff., 1981, p. 44; Kohlberg & Candee 1984; Kohlberg & Turiel 1971, p. 70ff.). Je höher die Stufe des moralischen Urteils, desto eher stimmen Verhalten und moralische Entscheidung überein (Kohlberg, Levine & Hewer 1983, p. 48). Als Merksätze formuliert: "The man who understands justice is more likely to practice it" (Kohlberg 1968a, p. 30), und "He who knows the good chooses the good" (Kohlberg 1981, p. 30).

Dieser sokratischen Argumentation liegt erneut die Verwechslung von Unpersönlichkeit und Verpflichtung mit der *Universalität* als moralischen Kriterien zugrunde. Weshalb sollte sich jemand im Rahmen seiner *partikularen* Perspektive weniger verpflichtet fühlen, im Sinne seiner Überzeugungen zu handeln, als jemand, dessen moralisches Denken universell ist? Weshalb sollten Verhaltensweisen, die universell begründet sind, eher ausgeführt werden als partikular begründete? Die Universalität ist kein *definierendes* Moment des moralischen Standpunkts, wenn sie auch als Ziel der moralischen Erziehung anerkannt werden soll.

Gerade das Problem des moralischen *Verhaltens* kann nicht mit einer Theorie der *reinen* Moral gelöst werden. Was Menschen tun, wird vermittelt von ihrem *Selbstverständnis*, und zu diesem Selbstverständnis gehören andere Aspekte als lediglich das moralische Selbst. Wie Kant vertritt Kohlberg den fragwürdigen Standpunkt, moralische Prinzipien liessen keine Ausnahmen zu. "There are exceptions to rules ... but no exception to principles" (Kohlberg 1981, p. 39). Dass dies nicht wahr ist, haben wir im Kapitel 8 gezeigt. Genausowenig ist es wahr, dass auf postkonventionellem Niveau *ausschliesslich* moralische Urteile von Bedeutung wären. Weshalb sollten uns auf den Stufen 5 und 6 persönliche oder konventionelle Belange weniger betreffen als auf den tieferen Stufen? Hinter beiden Annahmen steckt der bereits kritisierte Gedanke, die moralische Entwicklung sei ein *graduelles* Phänomen, die Menschen würden *sukzessive* moralisch werden, so dass sie erst in dem Masse, wie sie moralisch werden, die Fähigkeit erlangen, moralisch zu handeln. Erst wer den Standpunkt der reinen Moral erreicht hat, soll sich wirklich moralisch verhalten können.

Das moralische Denken ist aber immer nur *eine* Komponente des moralischen Handelns (Rest 1984, 1986). Nur in Situationen, deren moralische Bedeutung *eindeutig* wäre, könnte mit einer engen Beziehung zwischen moralischem Urteil und moralischem Handeln gerechnet werden. Bezeichnenderweise hat Blasi in einer Analyse des Verhältnisses von moralischer Kognition und moralischem Verhalten die höchsten (negativen) Beziehungen im Falle von *delinquentem* Verhalten gefunden (Blasi 1980, p. 11f.). Delinquentes Verhalten ist am ehesten *eindeutig unmoralisch* und daher mit einer niedrigen moralischen Gesinnung verbunden. Die geringsten Übereinstimmungen von moralischem Urteil und moralischem Handeln zeigten sich im Falle von Situationen, in denen Personen unter dem Druck standen, entgegen ihren moralischen Überzeugungen zu handeln, wie im Falle der Milgram-Experimente (ebd., p. 36f.).

Im Lichte einer *Selbsttheorie* erscheint das moralische Handeln nicht als Funktion des moralischen Denkens *allein*. Das Selbst umfasst verschiedene Verhaltenskomponenten, zu denen auch pragmatische, konventionelle und persönliche gehören, die im konkreten Fall in Konkurrenz zu moralischen Forderungen treten können (Turiel 1983, p. 193ff.). Die Frage, warum Menschen moralische Prinzipien *anerkennen* und die Frage, weshalb sie sich den Prinzipien gemäss *verhalten*, sind nicht identisch (Hogan, Johnson & Emler 1978, p. 4). Nur das Tun von jemandem, der sich *unter allen Umständen* in einem moralischen Licht sehen wollte, würde *ausschliesslich* von moralischen Motiven geleitet. Doch in einem solchen Fall hätten wir es entweder mit Borniertheit oder mit Heiligkeit zu tun, d.h. mit einer moralischen Pathologie oder einem moralischen Ausnahmefall.

Auch das moralische Handeln muss im Rahmen der Einheit von Person und Situation gesehen werden (Haan, Aerts & Cooper 1985). Wobei die Situation nicht wichtig ist, weil sie das moralische Verhalten *determiniert*, sondern weil sie vom Individuum *interpretiert* und *verstanden* werden muss. Inkonsistenzen zwischen moralischem Denken und moralischem Handeln brauchen daher nicht auf unreife Urteile zurückzugehen. Sie können in der Komplexität der moralischen Situation gründen. Variabilität von Denken und Verhalten ist *per se* kein Zeichen für Irrationalität (Zukier 1982, p. 1090). Zweifellos haben moralische Urteile *als solche* eine motivationale Komponente (Blasi 1983; Wren 1986), nur darf man nicht erwarten, sie seien die einzigen Faktoren, die moralisches Verhalten motivieren.

Die Weigerung Kohlbergs, das moralische Subjekt im Rahmen einer *Selbsttheorie* zu begreifen, führt dazu, dass die moralische Entwicklung ohne Erklärung bleibt. Die Abkoppelung der Moral von soziologischen und psychologischen Bezügen lässt schliesslich nur mehr philosophische Theoreme zu. Die Philosophie dominiert die Psychologie und belädt die Kohlbergsche Theorie mit einem *cartesianischen Ballast*[12]. Die Reduktion Piagets auf einen reinen Strukturalisten führt zur Loslösung der Erfahrung vom *Handeln*. Das Moralische zieht sich zurück in die hermetische Sphäre des Geistes. Die Trennung von Urteil und Handlung entspricht dem Ansatz der Kantischen Pflichtethik. Das Individuum ist in seiner Gesinnung von den Folgen seines Handelns losgebunden (vgl. Kapitel 8). Das Ergebnis ist eine *mentalistische* Theorie im Sinne Skinners. Das moralische Subjekt wird zur Monade, die dem moralischen Standpunkt einer inneren Entwicklungslogik folgend zustrebt. Die Monade hat keine Fenster, durch die das Licht des Partikularen eintreten könnte. Die Welt ist ausgeklammert, und so verbleibt Kohlberg die Spekulation um eine siebte Stufe, deren Inhalt von der Sehnsucht nach der mystischen Vereinigung mit dem Leben, dem Kosmos und Gott geprägt ist (Kohlberg & Power 1981, p. 344f., passim; Kohlberg, Levine & Hewer 1983, p. 41f.). Auch Kohlberg träumt vom Paradies und rechnet mit der Sehnsucht des Menschen, nicht Mensch zu sein. Das moralische Subjekt nimmt in seiner geistigen Reinheit und Selbstlosigkeit göttliche Züge an und fällt damit genau jener narzisstischen Selbstverfehlung zum Opfer, gegen die sich Kohlberg ansonsten wehrt.

Pädagogisch gesehen führt die Theorie Kohlbergs zu dem, was ich andernorts "Identitätsverweigerung" genannt habe (Herzog 1984a, p. 221ff.), d.h. zur Geringschätzung der Partikularität des Selbst und der persönlichen Lebensgeschichte im Erziehungsprozess. Diese Depersonalisation ist der Hauptgrund, weshalb ich daran zweifle, dass Kohlberg moralisches *Verhalten* überhaupt erklären kann (Herzog 1982)[13]. Das heisst nicht, dass ich die moralischen Urteilsstrukturen für bedeutungslos halte. Jedoch meine ich, dass eine *psychologische* Theorie der moralischen Ent-

---

[12] Das egoistische Menschenbild der präkonventionellen Moral ist auch eher das Resultat der philosophischen Orientierung Kohlbergs als einer heimlichen Sympathie für den Behaviorismus (vgl. auch Anmerkung 35). Kohlberg übernimmt mit dem Kantianismus dessen Überzeugung von der egoistischen Natur des Menschen (vgl. Kapitel 8).

[13] Blasi spricht von der Entpersönlichung als einer Gefahr, die fast endemisch mit Kohlbergs Ansatz verbunden ist (Blasi 1986b, p. 78f.).

wicklung als *Selbsttheorie* angelegt werden muss. Oder ist dies auch die Meinung Kohlbergs? An einer entlegenen Stelle heisst es: "A *complete* theory of moral action and decision-making obviously requires a conception of the 'moral self' ..." (Kohlberg 1986, p. 502 - Hervorhebung W.H.). Auch wenn hier nur vom "moralischen Selbst" die Rede ist, stellt sich doch die Frage, was Kohlberg nun wirklich gemeint hat[14].

Kohlbergs Bedeutung

Zweifellos stellt Kohlberg eine wichtige Frage, nämlich diejenige nach der Lösung interpersonaler Konflikte unter der Bedingung einer modernen Gesellschaft. Der eigentliche Vorzug seines Stufenschemas liegt darin, dass es die moralische Entwicklung in Funktion der Komplexität sozialer Beziehungen verstehen lässt. Und darin liegt mehr "empirischer" Gehalt als in den strukturellen Merkmalen der Stufen. Von der Dyade zur Familie zur Gesellschaft zur Menschheit (Kohlberg 1987, p. 295): Diese sukzessive Ausweitung der sozialen Perspektive entspricht der *Universalisierung* des moralischen Standpunkts. Kohlbergs Stufe 6 liegt zwar jenseits einer konkreten Gesellschaft, sie liegt aber nicht jenseits der Menschheit. Insofern ist sie nicht individualistisch, sondern im emphatischen Sinn kollektivistisch, da sie das Universum aller Menschen umfasst.

Kohlberg teilt seine soziologische Intuition mit Mead. Ein *universales* Selbst kann sich nur dort entwickeln, wo der einzelne Teil eines sozialen Ganzen ist (Mead 1934, p. 315, 376f.). Wo die gesellschaftlichen Bedingungen diese Einbindung des Individuums nicht erlauben, da fehlt die Basis für die Entwicklung eines "vollständigen Selbst" (ebd., p. 366). Universalität ist nur erreichbar über die Kommunikation mit im Prinzip *allen* Menschen. "Das 'universale' logische Universum ... muss alle rationalen Wesen, zu denen wir Kontakte haben, repräsentieren, und nur in einer solchen Welt gibt es potentielle Universalität" (ebd. p. 316). Gesellschaftliche Verhältnisse, die die Ausweitung der sozialen Perspektive behindern, hemmen die Entwicklung einer umfassenden Moral. Eine desorganisierte oder in Kasten gespaltene Gesellschaft verunmöglicht die Bildung des universalen moralischen Selbst. Die gesellschaftlichen Schranken leisten der Tendenz des Individuums nach Ausweitung seiner sozialen Bindungen Widerstand und zwingen es zum Partikularismus einer Gruppenmoral. Umgekehrt kann der Abbau von gesellschaftlichem Pluralismus zur Rekonventionalisierung der Moral führen, was etwa der moralische Zusammenbruch von Gefangenen in Konzentrationslagern zeigt, der soweit gehen kann, dass diese die Einstellungen, Handlungsweisen und Gepflogenheiten ihrer Peiniger übernehmen (Bettelheim 1943; Garbarino & Bronfenbrenner 1976, p. 270).

---

[14] Dass sein Werk zunehmend widersprüchlicher geworden ist, haben auch andere festgestellt (z.B. Locke 1986, p. 22).

Es ist daher fraglich, ob man Kohlberg gerecht wird, wenn man als Alternative zu seinem Ansatz den *Kollektivismus* nicht-westlicher Kulturen beschwört (z.B. Dien 1982; Shweder, Mahapatra & Miller 1987). Die Tatsache, dass Kohlbergs Stufen 5 und 6 empirisch nur schwer auffindbar sind, spricht nicht gegen die Notwendigkeit einer universalistischen Moral. Sie spricht lediglich dafür, dass wir noch kaum dafür ausgerüstet sind, unter den Bedingungen einer gesteigerten Modernität angemessen zusammenzuleben. Wie sonst als mittels universaler Prinzipien wollen wir unsere supernationalen Probleme lösen? Der Kollektivismus stösst spätestens dann an seine Grenzen, wenn Menschen *verschiedener* Gesellschaften mit *verschiedener* kultureller Tradition miteinander in Beziehung treten und eine internationale Koexistenz suchen müssen (vgl. Kapitel 6). Was bedeutet der Primat der Kollektivität über die Individualität dort, wo eine verbindliche Kollektivität erst *im Entstehen* begriffen ist?

Bessere Menschen?

Kohlbergs Grenzen liegen in seinem kantianischen Bemühen um den Standpunkt der reinen Moral. Indem er alle funktionalen Bezüge der moralischen Entwicklung zu gesellschaftlichen und individuellen Bedingungen kappt, wird er ungewollt zum Propheten einer *heroischen* Moral. Die Helden seiner postkonventionellen Stufen sind Sokrates, Mahatma Gandhi, Abraham Lincoln und Martin Luther King. Menschen, die bei der Befolgung ihrer moralischen Überzeugung den Tod fanden. Kohlberg sieht in der universalistischen Moral keine gesellschaftlich notwendige Moral, sondern eine Moral der "persönlichen Wahl" (Kohlberg 1973b, p. 401). Im richtig begründeten sozialen Protest liegt gar "a sure sign of being at the most mature moral level" (Kohlberg 1981, p. 45). Postkonventionelle Individuen sind den Bedingungen ihrer Gesellschaft *nicht* angepasst. Das Vorbild gibt Sokrates, der für seine Prinzipien mit Gleichmut in den Tod ging.

Sokrates jedoch lebte zu einer Zeit, als eine universalistische Moral objektiv ungewöhnlich war und wohl von den wenigsten seiner Mitbürger verstanden wurde. Heute leben wir unter gesellschaftlichen Bedingungen, welche die weltweite Interdependenz unseres Handelns geradezu mit Händen greifen lassen. Eine universalistische Moral ist für eine Weltgesellschaft *funktional* und erfordert keine heroischen Individuen, auch wenn damit die Schwierigkeiten der *Verwirklichung* einer universalen moralischen Gesinnung nicht missachtet werden sollen. Menschen, welche die globale Interdependenz ihres Handelns erkennen, entwickeln ein moralisches Selbst, dessen Postkonventionalität nicht in der Weltenthobenheit des monadischen Denkers, sondern in der Solidarität mit einer planetaren Menschheit wurzelt.

Diese funktionalistische Perspektive vermag Kohlbergs Moralverständnis zu banalisieren. Für eine planetare Menschheit ist die universalistische

Moral eine lebensnotwendige Moral. Wir interpretieren Kohlberg im selben Licht, das uns auch bei der Analyse der kognitiven Entwicklung den Weg geleuchtet hat (vgl. Kapitel 5). Das *Ziel* der menschlichen Entwicklung ist dieser nicht immanent, sondern wird ihr von aussen gesetzt. Wenn höhere Stufen *bessere* Stufen sind, dann nicht, weil sie *an sich* besser sind, sondern weil sie bestimmte Probleme in den Weltbezügen postmoderner Menschen besser lösen lassen.

Das Ziel der moralischen Entwicklung ist nicht, moralisch zu *werden*, denn der Bereich der Moral wird auf natürliche Weise schon früh erschlossen. Die Moral von Kindern, Jugendlichen und Erwachsenen ist im wesentlichen gleich. Was sich entwickelt, ist die Kompetenz, im Horizont immer komplexer werdender sozialer Verhältnisse moralisch zu urteilen und zu handeln (Haan, Aerts & Cooper 1985, p. 275, 303, 372f.). Das Ziel der moralischen Entwicklung wird dem Individuum von aussen auferlegt, implizit durch die Komplexität seiner sozialen Beziehungen und explizit durch Erwachsene, die seine Bildungsprozesse durch *Erziehung* beeinflussen wollen. Demgegenüber glaubt Kohlberg, der Standard der moralischen Entwicklung sei dieser immanent und steuere den Entwicklungsprozess im Sinne eines *natürlichen Reifungsprozesses* (Kohlberg & Mayer 1972, p. 475, 483; Kohlberg & Turiel 1971, p. 20, 47). Doch der Standard der Entwicklung ist auch im Falle der moralischen Entwicklung dieser nicht immanent. Person *und* Situation müssen in Rechnung gestellt werden, um moralisches Handeln und moralische Entwicklung angemessen zu begreifen.

Damit lässt sich auch die Wertbasis einer moralpsychologischen Theorie besser legitimieren. Kohlberg begründet seine Überzeugung, eine höhere Stufe der Entwicklung sei eine *bessere* Stufe, mit dem Hinweis auf die philosophische Tradition von Kant bis Rawls (Kohlberg 1971a, p. 152, 1973a, p. 633, 1975, p. 672). Diese abstrakte Begründung hat zur Folge, dass Menschen in ihrem moralischen Wert beurteilt werden. Je höher die Stufe der moralischen Entwicklung, desto wertvoller der betreffende Mensch. Anders als Piaget, der den Stufenbegriff *taxonomisch* verwendet, gebraucht ihn Kohlberg *diagnostisch*. Zwar meint Kohlberg, die Wertung der moralischen Stufen sei keine Wertung von Personen, da erst eine Beurteilung des moralischen *Handelns* ein "aretisches" Urteil zulasse (Kohlberg, Levine & Hewer 1983, p. 107). Doch insofern Kohlberg in anderem Zusammenhang eine monoton steigende Beziehung zwischen moralischer Urteilsstufe und moralischem Handeln behauptet, folgt aus der Klassifikation der Stufen sehr wohl die moralische Bewertung der Urteilenden. Die Qualität einer moralischen Stufe führt *indirekt* zur Qualifizierung der Person.

Doch universalistisch argumentierende Individuen sind *keine besseren Menschen*. Sie sind lediglich besser in der Lage, Probleme des menschlichen Zusammenlebens in einer komplexen Gesellschaft zu lösen. Insofern das moralische Handeln eine Funktion des Selbst ist, kann aus einer universalistischen Moral kein Werturteil über individuelle Menschen folgen. Gemessen an den sozialen Beziehungen eines Menschen, kann jede Stufe der moralischen Entwicklung moralisch angemessen sein. Jede Entwicklungsstufe ist in sich wertvoll, da sie auf einem Gleichgewicht der Beziehungen von Individuum und Umwelt beruht. Moralisches Ungenügen besteht erst dann, wenn ein Individuum soziale Ansprüche erkennt und deren moralische Relevanz abwehrt, um sich nicht verändern zu müssen.

Gilligan und die Dialektik der moralischen Prinzipien

Die Einseitigkeit Kohlbergs liegt in der Beschränktheit seines Moralverständnisses und im Fehlen einer psychologischen Erklärung der moralischen Entwicklung. Kohlberg thematisiert nur die eine Seite der Entwicklung: die Separierung und Autonomisierung. Die *Gerechtigkeit* umschreibt eine "negative Ethik", die die Menschen voreinander schützt (Lickona 1980, p. 207). Ihre Wurzeln liegen im Prozess der *Individuierung*. Doch der Mensch ist nie bloss Individuum, er ist immer auch Teil einer sozialen Umwelt, die ihn stützt (vgl. Kapitel 7). Aus seiner Verbundenheit folgt ein anderes Moralprinzip: das Wohlwollen und die Verantwortung für andere.

Die schärfste Kritik an Kohlberg, die im Namen der *Verbundenheit* formuliert worden ist, stammt von Carol Gilligan. Gilligans Position entspricht in verschiedener Hinsicht einer organismischen Theorie, deckt sich aber nicht völlig mit unserer Position. Ihre hauptsächliche Kritik betrifft die Einseitigkeit der Ethik der Gerechtigkeit. Die Gerechtigkeit wurzelt im Trennungsprozess, in dem insbesondere *Adoleszente* stehen, die sich ihrer Selbständigkeit gegenüber jenen Personen, an die sie während der Zeit ihrer Kindheit gebunden waren, versichern wollen. "While the power of this ethic (i.e. the ethic of justice and rights, W.H.) lies in the respect accorded to the individual, its limitation lies in its failure to see a world of relationship, compassion, and care" (Gilligan 1983, p. 39). Die Kritik ist allein schon deshalb plausibel, weil in Kohlbergs Schema der Bereich des Moralischen erst auf dem konventionellen Niveau erschlossen wird, d.h. in der beginnenden *Adoleszenz*.

Gilligan untermauert ihre Kritik mit Ergebnissen aus einer Untersuchung von Frauen zur Frage des Schwangerschaftsabbruchs, wovon diese persönlich betroffen waren. Sie betont, dass in den Antworten der Frauen als zentrales Problem der Konflikt zwischen dem *Selbst* und anderen zum Ausdruck kommt (Gilligan 1982a, p. 90f.). Das Dilemma der Frauen liegt im Antagonismus zwischen ihrem *Mitgefühl* für andere und ihrer *Autonomie* als Individuen. Lösen wollen sie das Dilemma so, dass dabei niemand verletzt wird. Andere zu verletzen erscheint als unmoralisch, während in der Sorge um andere die Erfüllung moralischer Pflichten liegt. Auch das Heinz-Dilemma wird so gesehen (ebd., p. 119): Wer wird mehr verletzt, der Apotheker, der Geld verliert, oder die Frau von Heinz, die ihr Leben lassen muss? Das Recht auf Eigentum und das Recht auf Leben werden nicht *abstrakt*, sondern mit Blick auf die Konsequenzen, die die Verletzung von Rechten für die *Betroffenen* hat, gegeneinander abgewogen. Das moralische Denken bleibt *kontextuell* und *emotional*.

Auf diese Weise bleiben die am moralischen Konflikt Beteiligten in ihrer individuellen Besonderheit sichtbar. Gilligan sieht darin eine "weibliche Perspektive" (Gilligan 1982a, p. 122), die sie der "männlichen Perspektive" Kohlbergs zur Seite stellt. In der männlichen Welt dominiert der Wert der Autonomie, in der weiblichen derjenige der Verbundenheit. Insofern ist die weibliche Moral eine Moral der *Fürsorge* und keine Moral der Gerechtigkeit. Das moralische Subjekt ist eine Person, die einer anderen *hilft* (ebd. p. 84). Als Beispiel nennt eine von Gilligan befragte Studentin Albert Schweitzer, der sein Leben hingegeben hat, um anderen zu helfen (ebd., p. 83). Andernorts erwähnt Gilligan Martin Luther King als Beispiel für die Moral der Verbundenheit (Gilligan 1982b, p. 210f.).

Die Beispiele von Schweitzer und King zeigen, dass Weiblichkeit und Männlichkeit nicht *biologisch* verstanden werden dürfen, sondern als psychische Haltungen oder Einstellungen gelten müssen[15]. Eine weibliche Haltung kann auch bei einem Mann vorhanden sein und eine männliche bei einer Frau. Menschliches Leben und menschliche Entwicklung spielen sich ab in der Spannung von Aktivität und Passivität, Trennung und Verbindung, Exzentrizität und Zentrizität; dabei handelt es sich um *anthropologische* Spannungen. Das wird besonders deutlich, wenn Gilligan von einem Gegensatz zwischen Gerechtigkeit und *Liebe* spricht (Gilligan 1983, p. 45). Ist nicht die Liebe (agape), dieses christliche Moralprinzip *par excellence*[16], das Prinzip einer Institution, die seit Jahrhunderten von *Männern* regiert wird, nämlich der katholischen Kirche? Wenn Männer biologisch zur Verbundenheit unfähig wären, dann hätten sie nicht eine Religion gründen können, deren Kernprinzip die Verbundenheit ist[17].

Kohlberg zeigte sich der Erweiterung des Moralischen in Richtung Verantwortung nicht abgeneigt. Während es früher hiess, "virtue is not many, but one, and its name is *justice*" (Kohlberg 1981, p. 39), heisst es in einer der letzten psychologischen Arbeiten Kohlbergs: "We admit ... that this emphasis on the virtue of justice in Kohlberg's work does not fully reflect all that is recognized as being part of the moral domain. ... we understand our theory of justice reasoning to be necessary but not sufficient for defining the full domain of what is meant by moral development" (Kohlberg, Levine & Hewer 1983, p. 19, 120). Doch die Art und Weise, wie Kohlberg den Gedanken der Erweiterung des Moralischen aufgreift,

---

[15] Gilligan ist allerdings nicht besonders deutlich in diesem Punkt, was ihr den Vorwurf eingebracht hat, sie verfestige das Geschlechtsrollenstereotyp der bürgerlichen Gesellschaft (Kerber 1986).

[16] Erinnern wir uns an das Gleichnis vom barmherzigen Samariter (vgl. Kapitel 8).

[17] Gilligan räumt denn auch ein: "... the care perspective in my rendition is neither biologically determined nor unique to women. ... it is a perspective that was defined by listening to both women and men describe their own experience" (Gilligan 1986, p. 327).

ist charakteristisch für die Textur seiner Theorie. Aus der Verantwortungsethik wird eine *Motivationsquelle*. Dem moralischen Handeln sollen *zwei* Urteilsprozesse vorausgehen: ein Gerechtigkeitsurteil und ein Verantwortungsurteil, wobei die Sorge für andere die Idee der Gerechtigkeit *voraussetzt*, die damit zur notwendigen, aber nicht hinreichenden Bedingung eines Verantwortungsurteils wird (Kohlberg 1982b, p. 514; Kohlberg & Candee 1984 p. 71; Kohlberg, Levine & Hewer 1983, p. 21, 48). Damit wird Kohlberg Gilligan nicht gerecht. Denn Verantwortungsurteile sind keine Motivationsspritzen für moralische Handlungen. Es ist ein Irrtum zu glauben, eine Verantwortungsethik stelle keine Motivationsprobleme. Weshalb sollten sich Verantwortungsurteile eher in Handlungen umsetzen als Gerechtigkeitsurteile?[18]

Als moralische Prinzipien wurzeln Wohlwollen und Gerechtigkeit in der *conditio humana*. Die Struktur von Verbundenheit und Getrenntheit liegt an der Basis der menschlichen Entwicklung. Insofern ist der Ontogenese des Menschen eine moralische Dimension *immanent* (vgl. Kapitel 8). Gilligan scheint diese Auffassung inzwischen zu teilen und von ihrer früheren "feministischen" Position Abstand zu nehmen.

"The age-old dialogue between justice and love, reason and compassion, fairness and forgiveness, reflects not just two opposing or complementary conceptions of the moral domain but the fundamental tension in human psychology between the experience of separation and the experience of connection. As the experiences of attachment and separation run through the cycle of human life, they give rise to the paradoxical truths that describe our social experience: that we know ourselves as individual and separate only insofar as we live in connection with others, and that we experience relationship only insofar as we differentiate other from self" (Gilligan 1983, p. 47).

Es ist daher sinnlos, das eine gegen das andere Prinzip *ausspielen* zu wollen. "To argue whether morality is *really* a matter of justice or of care is like arguing whether the rabbit-duck figure is really a rabbit or a duck" (Gilligan & Wiggins 1987, p. 295).

Auch empirisch scheint Gilligan diese Auffassung mittlerweile plausibler zu sein. In einer mit Jane Attanucci durchgeführten Untersuchung kommt sie zum Ergebnis, dass beide moralischen Orientierungen - Gerechtigkeit und Fürsorge - bei *beiden* Geschlechtern repräsentiert sind

---

[18] Eine andere Behandlung erfährt das Verhältnis von Gerechtigkeit und Liebe in einer Arbeit, die Kohlberg der Theorie der Tragödie gewidmet hat. Dort heisst es: "Tragic heroes overvalue justice and their own honor connected with it, and this leads them to destroy those they love. In the termination, the heroes and the audience recognize the primacy of love over justice, and the heroes are willing, too late, to accept life under terms they originally rejected. ... The effect of tragedy is to abandon our demand for justice, but it is also to abandon our demand for immortality and to love life as it is while accepting death. ... For education, the ultimate literature (sic!) is tragedy because it, alone, can help individuals with life's central problems - not merely help them to cope with suffering but also to develop through suffering" (Kohlberg 1981, p. 395, 397, 398). In diesen Sätzen erscheint die Liebe als der Gerechtigkeit überlegen, und Tragödien erweisen sich als die wertvollere Erziehungsliteratur als moralische Dilemmata. Vgl. auch unsere Anmerkung 18 zu Jona und Kohlhaas im Kapitel 8.

(Gilligan & Attanucci 1988a). Männer und Frauen sind nicht gegensätzlich in ihren moralischen Orientierungen. Auch ist keines der Geschlechter vor moralischer Einseitigkeit gefeit: "... our data indicate that the tendency to silence one moral voice or to lose sight of one set of moral concerns is a liability that both sexes share" (Gilligan & Attanucci 1988b, p. 453). Die moralische Entwicklung beruht auf der fundamentalen Spannung zwischen einer Gerechtigkeits- und einer Fürsorgeethik. Reife Moralität besteht in der *Integration* der beiden Moralprinzipien (in der gegenseitigen Anerkennung), was zugleich die Integration des Selbst bedeutet. Denn die beiden Prinzipien stellen das Problem, wie wir als autonome Individuen leben und *zugleich* in Beziehung zueinander bleiben können.

Selbstlosigkeit?

Moralische Entscheidungen fallen in Situationen, in denen das Selbst nicht nur als *moralisches* in Frage steht. Die moralische Bilanz eines Individuums kann es aussermoralischen Motiven erlauben überhandzunehmen. Moralisch zu sein, ist nicht die einzige Aufgabe, die uns Menschen gestellt ist. Neben dem Ethischen bestehen andere Sphären, "deren Werte unter Umständen nur der realisieren kann, welcher ethische 'Schuld' auf sich nimmt" (Weber 1917, p. 269). Die Menschen müssen auch zu sich selbst finden. Diese Aufgabe zu lösen kann sie daran hindern, die Ansprüche der Moral adäquat zu bewältigen. Gerade unter den Bedingungen der Postmoderne kann ein falsch verstandener Individualismus moralische Ansprüche vom Selbst fernhalten und die Anwendung moralischer Prinzipien pervertieren.

Kohlbergs Schema der moralischen Entwicklung ist auf ein Ziel ausgerichtet, welches das Selbst nicht nur auf Moralität reduziert, sondern auch seiner Wirklichkeit beraubt. Das Subjekt der sechsten Stufe ist im Sinne des epistemischen Subjekts Piagets ein *beliebiges* Subjekt *ohne Selbst*. Kants kategorischer Imperativ entspricht sehr genau dieser Selbstlosigkeit: "Handle so, dass die Maxime deines Willens jederzeit zugleich als Prinzip einer *allgemeinen Gesetzgebung* gelten könne" (Kant 1788, p. 140 - Hervorhebung W.H.). Das moralische Handeln soll so motiviert sein, dass im Prinzip *jedermann* diese Motivation übernehmen könnte. Wer sich an Prinzipien orientiert, der löscht seine Individualität aus. Er wird zu einem Menschen ohne Bedürfnisse, Wünsche und Interessen. Er wird ein allgemeiner Mensch, ein Mensch ohne Selbst: ein *selbstloser* Mensch.

Das moralische Subjekt Kohlbergs ist identisch mit dem selbstlosen Subjekt Kants. Der Mensch *ist* nicht moralisch, sondern *wird* es in dem Masse, wie er sich von seinen Eigenheiten dezentriert. Die rigorose Definition des Moralischen ist verantwortlich für den Cartesianismus des Kohlbergschen Ansatzes. Das Herbartsche Problem wirft seine Schatten auch auf die Theorie der moralischen Entwicklung. Deren Stufen sind weder Stufen der *moralischen* Entwicklung noch Stufen der moralischen

Entwicklung, da erst die universalistische Moral des postkonventionellen Niveaus im strengen Sinn moralisch ist. Dabei wird die Stufe 6 - ähnlich wie bei Kant - durch eine persönliche *Entscheidung* erreicht (Kohlberg 1973b, p. 401, 1975, p. 673). Die Vorstellung aber, Menschen würden *beschliessen*, moralisch zu sein, ist eine Fiktion, "ein psychologischer Schatten, den eine logische Unterscheidung wirft" (Williams 1973, p. 362).

Das selbstlose Subjekt ist nicht nur psychologisch eine schiefe Basis für die Theorie der Moral, sondern führt auch philosophisch in die Irre. In der Selbstlosigkeit verlieren sowohl das Ich als auch der andere jede Kontur. Auf dem Standpunkt des Menschen *an sich* gibt es keine Individualität und Partikularität. Ist aber nicht die Tatsache, dass Menschen *ungleich* sind, der Grund, weshalb sie aufeinander angewiesen sind? Erwächst nicht der Anspruch auf Hilfeleistung und moralische Unterstützung aus den *besonderen* Umständen der individuellen Existenz? Eliminiert dann nicht eine Moral der Gleichheit und Selbstlosigkeit die Bedürftigkeit der Menschen? "Das Problem kann folgendermassen formuliert werden: moralische Reziprozität beinhaltet gemäss Kohlberg und Rawls die Fähigkeit, den Standpunkt des Anderen einzunehmen, sich selbst fiktiv an die Stelle des Anderen zu setzen; aber unter den Bedingungen des 'Schleiers des Nichtwissens' verschwindet *der Andere als verschieden vom eigenen Ich*" (Benhabib 1986, p. 471). Die Tatsache, dass Menschen individuiert sind, wird unfassbar auf Stufe 6, was nichts anderes heisst, als dass der jeweilige andere als konkretes Gegenüber verschwindet.

Wenn wir vom Selbst als dem Zeichen menschlicher Individualität abstrahieren, dann wird der andere zum *alter ego*, zur blossen Verdoppelung meiner selbst als eigenschaftslosem Ich. Die Ausklammerung des Selbst aus der Theorie der Moral entpuppt sich als Konsequenz eines monadologischen Ansatzes, der nicht begreiflich machen kann, wie der einzelne aus seinem solipsistischen Bewusstsein ausbrechen und zum konkreten anderen finden kann. Kohlberg belastet sich nicht nur mit der egoistischen Anthropologie des Kantianismus, sondern verfängt sich auch im aporetischen Gegenstandsverständnis der Bewusstseinspsychologie (vgl. Kapitel 2). Die Theorie der reinen Moral postuliert ein Ich, das sich in nichts vom Du unterscheidet und vernichtet damit den anderen als reales Gegenüber. Der andere wird zum Hirngespinst, zur fiktiven Konstruktion eines in seinem Bewusstsein gefangenen Subjekts.

Damit ist die Theorie nicht in der Lage, die *Betroffenheit* vom Leid des anderen begreiflich zu machen. Der andere existiert nicht als Gegenstand der Erfahrung, sondern ausschliesslich als mentales Konstrukt. Die Moral reduziert sich auf die Kalkulation einer kategorischen Pflicht, welche die konkrete Situation des anderen nicht fassen kann, seine Individualität und Partikularität auslöscht und das moralische Handeln auf das Niveau der Anwendung allgemeiner Gesetze herunterschraubt. Die Empathie und Sensitivität für die Bedürftigkeit des anderen bleibt unbegriffen. Verantwortung und Sorge als moralische Reaktionen fallen durch die Maschen einer Theorie, die sich nur des solitären Ichs zu versichern vermag.

Genau darin sieht Gilligan die Einseitigkeit der "männlichen Perspektive". Eine Theorie, deren Konstruktionsmittel ausschliesslich die Ichhaftigkeit einer kalkulierenden Vernunft zu fokussieren vermag, ist nicht in der Lage, das Phänomen des *Mitgefühls* zu erschliessen, wie es für die "weibliche Perspektive" so wesentlich ist[19]. Die Ethik wird in den Dienst der Entfaltung des einzelnen gestellt, der in der Sorge um seine Rechte die Bedürftigkeit anderer übersieht. Damit missachtet die Theorie die Moral von Frauen, die in ihrem Urteil die Betroffenheit von der partikularen Situation in die moralische Entscheidung einbringen. Wie Benhabib zu Recht betont, ist die kontextgebundene und narrative Struktur der moralischen Urteile von Frauen "kein Zeichen der kognitiven Schwäche und des Mangels, sondern Ausdruck einer Sichtweise moralischer Reife, die das Selbst als ein in einem Netz von Beziehungen mit anderen eingebettetes Wesen begreift" (Benhabib 1986, p. 456). Der Mangel liegt nicht bei den Frauen, sondern bei der *Theorie* und ihren problematischen *metatheoretischen Voraussetzungen*[20].

Damit finden wir nochmals Gelegenheit, das Prinzip der gegenseitigen Anerkennung als höchstes Moralprinzip auszuweisen. Die gegenseitige Anerkennung impliziert auf der einen Seite ein Verhältnis der Reziprozität, das die Gleichheit von Menschen zur Voraussetzung hat. Sie beinhaltet auf der anderen Seite ein Verhältnis des Wohlwollens und der Rücksichtnahme auf die Ungleichheit von Menschen (vgl. Kapitel 4). Damit akzeptiert sie die Tatsache, dass Menschen in allgemeiner Hinsicht gleich, als Individuen aber voneinander verschieden sind. Die gegenseitige Anerkennung vermag der Kritik Gilligans zu widerstehen.

Das moralische Subjekt darf nicht als selbstlos *definiert* werden, wenn moralische Entwicklung und moralische Erziehung begreiflich werden sollen. Die Selbstlosigkeit mag als Ideal einer heroischen (supererogatorischen) Moral akzeptabel sein, doch die Ethik gibt es gerade deshalb, weil die Menschen *nicht* selbstlos und *nicht* vollkommen sind (Schulz 1972, p. 722)[21]. Die Selbstlosigkeit sollte auch nicht zum *Ziel* der Erziehung gemacht werden, genausowenig wie die Selbstverwirklichung (vgl. Kapitel 7). Weder Wohlwollen noch Nächstenliebe bedürfen der Selbstlosigkeit. Es genügt, den anderen in seiner Bedürftigkeit *wahrzunehmen*, um ihm

---

[19] Wobei nochmals betont sei, dass das *biologische* Geschlecht für die Argumentation Gilligans nicht ausschlaggebend sein sollte. Damit erweisen sich jene Kritiken, die Gilligans Ansatz mit Hilfe *empirischer* Untersuchungen zurückweisen wollen, als nicht besonders scharf (z.B. Walker 1984).

[20] Allerdings scheint mir nicht die Kontextualität das wesentliche an Gilligans Kohlberg-Kritik zu sein, sondern die Thematisierung der Betroffenheit von der Individualität und Besonderheit des anderen im moralischen Urteilsprozess.

[21] Aus demselben Grund braucht es die Erziehung, denn "unter Voraussetzung der absoluten Vollkommenheit würde die Erziehung als besondere Tätigkeit ... aufhören können" (Schleiermacher 1826, p. 58).

beizustehen. Irgendwie sind die Menschen immer von sich befangen. Trotzdem können sie moralisch sein, wenn auch innerhalb der Schranken ihrer begrenzten Moral.

Wenn Gilligan betont, dass es bei moralischen Konflikten *nicht* selbstlos vor sich geht, dann führt sie gegen Kohlberg nicht nur die Moral der *Verbundenheit* ins Feld, sondern auch die Thematik des *guten Lebens*. Die Frage des Schwangerschaftsabbruchs ist eng mit der *Person* verbunden, die davon betroffen wird. Bis wann ist der Fetus Teil des weiblichen Körpers und ab wann ist er ein eigener Organismus mit dem Recht auf Leben? Die Frage lässt sich schwer beantworten, ohne auf faktische Überlegungen und *persönliche* Belange Rücksicht zu nehmen[22]. Kohlberg grenzt die Frage des guten Lebens aus seiner Theorie aus, da das partikulare Selbst die moralischen Entscheidungen nicht beeinflussen soll.

Trotzdem hat Kohlberg gesehen, dass das moralische *Handeln* auf die Frage nach dem Sinn des Lebens verweist. Höchste moralische Reife erfordert eine "durchdachte Lösung der Frage nach dem Sinn des Lebens" (Kohlberg 1973b, p. 405). Doch in seine Theorie einbauen wollte Kohlberg die Frage nicht. Eine *Selbsttheorie* der moralischen Entwicklung kann die Frage nach dem Sinn des Lebens aber nicht ausklammern. Der Sinn des Lebens liegt im *guten* Leben. Das allgemeine Glück ist das letzte Ziel menschlichen Seins (Frankena 1963, p. 113; Spaemann 1984, p. 937; Williams 1972, p. 91). Daher ist die Frage nach dem Sinn des Lebens als Thema der Ethik unverzichtbar (Kambartel 1989, p. 20; Spaemann 1989, p. 31). Tugendhat dürfte recht haben, dass sich die Frage "Warum moralisch sein wollen?" - ganz wie bei den Alten - nur im Rekurs auf das wahre Glück beantworten lässt (Tugendhat 1984, p. 48).

Insofern wir *nicht* die utopische Selbstlosigkeit von Kohlbergs Stufe 6 erreichen, spielt unser privates Glück *immer* eine Rolle, wenn wir uns moralisch entscheiden. Wir können in den wenigsten Fällen einfach von uns absehen. Unsere moralischen Urteile und unser moralisches Handeln werden mitbestimmt von der Frage nach unserem Wohlergehen. Es kann nicht anders sein, denn wir stehen nicht nur in Beziehung zu anderen, sondern auch in Beziehung zu uns selbst. Als Verhältniswesen können wir nicht von uns abstrahieren. Es ist daher falsch, die Augen vor der Tatsache zu verschliessen, dass Menschen auch Motive haben, die auf sie selbst bezogen sind (Hoffman 1984, p. 290). Der Kampf zwischen Egoismus und Altruismus betrifft die Menschen als Ganze, weshalb das Selbst und die Selbstbeziehung wesentliche Aspekte der moralischen Entwicklung sind. Die Beziehung des Menschen zu sich ist folglich auch ein legitimes Thema der *moralischen Erziehung*.

---

[22] Ähnliches gilt für das Beispiel der Wehrdienstverweigerung bei Männern (Döbert & Nunner-Winkler 1986, p. 312). Interessanterweise kehrt sich das Verhältnis von persönlichen zu prinzipiellen Argumenten im Vergleich von Frauen und Männern genau um, wenn diese über ein Thema urteilen, von dem sie persönlich betroffen sind (Schwangerschaftsabbruch vs. Wehrdienstverweigerung). Darin liegt ein weiteres Argument gegen die frühere "feministische" Position Gilligans (Nunner-Winkler 1986, p. 133f.).

Soziale Komplexität und moralische Prinzipien

Obwohl wir mit Gilligans Konzeption der moralischen Entwicklung in verschiedener Hinsicht übereinstimmen, gibt es doch Punkte der Abweichung. Einer davon betrifft Gilligans Versuch, die Moral der Verantwortung und Fürsorge im sozialen *Nahhorizont* zu verankern. Es ist zweifellos ein Unterschied, ob wir uns in einem Kontext bewegen, der über persönliche Beziehungen erschlossen wird oder ob wir es mit einem System anonymer Rollenmuster zu tun haben. Wie wir gesehen haben, kann die moralische Entwicklung in der Perspektive der Ausweitung der sozialen Verflechtungen eines Menschen verstanden werden. In Kohlbergs Schema spielt diese Perspektive eine wesentliche Rolle. Allerdings kommt sie theoretisch nur undeutlich zum Ausdruck, da der entscheidende Übergang von der Primär- zur Sekundärgruppe nicht bei einem Niveauwechsel, sondern beim Übergang von Stufe 3 zu Stufe 4 stattfindet.

Gilligan bringt ihre Kritik an Kohlberg mit diesem Wechsel von konkreten zu abstrakten Sozialbeziehungen in Verbindung. Die Moral der Verantwortung soll für *primäre*, die Moral der Gerechtigkeit für *sekundäre* Kontexte gelten. Gilligan spricht von Liebe und Arbeit (Gilligan 1982a, p. 28). Im einen Fall geht es um die Interdependenz von Menschen im Rahmen von überschaubaren persönlichen, im anderen um deren Verhalten im Horizont unpersönlicher Beziehungen[23].

Damit verfällt Gilligan demselben Irrtum, der auch Kohlbergs Wahl der *Gerechtigkeit* zum Kernprinzip der Moral zugrunde liegt. Einfache Sozialsysteme sollen durch das Prinzip der Wohltätigkeit (Barmherzigkeit) integriert werden, während komplexe Sozialsysteme dem Prinzip der Gerechtigkeit gehorchen sollen. Das aber ist nicht überzeugend. Wenn die Verantwortung ein *aktives* und offensives und die Gerechtigkeit ein *reaktives* und defensives Moralprinzip ist, dann gelten diese Prinzipien unabhängig von der Abstraktheit sozialer Beziehungen. Es sind nicht soziologisch, sondern *anthropologisch* legitimierte Prinzipien. Die Frage der Begründung der Moral ist unabhängig von der Frage ihrer Anwendung. Menschen müssen auch in Primärgruppen gerecht sein, und sie sind auch in sekundären sozialen Systemen füreinander verantwortlich[24].

---

[23] Die Zuordnung der Verantwortung zum sozialen Nah- und der Gerechtigkeit zum Fernbereich wird auch von Äusserungen Kohlbergs nahegelegt. So heisst es etwa, das Individuum auf Stufe 3 sei orientiert an "human empathy and love" und an "interpersonal affection" (Kohlberg 1968a, p. 29). Charakteristisch für das Stufe-3-Denken soll "a stress on compassion, sympathy, or love as a reason for moral action" (Holstein 1976, p. 60) sein. Darin liegt eine gewisse Unstimmigkeit der Kohlbergschen Theorie, die doch eine Rekonstruktion der Stufen des *Gerechtigkeitsdenkens* sein will (vgl. oben).

[24] Auf ähnliche Weise ist Haan zu kritisieren, die die Kontextualität zu einem definierenden Moment ihrer "interaktionalen Moral" macht (Haan, Aerts & Cooper 1985). Der Kontextbezug kann nicht dazu verwendet werden, um eine besondere *Art* von Moral zu definieren, denn moralisches Handeln findet immer in Kontexten statt.

Der Fehler in Gilligans Überlegung ergibt sich daraus, dass die Verbundenheit mit anderen ausschliesslich *emotional* verstanden wird[25]. Es dürfte richtig sein, dass eine rein emotive Theorie der Moral auf konkrete Beziehungen beschränkt ist (Hoffman 1984, p. 299). Emotionen betreffen den Nahhorizont menschlicher Verhältnisse. Sie sind partikular, während moralische Situationen anonym sein können. Unter anonymen Bedingungen genügt eine emotive Theorie nicht. Doch wie Hoffman zeigt, kann das Gefühl der Empathie mit kognitiven Prozessen in Verbindung treten und dadurch komplexe soziale Kontexte erschliessen (vgl. Kapitel 8). Die Beziehung zu anderen kann auch dann, wenn sie kognitiv *vermittelt* ist, ihren emotionalen Gehalt bewahren und motivational wirksam bleiben.

Sollten Frauen tatsächlich auf Stufe 3 von Kohlbergs Schema hängenbleiben, wie gelegentlich behauptet wird (Baumrind 1986; Gilligan 1982a, p. 29; Haan 1978, p. 287; Haan, Smith & Block 1968; Holstein 1976; Parikh 1980), dann müsste dies nichts mit ihrer moralischen Orientierung zu tun haben, sondern liesse sich so verstehen, dass Frauen dem Horizont der Familie schwerer "entkommen" als Männer. Eine Analyse einschlägiger Untersuchungen durch Walker (1984) zeigt, dass die wenigen Studien, die ein "Nachhinken" der Frauen hinter den Männern belegen, kaum etwas mit dem Geschlecht als solchem zu tun haben, sondern mit der restringierten Erfahrung von Frauen im Vergleich zu Männern. Entscheidend für die Ausweitung des moralischen Bewusstseins auf die Ebene komplexer sozialer Systeme sind Erfahrungen in Schule[26], Beruf und Politik (Edwards 1975, p. 516ff.; Kohlberg 1982b, p. 518; Kohlberg & Kramer 1969, p. 108; Kohlberg, Levine & Hewer 1983, p. 129). Solche Erfahrungen können bei Männern genauso fehlen wie bei Frauen vorhanden sein. Die moralische Entwicklung ist an das moralische *Handeln* gebunden und an die Möglichkeit, sich in *realen* Situationen zu entscheiden. In einer komplexen Gesellschaft braucht es Erfahrungen mit anonymen sozialen Beziehungen, um eine entsprechende Moral zu entwickeln.

Wie wir gesehen haben, macht Gilligan Kohlberg den Vorwurf, seine Theorie favorisiere eine "männliche Perspektive", die auf Abstraktion, Unpersönlichkeit und Individualität basiere und im Konzept der *Gerechtigkeit* ihren Ausdruck finde. Es lässt sich nicht bestreiten, dass Kohlbergs Theorie eine männliche Perspektive favorisiert, wenn damit eine Dominanz abstrakter und individualistischer Orientierungen gemeint ist. Kohl-

---

[25] Trotz der Feststellung: "I describe care and justice as two moral perspectives that organize both thinking and feelings and empower the self to take different kinds of action in public as well as private life" (Gilligan 1986, p. 326). Ähnlich wie Kohlbergs Werk ist dasjenige von Gilligan nicht frei von Widersprüchen, was die hermeneutische Arbeit nicht gerade leicht macht.

[26] Verschiedene Studien zeigen eine positive Beziehung zwischen formaler Bildung und moralischer Entwicklung (Carroll & Rest 1982, p. 442; Walker 1986). Formale Bildung schafft zwar nicht unbedingt reale Erfahrungen mit moralischen Situationen, doch sie öffnet den Horizont des Denkens und der Imagination, ein für die moralische Entwicklung nicht unwesentliches Moment (Simpson 1976).

berg steht in der Tradition der *rationalistischen* Philosophie, welche die Emotionen aus dem Feld der Moral ausklammern will[27]. Dazu kommt, dass die höheren Stufen der moralischen Entwicklung abstrakt *sind*. Moralität findet nicht mehr zwischen konkreten Individuen, sondern zwischen Rollenträgern und Menschen "an sich" statt.

Wir stimmen der Kritik Gilligans zu, insofern sie die *metatheoretischen Voraussetzungen* von Kohlbergs Theorie betrifft. Kohlbergs Cartesianismus verunmöglicht die adäquate Thematisierung von Sympathie, Betroffenheit und anderen Momenten der pathischen Weltbeziehung des Menschen. Und er verhindert die Theoretisierung der Partikularität des individuellen Selbst. Gilligan überzieht jedoch ihre Kritik, wenn sie die "männliche Perspektive" mit dem Universalismus des postkonventionellen Subjekts in Verbindung bringt. Rationalität, Abstraktheit und Gerechtigkeit sind nicht einfach Ausdruck eines männlichen Denkens, sondern haben (auch) mit der Komplexität *gesellschaftlicher Verhältnisse* zu tun. Wollen wir uns in modernen Gesellschaften zurechtfinden, dann müssen wir - ob Mann oder Frau - mit *anonymen* Beziehungen und *abstrakten* Sozialstrukturen umgehen können (Luria 1986, p. 320). Das Weibliche kann nicht darin liegen, den gesellschaftlichen Nahhorizont anstelle des Fernhorizonts zu betonen. Weiblich ist eine Moral der Verantwortung und der Wohltätigkeit, eine *verbindende* Moral, im Gegensatz zur *trennenden* Moral der Gerechtigkeit. Diese Weiblichkeit ist aber nicht anatomisches Schicksal[28], sondern eine Haltung, die auch Männern zugänglich ist (Brabeck 1983; Ford & Lowery 1986). Denken wir nochmals an Albert Schweitzer und Martin Luther King als Beispiele für die Moral der Verbundenheit.

Moralische Entwicklung ist Ausweitung und Vertiefung des moralischen Standpunkts. Anders als Kohlberg nehmen wir nicht an, dass die verschiedenen Ebenen der moralischen Entwicklung hierarchisch *integriert* werden. Eher bestehen sie nebeneinander und entwickeln sich bereichsspezifisch weiter (Haan 1978; Lempert 1986). Nach der Ausweitung der moralischen Perspektive in den unpersönlichen gesellschaftlichen Fernbereich ist die Moral im Nahbereich nicht einfach abgeschlossen. Diese Vorstellung ergibt sich aus unserer Unterscheidung verschiedener Weltbezüge (vgl. Kapitel 6). Menschen leben in kulturell geschützten Räumen, die sie nicht integrieren, aber im konkreten Fall miteinander vermitteln (Turiel & Davidson 1986; Turiel & Smetana 1984). Aus der Zuordnung der Moral zu konkreten Beziehungen einerseits und zu abstrakten Systemen andererseits folgt nicht, die eine Moral sei *kontextuell*

---

[27] Bezeichnenderweise ist der Gehorsam bei Kohlberg ausschliesslich ein Attribut der ersten Entwicklungsstufe ("punishment and obedience orientation"; Kohlberg 1982a, p. 282). Allein im prämoralischen Bereich des *egoistischen* Entwicklungsniveaus ist der Mensch ein "Hörender".

[28] Freud meint, der morphologische Unterschied der Geschlechter müsse sich in Verschiedenheiten der psychischen Entwicklung äussern. "Die Anatomie ist das Schicksal, um ein Wort Napoleons zu variieren" (Freud 1924b, p. 249).

und die andere *akontextuell*. Die kontextuelle Orientierung ist kein Charakteristikum einer *bestimmten Moralauffassung* (Nunner-Winkler 1984, p. 352). Moralischen Prinzipien lässt sich genausowenig *blind* folgen, wie moralisches Verhalten *automatisch* gut sein kann. Das braucht nichts daran zu ändern, dass Frauen eventuell eher kontextuelle Problemlösungen suchen, während Männer eher abstrakte Lösungen bevorzugen. Dabei handelt es sich aber um eine *empirische*, nicht um eine theoretische Frage[29].

Erfahrungen in Gemeinschaften und Freundschaften

Die Basis der moralischen Entwicklung liegt im Handeln. Ohne Erfahrungen in konkreten Situationen ist keine moralische Entwicklung zu erwarten. Ich meine, dass auch Kohlberg dieser Ansicht zunehmend nähergekommen ist. Die hinreichenden Bedingungen der moralischen Entwicklung sind alle mit *Erfahrungen* in sozialen Beziehungen verbunden. Eindeutig gilt dies für die "Gelegenheiten zur Rollenübernahme" und für die persönliche Erfahrung mit moralischen Entscheidungen und Verpflichtungen (Kohlberg 1969, p. 102f., 1973b, p. 396ff., 1976, p. 49f.). Genauso ist die Erfahrung mit moralischen Situationen die wesentliche Komponente der "moralischen Atmosphäre", die beispielsweise die Interaktionsstruktur einer Schule bestimmt. Schliesslich ist auch die Erfahrung kognitiv-moralischer Konflikte wirksamer mit *realen* als mit hypothetischen Dilemmata (Haan 1975, 1985)[30]. Diese auf *Erfahrung* basierenden Bedingungen der moralischen Entwicklung werden vorwiegend in den *pädagogischen* Schriften Kohlbergs diskutiert, in denen eine psychologische Argumentation verborgen liegt, die der hier entwickelten Position nahe kommt (Herzog 1988d).

Die Abkehr von der bloss *hypothetischen* Behandlung moralischer Probleme zeigt sich insbesondere in Kohlbergs Bemühen um den "just community approach" der moralischen Erziehung (Power, Higgins & Kohlberg 1989). War seine frühe Pädagogik sokratisch, nämlich eine Methode der *Diskussion* zwischen Erzieher und Edukand, beruhen seine späteren pädagogischen Arbeiten auf der Auseinandersetzung mit moralischen All-

---

[29] Die *empirische* Seite von Gilligans Ansatz, die hier nicht zur Diskussion steht, ist noch keineswegs geklärt. Sollte sich herausstellen, dass sich Frauen moralisch nicht anders entwickeln als Männer und dass sie keine anderen moralischen Orientierungen haben, dann wäre nicht ausgeschlossen, dass sie moralische *Konflikte* methodisch anders lösen. Es könnte sein, dass Frauen eher dialogische und Männer eher monologische Verfahren bevorzugen. Es scheint als würde Haan *hier* den Kern der weiblichen Moral sehen (Haan 1983, p. 233ff.; Haan, Aerts & Cooper 1985, p. 54f.; Haan, Weiss & Johnson 1982, p. 254).

[30] Gemäss Lockwood (1978) gibt es kaum Belege, dass die Diskussion hypothetischer Dilemmata über die Stufe 3 in Kohlbergs Schema hinaus wirksam ist. Stellen wir in Rechnung, dass die Entwicklung von Stufe 1 bis Stufe 3 trivial ist (vgl. oben), dann ist dies nicht gerade ein ermutigendes Ergebnis für die Brauchbarkeit der Dilemma-Methode.

tagsproblemen. Wesentlich für die moralische Entwicklung ist die moralische Atmosphäre einer pädagogischen Institution. Kohlberg kommt der Idee der *aktiven Schule* nahe, wie sie Piaget vertritt (vgl. Kapitel 5)[31]. Die moralische Diskussion soll "Teil einer breiter und längerfristig angelegten Strategie der Aktivierung der Schüler für die sozialen und moralischen Belange der Schule sein" (Kohlberg & Turiel 1971, p. 68). Fragen der Moral dürfen nicht nur im Curriculum berücksichtigt werden, vielmehr sollen die Schüler die in der Schule auftretenden moralischen Probleme konkret erfahren können. Es muss eine Atmosphäre geschaffen werden, in der die Gerechtigkeit ein *allgegenwärtiges* Anliegen ist.

Im "just community approach" geht es darum, moralische Erziehung durch die Schaffung von *Gemeinschaften* zu ermöglichen. Durkheim, gegen den sich Kohlberg in seinen frühen Arbeiten äusserst kritisch gestellt hat, kommt zu seinem Recht (Kohlberg 1968b, p. 486f., 1971b, p. 26ff., 1978, p. 84f.). Die Erfahrung von Vietnam, My-Lai, Watergate und der amerikanischen "culture of narcissism" (Lasch 1979) zeigt als vordringliches moralisches Problem nicht die *Gerechtigkeit*, sondern die *Kooperation*. "Today the major problem in developing youth is privatism; its major educational solution is participation" (Kohlberg 1980, p. 29). Die pädagogischen Bemühungen im Rahmen des "just community approach" orientieren sich nicht mehr in erster Linie an der Moral der Gerechtigkeit, denn die Bildung von Schulgemeinschaften und die Förderung gemeinsamer Aktivitäten haben zum Ziel, den Schülern "a sense of *caring and responsibiliy* for other students and the school community" (Kohlberg, Levine & Hewer 1983, p. 26 - Hervorhebungen W.H.) zu vermitteln. Es geht darum, den Edukanden interpersonale Beziehungen unter komplexen sozialen Bedingungen zu erschliessen.

In einer auf Gerechtigkeit und Verantwortlichkeit gebauten Gemeinschaft hat das konkrete Handeln einen anderen Stellenwert als in der sokratischen Diskussion fiktiver Dilemmata. Mit Bezug auf Dewey und Piaget schreibt Kohlberg: "... the fundamental aim of education is development and development requires *action or active experience*" (Kohlberg 1980, p. 32 - Hervorhebung W.H.). Die Entwicklung der Moral kann ohne Erfahrung gemeinsamer Aktivitäten und deren moralischer Bedeutung nicht stattfinden. Es braucht die Identifizierung mit einer Gemeinschaft, damit sich das moralische Bewusstsein erfolgreich entwickelt (Kohlberg, Scharf & Hickey 1972, p. 212). Die Gemeinschaft übt einen Druck auf den einzelnen aus, was etwas anderes ist als die *zwanglose* Methode des sokratischen Diskurses. "Moral wird ... nicht wie Lesen oder Rechtschreibung gelernt; sie ist keine Technik, die ein Individuum aus individuellen Motiven erwirbt. Die moralische Entwicklung ist in jeder Hinsicht ein sozialer Vorgang" (Kohlberg, Wasserman & Richardson 1975, p. 223). Damit eine Gemeinschaft entstehen kann, braucht es einen Zusammenhalt, und dieser kann in der Schule nur "über einen gemeinsa-

---

[31] Was nicht erstaunen kann, da sich beide auf John Dewey berufen.

men *Arbeitszusammenhang*" (ebd., p. 224) erreicht werden. Wir werden ein weiteres Mal an Piaget erinnert (vgl. Kapitel 5).

Kohlberg findet in seinen pädagogischen Arbeiten nicht nur zu Durkheim und Piaget, sondern auch zu Dewey und Mead zurück. Für Mead steht das *Selbst* im Zentrum der moralischen Entwicklung. Und wir haben nachdrücklich betont, dass eine *psychologische* Theorie der moralischen Entwicklung eine Selbsttheorie zu sein hat. Mittels einer Selbsttheorie liesse sich die von Kohlberg theoretisch geringgeschätzte Affektivität in die Psychologie der Moral zurückholen. Dann würde auch plausibel, wie ein in seinem Selbst integriertes Individuum, das seine Bedürfnisse, seine Gefühle und sein Denken in ein Gleichgewicht hat bringen können, die Kraft aufbringt, sich zu einer universalistischen Moral zu *entschliessen*. Doch Kohlberg ist in seinen psychologischen Arbeiten standfest geblieben. Die Wiederannäherung an Piaget und Mead, von der seine pädagogischen Schriften zeugen, hat in seiner Psychologie keinen Widerhall gefunden. So sehr das Selbst *pädagogisch* greifbar wird, so sehr bleibt es *psychologisch* verborgen.

Die Bedeutung, die Kohlberg der Gemeinschaft als einem Ort der gegenseitigen Anerkennung gibt, lässt auf den erzieherischen Wert von *Freundschaften* eingehen[32]. Aristoteles sah in der Freundschaft den Ausdruck wahrer Moralität. Denn der Tugendhafte verhält sich zu seinem Freund wie zu sich selbst (Aristoteles 1972, p. 264). Deshalb ist der moralische Mensch eigenliebend, nicht aber der unmoralische. Freundschaft und Moral stehen in enger Beziehung, weil Freundschaften die *Selbstbeziehung* eines Menschen erweitern (Damon 1977, Kap. IV; Youniss 1982, 1984, 1986). In Freundschaften können Menschen ihre Grenzen erfahren. Freunde "zeigen einander, dass sie für etwas zu dumm oder zu schwach sind, von Gefühlen übermannt oder vor einem persönlichen Problem ganz ratlos sind" (Youniss 1984, p. 53). Sie erkennen, dass sie keine souveränen Subjekte sind.

Eltern sind nur beschränkt in der Lage, Kindern Freunde zu sein[33]. Und zwar deshalb, weil das Bild, das Eltern und Kinder voneinander haben, von Erwartungen und Gefühlen getrübt ist, die die Begegnung von Person zu Person erschweren. Freunde dagegen sind genau deshalb Personen füreinander, weil sie sich als Personen *konstituieren*. Freundschaften führen zur Auseinandersetzung mit den eigenen Schwächen und damit zur Entstehung von *Gelassenheit* sich selbst gegenüber. Die Gelassenheit ist eine zentrale moralische Kategorie[34]. Sie besteht darin, "nicht nach der Verfügung über das für uns Unverfügbare zu streben und im enttäuschbaren Vertrauen darauf zu leben, dass der uns unverfügbare Gang

---

[32] Die Freundschaft wird in einer Kantischen Ethik notorisch entwertet, da sie affektiv durchsetzt und damit rational unbegründet scheint. Auch in Kohlbergs psychologischen Schriften spielt die Freundschaft keine wesentliche Rolle (Wallwork 1986, p. 181ff.).

[33] Dem antipädagogischen Aufruf zur "Freundschaft mit Kindern" zum Trotz.

[34] Vgl. das Gebet der Anonymen Alkoholiker (zitiert in Anmerkung 19 zu Kapitel 8).

der Ereignisse den Sinn eines vernünftigen Lebens nicht berührt" (Kambartel 1989, p. 90). In diesem Sinne können Freunde als natürliche Therapeuten wirken, "mit deren Hilfe das Selbst die ganze Breite seiner Eigenheiten anerkennen kann, anstatt seine Stärken überbetonen oder seine Schwächen unterdrücken zu müssen" (Youniss 1984, p. 57). Freunde spielen psychologisch gesehen eine wesentliche Rolle bei der Konstituierung des moralischen Subjekts. Daher sollten Eltern und Lehrer den Kindern Freundschaftsbeziehungen *ermöglichen* und sie dabei *unterstützen*.

Nach der kritischen Auseinandersetzung mit Kohlberg wollen wir uns nun nochmals den eigenen Bemühungen um die Theorie der moralischen Erziehung zuwenden. Kohlbergs psychologischer Ansatz ist letztlich *naturalistisch* und verkennt damit den Stellenwert des pädagogischen Handelns. In pädagogischer Hinsicht führt seine Psychologie zur reformpädagogischen Idee der "Erziehung vom Kinde aus" (vgl. Kapitel 1). Die Erziehung erscheint als Beistand eines natürlichen Entwicklungsganges. Dagegen vertreten wir einen aktiven Erziehungsbegriff. Der Rest des Kapitels ist der Vertiefung dieses Erziehungsverständnisses gewidmet.

Wie ist Erziehung möglich?

Die Auseinandersetzung mit Kohlberg hat uns nochmals gezeigt, wie wichtig die Kategorien des *Selbst* und der *Handlung* für die Theorie der Erziehung sind. Die Aufgabe der Erziehung liegt wesentlich in der Stärkung menschlicher Handlungskompetenz. Durch Erfahrung mit realen Handlungen wird ein Individuum mit sich konfrontiert und zur Modifikation seiner selbst veranlasst. Im subtilen Zusammenspiel von Handlung und Selbst liegt die Herausforderung der moralischen Erziehung. Es genügt nicht, auf moralische Urteile zu achten, denn der Ort der moralischen Erziehung sind moralische *Situationen*. "Nur in konkreten Lagen spielt sich das wahre Erziehungsleben ab, sammeln sich die Probleme, konzentrieren sich die zu bewältigenden Konflikte und finden Dilemmata ihre Auflösung" (Derbolav 1985, p. 268). Aufgabe des Erziehers ist es, solche Situationen herbeizuführen, moralische Erfahrung zu ermöglichen und ihre Bewältigung zu unterstützen.

Damit wird dem Erzieher eine klare Aufgabe zugewiesen. Weder bei Piaget noch bei Kohlberg ist das Verhalten der Erwachsenen von *wesentlicher* Bedeutung für die moralische Entwicklung. Zumindest bleibt unausgeführt, was soziale Transaktionen für die moralische Entwicklung leisten. Piaget begnügt sich mit dem Hinweis, die Lehrer sollen den Kindern *Kameraden* sein, und für Kohlberg ist "die Partizipation in der Familie nicht einzigartig oder wesentlich notwendig für die moralische Entwicklung" (Kohlberg 1969, p. 103). Die Geringschätzung der erzieherischen Umwelt geht mit einem naturalistischen Entwicklungsverständnis einher. Die moralische Entwicklung soll einer "natürlichen Richtung" folgen und von sich aus dorthin streben, wo sie der Erzieher haben will (Kohlberg & Mayer 1972, p. 475).

Sobald der Naturalismus aufgegeben wird, erscheint die Gegenposition des Behaviorismus[35]. In den verhaltenstheoretischen Ansätzen spielen die Eltern und Lehrer die *entscheidende* Rolle im Prozess der Erziehung. Eysenck betont die Verantwortung der Eltern für die Moral der Kinder (vgl. Kapitel 2). Auch der sozialen Lerntheorie gelten die Eltern als die wichtigsten Sozialisationsagenten. "The parents ... are the central figures in early socialization, and this makes them central for the whole of moral development, for in social-learning theory, early learned behavior tends to persist" (Maccoby 1968, p. 242). Ähnliches gilt für die Psychoanalyse, der die Eltern zwar nicht als Vorbilder oder Verstärker wichtig sind, aber als Repräsentanten einer urgeschichtlichen Szene, die der menschliche Nachwuchs auf dem Weg zur Moralität wiederholen muss.

Die Extreme des reifungstheoretischen Naturalismus und des lerntheoretischen Environmentalismus entsprechen einem ohnmächtigen und einem allmächtigen Verständnis von Erziehung. Sie führen uns ein letztes Mal zur Problematik Herbarts. Entweder ist die Subjektivität des Edukanden immer schon gegeben, dann ist sie durch Erziehung nicht beeinflussbar (Naturalismus), oder sie ist das Produkt eines erzieherischen Herstellungsprozesses, dann erweist sie sich als Illusion (Environmentalismus). Das Herbartsche Problem lässt sich mit den Mitteln des cartesianischen Denkens - das dem Problem zugrunde liegt - nicht lösen. Die blosse Gegenüberstellung von souveränem Subjekt und souveräner Erziehung eliminiert die *Zeitlichkeit* von Handlung und Entwicklung. Demgegenüber vermag das organismische Denken das Herbartsche Problem genau deshalb zu lösen, weil es die Realität der Zeit anerkennt.

Die menschliche Entwicklung ist weder von innen noch von aussen determiniert. Die Einheit, von der wir ausgehen müssen, ist das Mensch-Umwelt-System (vgl. Kapitel 6). Dadurch wird Erziehung begreifbar. Die Erziehung ist ein Moment der Umwelt eines sich entwickelnden Menschen. Insofern die erzieherische Umwelt *soziale* Umwelt ist[36], ist das Moralverständnis, das wir ausgearbeitet haben, auch für das Verständnis der Erziehung relevant.

In das pädagogische Verhältnis sind die Prinzipien der Gerechtigkeit und der Wohltätigkeit gleichsam natürlicherweise eingebaut. Als soziales System setzt die Erziehung ein Verhältnis der *Gegenseitigkeit* voraus (Herzog 1991a). Soziale Systeme müssen reziprok sein, um nicht auseinanderzubrechen (Gouldner 1984, Kap. 3). Die Reziprozität spielt zwischen Gleichen. Sie bildet die Basis für die *Gerechtigkeit* als moralisches

---

[35] Oser vermutet, dass Kohlbergs Naturalismus persönliche Motive hat und als kompensatorische Reaktion auf eine behavioristische Umwelt (Chicago) zu verstehen ist, die ihm die Anerkennung als akademischer Lehrer und Forscher verweigerte (Oser 1988, p. 111).

[36] Selbstverständlich kann auch die dingliche Umwelt erziehlich sein, aber nur wenn sie von Menschen so eingerichtet worden ist.

Prinzip. Die Reziprozität kann aus zwei Gründen nicht realisierbar sein. Erstens weil der eine der Interaktionspartner über den anderen Macht ausübt. Zweitens weil einer der beiden zur Reziprozität nicht fähig ist. Wer arm, krank oder unmündig ist, der kann die Leistungen, die er empfängt, nicht oder nur partiell vergelten. Die Ungleichheit der Menschen bildet die Basis für die *Wohltätigkeit* als moralisches Prinzip. Wer nicht imstande ist, Gleiches mit Gleichem zu vergelten, der soll das Recht haben, zu nehmen *ohne* zu geben (ebd., p. 125ff.).

Insofern die Gerechtigkeit Beziehungen zwischen Gleichen und die Wohltätigkeit Beziehungen zwischen Ungleichen reguliert, ist das Prinzip des Wohlwollens von wesentlicher Bedeutung für die Definition des *pädagogischen* Verhältnisses. Denn die Beziehung von Erzieher und Edukand ist ungleich. Im Begriff der *pädagogischen Verantwortung* findet diese Überlegung ihre Kristallisation (Kilchsperger 1985). Pädagogische Verantwortung ist Stellvertretung für das schwache Ich des Edukanden und Parteinahme für die Zukunft des Unmündigen. Im Generationenverhältnis wird daher oftmals der "Archetyp alles verantwortlichen Handelns" (Jonas 1979, p. 85) gesehen[37]. Wie das Wohlwollen im allgemeinen erschliesst die Verantwortung im besonderen ein nicht-reziprokes Verhältnis.

Erziehung ist möglich, solange die Beziehung der Ungleichheit, die ihr zugrunde liegt, nicht in Macht und Bevormundung umkippt. Um dies zu verhindern, muss sie die bereits vorhandene Reziprozität im Verhältnis von Erzieher und Edukand anerkennen (Herzog 1991a). Die Kunst der Erziehung besteht darin, die Prinzipien der Reziprozität und des Wohlwollens mit Blick auf die Entwicklung des Kindes auszubalancieren. Pädagogische Verhältnisse können nicht im vollen Sinn reziprok sein, da sie dabei ihr erzieherisches Potential verlieren würden. Doch um stabil zu sein, bedürfen sie eines gewissen Grades an wechselseitiger Befriedigung. In dem Masse wie sich ein Kind verändert, bedarf die Reziprozität der Neuauslegung. Jeder Entwicklungsschritt ist ein Schritt in Richtung zu mehr Autonomie und Gleichheit. Daher muss der Erzieher die Fortschritte der kindlichen Entwicklung in Rechnung stellen, will er die edukative Kraft seines Handelns nicht beschneiden. Sobald ein Kind das Entwicklungsniveau von Erwachsenen erreicht hat, muss das erzieherische Verhältnis aufgelöst werden.

Die Möglichkeit von Erziehung beruht auf der Verhältnismässigkeit des Menschen. Als Verhältniswesen, das nicht nur in aktiver, sondern auch in passiver Beziehung zur Welt steht, ist der Mensch ansprechbar. In seiner Heteronomie ist er auf andere angewiesen und ihrem Einfluss zugänglich.

---

[37] Auch die Liebe wird oft vom Generationenverhältnis hergeleitet, so wenn Fromm meint, die Mutterliebe sei "das häufigste und am leichtesten verständliche Beispiel produktiver Liebe" (Fromm 1947, p. 84). Die Nähe von Liebe und Verantwortung zeigt sich, wenn es weiter heisst: "Ihr (der Mutterliebe, W.H.) eigentliches Wesen ist Fürsorge und Verantwortungsgefühl" (ebd.). Liebe und Verantwortung sind Momente der Moral des Wohlwollens, die zwischen Ungleichen spielt. Es erstaunt daher nicht, dass das erzieherische Verhältnis als Paradigma einer verbindenden Moral dient.

Er ist erziehbar, weil er sein Leben *führen* muss. Wer handelt, dem widerfährt auch etwas; dabei bemerkt er seine Unvollständigkeit. Als Handelnder ist er beeinflussbar. Die Handlung ist daher auch Grundbegriff der Pädagogik.

Die Aporien des Cartesianismus und das Herbartsche Problem stellen sich ein, sobald Pädagogik und Psychologie den Handlungscharakter des Menschen verkennen. Allport gibt eine anschauliche Illustration der Spannungen zwischen dem traditionellen Wissenschaftsverständnis und der Sicht des Menschen als Handelndem:

"Die Situation des Wissenschaftlers lässt sich vergleichen mit der des Wächters auf der Bergspitze, der einen einzelnen Ruderer tief unten auf dem Fluss sieht. Von seinem günstigen Beobachtungspunkt aus stellt der Wächter fest, dass eine Flusswindung voraus gefährliche Stauschnellen sind, die der Rudersmann zunächst noch nicht sehen kann. Was für die Augen des Wächters Gegenwart ist, liegt für den Rudersmann noch in der Zukunft. Von seinem höheren Standpunkt aus sagt er voraus, dass der Bootsmann bald mit seinem Schiff in Schwierigkeiten kommen wird - eine Tatsache, die dem Bootsmann vorläufig noch völlig unbekannt ist, da er nicht mit dem Lauf des Flusses vertraut ist. Er wird das Hindernis erfassen, wenn es auftaucht, entscheiden, was zu tun ist, und die Schwierigkeit überwinden. Kurz: wer handelt, ist vielleicht nicht in der Lage, sein Handeln in grossen raum-zeitlichen Zusammenhängen zu sehen, wie es der allweise Gott tut, oder die weniger weisen Halbgötter der Wissenschaft. Der Handelnde sieht sich selbst im Rahmen der Wahlentscheidungen, nicht im Rahmen des Schicksals" (Allport 1955, p. 77).

Der Wächter kann sich *vergegenwärtigen*, was für den Ruderer in der *Zukunft* liegt. Allwissend hat er den *Überblick* über den Lauf der Dinge. Im archimedischen Punkt der abgehobenen Bergspitze zieht sich die Welt zur übersichtlichen Anordnung zusammen. In der ewigen Gegenwart des göttlichen Blicks steht der Wächter ausschliesslich in *räumlicher* Beziehung zur Wirklichkeit. Der Zeitlichkeit der menschlichen Existenz ist er enthoben. Er lebt in einer Welt ohne Handlung. Denn Handlungen sind *zeitliche* Ereignisse, die in einer göttlichen Welt keine Bedeutung haben.

Anders als die unveränderliche Welt des Wächters, ist die Welt des Ruderers voller Ereignisse. Es ist eine Welt, in der *Neues* geschieht und in der *gehandelt* wird. Die Innenperspektive des Ruderers erschliesst eine andere Sicht als die Aussenperspektive des Wächters. Doch im Gegensatz zum Wächter, der die Welt *nur* von aussen kennt, da er sie nur zu *sehen* vermag, ist dem Ruderer potentiell beides möglich, die Sicht von innen *und* die Sicht von aussen. Könnte er mit dem Wächter Verbindung aufnehmen, so wäre er fähig, seine Perspektive zu wechseln. Er vermöchte auf die Worte des Wächters zu *hören* und sich dessen *Voraussicht* zu eigen zu machen. Dadurch gelänge es ihm, seine abenteuerliche Fahrt besser zu planen und gefahrloser durchzuführen.

Die Dialektik von innen und aussen ist konstitutiv für den Handlungsbegriff (vgl. Kapitel 7). Als Handelnden ist den Menschen die Welt im *Wechsel* der Perspektive zugänglich. In der Aussenperspektive sind sie Sehende, in der Innenperspektive Hörende. Insofern das Organismodell eine *Entwicklungstheorie* beinhaltet, kann es die Perspektiven von Wächter und Ruderer miteinander vermitteln. Allerdings bestreitet es die Möglichkeit der absoluten Exzentrizität, wie sie der Wächter und mit ihm die moderne Wissenschaft für sich beanspruchen. Der Standpunkt des Wächters ist der göttliche Standpunkt des *Cartesianismus*. Das Organismusmodell markiert den Übergang zu einer postcartesianischen und postmodernen Wissenschaft, in der das Handeln, die Zeit und das Werden real sind. Von einer göttlichen wechseln wir zu einer menschlichen Wissenschaft (vgl. Kapitel 6).

Erziehung und Entwicklung

Im Rahmen des organismischen Denkens findet das Problem der Freiheit eine überzeugendere Lösung als im Rahmen des Cartesianismus. In organismischer Hinsicht ist ein Individuum frei relativ zu seinem Entwicklungsniveau. Menschen sind immer autonom und heteronom zugleich. Ihre Heteronomie bemisst sich im Verhältnis zu dem, was sie *sind*. Das sensomotorische Kind beispielsweise *ist* ein saugendes, greifendes und tastendes Wesen; es steht nicht "ausserhalb" seiner körperlichen Intelligenz. Genau diese Fähigkeit des "Ausserhalb-Stehens" ist der Fortschritt der nächsten Entwicklungsstufe. Und diese "exzentrische Positionalität" (Plessner) wiederholt sich bei jedem weiteren Entwicklungsschritt. Die menschliche Entwicklung lässt sich als eine sukzessive Ausweitung der Verfügung des Subjekts über seinen Körper, seine Gefühle, sein Wissen, seine soziale und seine dingliche Umwelt deuten (Kegan 1982). Jede Stufe gibt dem Individuum ein Stück Freiheit, insofern es über die Funktionsweise der jeweils tieferen Stufe, die es nun *hat*, verfügen kann.

Unfreiheit bedeutet nicht *eo ipso* Unterdrückung, Einkerkerung oder Bevormundung. Es gibt eine Unfreiheit, die für jeden Menschen gilt, insofern er anderer bedarf, um sein Leben zu führen. In seiner Unfreiheit ist er ansprechbar und erziehbar. Edukanden sind "hörende" Wesen, während Erzieher "Sehende" sind, wobei dies funktionale Bestimmungen sind, denn als Handelnde sind die Menschen immer beides, Sehende *und* Hörende. Erziehung ist daher im Prinzip auf jeder Stufe der menschlichen Entwicklung möglich. Wenn wir auf Allport zurückblenden, dann spielt der Erzieher in gewisser Weise die Rolle des Wächters in der Entwicklungslandschaft des Edukanden. Allerdings messen wir dem Erzieher keine göttlichen Attribute bei. Insofern er sich an *vergangenen* Ontogenesen *anderer* Edukanden orientieren kann (vgl. Kapitel 7), vermag er den Entwicklungsgang seines Zöglings in einem gewissen Mass vorwegzunehmen und zu lenken[38]. Die erzieherische Umwelt fungiert als Kanalisator jener

---

[38] Das Wort "lenken" mag an die Idee der behavioristischen "Steuerung von menschlichem Verhalten" (Skinner 1968, p. 225) erinnern. Gemeint ist aber keine Lenkung in diesem Sinne, sondern im Sinne von "Führung" und "Einführung" (vgl. unten).

Entwicklungsprozesse, die das menschliche Individuum zum Ziel der epistemischen und moralischen Subjektivität führen. Dieses Ziel ist der Entwicklung nicht immanent, sondern wird ihr auferlegt.

Die Erziehung ist durch ihre Funktion als "Hilfs-Ich" des Kindes legitimiert. In einer Reihe von Studien hat Kaye gezeigt, wie Eltern diese Funktion ausüben. Als stünden sie auf dem Standpunkt des Wächters im Beispiel Allports, stellen sie sich so auf ihr Kind ein, dass sie seiner Entwicklung *vorausblicken*. Dadurch können sie es gezielt "überfordern" und ein bisschen mehr von ihm verlangen als es aktuell kann. Die Eltern benehmen sich *als ob* ihr Kind kompetenter wäre als es tatsächlich ist. "... it is precisely because parents play out this fiction that it eventually comes to be true: that the infant does become a person and an intelligent partner in intersubjective communication" (Kaye 1982, p. 53). Auf jeder Stufe der kindlichen Entwicklung sind Eltern "Platzhalter" und "Pfadfinder" im Entwicklungsgelände ihrer Kinder. "... infants learn to play the roles of system members because adults place them in situations where the skills they lack are performed for them" (ebd., p. 70).

Als Pfadfinder der Entwicklung bilden die Eltern eine Art Wegweiser für das Aufwachsen der Kinder. Mit Wygotski gesprochen, markieren sie die "Zone der nächsten Entwicklung". Diese entspricht der "Divergenz zwischen ... dem aktuellen Niveau der Entwicklung, das mit Hilfe *selbständig* zu lösender Aufgaben bestimmt wird, und dem Niveau, das das Kind bei der ... *gemeinschaftlichen* Lösung von Aufgaben erreicht" (Wygotski 1934, p. 236f. - Hervorhebungen W.H.). Die Divergenz wird im Verlaufe der Entwicklung immer wieder neu aufgebaut und abgetragen. Was im einen Stadium in die "Zone der nächsten Entwicklung" fällt, geht im nächsten in die aktuelle Entwicklung über. Insofern ist die Erziehung nicht bloss kompensatorisch. Vielmehr eilt sie der Entwicklung voraus und lenkt sie. Sie stellt sich nicht auf die kindliche Entwicklung von gestern, sondern auf diejenige von morgen ein.

Die Aufgabe der Erziehung beschränkt sich nicht auf die *Stimulierung* von Entwicklung. Der Erziehungsperson wird im Rahmen des organismischen Denkens eine grössere Rolle zugemessen als im sokratischen Ansatz Kohlbergs. Allerdings ist die Erziehung auch keine Manipulation von Entwicklung. Insofern messen wir der Erziehung eine geringere Wirksamkeit zu als die Behavioristen. Da die menschliche Entwicklung weder ein Entfaltungs- noch ein Herstellungsprozess ist, kann die Moral weder das Resultat von innerer Reifung noch von äusserer Indoktrination sein. Als Ziel pädagogischen Handelns ist die Moral das Produkt eines *Bildungsprozesses*. Bildung ist auf Erziehung verwiesen und umschreibt das Resultat eines Geschehens *zwischen* sich entwickelndem Individuum und erziehender Umwelt, ein Geschehen, an dem beide Seiten gleichermassen beteiligt sind. Das Herbartsche Problem wird lösbar, wenn wir den cartesianischen Denkhorizont sprengen. Die Antithese von Subjektivität und Mechanik muss einer Dialektik von Individuum und Umwelt weichen, einer Dialektik, innerhalb derer die Subjektivität zu einem qualitativen

Phänomen und das erzieherische Handeln zu einem Förderungsprozess werden. Was sich entwickelt, ist die Subjektivität des Menschen, was sich beeinflussen lässt, der Entwicklungsgang dieser Subjektivität.

Entwicklung setzt Widerstand voraus, nicht bloss im dinglichen Sinn einer widerständigen Objektwelt, sondern auch als Widerspruch von Menschen, die dem aufwachsenden Individuum Widerpart sind. Nichts ist schwieriger für einen Erzieher als seinen Widerhalt richtig zu dosieren. Das pädagogische Verhältnis ist gerade unter entwicklungspsychologischer Perspektive ein fragiles Verhältnis und immer von der Gefahr des Scheiterns bedroht. Doch die Erziehung hat keine Wahl, als ihren Weg zu gehen "zwischen der Scylla des Gewährenlassens und der Charybdis des Versagens" (Freud 1933a, p. 578). Betrachten wir das menschliche Leben als eine Entwicklungslandschaft, in der vieles, aber nicht alles möglich ist, so kann die Erziehung ein Wegweiser sein in dieser Landschaft. Sie determiniert die Entwicklung nicht, aber sie weist ihr die Richtung.

Die Wirksamkeit der moralischen Erziehung

Ist die Erziehung weder ohnmächtig noch allmächtig, was ist dann ihre Macht? Die Möglichkeit von Erziehung liegt in der Heteronomie des Menschen. Menschen sind aufgrund ihrer anthropologischen Beschaffenheit nie absolut frei. Freud sah in der langen Zeit der kindlichen *Abhängigkeit* die Bedingung dafür, dass Menschen ein Über-Ich bilden, und für Piaget war die *einseitige Achtung* Voraussetzung der kindlichen Moral. Kinder sind auf Erwachsene angewiesen und dadurch erzieherischem Einfluss zugänglich. In jedem Fall ist es die Unselbständigkeit des Menschen, die Erziehung möglich und notwendig macht. Die Erziehung basiert auf einem Reifegefälle zwischen Erzieher und Edukand. Pädagogische Handlungen operieren daher notwendig mit "Zumutungen der Unterlegenheit" (Oelkers 1983, p. 279). Dies ist nicht ihr Zweck, sondern ihre Voraussetzung. "Sie gelingen nicht, indem sie Unterlegenheit herstellen, sondern überwinden" (ebd.). Insofern kann mit einer *Erziehungsbereitschaft* gerechnet werden (vgl. Kapitel 7)[39].

Was aber muss der Erzieher tun, um die menschliche Erziehungsbereitschaft zu nutzen? Zur Beantwortung dieser Frage wollen wir uns der *Sozialisationsforschung* zuwenden. Eine Reihe von Studien verweist auf den positiven Einfluss eines Erzieherverhaltens, das auf *klaren Erwartungen* basiert, das bereit ist, diese Erwartungen *durchzusetzen*, das begleitet ist von *Zuwendung, Sensitivität* und *Verständnis* gegenüber dem Kind und Probleme durch die *offene Kommunikation* zwischen Erwachsenen und Kind löst. Kinder, deren Eltern sich in diesem Sinn verhalten, werden als

---

[39] Die Pädagogik schiesst allerdings übers Ziel hinaus, wenn sie aus der Erziehungsbereitschaft eine "Erziehungsbedürftigkeit" macht (Roth 1966, Kap. II). Menschen mögen zwar bereit sein, erzogen zu werden, doch ein *Bedürfnis* danach verspüren sie nicht.

selbständig, vertrauensvoll, prosozial und kooperativ beschrieben (Baumrind 1973, 1975, 1989; Maccoby & Martin 1983, p. 46ff., 79; Mussen & Eisenberg-Berg 1977, p. 81ff.; Turiel 1983, p. 176f.). Wir wollen diese Bedingungen im einzelnen und mit Blick auf die moralische Erziehung diskutieren.

Die erste Bedingung einer erfolgreichen Erziehung ist die *emotionale Zuwendung* zum Kind. "Neben der Lebensnot ist die Liebe die grosse Erzieherin ..." (Freud 1916, p. 232). Nichts ist für die Entwicklung eines Menschenkindes fataler als die Ablehnung durch diejenigen, auf deren Hilfe es angewiesen ist. Insofern die Legitimität moralischer Normen im Selbstverständnis des Menschen wurzelt (vgl. Kapitel 4), insofern ein positives Selbstverständnis die Selbstachtung zur Voraussetzung hat und insofern die Selbstachtung auf der Anerkennung durch andere beruht, ist die schlichte Annahme des Kindes eine wesentliche Komponente seiner moralischen Erziehung. Bereits in der frühen Kindheit ist die emotionale Bindung von Mutter/Vater und Kind von grosser pädagogischer Bedeutung (Bertram 1980, p. 732; Londerville & Main 1981; Sroufe 1979, 1983; Waters, Wippman & Sroufe 1979). Kinder, welche zwischen zwölf und achtzehn Monaten sicher an ihre Mütter gebunden waren, erwiesen sich später als sozial kompetent, an anderen interessiert und für deren Gefühle empfänglich. Kinder mit unsicherer Mutterbindung dagegen tendierten zu feindseligem, abhängigem und isolationistischem Verhalten (Sroufe 1983; Waters, Wippman & Sroufe 1979). Elterliche Wärme, Sensitivität und Responsivität sind wesentliche Voraussetzungen für die Entwicklung eines positiven Interesses von Kindern an anderen (Feshbach 1987). Kinder mit starkem Vertrauen und Sicherheitsgefühl werden nicht von ihren eigenen Wünschen in Anspruch genommen und können leichter auf die Bedürfnisse anderer eingehen (Mussen & Eisenberg-Berg 1977, p. 141).

Emotionen sind insbesondere für die Moral des Wohlwollens wesentlich. Rosenhan beschliesst ein Résumé einschlägiger Untersuchungen mit der Feststellung: "... negative affect promotes sociophobia, the desire to avoid others and to husband one's resources for oneself. Positive affect, on the contrary, creates sociophilia, the tendency to move toward others and to consider their needs on a par with one's own" (Rosenhan et al. 1976, p. 251). Emotionen machen betroffen. Wohl deshalb bezeichnet Plessner die "Fähigkeit des Schauderns" als der "Menschheit bester Teil" (Plessner 1969, p. 141)[40, 41]. Die Notwendigkeit der emotionalen Erziehung als Teil der moralischen Erziehung folgt unmittelbar aus Hoffmans Ansatz. Die Emotionen anderer versteht besser, wer sie selbst erlebt hat

---

[40] Die Formulierung findet sich bereits in Goethes "Faust": "Das Schaudern ist der Menschheit bestes Teil" (Goethe 1832, p. 183).

[41] Ähnlich heisst es bei Horkheimer und Adorno: "'Wo liegen deine grössten Gefahren' hat Nietzsche sich einmal gefragt, 'im Mitleiden'. Er hat in seiner Verneinung das unbeirrbare Vertrauen auf den Menschen gerettet, das von aller tröstlichen Versicherung Tag für Tag verraten wird" (Horkheimer & Adorno 1944, p. 107).

(Barnett 1987, p. 154; Hoffman 1984, p. 290). Folglich sollen Kinder Gelegenheit haben, möglichst viele Emotionen zu erleben, wenn auch die Induktion traumatischer Erlebnisse selbstverständlich nicht geboten ist.

Zur emotionalen Seite der moralischen Erziehung gehört auch der Umgang mit Gefühlen von Angst, Scham und Schuld. Kinder sollen auch die negativen Seiten des menschlichen Zusammenlebens erleben können. Das Böse darf ihnen nicht fremd sein, ansonsten sie ihre eigene moralische Fehlbarkeit kaum werden anerkennen können. Zum Selbstverständnis des Menschen muss das Wissen um die Möglichkeit moralischer Schwäche und moralischen Versagens gehören. Wer sich nur in seinen guten Seiten annimmt, der wird selbstgerecht. Die Selbstgerechtigkeit aber behindert die moralische Entwicklung (Haan, Aerts & Cooper 1985, p. 263, 272, 354). Kinder dürfen daher bei der Bewältigung moralischen Versagens nicht sich selbst überlassen bleiben. Die Pathologie des Gewissens ist nicht zuletzt das Resultat eines verfehlten Umgangs mit negativen Gefühlen. Moralische Bildung kann auch darin bestehen, richtig hassen zu können (Dienstbier 1978, p. 181; Williams 1973, p. 358). Gefühle der Empörung sind genauso wesentlich für die moralische Entwicklung wie Gefühle des Mitleids und der Liebe (vgl. Kapitel 8).

Induktiver Erziehungsstil

Die zweite Bedingung einer adäquaten moralischen Erziehung steht in engem Zusammenhang mit der ersten. Die Erziehung ist nicht nur eine Frage der richtigen *Haltung*, sondern auch des richtigen *Umgangs* mit Kindern. In der Erziehungsstilforschung wird unterschieden in Praktiken des *Liebesentzugs* und der *Induktion* (Henry 1983, p. 23ff.; Hoffman 1970a, p. 285f.). Unter "Liebesentzug" fallen Verhaltensweisen wie sich vom Kind abwenden, das Kind ignorieren und ärgerlich anschreien, dem Kind mit dem Entzug von Zuwendung drohen etc. Unter "Induktion" fallen Verhaltensweisen wie Verbalisieren von Gefühlen, Erklären des elterlichen Verhaltens, das Kind auf Konsequenzen seines Verhaltens aufmerksam machen etc.

In unserem Zusammenhang liegt der wesentliche Unterschied der beiden Erziehungsstile darin, dass im Falle von Liebesentzug oder angedrohtem Liebesentzug das Kind in die Eltern-Beziehung *eingebunden* wird. Dadurch dass Eltern ihre Zuwendung vom Wohlverhalten des Kindes abhängig machen, lernt es, auf die Folgen seines Verhaltens *für sich selbst* zu achten. Strafe und Liebesentzug sind affektorientierte Erziehungsmassnahmen, die das Kind seine Abhängigkeit von den Eltern spüren lassen (Baumrind 1989, p. 361). Bei Strafe und Liebesentzug bleibt die *intrinsische* Autorität moralischen Verhaltens unbeachtet. Es mag sein, dass sich Eltern und Erzieher in gewissen Situationen Respekt verschaffen müssen, um überhaupt Gehör zu finden (Hoffman 1970b, p. 111f., 1979b,

p. 959), doch ein ausschliesslich machtorientierter Erziehungsstil führt nicht zu einer autonomen Moral.

Anders als im Falle von Liebesentzug wird das Kind beim induktiven Erziehungsstil auf die Folgen, die sein Verhalten für *andere* hat, aufmerksam. Damit stehen nicht die Gefühle der Eltern, sondern die *objektiven* Merkmale des kindlichen Verhaltens auf dem Spiel. Dadurch kann es dem Kind auch gelingen, sich von den Eltern emotional zu lösen und einen grösseren Verkehrskreis aufzubauen. Auf einen Nenner gebracht, bleibt das Kind bei einem auf Liebesentzug basierenden Erziehungsstil in der Beziehung zu den Eltern gefangen, während es sich bei einem auf Induktion basierenden Erziehungsstil davon befreien kann und sein soziales Feld zu erweitern vermag. Genau dies aber ist wesentlich, um in einer komplexen Gesellschaft das Niveau des *sozialen Makrosystems* als Orientierungspunkt seines Handelns zu erreichen. Gelingt dies nicht, bleibt das Kind gebunden an eine durchs "traute Heim" autorisierte Moral.

Die Bedeutung des induktiven Erziehungsstils für die moralische Erziehung ergibt sich unmittelbar aus unserer handlungstheoretischen Analyse der moralischen Entwicklung (vgl. Kapitel 8). Induktive Praktiken machen das Kind auf Motive, Ziele und Folgen seines Handelns aufmerksam. Sie erläutern ein Verhalten, das ihm selbst nur unvollkommen zugänglich ist. "Techniques that point up the harmful consequences of the child's behavior for the victim or encourage him to imagine himself in the other person's place may help put the feelings and thoughts of the victim into the child's consciousness and thus help guide his future actions in an altruistic direction" (Hoffman 1975b, p. 938). Kinder werden auf die Konsequenzen ihres Tuns aufmerksam, was ihr moralisches Bewusstsein erweitert. Hoffman nimmt an, dass durch induktive Techniken die Empathie der Kinder gefördert wird (Hoffman 1975c, p. 234; Hoffman & Saltzstein 1967, p. 55). Das zeigt auch eine Studie von Dunn und Kendrick (1982), bei der das Verhalten von Müttern und Kindern bei der Ankunft eines zweiten Kindes untersucht wurde. Wenn die Mütter die Bedürfnisse und Gefühle des Neugeborenen mit den älteren Kindern diskutierten, dann waren die letzteren eher interessiert am Säugling und zeigten diesem gegenüber mehr hilfsbereites Verhalten.

Insofern die (emotionale) Empathie mit der (kognitiven) Fähigkeit zum Perspektivenwechsel in Verbindung tritt, mag hinter diesen Ergebnissen ein weiterer Faktor wirksam sein. Fundamentaler als die Empathie ist in ethischer Hinsicht die Bereitschaft, andere Menschen als *Menschen* anzuerkennen. Offensichtlich fällt es uns leichter, Menschen zu verstehen, die uns ähnlich sind (Bierhoff 1983, p. 445f.; Hoffman 1984, p. 297; Radke-Yarrow, Zahn-Waxler & Chapman 1983, p. 514). Es ist schwerer, sich in die Lebensbedingungen von Menschen zu versetzen, die ganz anders sind als man selbst ist. Fremde Menschen sind uns *fremd* - wir verstehen sie nicht so leicht wie unseresgleichen. Zur moralischen Erziehung gehört daher auch die Induktion des Bewusstseins menschlicher Gleichheit und die Sensibilisierung der Kinder für die Menschlichkeit von Fremden (Bierhoff 1983, p. 487; Hoffman 1979b, p. 963, 1987, p. 69). Dies scheint überhaupt die Basis der induktiven Erziehungspraktiken zu sein. "Descriptions of inductive techniques sound very much as though their major function is to foster the development of role-taking skills and consideration of others ..." (Dickstein 1979, p. 46).

Damit fällt ein neues Licht auf Piagets Typologie der Moral. Die heteronome Moral ist das Resultat der einseitigen Achtung des Kindes, das seine Eltern idealisiert und sich ihren Geboten und Verboten unterwirft. Das Kind ist kognitiv in die Eltern-Beziehung eingebunden, da es seinen Standpunkt nicht zu dezentrieren vermag. Es liesse sich nun argumentieren, dass Eltern, die einen autoritären und auf Liebesentzug basierenden Erziehungsstil pflegen, das Kind auch dann noch in die Beziehung einseitiger Achtung einbinden, wenn es kognitiv längst zur Gegenseitigkeit fähig ist. Ein autoritärer Erziehungsstil hindert das Kind, den familiären Kreis zu durchbrechen und eine autonome Moral zu entwickeln. Andererseits können Eltern, die nicht sich selbst als Autorität präsentieren, sondern induktiv auf die Folgen des kindlichen Handelns für andere hinweisen, zur Befreiung des Kindes von der einseitigen Achtung beitragen. Wenn Piaget davon spricht, die Lehrer sollen den Schülern "Kameraden" sein, dann lässt sich das übersetzen in einen induktiven Erziehungsstil, der nicht die *Person* des Erziehers, sondern die Gegenseitigkeit der menschlichen Beziehung zur Quelle der Moral macht.

Piagets Misstrauen gegenüber der Familie liegt genau hier begründet. Er sieht in der Familie eine autoritär strukturierte Gruppe und hofft auf die Gleichaltrigen, die dem Kind den Schritt von der heteronomen zur autonomen Moral ermöglichen. Im Lichte der Sozialisationsforschung braucht dies aber nicht der Fall zu sein. Familien mit induktivem Erziehungsstil vermögen genauso zur moralischen Autonomie beizutragen wie Gleichaltrige, da sie den Kindern die Relativierung der elterlichen Autorität ermöglichen. Mit dieser Relativierung erschliesst sich dem Kind eine ausgedehntere soziale Welt. Der enge Horizont der familiären Primärgruppe wird durchbrochen zugunsten sozialer Beziehungen zu anderen Menschen. Nicht zuletzt deshalb markiert dieser Entwicklungsschritt das Alter des *Schulbeginns*, und zwar in praktisch allen Kulturen der Welt (Rogoff et al. 1975). Das Kind trifft nun auf andere Autoritäten und muss lernen, seine moralische Haltung von individuellen Personen und deren Geboten und Verboten abzulösen, um zu einer an *Prinzipien* orientierten Moral zu gelangen. Soll ihm dieser Schritt gelingen, müssen ihm die Erwachsenen jene Gegenseitigkeit der Achtung ermöglichen, die eine autonome Moral allererst erschliessen lässt. Ein autoritärer und machtorientierter Erziehungsstil ist dazu nicht in der Lage. Er bindet die Kinder an die Eltern und lässt nur eine personalisierte, keine universalistische Moral zu.

Damit sehen wir, dass die moralische Entwicklung keine blosse Funktion kognitiver Ungleichgewichte sein kann. Die sozialen Beziehungen, in denen ein Kind lebt und aufwächst, bestimmen mit, wie sich sein sozialer Horizont gestaltet und wie weit es sich von einer heteronomen zugunsten einer autonomen Moral entfernen kann. Die Rolle des Erziehers und Lehrers ist um einiges bedeutungsvoller als dies Piaget und Kohlberg einräumen. Eltern und Erzieher können Kinder daran hindern, ihre soziale Perspektive zu erweitern, wodurch sie deren moralische Entwicklung hemmen. Erfahrungen mit einer komplexen und pluralistischen Umwelt sind von zentraler Bedeutung für die Entwicklung einer reifen Moral. Garbarino und Bronfenbrenner berichten von einer Untersuchung, in der sich zeigte, "dass Kinder aus Familien, in denen beide Eltern starke und differenzierte Identitäten und Familienrollen innehatten, von ihren Lehrern eine hohe Bewertung in bezug auf Dimensionen wie Verantwortung, Autonomie, Unabhängigkeit im Urteil und die Fähigkeit, auf andere einzugehen, erhielten" (Garbarino & Bronfenbrenner 1976, p. 268). Kinder aus Familien mit einem dominierenden Elternteil und Kinder aus Familien, in denen keiner der Eltern einen nennenswerten Einfluss ausübte, zeigten dagegen niedrige Werte in den genannten Bereichen. Bereits in einer pluralistischen *Familienstruktur* liegt eine wesentliche Bedingung für die Stimulierung der moralischen Entwicklung. So gesehen ist es nicht gleichgültig, wie sich Eltern und Lehrer Kindern und Schülern gegenüber verhalten.

Kontrolle

Dies ist kein Plädoyer für einen antiautoritären oder Laissez-faire-Erziehungsstil. Induktives Erzieherverhalten ist dann am wirksamsten, wenn es nicht nur mit emotionaler Wärme, sondern auch mit *Kontrolle* verbunden ist[42]. Wir kommen damit zur dritten Bedingung einer adäquaten moralischen Erziehung. Die Bedeutung der Kontrolle für die Erziehung ist insbesondere von Diana Baumrind untersucht worden. Im wesentlichen unterscheidet sie drei Typen elterlichen Verhaltens: autoritäres, autoritatives und permissives. *Autoritäre* Eltern verlangen die bedingungslose Unterordnung unter ihre Forderungen. Ihre Autorität ist *personal* motiviert. Auch *autoritative* Eltern sind "autoritär", doch ist ihre Autorität *sachlich* begründet. Insofern verwenden autoritative Eltern induktive Erziehungspraktiken (Baumrind 1967, p. 80). *Permissive* Eltern wollen weder personal noch sachlich autoritär sein.

In den drei Typen von Elternverhalten gehen die Faktoren Kontrolle und Wärme eine je verschiedene Verbindung ein. Autoritäre Eltern sind kontrollierend, aber eher kalt, autoritative Eltern sind kontrollierend und warm, und permissive Eltern sind warm, aber kaum kontrollierend (Baumrind 1973, p. 8f.). Aufs Ganze gesehen zeitigt das *autoritative* Er-

---

[42] Kontrolle wird hier nicht im behavioristischen Sinne (vgl. Kapitel 2) verstanden. Kontrolle unterscheidet sich von Restriktion (vgl. unten).

zieherverhalten die besten Ergebnisse. Auf dem Hintergrund der Erkenntnisse aus drei Studien stellt Baumrind fest,

"authoritative control, by comparison with authoritarian control or permissive noncontrol, is associated with social responsibility (achievement orientation, friendliness toward peers, and cooperativeness toward adults) and independence (social dominance, nonconforming behavior, and purposiveness) whereas authoritarian control is *not* associated with social responsibility (its stated aim in the authoritarian middle-class white families studied) and permissive noncontrol is *not* associated with independence (its stated aim)" (ebd., p. 30f.).

Autoritatives Elternverhalten steht im Zusammenhang mit sozialer Verantwortung und Unabhängigkeit der Kinder - im Gegensatz zum autoritären und permissiven Elternverhalten.

Dieses Ergebnis lässt sich im Rahmen unserer theoretischen Analysen interpretieren. Baumrind legt Wert auf die Unterscheidung von kontrollierendem und *restriktivem* Verhalten. Restriktives Elternverhalten, auch wenn es mit Wärme gepaart ist, geht zusammen mit *abhängigen* und *unterwürfigen* Kindern (Baumrind 1967, p. 82; Becker 1964, p. 198). Dagegen sind die Kinder kontrollierender und warmer (also: autoritativer) Eltern *assertiv* und *selbständig*. Restriktives und autoritäres Elternverhalten führt zu unfreien Kindern. Der Grund dafür liegt im wesentlichen in der Unsachlichkeit der elterlichen Kontrolle. Autoritäre elterliche Kontrolle ist nicht gerechtfertigt, da sie ausschliesslich persönlich motiviert ist. Demgegenüber ist die autoritative Kontrolle durch eine sachbezogene Autorität begründet. Diese folgt aus der Verhältnismässigkeit des Kindes. Als Ich ist es auf sich gestellt, als Teil einer umfassenden "culture of embeddedness" (Kegan) auf andere angewiesen. Insofern Eltern ihre Kontrolle sachlich begründen, legitimieren sie sich als Teil seiner "einbindenden Kultur". Bezeichnenderweise passen sich autoritative Eltern den entwicklungsmässigen Veränderungen ihrer Kinder an, während weder autoritäre noch permissive Eltern dazu fähig oder willens sind (Baumrind 1973, p. 42, 1980a, p. 7, 1980b, p. 640f.).

Die Kontrolle der autoritativen Eltern ist *funktional* und insofern in den Augen der Kinder berechtigt. Demgegenüber erscheint das Verhalten autoritärer Eltern als *rücksichtslos* und *willkürlich*. Es führt zu negativen Gefühlen, rebellischem Verhalten und Auflehnung (Baumrind 1975, p. 133; Hoffman 1970b, p. 114). Kontrolle unter der Bedingung relativer Autonomie löst *Reaktanz* aus, d.h. das Bemühen, eine als gefährdet wahrgenommene Freiheit zu verteidigen (Zumkley-Münkel 1984, p. 219ff.). Analoges gilt - mit umgekehrtem Vorzeichen - für permissive Eltern. Permissive Eltern vermeiden die Ausübung von Kontrolle und sehen in der kindlichen Entwicklung einen blossen Reifungsprozess. Dadurch *überfordern* sie die Kinder. Eltern, die nicht intervenieren, bieten den Kindern keinen *Widerstand*. Diesen fehlt die Gelegenheit, ihre Grenzen zu erfahren. Mit allem, was sie tun, stossen sie quasi ins Leere. Sie können ihr Handeln bestenfalls im Kontakt mit der dinglichen Wirklichkeit reflektieren. Sie befinden sich in der Situation von Mr. Chance, dem niemand widerspricht und der von allen "verstanden" wird. Permissives Elternverhalten führt daher gerade nicht zu freien und selbständigen, sondern zu *unsicheren* Kindern.

Sowohl autoritäre wie permissive Eltern schirmen das Kind von Erfahrungen mit realen Handlungen ab. Autoritäre Eltern, indem sie entsprechendes Handeln *verbieten*, permissive Eltern, indem sie das Kind mit den Folgen seines Handelns *allein lassen*.

"Demands which cannot be met or no demands, suppression of conflict or sidestepping of conflict, refusal to help or too much help, unrealistically high or low standards, all may curb or understimulate the child so that he fails to achieve the knowledge and experience which could realistically reduce his dependence upon the outside world. The authoritarian and the permissive parent may both create, in different ways, a climate in which the child is not desensitized to the anxiety associated with nonconformity" (Baumrind 1968, p. 260).

Weder autoritäre noch permissive Eltern beachten, was dem Kind entwicklungsmässig möglich ist. Sie stellen sich nicht auf dessen "Zone der nächsten Entwicklung" ein. Sie missachten die Struktur der Entwicklung und verletzen das Prinzip der *Reziprozität*[43].

Das pädagogische Geheimnis der *autoritativen* Eltern liegt darin, dass ihr Verhältnis zu den Kindern *reziprok* ist. Was sie fordern, wird ausgeglichen durch das, was sie geben. Sie sehen im Gleichgewicht ihrer Rechte und Pflichten und demjenigen ihrer Kinder eine veränderliche Funktion der kindlichen Entwicklung (Baumrind 1973, p. 43, 1989, p. 370f.). Autoritative Eltern verleugnen ihre Besonderheit als Erwachsene nicht. Vielmehr insistieren sie auf ihren Ansprüchen. Gleichwohl setzen sie sich nicht über die Rechte der Kinder hinweg. Sie anerkennen die individuellen Besonderheiten und Interessen ihrer Kinder und *achten* diese in ihrer Menschlichkeit. *Damit praktizieren sie das Grundprinzip der Moral: die Achtung vor der Würde des Menschen.* Wenn Piaget von der *einseitigen* Achtung des präoperationalen Kindes spricht, dann gilt dies allein für die subjektive Perspektive des Kindes. Denn ein echtes pädagogisches Verhältnis ist von Anfang an durch *gegenseitige* Anerkennung geprägt. Darin liegt die moralische Dimension des erzieherischen Handelns.

Tatsächlich sind Baumrinds Analysen des elterlichen Verhaltens eminent pädagogisch. Autoritative Eltern sind erfolgreich, weil ihre Autorität *sachlich*, ihr Verhalten dem kindlichen Entwicklungsstand *angemessen* und ihre erzieherische Haltung *wohlwollend* ("warm") ist. Weder Wärme allein noch Kontrolle allein sind erzieherisch wirksam (Baumrind 1973, p. 33). Die *Wärme* betrifft ausschliesslich die personale Ebene der Beziehung von Eltern und Kind. Ist sie der einzige Faktor im pädagogischen Verhältnis, dann ist die Beziehung selbstkonsumierend. Es fehlt ihr ein ausserhalb ihrer liegendes Objekt, das die Beziehung *versachlichen* könnte. Der Beziehungsaspekt der Kommunikation schwebt ätherisch im

---

[43] Natürlich braucht es sich dabei nicht um eine *wissentliche* Missachtung zu handeln. Erzieherisches Fehlverhalten ist nur allzu oft die Folge von Unkenntnis.

Raum und wird nie durch den Sachaspekt relativiert (Watzlawick, Beavin & Jackson 1969, p. 53ff., 79ff.). Pädagogisch gesprochen fehlt einer ausschliesslich "warmen" Beziehung die Spitze des pädagogischen Dreiecks: die Sache[44]. Im reinen Verhältnis von Ich und Du verzehren sich die Personen, da sie das einzige sind, worum es geht.

Zu viel Wärme, blosse Wärme und die Manipulation von Wärme führen zu Abhängigkeit und Passivität. Ein ausschliesslich emotionsbezogenes Erzieherverhalten fördert den Rückzug in die Innerlichkeit und wirkt der Bildung moralischer Subjektivität entgegen. Erst die *Sache*, die sowohl dem Erzieher als auch dem Edukanden *gegenübersteht*, vermag das pädagogische Verhältnis zu objektivieren. Die autoritative Kontrolle betrifft genau diese rationale Dimension der Erziehung, denn autoritative Eltern stellen *sachliche* Ansprüche an ihre Kinder und setzen nicht ihre Person als Erziehungsmittel ein.

Rückblick auf die pädagogische Tradition

Die erzieherische Wirksamkeit ist keine Funktion einer einzigen Variablen. Vielmehr ist das *Muster* des erzieherischen Verhaltens entscheidend, in das insbesondere Wärme und Verständnis, induktives Räsonnieren und autoritative Kontrolle eingehen. Diese drei Ingredienzen eines erfolgreichen Erzieherverhaltens entsprechen den drei Theorietraditionen, die wir in diesem Buch diskutiert haben: Behaviorismus (Verstärkung/Kontrolle), Psychoanalyse (Emotionalität/Wärme) und genetische Psychologie (Vernunft/induktives Erklären). Der integrative Anspruch des organismischen Denkens bestätigt sich darin, dass die drei Faktoren insofern wirksam sind, als sie dem *Entwicklungsstand* des Kindes angepasst sind.

Die erfolgreiche Erziehung beruht auf dem "respektvollen Engagement" des Erziehers am Edukanden (Damon 1988, p. 119ff.). Der Edukand *braucht* den Erzieher, um sein moralisches Potential ausschöpfen zu können. Die Tatsache, dass sich autoritative Eltern Kindern gegenüber entwicklungsangemessen verhalten, bedeutet, dass ihre Forderungen *herausfordernd*, aber nicht überfordernd sind. Damit bieten sie dem Kind jenen gemässigten Stress, der für seine Entwicklung *anregend* ist. Tatsächlich meint Baumrind, die Anforderungen der Eltern seien Stressoren für das Kind (Baumrind 1967, p. 61). Adäquate Erziehung schafft Entwicklungsstress. Eltern und Erzieher initiieren Zustände im Edukanden, die dessen Entwicklung fördern. Ihre Aufgabe ist es weiter, was sie fördern auch zu *lenken*. Dieses Erziehungsverständnis steht in Übereinstimmung mit einer klassischen Abhandlung der modernen Pädagogik, nämlich Theodor Litts "Führen oder Wachsenlassen". Da wir unsere Überle-

---

[44] "Das pädagogische Dreieck verbindet Kind, Erzieher und Sache miteinander ..." (Derbolav 1975, p. 123).

gungen in den Horizont der neuzeitlichen Pädagogik gestellt haben (vgl. Kapitel 1), wollen wir das Ergebnis unserer psychologischen Auseinandersetzung abschliessend mit diesem pädagogischen Text konfrontieren.

Für Litt ist die Erziehung weder technisches noch künstlerisches Handeln. Technik und Kunst sind Kontexte der *Herstellung* (der *poiesis* im Sinne von Aristoteles). Der Techniker und der Künstler folgen einem Plan und wissen um die Zukunft ihres Werks. Im Falle der Erziehung aber kann die Zukunft nicht gleichermassen vorweggenommen werden. Der Erzieher würde sich hoffnungslos übernehmen, wollte er wissen, worin die Zukunft des Edukanden liegt. Litt wendet sich daher gegen die Idee der Erziehung als *Führung*[45]. Denn, wo geführt wird, da wird die Zukunft im Namen der Vergangenheit fortgeschrieben (Litt 1927, p. 38ff.). Litt bestätigt unsere Kritik an der *Epigenese* als Modell der menschlichen Entwicklung (vgl. Kapitel 7). Insofern die Epigenese die Theoretisierung von Erziehungshandlungen anleitet, bilden *vergangene* Entwicklungsprozesse den Massstab der Veränderung. Dem Erzieher, der sich als Handwerker oder Künstler versteht, kann eine naturalistische Entwicklungstheorie ideologische Dienste leisten[46]. Als Führer kennt er die Zukunft des Edukanden im selben Mass wie der Embryologe die Richtung der Epigenese kennt.

Litt verbietet dem Erzieher die Vorwegnahme der Zukunft des Edukanden. Seine Verantwortung liegt gerade darin, der kommenden Generation die Zukunft *offen* zu halten (Litt 1927, p. 25ff.). Damit scheint Litt für die Pädagogik des *Wachsenlassens* Partei zu ergreifen. Doch dem ist nicht so. Denn das Wachsenlassen würde nicht nur eine Selbstbegrenzung, sondern die radikale *Selbstaufhebung* der Erziehung bedeuten. Das Wachsenlassen ist ein Geschehenlassen, das dem Verzicht auf jeglichen Eingriff gleichkommt und den Willen des Edukanden zum Massstab der Erziehung macht. Es kann daher nur als Formel gegen die Hybris des Erzieherwillens gemeint sein. Das pädagogische Handeln ist zwangsläufig eingespannt in die Pole zuschauender Passivität und eingreifender Aktivität. *Weder* Führen *noch* Wachsenlassen ist daher Litts Devise. Der Erzieher muss in seinem Handeln immer wieder den Ausgleich zwischen den beiden Extremen finden.

Litt ist daher nicht der Meinung, der Pädagoge habe auf Führung zu verzichten. Die "Verantwortung des tätigen Zugreifens" ist vom Erziehertum nicht abzutrennen (Litt 1927, p. 20). Auf Führung zu verzichten hat der Erzieher allein im Verhältnis zur *Zukunft* des Edukanden. Im Verhältnis zur *Vergangenheit* jedoch ist ein Führen legitim. Denn der Erzieher ist nicht nur Anwalt des Kindes, sondern auch des "objektiven Gei-

---

[45] Das Wort "Führung" ist allerdings nicht besonders gut gewählt. Eine gute Führung ist von eminent bildendem Wert. Litts pädagogische Kritik sollte wohl insgeheim eine politische Kritik am "Führertum" sein, das zur Zeit der Erstauflage seines Buches im Anzug war (vgl. Litts Vorwort zur 4. Auflage). Statt "Führung" gäbe "Herstellung" die kritische Intention Litts besser wieder.

[46] Deutlich ist dies bei Ellen Keys "Religion der Entwicklung" (vgl. Kapitel 1).

stes". Gegenüber einer sentimentalen Pädagogik des Nichts-Tuns soll das Recht und die Pflicht des Erziehers zu *handeln* stabilisiert werden.

"Dass solches Handeln Willkür, Eingriff, Ablenkung bedeute - dieser Vorwurf muss in genau dem Umfange in sich zusammenfallen, wie der Erzieher in seinem Tun einerseits Anwalt und Vertreter des *objektiven Geistes* ist, zu dessen Höhe das junge Geschlecht emporgehoben werden soll, andererseits Anwalt der *Seele* ist, die dieser Höhe zustrebt. Nicht von *einer* Seite her ..., sondern nur aus der Begegnung zweier gleichberechtigter Gewalten lässt sich Sinn und Recht der erzieherischen Initiative bestimmen; sie waltet als Mittlerin zwischen zwei Parteien, die aus eigener Kraft nicht zueinander kommen können und doch aufeinander angewiesen sind" (ebd., p. 65f.).

Aufgabe des pädagogischen Handelns ist nicht nur, einem Kind zu sich selbst zu verhelfen, sondern das Kind in eine Welt einzuführen, die ihre Gestalt über Jahrtausende gewonnen hat.

Mit Hannah Arendt können wir feststellen, dass der Erzieher nicht nur dem *Leben*, sondern auch der *Welt* gegenüber Verantwortung trägt (vgl. Kapitel 1). Die Welt ist vor dem Ansturm an Neuem im Kind genauso in Schutz zu nehmen, wie das Kind vor dem Neuen der Welt zu behüten ist. Dazu aber genügen die abwartende Geduld und der Verzicht auf vorzeitigen Eingriff nicht (Litt 1927, p. 64). Als Anwalt der objektivierten Welt ist der Erzieher Traditionalist, wenn auch ein blindes Festhalten an Vergangenem damit nicht gemeint sein kann. Als Sachwalter der Tradition steht der Erzieher auf einem Standpunkt ausserhalb der Ich-Du-Beziehung. Wie der Wächter auf der Bergspitze, ist er einer Ordnung verpflichtet, die in der Arbeit von Generationen dem Wechsel der Zeiten abgetrotzt worden ist. Er ist aktiv im Namen einer *Sache*, doch seine Aktivität ist nicht an einem unbeirrbaren Ziel ausgerichtet.

Die sture Ausrichtung an einem vorschwebenden Ziel ist in jedem Fall pädagogisch verfehlt, so dass die Tätigkeit des Erziehers nicht eine Führung, wohl aber eine *Einführung* genannt werden kann (Litt 1927, p. 72)[47]. Einführen kann nur, wer Rücksicht nimmt auf die Besonderheit dessen, der eingeführt werden soll. Einführen meint die Zurückweisung von Führen und Wachsenlassen als erzieherischen Haltungen und zugleich die Anerkennung ihres relativen Rechts. Es gibt daher keine Entscheidung zwischen Führen und Wachsenlassen. Beides soll sich die Waage halten.

"In verantwortungsbewusstem Führen niemals das Recht vergessen, das dem aus eigenem Grunde wachsenden Leben zusteht - in ehrfürchtig-geduldigem Wachsenlassen niemals die Pflicht vergessen, in der der Sinn erzieherischen Tuns sich gründet - das ist der pädagogischen Weisheit letzter Schluss" (ebd., p. 81f.). Diese feierlichen Worte Litts bringen dieselbe Haltung zum Ausdruck, die auch den nüchternen Analysen Baumrinds zugrunde liegt. Das erzieherische Geschehen ist weder ein adulto- noch ein paidozentrischer Prozess. Weder liegt sein Fokus in der Auto-

---

[47] Die Idee der *Initiation* der nachwachsenden Generation in die öffentliche Kultur ist ein zentraler Gedanke der analytischen Erziehungsphilosophie von Richard Peters (Oelkers 1985, p. 80ff.).

rität des Erwachsenen, noch in derjenigen des Kindes. Die Erziehung ist kein Herstellungsprozess, und sie ist kein Wachstumsprozess. Damit hat auch die *Theorie der Erziehung* mehr und etwas anderes zu sein als Kunstlehre oder Technologie.

Litt lehnt die Idee der Pädagogik als Kunstlehre deshalb ab, weil es im Falle der Erziehung nicht wie bei der künstlerischen Produktion um einen neutralen Stoff geht, dem durch den Gestaltungswillen des Künstlers eine Form gegeben wird. Eine Leinwand, ein Marmorblock, ein musikalisches Motiv, die Sprache etc., all dies ist *Stoff*, der relativ beliebig geformt werden kann. Nicht so im Falle der Erziehung. Die Form, zu der der Edukand finden soll, ist keine blosse Funktion des Gestaltungswillens des Erziehers. Deshalb hat die Pädagogik mehr zu sein als Kunstlehre. Doch ist sie auch nicht angewandte Wissenschaft (Litt 1921, p. 89). Und zwar deshalb nicht, weil das Modell der angewandten Wissenschaft die Technik ist. Ein technisches Handeln ist aber die Erziehung genausowenig wie ein künstlerisches. Die Technik richtet sich nach *allgemeinen* Gesetzen, die mit Bezug auf gegebene Zwecke angewandt werden. Diese Logik kann solange funktionieren, wie sich die Zweck-Mittel-Relation in eine Ursache-Wirkungs-Beziehung überführen lässt. Doch das pädagogische Verhältnis ist kein Kausalverhältnis. Der Edukand ist kein Material, dem *irgendein* Zweck aufgesetzt werden könnte. Die *mechanistische* Auffassung, die im Menschen ein "Aggregat von elementaren Stoffen und Kräften" sehen will, ist irrig (Litt 1921, p. 95). Erzieherisches Handeln "hat mit technischem Handeln nichts gemein" (Litt 1947, p. 115). Folglich kann die Theorie der Erziehung auch nicht die Form einer Technologie annehmen.

Litts Argumentation ist *anthropologisch*. Der Mensch ist kein formloses Etwas, das erst über pädagogische Manipulationen zu einer Gestalt finden würde. Daher ist Erziehung weder Kunst noch Technik. Daher auch ist die Pädagogik weder Kunstlehre noch Technologie. Auch die dritte Variante ist falsch. Da das Kind kein sich selbst entfaltendes Pflänzchen ist, das lediglich der Pflege bedürfte, ist das erzieherische Handeln auch keine Gärtnerei. Das Objekt der Erziehung ist so beschaffen, dass das, was auf es einwirkt, gebrochen wird durch ein inneres Potential. Trotzdem ist der Einfluss von aussen notwendig, damit die Entwicklung vorankommt. "Nur deshalb gibt es Erziehung, weil die Seele *nicht* eindeutig präformiert ist, sondern erst in der Auseinandersetzung mit ideellen Gehalten sich gestaltet, und nur darum gibt es *seelische* Entwicklung, weil es Erziehung, d.h. persönliche Übertragung ideeller Gehalte von Mensch zu Mensch gibt" (Litt 1921, p. 100). Das erzieherische Handeln gibt der Entwicklung eine Richtung, auch wenn es diese Richtung nicht determiniert. Dann aber kann das erzieherische Handeln nicht als Anwendungsfall eines neutralen Wissens begriffen werden.

Davon aber sind wir ausgegangen. Die pädagogische Psychologie ist keine angewandte, sondern eine *interdisziplinäre* Wissenschaft, deren Gegenstand in der Perspektive der pädagogischen Intuition erschlossen und modelliert wird. Der pädagogische Standpunkt besteht in der Förderung von Bildung durch erzieherisches Handeln. Der Gedanke, dass der Mensch mittels Erziehung seine Subjektivität formen kann, bildet den Kern der neuzeitlichen Pädagogik. Dieser Gedanke erschliesst den Horizont einer pädagogischen Psychologie, die weder der Wachstums- noch der Herstellungsmetaphorik verpflichtet ist. Aber erst die Überwindung des Cartesianismus vermag den Horizont dieser pädagogischen Psychologie zu klären. Dann wird deutlich, dass die Erziehung die Entwicklung des menschlichen Individuums zwar wirksam zu beeinflussen, aber nicht zu determinieren vermag. Doch eine Determination ist nicht notwendig, da der Mensch über ein moralisches Potential verfügt, das lediglich gefördert, gestärkt und gelenkt werden muss.

Literaturverzeichnis

Die Zahl in Klammern hinter dem Autor entspricht dem Jahr der Erstveröffentlichung (ev. auch einer neubearbeiteten Auflage oder einer Textsammlung) - ausser im Falle von antiken Texten -, die Zahl hinter dem Verlag entspricht der Ausgabe, aus der zitiert wird - falls diese nicht mit der Erstauflage identisch ist.

Abraham, K. (1924): Versuch einer Entwicklungsgeschichte der Libido auf Grund der Psychoanalyse seelischer Störungen, in: ders.: Gesammelte Schriften, Bd. 2. Hrsg. von J. Cremerius. Frankfurt: Fischer 1982, p. 32-102.
Adler, A. (1914): Lebenslüge und Verantwortlichkeit in der Neurose und Psychose, in: ders.: Praxis und Theorie der Individualpsychologie - Vorträge zur Einführung in die Psychotherapie für Ärzte, Psychologen und Lehrer. Hrsg. von W. Metzger. Frankfurt: Fischer 1974, p. 255-264.
Adorno, T.W. (1959): Theorie der Halbbildung, in: ders.: Gesellschaftstheorie und Kulturkritik. Frankfurt: Suhrkamp 1975, p. 66-94.
Aebli, H. (1963): Über die geistige Entwicklung des Kindes. Stuttgart: Klett.
Aebli, H. (1967): Natur und Kultur in der Entwicklung des Menschen. Konstanz: Universitätsverlag.
Aebli, H. (1983): Zur Einführung, in: J. Piaget: Das moralische Urteil beim Kinde. Stuttgart: Klett, p. 13-22.
Allport, G.W. (1955): Werden der Persönlichkeit - Gedanken zur Grundlegung einer Psychologie der Persönlichkeit. Frankfurt: Fischer 1983.
Amsel, A. & M.E. Rashotte (1977): Entwicklungsrichtungen der S-R-Lerntheorien in Amerika, in: H. Zeier (ed.): Die Psychologie des 20. Jahrhunderts, Bd. 4. Zürich: Kindler, p. 83-160.
Anders, G. (1980): Die Antiquiertheit des Menschen, Bd. 2. Zürich: Ex Libris 1984.
Anthony, J. (1957): The System Makers: Piaget and Freud, in: British Journal of Medical Psychology 30, p. 255-269.
Apel, K.-O. (1975): Das Leibapriori der Erkenntnis, in: H.-G. Gadamer & P. Vogler (eds.): Neue Anthropologie, Bd. 7. Stuttgart: Thieme, p. 264-288.
Arendt, H. (1958a): Die Krise in der Erziehung. Bremen: Angelsachsen-Verlag.
Arendt, H. (1958b): Vita activa oder Vom tätigen Leben. München: Piper 1981.
Arendt, H. (1963): Eichmann in Jerusalem - Ein Bericht von der Banalität des Bösen. München: Piper 1986.
Aristoteles (1972): Die Nikomachische Ethik. Hrsg. von O. Gigon. München: Deutscher Taschenbuch Verlag.
Arlin, P.K. (1975): Cognitive Development in Adulthood: A Fifth Stage? in: Developmental Psychology 11, p. 602-606.
Arndt, E.M. (1805): Fragmente über Menschenbildung. Hrsg. von W. Münch & H. Meisner. Langensalza: Beyer & Söhne 1904.
Arsenio, W.F. & M.E. Ford (1985): The Role of Affective Information in Social-Cognitive Development: Children's Differentiation of Moral and Conventional Events, in: Merrill-Palmer Quarterly 31, p. 1-17.
Austin, J.L. (1956): Ein Plädoyer für Entschuldigungen, in: G. Meggle (ed.): Analytische Handlungstheorie, Bd. 1. Frankfurt: Suhrkamp 1985, p. 8-42.
Baer, D.M. (1976): The Organism as Host, in: Human Development 19, p. 87-98.
Baier, K. (1954): Der moralische Standpunkt, in: G. Grewendorf & G. Meggle (eds.): Seminar: Sprache und Ethik. Frankfurt: Suhrkamp 1974, p. 285-316.
Bakan, D. (1965): The Mystery-Mastery Complex in Contemporary Psychology, in: American Psychologist 20, p. 186-191.
Bakan, D. (1966): The Duality of Human Existence - An Essay on Psychology and Religion. Chicago: Rand McNally.

Bakan, D. (1967): On Method - Toward a Reconstruction of Psychological Investigation. San Francisco: Jossey-Bass 1974.
Balint, M. (1965): Die Urformen der Liebe und die Technik der Psychoanalyse. München: Deutscher Taschenbuch Verlag 1988.
Bandura, A. (1973): Aggression - Eine sozial-lerntheoretische Analyse. Stuttgart: Klett-Cotta 1979.
Bandura, A. (1977): Sozial-kognitive Lerntheorie. Stuttgart: Klett-Cotta 1979.
Barnett, M.A. (1987): Empathy and Related Responses in Children, in: N. Eisenberg & J. Strayer (eds.): Empathy and Its Development. Cambridge: Cambridge University Press, p. 146-162.
Bateson, G. (1972): Ökologie des Geistes - Anthropologische, psychologische, biologische und epistemologische Perspektiven. Frankfurt: Suhrkamp 1985.
Batson, C.D. (1990): How Social an Animal? - The Human Capacity for Caring, in: American Psychologist 45, p. 336-346.
Baumgartner, E. (1985): Intentionalität - Begriffsgeschichte und Begriffsanwendung in der Psychologie. Würzburg: Königshausen + Neumann.
Baumrind, D. (1967): Child Care Practices Anteceding Three Patterns of Preschool Behavior, in: Genetic Psychology Monographs 75, p. 43-88.
Baumrind, D. (1968): Authoritarian vs. Authoritative Parental Control, in: Adolescence 3, p. 255-272.
Baumrind, D. (1973): The Development of Instrumental Competence through Socialization, in: A.D. Pick (ed.): Minnesota Symposia on Child Psychology, Vol. 7. Minneapolis: University of Minnesota Press, p. 3-46.
Baumrind, D. (1975): Early Socialization and Adolescent Competence, in: S.E. Dragastin & G. Elder, Jr. (eds.): Adolescence in the Life Cycle. Washington, D.C.: Hemisphere, p. 117-143.
Baumrind, D. (1978): A Dialectical Materialist's Perspective on Knowing Social Reality, in: W. Damon (ed.): Moral Development. San Francisco: Jossey-Bass, p. 61-82.
Baumrind, D. (1980a): The Principle of Reciprocity - Development of Prosocial Behavior in Children, in: Educational Perspectives - Journal of the College of Education, University of Hawaii at Manoa, Vol. 19, no. 4, p. 3-9.
Baumrind, D. (1980b): New Directions in Socialization Research, in: American Psychologist 35, p. 639-652.
Baumrind, D. (1986): Sex Differences in Moral Reasoning: Response to Walker's (1984) Conclusion That There Are None, in: Child Development 57, p. 511-521.
Baumrind, D. (1989): Rearing Competent Children, in: W. Damon (ed.): Child Development Today and Tomorrow. San Francisco: Jossey-Bass, p. 349-378.
Bearison, D.J. (1974): The Construct of Regression: A Piagetian Approach, in: Merrill-Palmer Quarterly 20, p. 21-30.
Beck, U. (1983): Jenseits von Stand und Klasse? in: R. Kreckel (ed.): Soziale Ungleichheiten. Göttingen: Schwartz, p. 35-74.
Beck, U. (1986): Risikogesellschaft - Auf dem Weg in eine andere Moderne. Frankfurt: Suhrkamp.
Becker, W.C. (1964): Consequences of Different Kinds of Parental Discipline, in: M.L. Hoffman & L.W. Hoffman (eds.): Review of Child Development Research, Vol. 1. New York: Russell Sage Foundation, p. 169-208.
Beilin, H. (1987): Current Trends in Cognitive Development Research: Towards a New Synthesis, in: B. Inhelder, D. de Caprona & A. Cornu-Wells (eds.): Piaget Today. Hove: Lawrence Erlbaum, p. 37-64.
Benhabib, S. (1986): Der verallgemeinerte und der konkrete Andere - Ansätze zu einer feministischen Moraltheorie, in: E. List & H. Studer (eds.): Denkverhältnisse - Feminismus und Kritik. Frankfurt: Suhrkamp 1989, p. 454-487.
Berg-Cross, L.G. (1975): Intentionality, Degree of Damage, and Moral Judgments, in: Child Development 46, p. 970-974.
Berger, P.L., B. Berger & H. Kellner (1973): Das Unbehagen in der Modernität. Frankfurt: Campus 1987.
Bergling, K. (1981): Moral Development - The Validity of Kohlberg's Theory. Stockholm: Almqvist & Wiksell International.

Berkowitz, L. (1983): Aversively Stimulated Aggression - Some Parallels and Differences in Research With Animals and Humans, in: American Psychologist 38, p. 1135-1144.
Berlyne, D.E. (1976): [Statement zum 80. Geburtstag von Jean Piaget], in: Hommage à Jean Piaget zum achtzigsten Geburtstag. Stuttgart: Klett, p. 15.
Bernfeld, S. (1925): Sisyphos oder die Grenzen der Erziehung. Frankfurt: Suhrkamp 1976.
Bernfeld, S. (1932): Der Begriff der "Deutung" in der Psychoanalyse, in: Zeitschrift für angewandte Psychologie 42, p. 448-497.
Bertram, H. (1979): Moralerziehung - Erziehung zur Kooperation, in: Zeitschrift für Pädagogik 25, p. 529-546.
Bertram, H. (1980): Moralische Sozialisation, in: K. Hurrelmann & D. Ulich (eds.): Handbuch der Sozialisationsforschung. Weinheim: Beltz, p. 717-744.
Bertram, H. (1986): Einleitung, in: ders. (ed.): Gesellschaftlicher Zwang und moralische Autonomie. Frankfurt: Suhrkamp, p. 9-30.
Bettelheim, B. (1943): Individuelles und Massenverhalten in Extremsituationen, in: ders.: Erziehung zum Überleben - Zur Psychologie der Extremsituation. München: Deutscher Taschenbuch Verlag 1982, p. 58-95.
Bettelheim, B. (1975): Kinder brauchen Märchen. München: Deutscher Taschenbuch Verlag 1981.
Bierhoff, H.W. (1983): Motivation prosozialer Aktivität, in: H. Thomae (ed.): Psychologie der Motive. Göttingen: Hogrefe 1983, p. 440-504.
Bischof, N. (1985): Das Rätsel Ödipus - Die biologischen Wurzeln des Urkonfliktes von Intimität und Autonomie. München: Piper.
Bitterman, M.E. (1965): Phyletic Differences in Learning, in: American Psychologist 20, p. 396-410.
Black, M. (1962): Models and Metaphors - Studies in Language and Philosophy. London: Cornell University Press 1976.
Black, M. (1979): More about Metaphor, in: A. Ortony (ed.): Metaphor and Thought. Cambridge: Cambridge University Press, p. 19-43.
Blasi, A. (1980): Bridging Moral Cognition and Moral Action: A Critical Review of the Literature, in: Psychological Bulletin 88, p. 1-45.
Blasi, A. (1983): Moral Cognition and Moral Action: A Theoretical Perspective, in: Developmental Review 3, p. 178-210.
Blasi, A. (1986a): Psychologische oder philosophische Definition der Moral - Schädliche Einflüsse der Philosophie auf die Moralpsychologie, in: W. Edelstein & G. Nunner-Winkler (eds.): Zur Bestimmung der Moral - Philosophische und sozialwissenschaftliche Beiträge zur Moralforschung. Frankfurt: Suhrkamp, p. 55-85.
Blasi, A. (1986b): Die moralische Persönlichkeit: Reflexionen für die Sozialwissenschaften und die Erziehung, in: F. Oser, W. Althof & D. Garz (eds.): Moralische Zugänge zum Menschen - Zugänge zum moralischen Menschen. München: Kindt, p. 67-81.
Bloch, E. (1949): Subjekt-Objekt - Erläuterungen zu Hegel, in: ders.: Gesamtausgabe, Bd. 8. Frankfurt: Suhrkamp 1977.
Block, J. (1982): Assimilation, Accomodation, and the Dynamics of Personality Development, in: Child Development 53, p. 281-295.
Boden, M.A. (1979): Piaget. Glasgow: Fontana.
Böhler, D. (1980): Entwicklungsprobleme und Entwicklungsschwellen der praktischen Vernunft - Schwierigkeiten, Sokrates zu begreifen? in: K.-O. Apel, D. Böhler, A. Berlich & G. Plumpe (eds.): Praktische Philosophie/Ethik - Aktuelle Materialien. Reader zum Funk-Kolleg, Bd. 1. Frankfurt: Fischer, p. 123-154.
Bolles, R.C. (1988): On the Status of Causal Modes, in: A.C. Catania & S. Harnard (eds.): The Selection of Behavior - The Operant Behaviorism of B.F. Skinner: Commentary and Consequences. Cambridge: Cambridge University Press, p. 23-24.
Bower, G.H. & E.R. Hilgard (1981): Theorien des Lernens, 2 Bde. Stuttgart: Klett-Cotta 1983.
Bowlby, J. (1969): Bindung - Eine Analyse der Mutter-Kind-Beziehung. Frankfurt: Fischer 1984.

Brabeck, M. (1983): Moral Judgment: Theory and Research on Differences between Males and Females, in: Developmental Review 3, p. 274-291.
Brandtstädter, J. (1980): Vom Sein zum Sollen in der Theorie des Moralischen Urteils: Wege, Schleichwege, Irrwege, in: L.H. Eckensberger & R.K. Silbereisen (eds.): Entwicklung sozialer Kognitionen - Modelle, Theorien, Methoden, Anwendung. Stuttgart: Klett-Cotta, p. 133-144.
Brandtstädter, J. (1984): Entwicklung in Handlungskontexten: Aussichten für die entwicklungspsychologische Theorienbildung und Anwendung, in: H. Lenk (ed.): Handlungstheorien - interdisziplinär, Bd. 3/2. München: Fink, p. 848-878.
Brandtstädter, J. (1985): Individual Development in Social Action Contexts: Problems of Explanation, in: J.R. Nesselroade & A. von Eye (eds.): Individual Development and Social Change - Explanatory Analysis. New York: Academic Press, p. 243-264.
von Braunmühl, E. (1975): Antipädagogik - Studien zur Abschaffung der Erziehung. Weinheim: Beltz 1983.
von Braunmühl, E. (1978): Zeit für Kinder - Theorie und Praxis von Kinderfeindlichkeit, Kinderfreundlichkeit, Kinderschutz. Frankfurt: Fischer 1984.
Bregman, E.O. (1934): An Attempt to Modify the Emotional Attitudes of Infants by the Conditioned Response Technique, in: Journal of Genetic Psychology 45, p. 169-198.
Brenner, C. (1972): Grundzüge der Psychoanalyse. Frankfurt: Fischer 1979.
Brenner, C. (1982): Elemente des seelischen Konflikts - Theorie und Praxis der modernen Psychoanalyse. Frankfurt: Fischer 1986.
Brezinka, W. (1978): Metatheorie der Erziehung - Eine Einführung in die Grundlagen der Erziehungswissenschaft, der Philosophie der Erziehung und der Praktischen Pädagogik. München: Reinhardt.
Brezinka, W. (1981): Grundbegriffe der Erziehungswissenschaft. München: Reinhardt (4., verbesserte Auflage).
Bronfenbrenner, U. (1960): Freudian Theories of Identification and Their Derivatives, in: Child Development 31, p. 15-40.
Broughton, J.M. (1981): Piaget's Structural Developmental Psychology, in: Human Development 24, p. 78-109, 195-224, 257-285, 320-346 und 382-411.
Brown, P.L. & H.M. Jenkins (1968): Auto-Shaping of the Pigeon's Key-Peck, in: Journal of the Experimental Analysis of Behavior 11, p. 1-8.
Broyer, J.A. (1973): Mead's Ethical Theory, in: W.R. Corti (ed.): The Philosophy of George Herbert Mead. Amriswiler Bücherei, p. 171-192.
Brožek, J. & S. Diamond (1976): Die Ursprünge der objektiven Psychologie, in: H. Balmer (ed.): Die Psychologie des 20. Jahrhunderts, Bd. 1. Zürich: Kindler, p. 795-819.
Bruch, H. (1962): Falsification of Bodily Needs and Body Concept in Schizophrenia, in: Archives of General Psychiatry 6, p. 18-24.
Bruder, K.-J. (1982): Psychologie ohne Bewusstsein - Die Geburt der behavioristischen Sozialtechnologie. Frankfurt: Suhrkamp.
Bruner, J.S. (1958): The Freudian Conception of Man and the Continuity of Nature, in: G. Holton (ed.): Science and the Modern Mind. Freeport, N.Y.: Books for Libraries Press 1971, p. 74-82.
Bruner, J.S. (1962): On Knowing - Essays for the Left Hand. Cambridge: Belknap Press 1969.
Bruner, J.S. (1972): Nature and Uses of Immaturity, in: American Psychologist 27, p. 687-708.
Bruner, J. (1986): Actual Minds, Possible Worlds. Cambridge: Harvard University Press.
Bubner, R. (1982): Handlung, Sprache und Vernunft - Grundbegriffe praktischer Philosophie. Frankfurt: Suhrkamp (Neuausgabe).
Buck, G. (1981): Hermeneutik und Bildung - Elemente einer verstehenden Bildungslehre. München: Fink.
Buck, G. (1984): Rückwege aus der Entfremdung - Studien zur Entwicklung der deutschen humanistischen Bildungsphilosophie. Paderborn: Schöningh.
Buck, G. (1985): Herbarts Grundlegung der Pädagogik. Heidelberg: Winter.
Bühler, K. (1927): Die Krise der Psychologie. Frankfurt: Ullstein 1978.

Bühler, K. (1934): Sprachtheorie - Die Darstellungsfunktion der Sprache. Stuttgart: Gustav Fischer 1982.
Buggle, F. (1985): Die Entwicklungspsychologie Jean Piagets. Stuttgart: Kohlhammer.
Bunge, M. (1987): Eine Kritik des Mentalismus, in: Zeitschrift für Klinische Psychologie, Psychopathologie und Psychotherapie 35, p. 244-269.
Butterworth, G. (1983): Social Cognition: The Case for Piaget, in: S. Modgil, C. Modgil & G. Brown (eds.): Jean Piaget - An Interdisciplinary Critique. London: Routledge & Kegan Paul, p. 197-208.
Camus, A. (1956): Der Fall. Roman. Hamburg: Rowohlt 1957.
Carroll, J.L. & J.R. Rest (1982): Moral Development, in: B.B. Wolman (ed.): Handbook of Developmental Psychology. Englewood Cliffs, N.J.: Prentice-Hall, p. 434-459.
Catania, A.C. (1988): Problems of Selection and Phylogeny, Terms and Methods of Behaviorism, in: A.C. Catania & S. Harnard (eds.): The Selection of Behavior - The Operant Behaviorism of B.F. Skinner: Commentary and Consequences. Cambridge: Cambridge University Press, p. 474-483.
Chandler, M. (1975): Relativismus und das Problem der erkenntnistheoretischen Vereinzelung, in: K.F. Riegel (ed.): Zur Ontogenese dialektischer Operationen. Frankfurt: Suhrkamp 1978, p. 193-205.
Chandler, M. (1987): The Othello Effect - Essay on the Emergence and Eclipse of Skeptical Doubt, in: Human Development 30, p. 137-159.
Chandler, M.J., K.F. Paget & D.A. Koch (1978): The Child's Demystification of Psychological Defense Mechanisms: A Structural and Developmental Analysis, in: Developmental Psychology 14, p. 197-205.
Chapman, M. (1988a): Constructive Evolution - Origins and Development of Piaget's Thought. Cambridge: Cambridge University Press.
Chapman, M. (1988b): Contextuality and Directionality of Cognitive Development, in: Human Development 31, p. 92-106.
Chomsky, N. (1959): Review of B.F. Skinner's "Verbal Behavior", in: Language 35, p. 26-58.
Chomsky, N. (1967): [Vorspann zu Review of Skinner's Verbal Behavior], in: L.A. Jakobovits & M.S. Miron (eds.): Readings in the Psychology of Language. Englewood Cliffs, N.J.: Prentice Hall, p. 142-143.
Claessens, D. (1970): Nova Natura - Anthropologische Grundlagen modernen Denkens. Düsseldorf: Diederichs.
Claessesns, D. (1980): Das Konkrete und das Abstrakte - Soziologische Skizzen zur Anthropologie. Frankfurt: Suhrkamp.
Claridge, G. (1986): Eysenck's Contribution to the Psychology of Personality, in: S. Modgil & C. Modgil (eds.): Hans Eysenck - Consensus and Controversy. Philadelphia: Falmer Press, p. 73-85.
Classen, W. (1989): Schmerz und Persönlichkeit - eine Literaturübersicht mit besonderer Berücksichtigung depressiver Syndrome, in: Zeitschrift für Klinische Psychologie, Psychopathologie und Psychotherapie 37, p. 146-161.
Codignola, E. (1977): Das Wahre und das Falsche - Essay über die logische Struktur der psychoanalytischen Deutung. Frankfurt: Fischer 1986.
Colby, A. & L. Kohlberg (1978): Das moralische Urteil: der kognitionszentrierte entwicklungspsychologische Ansatz, in: G. Steiner (ed.): Die Psychologie des 20. Jahrhunderts, Bd. 7. Zürich: Kindler, p. 348-366.
Colman, A.M. (1988): Operant Conditioning and Natural Selection, in: A.C. Catania & S. Harnard (eds.): The Selection of Behavior - The Operant Behaviorism of B.F. Skinner: Commentary and Consequences. Cambridge: Cambridge University Press, p. 417-418.
Commons, M.L., F.A. Richards & C. Armon (eds.) (1984): Beyond Formal Operations - Late Adolescent and Adult Cognitive Development. New York: Praeger.
Damon, W. (1977): Die soziale Welt des Kindes. Frankfurt: Suhrkamp 1984.
Damon, W. (1988): The Moral Child - Nurturing Children's Natural Moral Growth. New York: Free Press.
Damon, W. & D. Hart (1982): The Development of Self-Understanding from Infancy through Adolescence, in: Child Development 53, p. 841-864.

Danto, A.C. (1972): Mysticism and Morality - Oriental Thought and Moral Philosophy. Harmondsworth: Penguin 1976.
Darley, J.M. & C.D. Batson (1973): "From Jerusalem to Jericho": A Study of Situational and Dispositional Variables in Helping Behavior, in: Journal of Personality and Social Psychology 27, p. 100-108.
Davidson, P., E. Turiel & A. Black (1983): The Effect of Stimulus Familiarity on the Use of Criteria and Justifications in Children's Social Reasoning, in: British Journal of Developmental Psychology 1, p. 49-65.
Dawkins, R. (1976): The Selfish Gene. New York: Oxford University Press 1978.
Derbolav, J. (1975): Pädagogik und Politik - Eine systematisch-kritische Analyse ihrer Beziehungen. Stuttgart: Kohlhammer.
Derbolav, J. (1985): Thesen zu einer Pädagogischen Ethik, in: Pädagogische Rundschau 39, p. 255-274.
Descartes, R. (1637): Discours de la Méthode - Von der Methode des richtigen Vernunftgebrauchs und der wissenschaftlichen Forschung. Übers. und hrsg. von L. Gäbe. Hamburg: Meiner 1960.
Descartes, R. (1641): Meditationen über die Grundlagen der Philosophie. Hrsg. von L. Gäbe. Hamburg: Meiner 1960.
Descartes, R. (1644): Die Prinzipien der Philosophie. Übers. und erläutert von A. Buchenau. Hamburg: Meiner 1965.
Dewey, J. (1916): Demokratie und Erziehung - Eine Einleitung in die philosophische Pädagogik. Braunschweig: Westermann 1949.
Diaz del Castillo, B. (1632): Denkwürdigkeiten des Hauptmanns Bernal Diaz del Castillo oder Wahrhafte Geschichte der Entdeckung und Eroberung von Neuspanien (Mexico). Stuttgart: Steingrüben 1965.
Dickstein, E.B. (1979): Biological and Cognitive Bases of Moral Functioning, in: Human Development 22, p. 37-59.
Dien, D.S. (1982): A Chinese Perspective on Kohlberg's Theory of Moral Development, in: Developmental Review 2, p. 331-341.
Dienstbier, R.A. (1978): Attribution, Socialization, and Moral Decision Making, in: J.H. Harvey, W. Ickes & R.F. Kidd (eds.): New Directions in Attribution Research, Vol. 2. Hillsdale, N.J.: Lawrence Erlbaum, p. 181-206.
Diesterweg, A. (1850): Wegweiser zur Bildung für deutsche Lehrer. Essen: Baedeker (4., verbesserte Auflage).
Dihle, A. (1982): Die Vorstellung vom Willen in der Antike. Göttingen: Vandenhoeck & Ruprecht 1985.
Dilthey, W. (1934): Grundriss eines Systems der Pädagogik, in: ders.: Gesammelte Schriften, Bd. 9. Hrsg. von O.F. Bollnow. Leipzig: Teubner, p. 165-231.
Döbert, R. (1986): Wider die Vernachlässigung des 'Inhalts' in den Moraltheorien von Kohlberg und Habermas - Implikationen für die Relativismus/Universalismus-Kontroverse, in: W. Edelstein & G. Nunner-Winkler (eds.): Zur Bestimmung der Moral - Philosophische und sozialwissenschaftliche Beiträge zur Moralforschung. Frankfurt: Suhrkamp, p. 86-125.
Döbert, R. (1987): Horizonte der an Kohlberg orientierten Moralforschung, in: Zeitschrift für Pädagogik 33, p. 491-511.
Döbert, R. & G. Nunner-Winkler (1980): Jugendliche "schlagen über die Stränge" - Abwehr und Bewältigungsstrategien in moralisierbaren Handlungssituationen, in: L.H. Eckensberger & R.K. Silbereisen (eds.): Entwicklung sozialer Kognitionen - Modelle, Theorien, Methoden, Anwendung. Stuttgart: Klett-Cotta, p. 267-298.
Döbert, R. & G. Nunner-Winkler (1986): Wertwandel und Moral, in: H. Bertram (ed.): Gesellschaftlicher Zwang und moralische Autonomie. Frankfurt: Suhrkamp, p. 289-321.
Dorer, M. (1932): Historische Grundlagen der Psychoanalyse. Leipzig: Meiner.
Drews, S. (1975): Die Grundlagen der Ich-Psychologie bei Sigmund Freud, in: S. Drews & K. Brecht: Psychoanalytische Ich-Psychologie - Grundlagen und Entwicklung. Frankfurt: Suhrkamp 1982, p. 15-149.

Dunn, J. (1987): The Beginnings of Moral Understanding: Development in the Second Year, in: J. Kagan & S. Lamb (eds.): The Emergence of Morality in Young Children. Chicago: University of Chicago Press, p. 91-112.
Dunn, J. & C. Kendrick (1982): Siblings: Love, Envy and Understanding. Cambridge: Harvard University Press.
Dunn, J. & P. Munn (1985): Becoming a Family Member: Family Conflict and the Development of Social Understanding in the Second Year, in: Child Development 56, p. 480-492.
Durkheim, E. (1893): Über die Teilung der sozialen Arbeit. Eingeleitet von N. Luhmann. Frankfurt: Suhrkamp 1977.
Durkheim, E. (1902): Erziehung, Moral und Gesellschaft. Vorlesung an der Sorbonne 1902/1903. Neuwied: Luchterhand 1973.
Dux, G. (1982): Die Logik der Weltbilder - Sinnstrukturen im Wandel der Geschichte. Frankfurt: Suhrkamp.
Dux, G. (1986): Kommunikative Vernunft und Interesse - Zur Rekonstruktion der normativen Ordnung in egalitär und herrschaftlich organisierten Gesellschaften, in: A. Honneth & H. Joas (ed.): Kommunikatives Handeln - Beiträge zu Jürgen Habermas' "Theorie des kommunikativen Handelns". Frankfurt: Suhrkamp, p. 110-143.
Eagle, M.N. (1984): Neuere Entwicklungen in der Psychoanalyse - Eine kritische Würdigung. München: Verlag Internationale Psychoanalyse 1988.
Eckensberger, L.H. & H. Reinshagen (1980): Kohlbergs Stufentheorie der Entwicklung des Moralischen Urteils: Ein Versuch ihrer Reinterpretation im Bezugsrahmen handlungstheoretischer Konzepte, in: L.H. Eckensberger & R.K. Silbereisen (eds.): Entwicklung sozialer Kognitionen - Modelle, Theorien, Methoden, Anwendung. Stuttgart: Klett-Cotta, p. 65-131.
Edelstein, W. (1976): [Statement zum 80. Geburtstag von Jean Piaget], in: Hommage à Jean Piaget zum achtzigsten Geburtstag. Stuttgart: Klett, p. 17-18.
Edwards, C.P. (1975): Societal Complexity and Moral Development: A Kenyan Study, in: Ethos 3, p. 505-527.
Edwards, C.P. (1987): Culture and the Construction of Moral Values: A Comparative Ethnography of Moral Encounters in Two Cultural Settings, in: J. Kagan & S. Lamb (eds.): The Emergence of Morality in Young Children. Chicago: University of Chicago Press, p. 123-151.
Eibl-Eibesfeldt, I. (1970): Liebe und Hass - Zur Naturgeschichte elementarer Verhaltensweisen. München: Piper 1985.
Eisenberg, N. & P.A. Miller (1987): The Relation of Empathy to Prosocial and Related Behaviors, in: Psychological Bulletin 101, p. 91-119.
Eisenberg, N. & J. Strayer (eds.) (1987): Empathy and Its Development. Cambridge: Cambridge University Press.
Eisenberg-Berg, N. (1979): Development of Children's Prosocial Moral Judgment, in: Developmental Psychology 15, p. 128-137.
Eisenberg-Berg, N. & C. Neal (1979): Children's Moral Reasoning About Their Own Spontaneous Prosocial Behavior, in: Developmental Psychology 15, p. 228-229.
Eliade, M. (1949): Kosmos und Geschichte - Der Mythos der ewigen Wiederkehr. Frankfurt: Suhrkamp 1986.
Elias, N. (1939): Über den Prozess der Zivilisation - Soziogenetische und psychogenetische Untersuchungen, 2 Bde. Frankfurt: Suhrkamp 1976.
Elkind, D. & R.F. Dabek (1977): Personal Injury and Property Damage in the Moral Judgments of Children, in: Child Development 48, p. 518-522.
Ellenberger, H.F. (1970): Die Entdeckung des Unbewussten - Geschichte und Entwicklung der dynamischen Psychiatrie von den Anfängen bis zu Janet, Freud, Adler und Jung. Zürich: Diogenes 1985.
Erikson, E.H. (1959): Identität und Lebenszyklus. Frankfurt: Suhrkamp 1973.
Erikson, E.H. (1964): Einsicht und Verantwortung - Die Rolle des Ethischen in der Psychoanalyse. Frankfurt: Fischer 1971.
Erikson, E.H. (1977): Kinderspiel und politische Phantasie - Stufen in der Ritualisierung der Realität. Frankfurt: Suhrkamp 1978.
Erikson, E.H. (1982): The Life Cycle Completed - A Review. New York: Norton 1985.

Eysenck, H.J. (1959): Learning Theory and Behaviour Therapy, in: Journal of Mental Science 105, p. 61-75.
Eysenck, H.J. (1960): The Development of Moral Values in Children: The Contribution of Learning Theory, in: British Journal of Educational Psychology 30, p. 11-21.
Eysenck, H.J. (1964): Kriminalität und Persönlichkeit. Wien: Europaverlag 1977.
Eysenck, H.J. (1972): Psychology is about People. Harmondsworth: Penguin 1977.
Eysenck, H.J. (1976): The Biology of Morality, in: T. Lickona (ed.): Moral Development and Behavior - Theory, Research, and Social Issues. New York: Holt, Rinehart & Winston, p. 108-123.
Eysenck, H.J. (1988): Skinner's Blind Eye, in: A.C. Catania & S. Harnard (eds.): The Selection of Behavior - The Operant Behaviorism of B.F. Skinner: Commentary and Consequences. Cambridge: Cambridge University Press, p. 423-425.
Fairbairn, W.R.D. (1952): Psychoanalytic Studies of the Personality. London: Routledge & Kegan Paul 1976.
Feffer, M. (1982): The Structure of Freudian Thought - The Problem of Immutability and Discontinuity in Developmental Theory. New York: International Universities Press.
Fenichel, O. (1945): Psychoanalytische Neurosenlehre, 3 Bde. Olten: Walter 1974.
Ferber, R. (1989): Sokrates: Tugend ist Wissen, in: H.-J. Braun (ed.): Ethische Perspektiven: "Wandel der Tugenden". Zürich: Verlag der Fachvereine, p. 25-45.
Feshbach, N.D. (1987): Parental Empathy and Child Adjustment/Maladjustment, in: N. Eisenberg & J. Strayer (eds.): Empathy and Its Development. Cambridge: Cambridge University Press, p. 271-291.
Fetz, R.L. (1978): Piaget als philosophisches Ereignis, in: G. Steiner (ed.): Die Psychologie des 20. Jahrhunderts, Bd. 7. Zürich: Kindler, p. 27-40.
Fetz, R.L. (1979): Die Gegenwärtigkeit aristotelischen Denkens - Erläutert am Werk Jean Piagets, in: Vierteljahresschrift für Heilpädagogik und ihre Nachbargebiete 48, p. 221-236.
Fetz, R.L. (1988): Struktur und Genese - Jean Piagets Transformation der Philosophie. Bern: Haupt.
Fisher, S. (1982): The Scientific Vitality of Freud's Theories, in: Contemporary Psychology 27, p. 680-681.
Flammer, A. (1988): Entwicklungstheorien - Psychologische Theorien der menschlichen Entwicklung. Bern: Huber.
Fliegel, S. et al. (1981): Verhaltenstherapeutische Standardmethoden. München: Urban & Schwarzenberg.
Flitner, W. (1957): Das Selbstverständnis der Erziehungswissenschaft in der Gegenwart. Heidelberg: Quelle & Meyer.
Ford, M.R. & C.R. Lowery (1986): Gender Differences in Moral Reasoning: A Comparison of the Use of Justice and Care Orientations, in: Journal of Personality and Social Psychology 50, p. 777-783.
Foucault, M. (1966): Die Ordnung der Dinge - Eine Archäologie der Humanwissenschaften. Frankfurt: Suhrkamp 1974.
Frankena, W.K. (1963): Analytische Ethik - Eine Einführung. München: Deutscher Taschenbuch Verlag 1981.
Freeman, T., J.L. Cameron & A. McGhie (1958): Studie zur chronischen Schizophrenie. Frankfurt: Suhrkamp 1969.
Freud, A. (1936): Das Ich und die Abwehrmechanismen. München: Kindler 1980.
Freud, A. & S. Dann (1951): Gemeinschaftsleben im frühen Kindesalter, in: Die Schriften der Anna Freud, Bd. 4. München: Kindler 1980, p. 1161-1228.
Freud, S. (1890): Psychische Behandlung (Seelenbehandlung), in: ders.: Studienausgabe, Ergänzungsband. Frankfurt: Fischer 1982, p. 13-35.
Freud, S. (1900): Traumdeutung, in: ders.: Studienausgabe, Bd. 2. Frankfurt: Fischer 1973.
Freud, S. (1901): Über den Traum, in: ders.: Über Träume und Traumdeutungen. Frankfurt: Fischer 1974, p. 11-52.
Freud, S. (1904): Die Freudsche psychoanalytische Methode, in: ders.: Studienausgabe, Ergänzungsband. Frankfurt: Fischer 1982, p. 99-106.

Freud, S. (1905a): Drei Abhandlungen zur Sexualtheorie, in: ders.: Studienausgabe, Bd. 5. Frankfurt: Fischer 1982, p. 37-145.
Freud, S. (1905b): Über Psychotherapie, in: ders.: Studienausgabe, Ergänzungsband. Frankfurt: Fischer 1982, p. 107-119.
Freud, S. (1905c): Bruchstücke einer Hysterie-Analyse, in: ders.: Studienausgabe, Bd. 6. Frankfurt: Fischer 1982, p. 83-186
Freud, S. (1905d): Der Witz und seine Beziehung zum Unbewussten, in: ders.: Studienausgabe, Bd. 4. Frankfurt: Fischer 1978, p. 9-219.
Freud, S. (1908a): Die 'kulturelle' Sexualmoral und die moderne Nervosität, in: ders.: Studienausgabe, Bd. 9. Frankfurt: Fischer 1982, p. 9-32.
Freud, S. (1908b): Der Dichter und das Phantasieren, in: ders.: Studienausgabe, Bd. 10. Frankfurt: Fischer 1982, p. 169-179.
Freud, S. (1909a): Der Familienroman der Neurotiker, in: ders.: Studienausgabe, Bd. 4. Frankfurt: Fischer 1978, p. 221-226.
Freud, S. (1909b): Analyse der Phobie eines fünfjährigen Knaben, in: ders.: Studienausgabe, Bd. 8. Frankfurt: Fischer 1982, p. 9-123.
Freud, S. (1910a): Über "wilde" Psychoanalyse, in: ders.: Studienausgabe, Ergänzungsband. Frankfurt: Fischer 1982, p. 133-141
Freud, S. (1910b): Über Psychoanalyse - Fünf Vorlesungen, in: ders.: Darstellungen der Psychoanalyse. Frankfurt: Fischer 1987, p. 50-101.
Freud, S. (1910c): Über einen besonderen Typus der Objektwahl beim Manne, in: ders.: Studienausgabe, Bd. 5. Frankfurt: Fischer 1982, p. 185-195.
Freud, S. (1910d): Die zukünftigen Chancen der psychoanalytischen Therapie, in: ders.: Studienausgabe, Ergänzungsband. Frankfurt: Fischer 1982, p. 121-132.
Freud, S. (1911a): Formulierungen über die zwei Prinzipien des psychischen Geschehens, in: ders.: Studienausgabe, Bd. 3. Frankfurt: Fischer 1980, p. 13-24.
Freud, S. (1911b): Psychoanalytische Bemerkungen über einen autobiographisch beschriebenen Fall von Paranoia (Dementia paranoides), in: ders.: Studienausgabe, Bd. 7. Frankfurt: Fischer 1982, p. 133-203.
Freud, S. (1912a): Zur Dynamik der Übertragung, in: ders.: Studienausgabe, Ergänzungsband. Frankfurt: Fischer 1982, p. 157-168.
Freud, S. (1912b): Ratschläge für den Arzt bei der psychoanalytischen Behandlung, in: ders.: Studienausgabe, Ergänzungsband. Frankfurt: Fischer 1982, p. 169-180.
Freud, S. (1913a): Totem und Tabu - Einige Übereinstimmungen im Seelenleben der Wilden und der Neurotiker, in: ders.: Studienausgabe, Bd. 9. Frankfurt: Fischer 1982, p. 287-444.
Freud, S. (1913b): Das Interesse an der Psychoanalyse, in: ders.: Darstellungen der Psychoanalyse. Frankfurt: Fischer 1987, p. 102-129.
Freud, S. (1913c): Zur Einleitung der Behandlung, in: ders.: Studienausgabe, Ergänzungsband. Frankfurt: Fischer 1982, p. 181-203.
Freud, S. (1913d): Ein Traum als Beweismittel, in: ders.: Über Träume und Traumdeutungen. Frankfurt: Fischer 1974, p. 77-84.
Freud, S. (1914a): Der Moses des Michelangelo, in: ders.: Studienausgabe, Bd. 10. Frankfurt: Fischer 1982, p. 195-222.
Freud, S. (1914b): Zur Geschichte der psychoanalytischen Bewegung, in: ders.: "Selbstdarstellung" - Schriften zur Geschichte der Psychoanalyse. Frankfurt: Fischer 1984, p. 141-201.
Freud, S. (1914c): Zur Einführung des Narzissmus, in: ders.: Studienausgabe, Bd. 3. Frankfurt: Fischer 1980, p. 37-68.
Freud, S. (1914d): Erinnern, Wiederholen und Durcharbeiten, in: ders.: Studienausgabe, Ergänzungsband. Frankfurt: Fischer 1982, p. 205-215.
Freud, S. (1915a): Das Unbewusste, in: ders.: Studienausgabe, Bd. 3. Frankfurt: Fischer 1980, p. 119-173.
Freud, S. (1915b): Triebe und Triebschicksale, in: ders.: Studienausgabe, Bd. 3. Frankfurt: Fischer 1980, p. 75-102.
Freud, S. (1915c): Die Verdrängung, in: ders.: Studienausgabe, Bd. 3. Frankfurt: Fischer 1980, p. 103-118.

Freud, S. (1915d): Zeitgemässes über Krieg und Tod, in: ders.: Studienausgabe, Bd. 9. Frankfurt: Fischer 1982, p. 33-60.
Freud, S. (1916): Einige Charaktertypen aus der psychoanalytischen Arbeit, in: ders.: Studienausgabe, Bd. 10. Frankfurt: Fischer 1982, p. 229-253.
Freud, S. (1917a): Eine Schwierigkeit der Psychoanalyse, in: ders.: Darstellungen der Psychoanalyse. Frankfurt: Fischer 1987, p. 130-138.
Freud, S. (1917b): Vorlesungen zur Einführung in die Psychoanalyse, in: ders.: Studienausgabe, Bd. 1. Frankfurt: Fischer 1974, p. 33-445.
Freud, S. (1917c): Trauer und Melancholie, in: ders.: Studienausgabe, Bd. 3. Frankfurt: Fischer 1980, p. 193-212.
Freud, S. (1917d): Metapsychologische Ergänzung zur Traumlehre, in: ders.: Studienausgabe, Bd. 3. Frankfurt: Fischer 1980, p. 175-191.
Freud, S. (1919a): Wege der psychoanalytischen Therapie, in: ders.: Studienausgabe, Ergänzungsband. Frankfurt: Fischer 1982, p. 239-249.
Freud, S. (1919b): Das Unheimliche, in: ders.: Studienausgabe, Bd. 4. Frankfurt: Fischer 1978, p. 241-274.
Freud, S. (1919c): "Ein Kind wird geschlagen" (Beitrag zur Entstehung sexueller Perversionen), in: ders.: Studienausgabe, Bd. 7. Frankfurt: Fischer 1982, p. 229-254.
Freud, S. (1920a): Jenseits des Lustprinzips, in: ders.: Studienausgabe, Bd. 3. Frankfurt: Fischer 1980, p. 213-272.
Freud, S. (1920b): Über die Psychogenese eines Falles von weiblicher Homosexualität, in: ders.: Studienausgabe, Bd. 7. Frankfurt: Fischer 1982, p. 255-281.
Freud, S. (1921): Massenpsychologie und Ich-Analyse, in: ders.: Studienausgabe, Bd. 9. Frankfurt: Fischer 1982, p. 61-134.
Freud, S. (1922): Über einige neurotische Mechanismen bei Eifersucht, Paranoia und Homosexualität, in: ders.: Studienausgabe, Bd. 7. Frankfurt: Fischer 1982, p. 217-228.
Freud, S. (1923a): Das Ich und das Es, in: ders.: Studienausgabe, Bd. 3. Frankfurt: Fischer 1990, p.273-330.
Freud, S. (1923b): Die infantile Genitalorganisation, in: ders.: Studienausgabe, Bd. 5. Frankfurt: Fischer 1982, p. 235-241.
Freud, S. (1923c): "Psychoanalyse" und "Libidotheorie", in: ders.: Gesammelte Werke, Bd. 13. Frankfurt: Fischer 1963, p. 209-233.
Freud, S. (1924a): Kurzer Abriss der Psychoanalyse, in: ders.: "Selbstdarstellung" - Schriften zur Geschichte der Psychoanalyse. Frankfurt: Fischer 1984, p. 202-222.
Freud, S. (1924b): Der Untergang des Ödipuskomplexes, in: ders.: Studienausgabe, Bd. 5. Frankfurt: Fischer 1982, p. 243-251.
Freud, S. (1924c): Das ökonomische Problem des Masochismus, in: ders.: Studienausgabe, Bd. 3. Frankfurt: Fischer 1980, p. 339-354.
Freud, S. (1924d): Neurose und Psychose, in: ders.: Studienausgabe, Bd. 3. Frankfurt: Fischer 1980, p. 331-337.
Freud, S. (1924e): Der Realitätsverlust bei Neurose und Psychose, in: ders.: Studienausgabe, Bd. 3. Frankfurt: Fischer 1980, p. 355-361.
Freud, S. (1925a): Einige psychische Folgen des anatomischen Geschlechtsunterschieds, in: ders.: Studienausgabe, Bd. 5. Frankfurt: Fischer 1982, p. 253-266.
Freud, S. (1925b): "Selbstdarstellung", in: ders.: "Selbstdarstellung" - Schriften zur Geschichte der Psychoanalyse. Frankfurt: Fischer 1984, p. 37-96.
Freud, S. (1925c): Einige Nachträge zum Ganzen der Traumdeutung, in: ders.: Gesammelte Werke, Bd. 1. Frankfurt: Fischer 1964, p. 559-573.
Freud, S. (1925d): Notiz über den "Wunderblock", in: ders.: Studienausgabe, Bd. 3. Frankfurt: Fischer 1980, p. 363-369.
Freud, S. (1925e): Die Verneinung, in: ders.: Studienausgabe, Bd. 3. Frankfurt: Fischer 1980, p. 371-377.
Freud, S. (1926a): Psycho-Analysis, in: ders.: Gesammelte Werke, Bd. 14. Frankfurt: Fischer 1963, p. 297-307.
Freud, S. (1926b): Hemmung, Symptom und Angst, in: ders.: Studienausgabe, Bd. 6. Frankfurt: Fischer 1982, p. 227-308.

Freud, S. (1926c): Die Frage der Laienanalyse, in: ders.: Studienausgabe, Ergänzungsband. Frankfurt: Fischer 1982, p. 271-349.
Freud, S. (1927a): Die Zukunft einer Illusion, in: ders.: Studienausgabe, Bd. 9. Frankfurt: Fischer 1982, p. 135-189.
Freud, S. (1927b): Der Humor, in: ders.: Studienausgabe, Bd. 4. Frankfurt: Fischer 1978, p. 275-282.
Freud, S. (1928): Dostojewski und die Vatertötung, in: ders.: Studienausgabe, Bd. 10. Frankfurt: Fischer 1982, p. 267-286.
Freud, S. (1930a): Das Unbehagen in der Kultur, in: ders.: Studienausgabe, Bd. 9. Frankfurt: Fischer 1982, p. 191-270.
Freud, S. (1930b): [Goethe-Preis], in: ders.: Studienausgabe, Bd. 10. Frankfurt: Fischer 1982, p. 287-296.
Freud, S. (1931): Über die weibliche Sexualität, in: ders.: Studienausgabe, Bd. 5. Frankfurt: Fischer 1982, p. 273-292.
Freud, S. (1933a): Neue Folge der Vorlesungen zur Einführung in die Psychoanalyse, in: ders.: Studienausgabe, Bd. 1. Frankfurt: Fischer 1974, p. 447-608.
Freud, S. (1933b): Warum Krieg? in: ders.: Studienausgabe, Bd. 9. Frankfurt: Fischer 1982, p. 271-286.
Freud, S. (1936): Brief an Romain Rolland (Eine Erinnerungsstörung auf der Akropolis), in: ders.: Studienausgabe, Bd. 4. Frankfurt: Fischer 1978, p. 283-293.
Freud, S. (1937a): Die endliche und die unendliche Analyse, in: ders.: Studienausgabe, Ergänzungsband. Frankfurt: Fischer 1982, p. 351-392.
Freud, S. (1937b): Konstruktionen in der Analyse, in: ders.: Studienausgabe, Ergänzungsband. Frankfurt: Fischer 1982, p. 393-406.
Freud, S. (1939): Der Mann Moses und die monotheistische Religion: Drei Abhandlungen, in: ders.: Studienausgabe, Bd. 9. Frankfurt: Fischer 1982, p. 455-581.
Freud, S. (1940): Abriss der Psychoanalyse, in: ders.: Abriss der Psychoanalyse - Das Unbehagen in der Kultur. Frankfurt: Fischer 1974, p. 7-61.
Freud, S. (1941): Ergebnisse, Ideen, Probleme, in: ders.: Gesammelte Werke, Bd. 17. Frankfurt: Fischer, p. 149-152.
Frieze, I.H., J.E. Parsons, P.B. Johnson, D.N. Ruble & G.L. Zellman (1978): Women and Sex Roles - A Social Psychological Perspective. New York: Norton.
Fromm, E. (1941): Die Furcht vor der Freiheit. Frankfurt: Ullstein 1983.
Fromm, E. (1947): Psychoanalyse und Ethik - Bausteine zu einer humanistischen Charakterologie. München: Deutscher Taschenbuch Verlag 1985.
Fromm, E. (1973): Anatomie der menschlichen Destruktivität. Reinbek: Rowohlt 1981.
Fuchs, W. (1983): "Jugendliche Statuspassage oder individualisierte Jugendbiographie?" in: Soziale Welt 34, p. 341-371.
Furth, H.G. (1969): Intelligenz und Erkennen - Die Grundlagen der genetischen Erkenntnistheorie Piagets. Frankfurt: Suhrkamp 1976.
Furth, H.G. (1981): Piaget and Knowledge - Theoretical Foundations. Chicago: University of Chicago Press (2nd Edition).
Furth, H.G. (1987): Knowledge and Desire - An Essay on Freud and Piaget. New York: Columbia University Press.
Gadamer, H.-G. (1960): Wahrheit und Methode - Grundzüge einer philosophischen Hermeneutik. Tübingen: Mohr 1975.
Gadamer, H.-G. (1963): Über die Möglichkeit einer philosophischen Ethik, in: ders.: Kleine Schriften 1: Philosophie - Hermeneutik. Tübingen: Mohr 1976, p. 179-191.
Garbarino, J. & U. Bronfenbrenner (1976): Die Sozialisation von moralischem Urteil und Verhalten aus interkultureller Sicht, in: H. Bertram (ed.): Gesellschaftlicher Zwang und moralische Autonomie. Frankfurt: Suhrkamp, p. 258-288.
Gebauer, G. (1984): Hand und Gewissheit, in: D. Kamper & C. Wulf (eds.): Das Schwinden der Sinne. Frankfurt: Suhrkamp, p. 234-260.
Gedo, J.E. & A. Goldberg (1973): Models of the Mind - A Psychoanalytic Theory. Chicago: University of Chicago Press.
Geertz, C. (1962): The Growth of Culture and the Evolution of Mind, in: ders.: The Interpretation of Cultures - Selected Essays. New York: Basic Books 1973, p. 55-83.

Gehlen, A. (1940): Der Mensch - Seine Natur und seine Stellung in der Welt. Wiesbaden: Aula-Verlag 1986.
Gehlen, A. (1956): Urmensch und Spätkultur - Philosophische Ergebnisse und Aussagen. Wiesbaden: Aula-Verlag 1986.
Gehlen, A. (1961): Anthropologische Forschung. Reinbek: Rowohlt 1976.
Gill, M.M. (1976): Metapsychology is Not Psychology, in: M.M. Gill & P.S. Holzman (eds.): Psychology versus Metapsychology - Psychoanalytic Essays in Memory of George S. Klein. New York: International Universities Press, p. 71-105.
Gilligan, C. (1982a): Die andere Stimme - Lebenskonflikte und Moral der Frau. München: Piper 1988.
Gilligan, C. (1982b): New Maps of Development: New Visions of Maturity, in: American Journal of Orthopsychiatry 52, p. 199-212.
Gilligan, C. (1983): Do the Social Sciences Have an Adequate Theory of Moral Development? in: N. Haan, R.N. Bellah, P. Rabinow & W.M. Sullivan (eds.): Social Science as Moral Inquiry. New York: Columbia University Press, p. 33-51.
Gilligan, C. (1986): Reply by Carol Gilligan, in: Signs - Journal of Women in Culture and Society 11, p. 324-333.
Gilligan, C. & J. Attanucci (1988a): Two Moral Orientations: Gender Differences and Similarities, in: Merrill-Palmer Quarterly 34, p. 223-237.
Gilligan, C. & J. Attanucci (1988b): Much Ado About ... Knowing? Noting? Nothing? - A Reply to Vasudev Concerning Sex Differences and Moral Development, in: Merrill-Palmer Quarterly 34, p. 451-456.
Gilligan, C. & G. Wiggins (1987): The Origins of Morality in Early Childhood, in: J. Kagan & S. Lamb (eds.): The Emergence of Morality in Young Children. Chicago: University of Chicago Press, p. 277-305.
Ginzburg, C. (1979): Spurensicherung - Der Jäger entziffert die Fährte, Sherlock Holmes nimmt die Lupe, Freud liest Morelli - die Wissenschaft auf der Suche nach sich selbst, in: ders.: Spurensicherungen - Über verborgene Geschichte, Kunst und soziales Gedächtnis. Berlin: Wagenbach 1983, p. 61-96.
Goeppert, S. (1976): Grundkurs Psychoanalyse. Reinbek: Rowohlt.
Goethe, J.W. (1832): Faust, der Tragödie zweiter Teil, in: ders.: Faust - Eine Tragödie. dtv-Gesamtausgabe, Bd. 9. München: Deutscher Taschenbuch Verlag 1975, p. 139-351.
Gombrich, E.H. (1960): Kunst und Illusion - Zur Psychologie der bildlichen Darstellung. Stuttgart: Belser 1986.
Goodman, N. (1976): Languages of Art - An Approach to a Theory of Symbols. Indianapolis: Hackett 1988.
Goodwin, B.C. (1982): Genetic Epistemology and Constructionist Biology, in: Revue Internationale de Philosophie 36, p. 527-548.
Gouin-Décarie, T. (1962): Intelligence and Affectivity in Early Childhood - An Experimental Study of Jean Piaget's Object Concept and Object Relations. New York: International Universities Press 1965.
Gould, S.J. (1977): Ontogeny and Phylogeny. Cambridge: Belknap Press.
Gouldner, A.W. (1984): Reziprozität und Autonomie - Ausgewählte Aufsätze. Frankfurt: Suhrkamp.
Greshake, G. (1987): Person - Subjekt - "Verlust"/"Pathos" des Subjekts - Ein theologiegeschichtlicher Durchblick, in: M. Heitger (ed.): Vom Verlust des Subjekts in Wissenschaft und Bildung der Gegenwart. Münster: Aschendorff, p. 3-19.
Gruber, H.E. (1982): Piaget's Mission, in: Social Research 49, p. 239-264.
Gruber, H.E. & J.J. Vonèche (1977): Introduction, in: dies. (eds.): The Essential Piaget. New York: Basic Books, p. xvii-xl.
Grubrich-Simitis, I. (1985): Metapsychologie und Metabiologie - Zu Sigmund Freuds Entwurf einer 'Übersicht der Übertragungsneurosen', in: S. Freud: Übersicht der Übertragungsneurosen - Ein bisher unbekanntes Manuskript. Ediert und mit einem Essay versehen von I. Grubrich-Simitis. Frankfurt: Fischer, p. 83-119.
Grubrich-Simitis, I. (1987): Trauma oder Trieb - Trieb und Trauma. Lektionen aus Freuds phylogenetischer Phantasie von 1915, in: Psyche 41, p. 992-1023.

Grünbaum, A. (1984): Die Grundlagen der Psychoanalyse - Eine philosophische Kritik. Stuttgart: Reclam 1988.

Grunberger, B. (1962): Der Antisemit und der Ödipuskomplex, in: Psyche 16, p. 255-272.

Günther, G. (1967): Time, Timeless Logic and Self-Referential Systems, in: Annals of the New York Academy of Sciences, Vol. 138, p. 396-406.

Haan, N. (1969): A Tripartite Model of Ego Functioning Values and Clinical and Research Applications, in: Journal of Nervous and Mental Disease 148, p. 14-30.

Haan, N. (1975): Hypothetical and Actual Moral Reasoning in a Situation of Civil Disobedience, in: Journal of Personality and Social Psychology 32, p. 255-270.

Haan, N. (1977): Coping and Defending - Processes of Self-Environment Organization. New York: Academic Press.

Haan, N. (1978): Two Moralities in Action Contexts: Relationships to Thought, Ego Regulation, and Development, in: Journal of Personality and Social Psychology 36, p. 286-305.

Haan, N. (1983): An Interactional Morality of Everyday Life, in: N. Haan, R.N. Bellah, P. Rabinow & W.M. Sullivan (eds.): Social Science as Moral Inquiry. New York: Columbia University Press, p. 218-250.

Haan, N. (1985): Processes of Moral Development: Cognitive or Social Disequilibrium? in: Developmental Psychology 21, p. 996-1006.

Haan, N., E. Aerts & B.A.B. Cooper (1985): On Moral Grounds - The Search for Practical Morality. New York: New York University Press.

Haan, N., M.B. Smith & J. Block (1968): Moral Reasoning of Young Adults: Political-Social Behavior, Family Background, and Personality Correlates, in: Journal of Personality and Social Psychology 10, p. 183-201.

Haan, N., R. Weiss & V. Johnson (1982): The Role of Logic in Moral Reasoning and Development, in: Developmental Psychology 18, p. 245-256.

Habermas, J. (1968) Erkenntnis und Interesse. Frankfurt: Suhrkamp 1975.

Habermas, J. (1976): Zur Rekonstruktion des Historischen Materialismus. Frankfurt: Suhrkamp.

Habermas, J. (1983): Moralbewusstsein und kommunikatives Handeln. Frankfurt: Suhrkamp.

Habermas, J. (1986): Gerechtigkeit und Solidarität - Eine Stellungnahme zur Diskussion über "Stufe 6", in: W. Edelstein & G. Nunner-Winkler (eds.): Zur Bestimmung der Moral - Philosophische und sozialwissenschaftliche Beiträge zur Moralforschung. Frankfurt: Suhrkamp, p. 291-318.

Hagens, J.-L. (1985): Jenseits von "Nietzsche und Freud" - Aktenstücke zweier Psychologen, in: Zeitschrift für Klinische Psychologie, Psychopathologie und Psychotherapie 33, p. 239-258.

Hall, G. (1987): The Implications of Radical Behaviorism: A Critique of Skinner's Science of Behaviour and Its Application, in: S. Modgil & C. Modgil (eds.): B.F. Skinner - Consensus and Controversy. Philadelphia: Falmer Press, p. 41-50.

Hallowell, I. (1950): Personality Structure and the Evolution of Man, in: American Anthropologist 52, p. 159-173.

Hamlyn, D.W. (1978): Experience and the Growth of Understanding. London: Routledge & Kegan Paul.

Harter, S. (1983): Developmental Perspectives on the Self-System, in: P.H. Mussen (ed.): Handbook of Child Psychology, Vol. 4. New York: Wiley, p. 275-385.

Hartmann, H. (1950): Bemerkungen zur psychoanalytischen Theorie des Ichs, in: ders.: Ich-Psychologie - Studien zur psychoanalytischen Theorie. Stuttgart: Klett 1972, p. 119-144.

Hay, D.F. (1979): Cooperative Interactions and Sharing Between Very Young Children and Their Parents, in: Developmental Psychology 15, p. 647-653.

Hegel, G.W.F. (1821): Grundlinien der Philosophie des Rechts oder Naturrecht und Staatswissenschaft im Grundrisse, in: ders.: Werke in zwanzig Bänden, Bd. 7. Frankfurt: Suhrkamp 1973.

Heimann, P. (1950): On Counter-Transference, in: International Journal of Psycho-Analysis 31, p. 81-84.

Heitger, M. (1987): Pädagogische Führung oder Verhaltenssteuerung? Vom Verlust des Subjekts in der modernen Erziehung und Erziehungswissenschaft, in: ders. (ed.): Vom Verlust des Subjekts in Wissenschaft und Bildung der Gegenwart. Münster: Aschendorff, p. 20-40.
Heller, A. (1988): General Ethics. Oxford: Basil Blackwell.
Henningsen, J. (1964): Peter stört - Analyse einer pädagogischen Situation, in: A. Flitner & H. Scheuerl (eds.): Einführung in pädagogisches Denken und Sehen. Zürich: Ex Libris 1974, p. 51-71.
Henry, R.M. (1983): The Psychodynamic Foundations of Morality. Basel: Karger.
von Hentig, H. (o.J.): Allgemeinbildung heute - Allgemeine wissenschaftsorientierte Grundbildung für alle? - Konsequenzen für die Schulstruktur, in: F.-W. Babilon & H.-J. Ipfling (eds.): Allgemeinbildung und Schulstruktur - Fragen zur Sekundarstufe I. Bochum: Kamp [1980], p. 31-44.
Herbart, J.F. (1797): [1. Bericht an Herrn von Steiger], in: ders.: Sämtliche Werke, Bd. 1. Hrsg. von K. Kehrbach & O. Flügel. Aalen: Scientia Verlag 1964, p. 39-51.
Herbart, J.F. (1798): [2. Bericht an Herrn von Steiger], in: ders.: Sämtliche Werke, Bd. 1. Hrsg. von K. Kehrbach & O. Flügel. Aalen: Scientia Verlag 1964, p. 51-57.
Herbart, J.F. (1804): Über die ästhetische Darstellung der Welt als Hauptgeschäft der Erziehung, in: ders.: Sämtliche Werke, Bd. 1. Hrsg. von K. Kehrbach & O. Flügel. Aalen: Scientia Verlag 1964, p. 259-274.
Herbart, J.F. (1812a): Über die dunkle Seite der Pädagogik, in: ders.: Sämtliche Werke, Bd. 3. Hrsg. von K. Kehrbach & O. Flügel. Aalen: Scientia Verlag 1964, p. 147-154.
Herbart, J.F. (1812b): Bemerkungen über die Ursachen, welche das Einverständnis über die ersten Gründe der praktischen Philosophie erschweren, in: ders.: Sämtliche Werke, Bd. 3. Hrsg. von K. Kehrbach & O. Flügel. Aalen: Scientia Verlag 1964, p. 223-246.
Herbart, J.F. (1816): Lehrbuch zur Psychologie, in: ders.: Sämtliche Werke, Bd. 4. Hrsg. von K. Kehrbach & O. Flügel. Aalen: Scientia Verlag 1964, p. 295-436.
Herbart, J.F. (1824): Psychologie als Wissenschaft neu gegründet auf Erfahrung, Metaphysik und Mathematik. Erster synthetischer Theil, in: ders.: Sämtliche Werke, Bd. 5. Hrsg. von K. Kehrbach & O. Flügel. Aalen: Scientia Verlag 1964, p. 177-434.
Herbart, J.F. (1825): Psychologie als Wissenschaft neu gegründet auf Erfahrung, Metaphysik und Mathematik. Zweiter analytischer Theil, in: ders.: Sämtliche Werke, Bd. 6. Hrsg. von K. Kehrbach & O. Flügel. Aalen: Scientia Verlag 1964, p. 1-338.
Herbart, J.F. (1831/32): Über das Verhältnis des Idealismus zur Pädagogik, in: ders.: Sämtliche Werke, Bd. 10. Hrsg. von K. Kehrbach & O. Flügel. Aalen: Scientia Verlag 1964, p. 1-20.
Herbart, J.F. (1835): Umriss pädagogischer Vorlesungen, in: ders.: Sämtliche Werke, Bd. 10. Hrsg. von K. Kehrbach & O. Flügel. Aalen: Scientia Verlag 1964, p. 65-206.
Herbart, J.F. (1919): Aphorismen, in: ders.: Pädagogische Schriften, Bd. 3. Hrsg. von O. Willmann & T. Fritzsch. Osterwieck: Zickfeldt (3. Auflage), p. 584-608.
Herder, J.G. (1778): Plastik - Einige Wahrnehmungen über Form und Gestalt aus Pygmalions bildendem Traume, in: ders.: Sämtliche Werke, Bd. 8. Hrsg. von B. Suphan. Hildesheim: Olms o.J. (Nachdruck der Ausgabe 1892), p. 1-163.
Herzog, W. (1982): Die beschränkte Brauchbarkeit der Theorie Lawrence Kohlbergs zur Erklärung moralischen Verhaltens, in: Bildungsforschung und Bildungspraxis 4, p. 55-72.
Herzog, W. (1983): Plädoyer für Metaphern - Versuch, ein vergessenes pädagogisches Thema in Erinnerung zu rufen, in: Vierteljahrsschrift für wissenschaftliche Pädagogik 59, p. 299-332.
Herzog, W. (1984a): Modell und Theorie in der Psychologie. Göttingen: Hogrefe.
Herzog, W. (1984b): Diskrepanzen und Modelle: Auf der Suche nach dem Gegenstand der Psychologie, in: Zeitschrift für Klinische Psychologie, Psychopathologie und Psychotherapie 32, p. 21-42.
Herzog, W. (1987): Wissenschaft und Wissenschaftstheorie - Versuch einer Neubestimmung ihres Verhältnisses am Beispiel der Pädagogik, in: Zeitschrift für allgemeine Wissenschaftstheorie 18, p. 134-164.
Herzog, W. (1988a): Pädagogische Psychologie als interdisziplinäre Wissenschaft, in: Schweizerische Zeitschrift für Psychologie 47, p. 1-12.

Herzog, W. (1988b): Das Verständnis der Zeit in psychologischen Theorien der Entwicklung, in: Schweizerische Zeitschrift für Psychologie 47, p. 135-145.

Herzog, W. (1988c): Pädagogik als Fiktion? - Zur Begründung eines Systems der Erziehungswissenschaft bei Wolfgang Brezinka, in: Zeitschrift für Pädagogik 34, p. 87-108.

Herzog, W. (1988d): Mit Kohlberg unterwegs zu einer pädagogischen Theorie der moralischen Erziehung, in: Neue Sammlung 28, p. 16-34.

Herzog, W. (1991a): Die Banalität des Guten - Zur Begründung der moralischen Erziehung, in: Zeitschrift für Pädagogik 37, p. 41-64.

Herzog, W. (1991b): Der "Coping Man" - ein Menschenbild für die Entwicklungspsychologie, in: Schweizerische Zeitschrift für Psychologie 50, p. 9-23.

Herzog, W. (1991c): Piaget im Lichte der Phänomenologie: Eine pädagogische Erkundung, in: M. Herzog & C.F. Graumann (eds.): Sinn und Erfahrung - Phänomenologische Methoden in den Sozialwissenschaften. Heidelberg: Asanger (im Druck).

Hilgard, E.R. (1949): Human Motives and the Concept of the Self, in: American Psychologist 4, p. 374-382.

Hillner, K.P. (1985): Psychological Reality. Amsterdam: North-Holland.

Himmler, H. (1943): [Rede bei der SS-Gruppenführertagung in Posen am 4.10.1943], in: W. Hofer (ed.): Der Nationalsozialismus - Dokumente 1933-1945. Frankfurt: Fischer 1985, p. 114.

Hineline, P.N. (1988): What, then, is Skinner's Operationism? in: A.C. Catania & S. Harnard (eds.): The Selection of Behavior - The Operant Behaviorism of B.F. Skinner: Commentary and Consequences. Cambridge: Cambridge University Press, p. 183-184.

Hinson, J. (1987): Skinner and the Unit of Behavior, in: S. Modgil & C. Modgil (eds.): B.F. Skinner - Consensus and Controversy. Philadelphia: Falmer Press, p. 181-192.

Höffe, O. (1979): Sittliches Handeln: Ein ethischer Problemaufriss, in: H. Lenk (ed.): Handlungstheorien - interdisziplinär, Bd. 2/2. München: Fink, p. 617-641.

Höffe, O. (1981): Sittlich-politische Diskurse - Philosophische Grundlagen. Politische Ethik. Biomedizinische Ethik. Frankfurt: Suhrkamp.

Höffe, O. (1986): Autonomie und Verallgemeinerung als Moralprinzipien, in: F. Oser, R. Fatke & O. Höffe (eds.): Transformation und Entwicklung - Grundlagen der Moralerziehung. Frankfurt: Suhrkamp, p. 56-86.

Hoffman, M.L. (1970a): Moral Development, in: P.H. Mussen (ed.): Carmichael's Manual of Child Psychology, Vol. 2. New York: Wiley (3rd Edition), p. 261-359.

Hoffman, M.L. (1970b): Conscience, Personality, and Socialization Techniques, in: Human Development 13, p. 90-126.

Hoffman, M.L. (1975a): Developmental Synthesis of Affect and Cognition and Its Implications for Altruistic Motivation, in: Developmental Psychology 11, p. 607-622.

Hoffman M.L. (1975b): Altruistic Behavior and the Parent-Child Relationship, in: Journal of Personality and Social Psychology 31, p. 937-943.

Hoffman, M.L. (1975c): Moral Internalization, Parental Power, and the Nature of Parent-Child Interaction, in: Developmental Psychology 11, p. 228-239.

Hoffman, M.L. (1977): Personality and Social Development, in: Annual Review of Psychology 28, p. 295-321.

Hoffman, M.L. (1978): Vom empathischen Mitleiden zur Solidarität, in: G. Schreiner (ed.): Moralische Entwicklung und Erziehung. Braunschweig: Agentur Pedersen 1983, p. 235-265.

Hoffman, M.L. (1979a): Eine Theorie der Moralentwicklung im Jugendalter, in: L. Montada (ed.): Brennpunkte der Entwicklungspsychologie. Stuttgart: Kohlhammer, p. 252-266.

Hoffman, M.L. (1979b): Development of Moral Thought, Feeling, and Behavior, in: American Psychologist 34, p. 958-966.

Hoffman, M.L. (1981): Is Altruism Part of Human Nature? in: Journal of Personality and Social Psychology 40, p. 121-137.

Hoffman, M.L. (1984): Empathy, Its Limitations, and Its Role in a Comprehensive Moral Theory, in: W.M. Kurtines & J.L. Gewirtz (eds.): Morality, Moral Behavior, and Moral Development. New York: Wiley, p. 283-302.

Hoffman, M.L. (1987): The Contribution of Empathy to Justice and Moral Judgment, in: N. Eisenberg & J. Strayer (eds.): Empathy and Its Development. Cambridge: Cambridge University Press, p. 47-80.

Hoffman, M.L. & H.D. Saltzstein (1967): Parent Discipline and the Child's Moral Development, in: Journal of Personality and Social Psychology 5, p. 45-57.

Hofstätter, P.R. (1966): Zum Begriff der Intelligenz, in: Psychologische Rundschau 17, p. 229-248.

Hogan, R., J.A. Johnson & N.P. Emler (1978): A Socioanalytic Theory of Moral Development, in: W. Damon (ed.): Moral Development. San Francisco: Jossey-Bass, p. 1-18.

Holder, A. (1976): Freuds Theorie des psychischen Apparates, in: D. Eicke (ed.): Die Psychologie des 20. Jahrhunderts, Bd. 2. Zürich: Kindler, p. 226-266.

Holland, N.N. (1973): Defence, Displacement and the Ego's Algebra, in: International Journal of Psycho-Analysis 54, p. 247-257.

Holstein, C.B. (1976): Irreversible, Stepwise Sequence in the Development of Moral Judgment: A Longitudinal Study of Males and Females, in: Child Development 47, p. 51-61.

Holt, R.R. (1972): Freud's Mechanistic and Humanistic Images of Man, in: R.R. Holt & E. Peterfreund (eds.): Psychoanalysis and Contemporary Science - An Annual of Integrative and Interdisciplinary Studies, Vol. 1. New York: Macmillan, p. 3-24.

Holzkamp, K. (1965): Zur Problematik der Realitäts-Verdoppelung in der Psychologie, in: Psychologische Rundschau 16, p. 209-222.

Holzkamp, K. (1973): Verborgene anthropologische Voraussetzungen der allgemeinen Psychologie, in: H.-G. Gadamer & P. Vogler (eds.): Neue Anthropologie, Bd. 5. Stuttgart: Thieme, p. 237-282.

Holzkamp, K. (1977): Die Überwindung der wissenschaftlichen Beliebigkeit psychologischer Theorien durch die Kritische Psychologie, in: Zeitschrift für Sozialpsychologie 8, p. 1-22 und 78-97.

Homans, G.C. (1967): Grundlegende soziale Prozesse, in: ders.: Grundfragen soziologischer Theorie. Opladen: Westdeutscher Verlag 1972, p. 59-105.

Hoppe, S., C. Schmid-Schönbein & T.B. Seiler (1977): Entwicklungssequenzen - Theoretische, empirische und methodische Untersuchungen, Implikationen für die Praxis. Bern: Huber.

Horkheimer, M. (1933): Materialismus und Moral, in: Zeitschrift für Sozialforschung 2, p. 162-197.

Horkheimer, M. (1947): Zur Kritik der instrumentellen Vernunft. Hrsg. von A. Schmidt. Frankfurt: Fischer 1985.

Horkheimer, M. & T.W. Adorno (1944): Dialektik der Aufklärung - Philosophische Fragmente. Frankfurt: Fischer 1982.

Hübner, K. (1978): Kritik der wissenschaftlichen Vernunft. Freiburg: Alber 1986 (3. Auflage).

Hübner, K. (1985): Die Wahrheit des Mythos. München: Beck.

von Humboldt, W. (1797): Über den Geist der Menschheit, in: ders.: Schriften zur Anthropologie und Bildungslehre. Hrsg. von A. Flitner. Frankfurt: Ullstein 1984, p. 59-67.

Humphrey, N.K. (1976): The Social Function of Intellect, in: P.P.G. Bateson & R.A. Hinde (eds.): Growing Points in Ethology. Cambridge: Cambridge University Press, p. 303-317.

Husserl, E. (1936): Die Krisis der europäischen Wissenschaften und die transzendentale Phänomenologie - Eine Einleitung in die phänomenologische Philosophie. Hrsg. von W. Biemel. Den Haag: Nijhoff 1969.

Inhelder, B. (1977): Genetic Epistemology and Developmental Psychology, in: Annals of the New York Academy of Sciences, Vol. 291, p. 332-341.

Inhelder, B. (1988): Ein halbes Jahrhundert in der psychologischen Werkstatt Genf, in: Schweizerische Zeitschrift für Psychologie 47, p. 71-88.

Jacobson, E. (1964): Das Selbst und die Welt der Objekte. Frankfurt: Suhrkamp 1978.

Jahoda, M. (1977): Freud und das Dilemma der Psychologie. Frankfurt: Fischer 1985.

Jettmar, K. (1973): Die anthropologische Aussage der Ethnologie, in: H.-G. Gadamer & P. Vogler (eds.): Neue Anthropologie, Bd. 4. Stuttgart: Thieme, p. 63-87.
Joas, H. (1980): Praktische Intersubjektivität - Die Entwicklung des Werkes von G.H. Mead. Frankfurt: Suhrkamp.
Johnson, M. (1987): The Body in the Mind - The Bodily Basis of Meaning, Imagination, and Reason. Chicago: University of Chicago Press.
Jonas, H. (1973): Organismus und Freiheit - Ansätze zu einer philosophischen Biologie. Göttingen: Vandenhoeck & Ruprecht.
Jonas, H. (1979): Das Prinzip Verantwortung - Versuch einer Ethik für die technologische Zivilisation. Frankfurt: Insel 1983.
Jonas, H. (1986): Werkzeug, Bild und Grab - Vom Transanimalischen im Menschen, in: H. Rössner (ed.): Der ganze Mensch - Aspekte einer pragmatischen Anthropologie. München: Deutscher Taschenbuch Verlag, p. 67-79.
Jones, E. (1908): Rationalisation in Every-Day Life, in: Journal of Abnormal Psychology 3, p. 161-169.
Jones, E. (1916): Die Theorie der Symbolik, in: K. Menne, M. Looser, A. Osterland, K. Brede & E. Moersch (eds.): Sprache, Handlung und Unbewusstes. Kronberg: Athenäum 1976, p. 229-281.
Jones, E. (1953): Das Leben und Werk von Sigmund Freud, Bd. 1. Bern: Huber 1982.
Jones, E. (1957): Das Leben und Werk von Sigmund Freud, Bd. 3. Bern: Huber 1982.
Jones, M.C. (1924a): Eine experimentelle Untersuchung der Furcht: der Fall Peter, in: M. Hofer & F.E. Weinert (eds.): Pädagogische Psychologie - Reader zum Funk-Kolleg, Bd. 2. Frankfurt: Fischer 1974, p. 28-36.
Jones, M.C. (1924b): Der Abbau von Furcht bei Kindern, in: M. Hofer & F.E. Weinert (eds.): Pädagogische Psychologie - Reader zum Funk-Kolleg, Bd. 2. Frankfurt: Fischer 1974, p. 37-47.
Jones, M.C. (1974): Albert, Peter, and John B. Watson, in: American Psychologist 29, p. 581-583.
Jüngel, E. (1975): Der Gott entsprechende Mensch, in: H.-G. Gadamer & P. Vogler (eds.): Neue Anthropologie, Bd. 6. Stuttgart: Thieme, p. 342-372.
Kagan, J. (1984): Die Natur des Kindes. München: Piper 1987.
Kahn, R.L. & T.C. Antonucci (1980): Convoys over the Life Course: Attachment, Roles, and Social Support, in: P.B. Baltes & O.G. Brim (eds.): Life-Span Development and Behavior, Vol. 3. New York: Academic Press, p. 253-286.
Kakar, S. (1974): Indische Kultur und Psychoanalyse, in: Psyche 28, p. 635-650.
Kakar, S. (1982): Schamanen, Heilige und Ärzte - Psychotherapie und traditionelle indische Heilkunst. München: Biederstein 1984.
Kambartel, F. (1989): Philosophie der humanen Welt - Abhandlungen. Frankfurt: Suhrkamp.
Kamlah, W. (1973): Philosophische Anthropologie - Sprachkritische Grundlegung und Ethik. Mannheim: Bibliographisches Institut.
Kant, I. (1781): Kritik der reinen Vernunft, in: ders.: Werke in sechs Bänden, Bd. 2. Hrsg. von W. Weischedel. Darmstadt: Wissenschaftliche Buchgesellschaft 1983.
Kant, I. (1783): Beantwortung der Frage: Was ist Aufklärung? in: ders.: Werke in sechs Bänden, Bd. 6. Hrsg. von W. Weischedel. Darmstadt: Wissenschaftliche Buchgesellschaft 1983, p. 51-61.
Kant, I. (1785): Grundlegung zur Metaphysik der Sitten, in: ders.: Werke in sechs Bänden, Bd. 4. Hrsg. von W. Weischedel. Darmstadt: Wissenschaftliche Buchgesellschaft 1983, p. 7-102.
Kant, I. (1788): Kritik der praktischen Vernunft, in: ders.: Werke in sechs Bänden, Bd. 4. Hrsg. von W. Weischedel. Darmstadt: Wissenschaftliche Buchgesellschaft 1983, p. 103-302.
Kant, I. (1790): Kritik der Urteilskraft, in: ders.: Werke in sechs Bänden, Bd. 5. Hrsg. von W. Weischedel. Darmstadt: Wissenschaftliche Buchgesellschaft 1983, p. 233-620.
Kant, I. (1793): Die Religion innerhalb der Grenzen der blossen Vernunft, in: ders.: Werke in sechs Bänden, Bd. 4. Hrsg. von W. Weischedel. Darmstadt: Wissenschaftliche Buchgesellschaft 1983, p. 645-879.

Kant, I. (1797): Die Metaphysik der Sitten, in: ders.: Werke in sechs Bänden, Bd. 4. Hrsg. von W. Weischedel. Darmstadt: Wissenschaftliche Buchgesellschaft 1983, p. 303-634.
Kant, I. (1798): Anthropologie in pragmatischer Hinsicht, in: ders.: Werke in sechs Bänden, Bd. 6. Hrsg. von W. Weischedel. Darmstadt: Wissenschaftliche Buchgesellschaft 1983, p. 395-690.
Kant, I. (1803): Über Pädagogik, in: ders.: Werke in sechs Bänden, Bd. 6. Hrsg. von W. Weischedel. Darmstadt: Wissenschaftliche Buchgesellschaft 1983, p. 691-761.
Kaplan, B. (1967): Meditations on Genesis, in: Human Development 10, p. 65-87.
Kaplan, B. (1983a): A Trio of Trials, in: R.M. Lerner (ed.): Developmental Psychology: Historical and Philosophical Perspectives. Hillsdale, N.J.: Lawrence Erlbaum, p. 185-227.
Kaplan, B. (1983b): Genetic-Dramatism: Old Wine in New Bottles, in: S. Wapner & B. Kaplan (eds.): Toward a Holistic Developmental Psychology. Hillsdale, N.J.: Lawrence Erlbaum, p. 53-74.
Katz, D. (1944): Gestaltpsychologie. Basel: Schwabe.
Kaulbach, F. (1982): Einführung in die Philosophie des Handelns. Darmstadt: Wissenschaftliche Buchgesellschaft.
Kaye, K. (1982): The Mental and Social Life of Babies - How Parents Create Persons. Brighton: Harvester Press.
Kegan, R. (1982): Die Entwicklungsstufen des Selbst - Fortschritte und Krisen im menschlichen Leben. München: Kindt 1986.
Keiler, P. & V. Schurig (1978): Einige Grundlagenprobleme der Naturgeschichte des Lernens I, in: Zeitschrift für Psychologie 186, p. 113-141.
Keniston, K. (1969): Entwicklung der Moral, jugendlicher Aktivismus und moderne Gesellschaft, in: R. Döbert, J. Habermas & G. Nunner-Winkler (eds.): Entwicklung des Ichs. Köln: Kiepenheuer & Witsch 1977, p. 294-306.
Kerber, L.K. (1986): Some Cautionary Words for Historians, in: Signs - Journal of Women in Culture and Society 11, p. 304-310.
Kernberg, O.F. (1976): Objektbeziehungen und Praxis der Psychoanalyse. Stuttgart: Klett-Cotta 1981.
Kesselring, T. (1981): Entwicklung und Widerspruch - Ein Vergleich zwischen Piagets genetischer Erkenntnistheorie und Hegels Dialektik. Frankfurt: Suhrkamp.
Kesselring, T. (1988): Jean Piaget. München: Beck.
Kessen, W. (1960): Research Design in the Study of Developmental Problems, in: P.H. Mussen (ed.): Handbook of Research Methods in Child Development. New York: Wiley, p. 36-70.
Key, E. (1900): Das Jahrhundert des Kindes. Berlin: Fischer 1905.
Khan, M.M.R. (1974): Selbsterfahrung in der Therapie - Theorie und Praxis. München: Kindler 1977.
Kilchsperger, H. (1985): Pädagogische Verantwortung. Bern: Haupt.
Kitchener, R.F. (1978): Epigenesis: the Role of Biological Models in Developmental Psychology, in: Human Development 21, p. 141-160.
Kitchener, R.F. (1986): Piaget's Theory of Knowledge - Genetic Epistemology & Scientific Reason. New Haven: Yale University Press.
Klafki, W. (1986): Die Bedeutung der klassischen Bildungstheorien für ein zeitgemässes Konzept allgemeiner Bildung, in: Zeitschrift für Pädagogik 32, p. 455-476.
Klein, G.S. (1976): Psychoanalytic Theory - An Examination of Essentials. New York: International Universities Press.
von Kleist, H. (1810): Über das Marionettentheater, in: ders.: Gesamtausgabe, Bd. 5. Hrsg. von H. Sembdner. München: Deutscher Taschenbuch Verlag 1974, p. 71-78.
Koch, S. (1976): Psychologie und Geisteswissenschaften, in: H.-G. Gadamer & P. Vogler (eds.): Neue Anthropologie, Bd. 5. Stuttgart: Thieme, p. 200-236.
Köhler, W. (1933): Psychologische Probleme. Berlin: Julius Springer.
Köhler, W. (1938): Werte und Tatsachen. Berlin: Springer 1968.
Köhler, W. (1969): The Task of Gestalt Psychology. Princeton, N.J.: Princeton University Press.

Kohlberg, L. (1966): Moral Education in the Schools: A Developmental View, in: School Review 74, p. 1-30.
Kohlberg, L. (1968a): The Child as a Moral Philosopher, in: Psychology Today 2, No 2, p. 25-30.
Kohlberg, L. (1968b): Moral Development, in: D.L. Sills (ed.): International Encyclopedia of the Social Sciences, Vol. 10. New York: Macmillan & Free Press, p. 483-494.
Kohlberg, L. (1969): Stufe und Sequenz: Sozialisation unter dem Aspekt der kognitiven Entwicklung, in: ders.: Zur kognitiven Entwicklung des Kindes. Frankfurt: Suhrkamp 1974, p. 7-255.
Kohlberg, L. (1971a): From Is to Ought: How to Commit the Naturalistic Fallacy and Get Away with It in the Study of Moral Development, in: T. Mischel (ed.): Cognitive Development and Epistemology. New York: Academic Press, p. 151-235.
Kohlberg, L. (1971b): Stages of Moral Development as a Basis for Moral Education, in: C.M. Beck, B.S. Crittenden & E.V. Sullivan (eds.): Moral Education - Interdisciplinary Approaches. Toronto: University of Toronto Press, p. 23-92.
Kohlberg, L. (1973a): The Claim to Moral Adequacy of a Highest Stage of Moral Judgment, in: Journal of Philosophy 70, p. 630-646.
Kohlberg, L. (1973b): Zusammenhänge zwischen der Moralentwicklung in der Kindheit und im Erwachsenenalter - neu interpretiert, in: P.B. Baltes & L.H. Eckensberger (eds.): Entwicklungspsychologie der Lebensspanne. Stuttgart: Klett-Cotta 1979, p. 379-407.
Kohlberg, L. (1975): The Cognitive-Developmental Approach to Moral Education, in: Phi Delta Kappan 56, p. 670-677.
Kohlberg, L. (1976): Moral Stages and Moralization: The Cognitive-Developmental Approach, in: T. Lickona (ed.): Moral Development and Behavior - Theory, Research, and Social Issues. New York: Holt, Rinehart & Winston, p. 31-53.
Kohlberg, L. (1978): Revisions in the Theory and Practice of Moral Development, in: W. Damon (ed.): Moral Development. San Francisco: Jossey-Bass, p. 83-87.
Kohlberg, L. (1980): High School Democracy and Educating for a Just Society, in: R.L. Mosher (ed.): Moral Education - A First Generation of Research and Development. New York: Praeger, p. 20-57.
Kohlberg, L. (1981): Essays on Moral Development, Vol. 1: The Philosophy of Moral Development. Moral Stages and the Idea of Justice. San Francisco: Harper & Row.
Kohlberg, L. (1982a): Moral Development, in: J.M. Broughton & D.J. Freeman-Moir (eds.): The Cognitive-Developmental Psychology of James Mark Baldwin - Current Theory and Research in Genetic Epistemology. Norwood, N.J.: Ablex, p. 277-325.
Kohlberg, L. (1982b): A Reply to Owen Flanagan and Some Comments on the Puka-Goodpaster Exchange, in: Ethics 92, p. 513-528.
Kohlberg, L. (1986): A Current Statement on Some Theoretical Issues, in: S. Modgil & C. Modgil (eds.): Lawrence Kohlberg - Consensus and Controversy. Philadelphia: Falmer Press, p. 485-546.
Kohlberg, L. (1987): Child Psychology and Childhood Education - A Cognitive-Developmental View. New York: Longman.
Kohlberg, L. & D. Candee (1984): The Relationship of Moral Judgment to Moral Action, in: W.M. Kurtines & J.L. Gewirtz (eds.): Morality, Moral Behavior, and Moral Development. New York: Wiley, p. 52-73.
Kohlberg, L. & C. Gilligan (1971): The Adolescent as a Philosopher: The Discovery of the Self in a Postconventional World, in: Daedalus 100, p. 1051-1086.
Kohlberg, L. & R. Kramer (1969): Continuities and Discontinuities in Childhood and Adult Moral Development, in: Human Development 12, p. 93-120.
Kohlberg, L. & R. Mayer (1972): Development as the Aim of Education, in: Harvard Educational Review 42, p. 449-496.
Kohlberg, L. & C. Power (1981): Moral Development, Religious Thinking, and the Question of a Seventh Stage, in: L. Kohlberg: Essays on Moral Development, Vol. 1: The Philosophy of Moral Development. Moral Stages and the Idea of Justice. San Francisco: Harper & Row, p. 311-372.

Kohlberg, L. & E. Turiel (1971): Moralische Entwicklung und Moralerziehung, in: G. Portele (ed.): Sozialisation und Moral - Neuere Ansätze zur moralischen Entwicklung und Erziehung. Weinheim: Beltz 1978, p. 13-80.

Kohlberg, L., D.R. Boyd & C. Levine (1986): Die Wiederkehr der sechsten Stufe: Gerechtigkeit, Wohlwollen und der Standpunkt der Moral, in: W. Edelstein & G. Nunner-Winkler (eds.): Zur Bestimmung der Moral - Philosophische und sozialwissenschaftliche Beiträge zur Moralforschung. Frankfurt: Suhrkamp, p. 205-240.

Kohlberg, L., C. Levine & A. Hewer (1983): Moral Stages: A Current Formulation and a Response to Critics. Basel: Karger.

Kohlberg, L., P. Scharf & J. Hickey (1972): Die Gerechtigkeitsstruktur im Gefängnis - Eine Theorie und eine Intervention, in: G. Portele (ed.): Sozialisation und Moral - Neuere Ansätze zur moralischen Entwicklung und Erziehung. Weinheim: Beltz 1978, p. 202-214.

Kohlberg, L., E. Wasserman & N. Richardson (1975): Die Gerechte Schul-Kooperative - Ihre Theorie und das Experiment der Cambridge Cluster School, in: G. Portele (ed.): Sozialisation und Moral - Neuere Ansätze zur moralischen Entwicklung und Erziehung. Weinheim: Beltz 1978, p. 215-259.

Kohut, H. (1971): Narzissmus - Eine Theorie der psychoanalytischen Behandlung narzisstischer Persönlichkeitsstörungen. Frankfurt: Suhrkamp 1979.

Kohut, H. (1973): Überlegungen zum Narzissmus und zur narzisstischen Wut, in: ders.: Die Zukunft der Psychoanalyse. Frankfurt: Suhrkamp 1975, p. 205-251.

Kohut, H. (1977): Die Heilung des Selbst. Frankfurt: Suhrkamp 1979.

Kosinski, J. (1970): Being There. New York: Bantam 1986.

Kraiker, C. (1980): Psychoanalyse, Behaviorismus, Handlungstheorie - Theoriekonflikte in der Psychologie. München: Kindler.

Kramer, D.A. (1983): Post-Formal Operations? A Need for Further Conceptualization, in: Human Development 26, p. 91-105.

Krappmann, L. & H. Oswald (1988): Probleme des Helfens unter Kindern, in: H.W. Bierhoff & L. Montada (eds.): Altruismus - Bedingungen der Hilfsbereitschaft. Göttingen: Hogrefe, p. 206-223.

Kris, E. (1934): Psychologie der Karikatur, in: ders.: Die ästhetische Illusion - Phänomene der Kunst in der Sicht der Psychoanalyse. Frankfurt: Suhrkamp 1977, p. 145-161.

Kroeber, T.C. (1963): The Coping Functions of the Ego Mechanisms, in: R.W. White (ed.): The Study of Lives. New York: Atherton Press, p. 178-198.

Kubie, L.S. (1954): The Fundamental Nature of the Distinction Between Normality and Neurosis, in: Psychoanalytic Quarterly 23, p. 167-204.

Küng, G. (1986): Die postkonventionelle Ebene der moralischen Entwicklung: Psychologie oder Philosophie? in: F. Oser, W. Althof & D. Garz (eds.): Moralische Zugänge zum Menschen - Zugänge zum moralischen Menschen. München: Kindt, p. 312-326.

Kuhn, D. (1983): On the Dual Executive and Its Significance in the Development of Developmental Psychology, in: D. Kuhn & J.A. Meacham (eds.): On the Development of Developmental Psychology. Basel: Karger, p. 81-110.

Kundera, M. (1984): Die unerträgliche Leichtigkeit des Seins. Roman. Frankfurt: Fischer 1988.

Kunz, H. (1975): Die Erweiterung des Menschenbildes in der Psychoanalyse Sigmund Freuds, in: H.-G. Gadamer & P. Vogler (eds.): Neue Anthropologie, Bd. 6. Stuttgart: Thieme, p. 44-113.

Kussmann, T. (1977): Pawlow und das klassische Konditionieren, in: H. Zeier (ed.): Die Psychologie des 20. Jahrhunderts, Bd. 4. Zürich: Kindler, p. 20-56.

Labouvie-Vief, G. (1980): Beyond Formal Operations: Uses and Limits of Pure Logic in Life-Span Development, in: Human Development 23, p. 141-161.

Labouvie-Vief, G. & M.J. Chandler (1978): Cognitive Development and Life-Span Developmental Theory: Idealistic versus Contextual Perspectives, in: P.B. Baltes (ed.): Life-Span Development and Behavior, Vol. 1. New York: Academic Press, p. 181-210.

Laing, R.D. (1960): Das geteilte Selbst - Eine existentielle Studie über geistige Gesundheit und Wahnsinn. Reinbek: Rowohlt 1981.

Lampl-de Groot, J. (1957): On Defense and Development: Normal and Pathological, in: Psychoanalytic Study of the Child 12, p. 114-126.
Lancaster, J.B. (1975): Primate Behavior and the Emergence of Human Culture. New York: Holt, Rinehart & Winston.
Landmann, M. (1976): Anklage gegen die Vernunft. Stuttgart: Klett.
Langer, J. (1970): Werner's Comparative Organismic Theory, in: P.H. Mussen (ed.): Carmichael's Manual of Child Psychology, Vol. 1. New York: Wiley (3rd Edition), p. 733-771.
Langer, J. & S. Sugarman (1978): Die Entwicklungstheorien von Heinz Werner und Jean Piaget, in: G. Steiner (ed.): Die Psychologie des 20. Jahrhunderts, Bd. 7. Zürich: Kindler, p. 568-583.
Laplanche, J. & J.-B. Pontalis (1967): Das Vokabular der Psychoanalyse, 2 Bde. Frankfurt: Suhrkamp 1975.
Lasch, C. (1979): Das Zeitalter des Narzissmus. München: Deutscher Taschenbuch Verlag 1986.
Latané, B. & J.M. Darley (1970): The Unresponsive Bystander: Why Doesn't He Help? Englewood Cliffs, N.J.: Prentice-Hall.
Laum, B. (1966): Kinder teilen / tauschen / schenken - Ergebnisse aus Umfragen und Experimenten mit tausend Schulkindern. München: Reinhardt.
Laupa, M. & E. Turiel (1986): Children's Conceptions of Adult and Peer Authority, in: Child Development 57, p. 405-412.
Lazarus, R.S. (1981): Stress und Stressbewältigung - ein Paradigma, in: S.-H. Filipp (ed.): Kritische Lebensereignisse. München: Urban & Schwarzenberg, p. 198-232.
Lehrman, D.S. (1953): Eine Kritik an Konrad Lorenz' Theorie des instinktiven Verhaltens, in: G. Roth (ed.): Kritik der Verhaltensforschung - Konrad Lorenz und seine Schule. München: Beck 1975, p. 17-71.
Lemberg, E. (1963): Von der Erziehungswissenschaft zur Bildungsforschung, in: ders. (ed.): Das Bildungswesen als Gegenstand der Forschung. Heidelberg: Quelle & Meyer, p. 21-100.
Lempert, W. (1986): Moralische Urteilsstufen und Niveaus sozialer Aggregation, in: F. Oser, W. Althof & D. Garz (eds.): Moralische Zugänge zum Menschen - Zugänge zum moralischen Menschen. München: Kindt, p. 84-107.
Lenk, H. (1979): Interpretatorische Handlungskonstrukte - Zur Anwendung einer interpretationstheoretischen Handlungsphilosophie in der Sozialwissenschaft, in: H. Albert & K.H. Stapf (eds.): Theorie und Erfahrung - Beiträge zur Grundlagenproblematik der Sozialwissenschaften. Stuttgart: Klett-Cotta, p. 219-243.
Lerner, M.J. (1980): The Belief in a Just World: A Fundamental Delusion. New York: Plenum Press.
Lerner, R.M. (1980): Concepts of Epigenesis: Descriptive and Explanatory Issues, in: Human Development 23, p. 63-72.
Lerner, R.M. (1985): Individual and Context in Developmental Psychology: Conceptual and Theoretical Issues, in: J.R. Nesselroade & A. von Eye (eds.): Individual Development and Social Change - Explanatory Analysis. New York: Academic Press, p. 155-187.
Lerner, R.M. & N.A. Busch-Rossnagel (eds.) (1981): Individuals as Producers of Their Development - A Life-Span Perspective. New York: Academic Press.
Lerner, R.M. & M.B. Kauffman (1985): The Concept of Development in Contextualism, in: Developmental Review 5, p. 309-333.
Levins, R. & R. Lewontin (1985): The Dialectical Biologist. Cambridge: Harvard University Press.
Lewontin, R.C., S. Rose & L.J. Kamin (1984): Not in Our Genes - Biology, Ideology, and Human Nature. New York: Pantheon.
Lichtenberg, J.D. & J.W. Slap (1972): On the Defense Mechanism: A Survey and Synthesis, in: Journal of the American Psychoanalytic Association 20, p. 776-792.
Lickona, T. (1979): Watergate und die moralische Wende in den amerikanischen Schulen, in: Deutsche Schule 71, p. 506-522.

Lickona, T. (1980): Kooperation als Ziel und Methode moralischer Erziehung, in: G. Schreiner (ed.): Moralische Entwicklung und Erziehung. Braunschweig: Agentur Pedersen 1983, p. 175-209.
Liebsch, B. (1986): Zum Verhältnis von Psychoanalyse und Genfer Konstruktivismus: Primärprozess, Sekundärprozess und kognitive Struktur, in: Psyche 40, p. 220-247.
Lindberg, D.C. (1976): Auge und Licht im Mittelalter - Die Entwicklung der Optik von Alkindi bis Kepler. Frankfurt: Suhrkamp 1987.
Linden, M. (1976). Depression als aktives Verhalten, in: N. Hoffmann: Depressives Verhalten - Psychologische Modelle der Ätiologie und der Therapie. Salzburg: Müller, p. 108-148.
Litt, T. (1921): Das Wesen des pädagogischen Denkens, in: ders.: Führen oder Wachsenlassen - Eine Erörterung des pädagogischen Grundproblems. Stuttgart: Klett 1962, Anhang I.
Litt, T. (1927): Führen oder Wachsenlassen - Eine Erörterung des pädagogischen Grundproblems. Stuttgart: Klett 1962.
Litt, T. (1947): Die Bedeutung der pädagogischen Theorie für die Ausbildung des Lehrers, in: ders.: Führen oder Wachsenlassen - Eine Erörterung des pädagogischen Grundproblems. Stuttgart: Klett 1962, Anhang II.
Litt, T. (1959): Das Bildungsideal der deutschen Klassik und die moderne Arbeitswelt. Bochum: Verlagsgesellschaft der IG Bergbau.
Loch, W. (1972): Zur Theorie, Technik und Therapie der Psychoanalyse. Frankfurt: Fischer.
Locke, D. (1986): A Psychologist among the Philosophers: Philosophical Aspects of Kohlberg's Theories, in: S. Modgil & C. Modgil (eds.): Lawrence Kohlberg - Consensus and Controversy. Philadelphia: Falmer Press, p. 21-38.
Locke, J. (1690): Versuch über den menschlichen Verstand, 2 Bde. Hamburg: Meiner 1981.
Lockwood, A.L. (1978): The Effects of Values Clarification and Moral Development Curricula on School-Age Subjects: A Critical Review of Recent Research, in: Review of Educational Research 48, p. 325-364.
Loevinger, J. (1966): Zur Bedeutung und Messung von Ich-Entwicklung, in: R. Döbert, J. Habermas & G. Nunner-Winkler (eds.): Entwicklung des Ichs. Köln: Kiepenheuer & Witsch 1977, p. 150-168.
Loewald, H.W. (1951): Das Ich und die Realität, in: Psyche 36 (1982), p. 769-787.
Londerville, S. & M. Main (1981): Security of Attachment, Compliance, and Maternal Training Methods in the Second Year of Life, in: Developmental Psychology 17, p. 289-299.
Lorenz, K. (1963): Das sogenannte Böse - Zur Naturgeschichte der Aggression. München: Deutscher Taschenbuch Verlag 1979.
Lorenz, K. (1965): Über tierisches und menschliches Verhalten - Aus dem Werdegang der Verhaltenslehre. Gesammelte Abhandlungen Band 1 und 2. Zürich: Ex Libris (Sonderausgabe).
Lorenz, K. (1973): Die Rückseite des Spiegels - Versuch einer Naturgeschichte menschlichen Erkennens. München: Deutscher Taschenbuch Verlag 1985.
Lorenz, K. (1976): [Interview], in: R.I. Evans: Psychologie im Gespräch. Berlin: Springer 1979, p. 6-20.
Lorenzer, A. (1970a): Sprachzerstörung und Rekonstruktion - Vorarbeiten zu einer Metatheorie der Psychoanalyse. Frankfurt: Suhrkamp 1973.
Lorenzer, A. (1970b): Kritik des psychoanalytischen Symbolbegriffs. Frankfurt: Suhrkamp.
Lovejoy, A.O. (1936): Die grosse Kette der Wesen - Geschichte eines Gedankens. Frankfurt: Suhrkamp 1985.
Luckmann, T. (1972): Persönliche Identität in der modernen Gesellschaft, in: H.-G. Gadamer & P. Vogler (eds.): Neue Anthropologie, Bd. 3. Stuttgart: Thieme, p. 168-198.
Luhmann, N. (1967): Soziologie als Theorie sozialer Systeme, in: Kölner Zeitschrift für Soziologie und Sozialpsychologie 19, p. 615-644.
Luria, Z. (1986): A Methodological Critique, in: Signs - Journal of Women in Culture and Society 11, p. 316-321.

Maccoby, E.E. (1968): The Development of Moral Values and Behavior in Childhood, in: J.A. Clausen (ed.): Socialization and Society. Boston: Little, Brown and Company, p. 227-269.
Maccoby, E.E. & J.A. Martin (1983): Socialization in the Context of the Family: Parent-Child Interaction, in: P.H. Mussen (ed.): Handbook of Child Psychology, Vol. 4. New York: Wiley, p. 1-101.
MacCormac, E.R. (1986): Wissenschaftliche Mythen - Zu Hübners Kritik der wissenschaftlichen Vernunft, in: H. Lenk (ed.): Zur Kritik der wissenschaftlichen Rationalität. Freiburg: Alber, p. 103-120.
Mackenzie, B. (1988): The Challenge to Skinner's Theory of Behavior, in: A.C. Catania & S. Harnard (eds.): The Selection of Behavior - The Operant Behaviorism of B.F. Skinner: Commentary and Consequences. Cambridge: Cambridge University Press, p. 111-113.
Mackintosh, N.J. (1977): Kognitive Lerntheorien, in: H. Zeier (ed.): Die Psychologie des 20. Jahrhunderts, Bd. 4. Zürich: Kindler, p. 161-188.
Madsen, M.C. (1971): Developmental and Cross-Cultural Differences in the Cooperative and Competitive Behavior of Young Children, in: Journal of Cross-Cultural Psychology 2, p. 365-371.
Marx, W. (1983): Gibt es auf Erden ein Mass? Frankfurt: Fischer 1986.
Måseide, A. (1986): Perspectivity, Intentionality, Reflection - Sketch for a Theory of the Life-World Foundation of Philosophy, in: Zeitschrift für allgemeine Wissenschaftstheorie 17, p. 40-58.
Masserman, J.H. (1943): Behavior and Neurosis. Chicago: University of Chicago Press.
Maturana, H.R. (1975): Die Organisation des Lebendigen: eine Theorie der lebendigen Organisation, in: ders.: Erkennen: Die Organisation und Verkörperung von Wirklichkeit - Ausgewählte Arbeiten zur biologischen Epistemologie. Braunschweig: Vieweg 1982, p. 138-156.
Mays, W. (1979): Genetic Epistemology and Theories of Adaptive Behaviour, in: N. Bolton (ed.): Philosophical Problems in Psychology. London: Methuen, p. 45-65.
Mays, W. (1983): Reflections on 'The Growth of Logical Thinking', in: S. Modgil, C. Modgil & G. Brown (eds.): Jean Piaget - An Interdisciplinary Critique. London: Routledge & Kegan Paul, p. 167-181.
Meacham, J.A. & K.F. Riegel (1978): Dialektische Perspektiven in Piagets Theorie, in: G. Steiner (ed.): Die Psychologie des 20. Jahrhunderts, Bd. 7. Zürich: Kindler, p. 172-183.
Mead, G.H. (1908): Die philosophische Grundlage der Ethik, in: ders.: Gesammelte Aufsätze, Bd. 1. Hrsg. von H. Joas. Frankfurt: Suhrkamp 1980, p. 357-370.
Mead, G.H. (1913): Die soziale Identität, in: ders.: Gesammelte Aufsätze, Bd. 1. Hrsg. von H. Joas. Frankfurt: Suhrkamp 1980, p. 241-249.
Mead, G.H. (1927): Die objektive Realität von Perspektiven, in: ders.: Philosophie der Sozialität - Aufsätze zur Erkenntnisanthropologie. Frankfurt: Suhrkamp 1969, p. 213-228.
Mead, G.H. (1929): Eine pragmatische Theorie der Wahrheit, in: ders.: Philosophie der Sozialität - Aufsätze zur Erkenntnisanthropologie. Frankfurt: Suhrkamp 1969, p. 39-68.
Mead, G.H. (1934): Geist, Identität und Gesellschaft - Aus der Sicht des Sozialbehaviorismus. Hrsg. von C.W. Morris. Frankfurt: Suhrkamp 1973.
Mead, G.H. (1938): The Philosophy of the Act. Edited by C.W. Morris. Chicago: University of Chicago Press.
Meehl, P.E. (1978): Theoretical Risks and Tabular Asterisks: Sir Karl, Sir Ronald, and the Slow Progress of Soft Psychology, in: Journal of Consulting and Clinical Psychology 46, p. 806-834.
Meehl, P.E. (1988): Radical Behaviorism and Mental Events: Four Methodological Queries, in: A.C. Catania & S. Harnard (eds.): The Selection of Behavior - The Operant Behaviorism of B.F. Skinner: Commentary and Consequences. Cambridge: Cambridge University Press, p. 192-193.
Mentzos, S. (1983): Abwehrmechanismen, in: W. Mertens (ed.): Psychoanalyse - Ein Handbuch in Schlüsselbegriffen. München: Urban & Schwarzenberg, p. 62-68.

Menze, C. (1983): Bildung, in: D. Lenzen & K. Mollenhauer (eds.): Enzyklopädie Erziehungswissenschaft, Bd. 1. Stuttgart: Klett-Cotta, p. 350-356.
Merleau-Ponty, M. (1945): Phänomenologie der Wahrnehmung. Berlin: de Gruyter 1974.
Mertens, G. (1988): Gerechtigkeit, *das* Prinzip moralischen Handelns? in: Vierteljahrsschrift für wissenschaftliche Pädagogik 64, p. 40-58.
Metzger, W. (1941): Psychologie - Die Entwicklung ihrer Grundannahmen seit der Einführung des Experiments. Darmstadt: Steinkopff 1975.
Midgley, M. (1978): Beast and Man - The Roots of Human Nature. Ithaca, N.Y.: Cornell University Press.
Milgram, S. (1974): Das Milgram-Experiment - Zur Gehorsamsbereitschaft gegenüber Autorität. Reinbek: Rowohlt 1982.
Miller, A. (1980): Am Anfang war Erziehung. Frankfurt: Suhrkamp 1983.
Miller, G.A. (1962): Psychology - The Science of Mental Life. Harmondsworth: Penguin 1984.
Miller, G.A., E. Galanter & K.H. Pribram (1960): Strategien des Handelns - Pläne und Strukturen des Verhaltens. Stuttgart: Klett 1973.
Miller, M. (1986): Kollektive Lernprozesse - Studien zur Grundlegung einer soziologischen Lerntheorie. Frankfurt: Suhrkamp.
Minton, C., J. Kagan & J.A. Levine (1971): Maternal Control and Obedience in the Two-Year-Old, in: Child Development 42, p. 1873-1894.
Mischel, T. (1981): Psychologische Erklärungen - Gesammelte Aufsätze. Frankfurt: Suhrkamp.
Modell, A.H. (1981): Gibt es die Metapsychologie noch? in: Psyche 38 (1984), p. 214-234.
Moessinger, P. (1978): Piaget on Equilibration, in: Human Development 21, p. 255-267.
Mollat, M. (1978): Die Armen im Mittelalter. München: Beck 1984.
Monod, J. (1970): Zufall und Notwendigkeit - Philosophische Fragen der modernen Biologie. München: Deutscher Taschenbuch Verlag 1983.
Montada, L. (1988): Die Bewältigung von "Schicksalsschlägen" - erlebte Ungerechtigkeit und wahrgenommene Verantwortlichkeit, in: Schweizerische Zeitschrift für Psychologie 47, p. 203-216.
Montagu, A. (1971): Körperkontakt - Die Bedeutung der Haut für die Entwicklung des Menschen. Stuttgart: Klett 1974.
Montagu, A. (1981): Zum Kind reifen. Stuttgart: Klett-Cotta 1984.
Montessori, M. (1938): Kinder sind anders. Frankfurt: Ullstein 1980.
Moore, B. (1978): Ungerechtigkeit - Die sozialen Ursachen von Unterordnung und Widerstand. Frankfurt: Suhrkamp 1987.
Moore, G.E. (1903): Principia Ethica, Stuttgart: Reclam 1970.
Moscovici, S. (1968): Versuch über die menschliche Geschichte der Natur. Frankfurt: Suhrkamp 1982.
Moser, U. (1964): Zur Abwehrlehre - Das Verhältnis von Verdrängung und Projektion, in: K. Dräger et al. (eds.): Jahrbuch der Psychoanalyse, Bd. 3. Bern: Huber, p. 56-85.
Much, N.C. & R.A. Shweder (1978): Speaking of Rules: The Analysis of Culture in Breach, in: W. Damon (ed.): Moral Development. San Francisco: Jossey-Bass, p. 19-39.
Mueller, U. (1982): Die Entwicklung des Denkens - Entwicklungslogische Modelle in Psychologie und Soziologie. Darmstadt: Luchterhand.
Müller, H.-P. (1986): Gesellschaft, Moral und Individualismus - Emile Durkheims Moraltheorie, in: H. Bertram (ed.): Gesellschaftlicher Zwang und moralische Autonomie. Frankfurt: Suhrkamp, p. 71-105.
Münsterberg, H. (1912): Psychologie und Wirtschaftsleben - Ein Beitrag zur angewandten Experimental-Psychologie. Leipzig: Barth 1922.
Münsterberg, H. (1914): Grundzüge der Psychotechnik. Leipzig: Barth.
Munroe, R.L. (1955): Schools of Psychoanalytic Thought - An Exposition, Critique, and Attempt at Integration. New York: Holt.

Murray, H.A. (1962): The Personality and Career of Satan, in: Journal of Social Issues 18, p. 36-54.
Mussen, P.H. & N. Eisenberg-Berg (1977): Helfen, Schenken, Anteilnehmen - Untersuchungen zur Entwicklung des prosozialen Verhaltens. Stuttgart: Klett-Cotta 1979.
Nagera, H. (ed.) (1969): Psychoanalytische Grundbegriffe - Eine Einführung in Sigmund Freuds Terminologie und Theoriebildung. Frankfurt: Fischer 1978.
Nietzsche, F. (1883/85): Also sprach Zarathustra, in: ders.: Sämtliche Werke. Kritische Studienausgabe, Bd. 4. Hrsg. von G. Colli & M. Montinari. München: Deutscher Taschenbuch Verlag 1980.
Nisan, M. (1986a): Die moralische Bilanz - Ein Modell moralischen Entscheidens, in: W. Edelstein & G. Nunner-Winkler (eds.): Zur Bestimmung der Moral - Philosophische und sozialwissenschaftliche Beiträge zur Moralforschung. Frankfurt: Suhrkamp, p. 347-376.
Nisan, M. (1986b): Begrenzte Moralität - Ein Konzept und seine erzieherischen Implikationen, in: F. Oser, R. Fatke & O. Höffe (eds.): Transformation und Entwicklung - Grundlagen der Moralerziehung. Frankfurt: Suhrkamp, p. 192-214.
Noam, G.G. (1988): The Self, Adult Development, and the Theory of Biography and Transformation, in: D.K. Lapsley & F.C. Power (eds.): Self, Ego, and Identity - Integrative Approaches. New York: Springer, p. 3-29.
Nohl, H. (1933): Die Theorie der Bildung, in: ders.: Die pädagogische Bewegung in Deutschland und ihre Theorie. Frankfurt: Schulte-Bulmke 1961, p. 103-220.
Novalis (1798): Die Lehrlinge zu Sais, in: ders.: Gesammelte Werke. Hrsg. von H. & W. Kohlschmidt. Gütersloh: Sigbert Mohn 1967, p. 145-171.
Nucci, L. (1981): Conceptions of Personal Issues: A Domain Distinct from Moral or Societal Concepts, in: Child Development 52, p. 114-121.
Nucci, L.P. (1982): Conceptual Development in the Moral and Conventional Domains: Implications for Values Education, in: Review of Educational Research 52, p. 93-122.
Nucci, L.P. & M.S. Nucci (1982): Children's Social Interactions in the Context of Moral and Conventional Transgressions, in: Child Development 53, p. 403-412.
Nucci, L. & E. Turiel (1978): Social Interactions and the Development of Social Concepts in Preschool Children, in: Child Developoment 49, p. 400-407.
Nunner-Winkler, G. (1984): Two Moralities? A Critical Discussion of an Ethic of Care and Responsibility versus an Ethic of Rights and Justice, in: W.M. Kurtines & J.L. Gewirtz (eds.): Morality, Moral Behavior, and Moral Development. New York: Wiley, p. 348-361.
Nunner-Winkler, G. (1986): Ein Plädoyer für einen eingeschränkten Universalismus, in: W. Edelstein & G. Nunner-Winkler (eds.): Zur Bestimmung der Moral - Philosophische und sozialwissenschaftliche Beiträge zur Moralforschung. Frankfurt: Suhrkamp, p. 126-144.
Nunner-Winkler, G. (1987): [Diskussionsbemerkung], in: G. Lind & J. Raschert (eds.): Moralische Urteilsfähigkeit - Eine Auseinandersetzung mit Lawrence Kohlberg über Moral, Erziehung und Demokratie. Weinheim: Beltz, p. 82-83.
Oelkers, J. (1983): Pädagogische Anmerkungen zu Habermas' Theorie kommunikativen Handelns, in: Zeitschrift für Pädagogik 30, p. 271-280.
Oelkers, J. (1985): Erziehen und Unterrichten - Grundbegriffe der Pädagogik in analytischer Sicht. Darmstadt: Wissenschaftliche Buchgesellschaft.
Oelkers, J. & T. Lehmann (1983): Antipädagogik: Herausforderung und Kritik. Braunschweig: Agentur Pedersen.
O'Flaherty, W.D. (1980): Inside and Outside the Mouth of God: The Boundary between Myth and Reality, in: Daedalus 109, p. 93-125.
Oser, F. (1988): Verlust im Gewinn: Biographie und Determinanten des Entwicklungsmodells von Lawrence Kohlberg, in: Schweizerische Zeitschrift für Psychologie 47, p. 109-119.
Packer, M.J. (1985): The Structure of Moral Action: A Hermeneutic Study of Moral Conflict. Basel: Karger.
Parikh, B. (1980): Development of Moral Judgment and Its Relation to Family Environmental Factors in Indian and American Families, in: Child Development 51, p. 1030-1039.

Parisi, T. (1987): Why Freud Failed - Some Implications for Neurophysiology and Sociobiology, in: American Psychologist 42, p. 235-245.
Parpal, M. & E.E. Maccoby (1985): Maternal Responsiveness and Subsequent Child Compliance, in: Child Development 56, p. 1326-1334.
Passmore, J. (1970): The Perfectibility of Man. London: Duckworth.
Patzig, G. (1978): Der kategorische Imperativ in der Ethik-Diskussion der Gegenwart, in: ders.: Tatsachen, Normen, Sätze - Aufsätze und Vorträge. Stuttgart: Reclam 1980, p. 155-177.
Pawlow, I.P. (1972): Die bedingten Reflexe - Eine Auswahl aus dem Gesamtwerk. Besorgt von G. Baader & U. Schnapper. München: Kindler.
Perry, W.G. (1970): Forms of Intellectual and Ethical Development in the College Years - A Scheme. New York: Holt, Rinehart & Winston.
Pestalozzi, H. (1780): Die Abendstunde eines Einsiedlers, in: ders.: Ausgewählte Schriften. Hrsg. von W. Flitner. Frankfurt: Ullstein 1983, p. 28-41.
Peterfreund, E. (1978): Some Critical Comments on Psychoanalytic Conceptualizations of Infancy, in: International Journal of Psycho-Analysis 59, p. 427-441.
Peters, R.S. (1958): The Concept of Motivation. London: Routledge & Kegan Paul 1969.
Peters, R.S. (1960): The Development of Moral Values in Children: Freud's Theory of Moral Development in Relation to that of Piaget, in: British Journal of Educational Psychology 30, p. 250-258.
Piaget, J. (1918): La Biologie et la Guerre, in: Feuille Centrale de la Société Suisse de Zofingue 58, p. 374-380.
Piaget, J. (1923a): La pensée symbolique et la pensée de l'enfant, in: Archives de Psychologie 18, p. 273-304.
Piaget, J. (1923b): Sprechen und Denken des Kindes. Frankfurt: Ullstein 1983.
Piaget, J. (1924): Urteil und Denkprozess des Kindes. Frankfurt: Ullstein 1981.
Piaget, J. (1926): Das Weltbild des Kindes. Stuttgart: Klett-Cotta 1978.
Piaget, J. (1928): Die moralische Regel beim Kind, in: H. Bertram (ed.): Gesellschaftlicher Zwang und moralische Autonomie. Frankfurt: Suhrkamp 1986, p. 106-117.
Piaget, J. (1932): Das moralische Urteil beim Kinde. Stuttgart: Klett-Cotta 1983.
Piaget, J. (1933): La Psychanalyse et le développement intellectuel, in: Revue française de psychanalyse 6, p. 404-408.
Piaget, J. (1936): Das Erwachen der Intelligenz beim Kinde. Stuttgart: Klett 1975.
Piaget, J. (1937): Der Aufbau der Wirklichkeit beim Kinde. Stuttgart: Klett 1974.
Piaget, J. (1945): Nachahmung, Spiel und Traum - Die Entwicklung der Symbolfunktion beim Kinde. Stuttgart: Klett 1969.
Piaget, J. (1947a): Psychologie der Intelligenz. München: Kindler 1976.
Piaget, J. (1947b): Die moralische Entwicklung von Jugendlichen in primitiven und "modernen" Gesellschaften, in: H. Bertram (ed.): Gesellschaftlicher Zwang und moralische Autonomie. Frankfurt: Suhrkamp 1986, p. 118-124.
Piaget, J. (1950): Die Entwicklung des Erkennens, 3 Bde. Stuttgart: Klett 1975.
Piaget, J. (1952): Autobiographie, in: G. Busino et al.: Jean Piaget - Werk und Wirkung. München: Kindler 1976, p. 15-59.
Piaget, J. (1954): Intelligence and Affectivity: Their Relationship During Child Development. Palo Alto: Annual Reviews Inc. 1981.
Piaget, J. (1955): The Stages of Intellectual Development in Childhood and Adolescence, in: H.E. Gruber & J.J. Vonèche (eds.): The Essential Piaget. New York: Basic Books 1977, p. 814-819.
Piaget, J. (1957): Logic and Psychology, in: H.E. Gruber & J.J. Vonèche (eds.): The Essential Piaget. New York: Basic Books 1977, p. 445-477.
Piaget, J. (1958): Equilibration Processes in the Psychobiological Development of the Child, in: H.E. Gruber & J.J. Vonèche (eds.): The Essential Piaget. New York: Basic Books 1977, p. 832-837.
Piaget, J. (1962): Kommentare zu L.S. Wygotski, in: Forum Kritische Psychologie, Bd. 10 (Argument Sonderband 82). Berlin: Argument-Verlag 1982, p. 11-23.

Piaget, J. (1963): L'explication en psychologie et le parallélisme psychophysiologique, in: P. Fraisse & J. Piaget (eds.): Traité de psychologie expérimentale, Vol. 1. Paris: Presses Universitaires de France 1970, p. 131-170.
Piaget, J. (1964): Sechs psychologische Studien, in: ders.: Theorien und Methoden der modernen Erziehung. Frankfurt: Fischer 1978, p. 151-278.
Piaget, J. (1965): Weisheit und Illusionen der Philosophie. Frankfurt: Suhrkamp 1974.
Piaget, J. (1966): Response to Brian Sutton-Smith, in: H.E. Gruber & J.J. Vonèche (eds.): The Essential Piaget. New York: Basic Books 1977, p. 515-517.
Piaget, J. (1967): Biologie und Erkenntnis - Über die Beziehungen zwischen organischen Regulationen und kognitiven Prozessen. Frankfurt: Fischer 1974.
Piaget, J. (1968): Der Strukturalismus. Olten: Walter 1973.
Piaget, J. (1969): Psychologie und Pädagogik, in: ders.: Theorien und Methoden der modernen Erziehung. Frankfurt: Fischer 1978, p. 7-149.
Piaget, J. (1970a): Meine Theorie der geistigen Entwicklung. Frankfurt: Fischer 1983.
Piaget, J. (1970b): Einführung in die genetische Erkenntnistheorie. Frankfurt: Suhrkamp 1973.
Piaget, J. (1970c): Abriss der genetischen Epistemologie. Olten: Walter 1974.
Piaget, J. (1972a): Probleme der Entwicklungspsychologie - Kleine Schriften. Frankfurt: Syndikat 1976.
Piaget, J. (1972b): Erkenntnistheorie der Wissenschaften vom Menschen. Frankfurt: Ullstein 1973.
Piaget, J. (1974a): Biologische Anpassung und Psychologie der Intelligenz. Stuttgart: Klett 1975.
Piaget, J. (1974b): Lebendige Entwicklung, in: Zeitschrift für Pädagogik 20, p. 1-6.
Piaget, J. (1975a): Phenocopy in Biology and the Psychological Development of Knowledge, in: H.E. Gruber & J.J. Vonèche (eds.): The Essential Piaget. New York: Basic Books 1977, p. 803-813.
Piaget, J. (1975b): Problems of Equilibration, in: H.E. Gruber & J.J. Vonèche (eds.): The Essential Piaget. New York: Basic Books 1977, p. 838-841.
Piaget, J. (1975c): Die Äquilibration der kognitiven Strukturen. Stuttgart: Klett 1976.
Piaget, J. (1976): Das Verhalten - Triebkraft der Evolution. Salzburg: Müller 1980.
Piaget, J. (1977a): Conversations libres avec Jean Piaget. Hrsg. von J.-C. Bringuier. Paris: Editions Robert Laffont.
Piaget, J. (1977b): Foreword, in: H.E. Gruber & J.J. Vonèche (eds.): The Essential Piaget. New York: Basic Books 1977, p. xi-xii.
Piaget, J. (1978): What Is Psychology? in American Psychologist 33, p. 648-652.
Piaget, J. (1980): The Psychogenesis of Knowledge and Its Epistemological Significance, in: M. Piattelli-Palmarini (ed.): Language and Learning - The Debate between Jean Piaget and Noam Chomsky. London: Routledge & Kegan Paul, p. 23-34.
Piaget, J. & B. Inhelder (1941): Die Entwicklung der physikalischen Mengenbegriffe beim Kinde - Erhaltung und Atomismus. Stuttgart: Klett 1969.
Piaget, J. & B. Inhelder (1955): Von der Logik des Kindes zur Logik des Heranwachsenden. Olten: Walter 1977.
Piaget, J. & B. Inhelder (1966): Die Psychologie des Kindes. Frankfurt: Fischer 1977.
Piaget, J. & B. Inhelder (1968): Gedächtnis und Intelligenz. Olten: Walter 1974.
Piaget, J. & B. Inhelder (1969): Unzulänglichkeiten des Empirismus, in: B. Inhelder & H. Chipman (eds.): Von der Kinderwelt zur Erkenntnis der Welt. Wiesbaden: Akademische Verlagsgesellschaft 1978, p. 25-39.
Piaget, J. & A. Szeminska (1941): Die Entwicklung des Zahlbegriffs beim Kinde. Stuttgart: Klett 1965.
Picht, G. (1965): Die Verantwortung des Geistes - Pädagogische und politische Schriften. Olten: Walter 1965.
Picht, G. (1969): Wahrheit - Vernunft - Verantwortung. Philosophische Studien. Stuttgart: Klett.
Picht, G. (1971): Die Zeit und die Modalitäten, in: H.P. Dürr (ed.): Quanten und Felder - Physikalische und philosophische Betrachtungen zum 70. Geburtstag von Werner Heisenberg. Braunschweig: Vieweg, p. 67-76.

Place, U. (1987): Skinner Re-Skinned, in: S. Modgil & C. Modgil (eds.): B.F. Skinner - Consensus and Controversy. Philadelphia: Falmer Press, p. 239-248.
Platon (1958): Theaitetos, in: ders.: Sämtliche Werke, Bd. 4. Hrsg. von W.F. Otto, E. Grassi & G. Plamböck. Hamburg: Rowohlt, p. 103-181.
Platon (1959): Timaios, in: ders.: Sämtliche Werke, Bd. 5. Hrsg. von W.F. Otto, E. Grassi & G. Plamböck. Hamburg: Rowohlt, p. 141-213.
Pleines, J.-E. (1985): Ist Tugend lehrbar? in: Vierteljahrsschrift für wissenschaftliche Pädagogik 61, p. 197-212.
Plessner, H. (1928): Die Stufen des Organischen und der Mensch - Einleitung in die philosophische Anthropologie, in: ders.: Gesammelte Schriften, Bd. 4. Frankfurt: Suhrkamp 1981.
Plessner, H. (1946): Mensch und Tier, in: ders.: Gesammelte Schriften, Bd. 8. Frankfurt: Suhrkamp 1983, p. 52-65.
Plessner, H. (1948): Mit anderen Augen, in: ders.: Zwischen Philosophie und Gesellschaft - Ausgewählte Abhandlungen und Vorträge. Frankfurt: Suhrkamp 1979, p. 233-248.
Plessner, H. (1959): Die verspätete Nation - Über die politische Verführbarkeit bürgerlichen Geistes. Frankfurt: Suhrkamp 1974.
Plessner, H. (1965): Der Mensch als Naturereignis, in: ders.: Gesammelte Schriften, Bd. 8. Frankfurt: Suhrkamp 1983, p. 267-283.
Plessner, H. (1969): Homo absconditus, in: ders.: Die Frage nach der Conditio humana - Aufsätze zur philosophischen Anthropologie. Frankfurt: Suhrkamp 1976, p. 138-150.
Plessner, H. (1973): Der Aussagewert einer philosophischen Anthropologie, in: ders.: Die Frage nach der Conditio humana - Aufsätze zur philosophischen Anthropologie. Frankfurt: Suhrkamp 1976, p. 180-197.
Plotkin, H. (1987): The Evolutionary Analogy in Skinner's Writings, in: S. Modgil & C. Modgil (eds.): B.F. Skinner - Consensus and Controversy. Philadelphia: Falmer Press, p. 139-149.
Pongratz, L.A. (1984): Bildung und Subjektivität - Historische Rekonstruktionen, in: Pädagogische Rundschau 38, p. 189-205.
Pongratz, L.J. (1967): Problemgeschichte der Psychologie. Bern: Francke.
Popitz, H. (1987): Autoritätsbedürfnisse - Der Wandel der sozialen Subjektivität, in: Kölner Zeitschrift für Soziologie und Sozialpsychologie 39, p. 633-647.
Popper, K.R. (1969): Conjectures and Refutations - The Growth of Scientific Knowledge. London: Routledge & Kegan Paul (3rd Edition).
Popper, K.R. (1974): Replies to My Critics, in: P.A. Schilpp (ed.): The Philosophy of Karl Popper, Bd. 2. La Salle, Ill.: Open Court, p. 961-1197.
Portmann, A. (1943): Grenzen des Lebens - Eine biologische Umschau. Basel: Reinhardt.
Portmann, A. (1948a): Das Ursprungsproblem, in: ders.: Um das Menschenbild - Biologische Beiträge zu einer Anthropologie. Stuttgart: Reclam 1979, p. 5-36.
Portmann, A. (1948b): Von der Idee des Humanen in der gegenwärtigen Biologie, in: ders.: Biologie und Geist. Frankfurt: Suhrkamp 1982, p. 323-339.
Portmann, A. (1950): Im Kampf um das Menschenbild, in: ders.: Um das Menschenbild - Biologische Beiträge zu einer Anthropologie. Stuttgart: Reclam 1979, p. 64-73.
Portmann, A. (1969): Biologische Fragmente zu einer Lehre vom Menschen. Basel: Schwabe (erweiterte Auflage).
Portmann, A. (1970): Entlässt die Natur den Menschen? Gesammelte Aufsätze zur Biologie und Anthropologie. München: Piper.
Power, F.C., A. Higgins & L. Kohlberg (1989): Lawrence Kohlberg's Approach to Moral Education. New York: Columbia University Press.
Premack, A.J. & D. Premack (1972): Teaching Language to an Ape, in: Scientific American 227, p. 92-99.
Puka, B. (1986): Vom Nutzen und Nachteil der Stufe 6, in: W. Edelstein & G. Nunner-Winkler (eds.): Zur Bestimmung der Moral - Philosophische und sozialwissenschaftliche Beiträge zur Moralforschung. Frankfurt: Suhrkamp, p. 241-290.

Rachlin, H. (1987): The Explanatory Power of Skinner's Radical Behaviorism, in: S. Modgil & C. Modgil (eds.): B.F. Skinner - Consensus and Controversy. Philadelphia: Falmer Press, p. 155-164.

Radke-Yarrow, M., C. Zahn-Waxler & M. Chapman (1983).: Children's Prosocial Dispositions and Behavior, in: P.H. Mussen (ed.): Handbook of Child Psychology, Vol. 4. New York: Wiley, p. 469-545.

Rado, S. (1927): The Problem of Melancholia, in: ders.: Psychoanalysis and Behavior - Collected Papers. New York: Grune & Stratton 1956, p. 47-63.

Rahner, K. (1971): Hörer des Wortes - Zur Grundlegung einer Religionsphilosophie. Freiburg: Herder.

Ramzy, I. (1956): From Aristotle to Freud - A Few Notes on the Roots of Psychoanalysis, in: Bulletin of the Menninger Clinic 20, p. 112-123.

Rapaport, D. (1960): Die Struktur der psychoanalytischen Theorie - Versuch einer Systematik. Stuttgart: Klett 1973.

Rawls, J. (1971): Eine Theorie der Gerechtigkeit. Frankfurt. Suhrkamp 1979.

Reich, W. (1933): Charakteranalyse. Köln: Kiepenheuer & Witsch 1970.

Reid, H.G. & E.J. Yanarella (1977): Critical Political Theory and Moral Development - On Kohlberg, Hampden-Turner, and Habermas, in: Theory and Society 4, p. 505-541.

Rest, J.R. (1984): The Major Components of Morality, in: W.M. Kurtines & J.L. Gewirtz (eds.): Morality, Moral Behavior, and Moral Development. New York: Wiley, p. 24-38.

Rest, J.R. (1986): Ein interdisziplinärer Ansatz zur Moralerziehung und ein Vierkomponenten-Modell der Entstehung moralischer Handlungen, in: F. Oser, W. Althof & D. Garz (eds.): Moralische Zugänge zum Menschen - Zugänge zum moralischen Menschen. München: Kindt, p. 20-41.

Reynolds, V. (1980): The Biology of Human Action. Oxford: Freeman (Enlarged Edition).

Rheingold, H.L., D.F. Hay & M.J. West (1976): Sharing in the Second Year of Life, in: Child Development 47, p. 1148-1158.

Ricœur, P. (1965): Die Interpretation - Ein Versuch über Freud. Frankfurt: Suhrkamp 1974.

Riedel, M. (1979): Norm und Werturteil - Grundprobleme der Ethik. Stuttgart: Reclam.

Riegel, K.F. (1973): Dialectic Operations: The Final Period of Cognitive Development, in: Human Development 16, p. 346-370.

Riegel, K.F. (1976): The Dialectics of Human Development, in: American Psychologist 31, p. 689-700.

Rittner, V. (1976): Handlung, Lebenswelt und Subjektivierung, in: D. Kamper & V. Rittner (eds.): Zur Geschichte des Körpers. München: Hanser, p. 13-66.

Robinson, D.N. (1981): An Intellectual History of Psychology. Madison: University of Wisconsin Press 1986.

Roche, M. (1973): Phenomenology, Language and the Social Sciences. London: Routledge & Kegan Paul.

Rogoff, B., M.J. Sellers, S. Pirrotta, N. Fox & S.H. White (1975): Age of Assignment of Roles and Responsibilities to Children - A Cross-Cultural Study, in: Human Development 18, p. 353-369.

Rose, S.A. & H.A. Ruff (1987): Cross-Modal Abilities in Human Infants, in: J.D. Osofsky (ed.): Handbook of Infant Development. New York: Wiley (Second Edition), p. 318-362.

Rosenhan, D.L., B.S. Moore & B. Underwood (1976): The Social Psychology of Moral Behavior, in: T. Lickona (ed.): Moral Development and Behavior - Theory, Research, and Social Issues. New York: Holt, Rinehart & Winston, p. 241-252.

Roth, H. (1966): Pädagogische Anthropologie, Bd. 1: Bildsamkeit und Bestimmung. Hannover: Schroedel

Rotman, B. (1977): Jean Piaget: Psychologist of the Real. Ithaca, N.Y.: Cornell University Press.

Rousseau, J.-J. (1762): Emil oder Über die Erziehung. In deutscher Fassung besorgt von L. Schmidts. Paderborn: Schöningh 1975.

Rousseau, J.-J. (1763): Brief an Christophe de Beaumont, in: ders.: Schriften, Bd. 1. Hrsg. von H. Ritter. Frankfurt: Ullstein 1981, p. 497-589.
Rowell, J.A. (1983): Equilibration: Developing the Hard Core of the Piagetian Research Program, in: Human Development 26, p. 61-71.
Rubinstein, S.L. (1946): Grundlagen der allgemeinen Psychologie. Berlin: Volk und Wissen 1971.
Ryle, G. (1949): Der Begriff des Geistes. Stuttgart: Reclam 1969.
Sameroff, A.J. (1982): Development and the Dialectic: The Need for a Systems Approach, in: W.A. Collins (ed.): Minnesota Symposium on Child Psychology, Vol. 15. Hillsdale, N.J.: Lawrence Erlbaum, p. 83-103.
Sameroff, A.J. (1983): Developmental Systems: Contexts and Evolution, in: P.H. Mussen (ed.): Handbook of Child Psychology, Vol. 1. New York: Wiley, p. 237-294.
Sampson, E.E. (1977): Psychology and the American Ideal, in: Journal of Personality and Social Psychology 35, p. 767-782.
Sanders, C. (1972): Die behavioristische Revolution in der Psychologie. Salzburg: Müller 1978.
Saner, H. (1979): Geburt und Phantasie - Von der natürlichen Dissidenz des Kindes. Basel: Lenos.
Sartre, J.-P. (1946): Ist der Existentialismus ein Humanismus? in: ders.: Drei Essays. Frankfurt: Ullstein 1979, p. 7-51.
Scandura, J.M. (1988): New Wine in Old Glasses? in: A.C. Catania & S. Harnard (eds.): The Selection of Behavior - The Operant Behaviorism of B.F. Skinner: Commentary and Consequences. Cambridge: Cambridge University Press, p. 265-267.
Schafer, R. (1968a): Aspects of Internalization. New York: International Universities Press 1973.
Schafer, R. (1968b): The Mechanisms of Defence, in: International Journal of Psychoanalysis 49, p. 49-62.
Schafer, R. (1970): Die psychoanalytische Anschauung der Realität, in: Psyche 26 (1972), p. 881-898 und 952-973.
Schafer, R. (1976): Eine neue Sprache für die Psychoanalyse. Stuttgart: Klett-Cotta 1982.
Schaie, K.W. (1965): A General Model for the Study of Developmental Problems, in: Psychological Bulletin 64, p. 92-107.
Schleiermacher, F. (1826): Pädagogische Schriften, Bd. 1: Die Vorlesungen aus dem Jahre 1826. Hrsg. von E. Weniger. Frankfurt: Ullstein 1983.
Schlick, M. (1927): Vom Sinn des Lebens, in: Symposion 1, p. 331-354.
Schmid, W. (1991): Auf der Suche nach einer neuen Lebenskunst - Die Frage nach dem Grund und die Neubegründung der Ethik bei Foucault. Frankfurt: Suhrkamp.
Schopenhauer, A. (1841): Preisschrift über die Grundlage der Moral. Hrsg. von H. Ebeling. Hamburg: Meiner 1979.
Schütz, A. (1932): Der sinnhafte Aufbau der sozialen Welt - Eine Einleitung in die verstehende Soziologie. Frankfurt: Suhrkamp 1974.
Schulz, W. (1972): Philosophie in der veränderten Welt. Pfullingen: Neske 1980.
Schur, M. (1966): Das Es und die Regulationsprinzipien des psychischen Geschehens. Frankfurt: Fischer 1984.
Schwartz, B. & E. Gamzu (1977): Pawlowsche Steuerung von operantem Verhalten, in: H. Zeier (ed.): Die Psychologie des 20. Jahrhunderts, Bd. 4. Zürich: Kindler, p. 306-341.
Scott, M.B. & S.M. Lyman (1968): Accounts, in: American Sociological Review 33, p. 46-62.
Scribner, B. (1978): Reformation, Karneval und die "verkehrte Welt", in: R. von Dülmen & N. Schindler (eds.): Volkskultur - Zur Wiederentdeckung des vergessenen Alltags (16.-20. Jahrhundert). Frankfurt: Fischer 1984, p. 117-152.
Seligman, M.E.P. (1970): On the Generality of the Laws of Learning, in: Psychological Review 77, p. 406-418.
Seligman, M.E.P. (1972): Gelernte Hilflosigkeit, in: L. Blöschl (ed.): Verhaltenstherapie depressiver Reaktionen. Bern: Huber 1981, p. 197-209.

Seligman, M.E.P. (1975): Erlernte Hilflosigkeit. München: Urban & Schwarzenberg 1983 (2. Auflage).
Seligman, M.E.P. (1988): Boomer Blues, in: Psychology Today 22, No 10, p. 50-55.
Seligman, M.E.P. & S.F. Maier (1967): Failure to Escape Traumatic Shock, in Journal of Experimental Psychology 74, p. 1-9.
Selman, R.L. (1980): Die Entwicklung des sozialen Verstehens - Entwicklungspsychologische und klinische Untersuchungen. Frankfurt: Suhrkamp 1984.
Selman, R.L., D.R. Lavin & S. Brion-Meisels (1982): Entwicklung der Fähigkeit zur Selbstreflexion bei Kindern: Forschungen zum reflexiven Verstehen und die Untersuchung praktischer Verständigungsleistungen verhaltensgestörter Kinder, in: W. Edelstein & M. Keller (eds.): Perspektivität und Interpretation - Beiträge zur Entwicklung des sozialen Verstehens. Frankfurt: Suhrkamp, p. 375-421.
Shepherd, M. (1985): Sherlock Holmes and the Case of Dr Freud. London: Tavistock.
Shotter, J. (1984): Social Accountability and Selfhood. Oxford: Basil Blackwell.
Shweder, R.A., M. Mahapatra & J.G. Miller (1987): Culture and Moral Development, in: J. Kagan & S. Lamb (eds.): The Emergence of Morality in Young Children. Chicago: University of Chicago Press, p. 1-83.
Simpson, E.L. (1976): A Holistic Approach to Moral Development and Behavior, in: T. Lickona (ed.): Moral Development and Behavior - Theory, Research, and Social Issues. New York: Holt, Rinehart & Winston, p. 159-170.
Skinner, B.F. (1938): The Behavior of Organisms - An Experimental Analysis. New York: Appleton-Century-Crofts.
Skinner, B.F. (1948): Futurum Zwei ("Walden Two"). Reinbek: Rowohlt 1983.
Skinner, B.F. (1953): Wissenschaft und menschliches Verhalten. München: Kindler 1973.
Skinner, B.F. (1967): Reply by Professor Skinner, in: M.H. Marx & F.E. Goodson (eds.): Theories in Contemporary Psychology. New York: Macmillan 1976, p. 212-219.
Skinner, B.F. (1968): Erziehung als Verhaltensformung - Grundlagen einer Technologie des Lehrens. München: Klimer 1971.
Skinner, B.F. (1969): Die Funktion der Verstärkung in der Verhaltenswissenschaft. München: Kindler 1974.
Skinner, B.F. (1971): Beyond Freedom and Dignity. New York: Bantam 1979.
Skinner, B.F. (1972): Cumulative Record - A Selection of Papers. New York: Appleton-Century-Crofts (3rd Edition).
Skinner, B.F. (1974): About Behaviorism. New York: Vintage Books.
Skinner, B.F. (1976): [Interview], in: R.I. Evans: Psychologie im Gespräch. Berlin: Springer 1979, p. 89-100.
Skinner, B.F. (1977a): [Interview], in: D. Cohen: Psychologists on Psychology. London: ARK 1985, p. 262-290.
Skinner, B.F. (1977b): The Experimental Analysis of Operant Behavior, in: Annals of the New York Academy of Sciences, Vol. 291, p. 374-385.
Skinner, B.F. (1978): Reflections on Behaviorism and Society. Englewood Cliffs, N.J.: Prentice Hall.
Skinner, B.F. (1981): Selection by Consequences, in: A.C. Catania & S. Harnard (eds.): The Selection of Behavior - The Operant Behaviorism of B.F. Skinner: Commentary and Consequences. Cambridge: Cambridge University Press 1988, p. 11-20.
Skinner, B.F. (1987): Whatever Happened to Psychology as the Science of Behavior? in: American Psychologist 42, p. 780-786.
Skinner, B.F. (1988a): [Responses], in: A.C. Catania & S. Harnard (eds.): The Selection of Behavior - The Operant Behaviorism of B.F. Skinner: Commentary and Consequences. Cambridge: Cambridge University Press, passim.
Skinner, B.F. (1988b): Reply to Harnard, in: A.C. Catania & S. Harnard (eds.): The Selection of Behavior - The Operant Behaviorism of B.F. Skinner: Commentary and Consequences. Cambridge: Cambridge University Press, p. 468-473.
Skinner, B.F. (1988c): Reply to Catania, in: A.C. Catania & S. Harnard (eds.): The Selection of Behavior - The Operant Behaviorism of B.F. Skinner: Commentary and Consequences. Cambridge: Cambridge University Press, p. 483-488.

Skinner, B.F. (1990): Can Psychology Be a Science of Mind? in: American Psychologist 45, p. 1206-1210.
Smetana, J.G. (1981): Preschool Children's Conceptions of Moral and Social Roles, in: Child Development 52, p. 1333-1336.
Smetana, J.G. (1984): Toddlers' Social Interactions regarding Moral and Conventional Transgressions, in: Child Development 55, p. 1767-1776.
Smetana, J.G. (1988): Adolescents' and Parents' Conceptions of Parental Authority, in: Child Development 59, p. 321-335.
Smetana, J.G. (1989): Toddler's Social Interactions in the Context of Moral and Conventional Transgressions in the Home, in: Developmental Psychology 25, p. 499-508.
Snarey, J.R. (1985): Cross-Cultural Universality of Social-Moral Development: A Critical Review of Kohlbergian Research, in: Psychological Bulletin 97, p. 202-232.
Snell, B. (1975): Die Entdeckung des Geistes - Studien zur Entstehung des europäischen Denkens bei den Griechen. Göttingen: Vandenhoeck & Ruprecht.
Spaemann, R. (1984): Das Verhältnis des Menschen zu dem, was nicht von ihm abhängt, in: K.-O. Apel, D. Böhler & K. Rebel (eds.): Funkkolleg Praktische Philosophie/ Ethik, Studientexte Bd. 3. Weinheim: Beltz, p. 889-906.
Spaemann, R. (1989): Glück und Wohlwollen - Versuch über Ethik. Stuttgart: Klett-Cotta.
Speece, M.W. & S.B. Brent (1984): Children's Understanding of Death: A Review of Three Components of a Death Concept, in: Child Development 55, p. 1671-1686.
Spence, D.P. (1987): The Freudian Metaphor - Toward Paradigm Change in Psychoanalysis. New York: Norton.
de Spinoza B. (1677): Die Ethik nach geometrischer Methode dargestellt. Hamburg: Meiner 1976.
Spitz, R.A. (1976): Vom Dialog - Studien über den Ursprung der menschlichen Kommunikation und ihrer Rolle in der Persönlichkeitsbildung. München: Deutscher Taschenbuch Verlag 1988.
Spranger, E. (1957): Vom Wissenschaftscharakter der Pädagogik, in: ders.: Gesammelte Schriften, Bd. 2. Hrsg. von O.F. Bollnow & G. Bräuer. Heidelberg: Quelle & Meyer 1973, p. 365-376.
Sroufe, L.A. (1979): The Coherence of Individual Development - Early Care, Attachment, and Subsequent Developmental Issues, in: American Psychologist 34, p. 834-841.
Sroufe, L.A. (1983): Infant-Caregiver Attachment and Patterns of Adaptation in Preschool: The Roots of Maladaptation and Competence, in: M. Perlmutter (ed.): Development and Policy Concerning Children with Special Needs. Hillsdale, N.J.: Lawrence Erlbaum, p. 41-83.
Stachowiak, H. (1973): Allgemeine Modelltheorie. Wien: Springer.
Stambrook, M. & K.C.H. Parker (1987): The Development of the Concept of Death in Childhood: A Review of the Literature, in: Merrill-Palmer Quarterly 33, p. 133-157.
Staub, E. (1984): Steps toward a Comprehensive Theory of Moral Conduct: Goal Orientation, Social Behavior, Kindness, and Cruelty, in: W.M. Kurtines & J.L. Gewirtz (eds.): Morality, Moral Behavior, and Moral Development. New York: Wiley, p. 241-260.
Stayton, D.J., R. Hogan & M.D.S. Ainsworth (1971): Infant Obedience and Maternal Behavior: The Origins of Socialization Reconsidered, in: Child Development 42, p. 1057-1069.
Stern, D.N. (1985): The Interpersonal World of the Infant - A View from Psychoanalysis and Developmental Psychology. New York: Basic Books.
Stolze, H. (1976): Ödipale Situation - ödipaler Konflikt - Ödipuskomplex, in: D. Eicke (ed.): Die Psychologie des 20. Jahrhunderts, Bd. 2. Zürich: Kindler, p. 616-622.
Stork, J. (1976): Die seelische Entwicklung des Kleinkindes aus psychoanalytischer Sicht, in: D. Eicke (ed.): Die Psychologie des 20. Jahrhunderts, Bd. 2. Zürich: Kindler, p. 868-932.
Stork, J. (1983): Frühe Triangulation, in: W. Mertens (ed.): Psychoanalyse - Ein Handbuch in Schlüsselbegriffen. München: Urban & Schwarzenberg, p. 69-76.

Straughan, R. (1986): Why Act on Kohlberg's Moral Judgments? (Or How to Reach Stage 6 and Remain a Bastard), in: S. Modgil & C. Modgil (eds.): Lawrence Kohlberg - Consensus and Controversy. Philadelphia: Falmer Press, p. 149-157.
Straus, E. (1956): Vom Sinn der Sinne - Ein Beitrag zur Grundlegung der Psychologie. Berlin: Springer 1978 (Reprint der 2. Auflage).
Strawson, P.F. (1959): Einzelding und logisches Subjekt (Individuals) - Ein Beitrag zur deskriptiven Metaphysik. Stuttgart: Reclam 1972.
Strzelewicz, W., H.-D. Raapke & W. Schulenberg (1966): Bildung und gesellschaftliches Bewusstsein - Eine mehrstufige soziologische Untersuchung in Westdeutschland. Stuttgart: Enke.
Sullivan, H.S. (1940): Conceptions of Modern Psychiatry, in: Psychiatry 3, p. 1-117.
Suppes, P. & H. Warren (1975): On the Generation and Classification of Defence Mechanisms, in: International Journal of Psycho-Analysis 56, p. 405-414.
Taylor, C. (1975): Erklärung und Interpretation in den Wissenschaften vom Menschen. Frankfurt: Suhrkamp.
Taylor, C. (1985): Philosophical Papers, 2 Vols. Cambridge: Cambridge University Press 1988.
Taylor, C. (1986a): Leibliches Handeln, in: A. Métraux & B. Waldenfels (eds.): Leibhaftige Vernunft - Spuren von Merleau-Pontys Denken. München: Fink, p. 194-217.
Taylor, C. (1986b): Sprache und Gesellschaft, in: A. Honneth & H. Joas (ed.): Kommunikatives Handeln - Beiträge zu Jürgen Habermas' "Theorie des kommunikativen Handelns". Frankfurt: Suhrkamp, p. 35-52.
Thompson, R.A. (1987): Empathy and Emotional Understanding: The Early Development of Empathy, in: N. Eisenberg & J. Strayer (eds.): Empathy and Its Development. Cambridge: Cambridge University Press, p. 119-145.
Thorndike, E.L. (1911): Animal Intelligence - Experimental Studies. Darien, Conn.: Hafner Publishing Co. 1970 (Reprint).
Thorndike, E.L. (1913): Psychologie der Erziehung. Hrsg. von O. Bobertag. Jena: Gustav Fischer 1922.
Thum, B. (1984): Politik im hohen Mittelalter - Zu einer Theorie politisch-sozialen Handelns und Verhaltens in prämodern-historischen Gesellschaften, in: H. Lenk (ed.): Handlungstheorien - interdisziplinär, Bd. 3/2. München: Fink, p. 914-960.
Tisak, M.S. (1986): Children's Conceptions of Parental Authority, in: Child Development 57, p. 166-176.
Tisak, M.S. & E. Turiel (1984): Children's Conceptions of Moral and Prudential Rules, in: Child Development 55, p. 1030-1039.
Toulmin, S. (1961): Voraussicht und Verstehen - Ein Versuch über die Ziele der Wissenschaft. Frankfurt: Suhrkamp 1968.
Traxel, W. (1969): Diskrepante Erfahrungen als Ursprünge psychologischer Forschung, in: Archiv für die gesamte Psychologie 121, p. 285-293.
Tugendhat, E. (1984): Probleme der Ethik. Stuttgart: Reclam.
Tugendhat, E. (1986): Über die Notwendigkeit einer Zusammenarbeit zwischen philosophischer und empirischer Forschung bei der Klärung der Bedeutung des moralischen Sollens, in: W. Edelstein & G. Nunner-Winkler (eds.): Zur Bestimmung der Moral - Philosophische und sozialwissenschaftliche Beiträge zur Moralforschung. Frankfurt: Suhrkamp, p. 25-36.
Tugendhat, E. (1989): Zum Begriff und zur Begründung von Moral, in: C. Bellut & U. Müller-Schöll (eds.): Mensch und Moderne - Beiträge zur philosophischen Anthropologie und Gesellschaftskritik. Würzburg: Königshausen & Neumann, p. 145-164.
Turiel, E. (1974): Conflict and Transition in Adolescent Moral Development, in: Child Development 45, p. 14-29.
Turiel, E. (1975): The Development of Social Concepts: Mores, Customs, and Conventions, in: D.J. De Palma & J.M. Foley (eds.): Moral Development - Current Theory and Research. Hillsdale, N.J.: Lawrence Erlbaum, p. 7-37.
Turiel, E. (1977): Conflict and Transition in Adolescent Moral Development, II: The Resolution of Disequilibrium through Structural Reorganization, in: Child Development 48, p. 634-637.

Turiel, E. (1980): Die Entwicklung sozial-konventionaler und moralischer Konzepte, in: W. Edelstein & M. Keller (eds.): Perspektivität und Interpretation - Beiträge zur Entwicklung des sozialen Verstehens. Frankfurt: Suhrkamp 1982, p. 146-187.

Turiel, E. (1983): The Development of Social Knowledge - Morality and Convention. Cambridge: Cambridge University Press.

Turiel, E. (1989): Domain-Specific Social Judgments and Domain Ambiguities, in: Merrill-Palmer Quarterly 35, p. 89-114.

Turiel, E. & P. Davidson (1986): Heterogeneity, Inconsistency, and Asynchrony in the Development of Cognitive Structures, in: I. Levin (ed.): Stage and Structure - Reopening the Debate. Norwood, N.J.: Ablex, p. 106-143.

Turiel, E. & J.G. Smetana (1984): Soziales Wissen und Handeln: Die Koordination von Bereichen, in: F. Oser, W. Althof & D. Garz (eds.): Moralische Zugänge zum Menschen - Zugänge zum moralischen Menschen. München: Kindt 1986, p. 108-135.

Turiel, E., M. Killen & C.C. Helwig (1987): Morality: Its Structure, Function, and Vagaries, in: J. Kagan & S. Lamb (eds.): The Emergence of Morality in Young Children. Chicago: University of Chicago Press, p. 155-243.

Ulich, D. (1986): Kriterien psychologischer Entwicklungsbegriffe, in: Zeitschrift für Sozialisationsforschung und Erziehungssoziologie 6, p. 5-27.

Vaillant, G.E. (1977): Adaptation to Life. Boston: Little, Brown and Company.

Varela, F.J. (1987): Ein Weg entsteht im Unterwegs-sein, in: P. Feyerabend & C. Thomas (eds.): Leben mit den "Acht Todsünden der zivilisierten Menschheit"? Zürich: Verlag der Fachvereine, p. 307-323.

Vasudev, J. (1986): Kohlbergs Universalitätspostulat aus indischer Sicht, in: W. Edelstein & G. Nunner-Winkler (eds.): Zur Bestimmung der Moral - Philosophische und sozialwissenschaftliche Beiträge zur Moralforschung. Frankfurt: Suhrkamp, p. 145-177.

Vester, H.-G. (1984): Die Thematisierung des Selbst in der postmodernen Gesellschaft. Bonn: Bouvier.

Vidal, F. (1983): Erfahrung und Denken: Jean Piagets Weg zur Wissenschaft, in: Neue Sammlung 23, p. 200-210.

Vierhaus, R. (1972): Bildung, in: O. Brunner, W. Conze & R. Koselleck (eds.): Geschichtliche Grundbegriffe - Historisches Lexikon zur politisch-sozialen Sprache in Deutschland, Bd. 1. Stuttgart: Klett, p. 508-551.

Villenave-Cremer, S. & L.H. Eckensberger (1986): Zur Rolle affektiver Prozesse im moralischen Urteil, in: F. Oser, W. Althof & D. Garz (eds.): Moralische Zugänge zum Menschen - Zugänge zum moralischen Menschen. München: Kindt, p. 180-204.

Vogel, C. (1986): Von der Natur des Menschen in der Kultur, in: H. Rössner (ed.): Der ganze Mensch - Aspekte einer pragmatischen Anthropologie. München: Deutscher Taschenbuch Verlag, p. 47-66.

Voyat, G. (1982): Entwicklung in der kognitiven und in der sozialen Dimension: Eine neue Perspektive, in: W. Edelstein & M. Keller (eds.): Perspektivität und Interpretation - Beiträge zur Entwicklung des sozialen Verstehens. Frankfurt: Suhrkamp, p. 219-236.

Wachtel, P.L. (1977): Psychoanalyse und Verhaltenstherapie - Ein Plädoyer für ihre Integration. Stuttgart: Klett-Cotta 1981.

Wälder, R. (1930): Das Prinzip der mehrfachen Funktion - Bemerkungen zur Überdeterminierung, in: Internationale Zeitschrift für Psychoanalyse 16, p. 285-300.

Walker, L.J. (1984): Sex Differences in the Development of Moral Reasoning: A Critical Review, in: Child Development 55, p. 677-691.

Walker, L.J. (1986): Experiential and Cognitive Sources of Moral Development in Adulthood, in: Human Development 29, p. 113-124.

Wallerstein, R.S. (1985): Defenses, Defense Mechanisms, and the Structure of the Mind, in: H.P. Blum (ed.): Defense and Resistance - Historical Perspectives and Current Concepts. New York: International Universities Press, p. 201-225.

Wallwork, E. (1986): Moralentwicklung bei Durkheim und Kohlberg, in: H. Bertram (ed.): Gesellschaftlicher Zwang und moralische Autonomie. Frankfurt: Suhrkamp, p. 163-191.

Wandschneider, D. (1983): Ethik zwischen Genetik und Metaphysik, in: Universitas 38, p. 1139-1149.
Waters, E., J. Wippman & L.A. Sroufe (1979): Attachment, Positive Affect, and Competence in the Peer Group: Two Studies in Construct Validation, in: Child Development 50, p. 821-829.
Watson, J.B. (1913): Psychologie, wie sie der Behaviorist sieht, in: ders.: Behaviorismus. Hrsg. von C.F. Graumann. Köln: Kiepenheuer & Witsch 1968, p. 13-28.
Watson, J.B. (1916): The Place of the Conditioned-Reflex in Psychology, in: Psychological Review 23, p. 89-116.
Watson, J.B. (1917): An Attempted Formulation of the Scope of Behavior Psychology, in: Psychological Review 14, p. 329-352.
Watson, J.B. (1929): Das Utopia des Behavioristen, in: Gruppendynamik 16, p. 119-129.
Watson, J.B. (1930): Behaviorismus. Hrsg. von C.F. Graumann. Köln: Kiepenheuer & Witsch 1968.
Watzlawick, P., J.H. Beavin & D.D. Jackson (1969): Menschliche Kommunikation - Formen, Störungen, Paradoxien. Bern: Huber 1972.
Weber, M. (1917): Der Sinn der "Wertfreiheit" der Sozialwissenschaften, in: ders.: Soziologie - Universalgeschichtliche Analysen - Politik. Hrsg. von J. Winckelmann. Stuttgart: Kröner 1973, p. 263-310.
Weber, M. (1921): Wirtschaft und Gesellschaft - Grundriss der verstehenden Soziologie. Studienausgabe. Besorgt von J. Winckelmann. Tübingen: Mohr 1976 (5. Auflage).
Weinreich-Haste, H. (1986): Moralisches Engagement - Die Funktion der Gefühle im Urteilen und Handeln, in: W. Edelstein & G. Nunner-Winkler (eds.): Zur Bestimmung der Moral - Philosophische und sozialwissenschaftliche Beiträge zur Moralforschung. Frankfurt: Suhrkamp, p. 377-406.
Weiss, P.A. (1969): The Living System: Determinism Stratified, in: A. Koestler & J.R. Smythies (eds.): Beyond Reductionism - New Perspectives in the Life Sciences. New York: Macmillan 1970, p. 3-55.
Weisskopf, T. (1988): Zum Menschenbild in der Pädagogik, in: Neue Zürcher Zeitung Nr. 181, 6./7. August, p. 21.
Wellmer, A. (1986): Ethik und Dialog - Elemente des moralischen Urteils bei Kant und in der Diskursethik. Frankfurt: Suhrkamp.
Welsch, W. (1988): Unsere postmoderne Moderne. Weinheim: VCH Verlagsgesellschaft.
Weniger, E. (1936): Zur Geistesgeschichte und Soziologie der pädagogischen Fragestellung, in: H. Röhrs (ed.): Erziehungswissenschaft und Erziehungswirklichkeit. Frankfurt: Akademische Verlagsgesellschaft 1964, p. 346-362.
Werner, H. (1957): The Concept of Development from a Comparative and Organismic Point of View, in: D.B. Harris (ed.): The Concept of Development - An Issue in the Study of Human Behavior. Minneapolis: University of Minnesota Press, p. 125-148.
Werner, H. & B. Kaplan (1956): The Developmental Approach to Cognition: Its Relevance to the Psychological Interpretation of Anthropological and Ethnolinguistic Data, in: American Anthropologist 58, p. 866-880.
Westmeyer, H. (1973): Kritik der psychologischen Unvernunft - Probleme der Psychologie als Wissenschaft: Stuttgart: Kohlhammer.
Wetzel, F.G. (1978): Elemente des Rationalismus in der Erkenntnistheorie Jean Piagets, in: G. Steiner (ed.): Die Psychologie des 20. Jahrhunderts, Bd. 7. Zürich: Kindler, p. 41-63.
White, R.W. (1959): Motivation Reconsidered - The Concept of Competence, in: Psychological Review 66, p. 297-333.
White, R.W. (1974): Strategies of Adaptation - An Attempt at Systematic Description, in: G.V. Coelho, D.A. Mechanic & J.E. Adams (eds.): Coping and Adaptation. New York: Basic Books, p. 47-68.
Whitehead, A.N. (1925): Wissenschaft und moderne Welt. Frankfurt: Suhrkamp 1984.
Whiteman, M. (1967): Children's Conceptions of Psychological Causality, in: Child Development 38, p. 143-155.
Wiener, N. (1950): Mensch und Menschmaschine. Frankfurt: Ullstein 1958.

Wilhelm, T. (1985): Die Allgemeinbildung ist tot - Es lebe die Allgemeinbildung! in: Neue Sammlung 25, p. 120-150
Williams, B. (1972): Der Begriff der Moral - Eine Einführung in die Ethik. Stuttgart: Reclam 1978.
Williams, B. (1973): Probleme des Selbst - Philosophische Aufsätze 1956-1972. Stuttgart: Reclam 1978.
Willick, M.S. (1985): On the Concept of Primitive Defenses, in: H.P. Blum (ed.): Defense and Resistance - Historical Perspectives and Current Concepts. New York: International Universities Press, p. 175-200.
Willms, B. (1969): Revolution und Protest oder Glanz und Elend des bürgerlichen Subjekts. Stuttgart: Kohlhammer.
Wilson, E.O. (1975): Sociobiology - The New Synthesis. Cambridge: Belknap Press.
Winegar, L.T., K.A. Renninger & J. Valsiner (1989): Dependent-Independence in Adult-Child Relationships, in: D.A. Kramer & M.J. Bopp (eds.): Transformation in Clinical and Developmental Psychology. New York: Springer, p. 157-168.
Wittgenstein, L. (1953). Philosophische Untersuchungen. Frankfurt: Suhrkamp 1971.
Wolff, P.H. (1960): The Developmental Psychologies of Jean Piaget and Psychoanalysis. New York: International Universities Press.
Wren, T.E. (1986): Moralpsychologie und Metaethik: Ein Arbeitsbündnis, in: W. Edelstein & G. Nunner-Winkler (eds.): Zur Bestimmung der Moral - Philosophische und sozialwissenschaftliche Beiträge zur Moralforschung. Frankfurt: Suhrkamp, p. 37-54.
von Wright, G.H. (1971): Erklären und Verstehen. Frankfurt: Athenäum Fischer 1974.
von Wright, G.H. (1979): Das menschliche Handeln im Lichte seiner Ursachen und Gründe, in: H. Lenk (ed.): Handlungstheorien - interdisziplinär, Bd. 2/2. München: Fink, p. 417-430.
Wundt, W. (1863): Vorlesungen über die Menschen- und Thierseele. Leipzig: Voss.
Wundt, W. (1888): Selbstbeobachtung und innere Wahrnehmung, in: ders.: Kleine Schriften, Bd. 3. Stuttgart: Kröner 1921, p. 423-440.
Wundt, W. (1896): Über die Definition der Psychologie, in: Philosophische Studien 12, p. 1-66.
Wundt, W. (1906): Essays. Leipzig: Engelmann (2. Auflage).
Wundt, W. (1911): Grundzüge der physiologischen Psychologie, Bd. 3. Leipzig: Engelmann (6. Auflage).
Wundt, W. (1914): Grundriss der Psychologie. Leipzig: Kröner (12. Auflage).
Wundt, W. (1921): Erlebtes und Erkanntes. Stuttgart: Kröner (2. Auflage).
Wygotski, L.S. (1934): Denken und Sprechen. Frankfurt: Fischer 1977.
Wynne, L.C., I.M. Ryckoff, J. Day & S.J. Hirsch (1958): Pseudo-Gemeinschaft in den Familienbeziehungen von Schizophrenen, in: G. Bateson et al.: Schizophrenie und Familie. Frankfurt: Suhrkamp 1984, p. 44-80.
Yarrow, M.R. et al. (1976): Dimensions and Correlates of Prosocial Behavior in Young Children, in: Child Development 47, p. 118-125.
Youniss, J. (1982): Die Entwicklung und Funktion von Freundschaftsbeziehungen, in: W. Edelstein & M. Keller (eds.): Perspektivität und Interpretation - Beiträge zur Entwicklung des sozialen Verstehens. Frankfurt: Suhrkamp, p. 78-109.
Youniss, J. (1984): Moral, kommunikative Beziehungen und die Entwicklung der Reziprozität, in: W. Edelstein & J. Habermas (eds.): Soziale Interaktion und soziales Verstehen - Beiträge zur Entwicklung der Interaktionskompetenz. Frankfurt: Suhrkamp, p. 34-60.
Youniss, J. (1986): Development in Reciprocity through Friendship, in: C. Zahn-Waxler, E.M. Cummings & R. Iannotti (eds.): Altruism and Aggression - Biological and Social Origins. Cambridge: Cambridge University Press, p. 88-106.
Zeier, H. (1976): Wörterbuch der Lerntheorien und der Verhaltenstherapie. München: Kindler.
Zeil-Fahlbusch, E. (1983): Perspektivität und Dezentrierung - Philosophische Überlegungen zur genetischen Erkenntnistheorie Jean Piagets. Würzburg: Königshausen + Neumann.
Ziese, P. (1976): Die Triebtheorie der Psychoanalyse, in: D. Eicke (ed.): Die Psychologie des 20. Jahrhunderts, Bd. 2. Zürich: Kindler, p. 343-362.

Zukier, H. (1982): Situational Determinants of Behavior, in: Social Research 49, p. 1073-1091.
Zumkley-Münkel, C. (1984): Freiheit und Zwang in Erziehung und Unterricht. Göttingen: Hogrefe.

Nachweis der Mottos

Kapitel 1: Herbart 1919, p. 594 (leicht verbessert).

Kapitel 2: Skinner 1972, p. 427.

Kapitel 3: Freud 1905a, p. 88 Anm. 2.

Kapitel 4: de Spinoza 1677, p. 232f.

Kapitel 5: Piaget 1977a, p. 39.

Kapitel 6: Portmann 1950, p. 68.

Kapitel 7: Anthony 1957, p. 268.

Kapitel 8: Gilligan 1983, p. 48.

Kapitel 9: Piaget 1932, p. 478.

Namenregister

Abraham, K. 71
Adler, A. 72,309
Adorno, T.W. 24,27,156,416A.[1]
Aebli, H. 190,198A.,202f.
Aerts, E. 229,341,349,357,367,391, 395,403A.,406A.,417
Ainsworth, M.D.S. 327
Allport, G.W. 169,234,318,412ff.
Amsel, A. 57,81,90A.
Anders, G. 23
Angell, J.R. 47
Anthony, J. 35f.,272
Antonucci, T.C. 328
Apel, K.-O. 24,336
Arendt, H. 18,24,354,356f.,425
Aristoteles 57,154,157f.,326,329ff., 333,337,408,424
Arlin, P.K. 224
Armon, C. 277
Arndt, E.M. 31
Aronson, E. 315
Arsenio, W.F. 344
Attanucci, J. 398f.
Augustin 164A.
Austin, J.L. 354f.

Baer, D.M. 93,93A.,282
Baier, K. 160
Bakan, D. 134,281f.,302A.,317,321A., 324,333,338,371,374
Baldwin, J.M. 47,194
Balint, M. 111,170,305,314
Bandura, A. 340,355ff.
Barnett, M.A. 368,417
Bateson, G. 243,362A.
Batson, C.D. 340,365f.
Baumgartner, E. 176A.
Baumrind, D. 12,56,388,404,416f., 420-423,425
Bearison, D.J. 310
Beavin, J.H. 423
Bechterew, W.M. 41,45,46A.,47A.
Beck, U. 14
Becker, W.C. 420f.
Beilin, H. 191
Benhabib, S. 400f.
Berg-Cross, L.G. 345
Berger, B. 164A.
Berger, P.L. 164A.
Bergling, K. 388

Berkowitz, L. 70,361
Berlyne, D.E. 174
Bernfeld, S. 17,140f.,144
von Bertalanffy, L. 184
Bertram, H. 164,339,416
Bettelheim, B. 301A.,325,358,393
Bierhoff, H.W. 344,368,418f.
Bischof, N. 262,268
Bitterman, M.E. 94
Black, A. 349
Black, M. 25,240
Blasi, A. 382,391f.,392A.
Bleuler, E. 198A.
Bloch, E. 225
Block, J. 218,248,316,404
Boden, M.A. 220
Böhler, D. 333,337
Bolk, L. 266
Bolles, R.C. 96
Bower, G.H. 41,44f.,82,94
Bowlby, J. 276,327
Boyd, D.R. 161,384
Brabeck, M. 405
Brandtstädter, J. 144,223
von Braunmühl, E. 31f.
Bregman, E.O. 94,218A.
Brenner, C. 111A.,116,294,297,307, 308A.,311
Brent, S.B. 348
Brezinka, W. 19,373A.
Brion-Meisels, S. 351
Bronfenbrenner, U. 109,171ff.,393,420
Broughton, J.M. 197,284
Brown, N.O. 133
Brown, P.L. 94
Broyer, J.A. 331
Brožek, J. 39,41
Bruch, H. 318
Bruder, K.-J. 46,50,95,151
Bruner, J.S. 100,263,266,319
Bubner, R. 330
Buck, G. 27,29,337
Bühler, K. 39f.,102,144,254,261, 263A.
Buggle, F. 180
Bunge, M. 99,237
Busch-Rossnagel, N.A. 215
Butterworth, G. 215

Cameron, J.L. 318
Camus, A. 353
Candee, D. 390,398
Carroll, J.L. 404A.

---

[1] A. = Anmerkung

Catania, A.C. 89
Chandler, M. 229f.,284,307A.,309, 319,324
Chapman, M. 186A.,224A.,225A.,226, 259A.,276,284,319f.,341,349,372, 418
Chomsky, N. 143A.,239
Claessens, D. 264,269f.
Claridge, G. 55
Classen, W. 70
Codignola, E. 140f.
Colby, A. 383f.
Colman, A.M. 96
Commons, M.L. 227
Cooper, B.A.B. 229,341,349,357,367, 391,395,403A.,406A.,417
Cortez, H. 367

Dabek, R.F. 345
Dahrendorf, R. 163
Damon, W. 300,349-353,374A.,377, 388,408,423
Dann, S. 345f.
Danto, A.C. 326
Darley, J.M. 344,365f.
Darwin, C. 41,58,94,96,100,127A.
Davidson, P. 320,341,405
Dawkins, R. 182,260A.,268
Derbolav, J. 409,423A.
Descartes, R. 23A.,31A.,85A.,154f., 164,164A.,185ff.,233ff.,235A.,237, 248,250
Dewey, J. 47,95,261,266A.,407f., 407A.
Diamond, S. 39,41
Diaz del Castillo, B. 367
Dickstein, E.B. 327,419
Dien, D.S. 394
Dienstbier, R.A. 417
Diesterweg, A. 31
Dihle, A. 154
Dilthey, W. 17
Döbert, R. 309,381,387f.,402
Dorer, M. 130A.,136A.
Drews, S. 110,120f.
Dunn, J. 343f.,418
Durkheim, E. 382,407f.
Dux, G. 263A.,266,269,288,316,339

Eagle, M.N. 129,143,276,280,291, 291A.,293
Eckensberger, L.H. 357,388
Edelstein, W. 174
Edwards, C.P. 351,388,404
Eibl-Eibesfeldt, I. 182,267,354
Eichmann, K.A. 354,354A.,356
Einstein, A. 239A.
Eisenberg, N. 340

Eisenberg-Berg, N. 349,416
Eliade, M. 52
Elias, N. 17,27
Elkind, D. 345
Ellenberger, H.F. 108A.,136A.
Emler, N.P. 344,349,391
Empedokles 110
Erikson, E.H. 35,126,167ff.,169A., 172,270,282,322,324,327,332,354, 389
Eysenck, H.J. 41,50,52-55,75f.,78, 90f.,92A.,99,99A.,100A.,117,119f., 159,203f.,214,233,382f.,410

Fairbairn, W.R.D. 111,324,327
Fechner, G.T. 39,130,130A.,183
Feffer, M. 233,282,290
Fenichel, O. 295A.,305A.,306
Ferber, R. 153
Feshbach, N.D. 416
Fetz, R.L. 174,180,200f.,219,221,223, 226,230,259A.,302,331A.
Fisher, S. 99
Flammer, A. 35
Fliegel, S. 51
Flitner, W. 34
Ford, M.E. 344
Ford, M.R. 405
Foucault, M. 201,371f.
Frankena, W.K. 159,402
Freeman, T. 318
Freud, A. 108,122,134f.,280A.,295, 295A.,297,304,309,345f.
Freud, S. 13,35ff.,36A.,99-140,99A., 104A.,108A.,110A.,111A.,112A., 114A.,115A.,123A.,126A.,127A., 128A.,130A.,133A.,134A.,136A., 139A.,142ff.,142A.,143A.,146-151, 146A.,148A.,155A.,157,159,167, 167A.,169f.,169A.,172,177,179, 191f.,199,202f.,210,218,220,231, 233f.,238ff.,239A.,246-257,249A., 256A.,259A.,265A.,272-280,286f., 290-316,290A.,293A.,294A.,295A., 298A.,299A.,302A.,321-326,326A., 331A.,361f.,362A.,370f.,405A., 415f.
Frieze, I.H. 321
Fromm, E. 151f.,161,166,268,339, 354,361,411A.
Fuchs, W. 14
Furth, H.G. 184A.,191,224,242,266, 298,300,316

Gadamer, H.-G. 230,331
Galanter, E. 24,237
Galilei, G. 230,250
Gamzu, E. 82

467

Gandhi, M. 389,394
Garbarino, J. 171ff.,393,420
Garstang, W. 266
Gebauer, G. 87,318
Gedo, J.E. 126,298,311,324
Geertz, C. 264
Gehlen, A. 200A.,258,259A.,269f.
Gill, M.M. 148,292f.
Gilligan, C. 329,386,389,396-399, 397A.,401-405,401A.,402A.,404A., 406A.
Ginzburg, C. 142A.
Goeppert, S. 297
Goethe, J.W. 416A.
Goldberg, A. 126,298,311,324
Gombrich, E.H. 318
Goodman, N. 318
Goodwin, B.C. 183A.
Gouin-Décarie, T. 272
Gould, S.J. 264f.
Gouldner, A.W. 339,410
Greshake, G. 154
Gruber, H.E. 35,203,218,220,285
Grubrich-Simitis, I. 127A.
Grünbaum, A. 143f.
Grunberger, B. 354A.
Günther, G. 225

Haan, N. 229,294,296,312ff.,341,349, 357,367,391,395,403A.,404ff.,406 A.,417
Habermas, J. 140,148,157,162,336, 353A.,361,385,385A.
Haeckel, E. 299A.
Hagens, J.-L. 108A.
Hall, G. 64
Hallowell, I. 264
Hamlyn, D.W. 197,223
Hart, D. 300
Harter, S. 300
Hartmann, H. 123
Hay, D.F. 349
Hegel, G.W.F. 163A.,226,259A.,334 A.
Heidegger, M. 348
Heimann, P. 328
Heitger, M. 245
Heller, A. 151
Helwig, C.C. 360
Henningsen, J. 34
Henry, R.M. 417
von Hentig, H. 26
Herbart, J.F. 13,16,18-21,20A.,25,28-31,34,37f.,42A.,80,96,98,135,136 A.,150,180f.,184,204,222f.,238, 244,256A.,231f.,370,410
Herder, J.G. 31
Herzog, W. 19,21f.,24f.,36,69,78,81,

88f.,133,143,145,285,289,313,319, 328,332,376,381,389,392,406,410f.
Hewer, A. 375f.,378,380f.,390,392, 395,397f.,404,407
Hickey, J. 407
Higgins, A. 388A.,406
Hilgard, E.R. 41,44f.,82,94,313,327
Hillner, K.P. 95
Himmler, H. 355
Hineline, P.N. 63
Hinson, J. 63,83
Hobbes, T. 277
Höffe, O. 98,161,288,388
Hoffman, M.L. 165A.,340-344,347, 358,368,402,404,416-419,421
Hofstätter, P.R. 306A.
Hogan, R. 327,344,349,391
Holder, A. 106,295
Holland, N.N. 309
Holstein, C.B. 403A.,404
Holt, R.R. 148,247,280
Holzkamp, K. 85,95,284
Homans, G.C. 69
Homer 22,99
Hoppe, S. 223
Horkheimer, M. 24,155f.,166,354,378, 416A.
Hübner, K. 239
von Humboldt, W. 163A.,327
Humphrey, N.K. 263
Husserl, E. 31A.,233

Inhelder, B. 178,180,184A.,185,192f., 196,199,224,228,242,287,321

Jackson, D.D. 423
Jacobson, E. 290A.
Jahoda, M. 99f.,102,143,151,248,254, 301
James, W. 47,95,123f.,126
Jenkins, H.M. 94
Jettmar, K. 269
Joas, H. 261A.
Johnson, J.A. 344,349,391
Johnson, M. 319
Johnson, V. 229,406A.
Jonas, H. 15,22,241,259,269,339,411
Jones, E. 127A.,148,302A.,310
Jones, M.C. 37,50f.
Jüngel, E. 23
Jung, C.G. 115A.

Kagan, J. 327,348,353
Kahn, R.L. 328
Kakar, S. 318A.,326
Kambartel, F. 288,402,409
Kamin, L.J. 243,320
Kamlah, W. 248,287

Kant, I. 13,16,18,24,26,28f.,75,152f., 155f.,160,166,186,199f.,213,223, 242,287A.,331,335ff.,335A.,336A., 337A.,353A.,368,378,390f.,395, 399f.
Kaplan, B. 241,279-282,282A.,319, 331A.
Katz, D. 175,177f.
Kauffman, M.B. 283f.
Kaulbach, F. 287,289f.
Kaye, K. 414
Kegan, R. 35,290,299,303,316f.,413, 421
Keiler, P. 94
Kellner, H. 164A.
Kendrick, C. 418
Keniston, K. 230
Kerber, L.K. 397A.
Kernberg, O.F. 305
Kesselring, T. 189,219,249A.,259A., 304
Kessen, W. 286
Key, E. 30,77,424
Khan, M.M.R. 328
Kilchsperger, H. 411
Killen, M. 360
King, M.L. 389,397,405
Kitchener, R.F. 223,241,283
Klafki, W. 26f.
Klein, G.S. 148
von Kleist, H. 130A.
Koch, D.A. 307A.,309
Koch, S. 40
Köhler, W. 175-178,204,235,243
Kohlberg, L. 19,75A.,161,229A.,333, 375ff.,376A.,377A.,379-400,380A., 386A.,388A.,392A.,398A.,401A., 402-410,403A.,404A.,405A.,406A., 408A.,410A.,414,420
Kohut, H. 102,210,362A.,291,305
Kopernikus, N. 41,100
Kosinski, J. 216f.,216A.,301
Kraiker, C. 331A.
Kramer, D.A. 227
Kramer, R. 404
Krappmann, L. 343
Kris, E. 296
Kroeber, T.C. 312
Kubie, L.S. 247
Küng, G. 384
Kuhn, D. 285
Kundera, M. 97
Kunz, H. 141
Kussmann, T. 41,43-46

Labouvie-Vief, G. 228,284
Laing, R.D. 318
Lampl-de Groot, J. 311
Lancaster, J.B. 263f.
Landmann, M. 153
Langer, J. 319
Laplanche, J. 123
Lasch, C. 15,407
Latané, B. 344,366
Laum, B. 349A.
Laupa, M. 347,350,353
Lavin, D.R. 351
Lazarus, R.S. 241
Lehmann, T. 32
Lehrman, D.S. 182
Lemberg, E. 27
Lempert, W. 405
Lenk, H. 288
Lerner, M.J. 357
Lerner, R.M. 215,242,283f.
Levine, C. 161,375f.,378,380f.,384, 390,392,395,397f.,404,407
Levine, J.A. 327
Levins, R. 243,283
Lewontin, R.C. 243,283,320
Lichtenberg, J.D. 311
Lickona, T. 339,383,396
Liebsch, B. 304f.
Lindberg, D.C. 23A.
Linden, M. 72
Litt, T. 27,423-426,424A.
Loch, W. 129A.
Locke, D. 393A.
Locke, J. 154
Lockwood, A.L. 406A.
Loevinger, J. 282,286,327A.,389
Loewald, H.W. 319
Londerville, S. 416
Lorenz, K. 94,152,183A.,200,265f., 268,269A.
Lorenzer, A. 140,300
Lovejoy, A.O. 94
Lowery, C.R. 405
Luckmann, T. 15
Luhmann, N. 26
Luria, Z. 405
Lyman, S.M. 354f.

Maccoby, E.E. 327,410,416
MacCormac, E.R. 239
Mackenzie, B. 240A.
Mackintosh, N.J. 56
Madsen, M.C. 374A.
Mahapatra, M. 359,394
Mahler, M.S. 314
Maier, S.F. 70
Main, M. 416
Martin, J.A. 416
Marx, K. 371
Marx, W. 152,348
Måseide, A. 24

469

Masserman, J.H. 51
Maturana, H.R. 242
Mayer, R. 376,395,410
Mays, W. 219,383
McGhie, A. 318
Meacham, J.A. 224,226
Mead, G.H. 95,123f.,126,237,260-263,261A.,331,334,384,393,408
Meehl, P.E. 87A.,143
Mentzos, S. 310
Menze, C. 27
Merleau-Ponty, M. 230,299
Mertens, G. 158
Metzger, W. 89,175ff.
Meyer, M. 97
Midgley, M. 151,333
Milgram, S. 363-366,364A.
Miller, A. 31
Miller, G.A. 24,39,45,100,102,149,237
Miller, J.G. 359,394
Miller, M. 216A.,349
Miller, P.A. 340
Minton, C. 327
Mischel, T. 238,244,258
Modell, A.H. 325
Moessinger, P. 184A.,190
Molière, J.B. 68
Mollat, M. 378
Monod, J. 182
Montada, L. 358
Montagu, A. 264ff.,318
Montessori, M. 31
Moore, B. 358f.
Moore, G.E. 152
Morris, D. 258
Moscovici, S. 23f.
Moser, U. 294,297
Much, N.C. 347,351
Mueller, U. 222A.
Müller, H.-P. 162f.,165
Münsterberg, H. 21A.,28,47
Munn, P. 343
Munroe, R.L. 307,308A.,325A.
Murray, H.A. 374
Mussen, P.H. 12,180A.,416

Nagera, H. 111A.
Neal, C. 349
Nietzsche, F. 108,108A.,186,258,264,278,335,360,371,416A.
Nisan, M. 368
Noam, G.G. 313,322
Nohl, H. 17
Novalis 31,200A.
Nucci, L.P. 346f.,351A.
Nucci, M.S. 351A.
Nunner-Winkler, G. 309,360,402A.,406

Oelkers, J. 32,415,425A.
O'Flaherty, W.D. 240
Oser, F. 410A.
Oswald, H. 343

Packer, M.J. 344
Paget, K.F. 307A.,309
Parikh, B. 404
Parisi, T. 127A.
Parker, K.C.H. 348
Parmenides 22
Parpal, M. 327
Passmore, J. 327
Patzig, G. 337,337A.
Pawlow, I.P. 35,37,40-46,46A.,48f.,51,55f.,60,62f.,65,68,80,82f.,89f.,90A.,93f.,96f.,99A.,100,129f.,203f.,233,254,256A.
Perry, W.G. 227f.
Pestalozzi, H. 26
Peterfreund, E. 127A.,311
Peters, R.S. 169,238,425A.
Piaget, J. 35ff.,36A.,87,102,168,172,174,177-216,180A.,181A.,183A.,184A.,186A.,192A.,197A.,198A.,200A.,209A.,218-232,221A.,223A.,224A.,225A.,240-243,242A.,245-255,249A.,257,259-262,259A.,263A.,266A.,272,274,276,279,281-285,282A.,285A.,287,289,294,298f.,301ff.,306ff.,312,315ff.,319ff.,331A.,345,347,349-352,370f.,376-379,382ff.,386,392,395,399,407ff.,415,419f.,422
Picht, G. 22,27,287
Place, U. 96
Platon 22,326,326A.
Pleines, J.-E. 337
Plessner, H. 27,194,228,242,258ff.,259A.,262,267,270,413,416
Plotkin, H. 96
Pongratz, L.A. 27
Pongratz, L.J. 19,38,40f.,46,56
Pontalis, J.-B. 123
Popitz, H. 15
Popper, K.R. 99,101,237
Portmann, A. 231,242,258,264,268f.,374,387
Power, C. 392
Power, F.C. 388A.,406
Premack, A.J. 262
Premack, D. 262
Pribram, K.H. 24,237
Puka, B. 338

Quine, W.V.O. 230

Raapke, H.-D. 27

Rachlin, H. 40
Radke-Yarrow, M. 341,349,418
Rado, S. 71,361
Rahner, K. 23
Ramzy, I. 331A.
Rank, O. 127
Rapaport, D. 109,125,126A.,148
Rashotte, M.E. 57,81,90A.
Rawls, J. 331,378,381,395,400
Rayner, R. 49
Reich, W. 323
Reid, H.G. 384
Reinshagen, H. 388
Remplein, H. 304
Renninger, K.A. 327
Rest, J.R. 391,404A.
Reynolds, V. 262f.
Rheingold, H.L. 349
Richards, F.A. 227
Richardson, N. 407
Ricœur, P. 100,112,128,130,140f.,
  140A.,141A.,143A.,148,169f.,246,
  276
Riedel, M. 288
Riegel, K.F. 224,226,320,371
Rittner, V. 23A.
Robinson, D.N. 46,99
Roche, M. 177
Rogers, C. 31
Rogoff, B. 419
Rose, S. 194A.
Rose, S.A. 243,320
Rosenhan, D.L. 416
Roth, H. 415A.
Rotman, B. 230
Rousseau, J.-J. 16,26,28,31,42A.,
  46A.,52,75,75A.,77,77A.,79,198,
  270,277
Rowell, J.A. 184A.
Rubinstein, S.L. 41
Ruff, H.A. 194A.
Ryle, G. 84,84A.,86,98,134,232,
  234,238,255

Saltzstein, H.D. 418
Sameroff, A.J. 241f.,281,283
Sampson, E.E. 384
Sanders, C. 40,52A.,56,95
Saner, H. 31
Sartre, J.-P. 234
Scandura, J.M. 56
Schafer, R. 102,109,147f.,252,257,
  280,291ff.,293A.
Schaie, K.W. 286
Scharf, P. 407
Schiller, F. 27,29
Schleiermacher, F. 16,18,25f.,401A.
Schlick, M. 266A.

Schmid, W. 375
Schmid-Schönbein, C. 223
Schopenhauer, A. 335A.
Schütz, A. 289
Schulenberg, W. 27
Schulz, W. 152,333,338,401
Schur, M. 252,278f.
Schurig, V. 94
Schwartz, B. 82
Schweitzer, A. 397,405
Scott, M.B. 354f.
Scribner, B. 368A.
Sechenow, I.M. 41,45,47
Seiler, T.B. 223
Seligman, M.E.P. 70f.,94
Selman, R.L. 351f.
Shepherd, M. 142A.
Shotter, J. 287
Shweder, R.A. 347,351,359,394
Simpson, E.L. 368,404A.
Skinner, B.F. 35ff.,36A.,50,56-69,
  59A.,73-97,73A.,77A.,84A.,85A.,
  86A.,90A.,99ff.,99A.,103,117,120,
  123ff,127A.,128,128A.,134f.,139,
  139A.,143,143A.,145A.,147,150f.,
  156,159,167,174,178,186f.,192,
  202ff.,222,231,233,235A.,237-240,
  239A.,240A.,244ff.,250,254f.,257,
  260A.,270,284A.,286,321,373A.,
  392,413A.
Slap, J.W. 311
Smetana, J.G. 345,347,350,359,365,
  367,405
Smith, M.B. 404
Snarey, J.R. 385,388
Snell, B. 22
Sokrates 153,389f.,394
Spaemann, R. 73A.,157,157A.,269,
  324,326,334A.,335,402
Speece, M.W. 348
Spence, D.P. 139A.,142f.,142A.,216A.
de Spinoza, B. 150
Spitz, R.A. 218,242A.,304A.
Spranger, E. 16,144
Sroufe, L.A. 416
Stachowiak, H. 25
Stambrook, M. 348
Staub, E. 368
Stayton, D.J. 327
Stern, D.N. 194A.
Stolze, H. 301
Stork, J. 127,301A.
Straughan, R. 367
Straus, E. 87,235
Strayer, J. 340
Strawson, P.F. 87
Strzelewicz, W. 27
Sugarman, S. 319

471

Sullivan, H.S. 314
Suppes, P. 309
Szeminska, A. 196

Taylor, C. 157,200f.,237f.,287,292, 333A.,334A.,336
Thompson, R.A. 343
Thorndike, E.L. 56,58,58A.,67f.,93
Thum, B. 163
Tisak, M.S. 347,350,353
Titchener, E.B. 47
Toulmin, S. 235,370
Traxel, W. 88,238
Tugendhat, E. 152,160,165A.,331f., 374,382,402
Turiel, E. 12,204,310,317,319f.,344f., 347,349-353,351A.,359f.,365,367, 380A.,390f.,395,405,407,416

Ulich, D. 283

Vaillant, G.E. 296
Valsiner, J. 327
Varela, F.J. 242
Vasudev, J. 359
Vester, H.-G. 14A.
Vidal, F. 181
Vierhaus, R. 26
Villenave-Cremer, S. 357
Vogel, C. 269
Vonèche, J.J. 35,285
Voyat, G. 217

Wachtel, P.L. 51,142,295,322
Wälder, R. 125
Walker, L.J. 386,401A.,404,404A.
Wallerstein, R.S. 311
Wallwork, E. 408A.
Wandschneider, D. 161
Warren, H. 309
Wasserman, E. 407
Waters, E. 416
Watson, J.B. 37,40,46-52,46A.,47A., 52A.,54,56,60,62,65f.,77f.,80,82, 90,94-97,117,129,233,250,260A., 270
Watzlawick, P. 423
Weber, M. 145,399
Weinreich-Haste, H. 344

Weiss, P.A. 242,283
Weiss, R. 229,406A.
Weisskopf, T. 267
Wellmer, A. 332,336,345,347,360
Welsch, W. 14A.
Weniger, E. 17
Werner, H. 242,281ff.,318f.
Wertheimer, M. 175
West, M.J. 349
Westmeyer, H. 240,246
Wetzel, F.G. 178,230
White, R.W. 296,317
Whitehead, A.N. 92
Whiteman, M. 307A.
Wiener, N. 99,243
Wiggins, G. 398
Wilhelm, T. 27
Williams, B. 15,156,161f.,229,326, 334,400,417
Willick, M.S. 310
Willms, B. 153
Wilson, E.O. 260A.,267
Winegar, L.T. 327
Winnicott, D.W. 141,290
Wippman, J. 416
Wittgenstein, L. 87,288
Wolff, P.H. 252
Wolpe, J. 51
Woodworth, R.S. 52A.
Wren, T.E. 392
von Wright, G.H. 144f.,288
Wundt, W. 37ff.,47,101,135,261A.
Wygotski, L.S. 414
Wynne, L.C. 217

Xenophanes 22

Yanarella, E.J. 384
Yarrow, M.R. 343
Youniss, J. 408f.

Zahn-Waxler, C. 341,349,418
Zeier, H. 43,61
Zeil-Fahlbusch, E. 223
Ziese, P. 113,127
Zillig, P. 31
Zukier, H. 392
Zumkley-Münkel, C. 421

Sachregister

Abwehr 110,120f.,128,136,249,294-297,294A.[1],303-306,308,308A.,311-315,318A.,321,325,327,338,355,360,367,373
Abwehrlehre/Abwehrtheorie 123,132,272f.,279,294,294A.,296f.,314f.
Abwehrmechanismen 108,120ff.,121A.,138,273,279,293A.,294-297,294A.,295A.,304-311,304A.,307A.,308A.,314A.,323,340f.,355,364
Achtung, gegenseitige s. Anerkennung, gegenseitige/wechselseitige
Äquilibration 182,184,184A.,187,189,191,214f.,219-222,241,243,281,375
Affekt 103,120f.,220,220A.,246,248,293,309
affektiv 106,114,116,120,172,210,220A.,221,246,331,339ff.,389,408A.
Aggression 152,167,269A.,293A.,309
aggressiv 54,66,79,296
aktiv 52,65,81,115f.,121,147,174,185,187,195,213,215,235f.,242,244,247ff.,253,257f.,275f.,278,297,305,348,403,407,409,411,425
Aktivität 17,52f.,63ff.,110,118,130,169,182-186,191,194,201,213f.,220f.,225,242ff.,242A.,247,249f.,273,275ff.,280A.,287,295,302,302A.,307A.,308,317,325A.,349,397,407,424f.
Altruismus 54,267f.,334A.,343,402
altruistisch 267f.,340,343,418
Anerkennung, gegenseitige/wechselseitige 159ff.,166,211ff.,302,332,348f.,362A.,384,399,401,408,416,422
Angst 49ff.,53,71,91,94,99,109,114,116f.,119,121f.,124,126f.,132,159,167,210,218f.,248f.,268f.,294,302,302A.,309,324,337,344,360,382,387,417
Anthropologie 29,85,94,100,117,123,175,200A.,257f.,259A.,260,315,335,337,400
Anthropologie, organismische 253,260,269,333
anthropologisch 24,32f.,134,151,232,237,253ff.,258,266A.,272,276,289,333,337,371,397,403,415,426

---

[1] A. = Anmerkung

asozial 132f.,171,198f.,207f.,277,314f.,373,387
Aussenwelt 58,60,83f.,88f.,105,107ff.,113,118,122-125,128,176f.,208,234,251f.,254-257,280,291,295,297f.,304,307
Automat 28,46,80,156
automatisch 42f.,74f.,89,97,151,156,159,163,167,170,231,233,245,268,270,312,370,406
autonom 53,55,57f.,65,74,86f.,108,147,150,160,165,167-170,172f.,203,207f.,210f.,213f.,231,242,303,350-353,382,386,399,413,418ff.
Autonomie 28,85ff.,98f.,123f.,129,161,164f.,168,170,174,203,210,212ff.,227,231,244,282,285A.,326,336,338f.,350-353,362,396f.,411,419ff.
autoritär 352,419-422
Autorität 73,167,171f.,206,210f.,213,302,344-348,350-353,356,358,363ff.,379,387,417,419-422,425

Behaviorismus 37,40f.,46f.,51f.,52A.,54,56ff.,62,64,66,72f.,77,80,82,84,86,89-92,90A.,92A.,93A.,94-98,101f.,104A.,131,134f.,140,143,150,166f.,166A.,170,174f.,176A.,177,182,184f.,197A.,203A.,214,231-234,236,238,240,243,246,248,250,252,254,258,260A.,270,284A.,326A.,341,343,351,355,367,370,383,392A.,410,423
Bewältigung 13,15,18,51,227,253,258,269,295f.,312ff.,328,409,417
Bewusstsein 13,15,27,37-41,45,47f.,63,86f.,86A.,95f.,101,103,105,109,121A.,134f.,140,161f.,175ff.,176A.,189-192,198,204,206ff.,213ff.,218,221f.,247,259f.,274,288f.,299,341,347f.,354,379,385,400,418
Bewusstsein, moralisches 162,171,173,206f.,210,214,260,334,366,404,407,418
Bewusstseinspsychologie 37-40,47,83f.,86f.,89,95,125,134f.,175,177f.,400
Beziehung 27,38f.,67,70,73,77,83,89,95,99,104,112,114f.,123,125,127,139f.,154f.,157,159ff.,164f.,168,170ff.,176,178,182,186f.,190f.,195-198,200f.,208,210-213,217ff.,224,

228,231,233,241,243,246,254f.,
257f.,261ff.,267,275f.,278,280,
283ff.,291,293,295,297,300f.,306,
316,319f.,325,332f.,340,343f.,346-
349,351ff.,363,366,372,377f.,381-
385,387f.,390f.,393-396,399,401-
408,411f.,417ff.,422f.,425f.
Beziehungswesen s. Verhältniswesen
Bildung 17,20,26ff.,30,32f.,39,42,
116f.,124f.,129,138f.,217,243,263,
291,327,339,375,393,404A.,407,
414,417,423,427
Biologie 57,174,179-182,187,203,325
biologisch 11,47,62,65,100,103,179,
181-185,184A.,189,191,200f.,215,
221,240,243,268,279,280A.,296,
321,326,397,401A.
Böse, das 11,52,54,64,74f.,75A.,79,
119,151-155,162,229,268f.,309,
334f.,337f.,343,354,356-359,361f.,
367,374,417
böse 13,29,31,53ff.,73,75A.,120,150-
153,155f.,155A.,268f.,325,334,
338,344,348,353,366,373f.,375A.

cartesianisch 85,86A.,87f.,98,155,176,
182,232,235,237f.,241,245f.,253,
258,272f.,283,286,314,318,334A.,
335,370ff.,385A.,392,410,414
Cartesianismus 84A.,86,86A.,146,156,
232,236f.,244f.,249,251f.,257,
259A.,269,273,282,307f.,370ff.,
375,399,405,412f.,426

Depression 70ff.,118,279,322
depressiv 79ff.,118
Dialektik 225,308,317,331f.,375,396,
412,414
dialektisch 223-226,230,317
Doppelnatur 231,259f.,262f.,267,269f.
Dualismus 86,155,176,200,234-237,
239,246,370
dualistisch 85,111,182,235,237,257,
325,370

Edukand 32,77,171,368,370ff.,406f.,
410f.,413,415,423f.,426
Egoismus 73f.,98,155,198,208,268,
334,335A.,338,348,383,385-388,
402
egoistisch 15,54,119,155,268f.,330,
334f.,337ff.,343,361,368,373,379,
382f.,392A.,400,405A.
egozentrisch 171,198,205-210,206A.,
219,249,285,307,317,347
Egozentrismus 193f.,196ff.,198A.,
208-211,213f.,216,226f.,227A.,307,
382f.,387

Emotion 50,73,155,164,213,248,253,
309,342,344,404f.,416f.
emotional 49f.,71,109,161,197,199,
210,218f.,248f.,278,302,310,331,
341f.,344,346,397,404,416ff.,420
Emotionalität 213,423
Empathie 340-344,347f.,363,400,404,
418
Entstehung von Neuem 183,221,286
Entwicklung 17f.,27f.,30f.,40,69,77,
114A.,115f.,122,125-129,132,134
A.,135,142,146,148,157,162,169A.,
170,179,182,184,187-192,195,199,
202f.,209A.,210,212-219,220A.,
221ff.,225f.,228,229A.,230,241f.,
242A.,244,247,249,251f.,259,
264ff.,272,274f.,281ff.,282A.,
285ff.,285A.,290,294,298f.,301,
303,306,310-321,323ff.,327,327
A.,329,331f.,338,343,348,350-353,
362A.,371ff.,375ff.,383,385,395,
397f.,405A.,406A.,407,410f.,413-
416,420-424,424A.,426f.
Entwicklung, kognitive 178,185,190,
192ff.,199-203,210f.,214,222ff.,
226f.,230,281-284,320,341,395
Entwicklung, moralische 167,169-172,
202f.,207f.,210f.,213f.,224,232,
285A.,302f.,320,329,331f.,343f.,
347f.,350,373ff.,378f.,381f.,384,
386-389,391-396,399,401-409,404
A.,417-420
Entwicklung, psychosexuelle 112f.,112
A.,126f.,300,323
Entwicklungshemmung 291,313,324,
374
Entwicklungspsychologie 174,222A.,
251,282,316
Epigenese 281ff.,285f.,424
epigenetisch 126,281,284f.,327
Epistemologie 180f.,186,193,197,218,
222f.,228,320
Erkenntnis 11,13,22-25,39f.,52,63,84,
90,100,130A.,143,145,151,153f.,
174,179ff.,185-188,193f.,200-203,
212f.,218,222ff.,229f.,236,236A.,
240,255,257,259,271,284,290,292,
300,320,341,370,378,421
erkenntnistheoretisch 13,24f.,34f.,39,
80,92,177,186f.,189,191,223,235ff.,
244,308,370
Erkenntnistheorie 13,21-25,34f.,63,89,
92,179ff.,186f.,218,222,244,256f.,
283
Erzieher 11,18,20f.,26,28f.,31f.,77,
131,328,372,406,409ff.,413ff.,417,
419f.,423-426,423A.
Erziehung 13,15-18,20f.,26,28-33,

474

42A.,46,56,75-79,77A.,85,96ff.,
116,129,150,153,163,168f.,214,
245f.,315,327f.,339,362,370-375,
373A.,390,395,401,401A.,409ff.,
413-417,420,423f.,426f.
Erziehung, moralische 11f.,13,16,20,
29,33,36,52,55,70,75,79,97f.,120,
165-168,171,212ff.,232,315,339f.,
359,362,369,371-374,382,387,390,
401f.,406f.,409,415-418,420
Erziehungstheorie 15ff.,25,30,32,34,
76,151,168,371,409,426
Erziehungswissenschaft s. Pädagogik
Ethik 13,29,75,79,151ff.,155f.,158,
160,166,172,224A.,331,333-338,
348,375A.,390,396,401f.,408A.
ethisch 16,117,155,167f.,170,172,337,
380,388,399,418
Evolution 58,88,182,186f.,262ff.,281,
283,286
Evolutionstheorie 58,94,96,284
existentiell 18,97,227f.,231,245

Familie 111,119,163,168ff.,211,252,
255,267,313,386,393,404,409,419f.
Freiheit 14f.,17,28f.,32,34,59,61f.,76,
78,85,98,124,128,150,152f.,156,
164,166,193,196,199,213,244,269,
288,317,327f.,335,338,362,413,421
Freundschaft 73,332,406,408,408A.
Fürsorge 158,268,297,352,397f.,403,
411A.
Funktion 17,20,39,41,47,50,54,80,82,
95f.,103,105,107f.,110,112,117,
122,126,128A.,170,183,187,191,
195,207,219f.,223,235,240,243f.,
261f.,269,279,281,285,292,295f.,
298,311,313,320ff.,328,391,393,
395,414,419,422f.,426
funktional 26,41,47,67,163,172,182,
191,200,241,243f.,251,261,282,394,
413,421
Funktionalismus 47,95
funktionalistisch 47f.,95,376,388f.,394

Ganzheit 41,82f.,155,175,178,191,236,
243,281f.,326,344,372
Ganzheitlichkeit 33,174,237,243
Gehorsam 172,349,352f.,379,405A.
Gelassenheit 51,362,362A.,408
Gemeinschaft 75,87,160,163,165,168,
171f.,217,354,383,388,406ff.
Genese von Neuem s. Entstehung von
Neuem
genetisch 48,58,65f.,69,85A.,125,126
A.,144,168,174,179-183,186f.,190-
193,197,199f.,202ff.,218,220,222f.,
228,243,246,250-254,260,267,269,

272,274f.,280f.,282A.,283f.,297f.,
315,320,371,383,423
Gerechtigkeit 153,156-159,161,165A.,
166,203,208,211f.,338f.,339A.,
348-351,360,362A.,372,374-378,
376A.,381,384,387,396ff.,398A.,
403ff.,403A.,407,410f.
Gesellschaft 13f.,14A.,17f.,26f.,54,70,
97,123,153,162-166,165A.,168,
170-173,182,185,211,220,255,277,
293,295,314,320f.,326,333,337,339,
359,368A.,377f.,383ff.,387f.,393ff.,
397A.,404f.,418
gesellschaftlich 11,14,17f.,27,162,165,
169,171f.,213,216,261,263,326,333,
383ff.,388,393f.,405
Gestaltpsychologie 174-178,176A.,203
Gewissen 16f.,31,37,51,53ff.,74,105,
117,119,126,129,153,159,167,169f.,
214,231,277,303,354,356,365,380,
387,417
Gleichheit 165A.,194,211ff.,271,322,
339,349,360,377f.,378A.,380,400f.,
411,418
Glück 14,52,97,130,157,159,164,
334f.,342,402
Glückseligkeit 157,330
Goldene Regel 161,212,332,332A.,
349,359f.,386
göttlich 22ff.,84,86,89,94,142,156,
159,209,211,236,236A.,239,286,
289,326,360,392,412f.
Gott 23f.,23A.,85,88,97,154f.,155A.,
158,160,164,164A.,167,167A.,230,
234,236A.,237f.,237A.,258,325,
360,362A.,371,392,412
gut 13,24,29,31,60,69,73ff.,75A.,78f.,
93,97,138,151-155,155A.,157ff.,
161,166,168,207,231,237,245,266,
269f.,330,333ff.,334A.,337,346,
353f.,365,367f.,370,372ff.,379,383,
389,406,417
Gute, das 11,54,73,75A.,97,119,151-
155,157ff.,161,166,168,211,214,
229,268,315,325,333,335f.,338,343,
348,357,361,372,389

Handlung 53,65,98,107,144f.,147,153,
158,165ff.,189,192,194f.,253f.,
259-262,259A.,260A.,287-290,295,
304,306,308f.,316,318,324,329ff.,
333-338,334A.,344f.,347,355ff.,
362ff.,368,373f.,392,398,409f.,412,
415,422
Handeln/handeln 12,15f.,19ff.,25f.,
29f.,32ff.,52,62f.,72,77f.,98,145,
147,150,154,156-159,167,169f.,
172f.,177,190,192f.,195,199,201f.,

475

207,214,217,226,229,231,237f.,245, 247f.,259,261,270,286-290,293, 306f.,318,323ff.,329ff.,333-339,334 A.,344,347f.,354,356f.,364f.,367f., 370,373,382,389-392,394f.,398ff., 402,403A.,404,406f.,409,411-415, 418f.,421f.,424-427
Herbartsches Problem 13,28ff.,32, 34ff.,56,76,86,86A.,96,150f.,156, 231f.,234A.,244f.,315,370ff.,375, 399,410,412,414
heteronom 75,119,129,169f.,172,203, 206-211,215,291A.,303,347,350-353,382,386,388,413,419f.
Heteronomie 117,120,210,212,285A., 338,350-353,411,413,415
Hören/hören 22-25,23A.,101,105,139 A.,154,215,336,412
hörender Mensch 203,327,339,353,405 A.,412f.
Humanwissenschaft 11,148,232,237

Identifizierung 23,109f.,112,114f.,117-120,123ff.,170,240,257,275,279, 290-293,290A.,291A.,293A.,295, 298,321f.,344,407
Individualismus 14f.,85,153,164A., 166,198,207,399
individualistisch 393,404
Individualität 14f.,26,33,65f.,153f., 156ff.,163f.,174,246,394,399f.,401 A.,404
individuell 15,41,55,58,65f.,69,91,102, 107,113,131,157,171,174,185,187, 195,204f.,218,220f.,245f.,261,274, 299,319ff.,333,339,361,378,394f., 397,400,405,407,419,422
Individuum 14f.,17f.,26,33,41,58,65f., 73,82,88,99,102,107,118ff.,122f., 127ff.,131,135,140,146,153ff.,159, 162,164,166,168-172,182,193,197, 199,202f.,212,217,219,221,223f., 226,230,238,245f.,248,251,254,261, 274,280,284f.,287,289,291f.,293A., 294ff.,303,309,312ff.,316f.,319-323,325-328,333,336,338f.,343ff., 347,355,357,364,368,372f.,375,382-385,385A.,389-396,399,401,403A., 405,407ff.,413ff.,426
Innenwelt 38,40,58,63,67,83f.,118, 125,128,177,254-257,280,291
innerlich 124f.,200,212,236,255,260, 262,304
Innerlichkeit 15,26f.,31,33,40,66,70, 84f.,87-90,147,164,164A.,166,204, 258,300,303f.,324,423
Intelligenz 67f.,177ff.,185,187,189, 192-195,199ff.,203,207,210f.,214,

219f.,222,226,228,230,247,262f., 269,306,413
interdisziplinär 13,19,21,25,32,34ff., 232,426
Internalisierung s. Verinnerlichung
Interpretation 97,124,143A.,161,181, 222,232,240A.,244,288,334,346, 359,371,385f.
Introspektion 38ff.,47,66,84,87A.,90, 135
Intuition, pädagogische 11,20f.,25f., 28f.,32ff.,36,129,150f.,231f.,238, 245,266A.,370f.,426

Kind 16ff.,28,30ff.,48ff.,52ff.,65,69, 76ff.,94,109,113,115ff.,119f.,122, 124,126,129,159,167-172,186,190-199,194A.,198A.,202,204-215,210 A.,217ff.,224A.,227A.,252,254, 262f.,266ff.,267A.,274,276,278, 291,297-307,299A.,304A.,310, 313f.,317f.,320,327f.,332,341-348, 349A.,350-353,351A.,358,360,367, 372,374,374A.,377,381f.,386ff., 395,408-411,408A.,413-426,423A.
Kindheit 17f.,32,54,71,75,127,132, 139,146,168,265A.,266,299A.,304, 327,341f.,372,386,396,416
Körper 39,60,66f.,80,83f.,86,94,98, 103f.,112f.,123f.,123A.,155,176, 182,185,189,195,200f.,234,237,245, 251,254ff.,259,264,268ff.,273,280, 291ff.,295,300,317f.,318A.,320, 326,337,341,402,413
körperlich 49,52,57,66,84,87ff.,103, 105,108,113,120,124,136f.,142,147, 155,185,228,234,253f.,257,260,264, 269,292,295,300,308,318,323,330, 352,354,372
Konditionierung 42-47,49-56,58-62,68, 70,75,78,81f.,94,97,123,233,239f., 250
Konflikt 44,50,53,104,114,118,120, 132,148,155,158,165f.,173,229,278, 293A.,296,300,302,304,324,335, 337,343f.,348f.,351,363,365ff.,376, 378,387,393,396,409
Konflikt, moralischer 229,331,337,342, 351A.,368,376f.,387,397,402,406, 406A.
Kontrolle 47,59,62,65,68,71,73,76ff., 81,87,89,96,137,178,238,240,258, 261,374,420-423,420A.
Konvention 345,347,350f.,365,367,383
konventionell 347,350f.,365,368,379, 383-388,390f.,396
Kooperation 19,197f.,205ff.,219,261f., 339,407

Kultur 14A.,27,73,75,79,96,111,117, 131,138,155A.,157,170,219,263, 269ff.,277,298,302A.,326,360,425 A.

Leben 32,33,38,42,89,102f.,105,107, 111,113,119,121,126,130f.,133f., 138f.,144,147,152,156,157A.,158, 163ff.,169f.,178f.,181,183ff.,188, 197,200,202,213,216f.,227,229, 240ff.,241A.,242A.,247f.,251,256f., 259f.,260A.,263A.,266,266A.,271, 273,276f.,279f.,282,286,289,292, 299,302,305,312,316,318,322f., 325ff.,330f.,335,337,344ff.,359, 362,367,373f.,387,389,392,397,402, 409,412f.,415,425

Leben, gutes 153,156f.,162,330,389, 402

Lebenstrieb 103,107,110f.,131,133f., 251,274,276f.,279,315

Lebewesen 41,44f.,47,59f.,62,65,76, 82,86,93ff.,98,107,129,131,134, 148,179,182-186,188f.,200f.,215, 221,225,231-234,240A.,241A., 242f.,248,250f.,253f.,258,267f., 272,275ff.,281,283,286,306,310, 316,322,328,344,371f.,374

Leiden 23,100,130,159,212,255,277, 287,341f.,344,347f.,358,363,382

Liebe 49,73,103,110,154,158,161f., 212,246,267,309,332,348,352,397, 398A.,403,411A.,416f.

Lüge 203,208f.,209A.,300

Lustprinzip 54f.,104,107ff.,129-132, 134,157,233f.,252,275,277f.,299, 335

Maschine 23,25,45f.,48,80f.,84,86,97, 134,185,187,232-238,235A.,240ff., 245,250f.,255,275f.,370

Mechanik 20f.,28,32,34,37,56,80f.,86 A.,89,98,104,133,140,144,148,151, 176,234,235A.,236,245,247,249, 260,276,286,321,414

mechanisch 21,55,75,89,92,97,111, 147,148A.,162ff.,177,234-237,245, 249ff.,286,314,364,370f.

mechanistisch 28,39,45,48,75,80,82, 89,96,129,133f.,142,147f.,150f., 182,232,235-239,241,243-246,250f., 253,257,275,277,282,286,315,325 370ff.,426

Melancholie s. Depression

Mensch 11,17,22ff.,26,29,31ff.,40, 43f.,46ff.,50,52,54f.,57f.,60,62,64-76,80-89,91-94,93A.,96ff.,100ff., 105,111,113f.,117,119ff.,123, 125ff.,129-135,141,147f.,150-171, 169A.,175f.,185ff.,189ff.,194,197, 201ff.,209,211f.,214,218,220,224, 224A.,225,228ff.,231-238,244-249, 251-271,260A.,264A.,265A.,272ff., 276ff.,280,284A.,285f.,287A.,289, 293,295,300,305f.,313-327,321A., 329f.,332f.,333A.,334A.,335-340, 342-351,353f.,356-363,365-368,370-375,375A.,377f.,380,382-386,388-396,392A.,398-403,405,408,410-413,410A.,415-419,415A.,422,426f.

Menschenbild 77,80,117,134,148,150, 159,167,235,247,249,261,315,370, 383f.,392A.

Menschheit 70,111,117,126,164,168, 170,268,299,331,359,374,382, 384ff.,393f.,416A.

Metapher 22,25,81,96,105,142,207f., 240f.

Metapsychologie 126,127A.,142,147, 169,238,245,247,249,253,272,292, 314

metatheoretisch 143,232,240f.,240A., 244f.,252,273,282,282A.,315,339, 371,383,401,405

Metatheorie 232,238f.,241,245,249, 251

Mitgefühl 155,340,342f.,396,401

Mitleid 71,340,342f.,348,416A.,417

Modell 20f.,25,28,30,32,34,39,41,58, 63,80ff.,84,92,104f.,129,132,142, 180,186,222f.,225A.,232,237f., 240f.,244f.,253,275,283f.,289,322, 370,375,424,426

modern/Moderne 57,99,152-155,157, 160,162ff.,164A.,165,173,186,211, 222,235,258,333,337,339,371,378, 384,388,393,405,413,423

Moral 13,15ff.,29,36,54,75,79,93,97, 117,119f.,151,153f.,156-159,161f., 165f.,168ff.,172f.,202ff.,206-214, 224,231,245,267ff.,291A.,299, 302f.,329-339,342-345,347-353,355, 359f.,362A.,366-370,372f.,375A., 376,378-397,385A.,392A.,399-405, 403A.,406A.,407f.,410,411A., 414ff.,418ff.,422

moralisch 11,13,15f.,28-31,34,51f., 54ff.,70-75,79,97f.,112,117,119f., 129,150f.,153-162,167-172,174,185, 203f.,207,209-214,222,224,229,229 A.,231f.,245,267f.,283,302f.,306, 315,329-340,342-409,345A.,353A., 385A.,398A.,401A.,404A.,406A., 411,414-420,422f.,426f.

Mythos 52,57,209,240,245,253,269, 282A.

Nächstenliebe 74,167,332,339,366,401
Narzissmus 111,199,252,274f.,291,293
  A.,310,314
Natur 16f.,23f.,26,29,31,38,46,52,75,
  117,130f.,153,155,167,220,224,224
  A.,242,255,259,261,263f.,267,
  269ff.,277,293,295,312,315,320f.,
  326,333,335,337f.,357,368,373,387
Naturwissenschaft 38,47,62,97,146A.,
  148,180,224,239A.
naturwissenschaftlich 50,57,134,180,
  218,223f.,228
Neotenie 264-267,277,348,387
Neurose 44,50f.,114,127A.,132,133A.,
  135,141,143A.,147,220,247,250,
  255f.,256A.,273f.,278f.,294ff.,299
  A.,301,305,311,314
neurotisch 129A.,247f.,252,295,304,
  313,322,362

ödipal 102,116,210,247,298A.,301,
  303
Ödipuskomplex 102,112,114-117,119,
  127,135,167A.,169A.,210,277,296-
  303,299A.
Ontogenese 112,180,182,186,266,277,
  282,299A.,378,386,398,413
ontogenetisch 82,88,112,117,120,188,
  231,260,283f.
organismisch 111,134,148,221,225,
  231f.,241,243ff.,249-254,258ff.,
  269,274-277,280ff.,282A.,284ff.,
  297,303,310ff.,315,320ff.,333,344,
  370ff.,375,380,384,396,410,413f.,
  423
Organismus 45ff.,58,61,63,66,71,76f.,
  81,83f.,88,90,93,95f.,99,107f.,
  130f.,175,182-185,187ff.,191,
  200ff.,215,219,221,228,232,234,
  237-244,246f.,251,260A.,279,281,
  283f.,286,290,294,296,310,312,316,
  320,325,402

Pädagogik 13,15-21,25f.,28ff.,32,34f.,
  46,76f.,99,129,150f.,156,213f.,245,
  267,370,406,412,415A.,423-427
pädagogisch 11f.,21A.,54f.,69,78ff.,
  82,96,156,162,168,171,174,212,
  231f.,238,245f.,252,339,368ff.,406-
  411,414ff.,422-427,423A.
Paradies 52,97,130,168,168A.,270,
  326,335,392
paradiesisch 52,97,131
passiv 45,60,115f.,169,175,186,195,
  215,249,257,273,278,280,305,411
Passivierung 65,218,220,249,273f.
Passivität 65,70ff.,76,116,130,220,
  235,247,249,253,280,308,397,423f.

Pathologie 45,169f.,247,252,256,303,
  315,324,391,417
pathologisch 135,138,169f.,247,251,
  256,280,301,305,311f.
Pflicht 120,157,336ff.,336A.,337A.,
  356,368,380,396,400,422,425
Philosophie 14A.,20,25,29,151f.,154,
  165,180,180A.,186,199,392,405
philosophisch 95,165f.,168,170,200A.,
  385,385A.,392,392A.,395,400
Phylogenese 112,182,266,281,283-286,
  299A.
phylogenetisch 82,88,102,112,117,120,
  183,186,188,260,262,266,277,
  284ff.,298
postcartesianisch 98,134,258,413
postmodern 227,395,413
Postmoderne 14A.,399
Prinzip 27,29,31,40f.,45,47,51,75,89,
  137,150,155f.,158-162,165,172,175,
  185,196,211f.,214,225,229,250,253,
  258,260,281,283,316,329,333,336-
  339,344f.,348f.,353A.,359f.,363,
  365,372f.,376ff.,380f.,384,387,
  390f.,394,396-399,401,403,406,
  410f.,413,419,422
psychisch/Psychisches 30,38-42,45,72,
  83,84A.,87-91,101-109,112,114,
  117,121ff.,125ff.,130,132,135,139,
  155A.,169f.,176f.,184,187,192,
  204,213,247,250ff.,255ff.,256A.,
  275ff.,279f.,290,295,299ff.,307,
  312,314,321ff.,344,390,397,405A.
Psychoanalyse 91,99-103,104A.,105,
  108ff.,114f.,117,122,125ff.,128A.,
  129,132,134f.,136A.,139-148,141
  A.,142A.,146A.,148A.,150,167,
  170,174f.,176A.,177,185,188,231-
  234,237,239,246-255,249A.,257,
  272-275,280,280A.,284A.,292-296,
  294A.,314f.,322,326A.,362,370f.,
  410,423
psychoanalytisch 71,99,103,109f.,112,
  117,120,123,125f.,127A.,128f.,129
  A.,132ff.,136,138,140,142ff.,146ff.,
  167,170,176,210A.,220,239,246,
  248f.,253,272ff.,276,278f.,284A.,
  290,293f.,295A.,296f.,299f.,323,
  346,362,373
Psychologie 11,13,19ff.,25,28,32,34-
  40,45,47f.,56ff.,62ff.,69,75A.,81ff.,
  85,89-93,98-101,105,110,126,129,
  133f.,133A.,136A.,143f.,150f.,156,
  165,174ff.,180ff.,184f.,190,192,
  197,203f.,214,219,221ff.,231ff.,
  236-239,246,250f.,253,256,272f.,
  282,286,294,320,329,340,370f.,392,
  398,408f.,412,423

Psychologie, genetische 69,125,168, 174,193,197A.,199,202,220,222f., 231,246,249,252ff.,259,272,274f., 280f.,283f.,315,371,383
Psychologie, pädagogische 11,13,19, 21,25,32,34f.,82,151,232,245f., 426f.
psychologisch 11f.,13,16,18ff.,33-39, 41,62f.,66,85,90,93,95,100ff.,115, 131f.,143,151,168,175f.,179ff.,186, 207f.,213f.,225,231f.,238,240,243, 246,248ff.,252f.,257,272,290,292, 301,304,319,322f.,329,332,334, 338f.,343,370f.,375,389f.,392, 396f.,400,406,408f.,408A.,424

Reaktion 42-45,48-52,56,59-61,64f., 69ff.,73,77,79f.,83,87,89,92f.,107, 122,176A.,182,202,209,215,218, 233,260f.,270,277,279,307,340-344,363,401
Realitätsprinzip 107f.,120,129,252,256, 298f.,313
Reflex 40-46,49f.,53,60,62,65,83,89, 90A.,175,194,260
Reflexbogen 41f.,69,82,129,148,260
Regression 124,126,130,296,310f.,319
Reiz 39,42-45,48f.,52ff.,59-62,69, 71f.,76,81ff.,87,89f.,92,95f.,98, 103,107f.,113,121,130f.,137,175f., 176A.,182,204,215,233,257,260f., 270,296,307,323,341f.,361
Reziprozität 211,213,309,332,339,352, 377,378A.,380ff.,400f.,410f.,422

Schmerz 38,52,87,108,172,259,342, 344f.,348,358,361,363f.
Schule 17,30f.,37,76,175,213,347,404, 406f.
Sehen/sehen 22,24f.,63f.,72,81,83f., 88,91f.,94ff.,99f.,102,124,133,139 A.,145,148,151ff.,160,167,170,174, 176,194,200,208,230,233,235,238, 244,254,258f.,263f.,320f.,330,335, 347,355,358f.,364f.,371,391,412, 419,421f.,426
sehender Mensch 203,327,336,353, 412f.
Selbst 15,65f.,107,111,123f.,128,141, 159,162,164A.,171,178,198f.,201, 211f.,219,226,228,230,256,274f., 280,289ff.,293,300,303,305f.,309, 312,321ff.,325ff.,325A.,330ff.,334, 337,337A.,341,345,348,350,354, 358,367ff.,371,373f.,383f.,389-396, 399-402,405,408f.
Selbstentfremdung 147,248,280,290, 293f.,313,318

selbstlos 156,389,399-402
Selbstlosigkeit 156,392,399-402
Selbstregulation 184f.,187,191f.,242, 244
Selbstverwirklichung 14,157f.,168,289, 325,325A.
sittlich 116,156
Sittlichkeit 16,20f.,26,162,165,204, 347,386
sozial 11,14f.,17,53ff.,69f.,85,132, 139,162-165,168,170-173,178f.,190, 197f.,202,205f.,208f.,211,213,215-219,224,229,231,247,254f.,257,260-265,269,277f.,285,291f.,300-303, 314f.,321,328ff.,339,341-347,349, 351f.,354f.,368,374A.,376-379, 382-387,393-396,403f.,406f.,409f., 413,416,418-421
Sozialität 33,69,119,208,247,267,269, 314f.,329
Soziobiologie 243,260A.,267f.,384
soziobiologisch 267f.,334A.
Strafe 52ff.,59,78f.,115,119f.,203,208, 209A.,214,359,379,382ff.,417
Struktur 26,35,47,102,105,117,121, 125,141f.,144f.,163,167,170,172, 176f.,187-192,196,200,202,207,215, 219ff.,220A.,230,240,243ff.,250, 256,259,262,276,281,284,286f., 289ff.,305,313,317,320f.,323f.,329, 332,334,347,353,355,373f.,398,401, 422
Strukturalismus 47,95,191f.,219f.,282 A.,376,389
Subjekt 15,22f.,26,32,34,38,89,91,94-97,123f.,126,128,141A.,150f.,156f., 167f.,174,177,182,185ff.,191,193, 199-204,215,219ff.,223,225f.,228, 230f.,234,244-248,251f.,257f.,274, 276,293f.,298ff.,303,306-309,311, 316,324,326,329f.,335f.,344,370, 372,375,380,383-386,389f.,392,397, 399ff.,405,408ff.,413
Subjektivität 17,26f.,29-32,34,55,76,86 A.,89,91,97,120,123,129,141,150f., 154,166,173f.,187,201f.,209,221f., 229,231,234ff.,246,290,303,315, 370-373,375,410,414f.,423,427
Sympathie 155,158,212,252,340-344, 405

theoretisch 12,41,47,69,82,90,92f.,98, 100,117,129,134f.,143,148,204,213, 223,231f.,240,240A.,243,246,249f., 252f.,255,273f.,279,291,311,324, 339f.,370,403,406,408,421
Theorie 11f.,17,19ff.,23A.,25f.,29f., 32-36,56,63f.,73,89,94,98ff.,102,

479

109ff.,120,127A.,128,132,135,139
A.,148,150,169,177,179,202,207,
214,218ff.,222ff.,226,228,230ff.,
234,238f.,240A.,243-246,252f.,267,
272-275,284,284A.,287,293f.,315,
329f.,339f.,342,344,353A.,370f.,
375f.,378f.,381,385A.,386,389-392,
395ff.,399-402,404f.,408f.
Theorie der Erkenntnis s. Erkenntnistheorie
Theorie der Erziehung s. Erziehungstheorie
Theorie der moralischen Erziehung 13,
16,18f.,21,25,27f.,30,34ff.,56,
167f.,174,229,232,372,409
Tiefenpsychologie 100,134,250,280
Todestrieb 103,110f.,111A.,131,133,
133A.,152,169,277ff.,314f.
Trieb 103-112,112A.,114f.,119,121ff.,
125,130-133,136,164,176A.,220,
233,239f.,254-257,269,272f.,275-
278,280,290,292,295f.,310,315f.,
335,337,354
Trieblehre/Triebtheorie 103,107,110f.,
111A.,112A.,131-134,148,239f.,
272f.,276f.,280,293,315,326A.
Tugend 120,153,165,354,360,373

unbewusst 86,100-105,120,128A.,
134f.,146f.,193,197,238,250,261,
278ff.,322
Unbewusstes 99,101-104,106,109,115,
120,134-138,175,177,247,303,305,
321
universal/universell 170,272,380f.,383-
386,390,393f.
Universalismus 385,405
Urteil, moralisches 172,202,224A.,
366ff.,371,380ff.,391f.,395,401f.,
409

verantwortlich 13,40,74,76,81,85f.,93,
97f.,116,128,153,166,234,255,265,
275,333,339,356,370,399,403,411
Verantwortung 15,18,26ff.,32,65,73,
96,147,166,339,355ff.,362,364,
396f.,400,403,403A.,405,410f.,411
A.,420f.,424f.
Verdrängung 101,103-106,109,116,
121f.,130,137ff.,249A.,273,278f.,
294-297,295A.,300,303ff.,305A.,
307-312
Verhältnis, pädagogisches 18,20,32,69,
78,96,410f.,415,422f.,426
Verhältniswesen 134,154,160,257,260,
276,339,353,371f.,402,411
Verhalten, moralisches 16,51ff.,55,
73ff.,79,98,117,120,151,155,167,
202f.,207,232,246,267f.,330,340,
343f.,353,359,366ff.,376,387,391f.,
406,417
Verinnerlichung 84,88,115,117f.,125,
156,159,167,169,185,192,195,256f.,
285,290ff.,306,318
Verstärkung 56,59,59A.,61,64,67ff.,
72-76,79,83,88,95,159,178,237,
239f.

Weltbild 23,72,85,100,129,134,160,
163A.,217,227,258,286,332f.,359-
362,370
Widerfahrnis 186,253,280,287,316
Wissenschaft 14A.,19ff.,23A.,24f.,
34,39f.,48,57f.,64,66,89,99f.,134f.,
144,148,181,181A.,251f.,254,272,
319,329,370,412f.,426
wissenschaftlich 19,22,25,36f.,40f.,
57f.,62f.,66,68,81,88f.,96,100,125,
143,147f.,150f.,177,180,186A.,187,
222f.,229,236,239f.,244,247,251ff.,
255,282ff.,298,319,321,331,363,370
Wohltätigkeit 338f.,339A.,350,374,
378,403,405,410f.
Wohlwollen 158f.,161,166,212,338f.,
348f.,351,362A.,372,378,384,396,
398,401,411,411A.,416

Zeit 13,15f.,18ff.,22,26f.,33-37,47,50,
57,74,94f.,99,106,108,120,126,
133f.,141,148,152,170,180,193,196,
198f.,201,206,220,225,233,236f.,
241,271,273,282,285ff.,299f.,313f.,
330,335f.,350,360,365,388,394,396,
410,413,415,425
zeitlich 45,106,120,175,178f.,193,199,
201,203,207,214,225,230,242,247,
262-265,282,289f.,319,329,337,366
zufällig 38,56,61,70,182f.,233,241,362
Zufall 28,42,49,75A.
Zusammenarbeit 19,32,205,206A.,208,
210-216,219,231,302